2nd EDITION

DENK MAL!

Deutsch ohne Grenzen

Tobias Barske
University of Wisconsin – Stevens Point

Megan McKinstry
University of Missouri

Karin Schestokat
Oklahoma State University

Jane Sokolosky
Brown University

VISTA® HIGHER LEARNING
Boston, Massachusetts

Publisher: José A. Blanco
Editorial Development: Judith Bach, Deborah Coffey, Aliza Krefetz
Project Management: Hillary Gospodarek, Sharon Inglis, Tiffany Kayes
Rights Management: Maria Rosa Alcaraz Pinsach, Annie Pickert Fuller, Caitlin O'Brien
Technology Production: Egle Gutierrez, Paola Ríos Schaaf
Design: Mark James, Jhoany Jiménez, Andrés Vanegas
Production: Manuela Arango, Oscar Díez, Jennifer López

Student Text (Perfectbound) ISBN: 978-1-62680-912-3
Student Text (Casebound) ISBN: 978-1-62680-913-0
Instructor's Annotated Edition ISBN: 978-1-62680-915-4

Library of Congress Control Number: 2014948563

1 2 3 4 5 6 7 8 9 TC 19 18 17 16 15 14

Printed in Canada.

Introduction

Willkommen bei DENK MAL!, an exciting intermediate German program designed to provide you with an active and rewarding learning experience as you continue to strengthen your language skills and develop cultural competency.

Here are some of the key features you will find in **DENK MAL!**:

- A cultural focus integrated throughout the entire lesson
- Authentic, dramatic short films by contemporary German-speaking filmmakers that tie in with the lesson theme and grammar structures
- A fresh, magazine-like design and lesson organization that support and facilitate language learning
- A highly-structured, easy-to-navigate design, based on spreads of two facing pages
- An abundance of illustrations, photos, charts, and graphs, all specifically chosen or created to help you learn
- An emphasis on authentic language and practical vocabulary for communicating in real-life situations
- Abundant guided and communicative activities
- Clear and well-organized grammar explanations that highlight the most important concepts in intermediate German
- Short and comprehensible literary and cultural readings that recognize and celebrate the diversity, culture, and heritage of German-speaking countries
- A complete set of print and technology ancillaries to equip you with the materials you need to make learning German easier

	ZU BEGINN	KURZFILM	STELLEN SIE SICH VOR, ...
Lektion 1 **Fühlen und erleben**	**Persönliche Beziehungen** . . . . 4 Persönlichkeit Familienstand Beziehungen Gefühle	*Outsourcing* (6 min) . . . . 6 Regisseure: Hanna Reifgerst/ Markus Dietrich	DIE VEREINIGTEN STAATEN UND DEUTSCHLAND *Deutsche in den USA* . . . . 12 John Augustus Roebling; Frankfurter Würstchen 13
Lektion 2 **Zusammen leben**	**Stadt und Gemeinschaft** . . . . 40 Lokalitäten Wegbeschreibungen Die Leute Aktivitäten Probleme Zum Beschreiben	*Die Klärung eines Sachverhalts* (20 min) . . . . . . 42 Regisseure: Sören Hüper/ Christian Prettin	BERLIN *Berlin, damals und heute* . . . . . . 48 Berlins U-Bahn; Ampelmännchen 49
Lektion 3 **Medieneinflüsse**	**Medien und Kultur** . . . . 76 Kino, Rundfunk und Fernsehen Die (Massen)medien Die Medienleute Die Presse	*Elsas Geburtstag* (10 min) . . . 78 Regisseurin: Claudia Lehmann	HAMBURG, SCHLESWIG-HOLSTEIN UND MECKLENBURG-VORPOMMERN *Die Hanse* . . . . 84 Der NOK; Warnemünde 85
Lektion 4 **Wegfahren und Spaß haben**	**Reisen und Ferien** . . . . 114 Im Bahnhof Im Flughafen Im Hotel Auf dem Campingplatz Im Skiurlaub Am Strand Zum Beschreiben	*Björn oder die Hürden der Behörden* (14 min) . . . . 116 Regisseure: Andreas Niessner/ Oliver S. Bürgin	BREMEN, NIEDERSACHSEN UND NORDRHEIN-WESTFALEN *Karneval im Rheinland* . . . . 122 Das *Pferdeland;* Die Deiche 123

STRUKTUREN	KULTUR	LITERATUR	SCHREIBWERKSTATT
1.1 Word order: statements and questions . . . . **14** **1.2** Present tense of regular and irregular verbs . . . . . **18** **1.3** Nominative and accusative cases; pronouns and possessive adjectives . . . **22** Synthese 26	*„Amerika, du hast es besser“* **27**	*Ersatzbruder* Herta Müller, Romanauszug **31**	These und Beweisführung . . . **36**
2.1 Dative and genitive cases **50** **2.2** Prepositions . . . . **54** **2.3 Das Perfekt**; separable and inseparable prefix verbs . . **58** Synthese 62	*Berlin, multikulturell seit Jahrhunderten* **63**	*Geschäftstarnungen* Wladimir Kaminer, Kurzgeschichte **67**	Zitate **72**
3.1 Das Präteritum . . . . **86** **3.2** Coordinating, adverbial, and subordinating conjunctions . . . . **90** **3.3** Relative pronouns and clauses . . . . **94** Synthese 98	*Hamburg: Medien-Mekka* . . . **99**	*Zonenkinder* Jana Hensel, Auszug **103**	Der Einleitungssatz **110**
4.1 Das Futur . . . . **124** **4.2** Adjectives (Part 1) . . . . . **128** **4.3** Adjectives (Part 2) . . . . . **132** Synthese 136	*Badefreuden oder Großstadtabenteuer?* **137**	*Der Pilger* Friederike Görres Gedicht **141**	Der Schluss **148**

	ZU BEGINN	KURZFILM	STELLEN SIE SICH VOR, ...
Lektion 5 **Kunstschätze**	**Kunst und Literatur** . . . . . . .152 Literarische Werke Die bildenden Künste Musik und Theater Die Künstler	*Nashorn im Galopp* (15 min) . . . . .154 Regisseur: Erik Schmitt	ÖSTERREICH *Unterwegs im Bilderbuchland* . .160 Alpen-Thermen; Die Sachertorte 161
Lektion 6 **Traditionen und Spezialitäten**	**Essen und feiern** . . . . .190 In der Küche Im Restaurant Regionale Spezialitäten Zum Beschreiben Feiertage und Traditionen	*Wer hat Angst vorm Weihnachtsmann?* (7 min) . . . . .192 Regisseurin: Annette Ernst	BAYERN *Bayern und seine Traditionen* . .198 Münchens Viktualienmarkt; Ein Märchenkönig und seine Burg 199
Lektion 7 **Wissenschaft und Technologie**	**Fortschritt und Forschung** . . . . .230 Die Wissenschaftler Wissenschaftliche Forschung Die Technologie Die Elektronikwelt Probleme und Herausforderungen	*Roentgen* (24 min) . . . . .232 Regisseur: Michael Venus	RHEINLAND-PFALZ, SAARLAND UND BADEN-WÜRTTEMBERG *Die Römer kommen* . . . . .238 Streichhölzer; Ein Märchenschloss für Tiere . .239
Lektion 8 **Recht und Umwelt**	**Natur- und Ideenwelt** . . . . .266 Umwelt und Umweltprobleme Gesetze und Anrechte Fragen und Meinungen Die Leute	*Gefährder* (12 min) . . . . .268 Regisseur: Hans Weingartner	SACHSEN-ANHALT, THÜRINGEN UND HESSEN *Die Bankmetropole am Main* . . .274 Die noble Bücherstadt; Trogbrücke Magdeburg 275

Strukturen	Kultur	Literatur	Schreibwerkstatt
5.1 Modals ....**162** **5.2** Comparatives and superlatives ....**166** **5.3** **Da-** and **wo-**compounds; prepositional verb phrases ....**170** Synthese 174	*Musik Musik Musik* **175**	*Emilia Galotti* Gotthold Ephraim Lessing, Auszug **179**	Arten von Essays und ihre Struktur **186**
6.1 Reflexive verbs and accusative reflexive pronouns ....**200** **6.2** Reflexive verbs and dative reflexive pronouns .....**204** **6.3** Numbers, time, and quantities ....**208** Synthese 212	*Feste mit Tradition* **213**	*Die Leihgabe* Wolfdietrich Schnurre, Kurzgeschichte **217**	Widerlegung **226**
7.1 Passive voice and alternatives ....**240** **7.2** Imperative ....**244** **7.3** Adverbs ....**248** Synthese 252	*Baden-Württemberg: Land des Autos* **253**	*Ist die Erde bewohnt?* Egon Friedell, Kurzgeschichte **257**	Teilweise Widerlegung **262**
8.1 Der Konjunktiv II and **würde** with infinitive ...**276** **8.2 Der Konjunktiv II** of modals ....**280** **8.3** Demonstratives ....**284** Synthese 288	*Grün reisen, Grün schützen* **289**	*Vor dem Gesetz* Franz Kafka, Kurzgeschichte **293**	Revisionen und Korrekturen **298**

	ZU BEGINN	KURZFILM	STELLEN SIE SICH VOR, ...
Lektion 9 Wirtschaft und Berufsaussichten	**Arbeit und Finanzen** ......302 Die Arbeitsplatzsuche Die Leute am Arbeitsplatz Auf der Arbeit Die Finanzen	*15 Minuten Wahrheit* (18 min) ....304 Regisseur: Nico Zingelmann	DIE SCHWEIZ UND LIECHTENSTEIN *Ins Herz der Alpen* ....310 Gemütlich durch die Alpen; Das Edelweiß 311
Lektion 10 Geschichte und Gesellschaft	**Geschichte und nationales Selbstverständnis** ....340 Politik Geschichte Nationen und nationale Identität	*Spielzeugland* (14 min) ....342 Regisseur: Jochen Alexander Freydank	BRANDENBURG UND SACHSEN *Zeugen der Geschichte: Denkmäler und Kulturgüter* ....348 Turm der Wissenschaft; Der Leipziger Hauptbahnhof ...349

Schreibwerkstatt 377

Verb conjugation tables 379

Vocabulary

Deutsch-Englisch 396

Englisch-Deutsch 406

Index 417

Credits 420

About the Authors 423

STRUKTUREN	KULTUR	LITERATUR	SCHREIBWERKSTATT
9.1 Der Konjunktiv II der Vergangenheit . . . .312 9.2 Plurals and compound nouns . . . . . .316 **9.3** Two-part conjunctions . .320 Synthese 324	*Schweizer Bankwesen* 325	*Berufsberatung* Christa Reinig, Kurzgeschichte 329	Verallgemeinerungen und Mangel an Kontinuität 336
10.1 Das Plusquamperfekt .350 **10.2** Uses of the infinitive . .354 **10.3 Der Konjunktiv I** and indirect speech . . . . . .358 Synthese 362	*Wiedervereinigung* 363	*An die Nachgeborenen* Bertolt Brecht, Gedicht 367	Hauptpunkte eines guten Aufsatzes. 374

Icons

Familiarize yourself with these icons that appear throughout **DENK MAL!.**

 Content on the Supersite: audio, video, and presentations

 Activity also on the Supersite

 Pair activity

 Group activity

Pair and mouse icons together indicate that the activity is available as an assignable Partner Chat or Virtual Chat on the Supersite. Additional practice on the Supersite, not included in the textbook, is indicated with this icon feature:

 Practice more at **vhlcentral.com.**

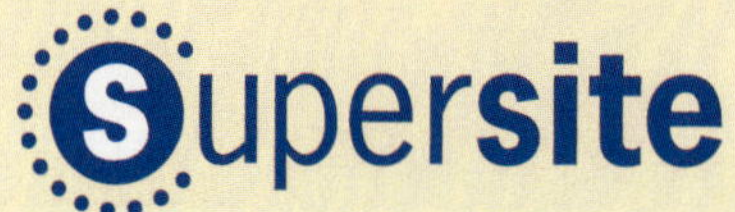

Each section of the textbook comes with resources and activities on the **DENK MAL!** Supersite, many of which are auto-graded with immediate feedback. Plus, the Supersite is iPad®-friendly*, so it can be accessed on the go! Visit **vhlcentral.com** to explore this wealth of exciting resources.

Zu Beginn
- Audio of the **Vocabulary**
- Textbook and extra practice activities
- Partner Chat or Virtual Chat activity for increased oral practice

Kurzfilm
- Streaming video of the short film with instructor-controlled options for subtitles
- Audio of the **Vocabulary**
- Pre- and post-viewing and extra practice activities

Stellen Sie sich vor, ...
- Main **DENK MAL!** cultural reading
- **Projekt** search activity
- Textbook and extra practice activities

Strukturen
- Textbook grammar presentations
- Textbook and extra practice activities
- Partner Chat or Virtual Chat activities for increased oral practice
- **Synthese** composition activity

Kultur
- Audio-sync reading of the **KULTUR** reading
- Textbook and extra practice activities

Literatur
- Audio-sync, dramatic reading of the literary text
- Textbook and extra practice activities

Schreibwerkstatt
- **Aufsatz** composition activity

Wortschatz
- Vocabulary list with audio
- Customizable study lists

Plus! Also found on the Supersite:
- Lab audio MP3 files
- Live Chat tool for video chat, audio chat, and instant messaging without leaving your browser
- Communication center for instructor notifications and feedback
- A single gradebook for all Supersite activities
- WebSAM online Student Activities Manual
- vText—online, interactive student edition with access to Supersite activities, audio, and video—in an iPad®-friendly* format!

Supersite features vary by access level. Visit **vistahigherlearning.com** to explore which Supersite level is right for you.
*Students must use a computer for audio recording and select presentations and tools that require Flash or Shockwave.

Student Resources

Student Edition

The Student Edition is available in hardcover, loose-leaf, and digital (online vText) formats.

Student Activities Manual (SAM)

The **Student Activities Manual** consists of two parts: the **Workbook** and the **Lab Manual**.

- **Workbook**
  The **Workbook** activities focus on developing students' reading and writing skills. Each workbook lesson reflects the organization of the corresponding textbook lesson; it begins with **Zu Beginn**, followed by **Kurzfilm**, **Stellen Sie sich vor, ...**, and **Strukturen**. Each lesson ends with **Schreibwerkstatt**, which develops students' writing skills through a longer, more focused assignment.

- **Lab Manual**
  The **Lab Manual** activities focus on building students' listening comprehension and speaking skills as they reinforce the vocabulary and grammar of the corresponding textbook lesson. Each Lab Manual lesson contains a **Zu Beginn** section followed by **Strukturen**, and ending with **Wortschatz**, a recording of the active lesson vocabulary.

WebSAM

Completely integrated with the **DENK MAL!** Supersite, the **WebSAM** provides access to online **Workbook** and **Lab Manual** activities with instant feedback and grading for select activities. The complete audio program is accessible online in the **Lab Manual** and features record-submit functionality for select activities. The MP3 files can be downloaded from the **DENK MAL!** Supersite and can be played on a computer, portable MP3 player or mobile device.

DENK MAL!, Second Edition, Supersite

Included with the purchase of every new student edition, the passcode to the Supersite (**vhlcentral.com**) gives students access to a wide variety of interactive activities for each section of every lesson of the student text, including auto-graded activities for extra practice with vocabulary, grammar, video, and cultural content; reference tools; the short films; the Lab Program MP3 files; and more.

INHALT

outlines the content and themes of each lesson.

LEKTION 5

Kunstschätze

Manchmal macht Kunst das Leben einfach schöner; aber manchmal hat Kunst etwas Wichtiges zu sagen, auch wenn sie nicht so schön ist. Manchmal bewegt (*moves*) sie uns tief (*deeply*). Manchmal erscheint sie uns einfach sinnlos. Warum brauchen wir sie überhaupt? Oder brauchen wir überhaupt Kunst? Welche Funktion hat sie in unserer Gesellschaft, und welche Rolle spielt sie in Ihrem Leben?

INHALT

154 **KURZFILM**
Bruno ist ein einsamer Großstadtmensch. In dem Film **Nashorn im Galopp** verliebt er sich zuerst in seine Stadt Berlin und später in Vicky. Wird sie seine Gefühle erwidern (*reciprocate*)?

160 **STELLEN SIE SICH VOR, ...**
Grüß Gott und willkommen in **Österreich**! Wir besuchen dieses andere deutschsprachige Land, in dem Berge und Kultur so malerisch miteinander verschmelzen (*blend*).

175 **KULTUR**
Musik Musik Musik ist eine kurze Reise durch die **Musikgeschichte Österreichs**, angefangen von der Klassik bis ins 20. Jahrhundert. Der Text handelt von der Musikentwicklung und stellt ein paar Komponisten und ihre Werke vor.

179 **LITERATUR**
In diesem Auszug (*excerpt*) aus **Gotthold Ephraim Lessings** Trauerspiel (*tragedy*) *Emilia Galotti* unterhalten sich der Prinz und der Maler Conti über das Künstlerdasein (*existence as artist*) und über die Bedeutung von Kunst.

158

178

Reiseziel: Österreich

152 ZU BEGINN

162 STRUKTUREN
- 5.1 Modals
- 5.2 Comparatives and superlatives
- 5.3 Da- and wo-compounds; prepositional verb phrases

186 SCHREIBWERKSTATT

187 WORTSCHATZ

Kunstschätze 151

Lesson opener The first two pages introduce students to the lesson theme. Dynamic photos and brief descriptions of the theme's film, culture topics, and readings serve as a springboard for class discussion.

Reiseziel A locator map highlights each lesson's region of focus.

Lesson overview A lesson outline prepares students for the linguistic and cultural topics they will study in the lesson.

Supersite

Supersite resources are available for every section of the lesson at **vhlcentral.com**. Icons show you which textbook activities are also available online, and where additional practice activities are available. The description next to the Ⓢ icon indicates what additional resources are available for each section: videos, audio recordings, readings and presentations, and more!

Supersite features vary by access level. Visit **vistahigherlearning.com** to explore which Supersite level is right for you.

Zu Beginn

practices the lesson vocabulary with thematic activities.

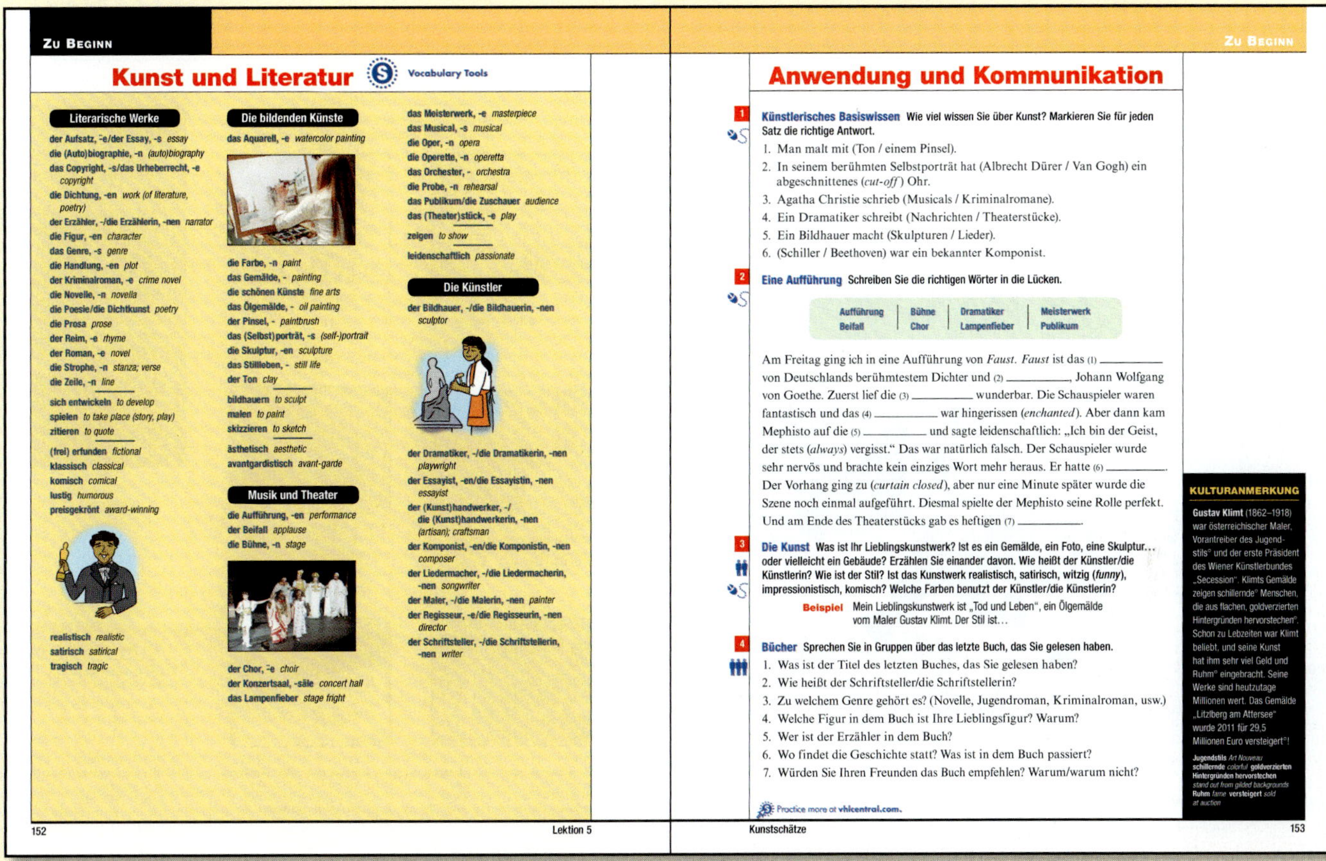
ZU BEGINN

Kunst und Literatur

Vocabulary Tools

Literarische Werke

der Aufsatz, ¨-e/der Essay, -s *essay*
die (Auto)biographie, -n *(auto)biography*
das Copyright, -s/das Urheberrecht, -e *copyright*
die Dichtung, -en *work (of literature, poetry)*
der Erzähler, -/die Erzählerin, -nen *narrator*
die Figur, -en *character*
das Genre, -s *genre*
die Handlung, -en *plot*
der Kriminalroman, -e *crime novel*
die Novelle, -n *novella*
die Poesie/die Dichtkunst *poetry*
die Prosa *prose*
der Reim, -e *rhyme*
der Roman, -e *novel*
die Strophe, -n *stanza; verse*
die Zeile, -n *line*

sich entwickeln *to develop*
spielen *to take place (story, play)*
zitieren *to quote*

(frei) erfunden *fictional*
klassisch *classical*
komisch *comical*
lustig *humorous*
preisgekrönt *award-winning*

realistisch *realistic*
satirisch *satirical*
tragisch *tragic*

Die bildenden Künste

das Aquarell, -e *watercolor painting*

die Farbe, -n *paint*
das Gemälde, - *painting*
die schönen Künste *fine arts*
das Ölgemälde, - *oil painting*
der Pinsel, - *paintbrush*
das (Selbst)porträt, -s *(self-)portrait*
die Skulptur, -en *sculpture*
das Stillleben, - *still life*
der Ton *clay*

bildhauern *to sculpt*
malen *to paint*
skizzieren *to sketch*

ästhetisch *aesthetic*
avantgardistisch *avant-garde*

Musik und Theater

die Aufführung, -en *performance*
der Beifall *applause*
die Bühne, -n *stage*

der Chor, ¨-e *choir*
der Konzertsaal, -säle *concert hall*
das Lampenfieber *stage fright*
das Meisterwerk, -e *masterpiece*
das Musical, -s *musical*
die Oper, -n *opera*
die Operette, -n *operetta*
das Orchester, - *orchestra*
die Probe, -n *rehearsal*
das Publikum/die Zuschauer *audience*
das (Theater)stück, -e *play*

zeigen *to show*

leidenschaftlich *passionate*

Die Künstler

der Bildhauer, -/die Bildhauerin, -nen *sculptor*

der Dramatiker, -/die Dramatikerin, -nen *playwright*
der Essayist, -en/die Essayistin, -nen *essayist*
der (Kunst)handwerker, -/die (Kunst)handwerkerin, -nen *(artisan); craftsman*
der Komponist, -en/die Komponistin, -nen *composer*
der Liedermacher, -/die Liedermacherin, -nen *songwriter*
der Maler, -/die Malerin, -nen *painter*
der Regisseur, -e/die Regisseurin, -nen *director*
der Schriftsteller, -/die Schriftstellerin, -nen *writer*

152 Lektion 5

ZU BEGINN

Anwendung und Kommunikation

1 Künstlerisches Basiswissen Wie viel wissen Sie über Kunst? Markieren Sie für jeden Satz die richtige Antwort.

1. Man malt mit (Ton / einem Pinsel).
2. In seinem berühmten Selbstporträt hat (Albrecht Dürer / Van Gogh) ein abgeschnittenes (*cut-off*) Ohr.
3. Agatha Christie schrieb (Musicals / Kriminalromane).
4. Ein Dramatiker schreibt (Nachrichten / Theaterstücke).
5. Ein Bildhauer macht (Skulpturen / Lieder).
6. (Schiller / Beethoven) war ein bekannter Komponist.

2 Eine Aufführung Schreiben Sie die richtigen Wörter in die Lücken.

Aufführung	Bühne	Dramatiker	Meisterwerk
Beifall	Chor	Lampenfieber	Publikum

Am Freitag ging ich in eine Aufführung von *Faust*. *Faust* ist das (1) ________ von Deutschlands berühmtestem Dichter und (2) ________, Johann Wolfgang von Goethe. Zuerst lief die (3) ________ wunderbar. Die Schauspieler waren fantastisch und das (4) ________ war hingerissen (*enchanted*). Aber dann kam Mephisto auf die (5) ________ und sagte leidenschaftlich: „Ich bin der Geist, der stets (*always*) vergisst." Das war natürlich falsch. Der Schauspieler wurde sehr nervös und brachte kein einziges Wort mehr heraus. Er hatte (6) ________. Der Vorhang ging zu (*curtain closed*), aber nur eine Minute später wurde die Szene noch einmal aufgeführt. Diesmal spielte der Mephisto seine Rolle perfekt. Und am Ende des Theaterstücks gab es heftigen (7) ________.

3 Die Kunst Was ist Ihr Lieblingskunstwerk? Ist es ein Gemälde, ein Foto, eine Skulptur… oder vielleicht ein Gebäude? Erzählen Sie einander davon. Wie heißt der Künstler/die Künstlerin? Wie ist der Stil? Ist das Kunstwerk realistisch, satirisch, witzig (*funny*), impressionistisch, komisch? Welche Farben benutzt der Künstler/die Künstlerin?

Beispiel Mein Lieblingskunstwerk ist „Tod und Leben", ein Ölgemälde vom Maler Gustav Klimt. Der Stil ist…

4 Bücher Sprechen Sie in Gruppen über das letzte Buch, das Sie gelesen haben.

1. Was ist der Titel des letzten Buches, das Sie gelesen haben?
2. Wie heißt der Schriftsteller/die Schriftstellerin?
3. Zu welchem Genre gehört es? (Novelle, Jugendroman, Kriminalroman, usw.)
4. Welche Figur in dem Buch ist Ihre Lieblingsfigur? Warum?
5. Wer ist der Erzähler in dem Buch?
6. Wo findet die Geschichte statt? Was ist in dem Buch passiert?
7. Würden Sie Ihren Freunden das Buch empfehlen? Warum/warum nicht?

Practice more at **vhlcentral.com.**

KULTURANMERKUNG

Gustav Klimt (1862–1918) war österreichischer Maler, Vorantreiber des Jugendstils° und der erste Präsident des Wiener Künstlerbundes „Secession". Klimts Gemälde zeigen schillernde° Menschen, die aus flachen, goldverzierten Hintergründen hervorstechen°. Schon zu Lebzeiten war Klimt beliebt, und seine Kunst hat ihm sehr viel Geld und Ruhm° eingebracht. Seine Werke sind heutzutage Millionen wert. Das Gemälde „Litzlberg am Attersee" wurde 2011 für 29,5 Millionen Euro versteigert°!

Jugendstils *Art Nouveau* **schillernde** *colorful* **goldverzierten Hintergründen hervorstechen** *stand out from gilded backgrounds* **Ruhm** *fame* **versteigert** *sold at auction*

Kunstschätze 153

Vocabulary Easy-to-study thematic lists present useful vocabulary.

Photos and illustrations Dynamic, full-color photos and art illustrate selected vocabulary terms.

Anwendung und Kommunikation This set of activities practices vocabulary in diverse formats and engaging contexts.

Supersite

- Audio recordings of all vocabulary items
- Textbook activities
- Chat activity for conversational skill building and oral practice
- Additional online-only practice activities

Supersite features vary by access level. Visit **vistahigherlearning.com** to explore which Supersite level is right for you.

KURZFILM

features award-winning short films by contemporary German filmmakers.

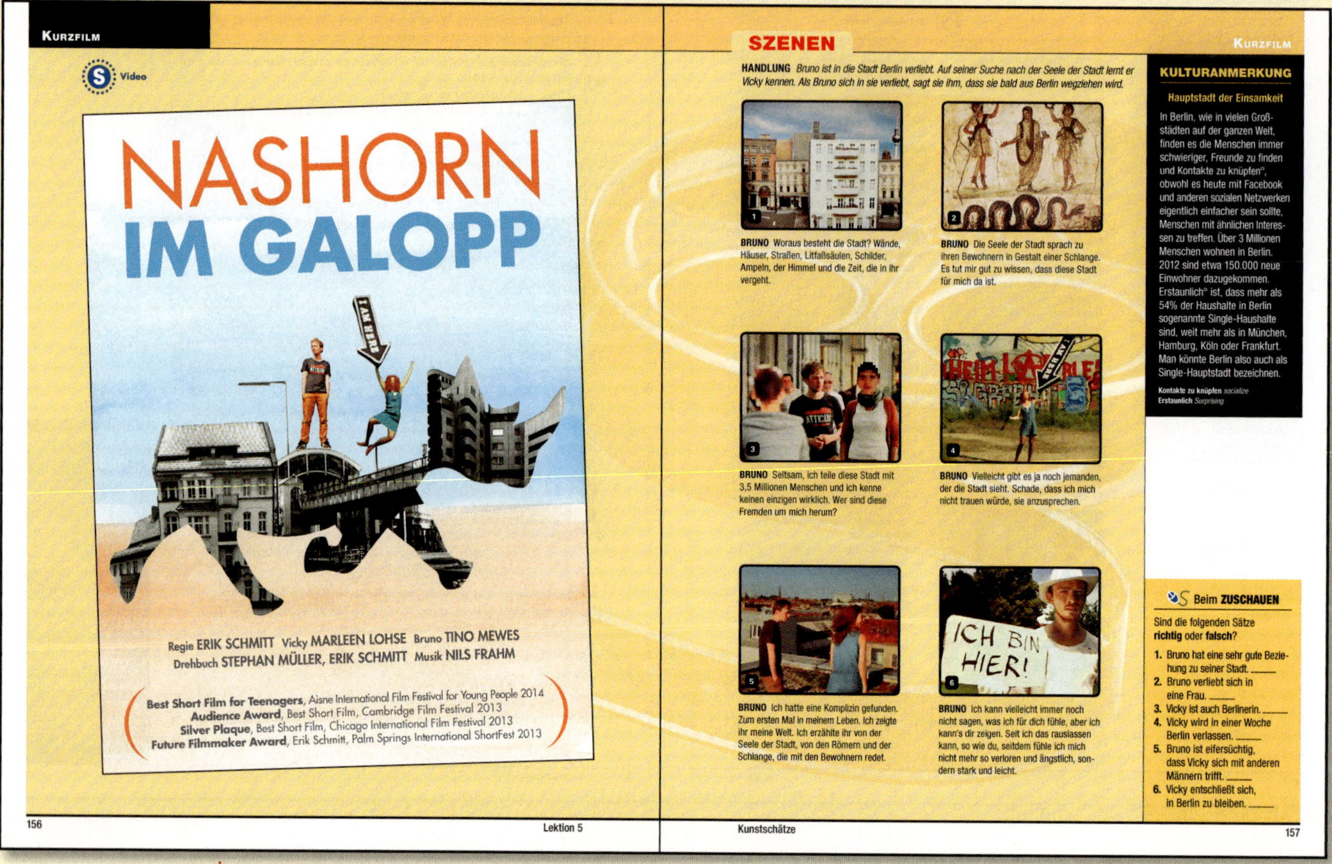
Kurzfilm

Video

NASHORN IM GALOPP

Regie ERIK SCHMITT Vicky MARLEEN LOHSE Bruno TINO MEWES
Drehbuch STEPHAN MÜLLER, ERIK SCHMITT Musik NILS FRAHM

Best Short Film for Teenagers, Aisne International Film Festival for Young People 2014
Audience Award, Best Short Film, Cambridge Film Festival 2013
Silver Plaque, Best Short Film, Chicago International Film Festival 2013
Future Filmmaker Award, Erik Schmitt, Palm Springs International ShortFest 2013

156 Lektion 5

SZENEN

HANDLUNG *Bruno ist in die Stadt Berlin verliebt. Auf seiner Suche nach der Seele der Stadt lernt er Vicky kennen. Als Bruno sich in sie verliebt, sagt sie ihm, dass sie bald aus Berlin wegziehen wird.*

1 **BRUNO** Woraus besteht die Stadt? Wände, Häuser, Straßen, Litfaßsäulen, Schilder, Ampeln, der Himmel und die Zeit, die in ihr vergeht.

2 **BRUNO** Die Seele der Stadt sprach zu ihren Bewohnern in Gestalt einer Schlange. Es tut mir gut zu wissen, dass diese Stadt für mich da ist.

3 **BRUNO** Seltsam, ich teile diese Stadt mit 3,5 Millionen Menschen und ich kenne keinen einzigen wirklich. Wer sind diese Fremden um mich herum?

4 **BRUNO** Vielleicht gibt es ja noch jemanden, der die Stadt sieht. Schade, dass ich mich nicht trauen würde, sie anzusprechen.

5 **BRUNO** Ich hatte eine Komplizin gefunden. Zum ersten Mal in meinem Leben. Ich zeigte ihr meine Welt. Ich erzählte ihr von der Seele der Stadt, von den Römern und der Schlange, die mit den Bewohnern redet.

6 **BRUNO** Ich kann vielleicht immer noch nicht sagen, was ich für dich fühle, aber ich kann's dir zeigen. Seit ich das rauslassen kann, so wie du, seitdem fühle ich mich nicht mehr so verloren und ängstlich, sondern stark und leicht.

Kurzfilm

KULTURANMERKUNG

Hauptstadt der Einsamkeit

In Berlin, wie in vielen Großstädten auf der ganzen Welt, finden es die Menschen immer schwieriger, Freunde zu finden und Kontakte zu knüpfen°, obwohl es heute mit Facebook und anderen sozialen Netzwerken eigentlich einfacher sein sollte, Menschen mit ähnlichen Interessen zu treffen. Über 3 Millionen Menschen wohnen in Berlin. 2012 sind etwa 150.000 neue Einwohner dazugekommen. Erstaunlich° ist, dass mehr als 54% der Haushalte in Berlin sogenannte Single-Haushalte sind, weit mehr als in München, Hamburg, Köln oder Frankfurt. Man könnte Berlin also auch als Single-Hauptstadt bezeichnen.

Kontakte zu knüpfen *socialize*
Erstaunlich *Surprising*

Beim **ZUSCHAUEN**

Sind die folgenden Sätze **richtig** oder **falsch**?

1. Bruno hat eine sehr gute Beziehung zu seiner Stadt. ____
2. Bruno verliebt sich in eine Frau. ____
3. Vicky ist auch Berlinerin. ____
4. Vicky wird in einer Woche Berlin verlassen. ____
5. Bruno ist eifersüchtig, dass Vicky sich mit anderen Männern trifft. ____
6. Vicky entschließt sich, in Berlin zu bleiben. ____

Kunstschätze 157

Films Compelling short films let students see and hear German in its authentic contexts. Films are thematically linked to the lessons.

Szenen Video stills with captions from the film prepare students for the film and introduce some of the expressions they will encounter.

Kulturanmerkung These sidebars with cultural information related to the **Kurzfilm** help students understand the cultural context and background surrounding the film.

Supersite

- Streaming video of short films with instructor-controlled subtitle options

Supersite features vary by access level. Visit **vistahigherlearning.com** to explore which Supersite level is right for you.

VORBEREITUNG AND ANALYSE

provide pre- and post-viewing support for each film.

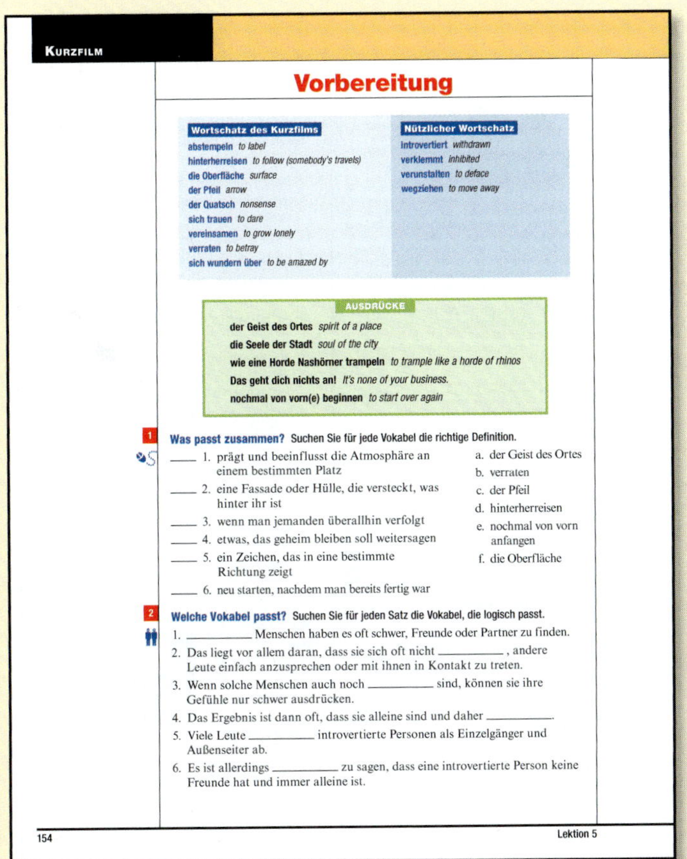

KURZFILM

Vorbereitung

Wortschatz des Kurzfilms

abstempeln *to label*
hinterherreisen *to follow (somebody's travels)*
die Oberfläche *surface*
der Pfeil *arrow*
der Quatsch *nonsense*
sich trauen *to dare*
vereinsamen *to grow lonely*
verraten *to betray*
sich wundern über *to be amazed by*

Nützlicher Wortschatz

introvertiert *withdrawn*
verklemmt *inhibited*
verunstalten *to deface*
wegziehen *to move away*

AUSDRÜCKE

der Geist des Ortes *spirit of a place*
die Seele der Stadt *soul of the city*
wie eine Horde Nashörner trampeln *to trample like a horde of rhinos*
Das geht dich nichts an! *It's none of your business.*
nochmal von vorn(e) beginnen *to start over again*

1 **Was passt zusammen?** Suchen Sie für jede Vokabel die richtige Definition.

___ 1. prägt und beeinflusst die Atmosphäre an einem bestimmten Platz
___ 2. eine Fassade oder Hülle, die versteckt, was hinter ihr ist
___ 3. wenn man jemanden überallhin verfolgt
___ 4. etwas, das geheim bleiben soll weitersagen
___ 5. ein Zeichen, das in eine bestimmte Richtung zeigt
___ 6. neu starten, nachdem man bereits fertig war

a. der Geist des Ortes
b. verraten
c. der Pfeil
d. hinterherreisen
e. nochmal von vorn anfangen
f. die Oberfläche

2 **Welche Vokabel passt?** Suchen Sie für jeden Satz die Vokabel, die logisch passt.

1. ________ Menschen haben es oft schwer, Freunde oder Partner zu finden.
2. Das liegt vor allem daran, dass sie sich oft nicht ________, andere Leute einfach anzusprechen oder mit ihnen in Kontakt zu treten.
3. Wenn solche Menschen auch noch ________ sind, können sie ihre Gefühle nur schwer ausdrücken.
4. Das Ergebnis ist dann oft, dass sie alleine sind und daher ________.
5. Viele Leute ________ introvertierte Personen als Einzelgänger und Außenseiter ab.
6. Es ist allerdings ________ zu sagen, dass eine introvertierte Person keine Freunde hat und immer alleine ist.

154 Lektion 5

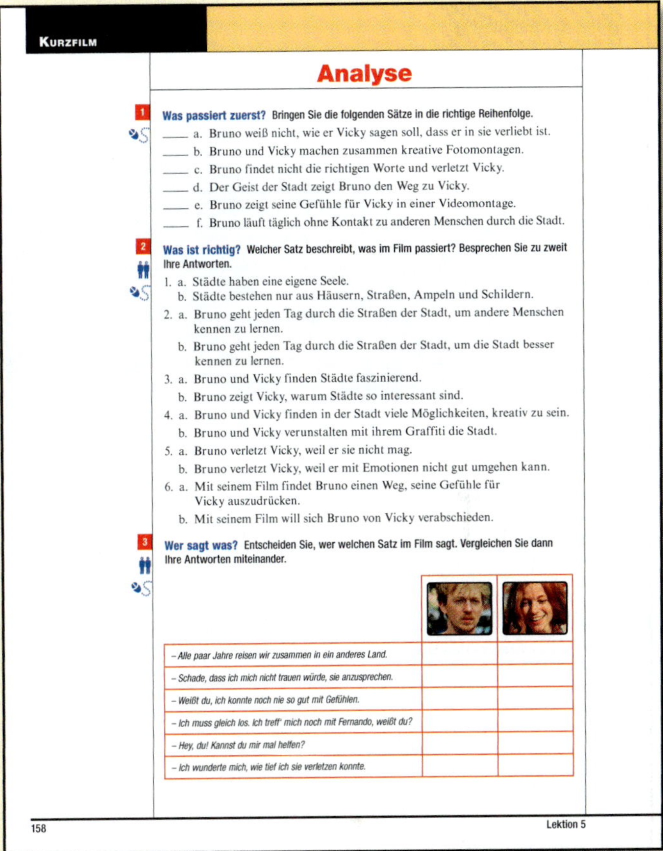

KURZFILM

Analyse

1 **Was passiert zuerst?** Bringen Sie die folgenden Sätze in die richtige Reihenfolge.

___ a. Bruno weiß nicht, wie er Vicky sagen soll, dass er in sie verliebt ist.
___ b. Bruno und Vicky machen zusammen kreative Fotomontagen.
___ c. Bruno findet nicht die richtigen Worte und verletzt Vicky.
___ d. Der Geist der Stadt zeigt Bruno den Weg zu Vicky.
___ e. Bruno zeigt seine Gefühle für Vicky in einer Videomontage.
___ f. Bruno läuft täglich ohne Kontakt zu anderen Menschen durch die Stadt.

2 **Was ist richtig?** Welcher Satz beschreibt, was im Film passiert? Besprechen Sie zu zweit Ihre Antworten.

1. a. Städte haben eine eigene Seele.
   b. Städte bestehen nur aus Häusern, Straßen, Ampeln und Schildern.
2. a. Bruno geht jeden Tag durch die Straßen der Stadt, um andere Menschen kennen zu lernen.
   b. Bruno geht jeden Tag durch die Straßen der Stadt, um die Stadt besser kennen zu lernen.
3. a. Bruno und Vicky finden Städte faszinierend.
   b. Bruno zeigt Vicky, warum Städte so interessant sind.
4. a. Bruno und Vicky finden in der Stadt viele Möglichkeiten, kreativ zu sein.
   b. Bruno und Vicky verunstalten mit ihrem Graffiti die Stadt.
5. a. Bruno verletzt Vicky, weil er sie nicht mag.
   b. Bruno verletzt Vicky, weil er mit Emotionen nicht gut umgehen kann.
6. a. Mit seinem Film findet Bruno einen Weg, seine Gefühle für Vicky auszudrücken.
   b. Mit seinem Film will sich Bruno von Vicky verabschieden.

3 **Wer sagt was?** Entscheiden Sie, wer welchen Satz im Film sagt. Vergleichen Sie dann Ihre Antworten miteinander.

– *Alle paar Jahre reisen wir zusammen in ein anderes Land.*		
– *Schade, dass ich mich nicht trauen würde, sie anzusprechen.*		
– *Weißt du, ich konnte noch nie so gut mit Gefühlen.*		
– *Ich muss gleich los. Ich treff' mich noch mit Fernando, weißt du?*		
– *Hey, du! Kannst du mir mal helfen?*		
– *Ich wunderte mich, wie tief ich sie verletzen konnte.*		

158 Lektion 5

Vorbereitung Pre-viewing activities set the stage for the film by providing vocabulary support, background information, and opportunities to anticipate the film content.

Analyse Post-viewing activities check student comprehension and allow them to explore broader themes from the film in relation to their own life.

Supersite

- Textbook activities
- Additional online-only practice activities

Supersite features vary by access level. Visit **vistahigherlearning.com** to explore which Supersite level is right for you.

STELLEN SIE SICH VOR, ...

simulates a voyage to the featured country or region.

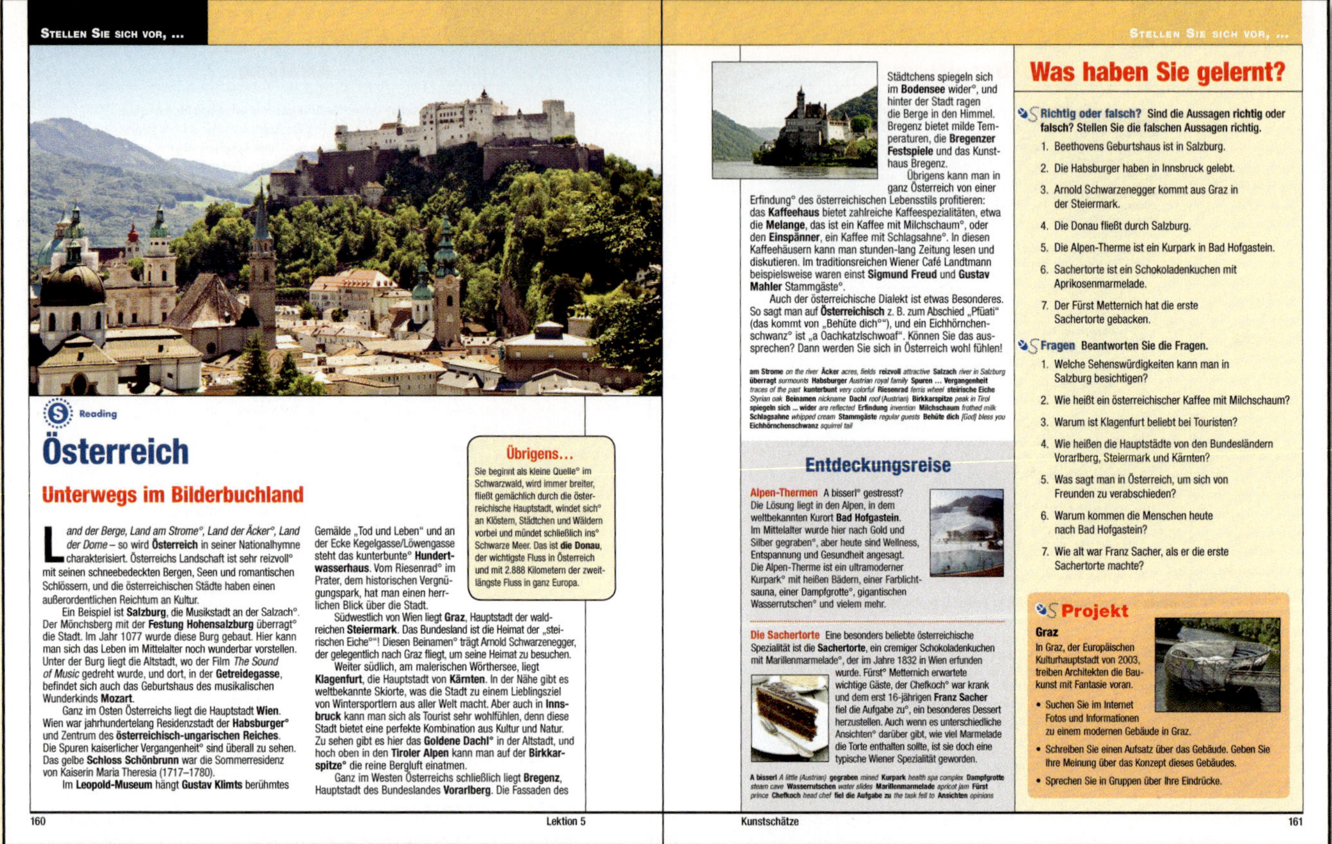

STELLEN SIE SICH VOR, ...

Reading

Österreich

Unterwegs im Bilderbuchland

Land der Berge, Land am Strome°, Land der Äcker°, Land der Dome – so wird **Österreich** in seiner Nationalhymne charakterisiert. Österreichs Landschaft ist sehr reizvoll° mit seinen schneebedeckten Bergen, Seen und romantischen Schlössern, und die österreichischen Städte haben einen außerordentlichen Reichtum an Kultur.

Ein Beispiel ist **Salzburg**, die Musikstadt an der Salzach°. Der Mönchsberg mit der **Festung Hohensalzburg** überragt° die Stadt. Im Jahr 1077 wurde diese Burg gebaut. Hier kann man sich das Leben im Mittelalter noch wunderbar vorstellen. Unter der Burg liegt die Altstadt, wo der Film *The Sound of Music* gedreht wurde, und dort, in der **Getreidegasse**, befindet sich auch das Geburtshaus des musikalischen Wunderkinds **Mozart**.

Ganz im Osten Österreichs liegt die Hauptstadt **Wien**. Wien war jahrhundertelang Residenzstadt der **Habsburger°** und Zentrum des **österreichisch-ungarischen Reiches**. Die Spuren kaiserlicher Vergangenheit° sind überall zu sehen. Das gelbe **Schloss Schönbrunn** war die Sommerresidenz von Kaiserin Maria Theresia (1717–1780).

Im **Leopold-Museum** hängt **Gustav Klimts** berühmtes Gemälde „Tod und Leben" und an der Ecke Kegelgasse/Löwengasse steht das kunterbunte° **Hundertwasserhaus**. Vom Riesenrad° im Prater, dem historischen Vergnügungspark, hat man einen herrlichen Blick über die Stadt.

Südwestlich von Wien liegt **Graz**, Hauptstadt der waldreichen **Steiermark**. Das Bundesland ist die Heimat der „steirischen Eiche°"! Diesen Beinamen° trägt Arnold Schwarzenegger, der gelegentlich nach Graz fliegt, um seine Heimat zu besuchen.

Weiter südlich, am malerischen Wörthersee, liegt **Klagenfurt**, die Hauptstadt von **Kärnten**. In der Nähe gibt es weltbekannte Skiorte, was die Stadt zu einem Lieblingsziel von Wintersportlern aus aller Welt macht. Aber auch in **Innsbruck** kann man sich als Tourist sehr wohlfühlen, denn diese Stadt bietet eine perfekte Kombination aus Kultur und Natur. Zu sehen gibt es hier das **Goldene Dachl°** in der Altstadt, und hoch oben in den **Tiroler Alpen** kann man auf der **Birkkarspitze°** die reine Bergluft einatmen.

Ganz im Westen Österreichs schließlich liegt **Bregenz**, Hauptstadt des Bundeslandes **Vorarlberg**. Die Fassaden des Städtchens spiegeln sich im **Bodensee** wider°, und hinter der Stadt ragen die Berge in den Himmel. Bregenz bietet milde Temperaturen, die **Bregenzer Festspiele** und das Kunsthaus Bregenz.

Übrigens kann man in ganz Österreich von einer Erfindung° des österreichischen Lebensstils profitieren: das **Kaffeehaus** bietet zahlreiche Kaffeespezialitäten, etwa die **Melange**, das ist ein Kaffee mit Milchschaum°, oder den **Einspänner**, ein Kaffee mit Schlagsahne°. In diesen Kaffeehäusern kann man stunden-lang Zeitung lesen und diskutieren. Im traditionsreichen Wiener Café Landtmann beispielsweise waren einst **Sigmund Freud** und **Gustav Mahler** Stammgäste°.

Auch der österreichische Dialekt ist etwas Besonderes. So sagt man auf **Österreichisch** z. B. zum Abschied „Pfüati" (das kommt von „Behüte dich°"), und ein Eichhörnchenschwanz° ist „a Oachkatzlschwoaf". Können Sie das aussprechen? Dann werden Sie sich in Österreich wohl fühlen!

am Strome *on the river* **Äcker** *acres, fields* **reizvoll** *attractive* **Salzach** *river in Salzburg* **überragt** *surmounts* **Habsburger** *Austrian royal family* **Spuren ... Vergangenheit** *traces of the past* **kunterbunt** *very colorful* **Riesenrad** *ferris wheel* **steirische Eiche** *Styrian oak* **Beinamen** *nickname* **Dachl** *roof* (Austrian) **Birkkarspitze** *peak in Tirol* **spiegeln sich ... wider** *are reflected* **Erfindung** *invention* **Milchschaum** *frothed milk* **Schlagsahne** *whipped cream* **Stammgäste** *regular guests* **Behüte dich** *[God] bless you* **Eichhörnchenschwanz** *squirrel tail*

Übrigens...

Sie beginnt als kleine Quelle° im Schwarzwald, wird immer breiter, fließt gemächlich durch die österreichische Hauptstadt, windet sich° an Klöstern, Städtchen und Wäldern vorbei und mündet schließlich ins° Schwarze Meer. Das ist **die Donau**, der wichtigste Fluss in Österreich und mit 2.888 Kilometern der zweitlängste Fluss in ganz Europa.

160 Lektion 5

Entdeckungsreise

Alpen-Thermen A bisserl° gestresst? Die Lösung liegt in den Alpen, in dem weltbekannten Kurort **Bad Hofgastein**. Im Mittelalter wurde hier nach Gold und Silber gegraben°, aber heute sind Wellness, Entspannung und Gesundheit angesagt. Die Alpen-Therme ist ein ultramoderner Kurpark° mit heißen Bädern, einer Farblichtsauna, einer Dampfgrotte°, gigantischen Wasserrutschen° und vielem mehr.

Die Sachertorte Eine besonders beliebte österreichische Spezialität ist die **Sachertorte**, ein cremiger Schokoladenkuchen mit Marillenmarmelade°, der im Jahre 1832 in Wien erfunden wurde. Fürst° Metternich erwartete wichtige Gäste, der Chefkoch° war krank und dem erst 16-jährigen **Franz Sacher** fiel die Aufgabe zu°, ein besonderes Dessert herzustellen. Auch wenn es unterschiedliche Ansichten° darüber gibt, wie viel Marmelade die Torte enthalten sollte, ist sie doch eine typische Wiener Spezialität geworden.

A bisserl *A little (Austrian)* **gegraben** *mined* **Kurpark** *health spa complex* **Dampfgrotte** *steam cave* **Wasserrutschen** *water slides* **Marillenmarmelade** *apricot jam* **Fürst** *prince* **Chefkoch** *head chef* **fiel die Aufgabe zu** *the task fell to* **Ansichten** *opinions*

STELLEN SIE SICH VOR, ...

Was haben Sie gelernt?

Richtig oder falsch? Sind die Aussagen **richtig** oder **falsch**? Stellen Sie die falschen Aussagen richtig.

1. Beethovens Geburtshaus ist in Salzburg.
2. Die Habsburger haben in Innsbruck gelebt.
3. Arnold Schwarzenegger kommt aus Graz in der Steiermark.
4. Die Donau fließt durch Salzburg.
5. Die Alpen-Therme ist ein Kurpark in Bad Hofgastein.
6. Sachertorte ist ein Schokoladenkuchen mit Aprikosenmarmelade.
7. Der Fürst Metternich hat die erste Sachertorte gebacken.

Fragen Beantworten Sie die Fragen.

1. Welche Sehenswürdigkeiten kann man in Salzburg besichtigen?
2. Wie heißt ein österreichischer Kaffee mit Milchschaum?
3. Warum ist Klagenfurt beliebt bei Touristen?
4. Wie heißen die Hauptstädte von den Bundesländern Vorarlberg, Steiermark und Kärnten?
5. Was sagt man in Österreich, um sich von Freunden zu verabschieden?
6. Warum kommen die Menschen heute nach Bad Hofgastein?
7. Wie alt war Franz Sacher, als er die erste Sachertorte machte?

Projekt

Graz

In Graz, der Europäischen Kulturhauptstadt von 2003, treiben Architekten die Baukunst mit Fantasie voran.

- Suchen Sie im Internet Fotos und Informationen zu einem modernen Gebäude in Graz.
- Schreiben Sie einen Aufsatz über das Gebäude. Geben Sie Ihre Meinung über das Konzept dieses Gebäudes.
- Sprechen Sie in Gruppen über Ihre Eindrücke.

Kunstschätze 161

Magazine-like design Each reading is presented in the attention-grabbing visual style you would expect from a magazine.

Region-specific readings Dynamic readings draw students' attention to culturally significant locations, traditions, and monuments of the country or region.

Activities The activities check students' comprehension of the **Stellen Sie sich vor, ...** readings and lead you to further exploration.

Supersite

- Cultural reading
- All textbook activities and online-only comprehension activity
- **Projekt** search activity

Supersite features vary by access level. Visit **vistahigherlearning.com** to explore which Supersite level is right for you.

Strukturen

presents key intermediate grammar topics with detailed visual support.

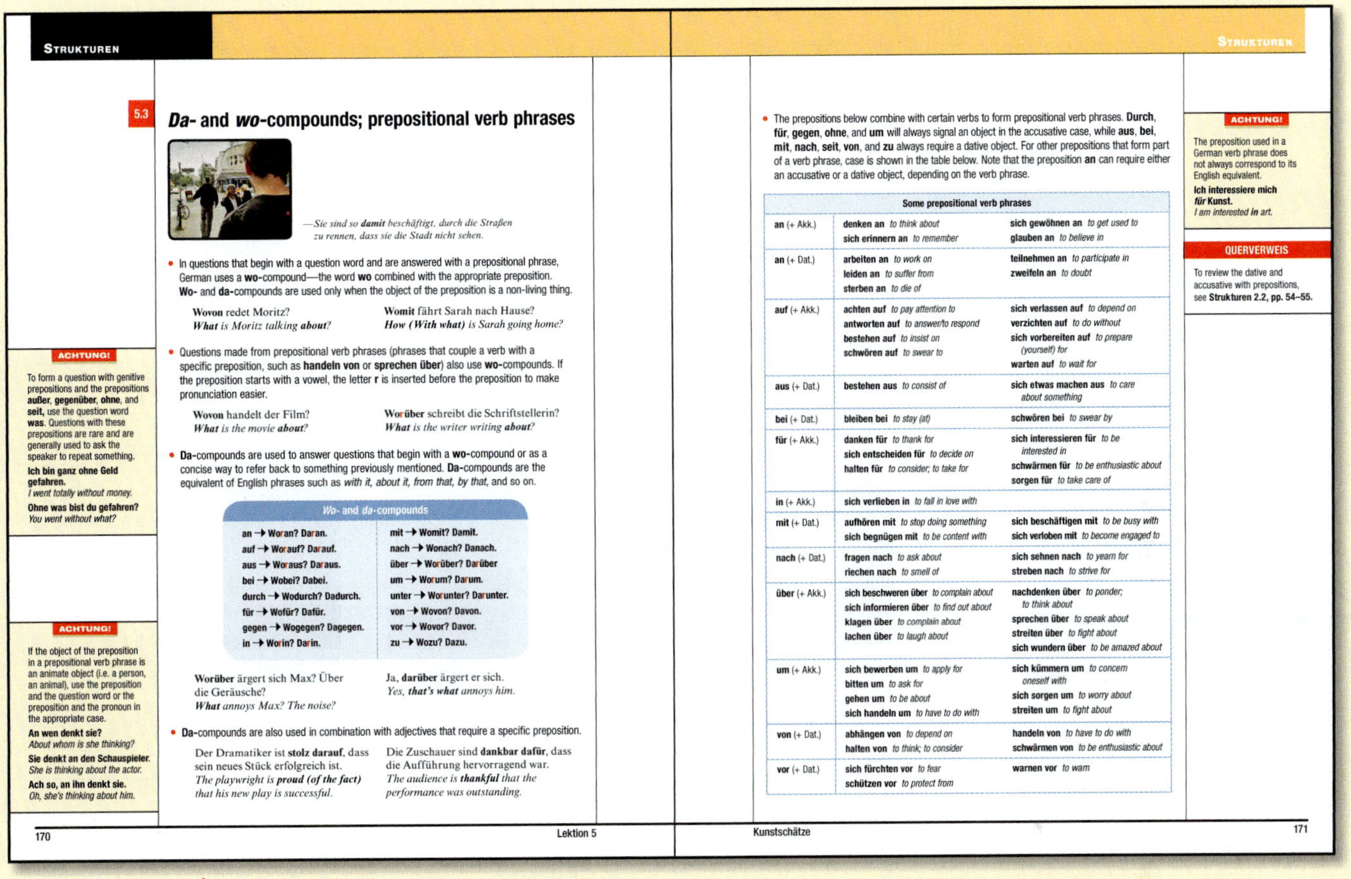

STRUKTUREN

5.3 *Da-* and *wo-*compounds; prepositional verb phrases

*—Sie sind so **damit** beschäftigt, durch die Straßen zu rennen, dass sie die Stadt nicht sehen.*

- In questions that begin with a question word and are answered with a prepositional phrase, German uses a **wo-**compound—the word **wo** combined with the appropriate preposition. **Wo-** and **da-**compounds are used only when the object of the preposition is a non-living thing.

Wovon redet Moritz?
***What** is Moritz talking **about**?*

Womit fährt Sarah nach Hause?
***How (With what)** is Sarah going home?*

- Questions made from prepositional verb phrases (phrases that couple a verb with a specific preposition, such as **handeln von** or **sprechen über**) also use **wo-**compounds. If the preposition starts with a vowel, the letter **r** is inserted before the preposition to make pronunciation easier.

Wovon handelt der Film?
***What** is the movie **about**?*

Worüber schreibt die Schriftstellerin?
***What** is the writer writing **about**?*

- **Da-**compounds are used to answer questions that begin with a **wo-**compound or as a concise way to refer back to something previously mentioned. **Da-**compounds are the equivalent of English phrases such as *with it, about it, from that, by that,* and so on.

Wo- and *da-*compounds	
an → Woran? Daran.	**mit → Womit? Damit.**
auf → Worauf? Darauf.	**nach → Wonach? Danach.**
aus → Woraus? Daraus.	**über → Worüber? Darüber**
bei → Wobei? Dabei.	**um → Worum? Darum.**
durch → Wodurch? Dadurch.	**unter → Worunter? Darunter.**
für → Wofür? Dafür.	**von → Wovon? Davon.**
gegen → Wogegen? Dagegen.	**vor → Wovor? Davor.**
in → Worin? Darin.	**zu → Wozu? Dazu.**

Worüber ärgert sich Max? Über die Geräusche?
***What** annoys Max? The noise?*

Ja, **darüber** ärgert er sich.
*Yes, **that's what** annoys him.*

- **Da-**compounds are also used in combination with adjectives that require a specific preposition.

Der Dramatiker ist **stolz darauf**, dass sein neues Stück erfolgreich ist.
*The playwright is **proud (of the fact)** that his new play is successful.*

Die Zuschauer sind **dankbar dafür**, dass die Aufführung hervorragend war.
*The audience is **thankful** that the performance was outstanding.*

ACHTUNG!

To form a question with genitive prepositions and the prepositions **außer**, **gegenüber**, **ohne**, and **seit**, use the question word **was**. Questions with these prepositions are rare and are generally used to ask the speaker to repeat something.

Ich bin ganz ohne Geld gefahren.
I went totally without money.
Ohne was bist du gefahren?
You went without what?

ACHTUNG!

If the object of the preposition in a prepositional verb phrase is an animate object (i.e. a person, an animal), use the preposition and the question word or the preposition and the pronoun in the appropriate case.

An wen denkt sie?
About whom is she thinking?
Sie denkt an den Schauspieler.
She is thinking about the actor.
Ach so, an ihn denkt sie.
Oh, she's thinking about him.

170 Lektion 5

STRUKTUREN

- The prepositions below combine with certain verbs to form prepositional verb phrases. **Durch**, **für**, **gegen**, **ohne**, and **um** will always signal an object in the accusative case, while **aus**, **bei**, **mit**, **nach**, **seit**, **von**, and **zu** always require a dative object. For other prepositions that form part of a verb phrase, case is shown in the table below. Note that the preposition **an** can require either an accusative or a dative object, depending on the verb phrase.

Some prepositional verb phrases		
an (+ Akk.)	**denken an** *to think about* **sich erinnern an** *to remember*	**sich gewöhnen an** *to get used to* **glauben an** *to believe in*
an (+ Dat.)	**arbeiten an** *to work on* **leiden an** *to suffer from* **sterben an** *to die of*	**teilnehmen an** *to participate in* **zweifeln an** *to doubt*
auf (+ Akk.)	**achten auf** *to pay attention to* **antworten auf** *to answer/to respond* **bestehen auf** *to insist on* **schwören auf** *to swear to*	**sich verlassen auf** *to depend on* **verzichten auf** *to do without* **sich vorbereiten auf** *to prepare (yourself) for* **warten auf** *to wait for*
aus (+ Dat.)	**bestehen aus** *to consist of*	**sich etwas machen aus** *to care about something*
bei (+ Dat.)	**bleiben bei** *to stay (at)*	**schwören bei** *to swear by*
für (+ Akk.)	**danken für** *to thank for* **sich entscheiden für** *to decide on* **halten für** *to consider; to take for*	**sich interessieren für** *to be interested in* **schwärmen für** *to be enthusiastic about* **sorgen für** *to take care of*
in (+ Akk.)	**sich verlieben in** *to fall in love with*	
mit (+ Dat.)	**aufhören mit** *to stop doing something* **sich begnügen mit** *to be content with*	**sich beschäftigen mit** *to be busy with* **sich verloben mit** *to become engaged to*
nach (+ Dat.)	**fragen nach** *to ask about* **riechen nach** *to smell of*	**sich sehnen nach** *to yearn for* **streben nach** *to strive for*
über (+ Akk.)	**sich beschweren über** *to complain about* **sich informieren über** *to find out about* **klagen über** *to complain about* **lachen über** *to laugh about*	**nachdenken über** *to ponder; to think about* **sprechen über** *to speak about* **streiten über** *to fight about* **sich wundern über** *to be amazed about*
um (+ Akk.)	**sich bewerben um** *to apply for* **bitten um** *to ask for* **gehen um** *to be about* **sich handeln um** *to have to do with*	**sich kümmern um** *to concern oneself with* **sich sorgen um** *to worry about* **streiten um** *to fight about*
von (+ Dat.)	**abhängen von** *to depend on* **halten von** *to think; to consider*	**handeln von** *to have to do with* **schwärmen von** *to be enthusiastic about*
vor (+ Dat.)	**sich fürchten vor** *to fear* **schützen vor** *to protect from*	**warnen vor** *to warn*

ACHTUNG!

The preposition used in a German verb phrase does not always correspond to its English equivalent.

Ich interessiere mich *für* Kunst.
*I am interested **in** art.*

QUERVERWEIS

To review the dative and accusative with prepositions, see **Strukturen 2.2, pp. 54–55.**

Kunstschätze 171

Integration of Kurzfilm Photos with quotes or captions from the lesson's short film show the new grammar structures in meaningful contexts.

Charts and diagrams Colorful, easy-to-understand charts and diagrams highlight key grammar structures and related vocabulary.

Grammar explanations Explanations are written in clear, easy-to-understand language for reference both in and out of class.

Achtung! These sidebars expand on the current grammar point and call attention to possible sources of confusion.

Querverweis These sidebars reference relevant grammar points actively presented in **Strukturen**.

- Grammar presentations

Supersite features vary by access level. Visit **vistahigherlearning.com** to explore which Supersite level is right for you.

Strukturen

progresses from directed to communicative practice.

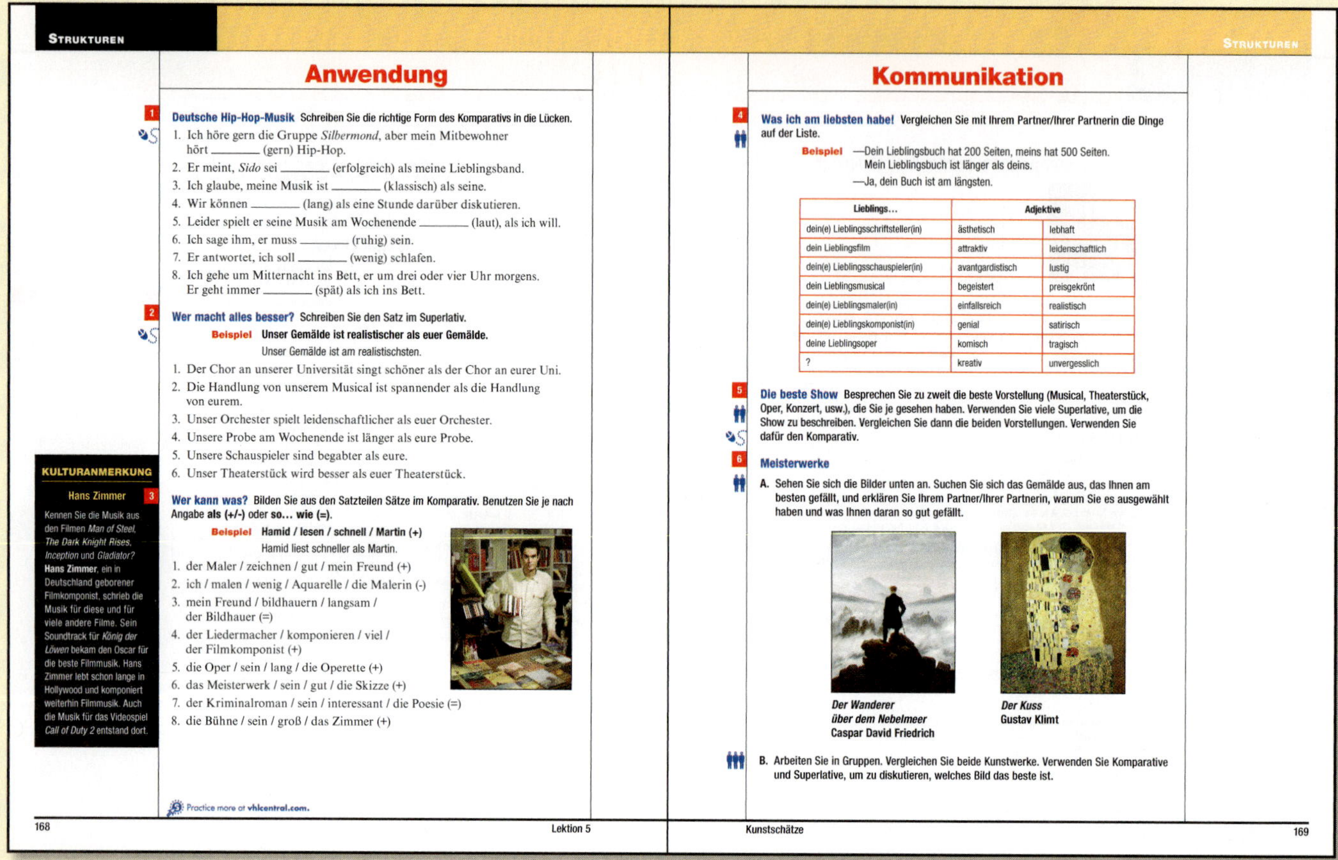

STRUKTUREN

Anwendung

1 Deutsche Hip-Hop-Musik Schreiben Sie die richtige Form des Komparativs in die Lücken.

1. Ich höre gern die Gruppe *Silbermond*, aber mein Mitbewohner hört ________ (gern) Hip-Hop.
2. Er meint, *Sido* sei ________ (erfolgreich) als meine Lieblingsband.
3. Ich glaube, meine Musik ist ________ (klassisch) als seine.
4. Wir können ________ (lang) als eine Stunde darüber diskutieren.
5. Leider spielt er seine Musik am Wochenende ________ (laut), als ich will.
6. Ich sage ihm, er muss ________ (ruhig) sein.
7. Er antwortet, ich soll ________ (wenig) schlafen.
8. Ich gehe um Mitternacht ins Bett, er um drei oder vier Uhr morgens. Er geht immer ________ (spät) als ich ins Bett.

2 Wer macht alles besser? Schreiben Sie den Satz im Superlativ.

Beispiel **Unser Gemälde ist realistischer als euer Gemälde.**
Unser Gemälde ist am realistischsten.

1. Der Chor an unserer Universität singt schöner als der Chor an eurer Uni.
2. Die Handlung von unserem Musical ist spannender als die Handlung von eurem.
3. Unser Orchester spielt leidenschaftlicher als euer Orchester.
4. Unsere Probe am Wochenende ist länger als eure Probe.
5. Unsere Schauspieler sind begabter als eure.
6. Unser Theaterstück wird besser als euer Theaterstück.

KULTURANMERKUNG

Hans Zimmer

Kennen Sie die Musik aus den Filmen *Man of Steel, The Dark Knight Rises, Inception* und *Gladiator*? **Hans Zimmer**, ein in Deutschland geborener Filmkomponist, schrieb die Musik für diese und für viele andere Filme. Sein Soundtrack für *König der Löwen* bekam den Oscar für die beste Filmmusik. Hans Zimmer lebt schon lange in Hollywood und komponiert weiterhin Filmmusik. Auch die Musik für das Videospiel *Call of Duty 2* entstand dort.

3 Wer kann was? Bilden Sie aus den Satzteilen Sätze im Komparativ. Benutzen Sie je nach Angabe **als (+/-)** oder **so... wie (=)**.

Beispiel **Hamid / lesen / schnell / Martin (+)**
Hamid liest schneller als Martin.

1. der Maler / zeichnen / gut / mein Freund (+)
2. ich / malen / wenig / Aquarelle / die Malerin (-)
3. mein Freund / bildhauern / langsam / der Bildhauer (=)
4. der Liedermacher / komponieren / viel / der Filmkomponist (+)
5. die Oper / sein / lang / die Operette (+)
6. das Meisterwerk / sein / gut / die Skizze (+)
7. der Kriminalroman / sein / interessant / die Poesie (=)
8. die Bühne / sein / groß / das Zimmer (+)

Practice more at **vhlcentral.com.**

168 Lektion 5

Kommunikation

4 Was ich am liebsten habe! Vergleichen Sie mit Ihrem Partner/Ihrer Partnerin die Dinge auf der Liste.

Beispiel —Dein Lieblingsbuch hat 200 Seiten, meins hat 500 Seiten. Mein Lieblingsbuch ist länger als deins.
—Ja, dein Buch ist am längsten.

Lieblings…	Adjektive	
dein(e) Lieblingsschriftsteller(in)	ästhetisch	lebhaft
dein Lieblingsfilm	attraktiv	leidenschaftlich
dein(e) Lieblingsschauspieler(in)	avantgardistisch	lustig
dein Lieblingsmusical	begeistert	preisgekrönt
dein(e) Lieblingsmaler(in)	einfallsreich	realistisch
dein(e) Lieblingskomponist(in)	genial	satirisch
deine Lieblingsoper	komisch	tragisch
?	kreativ	unvergesslich

5 Die beste Show Besprechen Sie zu zweit die beste Vorstellung (Musical, Theaterstück, Oper, Konzert, usw.), die Sie je gesehen haben. Verwenden Sie viele Superlative, um die Show zu beschreiben. Vergleichen Sie dann die beiden Vorstellungen. Verwenden Sie dafür den Komparativ.

6 Meisterwerke

A. Sehen Sie sich die Bilder unten an. Suchen Sie sich das Gemälde aus, das Ihnen am besten gefällt, und erklären Sie Ihrem Partner/Ihrer Partnerin, warum Sie es ausgewählt haben und was Ihnen daran so gut gefällt.

Der Wanderer über dem Nebelmeer
Caspar David Friedrich

Der Kuss
Gustav Klimt

B. Arbeiten Sie in Gruppen. Vergleichen Sie beide Kunstwerke. Verwenden Sie Komparative und Superlative, um zu diskutieren, welches Bild das beste ist.

Kunstschätze 169

Anwendung Directed exercises support students as they begin working with the grammar structures, helping them master the forms they need for personalized communication.

Kommunikation Open-ended, communicative activities help students internalize the grammar point in a range of contexts involving pair and group work.

Kulturanmerkung These sidebars explain cultural references embedded in activities and expand the culture content of each lesson.

Supersite

- Textbook activities
- Chat activities for conversational skill building and oral practice
- Additional online-only practice activities

Supersite features vary by access level. Visit **vistahigherlearning.com** to explore which Supersite level is right for you.

SYNTHESE

brings together the lesson grammar and vocabulary themes.

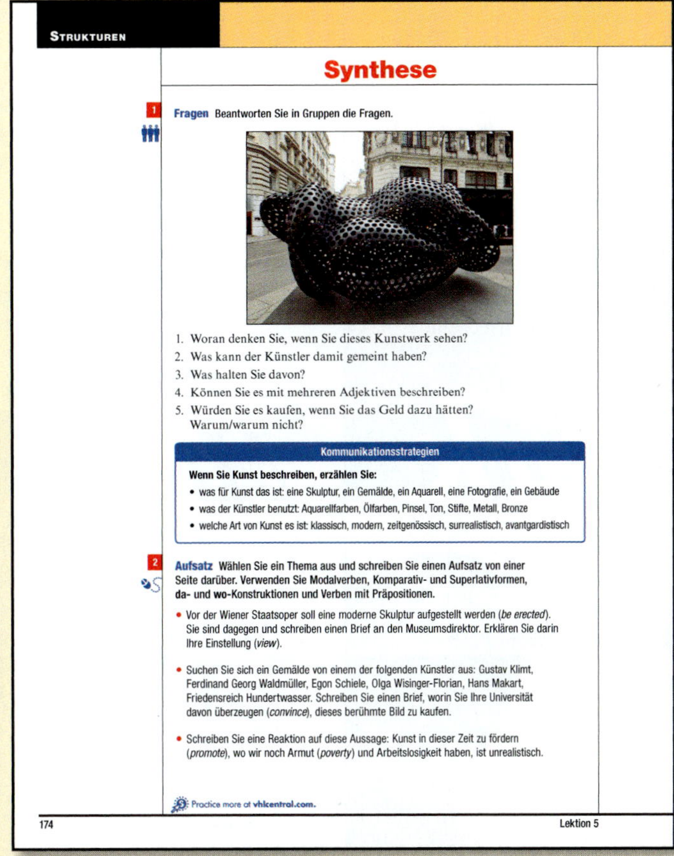

STRUKTUREN

Synthese

1 **Fragen** Beantworten Sie in Gruppen die Fragen.

1. Woran denken Sie, wenn Sie dieses Kunstwerk sehen?
2. Was kann der Künstler damit gemeint haben?
3. Was halten Sie davon?
4. Können Sie es mit mehreren Adjektiven beschreiben?
5. Würden Sie es kaufen, wenn Sie das Geld dazu hätten? Warum/warum nicht?

Kommunikationsstrategien

Wenn Sie Kunst beschreiben, erzählen Sie:
- was für Kunst das ist: eine Skulptur, ein Gemälde, ein Aquarell, eine Fotografie, ein Gebäude
- was der Künstler benutzt: Aquarellfarben, Ölfarben, Pinsel, Ton, Stifte, Metall, Bronze
- welche Art von Kunst es ist: klassisch, modern, zeitgenössisch, surrealistisch, avantgardistisch

2 **Aufsatz** Wählen Sie ein Thema aus und schreiben Sie einen Aufsatz von einer Seite darüber. Verwenden Sie Modalverben, Komparativ- und Superlativformen, da- und wo-Konstruktionen und Verben mit Präpositionen.

- Vor der Wiener Staatsoper soll eine moderne Skulptur aufgestellt werden (*be erected*). Sie sind dagegen und schreiben einen Brief an den Museumsdirektor. Erklären Sie darin Ihre Einstellung (*view*).
- Suchen Sie sich ein Gemälde von einem der folgenden Künstler aus: Gustav Klimt, Ferdinand Georg Waldmüller, Egon Schiele, Olga Wisinger-Florian, Hans Makart, Friedensreich Hundertwasser. Schreiben Sie einen Brief, worin Sie Ihre Universität davon überzeugen (*convince*), dieses berühmte Bild zu kaufen.
- Schreiben Sie eine Reaktion auf diese Aussage: Kunst in dieser Zeit zu fördern (*promote*), wo wir noch Armut (*poverty*) und Arbeitslosigkeit haben, ist unrealistisch.

Practice more at **vhlcentral.com**.

174 Lektion 5

Fragen Realia and photography serve as springboards for pair, group, or class discussions.

Aufsatz Gives students the opportunity to use the grammar and vocabulary of the lesson in engaging, real-life writing tasks.

Strategien Tips, techniques, key words, and expressions help students improve their oral and written communication skills.

Supersite

- Textbook composition activity

Supersite features vary by access level. Visit **vistahigherlearning.com** to explore which Supersite level is right for you.

KULTUR

features a dynamic cultural reading.

KULTUR

Musik Musik

KULTUR

Audio: Reading

Musik

Man kann eine andere Art von Reise durch Österreich machen – eine Reise mit den Ohren, durch die schallenden° Musikwelten des Landes. Auf dem Weg trifft man auf brillante Komponisten und epochale Werke. In die klassische Periode fallen Namen wie Joseph Haydn und Wolfgang Amadeus Mozart. Haydn hat von 1732 bis 1809 gelebt und die meiste Zeit seines Lebens als Kapellmeister auf dem Landsitz° der reichen Familie Eszterházy verbracht°. Mozart (1756–1791) lebte hauptsächlich in Wien und gilt° als musikalisches Wunderkind. Beide Komponisten sind führende° Vertreter der Wiener Klassik, einem Musikstil, der in der zweiten Hälfte des 18. Jahrhunderts hauptsächlich in Wien aufgekommen ist. Bezeichnend° daran war die Vielfalt sowohl der Kompositionsarten als auch der Verarbeitung° von musikalischen Motiven und Themen. Haydn komponierte 1797 für Kaiser Franz II. die Kaiserhymne. Diese Melodie hat August Heinrich Hoffmann von Fallersleben 1841 mit einem neuen Text unterlegt, woraus dann das Deutschlandlied wurde, dessen dritte Strophe noch heute die deutsche Nationalhymne ist.

Von der Klassik kommen wir mit Franz Schubert (1797–1828) in die Zeit der Romantik. Diese musikalische Epoche zeichnet sich vor allem durch ihre Verarbeitung von literarischen Themen aus. So entstandenen durch die Vertonung° von romantischer Dichtung neue Bühnenwerke wie Sinfonien, Operetten oder das Ballett. Diese Art der Verknüpfung von Kunstformen wird in Schuberts musikalischer Interpretation des Goethe-Gedichtes „Erlkönig" sehr deutlich. Schubert passt die Musik dem Text an°, und der Zuhörer kann sich durch die Klaviermusik das Galoppieren des Pferdes bildlich vorstellen. Der sehr produktive Komponist hat auch in Wien gewohnt und in seinem kurzen Leben 998 Werke geschaffen: 7 Messen, 9 Sinfonien und 606 Lieder.

Gustav Mahler (1860–1911) hat seine Sinfonien im romantischen Stil komponiert und in den 5 *Kindertotenliedern* (1901–1904), basierend auf Gedichten von Rückert, eine einzigartige° Verbindung von Text und Ton geschaffen, in dem die spätromantischen Lieder eine Mischung° der Gefühle von Angst, fantasievoller Auferstehung der Kinder und Resignation spiegeln, um dann im letzten Lied eine Stimmung von Transzendenz zu vermitteln.

Ganz andere Musik hat Johann Strauß (Sohn) (1825–1899) kreiert. Strauß' Vater, der auch Komponist war, wollte, dass der Sohn Bankier wird, nicht Musiker. Der junge Johann musste insgeheim Geige üben° und wurde bestraft°, als der Vater ihn dabei ertappte°. Er ließ sich aber nicht vom Musizieren abhalten° und ist später in die Musikgeschichte als der Walzerkönig eingegangen.

Der Komponist, Maler und Dichter Arnold Schönberg wurde 1874 in Wien geboren und starb 1951 in Los Angeles. Er entwickelte 1921 seine „Methode des Komponierens mit zwölf nur aufeinander bezogenen° Tönen", die als „Zwölftonmusik" bekannt geworden ist°.

Auf der leichteren Seite befindet sich Robert Stolz (1880–1975), der über 60 Operetten, zahlreiche Filmmusiken, Schlager, eine einaktige° Oper und einen Liederzyklus° in E-Musik geschrieben und komponiert hat. Seine Musik ist noch heute bekannt und beliebt.

Jetzt bleibt uns bei unserer Ohrenreise nur noch eine Aufgabe: Zuhören. ■

echoing · country estate · spent · is considered · leading · Significantly · processing · setting · adapts the music to the text · unique · combination · secretly practice violin/punished · caught · hinder · related to · became known · one-act · cycle of songs

Der Musikverein...

in Wien ist einmalig° und für Musikfreunde auf der ganzen Welt gleichbedeutend° mit erstklassigen Konzerten. Der klangvolle° Name bezeichnet sowohl das Gebäude am Karlsplatz in Wien als auch die Gesellschaft der Musikfreunde, der dieses Haus gehört. Und ganz besonders bekannt ist er für seine Neujahrskonzerte, die in die ganze Welt ausgestrahlt werden.

einmalig *unique* **gleichbedeutend** *synonymous* **klangvolle** *sounding*

Kunstschätze 177

Readings Brief, comprehensible readings present students with additional cultural information related to the lesson theme.

Design Readings are carefully laid out with line numbers, marginal glosses, and box features to help make each piece easy to navigate.

Photos Vibrant, dynamic photos visually illustrate the reading.

Supersite

- Audio-sync technology for the cultural reading that highlights text as it is being read
- Textbook activities
- Additional online-only practice activity

Supersite features vary by access level. Visit **vistahigherlearning.com** to explore which Supersite level is right for you.

LITERATUR

showcases literary readings by well-known German writers.

LITERATUR

Emilia Galotti

von Gotthold Ephraim Lessing

Karl Joseph Begas (1794–1854). Wilhelmine Begas, die Frau des Künstlers. 1828.

Kurze Zusammenfassung des Dramas

Emilia Galotti ist mit dem Grafen Appiani verlobt, aber auch der Prinz ist in sie verliebt und plant einen Überfall auf Emilias Kutsche. Bei diesem Übefall wird Graf Appiani getötet und Emilia fällt in die Hände des Prinzen. Sie bittet ihren Vater, sie zu töten, weil sie befürchtet, den Versuchungen des Prinzen zu erliegen.

Der folgende Auszug spielt in einem Zimmer des Prinzen. Der Prinz ist dabei, seine Korrespondenz zu beantworten, als der Maler Conti zu einer Audienz erscheint.

180 Lektion 5

LITERATUR

Audio: Dramatic Reading

Personen: Der Maler Conti, Prinz

Zweiter Auftritt

Conti Der Prinz.

Der Prinz Guten Morgen, Conti. Wie leben Sie? Was macht die Kunst?

Conti Prinz, die Kunst geht nach Brot.

Der Prinz Das muß sie nicht; das soll sie nicht, – in meinem kleinen Gebiete gewiß nicht – Aber der Künstler muß auch arbeiten wollen.

Conti Arbeiten? Das ist seine Lust. Nur zu viel arbeiten müssen, kann ihn um den Namen Künstler bringen.

Der Prinz Ich meine nicht vieles, sondern viel; ein weniges; aber mit Fleiß. – Sie kommen doch nicht leer, Conti?

Conti Ich bringe das Porträt, welches Sie mir befohlen haben, gnädiger Herr. Und bringe noch eines, welches Sie mir nicht befohlen: aber weil es gesehen zu werden verdient –

Der Prinz Jenes ist? – Kann ich mich doch kaum erinnern –

Conti Die Gräfin Orsina.

Der Prinz Wahr! – Der Auftrag ist nur ein wenig von lange her.

Conti Unsere schönen Damen sind nicht alle Tage zum malen. Die Gräfin hat, seit drei Monaten, gerade einmal sich entschließen können, zu sitzen.

Der Prinz Wo sind die Stücke?

Conti In dem Vorzimmer°, ich hole sie.

Vorzimmer: ante chamber

Dritter Auftritt

Der Prinz Ihr Bild! – mag! – Ihr Bild, ist sie doch nicht selber. – Und vielleicht find' ich in dem Bilde wieder, was ich in der Person nicht mehr erblicke°. – Ich will es aber nicht wiederfinden. – Der beschwerliche Maler! Ich glaube gar, sie hat ihn bestochen°. – Wär' es auch! Wenn ihr ein anderes Bild, das mit andern Farben, auf einen andern Grund° gemalet ist, – in meinem Herzen wieder Platz machen will: – Wahrlich, ich glaube, ich wär' es zufrieden. Als ich dort liebte, war ich immer so leicht, so fröhlich, so ausgelassen°. – Nun bin ich von allem das Gegenteil. – Doch nein; nein, nein! Behäglicher°, oder nicht behäglicher: ich bin so besser.

erblicke: saw; bestochen: bribed; Grund: background; ausgelassen: boisterously; Behäglicher: more comfortbale

Vierter Auftritt

(Der Prinz, Conti mit den Gemälden, wovon er das eine verwandt gegen einen Stuhl lehnet.)

Conti (indem er das andere zurechtstellet) Ich bitte, Prinz, daß Sie die Schranken° unserer Kunst erwägen° wollen. Vieles von dem Anzüglichsten° der Schönheit liegt ganz außer den Grenzen derselben. – Treten Sie so! –

Schranken: limits; erwägen: consider; Anzüglichsten: most attractive

Der Prinz (nach einer kurzen Betrachtung) Vortrefflich, Conti; – ganz vortrefflich! – Das gilt Ihrer Kunst, Ihrem Pinsel. – Aber geschmeichelt, Conti; ganz unendlich geschmeichelt!

„ — Was macht die Kunst? – Die Kunst geht nach Brot – Das muß sie nicht, das soll sie nicht."

Conti Das Original schien dieser Meinung nicht zu sein. Auch ist es in der Tat nicht mehr geschmeichelt, als die Kunst schmeicheln muß. Die Kunst muß malen, wie sich die plastische Natur, – wenn es eine gibt – das Bild dachte: ohne den Abfall, welchen der widerstrebende° Stoff unvermeidlich macht; ohne den Verderb°, mit welchem die Zeit dagegen ankämpfet.

widerstrebende: reluctant; Verderb: deterioration

Der Prinz Der denkende Künstler ist noch eins soviel wert. – Aber das Original, sagen Sie, fand demungeachtet° –

demungeachtet: regardless of that

Conti Verzeihen Sie, Prinz. Das Original ist eine Person, die meine Ehrerbietung° fodert. Ich habe nichts Nachteiliges von ihr äußern wollen.

Ehrerbietung: deference

Der Prinz Soviel als Ihnen beliebt! – Und was sagte das Original?

Conti Ich bin zufrieden, sagte die Gräfin, wenn ich nicht häßlicher aussehe.

Der Prinz Nicht häßlicher? – O das wahre Original!

Conti Und mit einer Miene sagte sie das – von der freilich dieses ihr Bild keine Spur, keinen Verdacht zeiget.

Kunstschätze 181

Literatur Comprehensible and compelling, these readings present new avenues for using the lesson's grammar and vocabulary.

Design Each reading is presented in the attention-grabbing visual style you would expect from a magazine, along with glosses of unfamiliar words.

Supersite

- Dramatic readings of each literary selection bring the plot to life
- Audio-sync technology for the literary reading highlights text as it is being read

Supersite features vary by access level. Visit **vistahigherlearning.com** to explore which Supersite level is right for you.

Vorbereitung und Analyse

activities provide in-depth pre- and post-reading support for each selection in Literatur and Cultura.

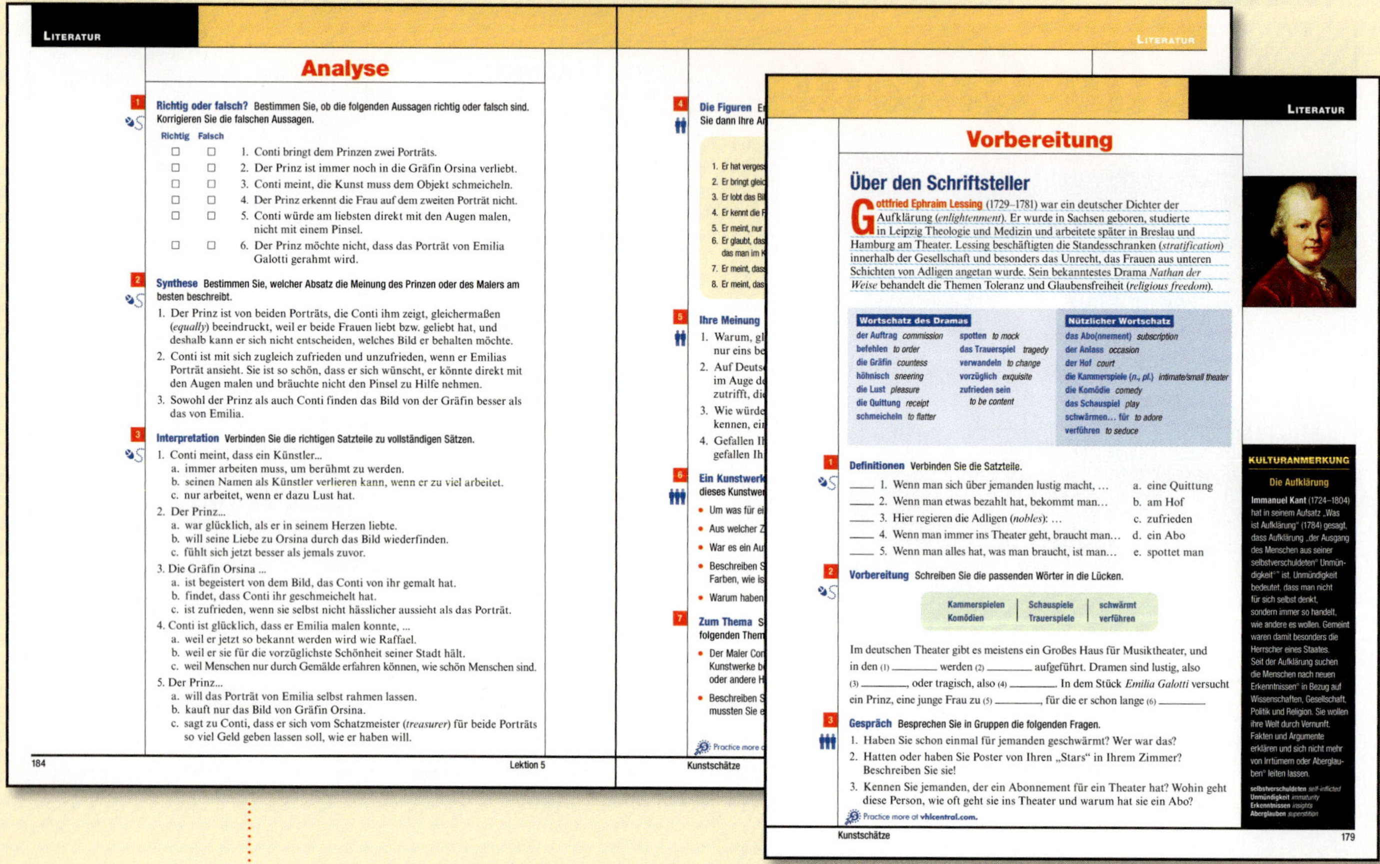

LITERATUR

Analyse

1 Richtig oder falsch? Bestimmen Sie, ob die folgenden Aussagen richtig oder falsch sind. Korrigieren Sie die falschen Aussagen.

Richtig	Falsch	
☐	☐	1. Conti bringt dem Prinzen zwei Porträts.
☐	☐	2. Der Prinz ist immer noch in die Gräfin Orsina verliebt.
☐	☐	3. Conti meint, die Kunst muss dem Objekt schmeicheln.
☐	☐	4. Der Prinz erkennt die Frau auf dem zweiten Porträt nicht.
☐	☐	5. Conti würde am liebsten direkt mit den Augen malen, nicht mit einem Pinsel.
☐	☐	6. Der Prinz möchte nicht, dass das Porträt von Emilia Galotti gerahmt wird.

2 Synthese Bestimmen Sie, welcher Absatz die Meinung des Prinzen oder des Malers am besten beschreibt.

1. Der Prinz ist von beiden Porträts, die Conti ihm zeigt, gleichermaßen (*equally*) beeindruckt, weil er beide Frauen liebt bzw. geliebt hat, und deshalb kann er sich nicht entscheiden, welches Bild er behalten möchte.
2. Conti ist mit sich zugleich zufrieden und unzufrieden, wenn er Emilias Porträt ansieht. Sie ist so schön, dass er sich wünscht, er könnte direkt mit den Augen malen und bräuchte nicht den Pinsel zu Hilfe nehmen.
3. Sowohl der Prinz als auch Conti finden das Bild von der Gräfin besser als das von Emilia.

3 Interpretation Verbinden Sie die richtigen Satzteile zu vollständigen Sätzen.

1. Conti meint, dass ein Künstler...
   a. immer arbeiten muss, um berühmt zu werden.
   b. seinen Namen als Künstler verlieren kann, wenn er zu viel arbeitet.
   c. nur arbeitet, wenn er dazu Lust hat.
2. Der Prinz...
   a. war glücklich, als er in seinem Herzen liebte.
   b. will seine Liebe zu Orsina durch das Bild wiederfinden.
   c. fühlt sich jetzt besser als jemals zuvor.
3. Die Gräfin Orsina ...
   a. ist begeistert von dem Bild, das Conti von ihr gemalt hat.
   b. findet, dass Conti ihr geschmeichelt hat.
   c. ist zufrieden, wenn sie selbst nicht hässlicher aussieht als das Porträt.
4. Conti ist glücklich, als er Emilia malen konnte, ...
   a. weil er jetzt so bekannt werden wird wie Raffael.
   b. weil er sie für die vorzüglichste Schönheit seiner Stadt hält.
   c. weil Menschen nur durch Gemälde erfahren können, wie schön Menschen sind.
5. Der Prinz...
   a. will das Porträt von Emilia selbst rahmen lassen.
   b. kauft nur das Bild von Gräfin Orsina.
   c. sagt zu Conti, dass er sich vom Schatzmeister (*treasurer*) für beide Porträts so viel Geld geben lassen soll, wie er haben will.

184 Lektion 5

LITERATUR

Vorbereitung

Über den Schriftsteller

Gottfried Ephraim Lessing (1729–1781) war ein deutscher Dichter der Aufklärung (*enlightenment*). Er wurde in Sachsen geboren, studierte in Leipzig Theologie und Medizin und arbeitete später in Breslau und Hamburg am Theater. Lessing beschäftigten die Standesschranken (*stratification*) innerhalb der Gesellschaft und besonders das Unrecht, das Frauen aus unteren Schichten von Adligen angetan wurde. Sein bekanntestes Drama *Nathan der Weise* behandelt die Themen Toleranz und Glaubensfreiheit (*religious freedom*).

Wortschatz des Dramas

der Auftrag *commission*
befehlen *to order*
die Gräfin *countess*
höhnisch *sneering*
die Lust *pleasure*
die Quittung *receipt*
schmeicheln *to flatter*
spotten *to mock*
das Trauerspiel *tragedy*
verwandeln *to change*
vorzüglich *exquisite*
zufrieden sein *to be content*

Nützlicher Wortschatz

das Abo(nnement) *subscription*
der Anlass *occasion*
der Hof *court*
die Kammerspiele (*n., pl.*) *intimate/small theater*
die Komödie *comedy*
das Schauspiel *play*
schwärmen... für *to adore*
verführen *to seduce*

1 Definitionen Verbinden Sie die Satzteile.

___ 1. Wenn man sich über jemanden lustig macht, ... — a. eine Quittung
___ 2. Wenn man etwas bezahlt hat, bekommt man... — b. am Hof
___ 3. Hier regieren die Adligen (*nobles*): ... — c. zufrieden
___ 4. Wenn man immer ins Theater geht, braucht man... — d. ein Abo
___ 5. Wenn man alles hat, was man braucht, ist man... — e. spottet man

2 Vorbereitung Schreiben Sie die passenden Wörter in die Lücken.

Kammerspielen | Schauspiele | schwärmt
Komödien | Trauerspiele | verführen

Im deutschen Theater gibt es meistens ein Großes Haus für Musiktheater, und in den (1) ______ werden (2) ______ aufgeführt. Dramen sind lustig, also (3) ______, oder tragisch, also (4) ______. In dem Stück *Emilia Galotti* versucht ein Prinz, eine junge Frau zu (5) ______, für die er schon lange (6) ______

3 Gespräch Besprechen Sie in Gruppen die folgenden Fragen.

1. Haben Sie schon einmal für jemanden geschwärmt? Wer war das?
2. Hatten oder haben Sie Poster von Ihren „Stars" in Ihrem Zimmer? Beschreiben Sie sie!
3. Kennen Sie jemanden, der ein Abonnement für ein Theater hat? Wohin geht diese Person, wie oft geht sie ins Theater und warum hat sie ein Abo?

Practice more at **vhlcentral.com**.

KULTURANMERKUNG

Die Aufklärung

Immanuel Kant (1724–1804) hat in seinem Aufsatz „Was ist Aufklärung" (1784) gesagt, dass Aufklärung „der Ausgang des Menschen aus seiner selbstverschuldeten¹ Unmündigkeit²" ist. Unmündigkeit bedeutet, dass man nicht für sich selbst denkt, sondern immer so handelt, wie andere es wollen. Gemeint waren damit besonders die Herrscher eines Staates. Seit der Aufklärung suchen die Menschen nach neuen Erkenntnissen³ in Bezug auf Wissenschaften, Gesellschaft, Politik und Religion. Sie wollen ihre Welt durch Vernunft, Fakten und Argumente erklären und sich nicht mehr von Irrtümern oder Aberglauben⁴ leiten lassen.

selbstverschuldeten *self-inflicted* Unmündigkeit *immaturity* Erkenntnissen *insights* Aberglauben *superstition*

Kunstschätze 179

Vorbereitung Vocabulary presentation and practice, author biographies, and pre-reading discussion activities prepare students for the reading.

Analyse Post-reading activities check student understanding and guide them to discuss the topic of the reading, express their opinions, and explore how it relates to their own experiences.

Supersite

- Textbook activities
- Additional online-only comprehension activities
- **Über den Schriftsteller** reading with online-only activity

Supersite features vary by access level. Visit **vistahigherlearning.com** to explore which Supersite level is right for you.

Schreibwerkstatt

synthesizes the lesson with a writing assignment.

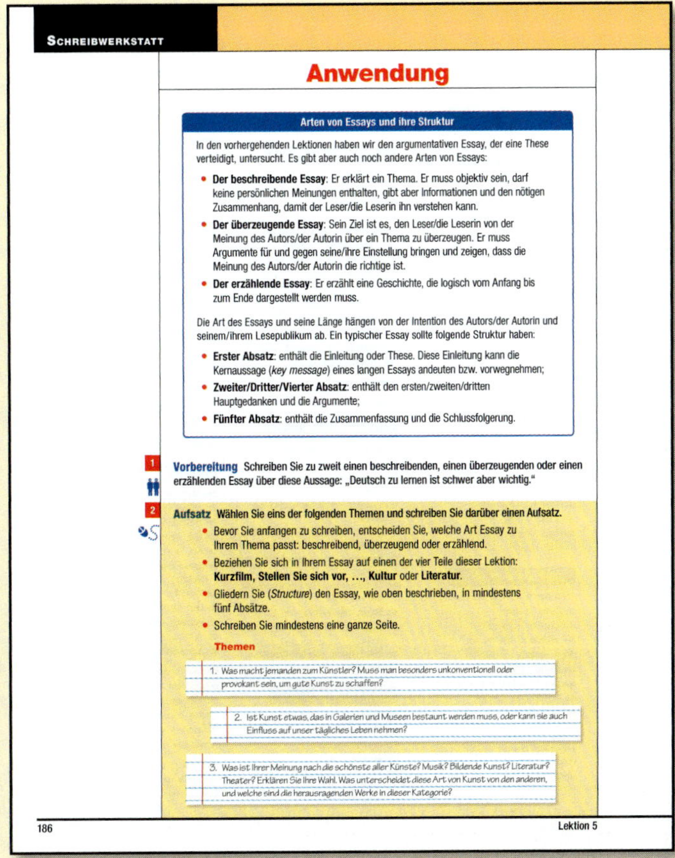

SCHREIBWERKSTATT

Anwendung

Arten von Essays und ihre Struktur

In den vorhergehenden Lektionen haben wir den argumentativen Essay, der eine These verteidigt, untersucht. Es gibt aber auch noch andere Arten von Essays:

- **Der beschreibende Essay**: Er erklärt ein Thema. Er muss objektiv sein, darf keine persönlichen Meinungen enthalten, gibt aber Informationen und den nötigen Zusammenhang, damit der Leser/die Leserin ihn verstehen kann.
- **Der überzeugende Essay**: Sein Ziel ist es, den Leser/die Leserin von der Meinung des Autors/der Autorin über ein Thema zu überzeugen. Er muss Argumente für und gegen seine/ihre Einstellung bringen und zeigen, dass die Meinung des Autors/der Autorin die richtige ist.
- **Der erzählende Essay**: Er erzählt eine Geschichte, die logisch vom Anfang bis zum Ende dargestellt werden muss.

Die Art des Essays und seine Länge hängen von der Intention des Autors/der Autorin und seinem/ihrem Lesepublikum ab. Ein typischer Essay sollte folgende Struktur haben:

- **Erster Absatz**: enthält die Einleitung oder These. Diese Einleitung kann die Kernaussage (*key message*) eines langen Essays andeuten bzw. vorwegnehmen;
- **Zweiter/Dritter/Vierter Absatz**: enthält den ersten/zweiten/dritten Hauptgedanken und die Argumente;
- **Fünfter Absatz**: enthält die Zusammenfassung und die Schlussfolgerung.

1 **Vorbereitung** Schreiben Sie zu zweit einen beschreibenden, einen überzeugenden oder einen erzählenden Essay über diese Aussage: „Deutsch zu lernen ist schwer aber wichtig."

2 **Aufsatz** Wählen Sie eins der folgenden Themen und schreiben Sie darüber einen Aufsatz.

- Bevor Sie anfangen zu schreiben, entscheiden Sie, welche Art Essay zu Ihrem Thema passt: beschreibend, überzeugend oder erzählend.
- Beziehen Sie sich in Ihrem Essay auf einen der vier Teile dieser Lektion: **Kurzfilm, Stellen Sie sich vor, ..., Kultur** oder **Literatur**.
- Gliedern Sie (*Structure*) den Essay, wie oben beschrieben, in mindestens fünf Absätze.
- Schreiben Sie mindestens eine ganze Seite.

Themen

1. Was macht jemanden zum Künstler? Muss man besonders unkonventionell oder provokant sein, um gute Kunst zu schaffen?
2. Ist Kunst etwas, das in Galerien und Museen bestaunt werden muss, oder kann sie auch Einfluss auf unser tägliches Leben nehmen?
3. Was ist Ihrer Meinung nach die schönste aller Künste? Musik? Bildende Kunst? Literatur? Theater? Erklären Sie Ihre Wahl. Was unterscheidet diese Art von Kunst von den anderen, und welche sind die herausragenden Werke in dieser Kategorie?

186 Lektion 5

Vorbereitung & Anwendung Writing strategies with practice help develop the students' ability to draft clear, logical essays.

Aufsatz Writing topics bring the lesson together by asking students to construct and defend a thesis in the context of the lesson theme, film, and readings they have studied.

- Textbook composition activity

Supersite features vary by access level. Visit **vistahigherlearning.com** to explore which Supersite level is right for you.

Wortschatz

summarizes the active vocabulary in each lesson.

Wortschatz

Kunst und Literatur

Vocabulary Tools

Literarische Werke

der Aufsatz, ¨-e/der Essay, -s *essay*
die (Auto)biographie, -n *(auto)biography*
das Copyright, -s/das Urheberrecht, -e *copyright*
die Dichtung, -en *work (of literature, poetry)*
der Erzähler, -/die Erzählerin, -nen *narrator*
die Figur, -en *character*
das Genre, -s *genre*
die Handlung, -en *plot*
der Kriminalroman, -e *crime novel*
die Novelle, -n *novella*
die Poesie/die Dichtkunst *poetry*
die Prosa *prose*
der Reim, -e *rhyme*
der Roman, -e *novel*
die Strophe, -n *stanza; verse*
die Zeile, -n *line*

sich entwickeln *to develop*
spielen *to take place (story, play)*
zitieren *to quote*

(frei) erfunden *fictional*
klassisch *classical*
komisch *comical*
lustig *humorous*
preisgekrönt *award-winning*
realistisch *realistic*
satirisch *satirical*
tragisch *tragic*

Die bildenden Künste

das Aquarell, -e *watercolor painting*
die Farbe, -n *paint*
das Gemälde, - *painting*
die schönen Künste *fine arts*
das Ölgemälde, - *oil painting*
der Pinsel, - *paintbrush*
das (Selbst)porträt, -s *(self-)portrait*
die Skulptur, -en *sculpture*
das Stillleben, - *still life*
der Ton *clay*

bildhauern *to sculpt*
malen *to paint*
skizzieren *to sketch*

ästhetisch *aesthetic*
avantgardistisch *avant-garde*

Musik und Theater

die Aufführung, -en *performance*
der Beifall *applause*
die Bühne, -n *stage*
der Chor, ¨-e *choir*
der Konzertsaal, -säle *concert hall*
das Lampenfieber *stage fright*
das Meisterwerk, -e *masterpiece*
das Musical, -s *musical*
die Oper, -n *opera*
die Operette, -n *operetta*
das Orchester, - *orchestra*
die Probe, -n *rehearsal*
das Publikum/die Zuschauer *audience*
das (Theater)stück, -e *play*

zeigen *to show*

leidenschaftlich *passionate*

Die Künstler

der Bildhauer, -/die Bildhauerin, -nen *sculptor*
der Dramatiker, -/die Dramatikerin, -nen *playwright*
der Essayist, -en/die Essayistin, -nen *essayist*
der (Kunst)handwerker, -/die (Kunst)handwerkerin, -nen *artisan; craftsman*
der Komponist, -en/die Komponistin, -nen *composer*
der Liedermacher, -/die Liedermacherin, -nen *songwriter*
der Maler, -/die Malerin, -nen *painter*
der Regisseur, -e/die Regisseurin, -nen *director*
der Schriftsteller, -/die Schriftstellerin, -nen *writer*

Kurzfilm

die Oberfläche, -n *surface*
der Pfeil, -e *arrow*
der Quatsch *nonsense*
abstempeln *to label*
hinterherreisen *to follow (somebody's travels)*
sich trauen *to dare*

vereinsamen *to grow lonely*
verraten *to betray*
verunstalten *to deface*
wegziehen *to move away*
sich wundern über *to be amazed by*
introvertiert *withdrawn*
verklemmt *inhibited*

Kultur

die Auferstehung, -en *resurrection*
die Beherrschung *mastery*
die Kammermusik *chamber music*
der Kapellmeister, -/die Kapellmeisterin, -nen *director of music*
der Schlager, - *hit (mus.)*
die Verknüpfung, -en *combination*
der Vertreter, - *representative*

anregen *to prompt; to stimulate*
entwerfen *to design*
kreieren *to create*
mit Text unterlegen *to set words to a tune*
vermitteln *to convey*

ungewöhnlich *unusual*

Literatur

das Abo(nnement), -s *subscription*
der Anlass, ¨-e *occasion*
der Auftrag, ¨-e *commission*
der Graf, -en/die Gräfin, -nen *count*
der Hof, ¨-e *court*
die Kammerspiele (*n., pl.*) *intimate/small theater*
die Komödie, -n *comedy*
die Lust *pleasure*
die Quittung, -en *receipt*
das Schauspiel, -e *play*
das Trauerspiel, -e *tragedy*

befehlen *to order*
schmeicheln *to flatter*
schwärmen... für *to adore*
spotten *to mock*
verführen *to seduce*
verwandeln *to change*

höhnisch *sneering*
vorzüglich *exquisite*
zufrieden sein *to be content*

Kunstschätze 187

Wortschatz All the lesson's active vocabulary is grouped in easy-to-study thematic lists and tied to the lesson section in which it was presented.

- Vocabulary list with audio
- Customizable study lists

Supersite features vary by access level. Visit **vistahigherlearning.com** to explore which Supersite level is right for you.

DENK MAL! Film Collection

The **DENK MAL!** Film Collection features dramatic short films by German-speaking filmmakers. These films are a central feature of the lesson, providing opportunities to review and recycle vocabulary from **Zu Beginn**, and previewing and contextualizing the grammar from **Strukturen**. The films are available for viewing on the Supersite.

LEKTION 1

Outsourcing

(6 Minuten)

When a family decides to re-organize in the name of economic efficiency, they discover that certain family members aren't pulling their weight.

LEKTION 2

NEW! Die Klärung eines Sachverhalts

(20 Minuten)

An East German engineer is put under pressure by the secret police in a day-long interrogation. The STASI officer will stop at nothing to get him to withdraw his exit-permit application and keep him from moving to West Germany.

LEKTION 3

NEW! Elsas Geburtstag

(10 Minuten)

Workaholic father Bernie has promised his daughter Elsa that he won't miss her birthday again this year, but everything seems to work against him.

LEKTION 4

Björn oder die Hürden der Behörden

(14 Minuten)

Björn's plane to Istanbul is due to leave in three hours. He just needs to get his passport renewal approved in time. But nothing is simple in the world of bureaucracy.

LEKTION 5

NEW! Nashorn im Galopp

(15 Minuten)

Bruno seems to be the only one who can see Berlin's secret soul, but then he meets Vicky, whose fanciful imagination seems to be a match for his own. A unique, artistically-driven take on boy-meets-girl.

LEKTION 6

Wer hat Angst vorm Weihnachtsmann?

(15 Minuten)

When the Lemms decide to hire a counterfeit Santa to entertain their children on Christmas Eve, things don't go exactly as they planned. But the children are delighted.

LEKTION 7

Roentgen

(24 Minuten)

In the year 1896, a promising young doctor begins to experiment with the brand-new X-ray machine delivered to his department. He thinks he's found a miraculous cure for a variety of ailments. Is his scientific zeal blinding him to the ethical implications of his experiments?

LEKTION 8

NEW! Gefährder

(12 Minuten)

In the not-too-distant past, just when the fear of government spying had faded, a university professor becomes the target of an anti-terrorist investigation that hits too close to home.

LEKTION 9

15 Minuten Wahrheit

(18 Minuten)

When 50-year-old Georg Komann and his colleagues are abruptly laid off by their company without so much as a decent compensation package, their prospects look grim. Will they be able to turn the tables at the last minute?

LEKTION 10

Spielzeugland

(14 Minuten)

In an attempt to shield her son from the harsh realities of 1940s Germany, Heinrich's mother tells him that his Jewish neighbors are leaving for Toyland. Then one morning, she wakes up to find that her neighbors are gone, and Heinrich's bed is empty.

Acknowledgments

We extend a special thank you to the contributors whose hard work was essential to bringing **DENK MAL!, Second Edition** to fruition: Karin Schestokat (Oklahoma State University), Tobias Barske (University of Wisconsin, Stevens Point), and Alexander Weiß.

Vista Higher Learning would also like to offer sincere thanks to the many instructors nationwide who reviewed **DENK MAL!** Their insights, ideas, and detailed comments were invaluable to the final product.

Raymond F. Anderson III
Washington Township High School, NJ

Angela Bacher
Washington Township High School, NJ

Julie Bausch
Lake Park High School, IL

Susanne Boer
Midlothian High, VA

Josh Brown
University of Wisconsin–Eau Claire, WI

Annette Budzinski-Luftig
Towson University, MD

Anne Culberson
Furman University, SC

Sandra Dillon
Idaho State University, ID

LeAnn Falcetti-Sevcik
Rockwood Summit High School, MO

Shelley French
Eastern Illinois University, IL

Kathy Garcia
Lindbergh High School, MO

Carla Ghanem
Arizona State University, AZ

Jill Graham
Washington Township High School, NJ

Paula Hanssen
Webster University, MO

Katharina Häusler-Gross
Aquinas College, MI

Gudrun Hommel
Linfield College, OR

Linda Kammann
Utica High School, MI

Melissa King
Father Gabriel Richard High School, MI

Gunde Iwersen-Burritt
Downers Grove North High School, IL

Melanie Lasee
Ashwaubenon High School, WI

Jay M. Layne
Virginia Tech, VA

Martina Lindseth
University of Wisconsin–Eau Claire, WI

Liana Mcmillan
University of Michigan–Dearborn, MI

Barbara Merten-Brugger
University of Wisconsin–Milwaukee, WI

Nicholas Miller
Bluffton High School, IN

Samuel Norwood
Liberty High School, PA

Nicolay Ostrau
Christopher Newport University, VA

Jason Owens
South Dakota State University, SD

Stefanie Parker
James Madison University, VA

Jerry Reinardy
Wausau West High School, WI

Maureen Richards
University of Colorado at Boulder, CO

Marcel Rotter
University of Mary Washington, VA

Lore Schultheiss
Utah Valley University, UT

Sunka Simon
Swarthmore College, PA

Cindy Sittmann
Webster Groves High School, MO

Christa Spreizer
Queens College–CUNY, NY

Susanne Taylor
Hanover College, IN

Martha von der Gathen
Marist College, NY

Melitta Wagner Heaston
University of Northern Colorado, CO

Krissi Waldie
Portage Northern High School, MI

Jennifer Wandrey Aykens
Northern VA Comm College, VA

Kristina Wassmann
Centerville High School, OH

Europa

0 500 Meilen
0 500 Kilometer
Länder, in denen Deutsch eine Amtssprache ist
BARENTSSEE
EUROPÄISCHES NORDMEER
NORDSEE
OSTSEE
ATLANTISCHER OZEAN
SCHWARZES MEER
MITTELMEER
ISLAND
Reykjavik
IRLAND
Dublin
GROSS-BRITANNIEN
London
NORWEGEN
Oslo
SCHWEDEN
Stockholm
FINNLAND
Helsinki
RUSSLAND
Moskau
ESTLAND
Tallinn
LETTLAND
Riga
LITAUEN
Vilnius
RUSSLAND
WEISSRUSSLAND
Minsk
DÄNEMARK
Kopenhagen
die NIEDERLANDE
Amsterdam
Brüssel
BELGIEN
LUXEMBURG
Luxemburg
DEUTSCHLAND
Berlin
POLEN
Warschau
die UKRAINE
Kiew
ÖSTERREICH
LIECHTENSTEIN
Vaduz
die SCHWEIZ
Prag
TSCHECHISCHE REPUBLIK
die SLOWAKEI
Bratislava
Wien
ÖSTERREICH
LIECHTENSTEIN
Vaduz
Bern
die SCHWEIZ
SLOWENIEN
Ljubljana
Budapest
UNGARN
MOLDAWIEN
Kischinau
RUMÄNIEN
Bukarest
Zagreb
KROATIEN
Belgrad
BOSNIEN-HERZEGOWINA
Sarajevo
SERBIEN
Pristina
KOSOVO
BULGARIEN
Sofia
MONTENEGRO
Podgorica
Skopje
MAZEDONIEN
Tirana
ALBANIEN
GRIECHENLAND
Athen
Ankara
die TÜRKEI
Nicosia
ZYPERN
Kreta
FRANKREICH
Paris
Monaco
MONACO
Andorra la Vella
ANDORRA
PORTUGAL
Lissabon
SPANIEN
Madrid
ITALIEN
SAN MARINO
Rom
VATIKANSTADT
Korsika
Sardinien
Balearische Inseln
Sizilien
Valletta
MALTA
Algier
Tunis
TUNESIEN
Rabat
MAROKKO
ALGERIEN
Tripolis
LIBYEN
Kairo
ÄGYPTEN

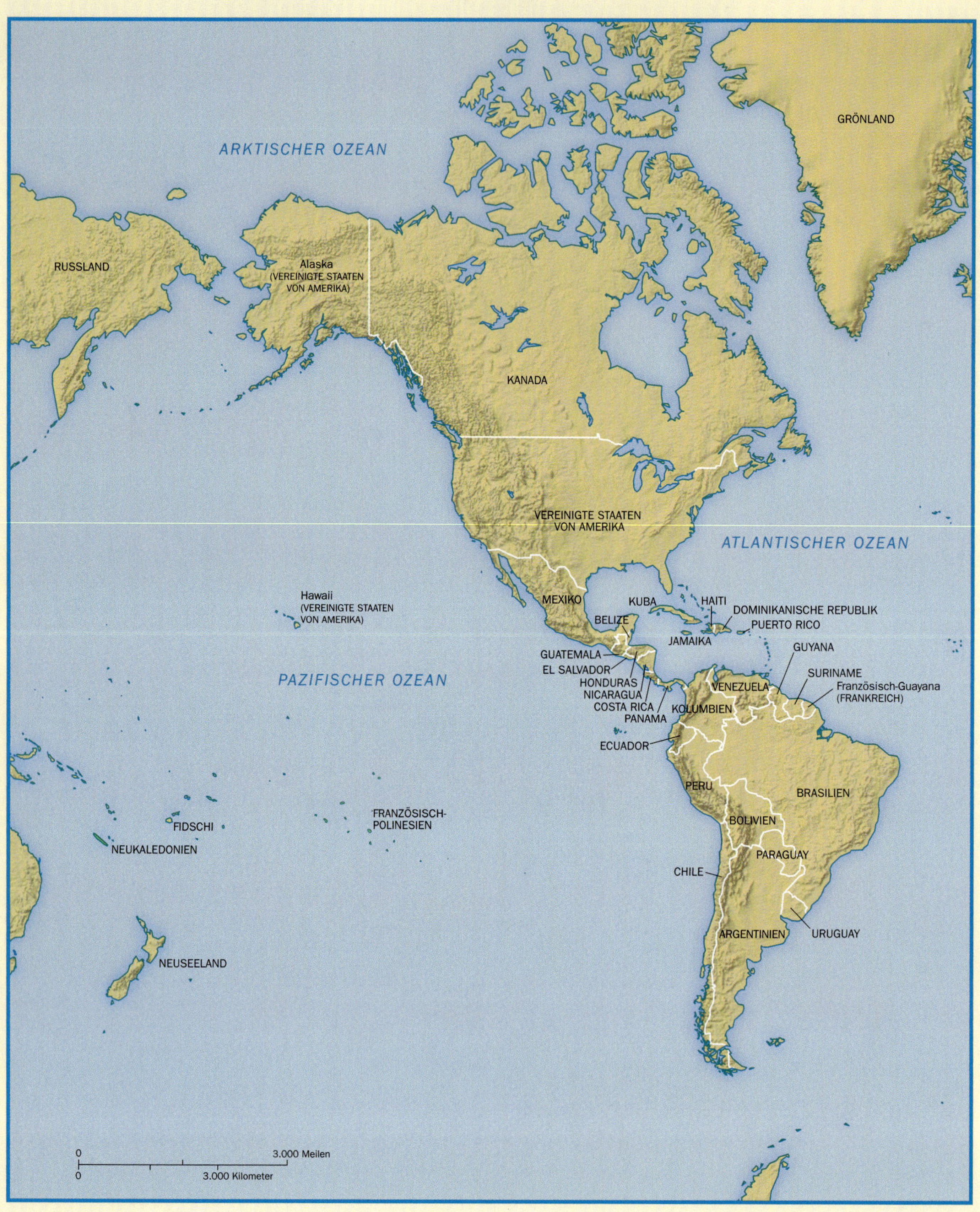
ARKTISCHER OZEAN
GRÖNLAND
RUSSLAND
Alaska
(VEREINIGTE STAATEN
VON AMERIKA)
KANADA
VEREINIGTE STAATEN
VON AMERIKA
ATLANTISCHER OZEAN
Hawaii
(VEREINIGTE STAATEN
VON AMERIKA)
MEXIKO
KUBA
HAITI
DOMINIKANISCHE REPUBLIK
BELIZE
PUERTO RICO
JAMAIKA
GUYANA
GUATEMALA
EL SALVADOR
SURINAME
PAZIFISCHER OZEAN
HONDURAS
NICARAGUA
Französisch-Guayana
(FRANKREICH)
VENEZUELA
COSTA RICA
KOLUMBIEN
PANAMA
ECUADOR
PERU
BRASILIEN
FIDSCHI
FRANZÖSISCH-
POLINESIEN
BOLIVIEN
NEUKALEDONIEN
PARAGUAY
CHILE
URUGUAY
ARGENTINIEN
NEUSEELAND
0
3.000 Meilen
0
3.000 Kilometer

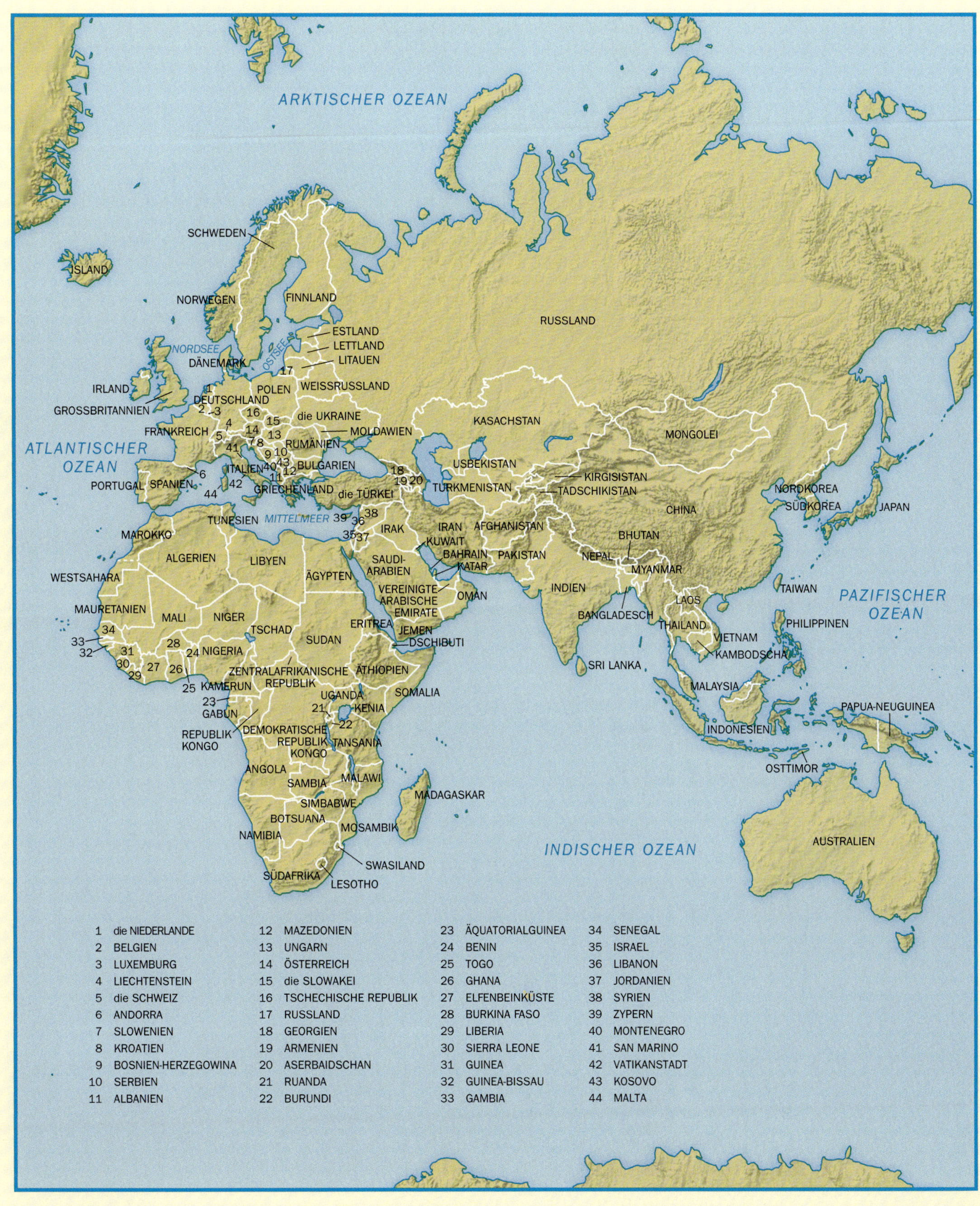
ARKTISCHER OZEAN
SCHWEDEN
ISLAND
NORWEGEN
FINNLAND
RUSSLAND
ESTLAND
LETTLAND
LITAUEN
NORDSEE
OSTSEE
DÄNEMARK
17
IRLAND
GROSSBRITANNIEN
1
DEUTSCHLAND
POLEN
WEISSRUSSLAND
2
3
16
15
die UKRAINE
FRANKREICH
4
5
14
13
MOLDAWIEN
KASACHSTAN
MONGOLEI
ATLANTISCHER OZEAN
41
7
8
RUMÄNIEN
9
10
43
ITALIEN
40
12
11
BULGARIEN
6
PORTUGAL
SPANIEN
44
42
GRIECHENLAND
18
19
20
die TÜRKEI
USBEKISTAN
KIRGISISTAN
TADSCHIKISTAN
TURKMENISTAN
NORDKOREA
SÜDKOREA
JAPAN
CHINA
TUNESIEN
MITTELMEER
39
36
38
35
37
MAROKKO
IRAK
IRAN
AFGHANISTAN
KUWAIT
BHUTAN
ALGERIEN
LIBYEN
BAHRAIN
KATAR
PAKISTAN
NEPAL
WESTSAHARA
ÄGYPTEN
SAUDI-ARABIEN
MYANMAR
VEREINIGTE ARABISCHE EMIRATE
OMAN
INDIEN
TAIWAN
PAZIFISCHER OZEAN
MAURETANIEN
MALI
NIGER
TSCHAD
ERITREA
JEMEN
BANGLADESCH
LAOS
THAILAND
PHILIPPINEN
34
33
32
28
24
NIGERIA
SUDAN
DSCHIBUTI
VIETNAM
KAMBODSCHA
31
30
29
27
26
ZENTRALAFRIKANISCHE REPUBLIK
ÄTHIOPIEN
SRI LANKA
25
KAMERUN
SOMALIA
MALAYSIA
23
GABUN
UGANDA
21
KENIA
PAPUA-NEUGUINEA
REPUBLIK KONGO
DEMOKRATISCHE REPUBLIK KONGO
22
TANSANIA
INDONESIEN
OSTTIMOR
ANGOLA
SAMBIA
MALAWI
MADAGASKAR
SIMBABWE
BOTSUANA
MOSAMBIK
NAMIBIA
INDISCHER OZEAN
AUSTRALIEN
SWASILAND
SÜDAFRIKA
LESOTHO
1 die NIEDERLANDE
2 BELGIEN
3 LUXEMBURG
4 LIECHTENSTEIN
5 die SCHWEIZ
6 ANDORRA
7 SLOWENIEN
8 KROATIEN
9 BOSNIEN-HERZEGOWINA
10 SERBIEN
11 ALBANIEN
12 MAZEDONIEN
13 UNGARN
14 ÖSTERREICH
15 die SLOWAKEI
16 TSCHECHISCHE REPUBLIK
17 RUSSLAND
18 GEORGIEN
19 ARMENIEN
20 ASERBAIDSCHAN
21 RUANDA
22 BURUNDI
23 ÄQUATORIALGUINEA
24 BENIN
25 TOGO
26 GHANA
27 ELFENBEINKÜSTE
28 BURKINA FASO
29 LIBERIA
30 SIERRA LEONE
31 GUINEA
32 GUINEA-BISSAU
33 GAMBIA
34 SENEGAL
35 ISRAEL
36 LIBANON
37 JORDANIEN
38 SYRIEN
39 ZYPERN
40 MONTENEGRO
41 SAN MARINO
42 VATIKANSTADT
43 KOSOVO
44 MALTA

Deutschland

Österreich

TSCHECHISCHE REPUBLIK
die SLOWAKEI
DEUTSCHLAND
UNGARN
die SCHWEIZ
ITALIEN
SLOWENIEN
KROATIEN
LIECHTENSTEIN
NIEDERÖSTERREICH
WIEN
BURGENLAND
OBERÖSTERREICH
STEIERMARK
KÄRNTEN
SALZBURG
TIROL
TIROL
VORARLBERG
Wien
Krems an der Donau
Melk
St. Pölten
Wiener Neustadt
Eisenstadt
Neusiedler See
Leitha
Donau
Donau
Linz
Steyr
Traun
Traunsee
Enns
Schärding
Braunau
Inn
Salzburg
Attersee
St. Wolfgang
Bad Ischl
Kitzbühel
Zell am See
Salzach
Bad Gastein
Innsbruck
Inn
Leoben
Graz
Mur
Mur
Wolfsberg
Klagenfurt
Villach
Spittal
Drau
Lienz
Bregenz
Dornbirn
Vaduz
Rhein
0
50 Meilen
0
50 Kilometer
Landesgrenzen
Stadt
Landeshauptstadt
Hauptstadt

Liechtenstein

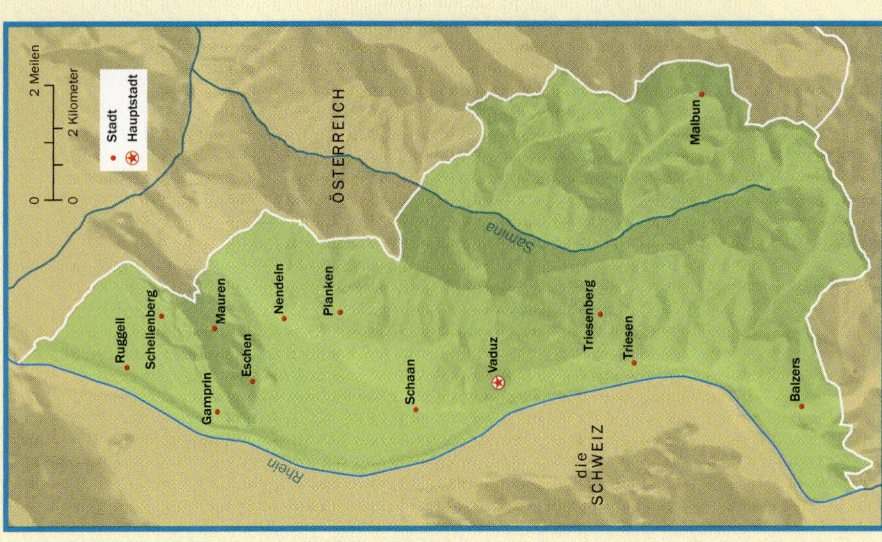

die Schweiz

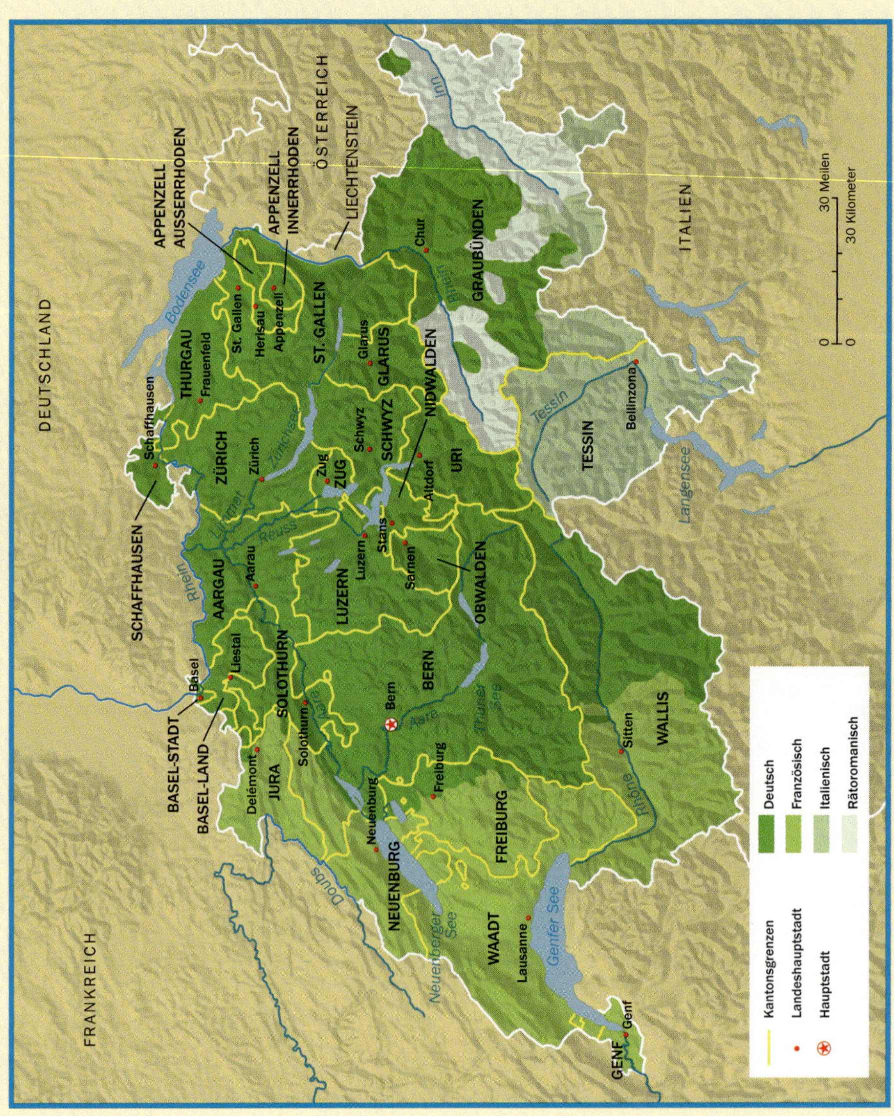

2nd EDITION

DENK MAL!

Deutsch ohne Grenzen

LEKTION 1

Fühlen und erleben

Zwei Kinder und eine solide Ehe? Ledig? Jeder hat seine eigene Vorstellung davon, wie die perfekte Familie aussieht. Aber egal, wie vielfältig unsere heutige Welt in Bezug auf (*regarding*) Liebe ist, zwei Dinge werden sich nicht ändern: jeder Mensch braucht andere; menschliche Beziehungen sind nie einfach. Was denken Sie? Wie sind Ihre Beziehungen zu anderen? Fühlen Sie sich wohler allein oder zusammen mit anderen Menschen?

6 **KURZFILM**
In **Markus Dietrichs** Film *Outsourcing* beschließt eine Familie, dass die Mutter zu teuer ist. Sie wird outgesourced und darf erst wieder zuhause einziehen, wenn die Familie wirtschaftlich saniert ist.

12 **STELLEN SIE SICH VOR, ...**
Milwaukee, Wisconsin, hat das größte *German Fest* in den ganzen Vereinigten Staaten. Hier sieht man Amerika's deutsche Wurzeln (*roots*) und den Einfluss deutscher Einwanderer auf die amerikanische Kultur.

27 **KULTUR**
In *„Amerika, du hast es besser"* geht es um das Deutsche Erbe (*heritage*) in den Vereinigten Staaten, religiöse und politische Ursprünge (*origins*) sowie um sprachliche Einflüsse durch die Deutschen.

31 **LITERATUR**
In dem Auszug *Ersatzbruder* aus **Herta Müllers** Roman *Atemschaukel* (*The Hunger Angel*) erhält der Gefangene Leopold einen Brief von seiner Mutter, der seine Zukunftsaussichten verändert.

Reiseziel:
die Vereinigten Staaten

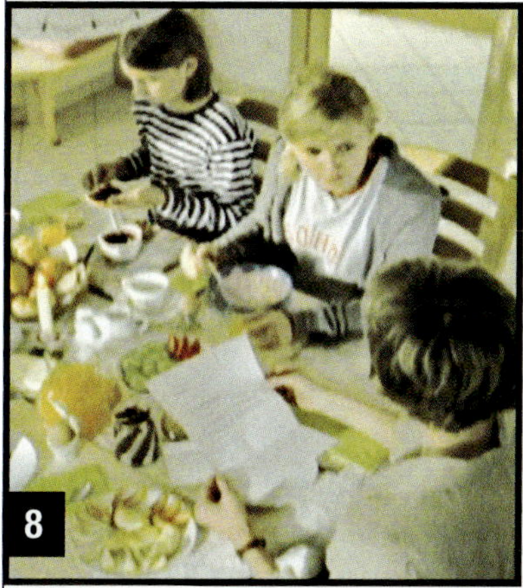

8

28

4 **ZU BEGINN**

14 **STRUKTUREN**

1.1 Word order: statements and questions

1.2 Present tense of regular and irregular verbs

1.3 Nominative and accusative cases; pronouns and possessive adjectives

36 **SCHREIBWERKSTATT**

37 **WORTSCHATZ**

Persönliche Beziehungen

Persönlichkeit

anhänglich *attached*
attraktiv *attractive*
bescheiden *modest*
bezaubernd/charmant *charming*
(un)ehrlich *(dis)honest*
einfallsreich *imaginative*
empfindlich *sensitive*
genial *highly intelligent*
liebevoll *affectionate*
optimistisch *optimistic*
pessimistisch *pessimistic*
(un)reif *(im)mature*
ruhig *quiet*
schüchtern *shy*
sorgfältig *careful*
stolz *proud*
vorsichtig *cautious*
zurückhaltend *reserved*

Familienstand

das (Ehe)paar, -e *(married) couple*

der/die Verlobte, -n *fiancé(e)*
der Witwer, -/die Witwe, -n *widower/widow*

---

heiraten *to marry*
sich (von j-m) scheiden lassen *to get divorced (from)*
(mit j-m) verheiratet sein *to be married (to)*
sich (mit j-m) verloben *to get engaged (to)*

---

geschieden *divorced*
ledig *single (unmarried)*
verlobt *engaged*
verwitwet *widowed*

Beziehungen

die Freundschaft, -en *friendship*

die Hochzeit, -en *wedding*
der Klatsch *gossip*
die Liebe (auf den ersten Blick) *love (at first sight)*
der/die Seelenverwandte, -n *soul mate*
die Verabredung, -en *date*
die Zuneigung, -en *affection*

(mit j-m) ausgehen *to go out (with)*
eine Beziehung haben/führen *to be in a relationship*
lügen *to lie*
etwas teilen *to share something*
sich (von j-m) trennen *to break up (with)*

verlassen *to leave*
sich verlassen auf (+ Akk.) *to rely (on)*
vertrauen (+ Dat.) *to trust*

(un)treu *(un)faithful*
unvergesslich *unforgettable*
leicht zu vergessen *forgettable*
vergesslich *forgetful*
verständnisvoll *understanding*

Gefühle

ärgern *to annoy*
fühlen *to feel*
(j-n/etwas) satt haben *to be fed up (with)*
hassen *to hate*
lieben *to love*
sich schämen (für + Akk./wegen + Gen.) *to be ashamed (of)*
stören *to bother*
träumen (von + Dat.) *to dream (of)*
verehren *to adore*
sich verlieben (in + Akk.) *to fall in love (with)*
böse werden *to get angry*

---

aufgeregt *excited*
begeistert *enthusiastic*

besorgt *worried*
bestürzt *upset*
deprimiert *depressed*
eifersüchtig *jealous*
enttäuscht *disappointed*
liebebedürftig *in need of affection*
verliebt (in + Akk.) *in love (with)*
wütend *angry*

Anwendung und Kommunikation

1

Welches Wort passt nicht? Finden Sie in jeder Gruppe das Wort, das nicht zu den anderen passt.

1. attraktiv	charmant	bezaubernd	leicht zu vergessen
2. hassen	lieben	verehren	mögen
3. sich trennen	verlassen	heiraten	sich scheiden lassen
4. begeistert	optimistisch	enttäuscht	aufgeregt
5. bestürzt	besorgt	begeistert	deprimiert
6. selbstsicher	liebebedürftig	anhänglich	liebevoll
7. ruhig	böse	wütend	verärgert
8. bescheiden	zurückhaltend	schüchtern	stolz

2

Definitionen Finden Sie zu jeder Definition das Wort aus der Liste, das am besten passt.

einfallsreich	die Hochzeit	lügen	schüchtern	unreif
hassen	ledig	pessimistisch	träumen	zurückhaltend

1. Kindisch; noch nicht erwachsen: _______
2. Eine Zeremonie, bei der zwei Menschen heiraten: _______
3. Wenn man viele gute Ideen hat, dann ist man _______.
4. Wenn man die Welt negativ sieht, ist man _______.
5. Wenn man nicht verheiratet ist, ist man _______.
6. Im Schlaf Bilder sehen: _______
7. Unehrlich sein: nicht die Wahrheit sagen: _______
8. Das Gegenteil von lieben: _______
9. Wenn man nicht von sich aus auf andere Menschen zugeht, ist man _______.
10. Wenn man anderen Menschen gegenüber ängstlich ist, ist man _______.

3

Persönlichkeitstest Stellen Sie sich zu zweit die folgenden Fragen, um herauszufinden, was für eine Persönlichkeit Sie haben.

Ja	Manchmal	Nein	
☐	☐	☐	1. Es ist Freitag Abend. Sind Sie zu Hause?
☐	☐	☐	2. Morgen haben Sie einen wichtigen Mathetest. Lernen Sie am liebsten allein dafür?
☐	☐	☐	3. Sie gehen in ein Café und sehen eine attraktive Person. Es ist Liebe auf den ersten Blick! Werden Sie sehr nervös?
☐	☐	☐	4. Sie haben Probleme. Behalten Sie sie für sich?
☐	☐	☐	5. Träumen Sie davon, auf einer ruhigen Insel zu leben?
☐	☐	☐	6. Sie sind auf einer Party und Sie kennen niemanden. Gehen Sie nach Hause?
☐	☐	☐	7. Sind Sie bescheiden?
☐	☐	☐	8. Sie müssen eine Rede halten (*give a speech*). Vergessen Sie, was Sie sagen wollen?

Punkte

Ja = 0 Punkte
Manchmal = 1 Punkt
Nein = 2 Punkte

Ergebnisse

0 bis 8 Punkte: Sie sind ziemlich schüchtern! Vielleicht sollten Sie abends mehr ausgehen? Die Welt wartet auf sich!

9 bis 12 Punkte: Sie haben eine ausgewogene (*balanced*) Persönlichkeit.

13 bis 16 Punkte: Es macht großen Spaß, mit Ihnen auf Partys zu gehen. Aber können Sie auch zuhören?

Practice more at **vhlcentral.com.**

Vorbereitung

Wortschatz des Kurzfilms

der Abfall, ¨-e *decline*
das Beschäftigungsverhältnis, -se *employment relationship*
der Beschluss, ¨-e *decision*
die Effektivität *effectiveness*
der Familienrat, ¨-e *family council*
gründlich *thorough*
die Mängel *shortcomings*
j-m Bescheid sagen *to let someone know*
das Sanierungskonzept, -e *recovery plan*
der Stundennachweis, -e *hourly timesheet*

Nützlicher Wortschatz

etwas annehmen *to accept something*
einstimmig *unanimous*
j-m kündigen *to terminate; to fire*
die Kündigung, -en *written notice*
der Niedriglohn, ¨-e *low wage*
die Qualitätskontrolle, -n *quality control*
rentabel *profitable, cost-efficient*
die Rolle, -n *role, part*
der Wert, -e *value, worth*

AUSDRÜCKE

Anstellung auf Ein-Euro-Basis *job that pays one Euro an hour*
eine Kostenanalyse durchführen *to perform a cost analysis*
ein Sanierungskonzept entwerfen *to draw up a recovery plan*
Tränen stehen in den Augen *tears well in the eyes*
mit sofortiger Wirkung *effective immediately*

1 **Das Ultimatum** Schreiben Sie die richtigen Wörter oder Ausdrücke in die Lücken.

MUTTER Ich habe gerade wieder den Müll zur Mülltonne gebracht. Mir reicht's! Das ist doch eigenlich die Aufgabe unserer Tochter!

VATER Ich weiß. In letzter Zeit hat sie ihre Arbeit zu Hause nicht sehr (1) ____________ gemacht.

MUTTER Und der (2) ____________ der Arbeit unseres Sohnes lässt auch nach (*is slipping*). Er spielt nur noch Videospiele, anstatt sein Bett zu machen oder sein Zimmer zu putzen.

VATER Mhm.

MUTTER Ich denke, es ist Zeit, dass wir das im (3) ____________ besprechen.

VATER Überleg mal: In einer richtigen Firma würde man den beiden bestimmt (4) ____________.

MUTTER Da hast du Recht! Warum sagen wir ihnen nicht, dass sie diese (5) ____________ beheben (*correct*) müssen, oder sie bekommen kein Geld mehr.

VATER Und wenn sie das nicht (6) ____________?

MUTTER Dann kündigen wir ihnen (7) ____________.

VATER Das bedeutet also, dass sie zwar nicht mehr arbeiten müssen, aber dass sie auch kein Geld mehr bekommen.

MUTTER Genau! Ich bin mal gespannt (*curious*), wie sie auf diesen (8) ____________ reagieren.

2

Eltern und ihre Kinder Beantworten Sie zu zweit die folgenden Fragen zum Gespräch in **Aufgabe 1** auf Seite 6.

1. Beschreiben Sie den Vater und die Mutter in dem Gespräch. Sind das typische Eltern?
2. Warum sind sie mit ihren Kindern nicht zufrieden?
3. Was wollen Mutter und Vater machen, damit die Kinder im Unternehmen Familie besser mitarbeiten?
4. Wie, glauben Sie, reagieren die Kinder auf das Ultimatum?

3

Eine traditionelle Familie

A. Stellen Sie sich eine Familie mit Eltern, Kindern und Großeltern vor: Wie können Sie diese drei Generationen charakterisieren? Was ist jeder Generation wichtig (z.B. Arbeit, Hobbies, Gesundheit)?

jüngere Kinder	ältere Kinder	Vater	Mutter	Großeltern

B. Lesen Sie Ihre Antworten in der Gruppe vor. Machen Sie dann gemeinsam eine Liste und präsentieren Sie diese Liste im Kurs.

4

Was passiert? Schauen Sie zu zweit die beiden Bilder an und beschreiben Sie, was in jedem Bild passiert.

5

Wer macht was in einer Familie? Besprechen Sie die folgenden Fragen in Gruppen.

1. Was verstehen Sie unter einer traditionellen Familie? Einer modernen Familie?
2. Beschreiben Sie die Rollen von Müttern, Vätern und Kindern in traditionellen Familien. Sind die Rollen in modernen Familien anders? Beschreiben Sie die Unterschiede.
3. Welche Person ist in einer traditionellen Familie am wichtigsten? In einer modernen Familie?

Practice more at **vhlcentral.com.**

KULTURANMERKUNG

Familien in Deutschland

Jahrzehntelang schon sinkt die Geburtenrate in Deutschland. Laut dem vom Statistischen Bundesamt durchgeführten° Mikrozensus von 2012 hat sich dieser Trend aber verlangsamt. Die durchschnittliche° Kinderzahl von 1.2 Kindern pro Frau im gebärfähigen Alter°, hat sich demnach seit dem Mikrozensus von 2008 nicht verändert°.

durchgeführten *conducted*
durchschnittliche *average*
im gebärfähigen Alter *of childbearing age*
verändert *changed*

Outsourcing

EIN FILM VON HANNA REIFGERST/MARKUS DIETRICH

Drehbuch Markus Dietrich, Hanna Reifgerst
Kamera Urs Zimmermann **Produktion** Hanna Reifgerst, Christiane Schlicht
Schnitt Wolfgang Bauer **Musik** Philipp E. Kümpel
Darsteller Frank Röth, Gesa Badenhorst, Tom Siegert, Anne Wittig, Shirin Kühn

Friedrich-Wilhelm-Murnau-Kurzfilmpreis
2007

dkf-Regieförderpreis
2007

Camera del Lavoro (Milano)
2007

SZENEN

HANDLUNG *Eine Mutter kostet zu viel Geld und ist nicht effizient. Deshalb fasst ihre Familie den Beschluss, das Familienleben ohne sie zu organisieren.*

GABI Gib mir noch 5 Minuten!

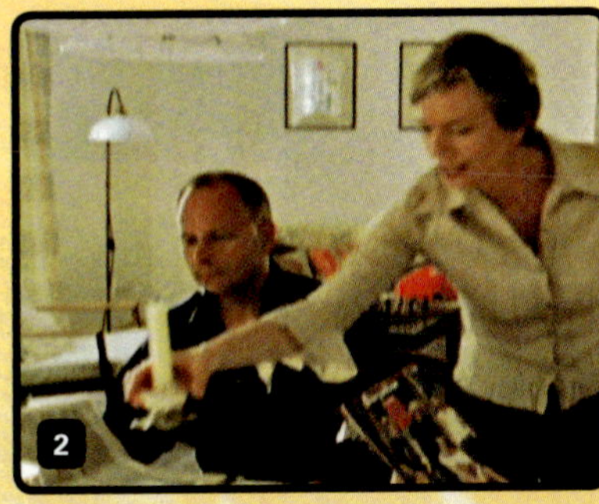

MUTTER Hat jemand Maria Bescheid gesagt?
VATER Weiß nicht.

MUTTER Ist das schön. Alle gemeinsam beim Frühstück!

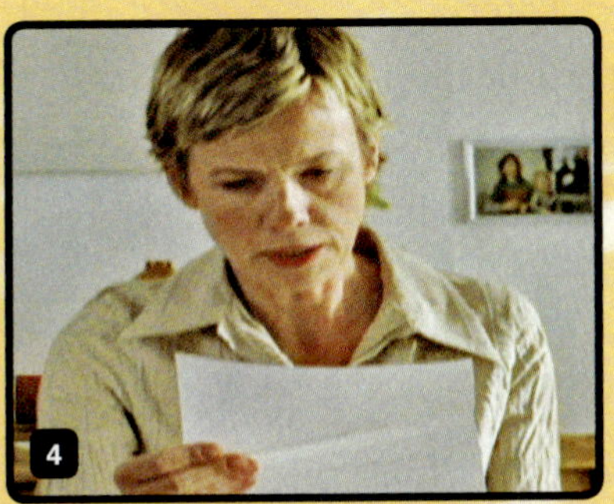

MUTTER Hiermit teilen wir Ihnen mit, dass Ihr Beschäftigungsverhältnis als Hausfrau… und Mutter mit sofortiger Wirkung beendet ist.

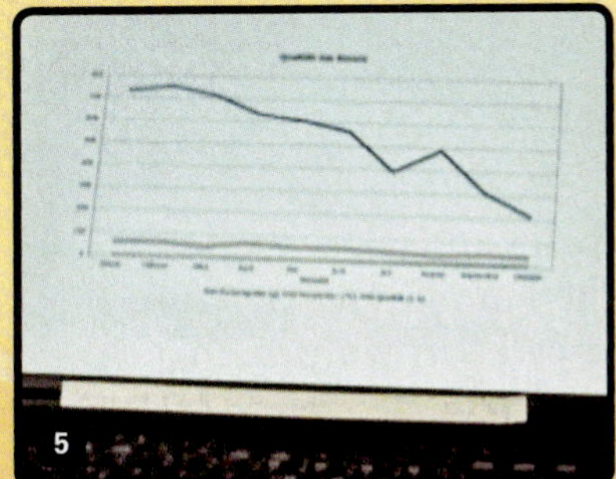

VATER Bei einer fünfköpfigen Familie mit nur einem Einkommen ist so was nicht tragbar°.
GABI Aus diesem Grund° haben wir ein Sanierungskonzept entworfen, das die Familie in den nächsten zwölf Monaten aus den roten Zahlen bringen wird.
VATER Wir werden die Küche schließen.

tragbar *acceptable* **Grund** *reason*

MUTTER So! Und wo wollt ihr kochen? Wer soll euch zur Schule fahren? Und was ist mit Maria? Wer kümmert sich um Maria?

KULTURANMERKUNG

HARTZ IV

Früher gab es in Deutschland für Personen ohne Arbeit entweder Arbeitslosengeld oder Sozialhilfe. Um das deutsche Sozialsystem zu reformieren und die Arbeitslosenzahlen zu reduzieren, wurde unter anderem der ehemalige Volkswagenchef Peter Hartz engagiert°. Als Teil der Hartz-Reformen gibt es seit 2005 nur noch Arbeitslosengeld I und II. Mit Hilfe dieser Reformen sollen mehr Arbeitslose wieder schneller anfangen zu arbeiten. Diese Reformen haben allerdings in ganz Deutschland höchst intensive Diskussionen ausgelöst°, da viele Menschen das Ende des deutschen Sozialstaats befürchten°.

engagiert *hired* **ausgelöst** *triggered* **befürchten** *fear*

Beim **ZUSCHAUEN**

Was passiert wann? Bringen Sie die folgenden Sätze in die richtige Reihenfolge.

_____ **a.** Eine Frau liest einen Brief.
_____ **b.** Eine Familie kommt zum Frühstück zusammen.
_____ **c.** Ein Mann kommt nach Hause.
_____ **d.** Eine Frau und ein kleines Kind gehen auf einer Straße.
_____ **e.** Es gibt einen großen Streit.

Analyse

1 **Verständnis** Markieren Sie, ob die folgenden Aussagen über den Film **richtig** oder **falsch** sind. Korrigieren Sie die falschen Sätze.

Richtig	Falsch	
☐	☐	1. Eine Familie sitzt am Frühstückstisch.
☐	☐	2. Die Mutter bekommt eine Geburtstagskarte von der Familie.
☐	☐	3. Die Familie ist mit der Arbeit der Mutter nicht zufrieden.
☐	☐	4. Die Familie hat finanzielle Probleme.
☐	☐	5. Die Mutter darf ihre Kinder in Zukunft nicht mehr sehen.
☐	☐	6. Am Ende des Films verlässt die Mutter das Haus mit der älteren Tochter.

2 **Was passt zusammen?** Verbinden Sie die Satzhälften.

_____ 1. Die Mutter
_____ 2. Der Vater
_____ 3. Gabi (die ältere Tochter)
_____ 4. Thomas (Sohn)
_____ 5. Maria (die jüngere Tochter)

a. will das Klo nicht putzen.
b. freut sich, dass alle zusammen frühstücken.
c. macht eine Grafik über die Effektivität ihrer Mutter.
d. möchte ein Brötchen essen.
e. hat mit seiner Mutter besprochen, dass seine Frau bei ihr wohnen kann.

3 **Was passiert im Kurzfilm?** Vervollständigen Sie jeden Satz gemäß dem Film. Besprechen Sie Ihre Antworten zu zweit.

1. Der Film spielt…
   a. in einer Großstadt. b. in einer Kleinstadt.
   c. in einer Vorstadt.
2. Der Vater legt der Mutter einen Brief unter ihren Teller, …
   a. um ihr zu kündigen. b. damit sie sich freut.
   c. weil er sie liebt.
3. Die Mutter…
   a. kümmert sich um die Haustiere. b. kocht.
   c. schafft eine schlechte Atmosphäre.
4. Gabi zeigt ihrer Mutter eine Grafik, damit sie sehen kann, …
   a. wie viel Gabi arbeitet. b. wie viel Geld die Familie sparen kann.
   c. für wie viel Geld das Zweitauto und die Küche verkauft wurden.
5. Die Mutter ist wütend, weil…
   a. sie mehr Geld will. b. sie nicht kochen kann.
   c. sie den Beschluss ihrer Familie nicht versteht.
6. Die Mutter und Maria gehen am Ende des Filmes Hand in Hand auf der Straße, …
   a. weil der Bus schon weg ist.
   b. weil sie zum Supermarket gehen.
   c. weil sie aus dem Haus geworfen worden sind.

4 **Personenbeschreibung** Beschreiben Sie zu zweit das Leben dieser Personen. Machen Sie mindestens fünf Aussagen über den Tagesablauf und die Gefühlslage (*emotional state*) jeder einzelnen Person. Beantworten Sie anschließend die Fragen.

1.

2.

3.

4.

1. Wie beschreibt man am besten die Beziehung der Mutter zu den einzelnen Familienmitgliedern?
2. Wie macht die Mutter ihre „Arbeit"? Welche Beispiele gibt es im Film?
3. Wie reagiert die Mutter auf den Beschluss der Familie?
4. Was für eine Beziehung haben die Eltern?
5. Wie reagieren die Kinder, als der Mutter gekündigt wird?
6. Warum verlässt die Mutter am Ende das Haus mit Maria?

5 **Diskussion** Besprechen Sie die folgenden Fragen in Gruppen und überlegen Sie sich konkrete Beispiele für Ihre Antworten.

1. Wie viel ist die Arbeit einer Mutter wert, die „nur" Hausfrau ist? Kann man dieser Arbeit einen finanziellen Wert zuordnen? Warum/warum nicht?
2. Beschreiben Sie die Rollenunterschiede von Eltern und Kindern. Sollten Kinder so gleichgestellt sein wie Gabi in diesem Film?
3. Repräsentiert die Situation im Film – die Mutter ist Hausfrau und der Vater verdient das Geld – noch die Situation in der heutigen Gesellschaft? Wie sieht die moderne Familie aus?

6 **Zum Thema** Schreiben Sie einen ganzen Absatz über Ihre Reaktion auf eine der folgenden Situationen.

1. Die Mutter und Maria stehen vor Omas Haustür: Was passiert?
2. Ähnlich wie im Film wird Ihnen von Ihrer Familie als Tochter/Sohn/Vater/Mutter gekündigt: Wie reagieren Sie?

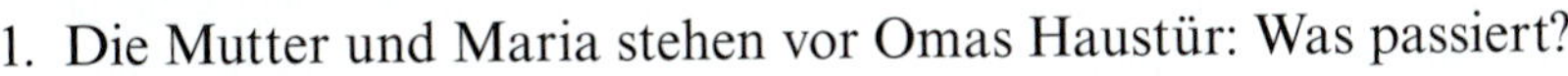

Practice more at **vhlcentral.com.**

Reading

Die Vereinigten Staaten und Deutschland

Deutsche in den USA

Im 19. Jahrhundert° kommen Einwanderer aus ganz Deutschland in die USA, denn in Deutschland ist die politische Situation schwierig. Viele Einwanderer° sind Freiheitssuchende, die nach der missglückten° Revolution von 1848 ihr Glück in der **neuen Welt** suchen. In der alten Welt wurde die Hoffnung auf mehr Demokratie enttäuscht und deshalb verlassen viele Menschen ihre Heimat. Die Einwanderer teilen eine Gemeinsamkeit°: sie träumen von einem besseren Leben mit mehr Möglichkeiten°. Für die Deutschamerikaner stehen die Vereinigten Staaten für Freiheit, Demokratie und Geschäftigkeit°. Das Land gibt ihnen die Chance, etwas Neues aus eigener Kraft° aufzubauen.

Viele Deutsche gehen zum Beispiel nach **Milwaukee**. Dort ist das Land billig und die Stimmung optimistisch. Milwaukee ist im Jahr 1880 eine lebendige°, schnell wachsende° Stadt, und sie ist sehr attraktiv für die idealistischen Deutschen.

So viele Deutschamerikaner landen hier, dass die Stadt den Spitznamen° **„Deutsches Athen"** bekommt; das bedeutet, dass Milwaukee, ganz wie Athen, als sehr fortschrittlich gilt°. Auch heute gibt es nirgends in den USA einen so hohen Anteil° an Deutschamerikanern wie in Milwaukee. Die Stadt ist stolz auf ihre Geschichte. Deshalb veranstaltet° Milwaukee ein großes Fest: das ***German Fest***. Jedes Jahr begeistert diese Veranstaltung mehr als 100.000 Besucher, und es ist das größte Fest dieser Art in den USA. Das *German Fest* findet jeden Sommer am Michigansee statt° und dauert° vier Tage. Man hat hier die Chance, einige der schönsten deutschen Traditionen kennen zu lernen und muss dafür amerikanischen Boden° nicht verlassen. Es gibt dort zum Beispiel eine **Handwerksschau°**, Tanzvorführungen mit Trachten° aus verschiedenen Regionen Deutschlands, ein **Fußballturnier**,

Übrigens...

Schafkopf ist ein bayerisches Kartenspiel, das heute noch von vielen Milwaukeeanern fleißig gespielt wird. Um Schafkopf zu spielen, braucht man vier Spieler, besondere° Karten und einen einfallsreichen Kopf. Die Spieler bluffen, schimpfen° und eifern nach° den besten Karten in den richtigen Kombinationen. Asse° sind gut, aber am liebsten hat man die höchsten Trumpfkarten – die vier „Ober"°.

Schafkopf° und sogar ein **Dackelrennen°**. Ein **Kulturdorf°** gibt es auch, wo man ein bisschen Deutsch lernen und auch etwas über deutschamerikanische Geschichte in den USA herausfinden kann. Während des langen Wochenendes lernen die Besucher auch die deutsche Küche kennen: es gibt zum Beispiel **Kartoffelsalat**, **Bratwürste**, **Sauerkraut** und **Apfelstrudel**. Laut° Statistik essen die Besucher mehr als 9.000 kg Kartoffeln, ungefähr 20.000 Bratwürste und etwa 4.500 kg Sauerkraut. Das Sauerkraut, das man hier bekommt, wird nach altdeutschem Rezept gemacht, mit frischen Äpfeln, Speck° und Kümmel°. Die **Gemütlichkeit°** beim *German Fest* ist authentisch und alle, die das Fest besuchen, können etwas über Deutschland lernen und Spaß haben.

Jahrhundert *century* **Einwanderer** *immigrants* **missglückten** *failed* **Gemeinsamkeit** *common ground* **Möglichkeiten** *opportunities* **Geschäftigkeit** *bustle* **aus eigener Kraft** *on their own* **lebendige** *lively* **schnell wachsende** *fast growing* **Spitznamen** *nickname* **als ... gilt** *is being considered . . .* **Anteil** *percentage* **veranstaltet** *organizes* **findet … statt** *takes place* **dauert** *lasts* **Boden** *soil* **Handwerksschau** *handicraft show* **Tanzvorführungen mit Trachten** *dance performances with traditional costumes* **Schafkopf** *Sheepshead (card game)* **Dackelrennen** *Dachshund derby* **Kulturdorf** *cultural village* **Laut** *According to* **Speck** *bacon* **Kümmel** *caraway* **Gemütlichkeit** *comfortable atmosphere* **besondere** *special* **schimpfen** *grumble* **eifern nach** *strive for* **Asse** *Aces* **Ober** *„overs", special Schafkopf cards*

Entdeckungsreise

John Augustus Roebling (Johann August Röbling), ein wichtiger deutsch-amerikanischer Ingenieur, entwickelte eine Methode, Drahtseile° aus Stahl° zu produzieren, was für den amerikanischen Brückenbau wichtig war. Sein bekanntestes Bauwerk, New Yorks *Brooklyn Bridge*, hat er leider nie gesehen, weil er 1869 an Tetanus starb.

Frankfurter Würstchen Schon 5.000 Jahre vor Chr. sollen die Ägypter Wurst gegessen haben. Die Deutschen aber haben Wurst perfektioniert. Deutsche Einwanderer brachten ihre Wurstrezepte° mit in die USA. Die Wurst, die nach Amerika als „Frankfurter" kam – eine geräucherte° Wurst aus Schweinefleisch – ist eng verwandt mit dem Wiener Würstchen, das sowohl Schweinefleisch als auch Rindfleisch enthält.

Drahtseile *twisted wire cables* **Stahl** *steel* **Wurstrezepte** *sausage recipes* **geräucherte** *smoked*

Was haben Sie gelernt?

Richtig oder falsch? **Sind die Aussagen richtig oder falsch? Stellen Sie die falschen Aussagen richtig.**

1. Milwaukee hatte den Spitznamen „Deutsches Athen".
2. Viele Deutsche suchten in der neuen Welt Freiheit.
3. Das *German Fest* in Milwaukee hat nur wenig Besucher.
4. Es gibt nur Äpfel und Kartoffeln beim *German Fest*.
5. Im Kartenspiel Schafkopf spielt Bluffen keine Rolle.
6. Johann Röbling starb, bevor die *Brooklyn Bridge* fertig gebaut wurde.
7. Die Deutschen haben die Wurst erfunden (*invented*).

Fragen **Beantworten Sie die Fragen.**

1. Woher kommen die Einwanderer?
2. Was finden die Einwanderer in der neuen Welt gut?
3. Warum nennt man Milwaukee auch das „Deutsche Athen"?
4. Wie oft findet das *German Fest* in Milwaukee statt?
5. Welche typisch deutschen Gerichte (*dishes*) gibt es auf dem *German Fest*?
6. Was kann ein Dackel beim *German Fest* machen?
7. Wofür ist der deutsche Einwanderer John Roebling bekannt?
8. Wie heißen die beiden Städte, nach denen zwei bekannte Sorten Würste benannt sind.

Projekt

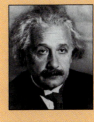

Wie haben deutsche Einwanderer die USA beeinflusst? Suchen Sie im Internet Antworten auf die folgende Fragen.

- Welche amerikanischen Traditionen stammen aus Deutschland?
- Welche deutschen Einwanderer hatten einen großen Einfluss auf die Geschichte der USA?
- Kindergarten, Zeitgeist, Donner und Blitzen sind deutsche Wörter, die man im Englischen hört. Welche anderen deutschen Wörter gibt es in Englisch?

1.1 Word order: statements and questions

—*Wir haben folgendes Angebot für dich.*

Word order in statements

- In both English and German, simple statements require a subject and a verb. Basic word order in German places the conjugated verb as the **second** element of the sentence, preceded by the subject.

Subject	**Verb**
Ich	**träume.**
Wir (1)	**sind** (2) optimistisch.

- When an element other than the subject comes at the beginning of the sentence, the conjugated verb remains the second element and is instead followed immediately by the subject. This is called *inverted word order.* Note that the first element can be a single word or an entire phrase.

Subject/verb word order:
Ich (1) **heirate** (2) meinen Freund Thomas nächstes Jahr.

Inverted word order:

Meinen Freund Thomas (1) **heirate** (2) **ich** nächstes Jahr.

Nächstes Jahr (1) **heirate** (2) **ich** meinen Freund Thomas.

ACHTUNG!

Remember that the subject of the sentence must come directly before or after the verb, as in these declarative sentences.

Ich rufe meinen Verlobten später an.

Später rufe ich meinen Verlobten an.

Meinen Verlobten rufe ich später an.
I'll call my fiancé later.

- When stressing certain information, the element to be emphasized (when, where, who, with whom, etc.) should be placed in the first position.

Wer geht heute mit Sven aus? ***Who** is going out with Sven today?*	**Ich gehe** heute mit Sven **aus**. ***I'm going out** with Sven today.*
Mit wem gehst du heute aus? ***With whom** are you going out today?*	**Mit Sven** gehe ich heute aus. *I'm going out **with Sven** today.*
Wann gehst du mit Sven aus? ***When** are you going out with Sven?*	**Heute** gehe ich mit Sven aus. *I'm going out with Sven **today**.*

- If a sentence with subject/verb word order contains multiple adverbs, the adverbs follow the TMP sequence (time, manner, place). Adverbs of time are often placed at the beginning of the sentence.

Ich gehe **heute Abend** (T) **allein** (M) **ins Kino** (P).
*I am going **to the movies alone tonight**.*

Heute Abend gehe ich **allein ins Kino**.
***Tonight** I am going **to the movies alone**.*

QUERVERWEIS

For more complex sentences, see **Strukturen 3.2, pp. 90–91, 7.1, pp. 240–241,** and **10.2, pp. 354–355**.

- Separable prefix verbs have two parts, the conjugated verb and a prefix that is separated from the verb. The conjugated verb remains the second element while the prefix goes at the end of the sentence.

  Wir **rufen** heute Abend Mia **an**. (**anrufen**)
  *We're **calling** Mia tonight.*

  Manuel **sieht** gern **fern**. (**fernsehen**)
  *Manuel likes **to watch TV**.*

- Answers to questions that begin with the words **ja** and **nein**, or statements that follow the conjunctions **und** (*and*), **sondern** (*but, rather, on the contrary*), **denn** (*for, because*), **oder** (*or*), and **aber** (*but*) never use inverted word order.

  Ja, du bist bezaubernd.
  ***Yes**, you are charming.*

  Paul ist attraktiv **und** er tanzt gut.
  *Paul is attractive **and** he dances well.*

  Das Ehepaar lässt sich scheiden, **denn** sie verstehen sich nicht mehr.
  *The couple is divorcing, **because** they don't understand each other any more.*

  Wir fliegen nicht zu den Verwandten, **sondern** wir fahren mit dem Auto.
  *We are not flying to our relatives, **but rather**, we are driving.*

ACHTUNG!

Use the mnemonic **SODA** to help you remember some of these conjunctions.

S = **sondern**
O = **oder**
D = **denn**
A = **aber**

Word order in questions

- To form a yes-no question, invert the subject and the verb.

  Liebst du mich?
  ***Do you** love me?*

  Bist du schüchtern?
  ***Are you** shy?*

- To form a question with a question word, place the question word first, then the verb, followed by the subject. Here is a list of question words.

Fragewörter	
Wann...? *When...?*	**Wieso...?** *Why...? (In what way?)*
Wie...? *How...?*	**Mit wem...?** *With whom...?*
Wo...? *Where...?*	**Wie viel/Wie viele...?** *How much/How many...?*
Wohin...? *Where to...?*	**Wer/Wen/Wem/Wessen...?** *Who/Whom/Whom/Whose...?*
Woher...? *Where from...?*	
Warum...? *Why...?*	

Wann besuchst du die Oma?
***When are** you **visiting** Grandma?*

Warum trennt ihr euch?
***Why are** you **separating**?*

Anwendung

1 

Bilden Sie Sätze Schreiben Sie Sätze. Beginnen Sie jeden Satz mit dem unterstrichenen Element.

Beispiel **<u>mein Vater</u> / zu Hause / bleiben**
Mein Vater bleibt zu Hause.

1. <u>meine Schwester Susi</u> / an der Uni / studieren
2. <u>wir</u> / zusammen / gehen / ins Restaurant
3. <u>ich</u> / einladen / meine Freunde
4. <u>meine Mutter</u> / mitkommen / nicht
5. wir / <u>in der Bibliothek</u> / lernen
6. Anita / Fußball / <u>spielen</u> / ?
7. <u>um 18 Uhr</u> / mein Vater / zurückkommen
8. ich / müssen / <u>später</u> / in die Vorlesung / gehen

2 

Fragen Beantworten Sie die folgenden Fragen.

Beispiel **Wann geht der Mann in die Stadt? (am Sonntag)**
Am Sonntag geht der Mann in die Stadt.

1. Wo lernt er eine interessante Frau kennen? (im Buchladen)
____
2. Wann wollen sie sich treffen? (am Montag)
____
3. Wen rufst du am Montag Abend an? (meine Eltern)
____
4. Wie oft gehen Sie zusammen aus? (jeden Abend)
____
5. Wann heiraten sie in Paris? (nächstes Jahr)
____
6. Wie oft träumt sie von einer Hochzeit? (jede Nacht)
____

3 

Eine Beziehung Bilden Sie Fragen aus den Satzteilen, und beantworten Sie dann die Fragen Ihres Partners/Ihrer Partnerin.

Beispiel —Wo bist du am Wochenende?
—In Chicago bin ich am Wochenende.

A	B	C
wann	bist du	am Wochenende
warum	gehst du	die Deutschstunde
mit wem	hasst du	eine Beziehung
wen	kommst du	wegen der Beziehung
wo	schämst du dich	nicht
wohin	triffst du	deinen Freund/deine Freundin

 Practice more at **vhlcentral.com.**

Kommunikation

4 **Mein bester Freund/Meine beste Freundin** Stellen Sie einander die Fragen und beantworten Sie sie.

Beispiel **Wie heißt dein bester Freund/deine beste Freundin?**
Er/Sie heißt Alex/Jasmin.

1. Woher kommt er/sie?
2. Wie alt ist er/sie?
3. Was macht er/sie?
4. Wann siehst du ihn/sie?
5. Wie oft rufst du ihn/sie an?
6. Wie viel Sport macht er/sie?
7. Wohin gehst du gern mit ihm/ihr?
8. Warum ist er dein bester Freund/sie deine beste Freundin?

5 **Das Interview** Sie arbeiten bei der Firma *Partnersuche* und müssen Ihren Kunden ein paar Fragen stellen, bevor Sie einen passenden Partner für sie suchen können. Schreiben Sie zuerst acht Fragen anhand der Stichwörter auf, und machen Sie dann das Interview.

1. wie / Sie / heißen
2. wie alt / Sie / sind
3. Sie / sind / ledig
4. Sie / glauben / an Liebe auf den ersten Blick
5. Sie / sind / manchmal / eifersüchtig
6. Sie / haben / genug / von liebebedürftigen Partnern
7. wie oft / Sie / gehen / aus
8. warum / Sie / suchen / jemanden

6 **Die Familie** Sie treffen sich zum ersten Mal mit einem deutschen Verwandten. Schreiben Sie zu zweit Fragen auf, die Sie stellen möchten, und spielen Sie dann das Gespräch vor.

Beispiel **Berlin kennen**
Kennst du Berlin?

Berlin kennen	nach Amerika gern reisen
Fußball spielen	New York kennen
in den USA studieren	viele Verwandte in den USA haben
Musik gern hören	zum Oktoberfest gehen

1.2

Present tense of regular and irregular verbs

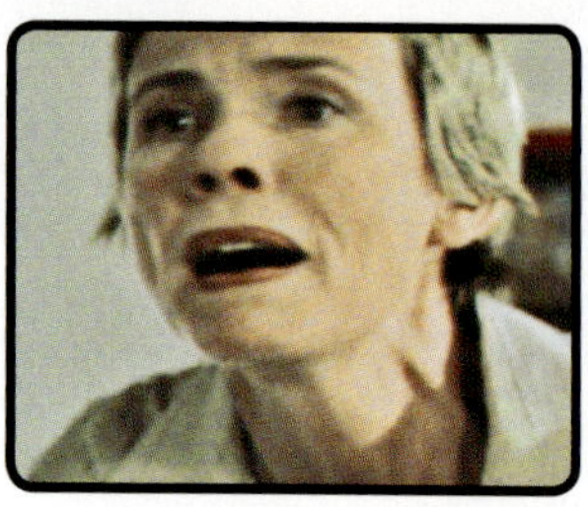

—*Wer **kümmert** sich um Maria?*

ACHTUNG!

Remember, English has three different ways of talking about the present, but German has only one present tense.

Ich gehe.
I am going.
I go.
I do go.

- In German, the present tense (**das Präsens**) is used to express what is happening now (*I'm going*), what happens on a regular basis (*I go*), and what will happen in the near future (*I'll go*).

Use of the present tense		
now	**Ich gehe ins Kino.**	*I am going to the movies.*
regularly	**Ich gehe jeden Freitag ins Kino.**	*I go to the movies every Friday.*
near future	**Nach der Deutschstunde gehe ich ins Kino.**	*I'll go to the movies after class.*

- You also use the present tense to talk about something you started doing in the past and are still doing. These sentences usually include the preposition **seit** (*since, for*) and a date or length of time to indicate *since when* or *for how long* you've been doing something.

Ich **wohne seit** 2012 in Berlin.
*I **have been living** in Berlin **since** 2012.*

Simon **lernt seit** einem Jahr Deutsch.
*Simon **has been studying** German **for** a year.*

Regular verbs

- To form the present tense of regular verbs, add the appropriate ending to the verb stem [*the infinitive minus* **–en**]. The present tense endings are shown in the following table in red.

Present tense of regular verbs	gehen	spielen	träumen	lachen
ich	**gehe**	**spiele**	**träume**	**lache**
du	**gehst**	**spielst**	**träumst**	**lachst**
er/sie/es	**geht**	**spielt**	**träumt**	**lacht**
wir	**gehen**	**spielen**	**träumen**	**lachen**
ihr	**geht**	**spielt**	**träumt**	**lacht**
sie/Sie	**gehen**	**spielen**	**träumen**	**lachen**

- If the verb stem ends in **–d** or **–t**, add **e** before the **–st** or **–t** ending.

du badest *you bathe*
er badet *he bathes*
ihr badet *you bathe*

du arbeitest *you work*
er arbeitet *he works*
ihr arbeitet *you work*

- If the verb stem ends in **–s**, **–ss**, **–ß**, **–x**, or **–z**, add **–t** (and not **–st**) for the **du** form.

Du **hasst** diese neuen Autos?
*You **hate** these new cars?*

Du **tanzt** sehr gut.
*You **dance** very well.*

- If the infinitive of a verb ends in **–eln** or **–ern**, drop the **–n** to get the verb stem. For these verbs, the present tense ending for the **wir** and **Sie/sie** forms is **–n** (not **–en**). For **–eln** verbs, the **ich** form drops the **–e** and the **–n** of the infinitive before adding the **–e** ending.

Wenn sie mich **ärgern**, helfe ich ihnen nicht.
*I won't help them if they **annoy** me.*

Ich bügle mein Hemd und Sie bügeln Ihre Hosen.
*I'll **iron** my shirt and you'll **iron** your pants.*

Irregular verbs

- Some German verbs are irregular: they use the same endings as regular verbs, but the vowel in the verb stem changes in the **du** and **er/sie/es** forms. Many of these verbs, called stem-changing verbs, fall into one of three main categories.

Stem-changing verbs

a → ä	e → i	e → ie
fahren du fährst er fährt	**essen** du isst er isst	**befehlen** du befiehlst er befiehlt
laufen du läufst er läuft	**geben** du gibst er gibt	**geschehen** es geschieht
schlafen du schläfst er schläft	**helfen** du hilfst er hilft	**lesen** du liest er liest
tragen du trägst er trägt	**vergessen** du vergisst er vergisst	**sehen** du siehst er sieht

- The verbs **haben**, **sein**, and **wissen** are irregular in the present tense.

	haben	sein	wissen
ich	**habe**	**bin**	**weiß**
du	**hast**	**bist**	**weißt**
er/sie/es	**hat**	**ist**	**weiß**
wir	**haben**	**sind**	**wissen**
ihr	**habt**	**seid**	**wisst**
sie/Sie	**haben**	**sind**	**wissen**

Du **hast** keine Zeit.
*You don't **have** time.*

Wir **sind** verlobt.
*We **are** engaged.*

ACHTUNG!

The third person singular form of **geben**, **es gibt**, is an idiomatic expression that means *there is* or *there are*.

Es gibt nicht genug Brot.
There's not enough bread.

Es gibt viele kluge Studenten.
There are a lot of bright students.

QUERVERWEIS

For information about the present-tense form of modal verbs, see **Strukturen 5.1, pp. 162–163**.

Anwendung

1

Die Familie Schreiben Sie die richtigen Verbformen in die Lücken.

1. Ich ___________ (wohnen) in den USA.
2. Meine Eltern ___________ (kommen) aus Österreich.
3. Wir ___________ (sein) seit sieben Jahren in den Staaten.
4. Meine Schwester ___________ (gehen) in die Schule.
5. Mein Bruder und ich ___________ (studieren) an der Uni.
6. Die Eltern sagen immer: „Ihr ___________ (besuchen) uns nie!"
7. Sie denken: „Unsere Kinder ___________ (sein) fleißig und lernen viel."
8. Die kleine Schwester sagt: „Du ___________ (ärgern) mich immer."
9. Wenn ich keine Prüfungen ___________ (haben), gehe ich nach Hause.
10. Ich frage meine Professorin: „Wann ___________ (geben) Sie uns mal keine Hausaufgaben?"

2

Begegnung Ergänzen Sie das Gespräch zwischen Peter und Martina. Verwenden Sie die Verben aus der Liste. Sie dürfen zwei Verben mehr als einmal verwenden.

arbeiten	geben	kommen	sprechen
finden	haben	machen	wissen

PETER Tag, Martina! Was (1) ___________ du denn hier?

MARTINA Ich (2) ___________ in dieser Firma. (3) ___________ du Zeit, einen Kaffee zu trinken?

PETER Gute Idee! Was (4) ___________ es Neues bei dir? Wie lange (5) ___________ du schon hier?

MARTINA Seit zwei Jahren.

PETER (6) ___________ du die Arbeit interessant?

MARTINA Und wie! (7) ___________ du, so eine Stelle war immer mein Traum.

PETER (8) ___________ du oft mit unseren alten Freunden? (9) ___________ ihr oft etwas gemeinsam?

MARTINA Ja. (10) ___________ du das nächste Mal mit?

3

Klatsch Verwenden Sie die Satzteile in der Tabelle, um Sätze über sich selbst und andere zu bilden.

Beispiel Ich esse gern Wurst zum Frühstück.

A	B
ich	essen
der Professor/die Professorin	helfen
mein Freund/meine Freundin	lachen
meine Freunde und ich	laufen
meine Eltern	vergessen
?	?

Practice more at **vhlcentral.com.**

Kommunikation

4 **Das Gespräch** Bilden Sie aus den folgenden Satzteilen einen ganzen Satz. Ergänzen Sie den Satz dann zu zweit mit weiteren Angaben.

Beispiel **schwimmen: mein Bruder**
—Mein Bruder schwimmt gern.
—Ich auch. Ich schwimme oft im Sommer.

1. heiraten: meine ältere Schwester
2. nie böse werden: ich
3. stören: die Verlobten
4. verehren: mein bester Freund
5. jemanden/etwas satt haben: wir
6. verlassen: der Professor
7. lächeln: die Schauspielerin
8. sprechen: mein Großvater

5 **Interpretation** Sehen Sie sich die Fotos in Gruppen an und beantworten Sie die Fragen.

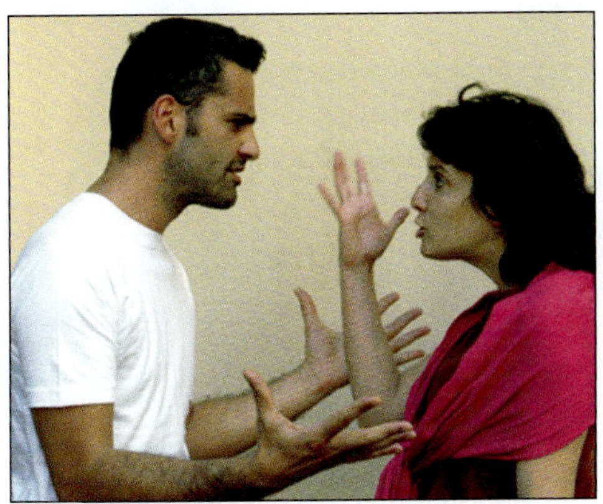

1. Was machen die Personen auf den Fotos?
2. Was diskutieren sie?
3. Sind sie glücklich oder nicht? Warum?
4. Wohin gehen sie nach dieser Diskussion?

6 **Frisch verheiratet** Auf dem linken Foto in Aufgabe 6 sehen Sie Nina und Erik, die neulich geheiratet haben. Verwenden Sie die Verben, um zu zweit eine Geschichte über das Leben von Nina und Erik nach der Hochzeit zu erfinden.

Beispiel —Morgen beginnt Erik eine neue Arbeit in der Bank.
—Nina hat keine Arbeit. Sie sucht eine neue Stelle.

ärgern	lügen	vergessen
beginnen	reisen	verlieren
entscheiden	suchen	vermissen
finden	verdienen	verstehen

1.3

Nominative and accusative cases; pronouns and possessive adjectives

Nominative and accusative cases

German has four cases: nominative (**der Nominativ**), accusative (**der Akkusativ**), dative (**der Dativ**), and genitive (**der Genitiv**). This section presents the nominative and accusative cases.

The case of a noun or pronoun depends on the role it plays in a sentence. *Nominative case* refers to the *subject* of the sentence (the person or thing that performs the action). *Accusative case* refers to the *direct object* (the person or thing that receives the action).

Nominative	Verb	Accusative
Die Frau	sucht	ihren Mann.
The woman	*is looking for*	*her husband.*

- The definite articles (**der**, **die**, **das**), indefinite articles (**ein**, **eine**), and personal pronouns (**ich**, **du**, **er**, etc.) change according to the case of the noun. The table below shows the form of definite and indefinite articles of nouns in the nominative case. These nouns can be replaced by the corresponding nominative pronoun.

Nominative	definite article	indefinite article	pronoun
Masculine	**der** Mann	**ein** Mann	**er**
Feminine	**die** Frau	**eine** Frau	**sie**
Neuter	**das** Fest	**ein** Fest	**es**
Plural	**die** Geschenke		**sie**

Der Freund von Mia ist pessimistisch, aber **er** hat sich trotzdem mit ihr verlobt.
Mia's boyfriend *is a pessimist, but* ***he*** *got engaged to her anyway.*

Die Frau im Erdgeschoss ist neugierig. **Sie** will immer wissen, wer uns besucht.
The woman *on the ground floor is nosy.* ***She*** *always wants to know who is visiting us.*

- Masculine singular nouns in the accusative case require a change in the article and the pronoun.

Accusative	definite article	indefinite article	pronoun
Masculine	**den** Mann	**einen** Mann	**ihn**
Feminine	**die** Frau	**eine** Frau	**sie**
Neuter	**das** Fest	**ein** Fest	**es**
Plural	**die** Geschenke		**sie**

Kennst du **den Professor**?
Nein, ich kenne **ihn** nicht.
Do you know ***the professor****?*
No, I don't know ***him****.*

Hast du **die Geschenke**?
Ja, ich habe **sie** bei mir zu Hause.
Do you have ***the gifts****?*
Yes, I have ***them*** *at home.*

QUERVERWEIS

The accusative case is also needed for certain prepositions. See **Strukturen 2.2, pp. 54–55**.

ACHTUNG!

In English, nouns that don't refer to people can always be replaced by the pronoun *it*. In German, the pronoun must correspond to the gender of the noun it replaces.

Der Wagen ist viel zu teuer.
The car *is much too expensive.*

Er ist viel zu teuer.
It *is much too expensive.*

ACHTUNG!

The accusative case is also used after the phrase **es gibt**.

In Köln **gibt es einen** Dom.
There is a *cathedral in Cologne.*

- Definite articles belong to a group of words known as **der**-words. This group includes **all**- (*all*), **dies**- (*this*), **jed**- (*each*), **manch**- (*some*), **solch**- (*such a*), and **welch**- (*which*). Indefinite articles are known as **ein**-words, which include **kein** and the possessive adjectives **mein**, **dein**, **sein**, **unser**, **euer**, **ihr**, **Ihr**. All **der**-words and **ein**-words require the same case endings as **der** and **ein**, respectively.

Der- and *ein*-words declension				
	Der-words		*Ein*-words	
	Nominative	**Accusative**	**Nominative**	**Accusative**
Masculine	**dieser**	**diesen**	**mein**	**meinen**
Feminine	**diese**	**diese**	**meine**	**meine**
Neuter	**dieses**	**dieses**	**mein**	**mein**
Plural	**diese**	**diese**	**meine**	**meine**

Dieser Wein schmeckt mir nicht. Darf ich **deinen Wein** probieren?
*I don't like **this wine**. May I taste **yours**?*

- The form of some question words also depends on the case.

Nominative	Accusative
Was? *What?*	**Was?** *What?*
Wer? *Who?*	**Wen?** *Whom?*

Was macht die Frau?
What is the woman doing?

Wen siehst du?
Whom do you see?

- The nominative case is used for nouns following the verbs **sein**, **werden**, and **bleiben**.

Der Student **ist** auch **der** Präsident vom Deutschklub.
*The student **is** also **the** president of the German Club.*

Pronouns and possessive adjectives

- Nominative and accusative personal pronouns replace nouns and must agree in number and case with the person or item to which they refer. Possessive adjectives show to whom something belongs or how two people or items are related to each other.

Personal pronouns			
Nominative		**Accusative**	
ich	**wir**	**mich** *me*	**uns** *us*
du	**ihr**	**dich** *you*	**euch** *you*
er	**sie**	**ihn** *him*	**sie** *them*
sie	**Sie**	**sie** *her*	**Sie** *you*
es		**es** *it*	

Possessive adjectives	
mein *my*	**unser** *our*
dein *your*	**euer** *your*
sein *his*	**ihr** *their*
ihr *her*	**Ihr** *your*
sein *its*	

Ich sehe **ihn**.
*I see **him**.*

Maria ruft **ihren** Bruder nie an.
*Maria never calls **her** brother.*

ACHTUNG!

Note that the nominative case is used after **sein**, **werden**, and **bleiben** only with predicate nouns (nouns that refer to the subject of the sentence). When any of these verbs is followed by a time expression, the expression takes the accusative case.

Wir bleiben einen Monat in Berlin.
We are staying in Berlin for a month.

ACHTUNG!

When adding an ending to **euer**, drop the second **e**.

Ist das euer Hund?
Is that your dog?

Ich sehe euren Hund.
I see your dog.

Synthese

1 

Fragen Sabine verbringt ein Jahr in den USA. Lesen Sie ihre E-Mail und beantworten Sie die Fragen in Gruppen.

Von: sabine@email.de
An: familie.mueller@email.de
Betreff: Hallo aus den USA!

Liebe Mutti! Lieber Papi!

Mir geht es super gut! Ich bin total begeistert! Das Essen ist toll. Das Wetter ist schön. Die Leute sind liebevoll. Die erste Woche verbringe ich bei einer Gastfamilie, da die Studentenwohnheime an der Uni noch nicht offen sind. Normalerweise bin ich schüchtern und ich schäme mich, Englisch zu sprechen. Die Familie ist aber sehr verständnisvoll und sagt mir immer, ich soll nicht so besorgt sein. Jetzt bin ich nicht mehr so ängstlich!

Am Wochenende bin ich mit dem Sohn von unserer Nachbarin ausgegangen. Er heißt Jacob. ☺ Seine Eltern sind geschieden und er wohnt bei seiner Mutter. Seinen Vater besucht er oft und sie spielen dann regelmäßig Tennis zusammen. Das möchte ich hier auch gern lernen. Jacob wird mir zeigen, wie man Tennis spielt.

Ich vermisse euch sehr!

Liebe Grüße

Sabine

1. Wie findet Sabine die USA?
2. Warum ist sie bei einer Gastfamilie?
3. Wie findet sie ihre Gastfamilie?
4. Wie ist es für Sabine, neue Leute kennen zu lernen?
5. Glauben Sie, sie wird sich in Jacob verlieben?

2  

Aufsatz Schreiben Sie jeweils eine E-Mail zu den folgenden Themen. Schreiben Sie mindestens drei Absätze in jeder E-Mail.

- Schreiben Sie eine E-Mail an Ihren besten Freund/Ihre beste Freundin. Erzählen Sie von Ihrem guten Freund/Ihrer guten Freundin, in den/in die Sie sich gerade verliebt haben.
- Schreiben Sie eine E-Mail an Ihre Mutter. Da die Uni gerade erst angefangen hat, möchten Sie ihr davon erzählen, was es Neues gibt, was Sie mit Freunden so machen, was Sie studieren und so weiter.

Kommunikationsstrategien

Vorschläge (*Suggestions*) für den Anfang einer E-Mail:
An ihre Mutter: Lieb**e** Mama!
An einen Freund: Lieb**er** Simon!

Vorschläge für das Ende einer E-Mail:

Ich vermisse dich.	Liebe Grüße (LG)
Schreib mal wieder!	Gruß
Schönes WE! (Schönes Wochenende!)	Küsschen
Für eine Frau: Dein**e** Emma	Für einen Mann: Dein Aden

 Practice more at **vhlcentral.com.**

Vorbereitung

Wortschatz der Lektüre

auswandern *to emigrate*
der Einfluss, ¨-e *influence*
einwandern *to immigrate*
das Erbe *heritage*
die Heimat *homeland*
die Identität, -en *identity*
der Nachfahr, -en/die Nachfahrin, -nen *descendant*
pflegen *to cultivate*
der Vorfahr, -en *ancestor*

Nützlicher Wortschatz

hauptsächlich *mainly*
der Kreis, -e *county*
schlendern *to walk leisurely*
siedeln *to settle*
der Ursprung, ¨-e *origin*

1 **Pauls Familiengeschichte** Ergänzen Sie Pauls Familiengeschichte mit den richtigen Wörtern aus der Liste.

ausgewandert	Erbe	pflegen
Einfluss	Heimat	Vorfahren

Paul und Anna sprechen über ihre Familie. Paul sagt: „Meine (1) __________ kommen aus Deutschland. Ihre (2) __________ ist eigentlich die Pfalz (*Palatinate region*), aber ein Teil meiner Familie ist im 19. Jahrhundert nach Pennsylvania (3) __________. Im Kreis Lancaster ist der deutsche (4) __________ immer noch groß, aber nicht alle Leute dort sind aus Deutschland. Viele Familien (5) __________ ihr deutsches (6) __________ mit deutschem Essen und Festen."

2 **Interview** Stellen Sie einander die folgenden Fragen.

1. Woher kommen deine Vorfahren? Hast du deutsche Vorfahren?
2. Kennst du jemanden mit deutschen Vorfahren? Wen?
3. Kennst du Leute, die in die USA eingewandert sind? Warum sind sie eingewandert?
4. Hast du schon einmal Stadtteile besucht, wo hauptsächlich Einwanderer wohnen? Erzähl davon.

3 **Der deutsche Einfluss in den USA** Besprechen Sie in Gruppen die folgenden Fragen.

1. Warum sind so viele Menschen in die USA eingewandert?
2. Was verspricht die Freiheitsstatue und warum?
3. Was assoziieren Sie mit Deutschland, Österreich und der Schweiz?
4. Was wissen Sie über den deutschen Einfluss in den USA? Kennen Sie deutsches Essen, deutsche Feste, deutsche Produkte? Welche?
5. Was wissen Sie über die Amischen und die Mennoniten?
6. Welche Städte in den USA kennen Sie, die einen deutschen Ursprung haben?

KULTURANMERKUNG

Johann Wolfgang von Goethe hat das folgende Gedicht 1827 geschrieben. Er scheint sich zuweilen nach einem Neuanfang gesehnt° zu haben, obwohl er sich letztlich doch nicht dazu durchringen° konnte, Europa zu verlassen und das Experiment in der Neuen Welt zu wagen°.

Den Vereinigten Staaten

Amerika, du hast es besser
Als unser Kontinent, das alte
Hast keine verfallenen°
Schlösser
Und keine Basalte.
Dich stört nicht im Innern
Zu lebendiger Zeit
Unnützes° Erinnern
Und vergeblicher° Streit. […]

gesehnt *longed*
durchringen *bring himself to*
wagen *dare* **verfallenen** *dilapidated*
Unnützes *useless*
vergeblicher *futile*

„Amerika, du hast es besser“

Wer heute an den deutschen Einfluss in den USA denkt, kommt wohl auf Oktoberfeste, deutsche Autos und Wörter wie „Gesundheit", „kaputt" oder „Kindergarten". Wenn man etwas weiter fragt, fallen vielleicht Namen wie Hans Zimmer, Die Prinzen und Konzepte wie Exil und Bauhaus.

Man kann den deutschen Einfluss sehr weit zurückverfolgen. Seit dem späten 17. Jahrhundert sind viele Deutsche nach Amerika ausgewandert. Damals steckte unser Land noch in den Kinderschuhen° und bot den Siedlern perfekte Bedingungen° für einen Neuanfang.

Deutsche Einwanderer haben aus politischen, religiösen oder wirtschaftlichen Gründen° ihre Heimat verlassen und sich in verschiedenen Regionen der USA niedergelassen°. Eine dieser vielen Gruppen sind die Pennsylvanien-Deutschen. Die Mehrheit von ihnen ist im 17. Jahrhundert aus der Pfalz° in William Penns Kolonie ausgewandert. Die erste Gemeinde° Germantown entstand von 1683 bis 1685. Viele Familien in dieser Region pflegen noch deutsche Traditionen, aber bei den Jüngeren ist dieses deutsche Erbe nicht mehr wirklich Teil ihrer Identität.

Eine viel ausgeprägtere° deutsche Identität findet sich bei den weltabgewandten° Mennoniten und den Amischen, die in Pennsylvanien immer noch ihrem Traum vom Leben nachgehen°. Beide Gruppen sind christliche Anabaptisten. Die Mitglieder der ersten Mennoniten-Gemeinde kamen 1683 von Krefeld nach Germantown, um ihre Religion frei ausüben zu dürfen°. Pazifismus und Antimaterialismus gehörten zu den Grundwerten° der Mennoniten und zusammen mit den Quäkern protestierten sie gegen die Sklaverei°. Sie arbeiten heute noch auf dem Land, bilden ihre Kinder in eigenen Schulen aus und kleiden sich einfach.

Die Amischen leben nach strengen Regeln°, der „Ordnung". Sie dürfen weder Elektrizität noch Telefone oder Autos benutzen. Amische Siedlungen° gibt es nicht nur in Pennsylvanien, sondern auch weiter im Westen der USA, z.B. in Iowa. Hier findet man die Amana Kolonien. Sie bestehen aus sieben Dörfern, die sich nach der großen Wirtschaftskrise in den USA zur Amana Gesellschaft zusammengeschlossen haben. Seither ist dies eine geschäftlich° erfolgreiche Gemeinschaft wie aus dem amerikanischen Traum. Gastfreundschaft°, Geschäfte und eine Atmosphäre wie aus vergangenen Zeiten ziehen jährlich Tausende von Besuchern an.

Andere deutsche Siedlungen mit langer Tradition gibt es in Texas, wie z.B. Fredericksburg. Noch heute sprechen die Nachfahren der Auswanderer zu Hause den Texas-Deutschen Dialekt. Dieser Dialekt ist eine witzige Mischung aus Deutsch und Englisch. Da kann man Sätze hören wie: „Meine Vorfahren sind im Jahre 1850 nach Texas *gemoved.*" Fredericksburg hat sich zu einem Wochenend-Ausflugsziel für Texaner aus Austin und San Antonio entwickelt. Sie übernachten in Pensionen, können jagen, fischen, durch Antiquitätengeschäfte und Museen bummeln° und dem deutschen Einfluss in Bäckereien, Restaurants und Läden nachspüren°. Das nicht weit entfernte New Braunfels lockt im November mit dem Wurstfest und das ganze Jahr über mit der Schlitterbahn°. ■

Kinderschuhen infancy; *Bedingungen* conditions; *Gründen* reasons; *niedergelassen* settled; *Pfalz* Palatinate region; *Gemeinde* community; *ausgeprägtere* more distinctive; *weltabgewandten* detached from the world; *nachgehen* pursue; *frei ausüben zu dürfen* freely practice their religion; *Grundwerten* core values; *Sklaverei* slavery; *Regeln* rules; *Siedlungen* settlements; *geschäftlich* economically; *Gastfreundschaft* hospitality; *bummeln* to stroll; *nachspüren* follow; *Schlitterbahn* amusement park near New Braunfels

Herald-Zeitung

In den deutschstämmigen° Städten in Texas wurde bis vor dem 1. Weltkrieg auch auf Deutsch in den Schulen unterrichtet. Die Zeitung *Herald-Zeitung* in New Braunfels gab es bis zum 2. Weltkrieg in zwei Ausgaben: *The Herald* (auf Englisch) und *The Zeitung* (auf Deutsch).

deutschstämmigen *German-founded*

Analyse

1 

Verständnis Wählen Sie die richtige Antwort aus.

1. Der deutsche Einfluss in Amerika geht bis ins _____ zurück.
   a. 18. Jahrhundert b. 17. Jahrhundert c. 19. Jahrhundert
2. Die meisten Pennsylvanien-Deutschen kommen aus _____.
   a. Österreich b. Bayern c. der Pfalz
3. Die Amischen haben _____.
   a. keine Religion b. Telefone c. strenge Regeln
4. Die Amana Kolonien sind in _____.
   a. Iowa b. Pennsylvanien c. Texas
5. In Fredericksburg kann man _____.
   a. Schlitterbahn fahren b. durch Antiquitätengeschäfte schlendern
   c. kein Deutsch hören

2 

Fragen zum Text Beantworten Sie zu zweit die folgenden Fragen.

1. Welche deutschen Wörter gibt es im Englischen?
2. Warum haben die Deutschen ihre Heimat verlassen?
3. Was dürfen die Amischen nicht, das für uns zum Alltag gehört?
4. Wann haben sich die Amana Kolonien zu einer Gesellschaft zusammengeschlossen?
5. Was können die Touristen alles in Fredericksburg machen?
6. Wann und wo gibt es jedes Jahr ein Wurstfest?

3 

Bildbeschreibung Besprechen Sie in Gruppen die Person auf dem Foto.

1. Beschreiben Sie die Frau. Wie heißt sie? Was macht sie? Woher kommt sie?
2. Was für ein Mensch ist sie? Was können Sie über sie sagen?

4

Zum Thema Wählen Sie eins der folgenden Themen und schreiben Sie einen kurzen Aufsatz darüber.

1. Wann und wie ist Ihre Familie in die Vereinigten Staaten gekommen? Erzählen Sie Ihre Familiengeschichte.
2. Was haben Sie über den Einfluss deutscher Kultur und Geschichte in den USA gewusst, bevor Sie den Artikel gelesen haben? Was haben Sie aus dem Artikel und den Gesprächen in der Klasse gelernt? Geben Sie Beispiele.

 Practice more at **vhlcentral.com.**

Vorbereitung

Über den Schriftsteller

Herta Müller wurde am 17. August 1953 in Nitzkydorf, Rumänien geboren, eine Stadt in der Region Banat. Hier wuchs sie als Teil einer deutschsprachigen Minderheit (*minority*) auf. Erst mit 15 Jahren lernte Müller Rumänisch. 1987 reiste sie nach Deutschland aus. In ihren Werken schreibt Müller darüber, wie das Leben in einer Diktatur, den Alltag der Menschen beeinflusst, und wie sie damit umgehen. Für ihr Lebenswerk erhielt Müller 2009 den Literaturnobelpreis. *Ersatzbruder* ist ein Auszug (*excerpt*) aus Müllers Roman *Atemschaukel*.

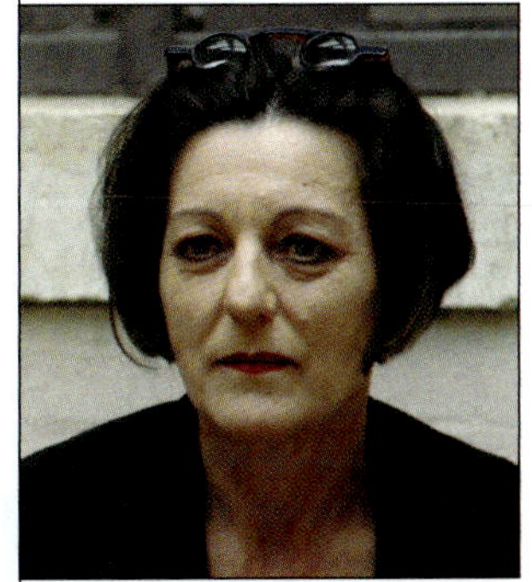

Wortschatz der Kurzgeschichte

die Dienststube, -n *office*
(sich) (an)heben *to rise*
das Heimweh *homesickness*
Platz sparen *to save space*
mit jmd. rechnen *to count on somebody*
schluchzen *to sob*
die Sense, -n *scythe*
der Stich, -e *sting; prick*
verschwimmen *to become blurred*
wegrutschen *to slide away*
zerreißen *to tear apart*
der Zwirn, -e *thread*

Nützlicher Wortschatz

der Ersatz, -e *replacement*
der Gefangene, -n *prisoner*
das Gefangenenlager, - *prison camp*
herrenlos *abandoned; adrift*
Rumänien *Romania*
sich verlassen fühlen *to feel abandoned*
die Zwangsarbeit *forced labor*

1 Definitionen Finden Sie für jeden Ausdruck die richtige Definition.

_____ 1. wenn man etwas kaputt macht
_____ 2. man glaubt, dass einem jemand helfen wird
_____ 3. ein altes Wort für ein Büro
_____ 4. man will unbedingt nach Hause, kann es nicht erwarten
_____ 5. ein Werkzeug, mit dem man Gras schneidet
_____ 6. wenn man laut und heftig weint
_____ 7. jemand, der nicht frei ist
_____ 8. eine Strafe, bei der man schwere Arbeit machen muss

a. das Heimweh
b. die Zwangsarbeit
c. der Gefangene
d. mit jemandem rechnen
e. schluchzen
f. die Dienststube
g. zerreißen
h. die Sense

2 Gespräch Besprechen Sie in Gruppen die folgenden Fragen.

1. Woran denken Sie, wenn Sie das Wort Gefangenenlager hören?
2. Warum könnte eine Familie einen Ersatzbruder brauchen?
3. Wie würden Sie reagieren, wenn Sie immer Hunger hätten, viel arbeiten müssten und sich alleine fühlten?

Practice more at **vhlcentral.com.**

KULTURANMERKUNG

Deportation der Rumäniendeutschen

Nach dem zweiten Weltkrieg besetzte° die Rote Armee Rumänien. Auf Beschluss der sowjetischen Regierung mussten alle Männer zwischen 17 und 45 Jahren und alle Frauen zwischen 18 und 30 Jahren, die zur deutschen Minderheit gehörten, zur Zwangsarbeit in sowjetische Arbeitslager abtransportiert werden, weil sie als Unterstützer des Hitler-Regimes galten°. Als Zwangsarbeiter sollten sie die sowjetischen Industrieanlagen wiederaufbauen, die während des Krieges zerstört worden waren. Von Januar 1945 bis Dezember 1949 wurden mehr als 70.000 Rumäniendeutsche in Gefangenenlager verschleppt. Die Lebensbedingungen° in den Lagern waren unmenschlich. Mehr als 3.000 Gefangene starben dort.

besetzte *occupied* **galten** *were considered* **Lebensbedingungen** *living conditions*

Ersatzbruder

(Auszug)

Hertha Müller

Anfang November ruft Tur Prikulitsch mich in seine Dienststube.

Ich habe Post von zu Hause.

Vor Freude tickt mein Gaumen°, ich krieg den Mund nicht zu. Tur sucht im halboffenen Schrank in einer Schachtel. An der geschlossenen Schrankhälfte klebt ein Bild von Stalin, hohe graue Backenknochen° wie zwei Abraumhalden°, die Nase imposant wie eine Eisenbrücke°, sein Schnauzbart wie eine Schwalbe°. Neben dem Tisch dubbert° der Kohleofen, darauf summt ein offener Blechtopf mit Schwarztee. Neben dem Ofen steht der Eimer° mit Anthrazitkohle. Tur sagt: Leg mal bisschen Kohle nach, bis ich deine Post gefunden habe.

Ich suche im Eimer drei passende Brocken°, die Flamme springt wie ein weißer Hase durch einen gelben Hasen. Dann springt der gelbe durch den weißen, die Hasen zerreißen einander und pfeifen zweistimmig Hasoweh. Das Feuer bläst mir Hitze ins Gesicht und das Warten Angst. Ich schließe das Ofentürchen und Tur schließt den Schrank. Er überreicht° mir eine Rot-Kreuz-Postkarte.

An der Karte ist mit weißem Zwirn ein Foto angenäht°, akkurat gesteppt mit der Nähmaschine°. Auf dem Foto ist ein Kind. Tur schaut mir ins Gesicht, und ich schau auf die Karte, und das angenähte Kind auf der Karte schaut mir ins Gesicht, und von der Schranktür schaut uns allen Stalin ins Gesicht.

Unter dem Foto steht:

Robert, geb. am 17. April 1947.

Es ist die Handschrift meiner Mutter. Das Kind auf dem Foto hat eine gehäkelte Haube und eine Schleife° unterm Kinn. Ich lese noch einmal: Robert, geb. am 17. April 1947. Mehr steht nicht da. Die Handschrift gibt mir einen Stich, das praktische Denken der Mutter, das Platzsparen durch das Kürzel GEB. für geboren. Mein Puls klopft° in der Karte, nicht in der Hand, in der ich sie halte. Tur legt mir die Postliste und einen Bleistift auf den Tisch, ich soll meinen Namen suchen und unterschreiben. Er geht zum Ofen, spreizt° die Hände und horcht°, wie das Teewasser summt und die Hasen im Feuer pfeifen°. Erst verschwimmen mir vor den Augen die Rubriken, dann die Buchstaben. Dann knie ich am Tischrand, lasse die Hände auf den Tisch fallen und das Gesicht in die Hände und schluchze.

Willst du Tee, fragt Tur. Willst du Schnaps. Ich habe geglaubt, du freust dich.

Ja, sage ich, ich freue mich, weil wir zu Hause noch die alte Nähmaschine haben.

Ich trinke mit Tur Prikulitsch ein Glas Schnaps und noch eins. Für Hautundknochenleute° ist das viel zu viel. Der Schnaps brennt im Magen° und die Tränen° im Gesicht. Ich habe ewig° nicht geweint, meinem Heimweh trockene Augen beigebracht°. Ich habe mein Heimweh sogar schon herrenlos gemacht. Tur drückt mir den Bleistift in die Hand und zeigt auf die richtige Rubrik. Ich schreibe zittrig°: Leopold. Ich brauche deinen Namen ganz, sagt Tur. Schreib du ihn ganz, sag ich, ich kann nicht.

Meine Eltern haben sich ein Kind gemacht, weil sie mit mir nicht mehr rechnen.

Dann gehe ich mit dem angenähten Kind in der Pufoaika-Jacke° hinaus in den Schnee. Von draußen sehe ich im Fenster der Dienststube das Fensterkissen gegen den Luftzug, von dem mir die Trudi Pelikan erzählt hat. Es ist akkurat genäht und ausgestopft°. Die Haare der Corina Marcu haben dafür nicht gereicht°, es sind bestimmt noch andere drin. Aus den Glühbirnen° fließen weiße Trichter°, der hintere Wachturm° pendelt im Himmel. Im ganzen Schneehof sind die weißen Bohnen vom Zither-Lommer verstreut°. Der Schnee rutscht mit der Lagermauer immer weiter weg. Aber auf dem Lagerkorso, wo ich gehe, hebt er sich an meinen Hals. Der Wind hat eine scharfe Sense. Ich habe keine Füße, ich gehe auf den Wangen° und habe bald keine mehr. Ich habe nur das angenähte Kind, es ist mein Ersatzbruder. Meine Eltern haben sich ein Kind gemacht, weil sie mit mir nicht mehr rechnen. So wie die Mutter geboren mit GEB. abkürzt°, würde sie auch gestorben mit GEST. abkürzen. Sie hat es schon getan. Schämt sich die Mutter nicht mit ihrer akkuraten Steppnaht aus weißem Zwirn, dass ich unter der Zeile° lesen muss:

Meinetwegen° kannst du sterben, wo du bist, zu Hause würde es Platz sparen. ■

the roof of my mouth
cheekbones
mining waste heaps
iron bridge
swallow/makes noise
pail
chunks
presents
sewed on
sewing machine
crotcheted bonnet and bow
beats
opens/listens
whistle, wheeze
skin-and-bones people
burns in my stomach /tears
for ages
taught
shakily
quilted wadded jacket
filled
weren't enough
light bulbs
funnels/watchtower
scattered
cheeks
abbreviates
line
As far as I'm concerned

Analyse

1 **Verständnis** Bilden Sie logische Sätze.

_____ 1. Als Leopold in Turs Dienststube kommt, …
_____ 2. Seine erste Reaktion auf diese Neuigkeit…
_____ 3. Die zweite Reaktion auf die Postkarte…
_____ 4. Nachdem Tur Leopold die Post gegeben hat, …
_____ 5. Auf seinem Rückweg…

a. ist ein Schmerz wie ein Nadelstich.
b. ist Freude und Aufregung (*excitement*).
c. trinken beide Schnaps, und Leopold weint.
d. erfährt er (*finds out*), dass er Post bekommen hat.
e. fühlt sich Leopold traurig und verlassen.

2 **Was stimmt?** Welche Aussagen sind richtig?

1. a. Leopold und Tur treffen sich jeden Tag in der Dienststube und trinken Schnaps.
   b. Leopold und Tur treffen sich heute in der Dienststube, weil Leopold Post bekommen hat.
2. a. Auf der Rot-Kreuz Karte ist ein Bild des Bruders, sein Name und sein Todestag.
   b. Auf der Rot-Kreuz Karte ist ein Bild des Bruders, sein Name und sein Geburtstag.
3. a. Leopold weint, weil ihm der Schnaps im Magen so weh tut.
   b. Leopold weint, weil er sich allein und verlassen fühlt.
4. a. Nachdem er die Karte bekommen hat, schreibt Leopold seinen Vornamen in die Liste.
   b. Nachdem er die Karte bekommen hat, schreibt Leopold seinen Nachnamen in die Liste.
5. a. Leopolds Eltern versuchen, ein normales Leben ohne ihn zu führen.
   b. Leopolds Eltern glauben, dass er bald wieder nach Hause kommen wird.

3 **Interpretation** Vervollständigen Sie die Sätze.

1. Tur…
   a. ist ein Aufseher, der eine humane Seite hat und den Gefangenen ein bisschen hilft.
   b. ist ein strenger (*strict*) Aufseher, der schlecht mit den Gefangenen umgeht.
2. Leopold…
   a. hofft, wieder zu seiner Familie zurückkehren zu können.
   b. hat keine Hoffnung mehr, das Lager zu überleben.
3. Die Abkürzungen geb. bedeutet, …
   a. dass die Mutter nicht mehr auf die Karte schreiben darf.
   b. dass die Mutter nur so wenig wie möglich mit ihrem Sohn kommunizieren will.
4. Das Gefangenenlager…
   a. wird am Ende ein immer größeres Gefängnis (*prison*) für Leopold.
   b. wird am Ende ein Ort, wo Leopold seine Füße verliert.

4

Der Erzähler

A. Wählen Sie die Wörter aus der Liste, die Leopold am besten beschreiben.

aufgeregt	fröhlich	isoliert	stolz
deprimiert	hoffnungslos	liebebedürftig	verlassen
empfindlich	hungrig	müde	wütend

B. Vergleichen Sie Ihre Antworten mit denen Ihres Partners/Ihrer Partnerin und besprechen Sie eventuelle Unterschiede. Suchen Sie nach den Stellen im Text, die Leopolds Charakter am besten beschreiben.

5

Fragen Beantworten Sie die folgenden Fragen zu zweit.

1. Wie ist Leopolds Situation? Beschreiben Sie auch das Umfeld (*setting*), in dem er lebt.
2. Warum ist Leopold in Turs Dienststube?
3. Wie beschreibt Leopold seine Mutter? Welche Gefühle drückt er aus?
4. Was bedeutet es, wenn man „sein Heimweh herrenlos macht"?

6

Ihre Meinung Besprechen Sie in Gruppen die folgenden Fragen.

1. Haben Sie schon einmal ein Foto von einem neuen Familienmitglied gesehen? Wie haben Sie reagiert? Vergleichen Sie Ihre Reaktion mit der von Leopold.
2. Leopolds Situation im Gefangenenlager ist hoffnungslos. Wie überleben Menschen in solch einem Umfeld? An was denken sie? Woher nehmen sie Hoffnung?
3. Auf der Rot-Kreuz Postkarte steht: „Robert, geb. am 17. Mai 1947". Wie interpretiert Leopold diese Zeile? Glauben Sie, dass seine Interpretation richtig ist?
4. Haben Sie schon einmal Kriegsgeschichten in Ihrer Familie gehört? Vergleichen Sie diese Geschichten mit dem Auszug *Ersatzbruder*. Welchen Unterschied macht die Perspektive des Erzählers?
5. Wie wird Leopolds Körper in dieser Geschichte beschrieben? Wie reagiert sein Körper am Anfang und am Ende?
6. Was glauben Sie, wie die Geschichte weitergeht?

7

Zum Thema Schreiben Sie einen Aufsatz von ungefähr 100 Wörtern zu einem der folgenden Themen.

- Beschreiben Sie ein Erlebnis aus Ihrer Kindheit oder Schulzeit, als Sie sich ganz allein auf der Welt gefühlt haben.
- Leopold bekommt einen Brief von seiner Mutter. Nach langer Zeit ist es das erste Lebenszeichen von seiner Familie, aber die Freude wechselt schnell in Ärger. Haben Sie sich schon einmal sehr über etwas gefreut, bevor Sie sich sehr darüber geärgert haben?

Practice more at **vhlcentral.com.**

KULTURANMERKUNG

Rotkreuz-Familiennachrichten

Das Rote Kreuz ist eine neutrale internationale Hilfsorganisation. Diese Neutralität ist weltweit anerkannt°. Wenn jemand wegen eines Krieges oder einer Naturkatastrophe nicht erreichbar ist, kann die Familie mit Hilfe einer Rotkreuz-Familiennachricht Kontakt zu dieser Person aufnehmen. Auf einem kleinen Stück Papier darf man Informationen über die Familie schreiben, allerdings keine politischen oder militärischen Nachrichten. Behörden° im Kriegs- oder Katastrophengebiet können die Familiennachrichten lesen. Anschließend werden sie an das gesuchte Familienmitglied weitergeleitet°.

anerkannt *recognized* **Behörden** *authorities* **weitergeleitet** *forwarded*

Anwendung

These und Beweisführung (*arguments*)

Eine akademische Hausarbeit besteht aus drei Teilen: die **Einleitung** (*introduction*), der Hauptteil und der **Schluss** (*conclusion*). In der Einleitung sollten Sie die **These** objektiv, kurz und klar formulieren und im Hauptteil durch Argumente untermauern und begründen.

Die Argumente, die die These darlegen oder sie begründen, können Folgendes ausdrücken:

- **Authorität:** drückt die Meinungen einer Figur aus oder beruht auf der Theorie eines Experten.
- **Beweiskraft:** Zitate und Beispiele werden angegeben.
- **Widerlegung:** Argumente, die der Meinung der Autorin/des Autors widersprechen, werden widerlegt.
- **Vergleich/Gegenüberstellung:** zwei Dinge oder Situationen werden miteinander verglichen/werden einander gegenüber gestellt.
- **Allgemeine Meinung:** bezieht sich auf die allgemeine Meinung für oder gegen eine Argumentation.

1 **Vorbereitung** In welche Kategorien passen die folgenden Themen?

1. **Widerlegung / Allgemeine Meinung:** Heutzutage stimmen alle jungen Leute damit überein, dass…
2. **Vergleich / Widerlegung:** Während die Menschen im 19. Jahrhundert ein unkompliziertes Leben ohne moderne Kommunikationsmittel führten, ist das Leben heute…
3. **Vergleich / Autorität:** Ein berühmter Professor hat schon 1960 die Theorie vertreten, dass…

2 **Aufsatz** Wählen Sie eins der folgenden Themen und schreiben Sie darüber einen Aufsatz.

- Beziehen Sie sich in Ihrem Aufsatz auf einen der vier Teile dieser Lektion: **Kurzfilm, Stellen Sie sich vor, …, Kultur** oder **Literatur**.
- Verarbeiten Sie mindestens zwei verschiedene Argumente und Beispiele aus dem Teil, über den Sie schreiben.
- Stellen Sie Ihre persönliche Einstellung klar und deutlich dar.

Themen

1. Stellen Sie sich vor, Sie sind die Mutter aus dem Film *Outsourcing*. Schreiben Sie einen Aufsatz, in dem Sie erklären, wieso Ihre Rolle für die Familie so wichtig ist und warum Sie nicht gefeuert werden sollten (*should not be fired*).

2. Stellen Sie sich vor, Sie sind Leopold aus *Ersatzbruder*. Schreiben Sie eine Antwort auf den Brief der Mutter. Gehen Sie auf das, was die Mutter geschrieben hat ein (*respond*), und beschreiben Sie Ihre Gefühle.

3. Wie würden Sie Ihre Ideen von Liebe und Respekt für eine andere Person (ein Familienmitglied, einen Freund/eine Freundin, einen Kameraden/eine Kameradin) definieren, nachdem Sie den Kurzfilm gesehen und den Kulturartikel und die Kurzgeschichte gelesen haben?

Persönliche Beziehungen

Persönlichkeit

anhänglich *attached*
attraktiv *attractive*
bescheiden *modest*
bezaubernd/charmant *charming*
(un)ehrlich *(dis)honest*
einfallsreich *imaginative*
empfindlich *sensitive*
genial *highly intelligent*
liebevoll *affectionate*
optimistisch *optimistic*
pessimistisch *pessimistic*
(un)reif *(im)mature*
ruhig *quiet*
schüchtern *shy*
sorgfältig *careful*
stolz *proud*
vorsichtig *cautious*
zurückhaltend *reserved*

Familienstand

das (Ehe)paar, -e *(married) couple*
der/die Verlobte, -n *fiancé(e)*
der Witwer, -/die Witwe, -n *widower/widow*

heiraten *to marry*
sich (von j-m) scheiden lassen *to get divorced (from)*
(mit j-m) verheiratet sein *to be married (to)*
sich (mit j-m) verloben *to get engaged (to)*

geschieden *divorced*
ledig *single (unmarried)*
verlobt *engaged*
verwitwet *widowed*

Beziehungen

die Freundschaft, -en *friendship*
die Hochzeit, -en *wedding*
der Klatsch *gossip*
die Liebe (auf den ersten Blick) *love (at first sight)*
der/die Seelenverwandte, -n *soul mate*
die Verabredung, -en *date*
die Zuneigung, -en *affection*

(mit j-m) ausgehen *to go out (with)*
eine Beziehung haben/führen *to be in a relationship*
lügen *to lie*
(etwas) teilen *to share something*
sich (von j-m) trennen *to break up (with)*
verlassen *to leave*
sich verlassen auf (+ Akk.) *to rely (on)*
vertrauen (+ Dat.) *to trust*

(un)treu *(un)faithful*
unvergesslich *unforgettable*
leicht zu vergessen *forgettable*
vergesslich *forgetful*
verständnisvoll *understanding*

Gefühle

ärgern *to annoy*
fühlen *to feel*
(j-n/etwas) satt haben *to be fed up (with)*
hassen *to hate*
lieben *to love*
sich schämen (für + Akk./wegen + Gen.) *to be ashamed (of)*
stören *to bother*
träumen (von + Dat.) *to dream (of)*
verehren *to adore*
sich verlieben (in + Akk.) *to fall in love (with)*
böse werden *to get angry*

aufgeregt *excited*
begeistert *enthusiastic*
besorgt *worried*
bestürzt *upset*
deprimiert *depressed*
eifersüchtig *jealous*
enttäuscht *disappointed*
liebebedürftig *in need of affection*
verliebt (in + Akk.) *in love (with)*
wütend *angry*

Kurzfilm

der Abfall, ¨-e *decline*
das Beschäftigungsverhältnis, -se *employment relationship*
der Beschluss, ¨-e *decision*
die Effektivität *effectiveness*
der Familienrat, ¨-e *family council*
die Kündigung, -en *written notice*
die Mängel *shortcomings*
der Niedriglohn, ¨-e *low wage*
die Qualitätskontrolle, -n *quality control*
die Rolle, -n *role, part*
das Sanierungskonzept, -e *recovery plan*
der Stundennachweis, -e *hourly timesheet*
der Wert, -e *value, worth*

etwas annehmen *to accept something*
j-m kündigen *to terminate; to fire*
j-m Bescheid sagen *to let someone know*

einstimmig *unanimous*
gründlich *thorough*
rentabel *profitable, cost-efficient*

Kultur

der Einfluss, ¨-e *influence*
das Erbe *heritage*
die Heimat *homeland*
die Identität, -en *identity*
der Kreis, -e *county*
der Nachfahr, -en/die Nachfahrin, -nen *descendant*
der Ursprung, ¨-e *origin*
der Vorfahr, -en *ancestor*

auswandern *to emigrate*
einwandern *to immigrate*
pflegen *to cultivate*
schlendern *to walk leisurely*
siedeln *to settle*

hauptsächlich *mainly*

Literatur

die Dienststube, -n *office*
der Ersatz, -e *replacement*
der/die Gefangene, -n *prisoner*
das Gefangenenlager, - *prison camp*
das Heimweh *homesickness*
Rumänien *Romania*
die Sense, -n *scythe*
der Stich, -e *sting; prick*
die Zwangsarbeit *forced labor*
der Zwirn, -e *thread*

(sich) (an)heben *to rise*
(mit j-m) rechnen *to count on somebody*
Platz sparen *to save space*
schluchzen *to sob*
sich verlassen fühlen *to feel abandoned*
verschwimmen *to become blurred*
wegrutschen *to slide away*
zerreißen *to tear apart*

herrenlos *abandoned; adrift*

Lektion 2

Zusammen leben

Das Leben in einer so großen Metropole wie Berlin ist vielfältig und spannend. Man hat endlos viele Möglichkeiten, interessante Menschen kennen zu lernen und sich mit ihnen ins Leben zu stürzen (*plunge*). Allerdings bringt das Leben in der Großstadt auch Probleme mit sich: Lärm, Verkehr, Kriminalität, Verschmutzung und Anonymität.
Gibt es diese Probleme in allen Städten? Muss es sie geben? In was für einer Stadt leben Sie? Wie würden Sie Ihre Stadt beschreiben?

42 **KURZFILM**
In dem Film *Die Klärung eines Sachverhalts* von **Sören Hüper** und **Christian Prettin** steht ein ostdeutsches Ehepaar vor einer folgenschweren Entscheidung. Der Film basiert auf wahren Begebenheiten.

48 **STELLEN SIE SICH VOR, ...**
Seit 1990 ist Berlin wieder die Hauptstadt Deutschlands und das nicht zum ersten Mal. Die Metropole hat nicht nur Geschichte und Architektur zu bieten, sondern auch Parks, Shopping und ein angesagtes Nachtleben.

63 **KULTUR**
Lange bevor unser Erdball durch Flugzeuge kleiner wurde, war Berlin schon eine globale Stadt im Werden. In dem Artikel *Berlin, multikulturell seit Jahrhunderten* lernen wir mehr über Berlin als Ort der internationalen Begegnungen (*meetings*).

67 **LITERATUR**
Wladimir Kaminer untersucht in seiner Geschichte *Geschäftstarnungen* die Welt der Berliner Restaurants und Kneipen und zeigt, wie die Eigentümer (*owners*) versuchen, die Erwartungen ihrer Gast zu erfüllen und dafür ihre eigene Identität aufgeben.

44

64

40 ZU BEGINN

50 STRUKTUREN

2.1 Dative and genitive cases

2.2 Prepositions

2.3 Das Perfekt; separable and inseparable prefix verbs

72 SCHREIBWERKSTATT

73 WORTSCHATZ

Stadt und Gemeinschaft

Lokalitäten

die Feuerwache, -n *fire station*
das Gerichtsgebäude, - *courthouse*
das Polizeirevier, -e *police station*
das Rathaus, ¨-er *city/town hall*
der Stadtrand, ¨-er *outskirts*
der U-Bahnhof, ¨-e/die U-Bahn-Station, -en *subway station*
die Unterbringung, -en *accommodations*
der Verein, -e *association; club*
der Vorort, -e *suburb*
das (Wohn)viertel, -/die (Wohn)gegend, -en *neighborhood*
der Wolkenkratzer, - *skyscraper*
der Zeitungskiosk, -e *newsstand*

Wegbeschreibungen

die Allee, -n *avenue*
die Ampel, -n *traffic light*
der Bürgersteig, -e *sidewalk*
die Ecke, -n *corner*
der Kreisverkehr *traffic circle*
die Kreuzung, -en *intersection*
der öffentliche Personennahverkehr (ÖPNV)/die öffentlichen Verkehrsmittel *public transportation*
die Reklametafel, -n *billboard*
die Richtung, -en *direction*
die (Fahr)spur, -en *lane*
das Verkehrsschild, -er/das Verkehrszeichen, - *traffic sign*
der (Verkehrs)stau, -s *(traffic) jam*

der Zebrastreifen, - *crosswalk*

aussteigen *to get out (car); to get off (bus, train)*
einsteigen *to get in (car); to get on (bus, train)*

eine Wegbeschreibung geben *to give directions*
liegen *to be located*
überqueren *to cross (a road, river, ocean)*
sich verlaufen/sich verfahren *to get/to be lost*

Die Leute

der Angeber, -/die Angeberin, -nen *show-off*
der Anhänger, -/die Anhängerin, -nen *fan*
der Ausländer, -/die Ausländerin, -nen *foreigner*
der Bürger, -/die Bürgerin, -nen *citizen*
der/die Fremde, -n *stranger*
der Fußgänger, -/die Fußgängerin, -nen *pedestrian*

der Mieter, -/die Mieterin, -nen *tenant*
der Mitbewohner, -n/die Mitbewohnerin, -nen *apartment-mate*
der Nachbar, -n/die Nachbarin, -nen *neighbor*
der Polizeibeamte, -n/die Polizeibeamtin, -nen *police officer*
der Zimmergenosse, -n/die Zimmergenossin, -nen *roommate*

Aktivitäten

das Nachtleben *nightlife*
die Stadtplanung, -en *city/town planning*

sich amüsieren *to have fun*
(an)halten/stoppen *to stop*
plaudern *to chat*
umziehen *to move*
verbessern *to improve*
vorbeigehen *to walk past*
wenden *to turn (around)*

Probleme

die Freiheitsstrafe, -n *prison sentence*
der Gesetzesverstoß, ¨-e *breach of law*
der Konflikt, -e *conflict*
der Pflegefall, ¨-e *nursing case*
die Unterstellung, -en *allegation*
das Verbrechen, - *crime*
das Verhör, -e *interrogation*

sich beschweren (über) *to complain (about)*
im Stich lassen *to abandon (someone)*
zwingen (zu) *to force (someone)*

strafbar *punishable*

Zum Beschreiben

gefährlich *dangerous*
laut *noisy*
lebhaft *lively*
leer *empty*
persönlich *personal*
privat *private*
sicher *safe*
überfüllt *crowded*
unerwartet *unexpected*
voll *full*

Anwendung und Kommunikation

1 **Was ist das?** Finden Sie die Wörter in der linken Spalte, die zu den Beschreibungen in der rechten Spalte passen.

____ 1. der Zebrastreifen	a. wenn die Polizei viele Fragen stellt
____ 2. der Wolkenkratzer	b. ein sehr hohes Gebäude
____ 3. der Verein	c. eine Person aus einem anderen Land
____ 4. der Ausländer	d. das Gegenteil von *voll*
____ 5. leer	e. der Club
____ 6. das Verhör	f. wo Fußgänger die Straße überqueren

2 **Was fehlt?** Schreiben Sie die Wörter in die passenden Lücken.

der/die Anhänger(in)	der Konflikt	die Reklametafel	die U-Bahn-Station
aussteigen	der Pflegefall	sich beschweren	der Zebrastreifen

1. Am Wochenende gehe ich zu einem Fußballspiel in die Allianz Arena in München. Ich bin ____________ von Bayern München.
2. Daniel fährt immer mit den öffentlichen Verkehrsmitteln. Weil er morgens meistens zu spät aufsteht, muss er immer zur ________ rennen.
3. Mein Zug hat mehr als zwei Stunden Verspätung. Ich gehe jetzt zur Information und ________.
4. Meine Oma ist krank. Sie lebt in einem Altenheim, weil sie ein ________ ist.
5. Nach der Arbeit fahre ich nicht gleich nach Hause, sondern treffe meine Freundin Nina in der Stadt. Ich muss die S1 nehmen und am Rosenheimer Platz ________.
6. In einer großen Stadt wie München, wo viele Menschen zusammenleben, gibt es oft Streit und ________.

3 **Stadt oder Land?** Beantworten Sie die Fragen. Besprechen Sie Ihre Antworten zu zweit.

Was magst du lieber	A	B
1. (A) eine moderne Wohnung im Wolkenkratzer oder (B) eine schöne Villa in einem ruhigen Vorort?	☐	☐
2. (A) in einer Einkaufsstraße in der Stadt oder (B) online einzukaufen?	☐	☐
3. (A) einen Nachmittag im Kunstmuseum oder (B) ein Picknick?	☐	☐
4. (A) die Anonymität einer Großstadt oder (B) die Freundlichkeit einer Kleinstadt?	☐	☐
5. (A) einen lebhaften Bürgersteig voll mit interessanten Fremden oder (B) einen einsamen, schönen Waldweg?	☐	☐
6. (A) die ganze Nacht im Club zu tanzen oder (B) mit Freunden am Lagerfeuer (*campfire*) zu plaudern?	☐	☐
7. (A) das Unerwartete (*unexpected*) oder (B) das sichere Leben?	☐	☐
8. (A) Verkehrsstau oder (B) leere Straßen?	☐	☐

4 **Stoppt den Verkehr!** In vielen Großstädten gibt es zu viel Verkehr. Machen Sie zu dritt Vorschläge, wie man Verkehrsprobleme lösen kann.

Vorbereitung

Wortschatz des Kurzfilms

der Ausreiseantrag, ¨-e *exit permit*
ausschneiden *to clip*
es ernst meinen *to be serious*
j-m etwas ersparen *to spare someone something*
j-m hinterhersteigen *to chase after someone*
landesverräterische Nachrichtenübermittlung *traitorous information transmission*
die Meisterschaft, -en *championship*
die Republikflucht *defection from East to West Germany*
schmackhaft *flavorful*
die Vergünstigung, -en *preferential treatment*
der Verräter, -/die Verräterin, -nen *traitor*

Nützlicher Wortschatz

die DDR (Deutsche Demokratische Republik) *GDR (German Democratic Republic)*
die Erpressung, -en *extortion; blackmail*
die Freiheit, -en *freedom*
der Gewissenskonflikt, -e *moral conflict*
die Karriereleiter, -n *career ladder*
die Privatsphäre, -n *privacy*
der Sachverhalt, -e *fact*
die Stasi (Staatssicherheit) *secret police (former GDR)*
die Zerreißprobe, -n *(emotional) ordeal*

AUSDRÜCKE

ratzfatz unter die Räder kommen *to fall apart in a hurry*
sich nicht jeden Schuh, der drückt, anziehen *to not assume responsibility for everything*
Das ist nicht auf Ihrem Mist gewachsen. *You didn't think of that.*
auf der Wassersuppe daherschwimmen *to be naive, not very bright*

1 **Was passt zusammen?** Suchen Sie für jeden Ausdruck die richtige Definition.

____ 1. ein Formular, das man ausfüllt, wenn man aus einem Land weg will
____ 2. ein Ort, der nicht öffentlich ist, und an dem man nicht beobachtet wird
____ 3. wenn man etwas nicht zum Spaß sagt, sondern es wirklich so ist, wie man es sagt
____ 4. das Recht, zu tun, was man will

a. die Privatsphäre
b. etwas ernst meinen
c. ein Ausreiseantrag
d. die Freiheit

2 **Welche Vokabel passt?** Suchen Sie für jeden Satz die Vokabel, die logisch passt.

1. Die ________ wusste in der DDR fast alles über die Bürger.
2. Wenn Bürger mit der Stasi kollaborierten, bekamen sie oft ________ wie zum Beispiel ein neues Auto oder besseres Essen.
3. Mit den gesammelten Informationen wurden Bürger durch ________ manipuliert.
4. Wenn die Stasi etwas von einem Bürger wollte, benutzte sie oft Anreize (*incentives*), wie ein neues Auto oder besseres Essen, um ihm eine Kollaboration ________ zu machen.
5. Menschen, die in der DDR nicht glücklich waren, versuchten oft durch ________ aus dem Land wegzukommen.
6. Diese Leute galten als ________ und Gegner der DDR.

3 **Was denkst du?** Stellen Sie einander die folgenden Fragen.

1. Wie wichtig sind dir Familie und Freunde? Was würdest du für sie (nicht) tun?
2. Bist du schon einmal in einem unangenehmen (*uncomfortable*) Gespräch gewesen? Mit wem?
3. Was würdest du machen, damit dein Lebenspartner/deine Lebenspartnerin glücklich ist?
4. Was ist wichtiger, Prinzipien oder materielle Dinge (z.B. ein neues Auto, eine größere Wohnung)?
5. Welche Aspekte des Lebens darf ein Staat beeinflussen (*to influence*)? Welche nicht? Warum?
6. Welche Vorteile gibt es in einem kapitalistischen Land und welche gibt es in einem sozialistischen Land?

4 **Das Leben in einer Demokratie** Füllen Sie zuerst die Tabelle aus, und diskutieren Sie dann mit einem Partner/einer Partnerin die Vor- und Nachteile einer Demokratie.

A. Suchen Sie zu jedem Thema Vorteile (*advantages*) und Nachteile (*disadvantages*).

Themen	Vorteile	Nachteile
Politik		
Reisen		
Familie		
Polizei		
Technologie		
Arbeiten		

B. Was halten Sie vom Leben in einer Demokratie? Was würde passieren, wenn Sie nicht in einer Demokratie leben würden?

5 **Was passiert?** Schauen Sie sich in Gruppen die Bilder an. Beschreiben Sie jedes Bild und diskutieren Sie die Fragen.

1. Was macht Menschen glücklich? Sehen Sie sich besonders das erste Bild an.
2. Wer könnte der Mann auf dem zweiten Bild sein? Was für ein Gerät sieht man im Hintergrund (*background*)? Beschreiben Sie die Situation.
3. Wie kommt der Mann im ersten Bild in die Situation im dritten Bild? Was könnte passiert sein?

Practice more at **vhlcentral.com.**

Die Klärung eines Sachverhalts

Regie: Sören Hüper und Christian Prettin

Schauspieler: Josef Heynert, Horst-Günter Marx, Julia Brendler, Joachim Kappl

Kurzfilmbiber
Prädikat besonders wertvoll
Filmfest Biberach 2008

SZENEN

HANDLUNG *Aus Liebe zu seiner Frau stellt der staatstreue DDR-Bürger Jürgen Schulz einen Ausreiseantrag. In einem 24-stündigen Verhör versucht ein Stasi-Offizier Schulz davon abzubringen°.*

1

STASI BEAMTER Ziehen Sie Ihren Ausreiseantrag zurück, unterschreiben Sie, und dann können Sie gehen.

2

SYBILLE SCHULZ Du bist doch nicht...?
JÜRGEN SCHULZ Doch! Bin befördert worden°. Ab 1.10.1985, Leiter° der Technischen Abteilung.

3

JÜRGEN SCHULZ Hallo! Kennst du mich noch? Ich bin der Pittiplatsch°
SYBILLE SCHULZ Was machst denn du hier?
JÜRGEN SCHULZ Na, eine Privatvorstellung° für die Sybille, weil die so dolle° traurig ist!

4

ANWALT Trotzdem ist ein Ausreiseantrag schon seit zehn Jahren völlig legal.
SYBILLE SCHULZ Völlig legal?
ANWALT Seit der Staatsratsvorsitzende° die Schlussakte von Helsinki unterzeichnet hat.

5

JÜRGEN SCHULZ Ich will hier nicht weg. Aber, ich weiß, wenn wir bleiben, verliere ich dich.
SYBILLE SCHULZ Ich kann sie doch jetzt nicht im Stich lassen°.

6

STIMME Unter Beachtung des Umfangs° und der Intensität des strafbaren Handelns des Angeklagten°, schloss sich der Senat dem Antrag des Vertreters der Bezirksstaatsanwaltschaft° an und erkannte auf eine Freiheitsstrafe° von 18 Monaten.

abzubringen *dissuade* **befördert worden** *been promoted* **Leiter** *manager* **Pittiplatsch** *GDR TV character* **Privatvorstellung** *private show* **dolle** *very* **Staatsratsvorsitzende** *Chairman of the State Council of the GDR* **im Stich lassen** *abandon* **Umfangs** *extent* **Angeklagten** *accused* **Bezirksstaatsanwaltschaft** *prosecutor* **Freiheitsstrafe** *sentence*

KULTURANMERKUNG

Pittiplatsch und Trabbis

Pittiplatsch (kurz: Pitti) war eine bekannte und sehr beliebte Puppenfigur in der DDR. Von 1962 bis 1991 erschien Pittiplatsch zusammen mit der Ente Schnatterinchen und dem Hund Moppi in fast 3.000 Sendungen. Ein Puppenspiel-Ensemble tritt mit diesen Figuren seit 1993 vor allem in Ostdeutschland wieder auf.
Der Trabant (kurz Trabbi) war neben dem Wartburg das populärste Auto in der DDR. Fast jeder Erwachsene hatte eine Bestellung° entweder für einen Trabbi oder einen Wartburg. Allerdings dauerte es Jahre, bis man sein neues Auto bekam. Nach dem Fall der Mauer wurde der Trabbi zum Kultobjekt. In Berlin gibt es zum Beispiel ein Trabbi-Museum.

Bestellung *order*

Beim **ZUSCHAUEN**

Sind die folgenden Sätze **richtig** oder **falsch**?

1. Jürgen Schulz soll seinen Ausreiseantrag zurückziehen.
2. Jürgen Schulz ist nicht sehr erfolgreich in der DDR.
3. Die Eltern von Jürgen Schulz leben in Westdeutschland.
4. Sybille Schulz hatte eine Affäre mit einem Arzt.
5. Die Stasi bietet Jürgen Schulz ein neues Auto an, wenn er in der DDR bleibt.
6. Jürgen Schulz muss 18 Monate lang ins Gefängnis.

Analyse

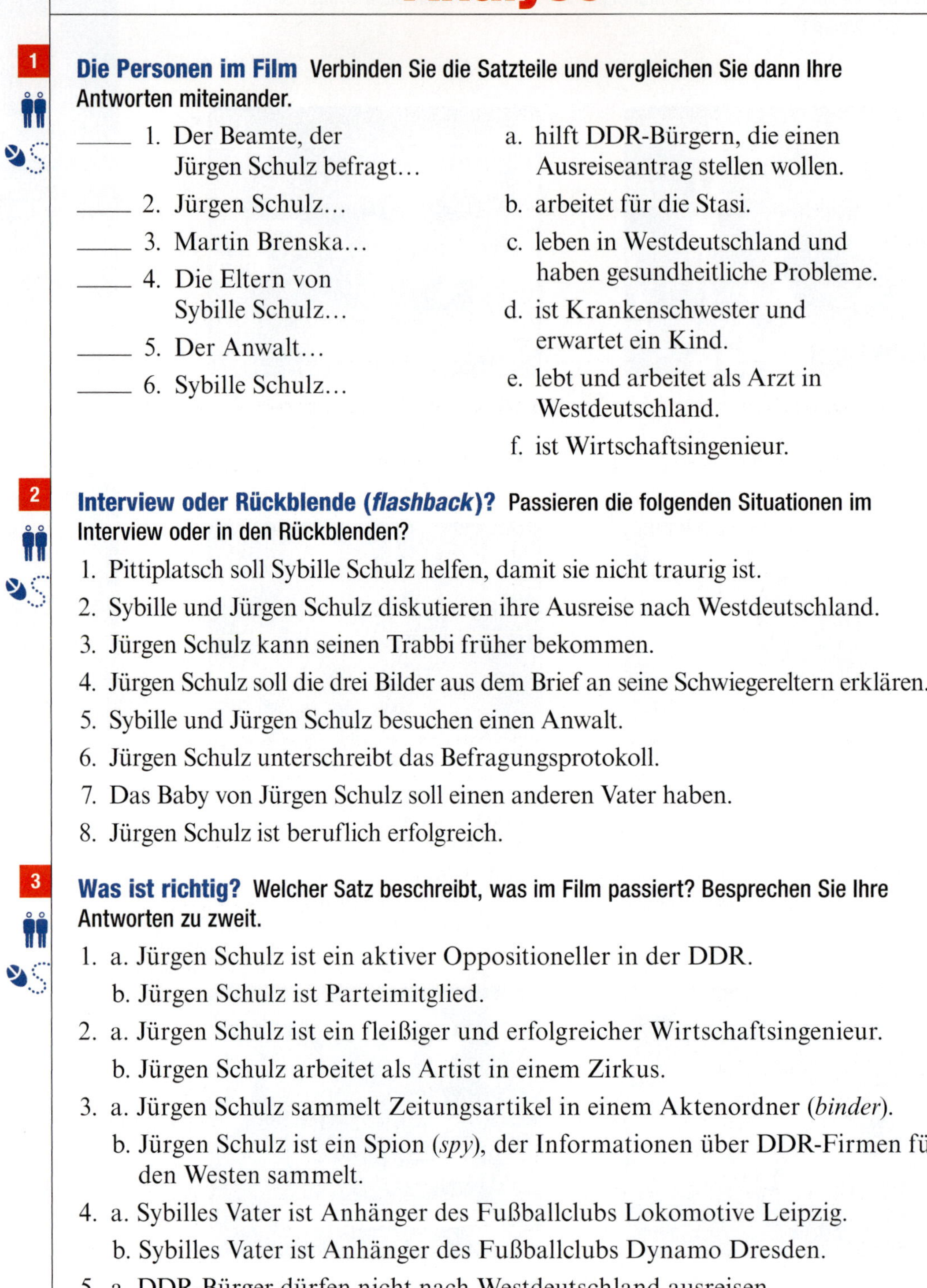

1 **Die Personen im Film** Verbinden Sie die Satzteile und vergleichen Sie dann Ihre Antworten miteinander.

_____	1. Der Beamte, der Jürgen Schulz befragt…	a. hilft DDR-Bürgern, die einen Ausreiseantrag stellen wollen.
_____	2. Jürgen Schulz…	b. arbeitet für die Stasi.
_____	3. Martin Brenska…	c. leben in Westdeutschland und haben gesundheitliche Probleme.
_____	4. Die Eltern von Sybille Schulz…	d. ist Krankenschwester und erwartet ein Kind.
_____	5. Der Anwalt…	e. lebt und arbeitet als Arzt in Westdeutschland.
_____	6. Sybille Schulz…	f. ist Wirtschaftsingenieur.

2 **Interview oder Rückblende (*flashback*)?** Passieren die folgenden Situationen im Interview oder in den Rückblenden?

1. Pittiplatsch soll Sybille Schulz helfen, damit sie nicht traurig ist.
2. Sybille und Jürgen Schulz diskutieren ihre Ausreise nach Westdeutschland.
3. Jürgen Schulz kann seinen Trabbi früher bekommen.
4. Jürgen Schulz soll die drei Bilder aus dem Brief an seine Schwiegereltern erklären.
5. Sybille und Jürgen Schulz besuchen einen Anwalt.
6. Jürgen Schulz unterschreibt das Befragungsprotokoll.
7. Das Baby von Jürgen Schulz soll einen anderen Vater haben.
8. Jürgen Schulz ist beruflich erfolgreich.

3 **Was ist richtig?** Welcher Satz beschreibt, was im Film passiert? Besprechen Sie Ihre Antworten zu zweit.

1. a. Jürgen Schulz ist ein aktiver Oppositioneller in der DDR.
   b. Jürgen Schulz ist Parteimitglied.
2. a. Jürgen Schulz ist ein fleißiger und erfolgreicher Wirtschaftsingenieur.
   b. Jürgen Schulz arbeitet als Artist in einem Zirkus.
3. a. Jürgen Schulz sammelt Zeitungsartikel in einem Aktenordner (*binder*).
   b. Jürgen Schulz ist ein Spion (*spy*), der Informationen über DDR-Firmen für den Westen sammelt.
4. a. Sybilles Vater ist Anhänger des Fußballclubs Lokomotive Leipzig.
   b. Sybilles Vater ist Anhänger des Fußballclubs Dynamo Dresden.
5. a. DDR-Bürger dürfen nicht nach Westdeutschland ausreisen.
   b. DDR-Bürger können einen Ausreiseantrag nach Westdeutschland stellen.
6. a. Die westdeutsche Regierung hat Jürgen Schulz aus dem DDR-Gefängnis freigekauft.
   b. Die Schwiegereltern von Jürgen Schulz haben ihn aus dem Gefängnis freigekauft.

4

Personenbeschreibung

A. Schreiben Sie die Adjektive auf, die Jürgen Schulz und den Stasi-Offizier am besten beschreiben.

~~aggressiv~~	glücklich	isoliert	~~naiv~~	schuldig
desillusioniert	ideologisch	menschlich	pedantisch	treu

Jürgen Schulz: *naiv, ...*

Stasi Offizier: *aggressiv, ...*

B. Vergleichen Sie Ihre Antworten miteinander und begründen (*justify*) Sie Ihre Wahl.

5

Fragen zum Film

Beantworten Sie in Gruppen die Fragen zu den Personen im Film.

1. Am Anfang sagt der Stasi-Offizier zu Jürgen Schulz: „Das ist kein Verhör. Es handelt sich lediglich um eine Befragung zur Klärung eines Sachverhalts." Stimmt das wirklich? Warum/warum nicht?
2. Wie versucht der Stasi-Offizier Jürgen Schulz zum Verbleib in der DDR zu bewegen? Nennen Sie mindestens zwei Beispiele.
3. Warum geht Jürgen Schulz am Ende ins Gefängnis? Was hat er getan?

6

Diskussion

Besprechen Sie die folgenden Fragen in Gruppen und geben Sie konkrete Beispiele für jede Antwort.

1. „Jürgen Schulz wurde 1987 von der BRD für knapp 100.000 DM aus der Haft freigekauft. Bis zum Fall der Mauer wurden 33.755 politische Häftlinge gegen Devisenzahlungen in den Westen abgeschoben. Die DDR erwirtschaftete auf diese Weise insgesamt 3,4 Milliarden DM." Darf sich ein Staat auf diese Art und Weise Geld beschaffen (*procure*)?
2. Jürgen Schulz geht für seine Frau und ihr gemeinsames Leben ins Gefängnis. Wie viele Menschen, die Sie kennen, würden das tun? Warum oder für wen?
3. Wie geht das Leben von Jürgen Schulz und seiner Frau nach dem Film weiter?

7

Zum Thema

Schreiben Sie einen Absatz (10 Zeilen) über Ihre Reaktion auf eine der folgenden Situationen.

1. Sie leben in der ehemaligen DDR, wollen aber weg. Was machen Sie? Haben Sie den Mut, sich mit der Staatspolizei anzulegen?
2. Sie müssen sich zwischen einem Leben mit Ihrem Partner/Ihrer Partnerin und einem Leben im Luxus entscheiden. Was machen Sie?

Reading

Berlin

Berlin, damals und heute

Berlin ist Deutschlands alte und neue Hauptstadt. Im Kaiserreich° (1871–1918) wurde Berlin erstmals zur Hauptstadt von ganz Deutschland und ist es auch während der Weimarer Republik und des Dritten Reiches geblieben. Nach der Teilung Deutschlands wurde Bonn die Hauptstadt der Bundesrepublik, während die Deutsche Demokratische Republik ihre Hauptstadt im Ostteil der geteilten° Stadt behielt°. Nach der Wiedervereinigung Deutschlands wurde Berlin wieder die gesamtdeutsche Hauptstadt. Diese Stadt ist das kulturelle und politische Zentrum Deutschlands und auch ein eigenes Bundesland, Stadtstaat genannt.

Berlin ist reich° an Geschichte, und man findet Spuren der Vergangenheit an jeder Ecke. Es gibt elegante Schlösser aus dem Preußischen Königreich, die **Kaiser-Wilhelm-Gedächtniskirche** als Zeugin° des Kaiserreichs und den alten Reichstag mit seiner neuen Kuppel° als Zeichen der gesamtdeutschen Demokratie. Das **Reichstagsgebäude** ist der Sitz des **Deutschen Bundestags**. Im Plenarsaal° versammelt sich° das Parlament der Bundesrepublik. Die Glaskuppel, die 1999 fertiggestellt wurde, weist auf das deutsche Streben° nach politischer Transparenz hin°. Wenn man oben in der Kuppel steht, kann man die Vorgänge° unten im Plenarsaal beobachten.

Gleich neben dem Reichstag, in der Mitte Berlins, befindet sich das **Brandenburger Tor**, wo Ost und West aufeinandertreffen. Das symbolträchtige Portal wurde 1791 zum Andenken an Friedrich den Großen errichtet. Seither° hat es wichtige Momente der Geschichte gesehen. Einst° stand es hinter der Mauer auf dem Boden° der DDR. Als 1989 hier Ost- und Westdeutsche zusammen den Fall der Mauer gefeiert haben, wurde das Tor vom Zeichen der Teilung° zum **Symbol der deutschen Einheit**°. Jenseits° des Brandenburger Tores erstreckt° sich der **Tiergarten**, der den brandenburgischen Fürsten als Jagdrevier° gedient hat. Heute ist der Tiergarten ein großer Park, in dem viele Berliner bei gutem Wetter grillen.

Hinter dem Brandenburger Tor liegt der **Pariser Platz,** und hier befinden sich Botschaftsgebäude° und das Hotel Adlon. Zwischen der US-amerikanischen Botschaft und dem **Potsdamer Platz** liegt das **Holocaust-Mahnmal°**.

Übrigens...

Berlin ist in zwölf Bezirke° aufgeteilt° und jeder Bezirk hat ein eigenes Kolorit°. Prenzlauer Berg in Pankow z.B. ist voll von Künstlern und guten Cafés. Berlin-Mitte birgt die meisten Touristenattraktionen. Und Friedrichshain-Kreuzberg ist einfach angesagt°. Mit exotischem Flair, tollem Nachtleben und günstigen Wohnungen zieht dieses Viertel junge Avantgardisten an.

Dieses 2007 gebaute Denkmal für die ermordeten Juden Europas ist größer als zwei Football-Felder und besteht aus parallelen Reihen von grauen Betonstelen°.

Berlin ist auch für sein Shoppingangebot und seine Ausgehmöglichkeiten° bekannt. Typische **Einkaufsmeilen°** sind zum Beispiel die **Hackeschen Höfe** oder die **Kastanienallee**, wo sich kleine Modeläden, Cafés, Kneipen, Kunstgalerien und Souvenirshops aneinanderreihen°. Auch der **Kurfürstendamm** ist eine beliebte Einkaufsstraße. In seiner Nähe befindet sich das bekannte **KaDeWe** (Kaufhaus des Westens) – eines der größten Kaufhäuser Europas.

Auch das **Berliner Nachtleben** ist sehr lebendig. Vor den Berliner Clubs stehen oft viele Menschen Schlange°. Es kann schwer sein, in einen Club hineinzukommen. Der Türsteher° entscheidet°, wer hinein darf, und er kann genauso unnachgiebig° sein wie etwa… eine Mauer aus Beton.

Kaiserreich *empire* **geteilten** *divided* **behielt** *kept* **reich** *rich* **Zeugin** *witness* **Kuppel** *dome* **Plenarsaal** *plenary hall* **versammelt sich** *gathers* **weist auf… hin** *alludes to* **Streben** *quest* **Vorgänge** *activities* **Seither** *Since that time* **Einst** *Once* **Boden** *soil* **Zeichen der Teilung** *symbol of division* **Einheit** *unity* **erstreckt sich** *sprawls* **Jenseits** *On the other side of* **Jagdrevier** *hunting ground* **Botschaftsgebäude** *embassy buildings* **Holocaust-Mahnmal** *holocaust memorial* **Denkmal** *monument* **Betonstelen** *concrete slabs* **Ausgehmöglichkeiten** *options for going out* **Einkaufsmeilen** *strip mall* **aneinanderreihen** *lay side-by-side* **stehen... Schlange** *stand in line* **Türsteher** *bouncer* **entscheidet** *decides* **unnachgiebig** *unyielding* **Bezirke** *boroughs* **aufgeteilt** *split up* **Kolorit** *atmosphere* **angesagt** *hip*

Entdeckungsreise

Berlins U-Bahn Die meisten Berliner fahren mit öffentlichen Verkehrsmitteln. 2011 legte die Berliner **U-Bahn** über 20 Millionen Kilometer zurück°. Die U-Bahn zieht sich wie ein magischer Faden° durch die Stadt. Wer einsteigt, kann schnell von einer Sehenswürdigkeit bis zur nächsten fahren. Und zum Beobachten von Menschen ist es eine gute Stelle – in der U-Bahn tritt man mit der echten Stadt in Kontakt.

Ampelmännchen Eine Besonderheit auf den Verkehrsampeln im Ostteil Berlins und in ganz Ostdeutschland sind die Ampelmännchen. Diese Verkehrssignale für Fußgänger, ein rotes stehendes° und ein grünes gehendes° Männchen, wurden 1969 in der DDR vom Verkehrspsychologen Karl Peglau entwickelt. Nach der Wiedervereinigung sollten die Ampelmännchen zunächst durch die Verkehrssignale aus Westdeutschland ersetzt werden, aber die Bevölkerung protestierte, und das Ampelmännchen konnte seinen Platz behaupten°. Die Ampelmännchen sind sehr beliebt, und mittlerweile kann man Souvenirs wie T-Shirts und Schlüsselanhänger° kaufen.

legte... zurück *covered a distance* **Faden** *thread* **stehendes** *standing* **gehendes** *walking* **sich… behaupten** *stand its ground* **Schlüsselanhänger** *keyring*

Was haben Sie gelernt?

Richtig oder falsch? Sind die Aussagen richtig oder falsch? Stellen Sie die falschen Aussagen richtig.

1. Das Brandenburger Tor ist heute ein Zeichen der deutschen Einheit.
2. Das Holocaust-Mahnmal ist bunt.
3. Im Tiergarten kann man gut einkaufen.
4. Das KaDeWe ist ein bekanntes Kaufhaus in Berlin.
5. Friedrichshain-Kreuzberg ist angesagt, aber die Mieten sind sehr hoch.
6. Die meisten Berliner fahren mit dem Auto zur Arbeit.
7. Die Ampelmännchen sind schwarz und weiß.
8. Ampelmännchen gibt es vor allem in Ostdeutschland.

Fragen Beantworten Sie die Fragen.

1. Seit wann ist Berlin die Hauptstadt von ganz Deutschland?
2. Wann wurde das Brandenburger Tor gebaut?
3. Was kann man sehen, wenn man in der Glaskuppel des Reichstags steht?
4. Welche Sehenswürdigkeiten findet man in der Straße Unter den Linden?
5. Was möchten Sie in Berlin gern sehen oder machen?
6. Warum sollte man in Berlin mit der U-Bahn fahren?
7. Warum sind die Ampelmännchen so beliebt? Was glauben Sie?

Projekt

Schauplatz der Meinungen

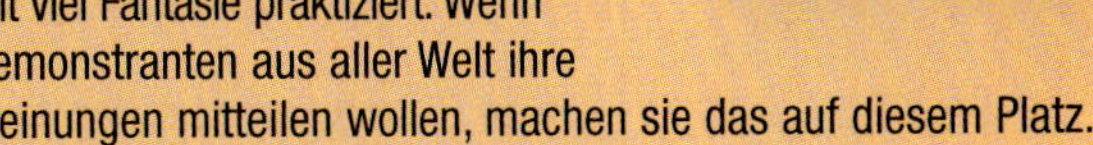

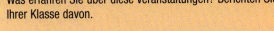

Heute wird auf dem Pariser Platz vor dem Brandenburger Tor die Redefreiheit mit viel Fantasie praktiziert. Wenn Demonstranten aus aller Welt ihre Meinungen mitteilen wollen, machen sie das auf diesem Platz.

Suchen Sie im Internet nach folgenden Begriffen:

- Tassen vor dem Brandenburger Tor
- Tote Wale vor dem Brandenburger Tor
- Protestaktion am Brandenburger Tor

Was erfahren Sie über diese Veranstaltungen? Berichten Sie Ihrer Klasse davon.

2.1 Dative and genitive cases

Dative

- The dative case (**der Dativ**) indicates the indirect object of a sentence, expressing *to whom* or *for whom* an action is done.

Emil gibt **dem Fahrer** das Ticket.
*Emil gives the ticket **to the driver**.*

QUERVERWEIS

Remember that the subject of the sentence takes the nominative case and the direct object requires the accusative case. See **Strukturen 1.3, pp. 22–23.**

- To form the dative case, add the appropriate endings to the **der**- and **ein**-words, including possessive adjectives.

Dative	definite article	*der*-words	indefinite article/*ein*-words	
Masculine	**dem**	**diesem**	**einem**	**meinem**
Feminine	**der**	**dieser**	**einer**	**meiner**
Neuter	**dem**	**diesem**	**einem**	**meinem**
Plural	**den (+ –n)**	**diesen (+ –n)**		**meinen (+ –n)**

QUERVERWEIS

Certain prepositions require the dative case. See **Strukturen 2.2, pp. 54–55**.

Die Polizistin wartet neben der Ampel. Ich erkläre **der** Polizistin den Unfall.
***The** policewoman waits at the traffic light. I tell **the** policewoman about the accident.*

Aden hilft **seiner** Schwester bei den Hausaufgaben.
*Aden helps **his** sister with her homework.*

QUERVERWEIS

For information about possessive adjectives see **Strukturen 1.3, pp. 22–23.**

- In the dative, an **–n** is added to all plural nouns that do not already end in **–n**.

Ich zeige **den** Touriste**n** den Stadtplan.
I show the city map to the tourists.

Mein Vater bringt **den** Kinder**n** Geschenke.
My father brings gifts to the children.

- The rules for the dative case also apply to personal pronouns.

Personal pronouns in the dative		
mir *(me/to me)*	**ihm** *(him/to him)*	**uns** *(us/to us)*
dir *(you/to you)*	**ihr** *(her/to her)*	**euch** *(you/to you)*
	ihm *(it/to it)*	**ihnen/Ihnen** *(them/to them; you/to you)*

Die Professorin antwortet **mir** auf Englisch.
*The professor answers **me** in English.*

Ich gebe **ihm** das Geld.
*I give **him** the money.*

- In German word order, the indirect object comes before the direct object. However, when the direct object is a pronoun, the order is reversed: [*direct object pronoun*] + [*indirect object (noun* or *pronoun)*].

Ich gebe **dem Fremden** eine Wegbeschreibung.
*I give directions **to the stranger**.*

Ich gebe **ihm** eine Wegbeschreibung.
*I give **him** directions.*

Ich gebe **sie dem Fremden**.
*I give **them to the stranger**.*

Ich gebe **sie ihm**.
*I give **them to him**.*

- A number of verbs in German require a dative object.

gefallen	gehören	schmecken	passen
Gefällt dir das? *Do you like that?*	**Gehört ihm das Buch?** *Does the book belong to him?*	**Das Essen schmeckt ihr.** *She likes the food.*	**Die Uniform passt mir gut.** *The uniform fits me well.*

Other verbs that require an object in the dative case are **antworten**, **danken**, **glauben**, **gratulieren**, **helfen**, **folgen**, and **vertrauen**.

Ich danke **dir**.
I thank you.

Kannst du **mir** helfen?
Can you help me?

- Some idiomatic expressions with certain adjectives also require the dative case, including **ähnlich**, **dankbar**, **kalt**, **peinlich**, **teuer**, and **warm**.

Mir ist viel zu **warm**!
I am way too warm!

Sven sieht **seinem** Vater **ähnlich**.
*Sven resembles **his** dad.*

Genitive

- The genitive case (**der Genitiv**) is used to show possession. It corresponds to the English *'s* or to the word *of*. In German, the possessive ***–s*** (without an apostrophe) is used only with people's names.

Maria**s** Viertel ist sehr lebhaft.
Maria's neighborhood is very lively.

Die Straßen **dieser** Stadt sind gefährlich.
*The streets **of this** city are dangerous.*

- The masculine and neuter articles in the genitive are **des** and **eines**. Add the corresponding ending **–es** to **der**- and **ein**-words. To most masculine and neuter nouns you add an **–s** in the genitive. The feminine and plural definite articles are **der**. Add the ending **–er** to **der**- and **ein**-words. No ending is added to a feminine or plural noun in the genitive case.

Genitive

	definite article	*der*-words	indefinite article/ *ein*-words
Masculine	des (+ –s)	dieses (+ –s)	eines/meines (+ –s)
Feminine	der	dieser	einer/meiner
Neuter	des (+ –s)	dieses (+ –s)	eines/meines (+ –s)
Plural	der	dieser	meiner

die Planung **des** Stadtzentrums
*the planning **of the** city center*

der Preis **seiner** Wohnung
*the price **of his** apartment*

- The dative and genitive cases also have corresponding question words. **Was** remains the same in all cases, but when asking about a person, use **wem** in the dative and **wessen** in the genitive.

Nominative	Accusative	Dative	Genitive
Wer? *Who?*	**Wen?** *Whom?*	**Wem?** *To whom?*	**Wessen?** *Whose?*

QUERVERWEIS

Certain prepositions require the genitive case. See **Strukturen 2.2, pp. 54–55**.

ACHTUNG!

One-syllable nouns add **–es** at the end of the word (**des Mannes**). All nouns that end in **s**, **ss**, **ß**, **z**, or **t** add **–es**. For some masculine nouns, you must add an **–n** in the genitive case. Many of these nouns refer to people.

der Nachbar → des Nachbarn
der Herr → des Herrn
der Junge → des Jungen

Anwendung

1 

Meine Stadt **Thomas zeigt Tobias seine Heimatstadt. Markieren Sie das richtige Wort. Achten Sie auf Nominativ, Akkusativ und Dativ.**

1. Heute zeige ich (meinem / mein) Freund meine Heimatstadt.
2. Zuerst gebe ich (ihn / ihm) einen neuen Stadtplan.
3. Dann besuchen wir (das / dem) Rathaus.
4. Das Rathaus gefällt (meinem / meines) Freund gut.
5. Danach gehen wir über (der / den) Platz.
6. Hier sehen wir (die / der) moderne U-Bahn-Station.
7. Am Abend lade ich (unseren / unsere) Freunde ein.
8. Mein Freund dankt (mir / ich) für den schönen Tag.

2 

Besitz **Setzen Sie die Satzteile in eine richtige Genitivkonstruktion um.**

Beispiel **die Mitbewohner / mein Freund**
die Mitbewohner meines Freundes

1. die Wohnung / ein Mieter ____________________
2. die Aktivitäten / die Bürger ____________________
3. der Name / der Platz ____________________
4. der Ort / das Verbrechen ____________________
5. das Nachtleben / mein Vorort ____________________
6. die Adresse / das Polizeirevier ____________________

3

Das Familientreffen **Stefan und Luise unterhalten sich über ein Familientreffen letzte Woche. Füllen Sie die Lücken. Achten Sie auf die richtigen Fälle (*cases*).**

STEFAN Hast du (1) ________ (mein) Oma zum Geburtstag gratuliert?

LUISE Ja, ist sie wirklich 90 Jahre alt geworden?

STEFAN Ja, ist sie. Wie geht es denn (2) ________ (dein) Opa?

LUISE Es geht (3) ________ (er) eigentlich ganz gut. Deine Oma ist die Schwester (4) ________ (mein) Oma, oder?

STEFAN Da hast du Recht. Deswegen haben wir immer zusammen Urlaub gemacht. Das Gästezimmer (5) ________ (unser) Hauses war immer überfüllt, wenn ihr uns besucht habt. Aber es hat (6) ________ (wir) gut gefallen und war wirklich kein Problem.

LUISE Und jetzt sind (7) ________ (dein) Eltern geschieden. Der neue Mann (8) ________ (dein) Mutter ist sehr lebhaft. Mit ihm kann man sich gut unterhalten.

STEFAN Ja, das ist Mehmet. (9) ________ (Sein) Familie wohnt im Ausland. Leider vergesse ich immer die Namen (10) ________ (sein) Eltern und Geschwister.

LUISE Habt ihr (11) ________ (euer) neuen Familienmitglieder gern? Plaudert ihr oft miteinander?

STEFAN Ja, wir amüsieren uns gut zusammen. Nächsten Sommer kommen sie uns wieder in Berlin besuchen.

Practice more at **vhlcentral.com.**

Kommunikation

4 **Ihre Stadt** Stellen Sie einander die folgenden Fragen.

1. Was gefällt Ihnen (nicht) an Ihrer Stadt/Ihrer Universität?
2. Welche guten Restaurants gibt es in Ihrem Wohnviertel? Warum schmeckt Ihnen das Essen dort?
3. Wie finden Sie das Nachtleben in Ihrer Stadt? Kann man sich gut amüsieren?
4. Welche öffentlichen Verkehrsmittel gibt es? Benutzen Sie sie?
5. Sind Ihnen die Mieten in der Stadt zu teuer?
6. Welche Probleme gibt es in Ihrer Stadt/Ihrem Wohnviertel?

5 **Was gehört wem?** Kombinieren Sie einen Gegenstand aus der linken Spalte mit einer Person aus der rechten Spalte. Erklären Sie dann, warum die Person das Objekt braucht, oder was die Person mit dem Objekt macht. Arbeiten Sie in Gruppen.

Beispiel **die Wohnung / Herr Heimlich**

Die Wohnung gehört Herrn Heimlich. Er hat kein Haus.
Die Wohnung gefällt ihm. Sie liegt im Stadtzentrum.

das Auto	die Ausländerin
das Fahrrad	die Fremde
das Handy	der Junge
der Hund	die Mieterin
der Laptop	der Mitbewohner
die Tasche	der Nachbar
die Wohnung	die Polizeibeamtin
das Wörterbuch	

6 **Ich verbessere meine Stadt** Beenden Sie zu zweit die Sätze mit passenden Wörtern aus der Liste. Besprechen Sie dann Ihre Aussagen.

die Ampeln	gefährlich	parken	der Verkehr
bauen	der Konflikt	der U-Bahnhof	die öffentlichen
die Gebäude	laut	das Verbrechen	Verkehrsmittel

1. Meine Stadt braucht ______________________
2. Die Polizei soll ______________________
3. Wir planen ______________________
4. Wer unsere Wohngegend verbessern will, ______________________

2.2 Prepositions

—***Seit der*** *Staatsratsvorsitzende die Schlussakte von Helsinki unterzeichnet hat.*

ACHTUNG!

Here are some examples of the possible contractions of a definite article with prepositions.

auf + das = aufs
um + das = ums
bei + dem = beim
in + das = ins
in + dem = im

Wir fahren aufs Land.
We're going to the country.

ACHTUNG!

When you want to say *to someone's house*, use **zu**, but do not include the word **Haus**.

Ich gehe zu meiner Mutter.
I go to my mother's house.

Ich gehe zu Sabrina.
I go to Sabrina's house.

Zu Hause *means at home.* **Bei mir zu Hause** *means at my house.*

Prepositions connect words and ideas and answer the questions *where*, *how*, and *when*. The objects of German prepositions take either the accusative, the dative, or the genitive case.

- Use the **accusative case** with the following prepositions.

bis	**durch**	**für**	**gegen**	**ohne**	**um**
until, to	*through*	*for*	*against*	*without*	*around, at*

Wir laufen **durch** die Stadt.
*We run **through** the city.*

Ich bin **gegen** das Rauchen.
*I am **against** smoking.*

Der Film beginnt **um** 20 Uhr.
*The film begins **at** 8 pm.*

- Use the **dative case** with these prepositions.

aus	**außer**	**bei**	**gegenüber**	**mit**	**nach**	**seit**	**von**	**zu**
from	*except for*	*at*	*across from*	*with*	*after, to, according to*	*since, for*	*from*	*to*

Außer mir spricht niemand Deutsch.
*No one speaks German **except** me.*

Nach einem Tag an der Universität bin ich müde.
***After** a day at the university, I am tired.*

Wir wohnen **seit** einem Jahr hier.
*We have been living here **for** a year.*

Meiner Meinung **nach** ist Berlin herrlich!
*In my opinion (**According to** me), Berlin is wonderful!*

- Use the **genitive case** with the following prepositions.

außerhalb	**innerhalb**	**jenseits**	**(an)statt**	**trotz**	**während**	**wegen**
outside of	*within*	*on the other side of*	*instead of*	*in spite of, despite*	*during*	*because of*

Die Bürger warten **außerhalb** des Polizeireviers.
*The citizens wait **outside** the police station.*

Trotz der Diskussionen kommt es zu Auseinandersetzungen.
***Despite** the discussions there are still disputes.*

- Two-way prepositions can be used with either the **dative** or the **accusative** case, depending on meaning. When used to express *location* (**wo** + Dat.), use the dative case. If the sentence indicates *motion* toward or around a place (**wohin** + Akk.), use the accusative.

Two-way prepositions		
	Dative	**Accusative**
auf *on, on top of*	Das Buch liegt **auf dem** Tisch. *The book is lying **on the** table.*	Der Mann legt das Buch **auf den** Tisch. *The man puts the book **on the** table.*
an *at, on*	Der Mieter wohnt **am** Stadtrand. *The tenant lives **on the** edge of town.*	Der Mieter hängt das Bild **an die** Wand. *The tenant hangs the picture **on the** wall.*
hinter *behind*	Der Passagier sitzt **hinter dem** Fahrer. *The passenger is sitting **behind the** driver.*	Der Fahrer fährt **hinter das** Haus. *The driver drives **behind the** house.*
in *in, on*	Meine Mutter wohnt **in einem** Haus. *My mother lives **in a** house.*	Der Mann zieht **in ein** neues Haus um. *The man is moving **into a** new house.*
neben *next to*	Der Bus bleibt **neben dem** Auto stehen. *The bus stops **next to** the car.*	Der Bus fährt **neben das** Auto. *The bus drives **next to** the car.*
über *above, over*	Hoch **über dem** Fluss steht die Burg. *High **above the** river lies the castle.*	Der Vogel fliegt **über den** Fluss. *The bird flies **over the** river.*
unter *under*	**Unter dem** Gerichtsgebäude gibt es ein Parkhaus. *There's a parking garage **under the** courthouse.*	Der Fahrer legt die Schlüssel **unter seinen** Sitz. *The driver put the keys **under his** seat.*
vor *in front of*	**Vor dem** Rathaus ist der Platz. *The square is **in front of** city hall.*	Der Bus fährt **vor das** Rathaus. *The bus drives **in front of** city hall.*
zwischen *between*	Das Kind steht **zwischen den** Autos. *The child is standing **between the** cars.*	Das Kind läuft **zwischen die** Autos. *The child runs **between the** cars.*

- The following verbs can be used with two-way prepositions to show location or to describe where you are putting something.

Dative (*Wo?*)	**Accusative (*Wohin?*)**
liegen *to lie*	**(hin)legen** *to lay (down)*
stehen *to stand*	**(hin)stellen** *to put (down)*
hängen *to hang*	**(auf)hängen** *to hang (up)*
sitzen *to sit*	**setzen** *to sit down*

Sie **stellte** das Buch **in das** Bücherregal.
*She **put** the book **onto the** shelf.*

Das Buch **steht im** Bücherregal.
*The book **stands on the** shelf.*

Liegt die Katze **unter dem** Bett?
***Is** the cat **under the** bed?*

Normalerweise **legt** sie sich zum Schlafen auf **das** Sofa.
*She usually **lies on the** sofa when she wants to sleep.*

ACHTUNG!

Auf is also used for the phrase **auf eine Party** (*to a party*).

QUERVERWEIS

For more on prepositional verb phrases, see **Strukturen 5.3, pp. 170–171**.

Anwendung

1

Der Wolkenkratzer Schreiben Sie das richtige Wort in die Lücken.

1. Emma geht _____ Arbeit.
   a. zur b. auf c. vom
2. Sie fährt jeden Tag _____ dem Auto.
   a. aus b. mit c. ohne
3. _____ des Verkehrs muss sie sehr früh losfahren.
   a. Innerhalb b. Bei c. Wegen
4. _____ zwei Jahren arbeitet sie in einer großen Firma.
   a. Seit b. Durch c. Für
5. Ihr Büro befindet sich _____ einem Wolkenkratzer.
   a. gegen b. durch c. in
6. _____ dem langen Tag freut sie sich auf das Nachtleben in der Stadt.
   a. Vor b. Nach c. Um

KULTURANMERKUNG

Der Zeitungskiosk

Wenn Sie eine Zeitung, eine Zeitschrift°, eine U-Bahnkarte, Süßigkeiten°, Zigaretten, Postkarten oder Briefmarken brauchen, gehen Sie zu einem Zeitungskiosk. Diese kleinen Gebäude sind dort, wo es U-Bahnhöfe, Museen, Kinos und viele Fußgänger gibt. So ein Kiosk ist nicht größer als ein kleines Zimmer, hat aber viele Waren zur Auswahl°. Der Verkäufer sitzt im Kiosk und bedient Sie durch ein Fenster. Manche Kioske haben auch an Sonntagen und Feiertagen geöffnet.

Zeitschrift *magazine* **Süßigkeiten** *candy* **Auswahl** *selection*

2

An der U-Bahn-Station Schreiben Sie die richtige Form der Wörter in die Lücken.

JANA Hallo, Klara! Was machst du hier in (1) __________ (die) U-Bahn? Fährst du in (2) __________ (die) Stadt?

KLARA Ja, ich muss ein Geschenk für (3) __________ (meine) Mutter kaufen.

JANA Wohin gehst du?

KLARA Ich gehe in die Buchhandlung bei (4) __________ (die) Feuerwache.

JANA Meinst du die Buchhandlung neben (5) __________ (das) Zeitungskiosk?

KLARA Ja, genau. Und du? Wohin gehst du?

JANA Ich gehe zur Bank, um Geld zu holen. Ich fahre morgen mit (6) __________ (meine) Mitbewohnerinnen nach Ibiza.

KLARA Hier kommt die U-Bahn.

3

Der Mitbewohner Bilden Sie Sätze aus den folgenden Satzteilen.

Beispiel **Herr Fischer / fahren / das Auto / zu / das Polizeirevier**
Herr Fischer fährt das Auto zum Polizeirevier.

1. der neue Mitbewohner / einziehen / in / die Wohnung
   ____
2. Lukas / fahren / durch / die Stadt
   ____
3. ohne / der Verkehr / kommen / er / schnell / zu / der Zeitungskiosk
   ____
4. dort / kaufen / er / eine Zeitung / statt / eine Fahrkarte
   ____
5. während / der Tag / träumen / er / von / sein Leben / jenseits / der Fluss
   ____
6. außer / sein Bruder / wohnen / keine Verwandten / in der Nähe
   ____

Practice more at vhlcentral.com.

Kommunikation

4 **Wie komme ich dorthin?** Sagen Sie Ihrem Partner/Ihrer Partnerin, wie man von der ersten Stelle in der Liste unten zur zweiten Stelle kommt.

Beispiel **das Stadtzentrum / die Universität**

—Wie kommt man vom Stadtzentrum zur Uni?

—Geh den Berg hinunter, dann geradeaus über den Fluss. Dort ist das Stadtzentrum.

- die Bibliothek / die Mensa
- die Einkaufsstraße / das Fitnesszentrum
- der große U-Bahnhof / die Universität
- das Rathaus / das beste Restaurant in der Stadt
- das Polizeirevier / die Buchhandlung
- die Feuerwache / das Café

5 **Wo ist es? Was ist es?** Suchen Sie sich ein Gebäude im Bild aus und beschreiben Sie, wo dieses Gebäude ist. Ihr Partner/Ihre Partnerin muss erraten (*guess*), was Sie beschreiben. Beschreiben Sie mindestens drei Gebäude.

Beispiel —Das Gebäude steht hinter dem Rathaus und neben dem Hotel.

—Ist es die Buchhandlung?

—Ja, das stimmt.

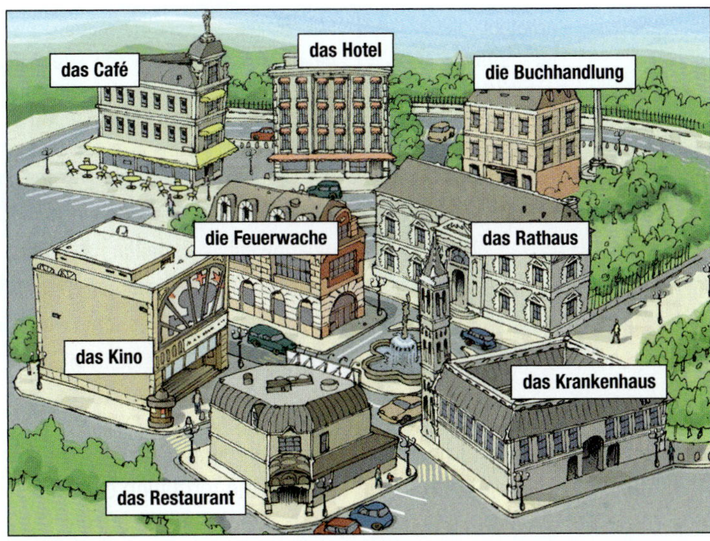

6 **Das Stadtleben** Stellen Sie einander die folgenden Fragen über das Stadtleben. Erklären Sie Ihre Antworten.

1. Mit wem amüsierst du dich gern? Was macht ihr gern zum Spaß?
2. Wohnst du lieber in einem Vorort oder im Stadtzentrum?
3. Bist du für oder gegen das Rauchen im Restaurant?
4. Bleibst du als Fußgänger immer an einer roten Ampel stehen oder läufst du über die Straße, ohne zu warten?
5. Fährst du in der Stadt gern mit dem Auto oder fährst du lieber mit der U-Bahn?
6. Machst du lieber Urlaub auf dem Land oder in der Stadt?

2.3

Das Perfekt; separable and inseparable prefix verbs

*—Immer wenn Zirkus Probst in der Stadt war, **ist** Papa mit mir **hingegangen**.*

- **Das Perfekt**, the present perfect tense, is a compound tense, made up of an auxiliary verb (**haben** or **sein**) and the past participle. You will use **haben** to form the **Perfekt** of most verbs.

Ich habe gesprochen.
I have spoken./I was speaking./I spoke.

Ich bin gegangen.
I have gone./I was going./I went.

- To form the past participle of regular verbs (also called "weak" verbs), add **ge–** in front of the verb stem and **–t** to the end of the verb stem. When a cluster of consonants makes it difficult to pronounce the **–t** ending or the verb stem ends in **–t**, add **–et** instead.

parken	arbeiten	atmen	regnen
ge + park + t	ge + arbeit + et	ge + atm + et	ge + regn + et
gepark**t**	**ge**arbeit**et**	**ge**atm**et**	**ge**regn**et**

Past participles of some common regular verbs		
ärgern → **ge**ärger**t**	langweilen → **ge**langweil**t**	teilen → **ge**teil**t**
dauern → **ge**dauer**t**	plaudern → **ge**plauder**t**	träumen → **ge**träum**t**
haben → **ge**hab**t**	sagen → **ge**sag**t**	trennen → **ge**trenn**t**
heiraten → **ge**heirat**et**	stoppen → **ge**stopp**t**	zeigen → **ge**zeig**t**

QUERVERWEIS

Refer to the alphabetical list of irregular verbs in the **Appendix, pp. 391–393**.

- Many irregular verbs (also called "strong" verbs) form the past participle by adding **ge–** to the beginning of the verb stem and **–en** to the end. But the formation of the past participle of strong verbs varies greatly; thus, it is best to memorize them individually.

Past participles of some irregular verbs with *haben*	
besuchen → besuch**t**	sehen → **ge**sehen
denken → **ge**d**acht**	sprechen → **ge**spr**o**chen
finden → **ge**f**u**nden	stehen → **ge**st**anden**
geben → **ge**geben	treffen → **ge**tr**o**ff**en**

Hast du mit Herrn Wagner **gesprochen**?
***Have** you **spoken** to Mr. Wagner*

Hast du die neue Reklametafel im U-Bahnhof **gesehen**?
***Have** you **seen** the new billboard in the subway station?*

- Use **sein:**

  ...with verbs that show a movement from one place to another: **aussteigen**, **einsteigen**, **fahren**, **fallen**, **fliegen**, **gehen**, **kommen**, **laufen**, **reisen**, **umziehen**.

  Max **ist** gestern nach Hamburg **geflogen**.
  *Max **flew** to Hamburg yesterday.*

  Wir **sind** mit der U-Bahn **gefahren**.
  *We **rode** the subway.*

  ...with verbs that show a change of condition: **aufwachen**, **aufstehen**, **sterben**, **wachsen**.

  Paula **ist** spät **aufgewacht**.
  *Paula **woke up** late.*

  Die alte Frau Koch **ist gestorben**.
  *(Old) Mrs. Koch **died**.*

  ...with the following verbs: **bleiben**, **gelingen**, **geschehen**, **passieren**, **sein**, **werden**.

  Er **ist** zu Hause **geblieben**.
  *He **stayed** at home.*

  Es **ist** dunkel **geworden**.
  *It **got (became)** dark.*

Perfekt form of some verbs that take *sein*		
aussteigen → ist ausgestiegen	**kommen → ist gekommen**	**sein → ist gewesen**
gehen → ist gegangen	**laufen → ist gelaufen**	**werden → ist geworden**

- For verbs with separable prefixes such as **an–**, **ein–**, **um–**, and **vorbei–** you add **ge–** between the prefix and the verb stem.

Past participles of some separable prefix verbs	
ankommen → angekommen	**einladen → eingeladen**
anrufen → angerufen	**einsteigen → eingestiegen**
einkaufen → eingekauft	**vorbeifahren → vorbeigefahren**

- However, for verbs with inseparable prefixes (**be–**, **ent–**, **er–**, **ge–**, **miss–**, **über–**, **unter–**, **ver–**, and **zer–**) you usually do not add **ge–** to the past participle.

Past participles of some inseparable prefix verbs		
beschweren → beschwert	**überqueren → überquert**	**verdienen → verdient**
gefallen → gefallen	**unterhalten → unterhalten**	**zerstören → zerstört**

- The past participle of a verb that ends in **–ieren** does not begin with **ge–**, but it does end in **–t.** An exception: **verlieren**; the past participle is **verloren**.

amüsieren → amüsiert	**diskutieren → diskutiert**	**passieren → passiert**

- In German word order, the conjugated auxiliary verb always takes the second position in the sentence. The past participle always comes last.

  Der Polizist **ist** zum Polizeirevier **gefahren**.
  *The policeman **drove** to the police station.*

QUERVERWEIS

For word order in **das Perfekt** with conjunctions and relative pronouns, see **Strukturen 3.2, pp. 90–91** and **3.3, pp. 94–95**.

Anwendung

1 **Der erste Tag in Berlin** Margaret wohnt in Freiburg und macht Urlaub in Berlin. Sie schreibt eine Postkarte an ihre Oma. Schreiben Sie die richtige Verbform in die Lücken.

> *Liebe Oma!*
>
> *Ich bin gut in Berlin (1) ________ (ankommen). Der Flug hat 2 Stunden (2) ________ (dauern). Ich bin sofort mit der Bahn in die Stadt (3) ________ (fahren). Ich bin am U-Bahnhof Alexanderplatz (4) ________ (aussteigen). Dort habe ich die Weltzeituhr und den Fernsehturm (5) ________ (sehen). Ich bin am Roten Rathaus (6) ________ (vorbeigehen). Unter den Linden habe ich die neue Wache (7) ________ (besuchen). Die Statue Pieta von Käthe Kollwitz hat mir sehr gut (8) ________ (gefallen). Ich bin dann weiter (9) ________ (laufen), bis ich das Brandenburger Tor (10) ________ (erreichen) habe. Da bin ich aber auf einmal müde (11) ________ (werden). Ich habe ein lebhaftes Café in der Nähe (12) ________ (finden) und habe mit einer begeisterten Berlinerin (13) ________ (plaudern). Ich glaube, ich habe mich in Berlin (14) ________ (verlieben)!*
>
> *Es wird ein toller Urlaub werden!*
>
> *Küsschen*
>
> *Margaret*

KULTURANMERKUNG

Die Museumsinsel

Berlins Museumsinsel befindet sich auf der Spreeinsel in Berlin Mitte. Mit ihren fünf Museen ist sie seit 1999 ein UNESCO-Weltkulturerbe. **Das Neue Museum** wurde 2009 wieder eröffnet und enthält die Büste der Königin Nofretete°. Im **Pergamonmuseum** findet man den Pergamonaltar, der im 2. Jahrhundert vor Christus in der heutigen Türkei errichtet wurde. In der **Alten Nationalgalerie** gibt es europäische Kunst aus dem 19. Jahrhundert. Das Museum für Byzantinische Kunst, die Skulpturensammlung und das Münzkabinett° sind im **Bode-Museum** zu sehen. Im **Alten Museum**, das von Karl Friedrich Schinkel am Anfang des 19. Jahrhunderts als erstes von fünf Museen gebaut wurde, befinden sich die griechische Antikensammlung und Sonderausstellungen.

Nofretete *Nefertiti*
Münzkabinett *coin collection*

2 **Die Museumsinsel** Florian zeigt Sophie die Sehenswürdigkeiten in Berlin. Wählen Sie das richtige Verb aus der Liste und schreiben Sie es im **Perfekt** in die Lücke.

amüsieren	erzählen	kommen	träumen
denken	halten	langweilen	zeigen
erwarten	kennen lernen	sprechen	ziehen

SOPHIE Ich (1) ________ immer von einer Reise nach Berlin ________. Hier (2) ________ meine Eltern sich ________. Sie (3) ________ schon so viel von Berlin ________.

FLORIAN Es ist super, dass du hier bist. Komm, ich zeige dir die Museumsinsel. Hier ist der Lustgarten. Dahinter ist das alte Museum. Die schöne Nofretete (4) ________ 2009 von dort in das neue Museum ________.

SOPHIE Meine Mutter (5) ________ immer vom Pergamonaltar ________. Wo ist denn der?

FLORIAN Dieser Altar ist im Pergamonmuseum. Er (6) ________ Ende des 19. Jahrhunderts aus der Türkei nach Berlin ________.

SOPHIE Ich (7) ________ mich heute total gut ________, Florian. Ich (8) ________ immer ________, dass Berlin voller Menschen ist. Aber es sind mehr, als ich (9) ________ ________!

FLORIAN Ich (10) ________ dir gern das Stadtzentrum ________.

SOPHIE Ich (11) ________ mich überhaupt nicht ________. Vielen Dank!

Practice more at **vhlcentral.com.**

Kommunikation

3

Was ist passiert? Sehen Sie sich zu zweit die Illustrationen an. Erfinden Sie eine Geschichte für jede Situation. Verwenden Sie das **Perfekt**.

Beispiel Lara hat einen Brief von ihrem Opa in Berlin bekommen. Er hat sie nach Berlin eingeladen. Sie hat sofort ja gesagt und sich auf die Reise vorbereitet.

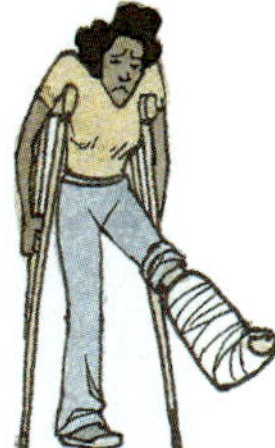

Lara **Max und Lena** **Hannah**

4

War es schön? Hier ist eine Liste von verschiedenen Aktivitäten. Wann haben Sie etwas zum letzten Mal gemacht? Stellen Sie einander Fragen.

Beispiel **bei rot über die Ampel gehen**

—Wann bist du das letzte Mal bei rot über die Ampel gegangen?

—Heute Morgen bin ich bei rot über die Ampel gegangen.

—Hat dich ein Polizist gesehen?

1. sich mit Freunden amüsieren
2. mit den öffentlichen Verkehrsmitteln fahren
3. etwas am Zeitungskiosk kaufen
4. sich in einer Großstadt verlaufen/verfahren
5. eine Wegbeschreibung geben
6. Spaß am Nachtleben in deiner Stadt haben
7. einen neuen Mitbewohner bekommen
8. mit deinen Zimmergenossen plaudern
9. in eine neue Stadt umziehen
10. lange im Verkehrsstau stehen

5

Wahr oder erfunden?

A. Schreiben Sie zu zweit zwei Kurzgeschichten. Eine Geschichte soll erfunden, aber lustig sein. Die andere Geschichte soll wahr, aber lustig oder fast unglaublich sein. Benutzen Sie viele Details und das **Perfekt** in Ihrer Geschichte. Passen Sie auf, dass Sie die folgenden Fragen in beiden Geschichten beantworten.

- Wann ist die Geschichte passiert?
- Sind Sie mit anderen irgendwohin gegangen?
- Wenn ja, wohin sind Sie gegangen?
- Sind Sie in der Stadt gewesen? Zu Hause? Bei Freunden?
- Ist die Situation in der Geschichte gefährlich gewesen? Wie?

B. Lesen Sie der Klasse beide Geschichten vor. Die anderen Student(inn)en müssen entscheiden, welche Geschichte die wahre und welche die erfundene ist.

Synthese

1 **Bildbeschreibung**

A. Schauen Sie sich das Bild an und beantworten Sie zu zweit die Fragen.

- Wo sind die Leute? Beschreiben Sie den Ort.
- Beschreiben Sie die Gruppe in der Mitte. Sind diese Leute miteinander verwandt?
- Was machen die Leute?

B. Erfinden Sie eine Geschichte über diese Familie. Was haben diese Leute in der Stadt gemacht, bevor das Bild aufgenommen wurde? Beginnen Sie die Geschichte so:

Am Morgen...

2 **Aufsatz** **Schreiben Sie eine Seite in Ihr Tagebuch über etwas, was Sie erlebt haben. Suchen Sie sich eins der Themen unten aus. Achten Sie auf Akkusativ, Dativ, Genitiv, Präpositionen und das Perfekt.**

- Schreiben Sie über das Wohnviertel aus Ihrer Kindheit.
- Schreiben Sie über den ersten Tag in einer neuen Stadt.
- Schreiben Sie über eine(n) Ausländer(in) und wie Sie einander kennen gelernt haben.
- Schreiben Sie über eine Party mit Mitbewohnern und wie Sie sich amüsiert haben.
- Schreiben Sie über eine problematische Autofahrt mit viel Verkehr.

Kommunikationsstrategien

Diese Ausdrücke können Ihnen helfen, über die Vergangenheit zu schreiben.

damals *back then*
als ich ein Kind war *when I was a child*
in der Vergangenheit *in the past*
vor kurzem *a little while ago*
so weit ich mich erinnern kann *as far as I can remember*
Es hat mich daran erinnert, dass... *It reminded me that...*

Vorbereitung

Wortschatz der Lektüre

(sich) anpassen *to adjust to*
die Gemeinde, -n *community*
gewähren *to grant*
der Imbiss, -e *snack*
preisen *to praise*
die Regierung, -en *government*
die Staatsangehörigkeit, -en *nationality*
die (Wieder)vereinigung, -en *(re)unification*
die Vielfalt *variety*

Nützlicher Wortschatz

austauschen *to exchange*
behandeln *to deal with*
benachteiligen *to discriminate*
die Harmonie, -n *harmony*
integrieren *to integrate*
die Isolation, -en *isolation*
die Sprachkenntnisse (*pl.*) *linguistic proficiency*

1 **Zuordnen** Verbinden Sie die Wörter in der rechten Spalte mit den Definitionen in der linken Spalte.

_____ 1. ein Imbiss	a. loben; ganz toll finden
_____ 2. die Staatsangehörigkeit	b. Das Parlament ist ein Teil davon.
_____ 3. eine Regierung	c. wenn Teile zusammen kommen
_____ 4. die Gemeinde	d. eine Currywurst
_____ 5. die Vereinigung	e. die Menschen, die zu einer Kirche gehören oder in einer Stadt wohnen
_____ 6. preisen	f. zeigt, zu welchem Land man gehört

2 **Integration** Ergänzen Sie den folgenden Text mit den passenden Wörtern aus der Liste.

anpassen	behandeln	Harmonie	Sprachkenntnisse
austauschen	benachteiligen	Isolation	Vielfalt

In Berlin möchte eine (1) __________ von Kulturen in (2) __________ zusammenleben. Das bedeutet, dass alle Menschen sich (3) __________ müssen, um Konflikte zu vermeiden (*avoid*). Die Deutschen sollten sich mit Ausländern (4) __________, sie gut (5) __________ und nicht (6) __________. Für Ausländer sind (7) __________ besonders wichtig, um einer (8) __________ vorzubeugen (*prevent*).

3 **Ist Ihre Stadt multikulturell?** Besprechen Sie zu zweit die multikulturellen Aspekte Ihrer Stadt (oder einer Stadt, die Sie beide gut kennen).

1. Beschreiben Sie Ihre Stadt. Ist sie groß oder klein? Was für Leute wohnen in der Stadt?
2. Wohnen viele Ausländer da? Woher kommen sie? Welchen Einfluss haben sie auf das Leben in dieser Stadt?
3. Gibt es etwas in der Stadt, wofür (*for which*) sie berühmt ist? Was ist das? Beschreiben Sie es.

KULTURANMERKUNG

Die Currywurst

Die Erfindung° der Currywurst wird aus heutiger Sicht° auf das Jahr 1949 datiert und Herta Heuwer zugesprochen, der Betreiberin° eines Schnell-Imbisses in Berlin Charlottenburg. Nach Ende des Krieges vermischte° sie Ketchup, Currypulver, Paprika und weitere Gewürze° miteinander und verfeinerte° damit ihre Bratwurst. Als „*Chillup*" ließ sie sich ihr Rezept 1959 sogar patentieren. Mit Pommes frites als Beilage ist die Currywurst heute aus der Deutschen Fastfood-Küche nicht mehr wegzudenken°. In Berlin gibt es mittlerweile sogar ein Currywurst-Museum.

Erfindung *invention*
Sicht *perspective*
Betreiberin *operator*
vermischte *mixed*
Gewürze *spices*
verfeinerte *refined*
nicht mehr wegzudenken *here to stay*

Berlin multikulturell seit Jahrhunderten

Seit Juni 1990 ist Berlin wieder die Hauptstadt Deutschlands, und seit dem 1. September 1999 arbeiten die deutsche Regierung und das Parlament hier im neuen Reichstagsgebäude. Auf einem Gebiet von ca. 892 km² leben heute Menschen aus rund 186 Ländern und entsprechend° multikulturell ist die Atmosphäre dieser Stadt. Deutschland hat sich eigentlich nie als Einwanderungsland verstanden°. Berlin hingegen° hat eine lange Geschichte als Einwanderungsstadt. Das hat schon im 17. Jahrhundert zur Zeit des Großen Kurfürsten Friedrich Wilhelm angefangen. Er hat jüdischen° Familien aus Österreich und französischen Hugenotten ein neues Zuhause gewährt. Im Laufe des 19. Jahrhunderts sind vor allem Slawen aus Böhmen und Polen nach Berlin gekommen, und die jüdische Gemeinde hat vor 1933 rund 160.000 Mitglieder gezählt.

Nach dem 2. Weltkrieg wurde Berlin, so wie auch Deutschland, geteilt°. Nach Ostberlin, ab 1949 die Hauptstadt der DDR, sind viele Vietnamesen, Koreaner und Kubaner gekommen; Westberlin hat Gastarbeiter° aus Südeuropa und aus der Türkei angezogen. Mit rund 200.000 Personen sind die Türken in Berlin nun die weltweit größte türkische Gemeinde außerhalb der Türkei. Viele von ihnen wohnen im Stadtteil Kreuzberg, zum Teil schon in der dritten Generation. Daher° ist es auch nicht verwunderlich°, dass der Döner neben der Currywurst mittlerweile der beliebteste Imbiss bei Touristen wie auch Berlinern geworden ist.

Die Presse preist Berlin als einen idealen Ort für den Dialog zwischen den Kulturen: Ethnische und kulturelle Vielfalt bedeutet Bereicherung°. Mehr als 470.000 Menschen nicht-deutscher Staatsangehörigkeit wohnen hier und prägen den unverwechselbar° weltoffenen Charakter der Stadt.

Aber die Wiedervereinigung und der Umgang° mit dem Reichtum an Kulturen ist nicht immer einfach. Die Einwohner und auch das Aussehen der Stadt müssen sich der neuen Zeit anpassen. Daher spricht man jetzt manchmal von einer Mauer im Kopf, und die Ausländerfeindlichkeit° macht sich gerade in Zeiten wirtschaftlicher Rezession bemerkbar.

Architektonisch hat Berlin sich der neuen Zeit angepasst. Die große Baustelle in der Stadtmitte und im Areal um den Alexanderplatz gibt es nicht mehr. Wenn man aber mit der S-Bahn Linie 5 durch die ganze Stadt fährt, kann man am einen Ende noch die Plattenbauten° der ehemaligen° DDR sehen und am anderen die Villen der Gründerzeit. Man kann den Verlauf° der Berliner Mauer jetzt im Straßenpflaster° in der Nähe des Brandenburger Tores verfolgen und dabei sozusagen mit einem Fuß im ehemaligen Westen und mit dem anderen im ehemaligen Osten stehen. Reste der Mauer aber bleiben durch die Ausstellung der *East Side Gallery* den Besuchern und Einwohnern Berlins zugänglich°. So lebt die Geschichte der Stadt auch zwischen all den Neuerungen weiter. ■

entsprechend accordingly · *verstanden* considered itself · *hingegen* in contrast · *jüdischen* Jewish · *geteilt* was divided · *Gastarbeiter* guest workers · *Daher* Therefore · *verwunderlich* surprising · *Bereicherung* enrichment · *unverwechselbar* unmistakable · *Umgang* dealings · *Ausländerfeindlichkeit* hostility towards foreigners · *Plattenbauten* prefabricated buildings · *ehemaligen* former · *Verlauf* course · *Straßenpflaster* street surface · *zugänglich* accessible

Der Berliner Bär…

ist das offizielle Wappen° des Landes und der Stadt Berlin. Seit 2001 gibt es über 1.100 bunt bemalte „Buddy Bären", davon rund 800 außerhalb von Berlin. Seit 2002 existieren sogar 142 *„United Buddy Bears"*, die in Ausstellungen um die ganze Welt reisen, für Toleranz und Völkerverständigung° werben und für UNICEF und andere Kinderhilfsorganisationen Spenden° sammeln.

Wappen *coat of arms* **Völkerverständigung** *international understanding* **Spenden** *donations*

Analyse

1

Zuordnen Bilden Sie vollständige Sätze.

_____ 1. Seit 1999 arbeitet die deutsche Regierung...

_____ 2. Anders als Deutschland hat...

_____ 3. Viele jüdische Familien kamen schon...

_____ 4. Die türkische Gemeinde in Berlin...

_____ 5. Die ethnische und kulturelle Vielfalt gibt...

_____ 6. Teile der Berliner Mauer kann man...

a. im 17. Jahrhundert nach Berlin.

b. der Stadt Berlin ihren unverwechselbar weltoffenen Charakter.

c. wieder in Berlin, und zwar im neuen Reichstagsgebäude.

d. in der *East Side Gallery* sehen.

e. Berlin eine lange Geschichte als Stadt für Einwanderer.

f. ist die größte außerhalb der Türkei.

2

Richtig oder falsch? Entscheiden Sie, welche Aussagen **richtig** oder **falsch** sind. Korrigieren Sie dann zu zweit die falschen Aussagen.

Richtig	Falsch	
☐	☐	1. Heute leben in Berlin Menschen aus rund 186 Ländern auf einem Gebiet von ca. 892 km^2.
☐	☐	2. Ostberlin wurde 1949 die Hauptstadt von Deutschland.
☐	☐	3. *Hotdogs* sind die beliebtesten Imbisse der Berliner.
☐	☐	4. Die Berliner und die Architektur der Stadt müssen sich der neuen Zeit anpassen.
☐	☐	5. Ausländerfeindlichkeit und wirtschaftliche Rezession gehen oft Hand in Hand.
☐	☐	6. Die *Buddy Bären* gibt es nur in Berlin.

3

Stadtplanung Stellen Sie sich vor, Sie sind der/die Bürgermeister(in) von Berlin zur Zeit der Wiedervereinigung und Sie wollen eine moderne, multikulturelle Stadt.

A. Bilden Sie kleine Gruppen und beschließen Sie mit Hilfe Ihrer Berater(innen), was Sie machen wollen, damit Berlin eine solche Metropole wird.

- Was für öffentliche Verkehrsmittel soll es in der neuen Stadt Berlin geben? Was sind die Vor- und Nachteile jedes Verkehrsmittels?
- Soll es Fußgängerzonen und/oder autofreie Zonen geben? Wo und warum? Wo gibt es Parkplätze?
- Sollen Geschäftsanlagen und Wohngebiete getrennt werden oder integriert sein?
- Was für Museen, Theater, Konzertsäle, Kunsthallen und Sportstadien soll es geben? Wo?
- Gibt es neue Parkanlagen, Spielplätze oder Erholungsgebiete (*recreational areas*)?

B. Die verschiedenen Gruppen präsentieren nun der Klasse ihre Projekte. Die Klasse entscheidet dann, welches Projekt das beste ist.

- Was sind die Hauptpunkte jedes Projektes? Was sind die Hauptunterschiede der Projekte?
- Haben die Projekte Ideen gemeinsam? Welche?

Practice more at **vhlcentral.com.**

Vorbereitung

Über den Schriftsteller

Wladimir Kaminer wurde am 19. Juli 1967 in Moskau geboren. Nach seinem Studium der Dramaturgie emigrierte er im Jahr 1990 nach Berlin. Die dortige Aufbruchstimmung (*optimism*) der deutschen Wiedervereinigung beeinflusste nicht nur ihn, sondern die gesamte Berliner Literaturszene. Kaminer schrieb literarische Beiträge (*contributions*) für Zeitungen, Zeitschriften und Fernsehen, hielt Lesungen und moderierte eine Radiosendung. Sein erster Roman *Russendisko* wurde 2012 verfilmt und machte ihn über die Grenzen Berlins bekannt.

Wortschatz der Kurzgeschichte

augenscheinlich *obvious*
betreiben *to operate*
eifrig *eager*
sich entpuppen *to turn out to be*
locker lassen *to give up*
das Schicksal, -e *fate*
(sich) verbergen *to hide*
volkstümlich *folksy*

Nützlicher Wortschatz

(an)zweifeln *to doubt*
(einer Sache) nachgehen *to go into the matter*
Sitten und Gebräuche *manners and customs*

1 

Definitionen Ordnen Sie die Wörter der linken Spalte denen in der rechten Spalte zu.

_____ 1. offensichtlich, klar, deutlich	a. einer Sache nachgehen
_____ 2. etwas untersuchen	b. zweifeln
_____ 3. etwas, was für eine Person oder ein Land typisch ist	c. folkloristisch
_____ 4. keinen Glauben schenken	d. Sitten und Gebräuche
_____ 5. volkstümlich	e. augenscheinlich

2 

Vorbereitung Stellen Sie einander die folgenden Fragen.

1. Gibt es in deiner Stadt Ecken (*confined, typical area*), die du Besuchern zeigen möchtest?
2. Ist deine Stadt multikulturell? Woran erkennt man das?
3. Welches ausländische Essen isst du gern?

3 

Gespräch Beantworten Sie zu dritt die folgenden Fragen.

1. Was macht das Leben in einer so großen Stadt wie Berlin attraktiv?
2. Was sind typische Merkmale (*characteristics*) einer Großstadt/einer Kleinstadt?
3. Wie heißen die ausländischen Restaurants in deiner Stadt? Was soll mit diesen Namen suggeriert werden?
4. Stellen Sie sich vor, Sie sind in Berlin und möchten etwas Amerikanisches essen. Was für ein Restaurant suchen Sie? Was erwarten Sie von der Speisekarte, von der Bedienung, vom Essen?

KULTURANMERKUNG

Lust auf amerikanisches Essen?

Auch das lässt sich in Berlin finden. Da gibt es nämlich neben den bekannten Kettenrestaurants auch richtige *Diners*, komplett mit metallenen Barhockern° an der Theke° und dem Dekor der 50er Jahre. Hier kann man außer Hamburgern und Pommes Frites auch ein richtiges amerikanisches Frühstück bekommen. Und wenn man Appetit auf Gegrilltes° hat, dann gibt es auch Restaurants, die *Spare-Ribs* mit Krautsalat° servieren.

Barhockern *bar stools* **Theke** *counter* **Gegrilltes** *grilled food* **Krautsalat** *coleslaw*

Wladimir Kaminer

Geschäfts

Einmal verschlug mich das Schicksal nach° Wilmersdorf. Ich wollte meinem Freund Ilia Kitup, dem Dichter aus Moskau, die typischen Ecken° Berlins zeigen.

verschlug … nach: cast to
Ecken: typical areas of a city

Es war schon Mitternacht, wir hatten Hunger und landeten in einem türkischen Imbiss. Die beiden Verkäufer hatten augenscheinlich nichts zu tun und tranken in Ruhe ihren Tee. Die Musik aus dem Lautsprecher kam meinem Freund bekannt vor. Er erkannte

tarnungen

(Auszug aus *Russendisko*)

die Stimme einer berühmten bulgarischen Sängerin und sang ein paar Strophen mit.

„Hören die Türken immer nachts bulgarische Musik?“ Ich wandte mich mit dieser Frage an Kitup, der in Moskau Anthropologie studierte und sich in Fragen volkstümlicher Sitten gut auskennt°. Er kam mit den beiden Imbissverkäufern ins Gespräch.

„Das sind keine Türken, das sind Bulgaren, die nur so tun, als wären sie Türken“, erklärte mir Kitup, der auch ein wenig bulgarisches Blut in seinen Adern° hat. „Das ist wahrscheinlich ihre Geschäftstarnung°.“ „Aber wieso tun sie das?“, fragte ich. „Berlin ist zu vielfältig. Man muss die Lage nicht unnötig verkomplizieren. Der Konsument ist daran gewöhnt, dass er in einem türkischen Imbiss von Türken bedient wird, auch wenn sie in Wirklichkeit Bulgaren sind“, erklärten uns die Verkäufer.

Gleich am nächsten Tag ging ich in ein bulgarisches Restaurant, das ich vor kurzem entdeckt hatte. Ich bildete mir ein, die Bulgaren dort wären in Wirklichkeit Türken. Doch dieses Mal waren die Bulgaren echt. Dafür entpuppten sich die Italiener aus dem italienischen Restaurant nebenan als Griechen. Nachdem sie den Laden übernommen hatten, waren sie zur Volkshochschule° gegangen, um dort Italienisch zu lernen, erzählten sie mir. Der Gast erwartet in einem italienischen Restaurant, dass mit ihm wenigstens ein bisschen Italienisch gesprochen wird. Wenig später ging ich zu einem „Griechen“, mein Gefühl hatte mich nicht betrogen. Die Angestellten erwiesen sich als° Araber.

Berlin ist eine geheimnisvolle Stadt. Nichts ist hier so, wie es zunächst scheint. In der Sushi-Bar auf der Oranienburger Straße stand ein Mädchen aus Burjatien hinter dem Tresen°. Von ihr erfuhr ich, dass die meisten Sushi-Bars in Berlin in jüdischen Händen sind und nicht aus Japan, sondern aus Amerika kommen. Was nicht ungewöhnlich für die Gastronomie-Branche wäre. So wie man ja auch die billigsten Karottenkonserven von Aldi als handgeschnitzte° Gascogne-Möhrchen° anbietet: Nichts ist hier echt, jeder ist er selbst und gleichzeitig ein anderer.

Ich ließ aber nicht locker und untersuchte die Lage weiter. Von Tag zu Tag erfuhr ich mehr. Die Chinesen aus dem Imbiss gegenüber von meinem Haus sind Vietnamesen. Der Inder aus der Rykestraße ist in Wirklichkeit ein überzeugter Tunesier aus Karthago. Und der Chef der afroamerikanischen Kneipe mit lauter Voodoo-Zeug an den Wänden – ein Belgier. Selbst das letzte Bollwerk° der Authentizität, die Zigarettenverkäufer aus Vietnam, sind nicht viel mehr als ein durch Fernsehserien und Polizeieinsätze entstandenes Klischee. Trotzdem wird es von den Beteiligten bedient, obwohl jeder Polizist weiß, dass die so genannten Vietnamesen mehrheitlich aus der Inneren Mongolei kommen.

Ich war von den Ergebnissen meiner Untersuchungen sehr überrascht und lief eifrig weiter durch die Stadt, auf der Suche nach der letzten unverfälschten Wahrheit. Vor allem beschäftigte mich die Frage, wer die so genannten Deutschen sind, die diese typisch einheimischen Läden mit Eisbein und Sauerkraut betreiben. Die kleinen gemütlichen Kneipen, die oft „Bei Olly“ oder „Bei Scholly“ oder ähnlich heißen, und wo das Bier immer nur die Hälfte kostet. Doch dort stieß° ich auf° eine Mauer des Schweigens°. Mein Gefühl sagt mir, dass ich etwas Großem auf der Spur bin. Allein komme ich jedoch nicht weiter. Wenn jemand wirklich weiß, was sich hinter den schönen Fassaden einer „Deutschen“ Kneipe verbirgt, der melde sich°. Ich bin für jeden Tipp dankbar. ■

well versed
veins
business camouflage
adult education center
proved to be
counter
hand-cut
carrots from Gascony
stronghold
ran into/silence
get in touch

Analyse

1

Verständnis Bilden Sie logische Sätze.

_____ 1. Der Erzähler ging mit seinem Freund nach Wilmersdorf,

_____ 2. Die Kellner im türkischen Imbiss

_____ 3. Der Erzähler dachte, dass in einem bulgarischen Restaurant Türken arbeiteten,

_____ 4. Die meisten Sushi-Bars in Berlin

_____ 5. Als der Erzähler erfahren wollte, ob die deutschen Gaststätten von Deutschen geführt werden,

a. sind in jüdischen Händen.

b. haben nichts zu tun und hören bulgarische Musik.

c. stieß er auf eine Mauer des Schweigens.

d. um ihm einen Stadtteil von Berlin zu zeigen.

e. aber es waren wirklich Bulgaren.

2

Wählen Welche Aussagen sind richtig?

1. a. Ilia Kitup ist ein Dichter aus Moskau.
   b. Ilia Kitup zeigt seinem Freund typische Ecken von Berlin.
2. a. Die Kellner im türkischen Imbiss waren tatsächlich (*real*) Türken.
   b. Die Kellner im türkischen Imbiss tun so, als ob sie Türken wären.
3. a. Die Griechen im italienischen Restaurant konnten schon in Griechenland Italienisch.
   b. Die Griechen im italienischen Restaurant haben erst in Deutschland Italienisch gelernt.
4. a. In Berlin ist alles echt, so, wie man es erwartet.
   b. In Berlin ist manches nicht echt, weil viele eine Rolle spielen.
5. a. Der Autor ist sich nicht sicher, ob die einheimischen Gaststätten in Berlin wirklich von Deutschen betrieben werden.
   b. Die deutschen Restaurants in Berlin sind fest in deutscher Hand.

3

Interpretation Vervollständigen Sie die Sätze.

1. Ilia Kitup sang mit der Musik im türkischen Imbiss mit, weil er...
   a. schon öfter hier gegessen hat.
   b. die Stimme der bulgarischen Sängerin erkannt hat.
2. Die Bulgaren tun so, als ob sie Türken wären, weil...
   a. sie die Lage nicht unnötig verkomplizieren wollen.
   b. viele Ausländer in Berlin türkisch sind.
3. Beim Griechen erweisen sich die Angestellten als...
   a. Vietnamesen.
   b. Araber.
4. Berlin ist eine geheimnisvolle Stadt, weil...
   a. hier nichts so ist, wie es scheint.
   b. es hier so viele Restaurants gibt.
5. Vietnamesische Zigarettenverkäufer...
   a. leben in Ostberlin und kommen aus Vietnam.
   b. sind ein Klischee aus Fernsehsendungen.

Der Erzähler Beantworten Sie die Fragen zu dritt.

1. Welche Nationalität hat der Erzähler? Warum ist er nach Berlin gezogen? Wie lange wohnt er schon in Berlin?
2. Warum ist er mit seinem Freund noch um Mitternacht unterwegs?
3. Warum fasziniert es ihn so, dass nichts in Berlin echt ist, „aber doch jeder er selbst und gleichzeitig ein anderer?"
4. Warum glaubt er, dass die deutschen Lokale nicht von Deutschen betrieben werden?

Fragen zur Geschichte Beantworten Sie die Fragen zu zweit.

1. Warum ist es praktisch, dass der Freund des Erzählers Anthropologie studiert hat?
2. Warum, glauben Sie, betreiben z.B. Griechen in Berlin ein italienisches Restaurant und kein griechisches? Warum ist der Chef der afroamerikanischen Kneipe Belgier und nicht Afroamerikaner?
3. Warum nennt Aldi die Karotten in Dosen „Gascogne-Möhrchen"?
4. Ist es wichtig, ob die deutschen Kneipen in Berlin von Deutschen betrieben werden? Warum/warum nicht?

Was meinen Sie? Besprechen Sie in der Gruppe Ihre Meinung zu den folgenden Situationen.

1. Kennen Sie Fälle von „Geschäftstarnungen" in Ihrer Stadt? Welche?
2. Werden Sie misstrauisch (*suspicious*), wenn etwas nicht so ist, wie Sie es erwartet haben? Warum?
3. Wenn Sie in ein chinesisches Restaurant gehen, erwarten Sie dann, dass die Kellner(innen) chinesisch sprechen? Oder dass die Speisekarte auf Chinesisch gedruckt ist? Warum?
4. Waren Sie schon einmal in einem Restaurant, wo Sie die Speisekarte nicht verstehen konnten, weil Sie die Landessprache nicht sprechen? Was haben Sie gemacht? Wie haben Sie bestellt? Haben Sie bekommen, was Sie wollten, oder nicht?

Zum Thema Schreiben Sie einen Aufsatz von ungefähr 100 Wörtern über eins der folgenden Themen.

- Waren Sie schon einmal in einem Restaurant mit italienischer (oder thailändischer, russischer, spanischer, usw.) Küche, in dem die Kellner nur vorgaben, aus dem entsprechenden Land zu sein? Wie haben Sie darauf reagiert?
- Beschreiben Sie Ihre Gefühle bei Ihrem ersten Besuch in einer Großstadt. Falls (*If*) Sie in einer Großstadt wohnen, beschreiben Sie, wie Sie sich fühlen, wenn Sie eine Kleinstadt/ein Dorf besuchen.

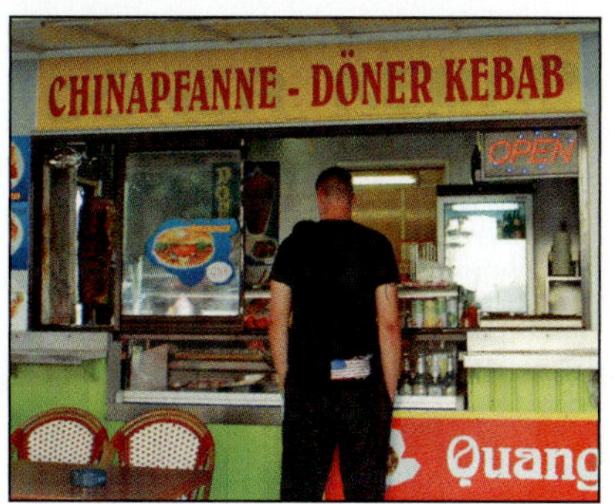

Practice more at vhlcentral.com.

KULTURANMERKUNG

Ausländer in Berlin

Die Hauptstadt der Bundesrepublik ist auch die multikulturelle Hauptstadt Deutschlands. In Berlin leben über eine halbe Million Ausländer aus 186 verschiedenen Staaten. Fast ein Viertel von Ihnen kommt aus den anderen EU-Staaten wie Polen, Italien, Frankreich oder England. Die größte Gruppe bilden die Türken; ungefähr 100.000 von Ihnen lebten 2012 in Berlin. Kein Wunder also, dass neben der Currywurst in Deutschlands Hauptstadt auch an jeder Ecke Döner, Pizza und Crêpes zu bekommen sind.

Anwendung

Zitate

In einem Aufsatz müssen Sie Ihre These mit Fakten unterstützen (*support*). Eine verlässliche Form von Fakten sind Zitate aus einem Originaltext. Ein Zitat muss:

- sich direkt auf das beziehen, was Sie schreiben wollen.
- im Zusammenhang stehen. Sie dürfen die Aussagen des Autors nicht verfälschen.
- die Quelle angeben. Wenn man einen Text zitiert ohne die Quelle anzugeben, begeht man ein Plagiat.

Das Zitat muss mit Anführungszeichen (*quotation marks*) gekennzeichnet sein: „…" oder »…«. Wenn Sie Teile des Textes auslassen, muss der ausgelassene Text so angezeigt werden: […]. Wenn Sie Wörter einfügen (*add*), damit es grammatisch richtig in Ihren Satz passt, werden diese Wörter ebenfalls mit [eckigen] Klammern gekennzeichnet. Wenn Sie im Zitat Ihre eigenen Worte gebrauchen wollen, muss das deutlich gemacht werden. Beispiele:

Direktes Zitat: Wladimir Kaminer erklärt, dass er das Geheimnis um die deutschen Kneipen in Berlin nicht lüften (*unveil*) kann und sagt: „Allein komme ich jedoch nicht weiter. Wenn jemand wirklich weiß, was sich hinter den schönen Fassaden einer ‚Deutschen' Kneipe verbirgt, der melde sich. Ich bin für jeden Tipp dankbar."

Zitatfragment: Wladimir Kaminer erklärt, dass er das Geheimnis um die deutschen Kneipen in Berlin nicht lüften kann und sagt: „Allein komme ich jedoch nicht weiter. Wenn jemand [es] wirklich weiß, [...] der melde sich. Ich bin für jeden Tipp dankbar."

Indirektes Zitat: Wladimir Kaminer erklärt, dass er das Geheimnis um die deutschen Kneipen in Berlin nicht lüften kann, und bittet deshalb um Hilfe.

1 **Vorbereitung** **Lesen Sie zu zweit den Text auf S. 33–35 und identifizieren Sie die Zitate.**

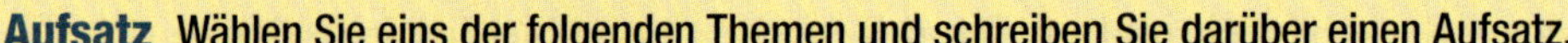

2 **Aufsatz** **Wählen Sie eins der folgenden Themen und schreiben Sie darüber einen Aufsatz.**

- Beziehen Sie sich in Ihrem Aufsatz auf einen der vier Teile dieser Lektion: **Kurzfilm, Stellen Sie sich vor, …, Kultur** oder **Literatur**.
- Unterstützen Sie Ihre Aussagen mit mindestens drei direkten oder indirekten Zitaten aus dem gewählten Text oder Film.
- Schreiben Sie mindestens eine ganze Seite.

Themen

1. Im Film *Die Klärung eines Sachverhalts* müssen sich Jürgen und Sybille Schulz entscheiden, ob sie ihr bisheriges Leben hinter sich lassen und in die Bundesrepublik auswandern sollen. Was kann einen Menschen dazu bringen, für seine Überzeugung ins Gefängnis zu gehen?

2. Was bedeutet „zusammen leben" heutzutage in einer multikulturellen Stadt? Benutzen Sie Beispiele aus **Kultur** und **Literatur** in dieser Lektion, um Ihre Meinung zu unterlegen.

3. Vergleichen Sie das Leben in Berlin mit dem in einer amerikanischen Stadt Ihrer Wahl. In welcher Stadt lässt es sich Ihrer Ansicht nach besser leben und warum?

Stadt und Gemeinschaft

Lokalitäten

die Feuerwache, -n *fire station*
das Gerichtsgebäude, - *courthouse*
das Polizeirevier, -e *police station*
das Rathaus, ¨-er *city/town hall*
der Stadtrand, ¨-er *outskirts*
der U-Bahnhof, ¨-e/die U-Bahn-Station, -en *subway station*
die Unterbringung, -en *accommodations*
der Verein, -e *association; club*
der Vorort, -e *suburb*
das (Wohn)viertel, -/die (Wohn)gegend, -en *neighborhood*
der Wolkenkratzer, - *skyscraper*
der Zeitungskiosk, -e *newsstand*

Wegbeschreibungen

die Allee, -n *avenue*
die Ampel, -n *traffic light*
der Bürgersteig, -e *sidewalk*
die Ecke, -n *corner*
der Kreisverkehr, -e *traffic circle*
die Kreuzung, -en *intersection*
der öffentliche Personennahverkehr (ÖPNV)/die öffentlichen Verkehrsmittel *public transportation*
die Reklametafel, -n *billboard*
die Richtung, -en *direction*
die (Fahr)spur, -en *lane*
das Verkehrsschild, -er/das Verkehrszeichen, - *traffic sign*
der (Verkehrs)stau, -s *(traffic) jam*
der Zebrastreifen, - *crosswalk*

---

aussteigen *to get out (car); to get off (bus, train)*
einsteigen *to get in (car); to get on (bus, train)*
eine Wegbeschreibung geben *to give directions*
liegen *to be located*
überqueren *to cross (a road, river, ocean)*
sich verlaufen/sich verfahren *to get/to be lost*

Die Leute

der Angeber, -/die Angeberin, -nen *show-off*
der Anhänger, -/die Anhängerin, -nen *fan*
der Ausländer, -/die Ausländerin, -nen *foreigner*
der Bürger, -/die Bürgerin, -nen *citizen*
der/die Fremde, -n *stranger*
der Fußgänger, -/die Fußgängerin, -nen *pedestrian*
der Mieter, -/die Mieterin, -nen *tenant*
der Mitbewohner, -/die Mitbewohnerin, -nen *apartment-mate*
der Nachbar, -n/die Nachbarin, -nen *neighbor*
der Polizeibeamte, -n/die Polizeibeamtin, -nen *police officer*
der Zimmergenosse, -n/die Zimmergenossin, -nen *roommate*

Aktivitäten

das Nachtleben *nightlife*
die Stadtplanung, -en *city/town planning*

---

sich amüsieren *to have fun*
(an)halten/stoppen *to stop*
plaudern *to chat*
umziehen *to move*
verbessern *to improve*
vorbeigehen *to walk past*
wenden *to turn (around)*

Probleme

die Freiheitsstrafe, -n *prison sentence*
der Gesetzesverstoß, ¨-e *breach of law*
der Konflikt, -e *conflict*
der Pflegefall, ¨-e *nursing case*
die Unterstellung, -en *allegation*
das Verbrechen, - *crime*
das Verhör, -e *interrogation*

---

sich beschweren (über) *to complain (about)*
im Stich lassen *to abandon (someone)*
zwingen (zu) *to force (someone)*

---

strafbar *punishable*

Zum Beschreiben

gefährlich *dangerous*
laut *noisy*
lebhaft *lively*
leer *empty*
persönlich *personal*
privat *private*
sicher *safe*
überfüllt *crowded*
unerwartet *unexpected*
voll *full*

Kurzfilm

die DDR (Deutsche Demokratische Republik) *GDR (German Democratic Republic)*
die Erpressung, -en *extortion; blackmail*
die Freiheit, -en *freedom*
der Gewissenskonflikt, -e *moral conflict*
die Karriereleiter, -n *job ladder*
landesverräterische Nachrichtenübermittlung *traitorous information transmission*
die Meisterschaft, -en *championship*
die Privatsphäre, -n *privacy*
die Republikflucht *defection from East to West Germany*
der Sachverhalt, -e *fact*
die Stasi (Staatssicherheit) *secret police (former GDR)*
die Zerreißprobe, -n *(emotional) ordeal*
die Vergünstigung, -en *preferential treatment*
der Verräter, - *traitor*

---

einen Ausreiseantrag stellen *to apply for an exit permit*
ausschneiden *to clip*
es ernst meinen *to be serious about something*
j-m etwas ersparen *to spare someone something*
j-m hinterhersteigen *to chase after someone*

---

schmackhaft *flavorful*

Kultur

die Gemeinde, -n *community*
die Harmonie, -n *harmony*
der Imbiss, -e *snack*
die Isolation, -en *isolation*
die Regierung, -en *government*
die Sprachkenntnisse *(pl.) linguistic proficiency*
die Staatsangehörigkeit, -en *citizenship*
die (Wieder)vereinigung, -en *(re)unification*
die Vielfalt *variety*

(sich) anpassen *to adjust to*
austauschen *to exchange*
behandeln *to deal with*
benachteiligen *to discriminate*
gewähren *to grant*
integrieren *to integrate*
preisen *to praise*

Literatur

das Schicksal, -e *fate*
Sitten und Gebräuche *manners and customs*

(an)zweifeln *to doubt*
betreiben *to operate*
sich entpuppen *to turn out to be*
locker lassen *to give up*
(einer Sache) nachgehen *to go into the matter*
(sich) verbergen *to hide*

---

augenscheinlich *obvious*
eifrig *eager*
volkstümlich *folksy*

Medieneinflüsse

Jede Minute fliegen neue Mitteilungen auf uns zu – per Internet, per Handy, per Zeitung, per Radio, per Fernsehen. Haben Sie je darüber nachgedacht, welche Rolle diese Medien in Ihrem Leben spielen? Wie groß ist der Einfluss, den die Medien auf Ihre Ansichten und Ihr Verhalten (*behavior*) ausüben? Wer bildet Ihre Meinungen – Sie oder die Medien?

78 KURZFILM

Bernie List liebt seine Tochter Elsa über alles. Im Film *Elsas Geburtstag* gerät sein Leben beinahe (*almost*) aus den Fugen (*off the rails*), da ihn sein stressiger Alltag den Bezug (*touch*) zur Realität verlieren läßt.

84 STELLEN SIE SICH VOR, ...

Die Hanse, ein mittelalterliches Handelsbündnis (*trade alliance*), hat die nördlichen Bundesländer **Mecklenburg-Vorpommern, Schleswig-Holstein** und **Hamburg** stark geprägt (*shaped*). Hier wird deutlich, welche großen regionalen Unterschiede es in Deutschland gibt.

99 KULTUR

Hamburg: Medien-Mekka gibt einen kurzen Überblick über die vielfältige Medienkultur (Fernsehen, Radio und Werbung) der Stadt, erwähnt (*mentions*) populäre Nachrichtensendungen und verweist auf (*refers to*) deutsche Verlage und ihre Publikationen.

103 LITERATUR

In *Zonenkinder* setzt sich **Jana Hensel** mit den kulturellen Problemen der Jugendlichen auseinander, die in der DDR aufgewachsen sind und sich nach der Wende in einer für sie fremden Welt zurechtfinden mussten (*had to*).

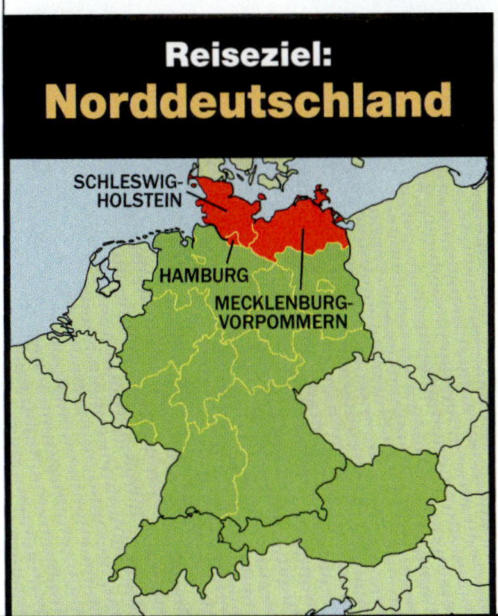

80

100

76 ZU BEGINN

86 STRUKTUREN

- 3.1 **Das Präteritum**
- 3.2 **Coordinating, adverbial, and subordinating conjunctions**
- 3.3 **Relative pronouns and clauses**

110 SCHREIBWERKSTATT

111 WORTSCHATZ

Medien und Kultur

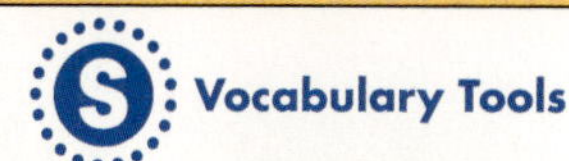

Kino, Rundfunk und Fernsehen

der Bildschirm, -e *(TV) screen*
der Dokumentarfilm, -e *documentary*
die Fernsehserie, -n *TV series*
die Folge, -n *episode*
das Interview, -s *interview (media)*

die Leinwand, ¨-e *movie screen*
die Liveübertragung, -en/ die Livesendung, -en *live broadcast*
die (Nach)synchronisation, -en *dubbing*
das Radio, -s *radio*
der Radiosender, - *radio station*
die Reklame, -n *TV ad*
der Rundfunk *radio; broadcasting*
die Seifenoper, -n *soap opera*
die Sendung, -en *TV program*
die Special Effects *special effects*
der Untertitel, - *subtitle*
der Zeichentrickfilm, -e *cartoon(s)*

aufnehmen *to record (audio)*
aufzeichnen *to record (video)*
drehen *to film*
erscheinen *to come out; to appear; to be published*
ein Interview führen *to conduct an interview (media)*
Radio hören *to listen to the radio*
senden/übertragen *to broadcast*

synchronisieren *to dub (a film)*

Die (Massen)medien

die aktuellen Ereignisse *current events*
die Fernsehwerbung, -en *TV advertisement*
die (Meinungs)umfrage *opinion poll; survey*
die Nachrichten (*pl.*) *(radio/television) news*
die Nachrichtensendung, -en *news program; newscast*
die Neuigkeit, -en/die Pressenotiz, -en *news story; news item*
der Werbespot, -s *commercial*
die Werbung, -en *advertisement*
die Zensur *censorship*

berichten *to report*
auf dem Laufenden bleiben *to keep up with (news)*
sich informieren (über + Akk.) *to get/to stay informed (about)*
auf dem neuesten Stand sein/bleiben *to be/to keep up-to-date*

aufgezeichnet *(pre-)recorded*
direkt/live *live*
einflussreich *influential*
objektiv *impartial; unbiased*
subjektiv *partial; biased*

Die Medienleute

der Journalist, -en/die Journalistin, -nen *journalist*
der Korrespondent, -en/die Korrespondentin, -nen *correspondent*
der Redakteur, -e/die Redakteurin, -nen *editor*
der Reporter, -/die Reporterin, -nen *reporter*
der Schauspieler, -/die Schauspielerin, -nen *actor/actress*
der Verleger, -/die Verlegerin, -nen *publisher*
der Zuhörer, -/die Zuhörerin, -nen *(radio) listener*
der Zuschauer, -/die Zuschauerin, -nen *(television) viewer*

Die Presse

die Anzeige, -n *newspaper ad*
das Comicheft, -e *comic book*
das Horoskop, -e *horoscope*

die Illustrierte, -n/die Zeitschrift, -en *magazine*
die Kleinanzeige, -n *classified ad*
die Lokalzeitung, -en *local paper*
die Monatsschrift, -en *monthly magazine*
die Pressefreiheit *freedom of the press*
die Pressemitteilung, -en *press release*
die Schlagzeile, -n *headline*
der Teil, -e *section*
die Wochenzeitschrift, -en *weekly magazine*
die (Wochen)zeitung, -en *(weekly) newspaper*

abonnieren *to subscribe*

Anwendung und Kommunikation

1 **Beziehungen** Ergänzen Sie die Wortpaare.

1. Fernseher = Bildschirm / Kino = ______________
2. Zuhörer = Radio / Zuschauer = ______________
3. Charlie Brown = Comichefte / Bart Simpson = ______________
4. Kaffee = Zeitung / Popcorn = ______________
5. *Us weekly* = Illustrierte / *New York Times* = ______________

2 **Schlagzeilen** Vervollständigen Sie die Schlagzeilen mit Wörtern aus der Liste.

berichten	Journalistin	Schauspielerin	Untertitel
Comicheft	Schauspieler	synchronisieren	Zuschauer

1. Hamburg: In einem Hamburger Kino springt ein Monster aus der Leinwand und stiehlt den ______________ Popcorn.
2. München: Während der Dreharbeiten (*filming*) hat ______________ Franka Potente einen Herzinfarkt (*heart attack*).
3. Berlin: ______________ für die *Berliner Zeitung* erpresst (*blackmails*) die Bundeskanzlerin.
4. Stuttgart: Laut (*According to*) einer neuen Studie sind Kinder, die viele ______________ lesen, intelligenter als andere.
5. Los Angeles: ______________ Will Smith will Präsident werden.

3 **Meinungsumfrage** Woher bekommen Sie Ihre Informationen? Kreuzen Sie **ja** oder **nein** an und besprechen Sie anschließend Ihre Antworten miteinander.

	Ja	Nein
1. Ich lese jeden Tag eine Zeitung im Internet.	☐	☐
2. Zeitungen sind eine bessere Informationsquelle (*source*) als Fernseh- oder Internetnachrichten.	☐	☐
3. Zeitungen werden in den nächsten Jahren verschwinden (*disappear*).	☐	☐
4. Wegen des Internets sind Menschen heute besser über aktuelle Ereignisse informiert als vor 10 Jahren.	☐	☐
5. Die Nachrichten in unserem Land sind zum Großteil objektiv.	☐	☐
6. Nachrichten im Radio sind oft subjektiver als im Fernsehen.	☐	☐
7. Manchmal werden unsere Nachrichten zensiert.	☐	☐
8. In der Politik können Meinungsumfragen sehr einflussreich sein.	☐	☐

4 **Interview** Führen Sie zu zweit ein Interview.

Rolle 1: Sie sind Fernsehjournalist/Fernsehjournalistin. Sie drehen einen Bericht über die Fernseh-, Film-, Internet- und Radiogewohnheiten (*habits*) von Student(inn)en. Stellen Sie Fragen: Wie viele Stunden sehen Sie jeden Tag fern/hören Sie jeden Tag Radio? Wie informieren Sie sich über aktuelle Ereignisse? Was sind Ihre Lieblingssendungen? Usw.

Rolle 2: Sie werden für einen Fernsehbericht interviewt. Der Journalist/Die Journalistin möchte wissen, wie Sie sich informieren und wie Sie mit Medien umgehen (*deal with*).

KULTURANMERKUNG

- In Deutschland bezahlt jeder, der einen Fernseher oder ein Radio besitzt, eine Rundfunkgebühr°.
- Die *Bild-Zeitung* ist die meistgelesene° Zeitung in Deutschland.
- Laut einer Studie von statista sahen die Deutschen 2013 täglich 221 Minuten fern.
- Laut dem Statistischen Bundesamt hatten 2013 80% aller deutschen Haushalte Internetzugang°.

Rundfunkgebühr *radio and TV tax*
meistgelesene *most-read*
Internetzugang *Internet access*

Practice more at **vhlcentral.com.**

Hamburg:
Medien-Mekka

source: www.manfred-hartmann.eu

Hamburg schickt nicht nur Schiffe in alle Welt, sondern auch Zeitungen, Zeitschriften, Radiosendungen und Fernsehsendungen. Hamburg ist nämlich eine Medienstadt. Mehr als 60.000 Hamburger arbeiten in der Medienbranche und viele der wichtigsten deutschen Sendungen und Zeitungen kommen aus Hamburg.

Von dem 279 Meter hohen Fernsehturm in Hamburg-Mitte, der offiziell Heinrich-Hertz-Turm heißt, werden die Fernsehprogramme in und um Hamburg ausgestrahlt. Dazu gehören die Nachrichtensendungen *Tagesschau*, *Tagesthemen* und das *Nachtmagazin*, die man bundesweit sehen kann. Die *Tagesschau* gibt es seit über 60 Jahren. Bis heute ist die Hauptausgabe um 20 Uhr die beliebteste Nachrichtensendung in Deutschland. Das ist für viele Beobachter der Medienbranche eine Überraschung: Die Sendung verzichtet auf° bunte Grafiken, charismatische Moderatoren und unterhaltsame° Geschichten. Nachrichtensprecher verlesen 15 Minuten lang die Themen des Tages aus ihrem Hamburger Studio und neun Millionen Deutsche schauen jeden Abend zu.

Seit 1924 strahlt der NDR aus Hamburg als öffentlich-rechtlicher° Rundfunk auf mehreren Kanälen Musik- und Informationssendungen für Jung und Alt aus. Das *Hamburger Hafenkonzert* ist die älteste Radiosendung der Welt und wird auch in außereuropäische Länder übertragen.

Nicht nur Fernsehen und Radio kommen aus Hamburg. Im 18. Jahrhundert wollten die hiesigen° Kaufleute zuverlässige Nachrichten aus aller Welt haben. Damit begann die lange Tradition der großen Verlagshäuser dieser Stadt. Die Deutsche Presse-Agentur (dpa) hat ihren Sitz in Hamburg und es gibt auch zahlreiche Werbeagenturen°. Seit 1946 erscheint hier die überregionale° Wochenzeitung *Die Zeit* (und deren Online-Ausgabe) und seit 1947 die verkaufsstärkste deutsche Wochenzeitschrift, *Der Spiegel*.

Vor allem *Der Spiegel* hat sich mit investigativem Journalismus einen Namen gemacht. Die Redakteure und Reporter berichten oftmals sehr kritisch über Politik, Wirtschaft, Ausland und Gesellschaft. Immer wieder decken sie Skandale auf°. Obwohl die meisten Deutschen aktuelle Nachrichten im Internet und auf ihren Smartphones lesen, gewinnen die gedruckten Ausgaben von *Spiegel* und *Zeit* immer mehr Leser. Journalismus in hoher Qualität ist nach wie vor° gefragt.

Auch zukünftige Journalisten sind in Hamburg richtig°. Der starke Medieneinfluss hat zur Gründung der privaten Hamburg Media School geführt. An der Hamburger Uni kann man Medien- und Kommunikationswissenschaften studieren und die Henri-Nannen-Schule ist eine der renommiertesten Journalistenschulen Deutschlands. Man kann in Hamburg in Bezug auf° Medien eben fast alles finden! ■

dispenses with · *entertaining* · *public and bound by law* · *local* · *ad agencies* · *nationwide* · *uncover* · *still* · *in the right place* · *regarding*

Der Heinrich-Hertz-Turm

Bis Ende 2001 waren die Aussichtsplattform und das sich drehende° Restaurant auf 128 Metern Höhe des Heinrich-Hertz-Turms ein beliebtes Touristen-Ziel. Von diesem Wahrzeichen° der Stadt hatte man einen wunderbaren Ausblick über Hamburg und den Hafen. Und ganz Wagemutige° konnten von einer besonderen Plattform aus Bungee-Jumping machen. Zur Zeit sind Restaurant und Bungee-Plattform geschlossen.

drehende *rotating* **Wahrzeichen** *symbol* **Wagemutige** *daring people*

Analyse

1 

Verständnis Entscheiden Sie, ob die folgenden Aussagen **richtig** oder **falsch** sind. Stellen Sie dann zu zweit die falschen Aussagen richtig.

Richtig	Falsch	
☐	☐	1. Viele Hamburger arbeiten in der Medienbranche.
☐	☐	2. *Die Zeit* ist die älteste Radiosendung der Welt.
☐	☐	3. *Die Tagesschau* ist eine Kriminalserie.
☐	☐	4. Die Musikindustrie in Hamburg ist stark und bietet etwas für Jung und Alt.
☐	☐	5. Die gedruckten Ausgaben von *Der Spiegel* und *Die Zeit* gewinnen immer mehr Leser.
☐	☐	6. Viele große Verlagshäuser haben ihren Sitz in Hamburg.
☐	☐	7. Medien- und Kommunikationswissenschaften kann man nur an der Hamburg Media School studieren.

KULTURANMERKUNG

Die Beatles

Wussten Sie, dass die Beatles in den 60er Jahren mehrmals in Hamburg waren und dort in den Nachtclubs aufgetreten sind? In den Hamburger Musikstudios haben sie ihre Fertigkeiten° verbessert und einige frühe Hits aufgenommen. Die Beatles haben sogar Songs auf Deutsch gesungen, was manchmal erst nach mehreren Versuchen richtig geklappt° hat. Und ihren berühmten Mop-Haarschnitt° haben sie sich von dem deutschen Fotografen, ihrem Freund Jürgen Vollmer, abgeguckt°!

Fertigkeiten *skills* **geklappt** *worked* **Haarschnitt** *haircut* **abgeguckt** *copied*

2

Informationsquellen Besprechen Sie in Gruppen die folgenden Fragen.

1. Inwiefern (*In what way*) unterscheiden sich amerikanische von deutschen Zeitungen? Wo sind sie sich ähnlich?
2. Welche Funktion haben Illustrierte? Wer liest sie? Warum? Üben sie einen negativen oder einen positiven Einfluss auf die Leser(innen) aus? Erklären Sie Ihre Antwort.
3. Sind Nachrichtensendungen nur zur Information da oder auch zur Unterhaltung (*entertainment*)? Vergleichen Sie regionale Nachrichtensendungen mit bundesweiten.
4. Gibt es Kultserien im amerikanischen Fernsehen? Wovon handeln sie?
5. Welche Talkshows gibt es in den USA? Wann werden sie ausgestrahlt? Wer sieht sie?

3 

Eine Zeitschrift

A. Denken Sie sich in Gruppen ein Konzept für eine Zeitschrift aus. Die folgenden Fragen sollen Ihnen dabei helfen.

- Was ist das Thema der Zeitschrift und wie soll sie heißen?
- Was für Artikel soll es geben? (Interviews? Features? Bild-Reportagen?)
- Soll die Zeitschrift gedruckt erscheinen oder im Internet oder beides?
- Wie oft (monatlich, wöchentlich) soll die Zeitschrift erscheinen?
- Wo und wie wollen Sie für die Zeitschrift Werbung machen?
- Wo und wie soll die Zeitschrift verkauft werden?

B. Präsentieren Sie den anderen Student(inn)en Ihre Ideen für eine neue Zeitschrift. Machen Sie dann eine Umfrage und finden Sie heraus, welche Student(inn)en sich für ein Abo Ihrer Zeitschrift interessieren würden (*would*) und warum.

Practice more at **vhlcentral.com.**

Vorbereitung

Über die Schriftstellerin

Jana Hensel wurde 1976 in der Nähe von Leipzig in der damaligen DDR geboren. Sie studierte Literatur und Romanistik in Leipzig, Marseille, Berlin und Paris. Bereits während ihres Studiums gab Hensel die Literaturzeitschrift EDIT in Leipzig heraus. Im Jahr 2002 erschien ihr erster Roman *Zonenkinder*, in dem sie ihre Erinnerungen an ein Deutschland zur Zeit der Wiedervereinigung aus Sicht einer Jugendlichen beschreibt. Das Buch schaffte den Sprung in die Bestsellerlisten und wurde in mehrere Sprachen übersetzt. 2010 erhielt Jana Hensel den begehrten (*prestigious*) Theodor-Wolff-Preis.

Wortschatz der Kurzgeschichte

sich (etwas) abgewöhnen *to give up (a habit)*
ausscheiden *to be eliminated*
einfältig *simple(-minded)*
einstürzen *to collapse*
heimlich *secretly*
die Rechtschreibung, -en *correct spelling*
verstummen *to go/to become silent*
zerschlagen *to shatter*

Nützlicher Wortschatz

das Andenken, - *keepsake*
sich erinnern *to remember*
fliehen *to flee; to escape*
schwelgen *to indulge*

1 

Definitionen Finden Sie für jeden Ausdruck die richtige Definition.

____ 1. ausscheiden	a. etwas nicht mehr tun
____ 2. einfältig	b. nichts mehr sagen
____ 3. sich etwas abgewöhnen	c. nicht öffentlich
____ 4. zerschlagen	d. etwas kaputt machen
____ 5. verstummen	e. nicht mehr teilnehmen
____ 6. einstürzen	f. wie ein Wort richtig geschrieben wird
____ 7. die Rechtschreibung	g. nicht klug
____ 8. heimlich	h. in sich zusammenfallen

2 

Fragen Stellen Sie einander die folgenden Fragen.

1. Kennst du Ausdrücke, die deine Eltern verwenden, du aber nicht? Gibt es regional verschiedene Ausdrücke für ein und diesselbe Sache in den USA?
2. Sieht deine Heimatstadt jetzt noch genauso aus wie in deiner Kindheit oder hat sich etwas verändert?
3. Was war dein Lieblingszeichentrickfilm, dein Lieblingsbuch, dein Lieblingsfilm, als du Schüler(in) warst?
4. Hast du dich schon einmal von einer Gruppe von Leuten ausgeschlossen (*excluded*) gefühlt? Warum war das so?

KULTURANMERKUNG

In den Westen machen

Die Flucht aus der Deutschen Demokratischen Republik (DDR) in die Bundesrepublik Deutschland (BRD) wurde von Seiten der DDR offiziell als „Republikflucht" bezeichnet. Die Abriegelung° der Grenze zwischen den beiden Staaten und der Bau der Berliner Mauer sollten den Flüchtlingsstrom° bremsen. Dennoch haben von 1949 bis 1990 fast vier Millionen DDR-Bürger „in den Westen gemacht".

Abriegelung *locking*
Flüchtlingsstrom *flows of refugees*

Practice more at **vhlcentral.com.**

Zonen

(Auszug)

Audio: Dramatic Reading

Die Kaufhalle hieß jetzt Supermarkt, Jugendherbergen wurden zu Schullandheimen, Nickis zu T-Shirts und Lehrlinge Azubis°. In der Straßenbahn musste man nicht mehr den Schnipsel entlochen°, sondern den Fahrschein entwerten. Aus Pop-Gymnastik wurde Aerobic, und auf der frisch gestrichenen Poliklinik stand eines Morgens plötzlich „Ärztehaus". Die Speckitonne verschwand und wurde durch den grünen Punkt ersetzt. Mondos hießen jetzt Kondome, aber das ging uns noch nichts an.

Statt ins Pionierhaus ging ich jetzt ins Freizeitzentrum, unsere Pionierleiter waren unsere Vertrauenslehrer, und aus Arbeitsgemeinschaften wurden Interessengemeinschaften. In den Läden gab es alles aus der Reklame° zu kaufen. Auf den Straßen saßen überall Hütchenspieler°. Und Mitschüler, die vor der Wende in den Westen gemacht° hatten, wie das damals hieß, tauchten plötzlich auf dem Schulhof auf, als seien sie nie weg gewesen, redeten so komisch betont und sahen aus wie aus der Medi&Zini.

Zu den Fidschis durfte ich nicht länger Fidschis sagen, sondern musste sie Ausländer oder Asylbewerber° nennen, was irgendwie sonderbar klang, waren sie doch immer da und zwischendurch nie weg gewesen. Für die Kubaner und die Mosambikaner hatte es kein Wort gegeben. Keins vorher und keins hinterher. Sie waren sowieso auf einmal alle verschwunden. Nicht anders als die Knastis°, die die Flaschen und Gläser in den SERO-Annahmestellen° entgegengenommen, nach Farbe und Größe sortiert und darauf aufgepasst hatten, dass wir abends nicht heimlich durch das Loch im Zaun in die großen Zeitschriftencontainer stiegen, um Westzeitschriften ihrer volkswirtschaftlich sinnvollen Zweitverwertung zu entreißen.

(Auszubildende) trainees
punch holes into pieces of paper
TV ad
thimblerigger (shell game con artist)
moved to the West
Asylum seekers
jailees/GDR recycling places

kinder

Jana Hensel

Die Dinge hießen einfach nicht mehr danach, was sie waren. Vielleicht waren sie auch nicht mehr dieselben. Schalter hießen Terminals, Verpflegungsbeutel wurden zu Lunchpaketen, Zweigstellen zu Filialen, der Polylux zum Overheadprojektor und der Türöffner in der Straßenbahn zum Fahrgastwunsch. Assis° zu sagen habe ich mir schnell abgewöhnt, und Assikinder, mit denen wir in Lernpatenschaften Mathe und Rechtschreibung lernten und auf die wir ein Auge haben sollten, damit sie nicht geärgert wurden, und die wir besuchen gingen, wenn sie nicht zur Schule kamen, die gab es auch nicht mehr.

Antisocial (short for **Asoziale**)

Die Olsenbande dagegen, über die wir uns an vielen Sonntagvormittagen in einer Art sozialistischer Kinderkinomatinée ohne Sekt für 35 Pfennig halb zu Tode gelacht hatten, die gab es noch; und genau das brachte mein Weltbild endgültig zum Einsturz: Generationen von Kindern hatten diesen leider ziemlich einfältigen Dänen bei ihren Taschenspielertricks° zugesehen und geglaubt, die große Welt ließe sie, zumindest ein wenig, teilhaben und hätte sie nicht ganz vergessen. Als nach der Wende° dann jedoch kein Mensch im Westen je von Egon, Benni und Kjeld gehört hatte, dafür aber jeder Karel Gott kannte, den Prager, von dem wir nun wirklich glaubten, er habe nur für uns Deutsch gelernt und gehöre uns, uns ganz allein, da verstand ich gar nichts mehr.

conjurer tricks

(turn) fall of the GDR

Wenn mir heute Freunde aus Heidelberg oder Krefeld sagen, sie hätten lange gebraucht, sich daran zu gewöhnen, dass Raider nicht mehr Raider, sondern irgendwann Twix hieß, und wie sehr sie es lieben, in den Ferien für ein paar Tage nach Hause zu fahren, weil man es da zwar nicht lange aushalte, aber alles noch so schön wie früher und an seinem Platz sei, dann beneide ich sie ein bisschen. Ich stelle mir in solchen Momenten heimlich vor, noch einmal durch die Straßen unserer Kindheit gehen zu können, die alten Schulwege entlangzulaufen, vergangene Bilder, Ladeninschriften und Gerüche wieder zu finden. In Gedanken lege ich mich still und von niemanden bemerkt, wie zwischen zwei Pausenklingeln, auf den verstaubten° Matratzenberg° in der hinteren Ecke der Turnhalle und halte meine Nase ganz dicht an die großen, schweren Medizinbälle. Ich sehe hinüber zu den langen Turnbänken aus Holz, streiche mit dem Handrücken darüber und erinnere mich an unsere Angst vor den Splittern°, zogen wir auf dem Bauch liegend, mit weit ausholenden Armbewegungen über sie hinweg. Nur wenn die eigene Mannschaft am Rand stand und einen lautstark anfeuerte, verlor sich die Angst für Sekunden.

dusty/ pile of exercise mats

splinters

Lieber waren mir da die knöchelhohen° Turnbänke beim Völkerball, wo sie als Spielfeldmarkierungen den Völkermann von der gegnerischen Mannschaft trennten. Seine große Stunde schlug, wenn alle Mitspieler ausgeschieden waren und die Ungelenken° und Dicken oft längst in der Umkleidekabine warteten, gleichgültig, welche Gruppe den Sieg nach Hause tragen sollte. Leider sahen sie auf diese Weise nie, wie ein guter Völkermann eine längst verloren geglaubte Mannschaft wieder ins Spiel bringen konnte und wie wir anderen, vor Aufregung glühend, unseren Völkermann dafür liebten. In den darauf folgenden Unterrichtsstunden habe ich

ankle-high

non-athletic

Die Dinge hießen einfach nicht mehr danach, was sie waren. Vielleicht waren sie auch nicht mehr dieselben.

mich heimlich zu meinem Völkermann umgedreht und ihn betrachtet, zufrieden und ohne Neid. Doch unsere Helden von damals leben schon lange nicht mehr, und weil unsere Kindheit ein Museum ohne Namen ist, fehlen mir die Worte dafür; weil das Haus keine Adresse hat, weiß ich nicht, welchen Weg ich einschlagen soll, und komme in keiner Kindheit mehr an.

Doch unsere Helden von damals leben schon lange nicht mehr, und weil unsere Kindheit ein Museum ohne Namen ist, fehlen mir die Worte dafür; weil das Haus keine Adresse hat, weiß ich nicht, welchen Weg ich einschlagen soll, und komme in keiner Kindheit mehr an.

Wir werden es nie schaffen, Teil einer Jugendbewegung zu sein, dachte ich einige Jahre später, als ich mit italienischen, spanischen, französischen, deutschen und österreichischen Freunden eng zusammengequetscht° in einem Marseiller Wohnheimzimmer saß. Die Wende war bereits mehr als sechs Jahre her. Die Italiener hatten für alle gekocht, Stühle gab es nicht, man aß auf den Knien und saß auf dem Bett, dem Fußboden, in der Schranktür oder stand, nur den Kopf ins Zimmer gestreckt, an der offenen Tür. Als einige Flaschen Wein geleert waren und die Aschenbecher langsam überquollen°, begannen alle laut, euphorisiert und wild durcheinander zu reden. Alte Namen und Kindheitshelden flogen wie Bälle durch den Raum: welche Schlümpfe° man am liebsten hatte, welches Schlumpfkind mit wem verwandt war und wie sie auf Italienisch, Deutsch oder Spanisch hießen. Lieblingsfilme wurden ausgetauscht; Lieblingsbücher beschworen und erhitzt die Frage debattiert, ob man den Herrn der Ringe, Pippi Langstrumpf, Donald Duck oder Dagobert lieber mochte, Lucky Luke oder Asterix und Obelix verschlungen hatte.

crammed together · *overflowed* · *Smurfs*

Ich musste an Alfons Zitterbacke denken, erinnerte mich an den braven Schüler Ottokar und hätte gern den anderen vom Zauberer der Smaragdenstadt erzählt. Ich sah Timur und seinen Trupp, Ede und Unku, den Antennenaugust und Frank und Irene vor mir, mir fielen Lütt Matten und die weiße Muschel, der kleine Trompeter und der Bootsmann auf der Scholle wieder ein. Einmal versuchte ich es, hob kurz an, um von meinen unbekannten Helden zu berichten, und schaute in interessierte Gesichter ohne Euphorie. Mit einem Schlag hatte ich es satt, anders zu sein als all die anderen. Ich wollte meine Geschichten genauso einfach erzählen wie die Italiener, Franzosen oder Österreicher, ohne Erklärungen zu suchen und meine Erinnerungen in Worte übersetzen zu müssen, in denen ich sie nicht erlebt hatte und die sie mit jedem Versuch ein Stück mehr zerschlugen. Ich verstummte, und um ihre Party und ihr schönes warmes Wir-Gefühl nicht länger zu stören, hielt ich den Mund. Ich überlegte, was ich stattdessen mit meiner Kindheit anfangen könnte, in welches Regal ich sie stellen oder in welchen Ordner° ich sie heften könnte. Wie ein Sommerkleid war sie anscheinend aus der Mode geraten und taugte° nicht einmal mehr für ein Partygespräch. Ich nahm noch einen Schluck aus dem Weinglas und beschloss, mich langsam auf den Weg zu machen. ■

binder · *was good enough*

Björn

oder die Hürden der Behörden

Ein Film von ANDREAS NIESSNER / OLIVER S. BÜRGIN

Drehbuch Andreas Niessner **Kamera** Markus Krämer
Schnitt Andreas Althoff **Ton** Friedrich Hertz
Produktion Andreas Niessner **Musik** Andreas Weidinger
Darsteller Andreas Niessner, Jeanette Hahn, Oliver S. Bürgin

Golden Hope Award, München
Lost High Tape Award
2002

SZENEN

HANDLUNG *Nachdem Björn über die Hürden der Behörden gestolpert* (stumbled) *ist, wird er nach einigen Missverständnissen in die Türkei abgeschoben* (deported).

ANJA Wo ist denn dein Reisepass?
BJÖRN Äh, ich schaue schnell nach. Hier habe ich das Geld... Reisepass... Abgelaufen. Ich wollte noch schnell in die Stadt fahren. Ich wollte mir doch noch eine helle Sommerjacke kaufen.

BJÖRN Mein Pass ist abgelaufen...
HERR SCHNITZELHUBER Vor drei sehe ich da keine Chance.
BJÖRN Wenn ich nicht in zwei Stunden am Flughafen bin, wird mich meine Freundin verlassen...

HERR SCHNITZELHUBER Adresse?
BJÖRN Klenzestrasse 21.
HERR SCHNITZELHUBER Bei mir steht Montgelas 7. Da müssen Sie schon zum Einwohnermeldeamt.

KONTROLLEUR Ihren Ausweis und ihren Namen bitte.
BJÖRN Schildbach, Björn.
KONTROLLEUR So, Üztürk, fahren wir auf die Wache.
BJÖRN Wie reden Sie mit mir?

POLIZIST Dann ist der Strafbestand° bzw.° der Sachverhalt klar, Aysa Üztürk. Fest steht, dieser Pass wird konfisziert, bis wir einwandfrei° deine Identität festgestellt haben.

ANJA Björn!
BJÖRN Anja!
ANJA Das ist also die helle Sommerjacke, die du unbedingt haben wolltest.
FLUGBEGLEITER ...deshalb wird sich unser Abflug um ca. 4 bis 5 Stunden verzögern°.

Strafbestand *crime* **bzw. (beziehungsweise)** *or* **einwandfrei** *indisputable* **wird sich... verzögern** *will be delayed*

KULTURANMERKUNG

Türken in Deutschland

Die Nachfrage° nach Arbeitskräften in Deutschland überstieg Mitte der fünfziger Jahre das Angebot°. Deshalb schloss die Bundesrepublik bilaterale Verträge° mit Italien, Spanien, Griechenland und der Türkei ab, um Arbeitskräfte nach Deutschland zu bringen. 1961 bis 1972 warben deutsche Unternehmen über 800.000 türkische Gastarbeiter an. Heute leben in Deutschland fast drei Millionen Menschen mit türkischen Wurzeln°. Viele Jüngere waren noch nie in der Türkei und ihr Deutsch ist besser als ihr Türkisch.

Nachfrage *demand* **Angebot** *offer* **Verträge** *agreements* **Wurzeln** *roots*

Beim ZUSCHAUEN

Ergänzen Sie die folgenden Sätze.

1. Wir haben _____, Flugtickets, und Reisepass.
2. Entschuldigung, könnte ich mich noch schnell _____?
3. Die _____, bitte! Haben sie keinen Fahrausweis?
4. Dieser Pass wird _____, bis wir einwandfrei deine Identität festgestellt haben.
5. Ist alles eine _____.

a. ummelden
b. Fahrscheine
c. Personalausweis
d. Verwechslung
e. konfisziert

Reading

Bremen, Niedersachsen und Nordrhein-Westfalen

Karneval im Rheinland

In **Düsseldorf** oder **Köln**, den beiden größten Städten Nordrhein-Westfalens, können Sie die so genannte **fünfte Jahreszeit** erleben°. Damit ist der Karneval gemeint.

Die Rheinländer, sagt man, sind ein lebensfrohes, humorvolles Volk mit einem ausgeprägten Hang° zum Feiern. Deshalb freuen sie sich das ganze Jahr besonders auf die Karnevalszeit.

Karneval gibt es fast überall im deutschsprachigen Raum. In manchen Regionen heißt das Fest auch **Fasching** oder **Fastnacht**. Die Menschen am Rhein sind dafür bekannt, dass sie den Brauch besonders pflegen°. Die fünfte Jahreszeit beginnt jedes Jahr am **11.11. um 11 Uhr 11**. In vielen Städten ist dieser Tag ein besonderes Ereignis: In Düsseldorf zum Beispiel wartet der **Hoppeditz**, die Symbolfigur der Karnevalszeit, versteckt° in einem großen Senftöpfchen°. Um ihn aus seinem langen Schlaf zu wecken, schreien alle so laut sie können, bis er aus dem Topf springt und die Karnevalssaison offiziell beginnt.

Richtig närrisch° wird alles erst nach Weihnachten. Am **Altweibertag°** (eine Woche vor dem **Aschermittwoch°**) geht der Spaß richtig los. Frauen dürfen ihre Schere° nicht vergessen und Männer sollten ihre Krawatten° zu Hause lassen. Warum? An diesem Tag schneiden die Frauen den Männern die Krawatten ab°. Das symbolisiert, dass die Frauen an diesem Tag die Macht° übernehmen. Das ganze Wochenende lang wird dann gefeiert°.

Am Sonntag vor Aschermittwoch strömen die Düsseldorfer kostümiert in die **Altstadt**. Am nächsten Tag findet dann der Höhepunkt des Karnevals statt: der **Rosenmontagszug**. In Düsseldorf schlängelt sich° der Umzug° durch die Altstadt und natürlich auch die **Königsallee** (kurz „**Kö**" genannt) entlang.

Übrigens...

Was können wir? Obamas Wahlslogan „*Yes, we can*" ist Teil der deutschen Alltagssprache geworden. Zwei Jahre nach der Wahl war der Spruch sogar das offizielle Motto des Karnevals in Düsseldorf, allerdings mit einer kleinen Veränderung: „***Jeck**, we can.*" Was ist ein „Jeck"? Im Rheinland ist Jeck ein anderes Wort für Narr, und ein Narr ist eigentlich jeder, der Karneval feiert. Wenn man beim Karneval „ganz jeck" ist, dann heißt das, dass man voll aufgedreht° ist.

Zwei Tage später, am Aschermittwoch (46 Tage vor dem Ostersonntag), ist alles vorbei und der Hoppeditz wird feierlich begraben°. Damit kommt die Karnevalszeit zu ihrem Abschluss, und die Realität und der graue Winterhimmel stehen wieder im Vordergrund.

Ursprünglich war der Karneval ein Fest für Katholiken. Bevor die lange **Fastenzeit°** bis zum Ostersonntag begann, wurde noch einmal ausgiebig° gefeiert.

Um heute am Karneval teilzunehmen, muss man nicht unbedingt katholisch sein. Verkleiden sollte man sich° aber schon, denn die Kostüme und Masken gehören einfach dazu. Und wer ein Kostüm trägt, kann auch nicht erkannt werden. So kann man besonders verrückt sein. Egal für welches Kostüm man sich entscheidet, wichtig ist vor allem, dass man weder sich selbst noch die Welt zu ernst nimmt.

erleben *to experience* **ausgeprägten Hang** *distinct inclination* **den Brauch... pflegen** *cultivate the tradition* **versteckt** *hidden* **Senftöpfchen** *mustard jar* **närrisch** *foolish* **Altweibertag** *Old Wives' Day* **Aschermittwoch** *Ash Wednesday* **Schere** *scissors* **Krawatten** *ties* **schneiden... ab** *to cut off* **Macht** *power* **wird... gefeiert** *is celebrated* **schlängelt sich** *snakes* **Umzug** *parade* **wird... begraben** *is buried* **Fastenzeit** *Lent* **ausgiebig** *extensively* **Verkleiden... sich** *wear a costume* **aufgedreht** *high-spirited*

Entdeckungsreise

Das Pferdeland Niedersachsen trägt ein Pferd in seinem Landeswappen° und ist als Pferdeland bekannt. Die **Lüneburger Heide°**, ein großes Naturgebiet im Nordosten des Bundeslandes, ist durch ihre Weitläufigkeit° ein ideales Reiseziel für alle, die gerne reiten. Auch Wanderer fühlen sich hier wohl. Überall ist das typische, violette **Heidekraut°** zu sehen. Zudem ist die Gegend geprägt von° vielen Wäldern und Mooren°. Nicht nur Menschen kommen gerne hierher, auch Tiere fühlen sich in der schönen Landschaft wohl: die Heide ist die Heimat der **Heidschnucken**, einer speziellen Schafrasse°.

Die Deiche° Die Erde wird wärmer; der Wasserspiegel° steigt°. Für **Niedersachsen** an der **Nordsee** ist das eine Herausforderung°. Schon vor 1000 Jahren wurden hier die ersten **Deiche** gebaut°. Heute sind insgesamt 500 km an der niedersächsischen Küste durch Deiche gesichert. In Vorbereitung auf einen steigenden Meeresspiegel° werden sie nun um 25 cm erhöht°.

Landeswappen *state's coat of arms* **Heide** *heath* **Weitläufigkeit** *vast extent* **Heidekraut** *heather, erica* **geprägt vom** *characterized by* **Mooren** *(pl.) moor* **Schafrasse** *sheep breed* **Deiche** *dikes* **Wasserspiegel** *water-level* **steigt** *rises* **Herausforderung** *challenge* **wurden... gebaut** *were built* **steigenden Meeresspiegel** *rising sea-level* **werden... erhöht** *are made higher*

Was haben Sie gelernt?

Richtig oder falsch? Sind die Aussagen **richtig** oder **falsch?** Stellen Sie die falschen Aussagen richtig.

1. In Deutschland wird der Karneval nur am Rhein gefeiert.
2. In Düsseldorf beginnt der Karneval, wenn der Hoppeditz begraben wird.
3. Der Karneval ist im Sommer.
4. Am Altweibertag schneiden Männer den Frauen die Haare ab.
5. Aschermittwoch signalisiert das Ende des Karnevals.
6. Düsseldorf liegt in Niedersachsen.
7. Die Heidschnucken sind eine bekannte Pferderasse.
8. Auch wenn die Meere steigen, werden die Deiche das Land schützen.

Fragen Beantworten Sie die Fragen.

1. Welchen Brauch pflegen die Menschen am Rhein besonders?
2. Wer springt am 11. November aus einem Senftöpfchen?
3. Was machen die Frauen am Altweibertag?
4. Warum sind Kostüme besonders wichtig für den Karneval?
5. Was beginnt, wenn das Fest vorbei (*over*) ist?
6. Was kann man in der Lüneburger Heide unternehmen?
7. Warum werden die Deiche in Niedersachsen erhöht?

Projekt

Die andere Stadt am Rhein

Düsseldorf ist zwar die Hauptstadt von Nordrhein-Westfalen, aber Köln ist die größte Stadt des Bundeslandes. Deshalb gibt es eine große Rivalität zwischen beiden Städten.

- Düsseldorfer begraben den Hoppeditz am Aschermittwoch. Finden Sie heraus, was die Kölner an diesem Tag machen.
- Köln hat tolle Museen! Finden Sie mindestens vier. In welche Museen würden Sie besonders gern gehen? Warum?
- Finden Sie zwei Museen in Düsseldorf, die Sie gern besuchen würden.
- Suchen Sie im Internet nach dem Begriff „Liebesschlösser" und finden Sie heraus, was mit der Hohenzollernbrücke in Köln passiert ist.

4.2 Adjectives (Part 1)

—*Füllen Sie das **grüne** Formular aus.*

Adjectives are words that describe a noun (a person, place, thing, or idea). In a German sentence, they may be placed either before or after the noun they modify. Adjectives that precede the noun are called *attributive adjectives*, and those that follow the verb are called *predicate adjectives*.

Attributive adjective ↓ **Predicate adjective** ↓

Das **neue** Hotel ist **schön**.
*The **new** hotel is **pretty**.*

Attributive adjectives

Attributive adjectives require endings that reflect the gender, number, and case of the noun they modify. In the examples below, **Mann** (*masc. sing.*) is in the nominative case in the first sentence and the accusative case in the second. The adjective endings change accordingly. If there is more than one attributive adjective, they must all have the same ending.

Jonas ist ein nett**er** jung**er** Mann.
Jonas is a nice young man.

Ich kenne den nett**en** jung**en** Mann.
I know the nice young man.

- The ending of the adjective also depends on whether the adjective stands alone before the noun, or whether it is preceded by a definite article (**der**-word), an indefinite article (**ein**-word), or a word that expresses quantity, such as **viele**.
- Here are the endings for adjectives preceded by a **der**-word.

***Der*-words**

	Masculine	Feminine	Neuter	Plural
Nominative	der nette Schaffner	die schöne Stadt	das große Flugzeug	die netten Freunde
Accusative	den netten Schaffner	die schöne Stadt	das große Flugzeug	die netten Freunde
Dative	dem netten Schaffner	der schönen Stadt	dem großen Flugzeug	den netten Freunden
Genitive	des netten Schaffners	der schönen Stadt	des großen Flugzeugs	der netten Freunde

Der nette Schaffner hat dem alt**en** Mann geholfen.
The nice conductor helped the old man.

Jan spricht mit den zwei freundlich**en** Skilehrern.
Jan is talking with the two friendly ski instructors.

QUERVERWEIS

To review the **der**-word and **ein**-word endings, see **Strukturen 1.3** and **2.1, pp. 22–23** and **50–51**.

In Engl
–ing fo
someth
future.
progres
Ich ge
I'm goi

- Here are the endings for adjectives that are preceded by an **ein**-word.

Ein-words	Masculine	Feminine	Neuter	Plural
Nominative	ein guter Freund	eine gute Freundin	ein schönes Land	meine guten Freunde
Accusative	einen guten Freund	eine gute Freundin	ein schönes Land	meine guten Freunde
Dative	einem guten Freund	einer guten Freundin	einem schönen Land	meinen guten Freunden
Genitive	eines guten Freundes	einer guten Freundin	eines schönen Landes	meiner guten Freunde

Meine kleine Schwester spielt mit ihren besten Freundinnen.
My little sister plays with her best friends.

Dein großer Bruder fährt Ski.
Your older brother skis.

- When an attributive adjective is not preceded by a an **der**-word or an **ein**-word, the adjective endings parallel those of the definite article.

Unpreceded adjectives	Masculine	Feminine	Neuter	Plural
Nominative	guter Rat	schöne Landschaft	deutsches Geld	teure Bücher
Accusative	guten Rat	schöne Landschaft	deutsches Geld	teure Bücher
Dative	gutem Rat	schöner Landschaft	deutschem Geld	teuren Büchern
Genitive	guten Rates	schöner Landschaft	deutschen Geldes	teurer Bücher

Deutsches Brot ist lecker.
German bread is delicious.

Mit billigen Souvenirs kann man viel Geld verdienen.
You can make a lot of money selling cheap souvenirs.

- Adjectives that follow expressions of quantity such as **viele** (*many*), **mehrere** (*several*), **einige** (*some*), and **wenige** (*few*) take the same endings as unpreceded plural adjectives: **–e** in the nominative or accusative case, **–en** in the dative, and **–er** in the genitive.

Adjectives with words that express quantity	Masculine	Feminine	Neuter
Nominative	viele lange Züge	mehrere billige Fahrkarten	einige kleine Häuser
Accusative	viele lange Züge	mehrere billige Fahrkarten	einige kleine Häuser
Dative	vielen langen Zügen	mehreren billigen Fahrkarten	einigen kleinen Häusern
Genitive	vieler langer Züge	mehrerer billiger Fahrkarten	einiger kleiner Häuser

Predicate adjectives

Predicate adjectives (those that come after the main verb or those that follow the modified noun) don't need any special endings.

Unser Hotelzimmer ist **schön**.
Our hotel room is ***beautiful***.

Der Beamte war **unfreundlich**.
The official was ***unfriendly***.

ACHTUNG!

Adjectives that end in **–a** and those that come from city names don't decline.

Ich kaufe eine rosa Bluse.
I'm buying a pink blouse.

Ich kaufe einen Dresdner Stollen.
I'm buying a fruit cake made in Dresden.

Adjectives that end in **–el** or **–er** drop the **–e** when they have an ending.

dunkel: die dunkle Nacht
the dark night

teuer: das teure Hotel
the expensive hotel

ACHTUNG!

Adverbs, such as **total** (*totally, very*), **echt** (*genuinely*), or **enorm** (*enormously*), don't require any endings.

Ich habe total schöne Badeanzüge gesehen.
I've seen some really beautiful bathing suits.

Anwendung

1 

Die Reise Schreiben Sie die fehlenden Adjektivendungen in die Lücken.

1. Der verspätet___ (er/e) Abflug machte ihn nervös.
2. Hier ist der abgelaufen___ (er/e) Pass.
3. Hier ist das alt___ (e/en) Visum.
4. Wo sind die neu___ (er/en) Bordkarten?
5. Das ist eine stressig___ (e/er) Zeit.

2 

In der Wohnung Wählen Sie die richtigen Wörter.

1. Anja trinkt (schwarzen / schwarzer) Kaffee.
2. Björn isst (deutschen / deutsches) Brot zum Frühstück.
3. Zusammen diskutieren sie (internationale / internationaler) Politik (*f.*).
4. Anja hat schon (ausländische / ausländischen) Geldscheine abgeholt.
5. Björn musste mit (große / großer) Eile (*f.*) (*hurry*) in die Stadt fahren.

3 

Anja macht Urlaub. Ergänzen Sie diese E-Mail mit den richtigen Formen der Adjektive aus der Liste.

alt	böse	klein	lustig
berühmt	frustriert	lang	verrückt

Von: Anja <anja@email.de>
An: Maria <maria@email.de>
Betreff: Urlaub

Liebe Mutti,
Köln ist wirklich schön! Es gibt viele (1) ______________ Leute hier, da jetzt Karneval gefeiert wird. Die Kölner Studenten tragen (2) ______________ Kostüme. Die (3) ______________ Kinder machen auch mit! Ich habe heute Morgen schon einen (4) ______________ Umzug (*parade*) gesehen. Und den (5) ______________ Dom habe ich schon besucht. Aber ich bin noch nicht auf die (6) ______________ Dombrücke gegangen. Das mache ich morgen!
Anja

 Practice more at **vhlcentral.com.**

Kommunikation

4 **Diskussion** **Besprechen Sie miteinander, was Sie im Urlaub gern machen. Begründen Sie Ihre Antworten.**

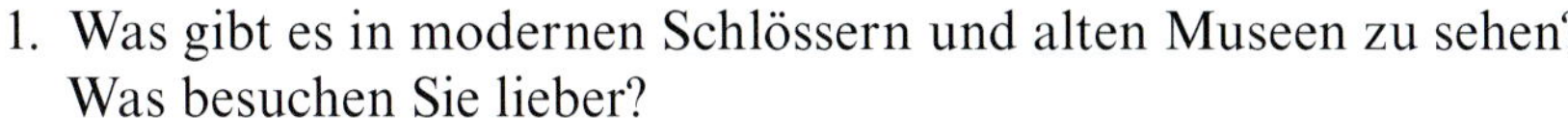

1. Was gibt es in modernen Schlössern und alten Museen zu sehen? Was besuchen Sie lieber?
2. Schlafen Sie lieber in einem teuren Hotel oder in einer billigen Jugendherberge?
3. Sprechen Sie lieber mit ausländischen Touristen oder mit den Leuten, die das ganze Jahr über in Ihrem Urlaubsort leben?
4. Kaufen Sie lieber teure Andenken oder sparen Sie Ihr Geld?
5. Schicken Sie viele Ansichtskarten oder schicken Sie überhaupt keine?
6. Machen Sie lieber einen sonnigen Strandurlaub oder einen verschneiten Skiurlaub?

5 **Beschreibung** **Beschreiben Sie in Gruppen, was Sie auf den Fotos sehen. Finden Sie in jedem Foto so viele Details wie möglich.**

1.

2.

3.

4.

5.

6.

KULTURANMERKUNG

Der Strandkorb

Wasser, Wellen, Sonne, Strand und… Strandkörbe. Der erste Strandkorb stammt aus Rostock. Ende des 19. Jahrhunderts erfand ein Arzt diesen Sitzplatz für seine Patienten, die sich am Strand erholen sollten. Heutzutage findet man Strandkörbe an vielen Stränden in Deutschland. Touristen können einen Korb für eine Stunde, einen Tag oder länger mieten. Normalerweise passen 2–3 Personen in den Korb. Man bekommt einen Schlüssel dafür, kann sich schön hinsetzen, seine Sachen im Korb lassen, Leute beobachten° oder sich mit den anderen im Korb unterhalten.

beobachten *watch*

Analyse

1 **Verbinden** Verbinden Sie die Satzteile in der linken Spalte mit denen in der rechten.

_____ 1. Wangerooge ist autofrei, ...
_____ 2. Nicht alle Unterkünfte auf Wangerooge sind...
_____ 3. Die Statue der Bremer Stadtmusikanten...
_____ 4. Es ist ratsam, ...
_____ 5. Das Ruhrgebiet besteht aus...
_____ 6. In ehemaligen Industrieanlagen gibt es jetzt...
_____ 7. Tausende von Touristen...
_____ 8. Öffentliche Verkehrsmittel sind...

a. Fensterplätze im IC zu reservieren.
b. 53 Städten.
c. Kunst und Unterhaltung.
d. besuchen die Ruhrfestspiele und den Karneval.
e. problemlos.
f. aber es gibt eine Inselbahn.
g. luxuriös und teuer.
h. steht auf dem historischen Marktplatz.

2 **Verständnis** Entscheiden Sie, ob die folgenden Aussagen **richtig** oder **falsch** sind.

Richtig	Falsch	
☐	☐	1. Bremen, Niedersachsen und Nordrhein-Westfalen bieten Urlaubsmöglichkeiten für jeden Geschmack.
☐	☐	2. Ostfriesland ist eine Insel.
☐	☐	3. Auf Wangerooge kann man in den Dünen und am Strand spazieren gehen.
☐	☐	4. Auf Wangerooge gibt es keine Hotels.
☐	☐	5. Bremen liegt an der Nordsee.
☐	☐	6. Als Tourist langweilt man sich im Ruhrgebiet nur.
☐	☐	7. Das Ruhrgebiet war früher eine Industrielandschaft.
☐	☐	8. Köln ist nicht weit vom Ruhrgebiet entfernt.

3 **Weiterführende Fragen** Besprechen Sie in Gruppen.

1. Stellen Sie sich vor, Sie wohnen in einem Ferienort und jedes Jahr kommen Touristen in Ihre Stadt. Ist das gut oder schlecht? Warum? Wie beeinflusst der Tourismus Ihr Leben?
2. Welche Märchen kennen Sie? Welches ziehen Sie vor? Warum?
3. Sind Sie eher ein Stadtmensch oder machen Sie lieber Urlaub am Meer?
4. Haben Sie schon einmal einen Wellness-Urlaub oder Ferien auf einem Bauernhof gemacht?
5. Haben Sie schon einmal Karneval gefeiert oder waren auf einem Stadtfest? Erzählen Sie.
6. Wo gibt es in den USA ehemalige Industriegebiete, die jetzt Kunst, Kultur und Unterhaltung für Touristen bieten? Erklären Sie.

Vorbereitung

Über die Schriftstellerin

Ida Friederike Görres (1901–1971) wurde als Elisabeth Friederike Reichsgräfin Coudenhove-Kalergi geboren. Ihr Vater war als österreichischer Diplomat in Japan stationiert, wo er die Japanerin Mitsuko Aoyama heiratete. Görres wuchs auf Schloss Ronsperg in Böhmen (heute Tschechien) auf und verbrachte 18 Monate in einem jesuitischen Frauenorden. Sie studierte Geschichte und setze sich für die Mädchenfürsorge ein. Görres war sehr religiös, was sich vor allem darin zeigt, dass sie in ihren Werken oftmals Heilige thematisiert.

Wortschatz des Gedichts

der Bettler *beggar*
die Ernte *harvest*
flehen *to pray; to beg*
messen *to measure*
der Pilger *pilgrim*
der Schein *glow*
stöhnen *to moan*
streicheln *to caress*
versiegelt *sealed*

Nützlicher Wortschatz

besichtigen *to tour, visit*
das Denkmal *memorial*
enttäuschen *to disappoint*
der Laut *sound*
die Pilgerschaft *pilgrimage*
pflücken *to pick*
der Prospekt *brochure*
die Sehenswürdigkeit *place of interest, sight*
treiben *to drive; force*

KULTURANMERKUNG

Jerusalem

Im Mittelalter gab es sieben große Kreuzzüge°, die fast alle Jerusalem zum Ziel hatten. Der erste Kreuzzug begann 1096 und der letzte war 1444 zu Ende. Heutzutage ist die Stadt noch immer das Ziel von Pilgern unterschiedlicher Glaubensrichtungen. Die Klagemauer°, der Felsendom° und der Ölberg° sind populäre Sehenswürdigkeiten, die von jüdischen, muslimischen und christlichen Pilgern besucht werden.

Kreuzzüge *crusades* **Klagemauer** *Western Wall* **Felsendom** *Dome of the Rock* **Ölberg** *Mount of Olives*

1 **Was passt?** Ergänzen Sie den Prospekt mit den Wörtern aus der Liste.

besichtigen	Pilger	Schein	stöhnen
Denkmal	Prospekt	Sehenswürdigkeiten	streichelt

BESUCHEN SIE HAMELN!

Bevor Sie die Stadt (1) ___________, kaufen Sie sich einen (2) ___________ oder gehen sie ins Internet. Sie werden sehen, dass es in Hameln viele interessante (3) ___________ gibt. Wenn Sie abends durch die Stadt gehen, können Sie erleben, wie der (4) ___________ der untergehenden Sonne die Fassaden (5) ___________. Wenn Sie dann am Hochzeitshaus vorbeikommen, werden Sie sich wie ein (6) ___________ fühlen inmitten anderer Leute, die auch das berühmte (7) ___________ des Rattenfängers von Hameln bestaunen. Es ist eigentlich ein Glockenspiel, und man muss nach oben schauen, um es an der Fassade des Hochzeitshauses zu entdecken. Aber (8) ___________ Sie nicht! Sie können sich nach ihrem Spaziergang in Cafés oder den örtlichen Gasthäusern erholen!

2 **Reiseplanung** Besprechen Sie die folgenden Fragen in Gruppen.

1. Fahren Sie jedes Jahr in den Urlaub? Wohin fahren Sie? Was treibt Sie gerade dorthin oder überhaupt von zu Hause weg?
2. Wie entscheiden Sie sich für ein Reiseziel? Was machen Sie dort?
3. Fahren Sie lieber allein, oder mit einer Gruppe in den Urlaub? Warum?
4. Kennen Sie Leute, die auf eine Pilgerschaft gegangen sind? Wissen Sie, warum sie das gemacht haben? Was glauben Sie erwarten diese Menschen?

Practice more at **vhlcentral.com.**

DER PILGER

IDA FRIEDERIKE GÖRRES

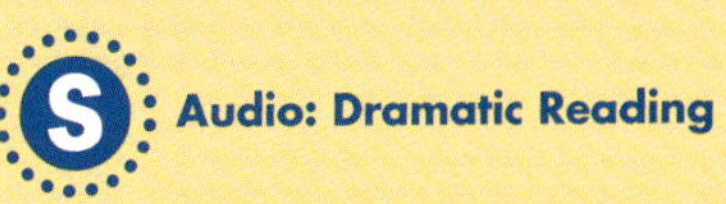

I

Ich trag in der Tasche versiegelten Brief,
weiß nicht, wohin.

Seit die Stunde mich rief,
mitten aus Sternen, die Nacht war tief°,
und in krausen° Wellen, schwarzsilbern lief
der Bach durch den Duft von Heu° und von Moos° —
seit die stille Stunde mich wandern hieß,
und ich eilend in Träumen mein Tal verließ
weiß nicht, wohin —

Nun heiß' ich Pilger und heimatlos.

Seither° ist wohl viele Zeit vergangen.
Ich kann sie nicht messen, ich zähle sie nicht —
weiß nur, als ich ging, sind Kirschen am Baum gehangen,
und tief in die Nacht blieb der Himmel meergrün und licht –
Dann rauchte lang der Staub der Erntewagen,
in langen Gräsern warme Birnen lagen,
und es glühte° das Land talaus, talein
in des Herbstes wanderndem, welkendem Glorienschein°.

Ich bin viel Wochen durch blauenden Schnee gezogen,
durch weiße Schluchten°, von schwarzen Vögeln zerflogen,
stumpf sah die späte Sonne rotrund in den Tag,
der milchig in blinden Nebeln über den Ackern lag —
Und über mir haben viel schwellende° Nächte gesungen,
braunknospende° Wälder in stöhnenden Stürmen gerungen°,
weiß nicht, wie lang —
zitternd° lief über Land grünseidener Schein,
zitternd läuteten Glöckchen schimmernden Frühling ein,
und der schmelzende° Strom ging dröhnend und orgeltief
durch der Amsel° zagenden° Sang –

Es muß doch lange sein, daß ich am Wandern bin.
Ich trage meinen versiegelten Brief,
weiß nicht, wohin.

tief: deep; krausen: curly; Heu/Moos: hay/moss; Seither: seitdem; glühte: glowed; Glorienschein: fading aura; Schluchten: canyons; schwellende: swelling; braunknospende: brown budding/; gerungen: wrestled; zitternd: trembling; schmelzende: melting; Amsel/zagenden: blackbird/ hesitating

II

Und der Weg ist sehr schön. Die Berge brausen° so breit
in der schmelzenden Sonne: bunt schweigen die Wiesen im Duft,
die Lerchen° jubeln so laut und so lang, daß es keiner mehr hört,
— ein Kuckuck hat träumend den andern im Rufen gestört –
und himmelhoch blendet die gläserne Sonntagsluft
in die selige° Einsamkeit.

brausen: roar; Lerchen: larks; selige: blessed

floating Jede Blume am Hang, jeder schwebende° Vogel im Blau,
jede kräuselnde Wolke, rosig und silbergrau
ist mein, ist mein.

touch Ich darf sie nicht rühren°, ich darf sie nicht fangen,
feel — aber die freundlichen Dinge spüren°
leise mein Rufen und kommen — sie hangen
mir in die Hände, die doch nicht greifen,
cheeks streicheln mir heimlich die brennenden Wangen°,
streifen
mir nah bis ans Herz herein –

to lay claim to ich darf sie nicht halten, ich darf nicht verlangen°,
aber alles ist mein.

III

Es darf nur nicht sein —
Manchmal ein Abend, die Luft ist kühl und neu,
dunkel aus sinkenden Wiesen duftet das Heu,
langsamen Flugs aus der Nächte verlassenem Nest
accumulate/silent sammeln° sich Sterne auf Sterne zu schweigendem° Fest.
Der Abend wird immer größer und ich bin allein.
Aber die Menschen sind abends nur mehr zu zweien,
wandern zu zweit
wie am Morgen der Welt,
joined schweigend und selig der feiernden Erde gesellt°,
Hand in Hand durch die pulsende Einsamkeit.
Immer zu zweien.
Der Abend wird immer größer und ich bin allein.

Ich darf sie nicht halten, ich darf nicht verlangen, aber alles ist mein.

Ich darf nicht zu lang am Wege stehen
und mit hungrigen Augen trinken —
Ich muß meine Straße weitergehen —
(sie läuft noch lang und das Dunkel wird tief)
wave ich darf mich nicht wenden und winken°.
Fast hätt' ich vergessen, wer ich bin —
ein Pilger — und trage versiegelten Brief,
weiß nicht, wohin.

Fast hätt´ ich vergessen, wer ich bin - ein Pilger - und trage versiegelten Brief, weiß nicht, wohin.

Oder:

nächtens einmal im treibenden° Schnee
leuchtet ein Fenster breit und blank
aus warmen Balken° und braunem, dampfendem° Dach.

Ich seh
einen Herzschlag° lang
spähend° und wach
rotwarmen Herdschein auf silberlichterndem Schrank,
schimmernde Kinderlocken auf bunter Ofenbank,
einer Lampe schwebenden Zauberkreis
auf rundem Tisch — und weiß,

weiß auf einmal wieder, daß meine Füße wund°,
meine Schuh zerrissen°, verdurstend mein Mund,
daß mein Weg zu lang allein gegangen
in der Flocken° wirrem Einerlei
und mein Herz ward° stumm vor Rastverlangen° —
muß ich vorbei?

Was ist meines Wanderns verlorener Sinn°?
war wirklich Einer, der rief?

Ich trag doch einen versiegelten Brief
und du weißt es, wohin.

Sieh, ich nehme dir nichts: — ich bin doch kein Bettler am Tor,
der mit flehenden Händen deinen Ausgang bedroht°,
der seine Wunden zeigt, der seiner Not
Gewinsel drängt° an unwilliges Ohr...

Bin nur ein Pilger am Weg: und du bist der Baum,
darf ich in deinem Schatten° vom Staube° mich kühlen?
Über mir ragst du, dunkel und fern in den Raum,
sieh, ich schließe die Augen, ich sehe dich kaum,
will nur ein Stündlein das ruhige Rauschen° fühlen...

Sieh, ich nehme dir nichts: dein Schatten deckt viele im Wandern,
sieh, du versagst° ihn doch keinem, versag ihn nicht mir.
... morgen schon bin ich weit und raste wieder an andern
fremden Straßen im Dunkel und träume von dir. ■

drifting
beams/steaming
heartbeat
peeking
raw
broken
flakes
became/desire to rest
meaning
threatens
pushes his miserable whining
shadow/dust
swoosh
denies

Analyse

1 **Richtig oder falsch?** **Entscheiden sie, ob die folgenden Aussagen richtig oder falsch sind. Korrigieren Sie die falschen Aussagen.**

Richtig	Falsch	
☐	☐	1. Der Pilger wusste von Anfang an, wohin er ging.
☐	☐	2. Als er losging, war es Herbst.
☐	☐	3. Am Ende der ersten Strophe ist es Frühling geworden.
☐	☐	4. Während seiner Pilgerschaft hörte er keinen Laut.
☐	☐	5. Alles, was er sieht, gehört ihm, aber er darf es nicht behalten.
☐	☐	6. Die Menschen, die er sieht, sind so allein wie er.
☐	☐	7. Als es schneit, übernachtet der Pilger in einem warmen Haus.
☐	☐	8. Am Ende fragt er einen Baum, ob er in seinem Schatten ausruhen darf.

2 **Was passt?** **Vervollständigen Sie die Sätze.**

1. Bevor der Pilger seine Wanderung begann, wohnte er…
   a. ein einer Stadt.
   b. auf einem Bauernhof.
   c. in einem Tal.
   d. auf einem Berg.
2. Am Anfang seiner Pilgerschaft…
   a. duftete es nach Heu und Moos.
   b. war es Morgen.
   c. hatte der Pilger keinen Brief.
   d. war es laut.
3. Die Natur im zweiten Teil des Gedichts…
   a. wirkt bedrohlich.
   b. macht den Pilger unglücklich.
   c. gehört dem Pilger nicht.
   d. darf der Pilger nicht berühren.
4. In der dritten Strophe…
   a. hat der Pilger einen Begleiter.
   b. weiß der Pilger endlich, wohin sein Weg geht.
   c. zweifelt der Pilger am Sinn seiner Pilgerschaft.
   d. träumt der Pilger von dem Baum.

3 **Naturbeschreibung** **Schreiben Sie die passenden Adjektive und Adverbien in die Lücken.**

blauenden	grünseidener	rotwarmer	schweigenden
gläserne	milchig	schwarzsilbern	stöhnend

1. In der ersten Strophe wird der Bach als ___________ beschrieben.
2. Der Pilger wandert durch ___________ Schnee.
3. In der dritten Strophe ist der Tag ___________, weil es neblig ist.
4. Die Geräusche, die die Stürme machen, empfindet der Pilger als ___________.
5. Der Frühling kommt ins Land als ___________ Schein.
6. Die ___________ Sonntagsluft blendet den Pilger.
7. Im dritten Teil des Gedichts sammeln sich die Sterne zu einem ___________ Fest.
8. Den Pilger zieht ein ___________ Herdschein an.

4 **Fragen zum Gedicht** Besprechen Sie die folgenden Fragen zu zweit.

1. Sehen Sie sich das Gedicht als Ganzes an. Wie viele Strophen gibt es? Welche Zeilen reimen sich? Gibt es ein bestimmtes Reimschema (*rhyme scheme*)? Welche Wirkung haben die Reimschemata auf den Text?
2. Der Ich-Erzähler ist Pilger; warum sagt er, dass er heimatlos ist?
3. Der dritte Teil des Gedichts besteht aus zwei Teilen, als ob die Dichterin uns Lesern zwei Alternativen für ein Ende des Gedichts anbietet. Wie unterscheiden sich die beiden? Welches gefällt Ihnen besser und warum?
4. Im zweiten Ende des Gedichts spricht der Pilger mit jemandem. Wer ist das? Was will er?
5. Was könnte in dem versiegelten Brief stehen, den der Pilger bei sich hat? Warum macht er den Brief nicht einfach auf?
6. Der Pilger fragt sich, was der Sinn seiner Wanderung ist und ob ihn wirklich jemand gerufen hat. Wer könnte das sein? Warum weiß die „Person", wohin ihr Weg geht? Wofür könnte die Wanderung stehen?

5 **Die Wanderung** Planen Sie eine Wanderung.

1. In welcher Jahreszeit und wohin wollen Sie wandern? Wie viele Personen kommen mit?
2. Was müssen Sie alles auf diese Wanderung mitnehmen?
3. Geht die Wanderung von einem Ort zu einem anderen oder ist es ein Rundweg?
4. Wie lange soll die Wanderung dauern? Wo und wie bereiten Sie Ihr Essen vor? Wo und wie übernachten Sie?

6 **Lebensweg** Sprechen Sie miteinander über Ihr bisheriges Leben.

1. Welche Ereignisse oder Stationen in Ihrem Leben waren besonders wichtig für Sie und warum?
2. Glauben Sie, Ihr Leben wäre anders verlaufen, wenn Sie an einem anderen Ort geboren worden wären?
3. Der Pilger sagt, dass die Menschen seit dem „Morgen der Welt" immer zu zweit gehen. Möchten Sie zu zweit gehen? Oder lieber mit mehreren Freunden? Oder allein? Warum?
4. Haben Sie Freunde, die Sie schon Ihr ganzes Leben lang kennen? Woran liegt es, dass Sie immer noch befreundet sind?
5. Haben Sie jemals eine Freundschaft beendet? Warum?
6. Haben Sie ein Ziel in Ihrem Leben? Wissen Sie, wohin Ihr Weg geht?

7 **Zum Thema** Schreiben Sie einen Aufsatz von ungefähr 100 Wörtern über eines der folgenden Themen.

1. Schreiben Sie eine kurze Interpretation des Gedichts *Der Pilger*.
2. Stellen Sie sich vor, Sie gehen auf eine Pilgerschaft. Wohin gehen Sie und warum?
3. Suchen Sie den Begriff „Pilger" im Internet und beschreiben Sie Pilgerschaften, die es heute gibt.

Practice more at **vhlcentral.com.**

KULTURANMERKUNG

Via Regia

Die Via Regia ist eine über 2000 Jahre alte Straße, die einmal von Kiew (heute Ukraine) bis Santiago de Compostela (Spanien) führte und von Händlern, Heeren und Pilgern benutzt wurde. Ein Teil davon, der durch Mitteldeutschland von Görlitz bis Vacha führt, ist seit 2003 ein Pilgerweg. Für diesen 450 Kilometer langen Weg braucht man ungefähr drei Wochen, wenn man ihn ganz wandern will. In den Dörfern und Städten entlang der Route gibt es einfach eingerichtete Herbergen°, Klöster und Kirchen, die den verschiedensten Schutzpatronen° geweiht° sind.

Herbergen *hostels*
Schutzpatronen *patron saints*
geweiht *dedicated*

Anwendung

Der Schluss

Die Einleitung (*introduction*) und der Schluss (*conclusion*) sind wichtige Bestandteile eines Aufsatzes, da sie die Struktur des Aufsatzes erstellen.

Ein guter Schluss muss:

- sich auf die anfängliche These beziehen und sie untermauern.
- die Schwerpunkte in einen Zusammenhang stellen.
- eine klare, letzte Wirkung hinterlassen.
- in demselben Stil geschrieben sein wie der Rest des Aufsatzes.

Ein guter Schluss darf:

- sich nicht darauf beschränken, den Aufsatz nur zusammenzufassen.
- keine neuen Argumente enthalten.
- keine ergänzenden Argumente einbeziehen.

Ein guter Schluss kann:

- neue Fragen aufwerfen.
- ein Zitat enthalten, das die Ideen des Autors zusammenfasst.

1 **Vorbereitung** Lesen Sie den Schluss einer Lektüre in dieser oder einer vorigen Lektion. Entscheiden Sie dann zu zweit, ob die Merkmale eines guten Schlusses vorliegen. Welche Änderungen können Sie machen, um den Schluss zu verbessern?

2  **Aufsatz** Wählen Sie eins der folgenden Themen und schreiben Sie darüber einen Aufsatz.

- Ihr Aufsatz muss sich auf eine oder zwei Lektüren aus dieser Lektion beziehen; **Stellen Sie sich vor, ...; Kultur** oder **Literatur**.
- Der letzte Teil Ihres Aufsatzes muss die Merkmale eines guten Schlusses aufweisen.
- Ihr Aufsatz muss mindestens eine Seite lang sein.

Themen

1. Das Gedicht *Der Pilger* beschreibt eine Reise mit einem bestimmten Ziel. Haben Sie schon einmal eine Reise unternommen, die nicht nur der Erholung diente (*had recreational purpose*), sondern ein bestimmtes Ziel oder eine Aufgabe hatte? Beschreiben Sie diese Reise.

2. Im Kurzfilm *Björn oder die Hürden der Behörden* springt Björn über viele Hürden, um seinen Reisepass zu verlängern. Ist eine Auslandsreise es wert, dass man Schwierigkeiten mit Behörden auf sich nimmt, Zeit mit der Planung und Vorbereitung der Reise verbringt, und an den Flughäfen lange in der Schlange stehen muss? Warum/warum nicht?

3. Das Alltagsleben ist voller Stress und Hektik. Die Leute sind ständig unterwegs. Deshalb suchen viele Leute Ruhe und Erholung im Urlaub. Aber wo soll man Urlaub machen, und was soll man im Urlaub tun? Faulenzen Sie lieber am Strand oder besuchen Sie lieber Städte und Museen und besichtigen Sehenswürdigkeiten?

Reisen und Ferien

Im Bahnhof

die Abfahrtszeit, -en *departure time*
der Anschluss, ¨-e *connection*
der Bahnsteig, -e *platform*
der Schaffner, -/die Schaffnerin, -nen *conductor*

Im Flughafen

die Abflughalle, -n *departure lounge*
die Abflugzeit, -en *departure time*
der Ankunftsbereich, -e *arrival area*
die Bordkarte, -n *boarding pass*
der Flugbegleiter, -/die Flugbegleiterin, -nen *flight attendant*
der Flugsteig, -e *departure gate*
der Geldwechsel *currency exchange*
die Gepäckausgabe, -n *baggage claim*
die Landung, -en *landing*
der (Fenster/Gang)platz, ¨-e *(window/ aisle) seat*
die Sicherheitskontrolle, -n *security check*
die Verspätung, -en *delay; late arrival*

an Bord *on board*
zollfrei *duty-free*

an Bord des Flugzeuges gehen *to board the plane*
einchecken *to check in*
(in der) Schlange stehen *to stand in line*

Im Hotel

der Ferienort, -e *vacation resort*
die (Halb/Voll)pension *(half/full) board*
die Pension, -en *guest house*
die (Auto)vermietung *(car) rental*
das Wirtshaus, ¨-er *inn*

(voll) belegt *full; no vacancy*
Fünf-Sterne *five-star*
Zimmer frei *vacancy*

mieten *to rent (house, car)*

Auf dem Campingplatz

das Bergsteigen *mountain climbing*
der Campingplatz, ¨-e *campground*
das Fischen *fishing*
das Kanufahren *canoeing*
der Schlafsack, ¨-e *sleeping bag*
der Wanderer, -/die Wanderin, -nen *hiker*
der Wanderweg, -e *hiking trail*
das Wohnmobil, -e *RV, motor home*
das Zelt, -e *tent*

organisieren *to organize*
wandern *to hike*

Im Skiurlaub

die Skiausrüstung, -en *ski equipment*
der Skihang, ¨-e *ski slope*
der (Ski)langlauf *cross-country (skiing)*
der Skilift, -e *ski lift*
der Skipass, ¨-e *ski pass*
der Skiurlaubsort, -e *ski resort*

Am Strand

der Ausflug, ¨-e *excursion*
das Badetuch, ¨-er/das Strandtuch, ¨-er *towel; beach towel*
das (Segel)boot, -e *(sail)boat*
die Kreuzfahrt, -en *cruise*
das Seebad, ¨-er *seaside resort*
der Sonnenbrand, ¨-e *sunburn*
die Sonnen(schutz)creme, -s *sunblock*
der (Strand)sonnenschirm, -e *(beach) umbrella/parasol*
das Surfbrett, -er *surfboard*

schnorcheln *to snorkel*
segeln *to sail*
sonnenbaden *to sunbathe*
surfen *to surf*

Zum Beschreiben

angenehm *pleasant*
anstrengend *exhausting*
chaotisch *disorganized*
exotisch *exotic*
frustriert *frustrated*
gestrichen *canceled*
ordentlich *tidy*
stressig *stressful*
verspätet *delayed*

sich lohnen *to be worth it*

Kurzfilm

der Antrag, ¨-e *application*
der Asylbewerber, -/die Asylbewerberin, -nen *asylum seeker*
die Behörde, -n *administrative body*
das Einwohnermeldeamt, ¨-er *registration of address office*
die Gleitzeit *flexible working hours*
die Hürde, -n *hurdle*
der Personalausweis, -e *ID card*
die (Polizei)wache, -n *police station*
die Verwechslung, -en *mistaken identity*

abschieben *to deport*
sich ummelden *to register one's change of address*
verlängern *to extend*

abgelaufen *expired*
vorläufig *temporary*

Kultur

die Ferienwohnung, -en *vacation rental*
der Geschmack, ¨-er *taste*
das Märchen, - *fairy tale*
die Preisklasse, -n *price category*
die Unterkunft, ¨-e *lodging, accommodation*
das Urlaubsziel, -e *vacation destination*
das Verkehrsmittel, - *means of transportation*

anbieten *to offer*
bewundern *to admire*
sich entspannen *to relax*
erkunden *to explore*

bewohnt *inhabited*
luxuriös *luxurious*
preiswert *good value*
ratsam *advisable*
verschieden *various*

Literatur

der Bettler, - *beggar*
das Denkmal, ¨-er *memorial*
die Ernte, - *harvest*
der Laut, -e *sound*
der Pilger, - *pilgrim*
die Pilgerschaft, -en *pilgrimage*
der Prospekt, -e *brochure*
der Schein *glow*
die Sehenswürdigkeit, -en *place of interest, sight*
besichtigen *to tour, visit*
enttäuschen *to disappoint*
flehen *to pray; to beg*
messen *to measure*
pflücken *to pick*
stöhnen *to moan; groan*
streicheln *to caress*
treiben *to drive; force*
versiegelt *sealed*

Lektion 5

Kunstschätze

Manchmal macht Kunst das Leben einfach schöner; aber manchmal hat Kunst etwas Wichtiges zu sagen, auch wenn sie nicht so schön ist. Manchmal bewegt (*moves*) sie uns tief (*deeply*). Manchmal erscheint sie uns einfach sinnlos. Warum brauchen wir sie überhaupt? Oder brauchen wir überhaupt Kunst? Welche Funktion hat sie in unserer Gesellschaft, und welche Rolle spielt sie in Ihrem Leben?

154 **KURZFILM**
Bruno ist ein einsamer Großstadtmensch. In dem Film **Nashorn im Galopp** verliebt er sich zuerst in seine Stadt Berlin und später in Vicky. Wird sie seine Gefühle erwidern (*reciprocate*)?

160 **STELLEN SIE SICH VOR, ...**
Grüß Gott und willkommen in **Österreich**! Wir besuchen dieses andere deutschsprachige Land, in dem Berge und Kultur so malerisch miteinander verschmelzen (*blend*).

175 **KULTUR**
Musik Musik Musik ist eine kurze Reise durch die **Musikgeschichte Österreichs**, angefangen von der Klassik bis ins 20. Jahrhundert. Der Text handelt von der Musikentwicklung und stellt ein paar Komponisten und ihre Werke vor.

179 **LITERATUR**
In diesem Auszug (*excerpt*) aus **Gotthold Ephraim Lessings** Trauerspiel (*tragedy*) *Emilia Galotti* unterhalten sich der Prinz und der Maler Conti über das Künstlerdasein (*existence as artist*) und über die Bedeutung von Kunst.

Reiseziel:
Österreich

156

176

152 **ZU BEGINN**

162 **STRUKTUREN**

5.1 Modals

5.2 Comparatives and superlatives

5.3 Da- and wo-compounds; prepositional verb phrases

186 **SCHREIBWERKSTATT**

187 **WORTSCHATZ**

Kunst und Literatur

Vocabulary Tools

Literarische Werke

der Aufsatz, ¨-e/der Essay, -s *essay*
die (Auto)biographie, -n *(auto)biography*
das Copyright, -s/das Urheberrecht, -e *copyright*
die Dichtung, -en *work (of literature, poetry)*
der Erzähler, -/die Erzählerin, -nen *narrator*
die Figur, -en *character*
das Genre, -s *genre*
die Handlung, -en *plot*
der Kriminalroman, -e *crime novel*
die Novelle, -n *novella*
die Poesie/die Dichtkunst *poetry*
die Prosa *prose*
der Reim, -e *rhyme*
der Roman, -e *novel*
die Strophe, -n *stanza; verse*
die Zeile, -n *line*

sich entwickeln *to develop*
spielen *to take place (story, play)*
zitieren *to quote*

(frei) erfunden *fictional*
klassisch *classical*
komisch *comical*
lustig *humorous*
preisgekrönt *award-winning*

realistisch *realistic*
satirisch *satirical*
tragisch *tragic*

Die bildenden Künste

das Aquarell, -e *watercolor painting*

die Farbe, -n *paint*
das Gemälde, - *painting*
die schönen Künste *fine arts*
das Ölgemälde, - *oil painting*
der Pinsel, - *paintbrush*
das (Selbst)porträt, -s *(self-)portrait*
die Skulptur, -en *sculpture*
das Stillleben, - *still life*
der Ton *clay*

bildhauern *to sculpt*
malen *to paint*
skizzieren *to sketch*

ästhetisch *aesthetic*
avantgardistisch *avant-garde*

Musik und Theater

die Aufführung, -en *performance*
der Beifall *applause*
die Bühne, -n *stage*

der Chor, ¨-e *choir*
der Konzertsaal, -säle *concert hall*
das Lampenfieber *stage fright*
das Meisterwerk, -e *masterpiece*
das Musical, -s *musical*
die Oper, -n *opera*
die Operette, -n *operetta*
das Orchester, - *orchestra*
die Probe, -n *rehearsal*
das Publikum/die Zuschauer *audience*
das (Theater)stück, -e *play*

zeigen *to show*

leidenschaftlich *passionate*

Die Künstler

der Bildhauer, -/die Bildhauerin, -nen *sculptor*

der Dramatiker, -/die Dramatikerin, -nen *playwright*
der Essayist, -en/die Essayistin, -nen *essayist*
der (Kunst)handwerker, -/die (Kunst)handwerkerin, -nen *(artisan); craftsman*
der Komponist, -en/die Komponistin, -nen *composer*
der Liedermacher, -/die Liedermacherin, -nen *songwriter*
der Maler, -/die Malerin, -nen *painter*
der Regisseur, -e/die Regisseurin, -nen *director*
der Schriftsteller, -/die Schriftstellerin, -nen *writer*

Anwendung und Kommunikation

1 **Künstlerisches Basiswissen** Wie viel wissen Sie über Kunst? Markieren Sie für jeden Satz die richtige Antwort.

1. Man malt mit (Ton / einem Pinsel).
2. In seinem berühmten Selbstporträt hat (Albrecht Dürer / Van Gogh) ein abgeschnittenes (*cut-off*) Ohr.
3. Agatha Christie schrieb (Musicals / Kriminalromane).
4. Ein Dramatiker schreibt (Nachrichten / Theaterstücke).
5. Ein Bildhauer macht (Skulpturen / Lieder).
6. (Schiller / Beethoven) war ein bekannter Komponist.

2 **Eine Aufführung** Schreiben Sie die richtigen Wörter in die Lücken.

Aufführung	Bühne	Dramatiker	Meisterwerk
Beifall	Chor	Lampenfieber	Publikum

Am Freitag ging ich in eine Aufführung von *Faust*. *Faust* ist das (1) __________ von Deutschlands berühmtestem Dichter und (2) __________, Johann Wolfgang von Goethe. Zuerst lief die (3) __________ wunderbar. Die Schauspieler waren fantastisch und das (4) __________ war hingerissen (*enchanted*). Aber dann kam Mephisto auf die (5) __________ und sagte leidenschaftlich: „Ich bin der Geist, der stets (*always*) vergisst." Das war natürlich falsch. Der Schauspieler wurde sehr nervös und brachte kein einziges Wort mehr heraus. Er hatte (6) __________. Der Vorhang ging zu (*curtain closed*), aber nur eine Minute später wurde die Szene noch einmal aufgeführt. Diesmal spielte der Mephisto seine Rolle perfekt. Und am Ende des Theaterstücks gab es heftigen (7) __________.

3 **Die Kunst** Was ist Ihr Lieblingskunstwerk? Ist es ein Gemälde, ein Foto, eine Skulptur... oder vielleicht ein Gebäude? Erzählen Sie einander davon. Wie heißt der Künstler/die Künstlerin? Wie ist der Stil? Ist das Kunstwerk realistisch, satirisch, witzig (*funny*), impressionistisch, komisch? Welche Farben benutzt der Künstler/die Künstlerin?

Beispiel Mein Lieblingskunstwerk ist „Tod und Leben", ein Ölgemälde vom Maler Gustav Klimt. Der Stil ist...

4 **Bücher** Sprechen Sie in Gruppen über das letzte Buch, das Sie gelesen haben.

1. Was ist der Titel des letzten Buches, das Sie gelesen haben?
2. Wie heißt der Schriftsteller/die Schriftstellerin?
3. Zu welchem Genre gehört es? (Novelle, Jugendroman, Kriminalroman, usw.)
4. Welche Figur in dem Buch ist Ihre Lieblingsfigur? Warum?
5. Wer ist der Erzähler in dem Buch?
6. Wo findet die Geschichte statt? Was ist in dem Buch passiert?
7. Würden Sie Ihren Freunden das Buch empfehlen? Warum/warum nicht?

Practice more at **vhlcentral.com.**

KULTURANMERKUNG

Gustav Klimt (1862–1918) war österreichischer Maler, Vorantreiber des Jugendstils° und der erste Präsident des Wiener Künstlerbundes „Secession". Klimts Gemälde zeigen schillernde° Menschen, die aus flachen, goldverzierten Hintergründen hervorstechen°. Schon zu Lebzeiten war Klimt beliebt, und seine Kunst hat ihm sehr viel Geld und Ruhm° eingebracht. Seine Werke sind heutzutage Millionen wert. Das Gemälde „Litzlberg am Attersee" wurde 2011 für 29,5 Millionen Euro versteigert°!

Jugendstils *Art Nouveau* **schillernde** *colorful* **goldverzierten Hintergründen hervorstechen** *stand out from gilded backgrounds* **Ruhm** *fame* **versteigert** *sold at auction*

Vorbereitung

Wortschatz des Kurzfilms

abstempeln *to label*
hinterherreisen *to follow (somebody's travels)*
die Oberfläche *surface*
der Pfeil *arrow*
der Quatsch *nonsense*
sich trauen *to dare*
vereinsamen *to grow lonely*
verraten *to betray*
sich wundern über *to be amazed by*

Nützlicher Wortschatz

introvertiert *withdrawn*
verklemmt *inhibited*
verunstalten *to deface*
wegziehen *to move away*

AUSDRÜCKE

der Geist des Ortes *spirit of a place*
die Seele der Stadt *soul of the city*
wie eine Horde Nashörner trampeln *to trample like a horde of rhinos*
Das geht dich nichts an! *It's none of your business.*
nochmal von vorn(e) beginnen *to start over again*

1 **Was passt zusammen?** Suchen Sie für jede Vokabel die richtige Definition.

____ 1. prägt und beeinflusst die Atmosphäre an einem bestimmten Platz
____ 2. eine Fassade oder Hülle, die versteckt, was hinter ihr ist
____ 3. wenn man jemanden überallhin verfolgt
____ 4. etwas, das geheim bleiben soll weitersagen
____ 5. ein Zeichen, das in eine bestimmte Richtung zeigt
____ 6. neu starten, nachdem man bereits fertig war

a. der Geist des Ortes
b. verraten
c. der Pfeil
d. hinterherreisen
e. nochmal von vorn anfangen
f. die Oberfläche

2 **Welche Vokabel passt?** Suchen Sie für jeden Satz die Vokabel, die logisch passt.

1. ____________ Menschen haben es oft schwer, Freunde oder Partner zu finden.
2. Das liegt vor allem daran, dass sie sich oft nicht ____________ , andere Leute einfach anzusprechen oder mit ihnen in Kontakt zu treten.
3. Wenn solche Menschen auch noch ____________ sind, können sie ihre Gefühle nur schwer ausdrücken.
4. Das Ergebnis ist dann oft, dass sie alleine sind und daher ____________.
5. Viele Leute ____________ introvertierte Personen als Einzelgänger und Außenseiter ab.
6. Es ist allerdings ____________ zu sagen, dass eine introvertierte Person keine Freunde hat und immer alleine ist.

3 **Was denkst du?** Stellen Sie einander folgende Fragen.

1. Wo lebst du lieber, in einer Stadt oder auf dem Land?
2. Wie kommunizierst du mit anderen Menschen?
3. Beobachtest du manchmal andere Menschen in deiner Stadt? Was denkst du dir dabei? Kommst du dir vielleicht einsam vor, obwohl es viele Menschen um dich herum gibt?
4. Was würdest du machen, wenn dich plötzlich jemand anspricht, den du interessant findest?
5. Hast du schon einmal einer anderen Person wehgetan? Was würdest du tun, wenn du die Chance hättest, nochmal mit dieser Person zu reden?

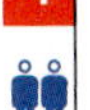

4 **Leben in der Stadt** Füllen Sie zu zweit die Tabelle aus. Suchen Sie zu jedem Thema Argumente für und gegen das Leben in der Stadt und auf dem Land.

Was halten Sie vom Leben in der Stadt? Was würde passieren, wenn Sie auf dem Land leben würden?		
Themen	**Stadt**	**auf dem Land**
Wohnen	*kleine Wohnung*	*großes Haus mit Garten*
Freunde		
Arbeiten		
Freizeit		
Kunst		
Essen		
Umwelt		
Familie		

5 **Was passiert?** Schauen Sie sich in Gruppen die Bilder an. Beschreiben Sie jedes Bild in drei Sätzen.

1. Wer könnten diese Menschen sein? Spekulieren Sie, wo die Menschen wohnen.
2. Was für eine Beziehung haben diese Menschen zueinander?
3. Wie könnte der Mann aus dem ersten Bild reagieren, wenn er die Szene im dritten Bild sieht?

Practice more at **vhlcentral.com.**

Regie ERIK SCHMITT Vicky MARLEEN LOHSE Bruno TINO MEWES
Drehbuch STEPHAN MÜLLER, ERIK SCHMITT Musik NILS FRAHM

Best Short Film for Teenagers, Aisne International Film Festival for Young People 2014
Audience Award, Best Short Film, Cambridge Film Festival 2013
Silver Plaque, Best Short Film, Chicago International Film Festival 2013
Future Filmmaker Award, Erik Schmitt, Palm Springs International ShortFest 2013

SZENEN

HANDLUNG *Bruno ist in die Stadt Berlin verliebt. Auf seiner Suche nach der Seele der Stadt lernt er Vicky kennen. Als Bruno sich in sie verliebt, sagt sie ihm, dass sie bald aus Berlin wegziehen wird.*

BRUNO Woraus besteht die Stadt? Wände, Häuser, Straßen, Litfaßsäulen, Schilder, Ampeln, der Himmel und die Zeit, die in ihr vergeht.

BRUNO Die Seele der Stadt sprach zu ihren Bewohnern in Gestalt einer Schlange. Es tut mir gut zu wissen, dass diese Stadt für mich da ist.

BRUNO Seltsam, ich teile diese Stadt mit 3,5 Millionen Menschen und ich kenne keinen einzigen wirklich. Wer sind diese Fremden um mich herum?

BRUNO Vielleicht gibt es ja noch jemanden, der die Stadt sieht. Schade, dass ich mich nicht trauen würde, sie anzusprechen.

BRUNO Ich hatte eine Komplizin gefunden. Zum ersten Mal in meinem Leben. Ich zeigte ihr meine Welt. Ich erzählte ihr von der Seele der Stadt, von den Römern und der Schlange, die mit den Bewohnern redet.

BRUNO Ich kann vielleicht immer noch nicht sagen, was ich für dich fühle, aber ich kann's dir zeigen. Seit ich das rauslassen kann, so wie du, seitdem fühle ich mich nicht mehr so verloren und ängstlich, sondern stark und leicht.

KULTURANMERKUNG

Hauptstadt der Einsamkeit

In Berlin, wie in vielen Großstädten auf der ganzen Welt, finden es die Menschen immer schwieriger, Freunde zu finden und Kontakte zu knüpfen°, obwohl es heute mit Facebook und anderen sozialen Netzwerken eigentlich einfacher sein sollte, Menschen mit ähnlichen Interessen zu treffen. Über 3 Millionen Menschen wohnen in Berlin. 2012 sind etwa 150.000 neue Einwohner dazugekommen. Erstaunlich° ist, dass mehr als 54% der Haushalte in Berlin sogenannte Single-Haushalte sind, weit mehr als in München, Hamburg, Köln oder Frankfurt. Man könnte Berlin also auch als Single-Hauptstadt bezeichnen.

Kontakte zu knüpfen *socialize*
Erstaunlich *Surprising*

Beim **ZUSCHAUEN**

Sind die folgenden Sätze **richtig** oder **falsch**?

1. Bruno hat eine sehr gute Beziehung zu seiner Stadt. ____
2. Bruno verliebt sich in eine Frau. ____
3. Vicky ist auch Berlinerin. ____
4. Vicky wird in einer Woche Berlin verlassen. ____
5. Bruno ist eifersüchtig, dass Vicky sich mit anderen Männern trifft. ____
6. Vicky entschließt sich, in Berlin zu bleiben. ____

Analyse

1 **Was passiert zuerst?** **Bringen Sie die folgenden Sätze in die richtige Reihenfolge.**

_____ a. Bruno weiß nicht, wie er Vicky sagen soll, dass er in sie verliebt ist.
_____ b. Bruno und Vicky machen zusammen kreative Fotomontagen.
_____ c. Bruno findet nicht die richtigen Worte und verletzt Vicky.
_____ d. Der Geist der Stadt zeigt Bruno den Weg zu Vicky.
_____ e. Bruno zeigt seine Gefühle für Vicky in einer Videomontage.
_____ f. Bruno läuft täglich ohne Kontakt zu anderen Menschen durch die Stadt.

2 **Was ist richtig?** **Welcher Satz beschreibt, was im Film passiert? Besprechen Sie zu zweit Ihre Antworten.**

1. a. Städte haben eine eigene Seele.
   b. Städte bestehen nur aus Häusern, Straßen, Ampeln und Schildern.
2. a. Bruno geht jeden Tag durch die Straßen der Stadt, um andere Menschen kennen zu lernen.
   b. Bruno geht jeden Tag durch die Straßen der Stadt, um die Stadt besser kennen zu lernen.
3. a. Bruno und Vicky finden Städte faszinierend.
   b. Bruno zeigt Vicky, warum Städte so interessant sind.
4. a. Bruno und Vicky finden in der Stadt viele Möglichkeiten, kreativ zu sein.
   b. Bruno und Vicky verunstalten mit ihrem Graffiti die Stadt.
5. a. Bruno verletzt Vicky, weil er sie nicht mag.
   b. Bruno verletzt Vicky, weil er mit Emotionen nicht gut umgehen kann.
6. a. Mit seinem Film findet Bruno einen Weg, seine Gefühle für Vicky auszudrücken.
   b. Mit seinem Film will sich Bruno von Vicky verabschieden.

3 **Wer sagt was?** **Entscheiden Sie, wer welchen Satz im Film sagt. Vergleichen Sie dann Ihre Antworten miteinander.**

– Alle paar Jahre reisen wir zusammen in ein anderes Land.		
– Schade, dass ich mich nicht trauen würde, sie anzusprechen.		
– Weißt du, ich konnte noch nie so gut mit Gefühlen.		
– Ich muss gleich los. Ich treff' mich noch mit Fernando, weißt du?		
– Hey, du! Kannst du mir mal helfen?		
– Ich wunderte mich, wie tief ich sie verletzen konnte.		

4

Die Hauptfiguren

A. Schreiben Sie die Wörter auf, die Bruno und Vicky am besten beschreiben.

emotional	impulsiv	kreativ	ruhig	weltoffen
extrovertiert	isoliert	lustig	schüchtern	zurückhaltend

Bruno ist *ruhig, ...* ____

Vicky ist *weltoffen, ...* ____

B. Vergleichen Sie Ihre Antworten miteinander und besprechen Sie mögliche Unterschiede.

5

Bildbeschreibung

Beschreiben Sie die Bilder und beantworten Sie in Gruppen die Fragen.

1. Am Anfang fragt Bruno: „Woraus besteht die Stadt? Wände, Häuser, Straßen, Litfaßsäulen, Schilder, Ampeln, der Himmel und die Zeit, die in ihr vergeht." Wie könnte man Brunos Leben am Anfang des Films beschreiben?
2. Wie entwickelt sich das Verhältnis zwischen Bruno und Vicky? Welche Bedeutung hat die Stadt für ihre Beziehung?
3. Wie benutzt Bruno am Ende des Films die Stadt, um sich und seine Gefühle auszudrücken?

6

Diskussion

Besprechen Sie die folgenden Fragen in Gruppen und geben Sie konkrete Beispiele für jede Antwort.

1. Wie würden Sie die Seele Ihrer Stadt beschreiben? Was würde Ihnen diese Seele, der *Genius Loci*, sagen? Was hat sie Ihnen schon gesagt?
2. Bruno drückt seine Gefühle durch seine Kunst aus. Kennen Sie andere Menschen, die Kunst benutzen, um sich besser auszudrücken?
3. Wie geht Brunos Leben nach dem Film weiter? Was wird Vicky machen?
4. Ist es einfacher, Menschen kennen zu lernen und Freunde zu finden, wenn man nicht in einer Großstadt, sondern auf dem Land oder in einer Kleinstadt lebt? Erklären Sie Ihre Antwort.

7

Zum Thema

Schreiben Sie einen Absatz (10 Zeilen) über eines der folgenden Themen.

1. Sie gehen durch Ihre Stadt: Wer lebt hier? Was machen die Menschen?
2. Sie verlieben sich in eine Person, erfahren aber, dass diese Person in einer Woche wegziehen wird. Wie reagieren Sie?

Practice more at **vhlcentral.com.**

Reading

Österreich

Unterwegs im Bilderbuchland

Land der Berge, Land am Strome°, Land der Äcker°, Land der Dome – so wird **Österreich** in seiner Nationalhymne charakterisiert. Österreichs Landschaft ist sehr reizvoll° mit seinen schneebedeckten Bergen, Seen und romantischen Schlössern, und die österreichischen Städte haben einen außerordentlichen Reichtum an Kultur.

Ein Beispiel ist **Salzburg**, die Musikstadt an der Salzach°. Der Mönchsberg mit der **Festung Hohensalzburg** überragt° die Stadt. Im Jahr 1077 wurde diese Burg gebaut. Hier kann man sich das Leben im Mittelalter noch wunderbar vorstellen. Unter der Burg liegt die Altstadt, wo der Film *The Sound of Music* gedreht wurde, und dort, in der **Getreidegasse**, befindet sich auch das Geburtshaus des musikalischen Wunderkinds **Mozart**.

Ganz im Osten Österreichs liegt die Hauptstadt **Wien**. Wien war jahrhundertelang Residenzstadt der **Habsburger°** und Zentrum des **österreichisch-ungarischen Reiches**. Die Spuren kaiserlicher Vergangenheit° sind überall zu sehen. Das gelbe **Schloss Schönbrunn** war die Sommerresidenz von Kaiserin Maria Theresia (1717–1780).

Im **Leopold-Museum** hängt **Gustav Klimts** berühmtes Gemälde „Tod und Leben" und an der Ecke Kegelgasse/Löwengasse steht das kunterbunte° **Hundertwasserhaus**. Vom Riesenrad° im Prater, dem historischen Vergnügungspark, hat man einen herrlichen Blick über die Stadt.

Südwestlich von Wien liegt **Graz**, Hauptstadt der waldreichen **Steiermark**. Das Bundesland ist die Heimat der „steirischen Eiche°"! Diesen Beinamen° trägt Arnold Schwarzenegger, der gelegentlich nach Graz fliegt, um seine Heimat zu besuchen.

Weiter südlich, am malerischen Wörthersee, liegt **Klagenfurt**, die Hauptstadt von **Kärnten**. In der Nähe gibt es weltbekannte Skiorte, was die Stadt zu einem Lieblingsziel von Wintersportlern aus aller Welt macht. Aber auch in **Innsbruck** kann man sich als Tourist sehr wohlfühlen, denn diese Stadt bietet eine perfekte Kombination aus Kultur und Natur. Zu sehen gibt es hier das **Goldene Dachl°** in der Altstadt, und hoch oben in den **Tiroler Alpen** kann man auf der **Birkkarspitze°** die reine Bergluft einatmen.

Ganz im Westen Österreichs schließlich liegt **Bregenz**, Hauptstadt des Bundeslandes **Vorarlberg**. Die Fassaden des

Übrigens...

Sie beginnt als kleine Quelle° im Schwarzwald, wird immer breiter, fließt gemächlich durch die österreichische Hauptstadt, windet sich° an Klöstern, Städtchen und Wäldern vorbei und mündet schließlich ins° Schwarze Meer. Das ist **die Donau**, der wichtigste Fluss in Österreich und mit 2.888 Kilometern der zweitlängste Fluss in ganz Europa.

Städtchens spiegeln sich im **Bodensee** wider°, und hinter der Stadt ragen die Berge in den Himmel. Bregenz bietet milde Temperaturen, die **Bregenzer Festspiele** und das Kunsthaus Bregenz.

Übrigens kann man in ganz Österreich von einer Erfindung° des österreichischen Lebensstils profitieren: das **Kaffeehaus** bietet zahlreiche Kaffeespezialitäten, etwa die **Melange**, das ist ein Kaffee mit Milchschaum°, oder den **Einspänner**, ein Kaffee mit Schlagsahne°. In diesen Kaffeehäusern kann man stunden-lang Zeitung lesen und diskutieren. Im traditionsreichen Wiener Café Landtmann beispielsweise waren einst **Sigmund Freud** und **Gustav Mahler** Stammgäste°.

Auch der österreichische Dialekt ist etwas Besonderes. So sagt man auf **Österreichisch** z. B. zum Abschied „Pfüati" (das kommt von „Behüte dich°"), und ein Eichhörnchenschwanz° ist „a Oachkatzlschwoaf". Können Sie das aussprechen? Dann werden Sie sich in Österreich wohl fühlen!

am Strome *on the river* **Äcker** *acres, fields* **reizvoll** *attractive* **Salzach** *river in Salzburg* **überragt** *surmounts* **Habsburger** *Austrian royal family* **Spuren ... Vergangenheit** *traces of the past* **kunterbunt** *very colorful* **Riesenrad** *ferris wheel* **steirische Eiche** *Styrian oak* **Beinamen** *nickname* **Dachl** *roof* (Austrian) **Birkkarspitze** *peak in Tirol* **spiegeln sich ... wider** *are reflected* **Erfindung** *invention* **Milchschaum** *frothed milk* **Schlagsahne** *whipped cream* **Stammgäste** *regular guests* **Behüte dich** *[God] bless you* **Eichhörnchenschwanz** *squirrel tail*

Entdeckungsreise

Alpen-Thermen A bisserl° gestresst? Die Lösung liegt in den Alpen, in dem weltbekannten Kurort **Bad Hofgastein**. Im Mittelalter wurde hier nach Gold und Silber gegraben°, aber heute sind Wellness, Entspannung und Gesundheit angesagt. Die Alpen-Therme ist ein ultramoderner Kurpark° mit heißen Bädern, einer Farblichtsauna, einer Dampfgrotte°, gigantischen Wasserrutschen° und vielem mehr.

Die Sachertorte Eine besonders beliebte österreichische Spezialität ist die **Sachertorte**, ein cremiger Schokoladenkuchen mit Marillenmarmelade°, der im Jahre 1832 in Wien erfunden wurde. Fürst° Metternich erwartete wichtige Gäste, der Chefkoch° war krank und dem erst 16-jährigen **Franz Sacher** fiel die Aufgabe zu°, ein besonderes Dessert herzustellen. Auch wenn es unterschiedliche Ansichten° darüber gibt, wie viel Marmelade die Torte enthalten sollte, ist sie doch eine typische Wiener Spezialität geworden.

A bisserl *A little (Austrian)* **gegraben** *mined* **Kurpark** *health spa complex* **Dampfgrotte** *steam cave* **Wasserrutschen** *water slides* **Marillenmarmelade** *apricot jam* **Fürst** *prince* **Chefkoch** *head chef* **fiel die Aufgabe zu** *the task fell to* **Ansichten** *opinions*

Was haben Sie gelernt?

Richtig oder falsch? Sind die Aussagen **richtig** oder **falsch?** Stellen Sie die falschen Aussagen richtig.

1. Beethovens Geburtshaus ist in Salzburg.
2. Die Habsburger haben in Innsbruck gelebt.
3. Arnold Schwarzenegger kommt aus Graz in der Steiermark.
4. Die Donau fließt durch Salzburg.
5. Die Alpen-Therme ist ein Kurpark in Bad Hofgastein.
6. Sachertorte ist ein Schokoladenkuchen mit Aprikosenmarmelade.
7. Der Fürst Metternich hat die erste Sachertorte gebacken.

Fragen Beantworten Sie die Fragen.

1. Welche Sehenswürdigkeiten kann man in Salzburg besichtigen?
2. Wie heißt ein österreichischer Kaffee mit Milchschaum?
3. Warum ist Klagenfurt beliebt bei Touristen?
4. Wie heißen die Hauptstädte von den Bundesländern Vorarlberg, Steiermark und Kärnten?
5. Was sagt man in Österreich, um sich von Freunden zu verabschieden?
6. Warum kommen die Menschen heute nach Bad Hofgastein?
7. Wie alt war Franz Sacher, als er die erste Sachertorte machte?

Projekt

Graz

In Graz, der Europäischen Kulturhauptstadt von 2003, treiben Architekten die Baukunst mit Fantasie voran.

- Suchen Sie im Internet Fotos und Informationen zu einem modernen Gebäude in Graz.
- Schreiben Sie einen Aufsatz über das Gebäude. Geben Sie Ihre Meinung über das Konzept dieses Gebäudes.
- Sprechen Sie in Gruppen über Ihre Eindrücke.

5.1

Modals

ACHTUNG!

In a normal German sentence, where there is a conjugated verb and an infinitive phrase, **zu** is used before the infinitive.

Hast du Lust, morgen Abend mit mir ins Kino zu gehen?
Do you feel like going to the movies with me tomorrow night?

When the conjugated verb is a modal, there is no **zu** before the infinitive.

Ich kann morgen Abend nicht ins Kino gehen. Ich muss leider arbeiten.
I can't go to the movies tomorrow night. Unfortunately I have to work.

- Modals express obligation (**sollen**), ability (**können**), necessity (**müssen**), permission (**dürfen**), and desire or preference (**wollen**/**mögen**). When a modal is used in the present tense (**das Präsens**), it is paired with a dependent infinitive, which is placed at the end of the sentence.

Modals in the *Präsens*

sollen (*should*)	können (*can*)	müssen (*must*)	dürfen (*may*)	wollen (*to want to*)	mögen (*to like to*)
ich soll	ich kann	ich muss	ich darf	ich will	ich mag
du sollst	du kannst	du musst	du darfst	du willst	du magst
er/sie/es soll	er/sie/es kann	er/sie/es muss	er/sie/es darf	er/sie/es will	er/sie/es mag
wir sollen	wir können	wir müssen	wir dürfen	wir wollen	wir mögen
ihr sollt	ihr könnt	ihr müsst	ihr dürft	ihr wollt	ihr mögt
sie/Sie sollen	sie/Sie können	sie/Sie müssen	sie/Sie dürfen	sie/Sie wollen	sie/Sie mögen

Ich **will** Schriftsteller **werden**.
*I **want to become** a writer.*

Der Künstler **kann** gut **malen**.
*The artist **can paint** well.*

- In a yes/no question, the conjugated modal verb is in first position. For questions using question words, the modal verb is in second position. In both cases, the modal verb is followed by the subject and the infinitive is placed at the end of the question.

Willst du den neuen Roman von Frank Schätzing **lesen**?
__Do you want to read__ Frank Schätzing's new novel?

Warum **kann** Karl so gut aus dem Theaterstück **zitieren**?
*Why **can** Karl **quote** from the play so well?*

- To form the **Präteritum**, add the appropriate endings to the verb stem. All modals that have an **Umlaut** in the infinitive drop the **Umlaut** in the past tense.

Modals in the *Präteritum*

sollen (*supposed to*)	können (*were able to*)	müssen (*had to*)	dürfen (*were allowed to*)	wollen (*wanted to*)	mögen (*liked*)
ich sollte	ich konnte	ich musste	ich durfte	ich wollte	ich mochte
du solltest	du konntest	du musstest	du durftest	du wolltest	du mochtest
er/sie/es sollte	er/sie/es konnte	er/sie/es musste	er/sie/es durfte	er/sie/es wollte	er/sie/es mochte
wir sollten	wir konnten	wir mussten	wir durften	wir wollten	wir mochten
ihr solltet	ihr konntet	ihr musstet	ihr durftet	ihr wolltet	ihr mochtet
sie/Sie sollten	sie/Sie konnten	sie/Sie mussten	sie/Sie durften	sie/Sie wollten	sie/Sie mochten

Sie **wollte** als Komponistin **arbeiten**.
*She **wanted to work** as a composer.*

Wir **durften** ihn am Wochenende **besuchen**.
*We **were allowed** to visit him on the weekend.*

- When a modal is in the **Perfekt**, there are three verbs in the sentence: the conjugated auxiliary **haben** in second position, and the infinitives of the main verb and the modal in final position. This three-verb construction is expressed in English as the past tense of *have to* plus an infinitive.

  Er **hat** die letzten drei Monate immer samstags **arbeiten müssen**.
  *He **has had to work** Saturdays for the last three months.*

- To form the future tense of modal verbs, conjugate **werden** and use the dependent infinitive and the modal infinitive in that order at the end of the statement.

  Die Probe **wird** später **stattfinden müssen**.
  *The rehearsal **will have to take place** later.*

  Sie **werden** die avantgardistische Gemälde **sehen wollen**.
  *They **will want to see** the avant-garde paintings.*

- In German, modals can be used with the past participle of the main verb to express an attitude toward an event that happened in the past.

  Der Essayist **muss** diesen Artikel **geschrieben haben**!
  *The essayist **must have written** this article!*

  Die Aufführung **soll** sehr gut **gewesen sein**.
  *The performance **is supposed to have been** very good.*

- In subordinate clauses where three verbs come together (the conjugated form of the auxiliary **haben**, the infinitive of the main verb, and the infinitive of the modal), the conjugated auxiliary verb comes directly before the two infinitives.

  Das ist das dritte Mal, dass das Musical später **hat anfangen müssen**.
  *This is the third time that the musical **has had to start** late.*

- In a dependent or relative clause, the conjugated modal verb moves to the end of the clause.

  Ich weiß nicht, **ob** meine Freundinnen Kaffee trinken **wollen**.
  *I don't know **if** my girlfriends **want to** drink coffee.*

  Ein Regisseur, **der** in Wien arbeiten **will**, **sollte** die Branche gut kennen.
  *A director who **wants to** work in Vienna **should** know the industry well.*

- The modal **wollen** can be used to express what someone wants someone else to do. In English, the action that someone else should do is expressed with an infinitive, but in German it is expressed in a dependent clause.

  Der Komponist will, dass **die Musiker** lauter **spielen**.
  ***The composer wants the musicians to play** more loudly.*

  Der Erzähler will, dass **die Hauptfigur** im Roman sich langsam **entwickelt**.
  ***The narrator wants the main character** in the novel **to develop** slowly.*

- Modals are often used in the **Konjunktiv II** to express polite wishes. They express ideas such as *I would like to, I could, I might.* In German, the modals in the **Konjunktiv II** retain any **Umlaute**.

  Ich **möchte** gern Stieg Larssons Roman lesen.
  ***I would like to** read Stieg Larsson's novel.*

QUERVERWEIS

For more on the subjunctive of modals, see **Strukturen 8.2, pp. 280–281.**

Anwendung

1

Der Roman Kreisen Sie das richtige Modalverb ein, so dass die Sätze Sinn ergeben.

1. (Darfst / Möchtest) du einen Roman lesen?
2. Ich kenne einen Roman, der sehr spannend sein (will / soll).
3. Die Hauptfigur, Detektiv Schmidt, (soll / kann) den Dieb (*thief*) nicht finden.
4. Er (muss / mag) 24 Stunden am Tag arbeiten, um den Dieb zu finden.
5. Der Dieb besucht sogar einmal den Detektiv und fragt ihn: „(Darf / Mag) ich Ihnen helfen?“
6. Der Detektiv wird zornig (*angry*) und läuft ihm sofort nach. Wird er ihn finden (sollen / können)?

KULTURANMERKUNG

Schloss Belvedere

Die Schlossanlage Belvedere in Wien besteht aus dem Unteren Belvedere, das Prinz Eugen von Savoy 1714–1716 als barockes Wohnschloss hat bauen lassen, und dem Oberen Belvedere, das von 1717 bis 1723 entstanden ist. Das Obere Belvedere diente schon damals als Ausstellungsplatz und ist bis heute ein Museum. Hier befindet sich die weltweit größte Sammlung von Gemälden des österreichischen Künstlers Gustav Klimt (1862-1918). 2013 haben 960.000 Touristen Schloss Belvedere besucht.

2

Nach Wien Luisa schreibt ihren Großeltern über ihre geplante Reise nach Wien. Schreiben Sie die richtige Form des Modalverbs in die Lücken.

Liebe Oma! Lieber Opa!

Mutti und ich (1) ________ (wollen) im Sommer nach Wien fahren. Meine Musikprofessorin sagte, wir (2) ________ (sollen) uns unbedingt „Die Zauberflöte“ von Mozart sehen. Wir (3) ________ (können) Karten für billige Stehplätze kaufen. Ich (4) ________ (müssen) auch unbedingt zum Schloss Belvedere gehen, weil ich dort die berühmten Gemälde von Gustav Klimt sehen (5) ________ (wollen). Ich (6) ________ (dürfen) aber nicht zu lange in diesem Museum bleiben, da es so viel in Wien zu machen gibt. Wir (7) ________ (müssen) alles in Wien gesehen haben, bevor wir nach Hause zurück fahren. Mutti (8) ________ (mögen) Theaterstücke. Ich auch. Ich (9) ________ (können) es kaum (hardly) erwarten, bis wir endlich in Wien sind. Wir (10) ________ (dürfen) nicht vergessen, euch von der Musik und vom Theater zu erzählen.

Eure
Luisa

3

Das wissen wir nicht! Bilden Sie Fragen und Antworten mit den Satzteilen. Achten Sie darauf, ob das Verb im **Präsens**, **Perfekt** oder **Futur** sein soll. Arbeiten Sie zu zweit.

Beispiel **der Regisseur / letztes Jahr / der Film über Freud / drehen wollen**
—Hat der Regisseur letztes Jahr den Film über Freud drehen wollen?
—Ich weiß nicht, ob er den Film hat drehen sollen.

1. der Musiker / das Lied / gestern / schneller / spielen wollen
2. der Liedermacher / mit dem Chor / im Jahre 2017 / singen dürfen
3. die Malerin / das Aquarell / letzten Herbst im Freien (*outdoors*) / malen können
4. der Schauspieler / dieses Jahr / im lustigen Film / erscheinen wollen
5. der Schriftsteller / werden / nächstes Jahr / einen neuen Roman / schreiben wollen
6. der Verleger / immer / auf das Urheberrecht / achten müssen

Practice more at **vhlcentral.com.**

Kommunikation

4 **Mein neuer Mitbewohner** Niklas und Felix werden nächstes Jahr zusammen in einer Wohnung wohnen. Sehen Sie sich die Bilder an. Erzählen Sie zu zweit, was die beiden Männer machen müssen/sollen/können, damit sie gut zusammen leben können. Erzählen Sie auch, was sie nicht machen dürfen oder sollten.

sich anpassen	**geduldig sein**
aufräumen	**realistisch sein**
sauber halten	**auf das Ästhetische mehr/weniger aufpassen**
trainieren	**Spaß am Leben haben**

Niklas

Felix

5  **Das Interview** Verwenden Sie die Verben aus der Liste zusammen mit Modalverben, um zu zweit Fragen und Antworten zu bilden.

Beispiel **mein Selbstporträt zeigen**

—Soll ich dir mein Selbstporträt zeigen?

—Oh ja! Das möchte ich gern sehen!

dürfen	**die Eltern oft anrufen**
können	**einen Film drehen**
müssen	**ein Lied komponieren**
sollen	**diese Woche eine Prüfung schreiben**
wollen	**jetzt einen Kaffee trinken**

6  **Ratgeber** Stellen Sie sich vor, Sie sind Ratgeber im Radio. Die Leute rufen Sie an, und Sie geben ihnen Rat. Übernehmen Sie die Rollen des Ratgebers und des Anrufers. Sprechen Sie über die Probleme unten oder erfinden Sie Ihre eigenen Probleme.

- Sie wollen Künstler werden, aber Ihre Eltern meinen, Sie sollen sich einen anderen Beruf suchen.
- Sie wissen nicht, ob Sie sich von Ihrem Freund/Ihrer Freundin trennen sollen.
- Sie wissen nicht, was Sie im Sommer machen wollen. Sie haben ein Jobangebot in einem Büro, aber Sie möchten gern nach Österreich fahren und Verwandte besuchen.

7   **Mein Film** Sie haben eine Idee für einen Film und möchten, dass Ihre Klasse den Film dreht. Schreiben Sie zuerst in Gruppen eine Zusammenfassung des Films, und stellen Sie ihn dann der Klasse vor. Überzeugen Sie Ihre Mitstudenten/Mitstudentinnen von Ihrer Idee. Vergessen Sie den Titel nicht, und verwenden Sie viele Modalverben.

5.2

Comparatives and superlatives

—*Ich werde dich vermissen, auch wenn ich dich **am liebsten** erst gar nicht wegfliegen lassen würde.*

- The comparative forms of adjectives and adverbs are used to indicate how similar or different two things are. To form comparatives in German, add **–er** to the adjective or adverb. For one-syllable adjectives and adverbs add an **Umlaut** to the stem vowels **a**, **o**, and **u** in the comparative forms.

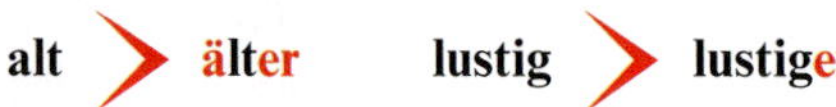

alt → **älter** **lustig** → **lustiger**

- In the comparative form of words ending in **–el** and **–er**, drop the **e** in the ending and add **–er** to the end of the word (**dunkel** → **dunkler**, **teuer** → **teurer**).

- Superlatives single out one thing from all others (the *best* book, her *oldest* child, etc.). To form the superlative of adverbs and predicate adjectives, use the word **am** and the ending **–sten**. For one-syllable words, add an Umlaut to the vowels **a**, **o**, and **u**. If a one-syllable word ends in **–t**, **–d, –s**, or **–z**, add the ending **–esten**.

Das Wetter ist **am kältesten** hier.
*The weather is the **coldest** here.*

Bens Aufsatz ist am realistisch**sten**.
*Ben's essay is the **most** realistic.*

Comparative/Superlative of one-syllable words		
kalt	kälter	am kältesten
groß	größer	am größten
jung	jünger	am jüngsten

- Comparatives of attributive adjectives use the definite or indefinite article plus the necessary adjective case endings according to the case of the noun being modified.

Lina liest einen tragischen Roman, aber Max liest **den** tragisch**sten** Roman.
*Lina is reading a tragic novel, but Max is reading **the most tragic** novel.*

Jürgen Vogel ist ein lustiger Schauspieler, aber Anke Engelke ist **eine** noch lustig**ere** Schauspielerin.
*Jürgen Vogel is a funny actor but Anke Engelke is **an** even **funnier** actress.*

- The superlative form of an attributive adjective is formed only with the *definite article* and the superlative ending **–(e)st–** plus the necessary adjective case endings.

Franz Kafka ist **der kreativste** Schriftsteller, den ich kenne.
*Franz Kafka is **the most creative** writer I know.*

ACHTUNG!

An adjective describes or modifies a noun, and an adverb modifies a verb. In English, adverbs usually end in *–ly*. In German, there is no difference between the two.

Der Mann ist langsam.
The man is slow.

Der Mann fährt langsam.
The man drives slowly.

ACHTUNG!

Although **gesund** is more than one syllable, it too adds an **Umlaut** in the comparative and superlative.

Die Kinder sind gesünder als ihre Eltern.
The children are healthier than their parents.

Dieser Mann ist am gesündesten.
This man is healthiest.

QUERVERWEIS

To review adjective endings, see **Strukturen 4.2, pp. 128–129** and **4.3, pp. 132–133.**

ACHTUNG!

To express the idea of *most*, use the definite article with **meisten**.

Die meisten Gemälde waren Aquarelle.
Most of the paintings were watercolors.

Die meisten Figuren im Roman sind frei erfunden.
Most characters in the novel are fictional.

- When you want to state an explicit comparison between two people or things, use the comparative form of the adverb or adjective with the word **als**.

Dieser Sänger singt **lauter als** der Chor.
*This singer sings **more loudly than** the chorus.*

Die Tageszeitung ist **kürzer als** die Wochenzeitung.
*The daily paper is **shorter than** the weekly paper.*

- To express a comparison of inferiority (*less . . . than*), use the phrase **weniger... als** with the adjective or adverb.

Die Handlung in seinen Romanen ist **weniger kompliziert als** die Entwicklung der Charaktere.
*The action in his novels is **less complicated than** the development of the characters.*

In meinen Gedichten ist der Reim **weniger wichtig als** der Sinn der Wörter.
*In my poems, rhyme is **less important than** the meaning of the words.*

- To express the idea that two things are equal, use the phrase **so... wie** with the adjective or adverb. To emphasize that they are very much alike, use **genau so... wie**.

Sie schreibt **so schön wie** er (schreibt).
*She writes **as beautifully as** he does.*

Die Skulptur ist **genau so realistisch wie** das Selbstporträt.
*The sculpture is **just as realistic as** the self-portrait.*

- The following adjectives and adverbs are irregular in the comparative and superlative forms.

Irregular comparative and superlative forms		
gern	**lieber**	**(am) liebsten**
gut	**besser**	**(am) besten**
hoch	**höher**	**(am) höchsten**
nah	**näher**	**(am) nächsten**
viel	**mehr**	**(am) meisten**

- The *absolute superlative* indicates an exceptionally high degree of a quality (*extremely* fast, *incredibly* stupid). To form the absolute superlative, add **–st** to the adjective or adverb; add an **Umlaut** to any words with **a**, **o**, or **u**; and add case endings as needed. The absolute superlatives **äußerst**, **längst**, and **höchst** are most frequently used as adverbs or to modify an adjective.

Die Schauspielerin tanzt **äußerst** gut.
*The actress dances **exceptionally** well.*

Es ist **längst** vorbei.
*It is **long** gone.*

Ihre Autobiographie war **höchst** interessant.
*Her autobiography was **extremely** interesting.*

Es ist **höchste Zeit**, neue Pinsel zu kaufen.
*It's **high time** we buy some new paintbrushes.*

ACHTUNG!

Mehr and **weniger** require no adjective endings. They can also be used with nouns to express *having more* or *less of something* than someone else has.

Er hat mehr Zeit als ich.
He has more time than I.

Der Maler hat weniger Farben zur Auswahl.
The painter has fewer paints to choose from.

5.3 *Da-* and *wo-*compounds; prepositional verb phrases

—*Sie sind so **damit** beschäftigt, durch die Straßen zu rennen, dass sie die Stadt nicht sehen.*

- In questions that begin with a question word and are answered with a prepositional phrase, German uses a **wo-**compound—the word **wo** combined with the appropriate preposition. **Wo-** and **da-**compounds are used only when the object of the preposition is a non-living thing.

Wovon redet Moritz?
***What** is Moritz talking **about**?*

Womit fährt Sarah nach Hause?
***How (With what)** is Sarah going home?*

- Questions made from prepositional verb phrases (phrases that couple a verb with a specific preposition, such as **handeln von** or **sprechen über**) also use **wo-**compounds. If the preposition starts with a vowel, the letter **r** is inserted before the preposition to make pronunciation easier.

Wovon handelt der Film?
***What** is the movie **about**?*

Worüber schreibt die Schriftstellerin?
***What** is the writer writing **about**?*

- **Da-**compounds are used to answer questions that begin with a **wo-**compound or as a concise way to refer back to something previously mentioned. **Da-**compounds are the equivalent of English phrases such as *with it, about it, from that, by that,* and so on.

Wo- and *da-*compounds	
an → Woran? Daran.	mit → Womit? Damit.
auf → Worauf? Darauf.	nach → Wonach? Danach.
aus → Woraus? Daraus.	über → Worüber? Darüber
bei → Wobei? Dabei.	um → Worum? Darum.
durch → Wodurch? Dadurch.	unter → Worunter? Darunter.
für → Wofür? Dafür.	von → Wovon? Davon.
gegen → Wogegen? Dagegen.	vor → Wovor? Davor.
in → Worin? Darin.	zu → Wozu? Dazu.

Worüber ärgert sich Max? Über die Geräusche?
***What** annoys Max? The noise?*

Ja, **darüber** ärgert er sich.
*Yes, **that's what** annoys him.*

- **Da-**compounds are also used in combination with adjectives that require a specific preposition.

Der Dramatiker ist **stolz darauf**, dass sein neues Stück erfolgreich ist.
*The playwright is **proud (of the fact)** that his new play is successful.*

Die Zuschauer sind **dankbar dafür**, dass die Aufführung hervorragend war.
*The audience is **thankful** that the performance was outstanding.*

ACHTUNG!

To form a question with genitive prepositions and the prepositions **außer**, **gegenüber**, **ohne**, and **seit,** use the question word **was**. Questions with these prepositions are rare and are generally used to ask the speaker to repeat something.

Ich bin ganz ohne Geld gefahren.
I went totally without money.

Ohne was bist du gefahren?
You went without what?

ACHTUNG!

If the object of the preposition in a prepositional verb phrase is an animate object (i.e. a person, an animal), use the preposition and the question word or the preposition and the pronoun in the appropriate case.

An wen denkt sie?
About whom is she thinking?

Sie denkt an den Schauspieler.
She is thinking about the actor.

Ach so, an ihn denkt sie.
Oh, she's thinking about him.

- The prepositions below combine with certain verbs to form prepositional verb phrases. **Durch**, **für**, **gegen**, **ohne**, and **um** will always signal an object in the accusative case, while **aus**, **bei**, **mit**, **nach**, **seit**, **von**, and **zu** always require a dative object. For other prepositions that form part of a verb phrase, case is shown in the table below. Note that the preposition **an** can require either an accusative or a dative object, depending on the verb phrase.

Some prepositional verb phrases		
an (+ Akk.)	**denken an** *to think about* **sich erinnern an** *to remember*	**sich gewöhnen an** *to get used to* **glauben an** *to believe in*
an (+ Dat.)	**arbeiten an** *to work on* **leiden an** *to suffer from* **sterben an** *to die of*	**teilnehmen an** *to participate in* **zweifeln an** *to doubt*
auf (+ Akk.)	**achten auf** *to pay attention to* **antworten auf** *to answer/to respond* **bestehen auf** *to insist on* **schwören auf** *to swear to*	**sich verlassen auf** *to depend on* **verzichten auf** *to do without* **sich vorbereiten auf** *to prepare (yourself) for* **warten auf** *to wait for*
aus (+ Dat.)	**bestehen aus** *to consist of*	**sich etwas machen aus** *to care about something*
bei (+ Dat.)	**bleiben bei** *to stay (at)*	**schwören bei** *to swear by*
für (+ Akk.)	**danken für** *to thank for* **sich entscheiden für** *to decide on* **halten für** *to consider; to take for*	**sich interessieren für** *to be interested in* **schwärmen für** *to be enthusiastic about* **sorgen für** *to take care of*
in (+ Akk.)	**sich verlieben in** *to fall in love with*	
mit (+ Dat.)	**aufhören mit** *to stop doing something* **sich begnügen mit** *to be content with*	**sich beschäftigen mit** *to be busy with* **sich verloben mit** *to become engaged to*
nach (+ Dat.)	**fragen nach** *to ask about* **riechen nach** *to smell of*	**sich sehnen nach** *to yearn for* **streben nach** *to strive for*
über (+ Akk.)	**sich beschweren über** *to complain about* **sich informieren über** *to find out about* **klagen über** *to complain about* **lachen über** *to laugh about*	**nachdenken über** *to ponder; to think about* **sprechen über** *to speak about* **streiten über** *to fight about* **sich wundern über** *to be amazed about*
um (+ Akk.)	**sich bewerben um** *to apply for* **bitten um** *to ask for* **gehen um** *to be about* **sich handeln um** *to have to do with*	**sich kümmern um** *to concern oneself with* **sich sorgen um** *to worry about* **streiten um** *to fight about*
von (+ Dat.)	**abhängen von** *to depend on* **halten von** *to think; to consider*	**handeln von** *to have to do with* **schwärmen von** *to be enthusiastic about*
vor (+ Dat.)	**sich fürchten vor** *to fear* **schützen vor** *to protect from*	**warnen vor** *to warn*

ACHTUNG!

The preposition used in a German verb phrase does not always correspond to its English equivalent.

Ich interessiere mich *für* Kunst.
*I am interested **in** art.*

QUERVERWEIS

To review the dative and accusative with prepositions, see **Strukturen 2.2, pp. 54–55.**

Synthese

Fragen Beantworten Sie in Gruppen die Fragen.

1. Woran denken Sie, wenn Sie dieses Kunstwerk sehen?
2. Was kann der Künstler damit gemeint haben?
3. Was halten Sie davon?
4. Können Sie es mit mehreren Adjektiven beschreiben?
5. Würden Sie es kaufen, wenn Sie das Geld dazu hätten? Warum/warum nicht?

Kommunikationsstrategien

Wenn Sie Kunst beschreiben, erzählen Sie:

- was für Kunst das ist: eine Skulptur, ein Gemälde, ein Aquarell, eine Fotografie, ein Gebäude
- was der Künstler benutzt: Aquarellfarben, Ölfarben, Pinsel, Ton, Stifte, Metall, Bronze
- welche Art von Kunst es ist: klassisch, modern, zeitgenössisch, surrealistisch, avantgardistisch

2

Aufsatz Wählen Sie ein Thema aus und schreiben Sie einen Aufsatz von einer Seite darüber. Verwenden Sie Modalverben, Komparativ- und Superlativformen, da- und wo-Konstruktionen und Verben mit Präpositionen.

- Vor der Wiener Staatsoper soll eine moderne Skulptur aufgestellt werden (*be erected*). Sie sind dagegen und schreiben einen Brief an den Museumsdirektor. Erklären Sie darin Ihre Einstellung (*view*).

- Suchen Sie sich ein Gemälde von einem der folgenden Künstler aus: Gustav Klimt, Ferdinand Georg Waldmüller, Egon Schiele, Olga Wisinger-Florian, Hans Makart, Friedensreich Hundertwasser. Schreiben Sie einen Brief, worin Sie Ihre Universität davon überzeugen (*convince*), dieses berühmte Bild zu kaufen.

- Schreiben Sie eine Reaktion auf diese Aussage: Kunst in dieser Zeit zu fördern (*promote*), wo wir noch Armut (*poverty*) und Arbeitslosigkeit haben, ist unrealistisch.

Practice more at **vhlcentral.com.**

Vorbereitung

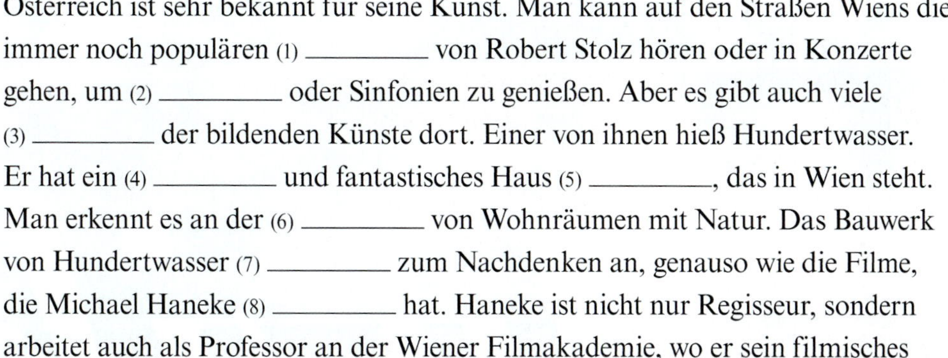

Wortschatz der Lektüre

die Auferstehung, -en *resurrection*
der Kapellmeister, -/die Kapellmeisterin, -nen *director of music*
kreieren *to create*
der Schlager, - *hit (music)*
mit Text unterlegen *to set words to a tune*
die Verknüpfung, -en *combination*
vermitteln *to convey*
der Vertreter, - *representative*

Nützlicher Wortschatz

anregen *to prompt; to stimulate*
die Beherrschung *mastery*
entwerfen *to design*
die Kammermusik *chamber music*
ungewöhnlich *unusual*

1

Wiener Künstler Schreiben Sie die richtigen Wörter in die Lücken.

Österreich ist sehr bekannt für seine Kunst. Man kann auf den Straßen Wiens die immer noch populären (1) __________ von Robert Stolz hören oder in Konzerte gehen, um (2) __________ oder Sinfonien zu genießen. Aber es gibt auch viele (3) __________ der bildenden Künste dort. Einer von ihnen hieß Hundertwasser. Er hat ein (4) __________ und fantastisches Haus (5) __________, das in Wien steht. Man erkennt es an der (6) __________ von Wohnräumen mit Natur. Das Bauwerk von Hundertwasser (7) __________ zum Nachdenken an, genauso wie die Filme, die Michael Haneke (8) __________ hat. Haneke ist nicht nur Regisseur, sondern arbeitet auch als Professor an der Wiener Filmakademie, wo er sein filmisches Können und Wissen an Studenten (9) __________.

2

Musik in Ihrem Leben Stellen Sie einander die folgenden Fragen.

1. Was für Musik hörst du gern und warum?
2. Was für Musik hören deine Eltern und deine Freunde?
3. Wer hat deinen Musikgeschmack beeinflusst?
4. Glaubst du, dass man etwas über das Leben eines Sängers/einer Sängerin wissen muss, um seine/ihre Musik verstehen zu können? Warum/warum nicht?
5. Warst du schon in klassischen oder anderen Konzerten? Wie war das? Was hat dir besonders gefallen? Was nicht so sehr?

3

Ein klassisches Konzert Beantworten Sie in Gruppen die Fragen zu dem Bild.

1. Was für ein Konzert wird hier wohl gespielt?
2. Beschreiben Sie die Musiker. Was tragen sie?
3. Was für Instrumente spielen sie? Ist es ein volles Orchester?
4. Wie sind die Zuhörer gekleidet?
5. Haben Sie Lust, in solch ein Konzert zu gehen? Warum/warum nicht?

Kulturanmerkung

Friedensreich Hundertwasser (1928–2000) und **Michael Haneke** sind zwei zeitgenössische° Künstler, die auch über die österreichischen Grenzen hinaus sehr bekannt sind. Das Hundertwasserhaus in Wien ist eine der größten Attraktionen der Stadt. Es ist bunt und ungewöhnlich und üppig° bewachsen. Michael Haneke ist ein preisgekrönter Regisseur. Er will mit seinen Filmen (z.B. *Amour*, 2012; *Das weiße Band*, 2009) die Zuschauer irritieren° und zum Nachdenken anregen. Seit 2002 gibt er als Professor für Regie an der Wiener Filmakademie sein Wissen und seine Philosophie auch an Student(inn)en weiter.

zeitgenössische *contemporary* **üppig** *lush* **irritieren** *confuse*

Musik Musik

Musik

Man kann eine andere Art von Reise durch Österreich machen – eine Reise mit den Ohren, durch die schallenden° Musikwelten des Landes. Auf dem Weg trifft man auf brillante Komponisten und epochale Werke. In die klassische Periode fallen Namen wie Joseph Haydn und Wolfgang Amadeus Mozart. Haydn hat von 1732 bis 1809 gelebt und die meiste Zeit seines Lebens als Kapellmeister auf dem Landsitz° der reichen Familie Eszterházy verbracht°. Mozart (1756–1791) lebte hauptsächlich in Wien und gilt° als musikalisches Wunderkind. Beide Komponisten sind führende° Vertreter der Wiener Klassik, einem Musikstil, der in der zweiten Hälfte des 18. Jahrhunderts hauptsächlich in Wien aufgekommen ist. Bezeichnend° daran war die Vielfalt sowohl der Kompositionsarten als auch der Verarbeitung° von musikalischen Motiven und Themen. Haydn komponierte 1797 für Kaiser Franz II. die Kaiserhymne. Diese Melodie hat August Heinrich Hoffmann von Fallersleben 1841 mit einem neuen Text unterlegt, woraus dann das Deutschlandlied wurde, dessen dritte Strophe noch heute die deutsche Nationalhymne ist.

Von der Klassik kommen wir mit Franz Schubert (1797–1828) in die Zeit der Romantik. Diese musikalische Epoche zeichnet sich vor allem durch ihre Verarbeitung von literarischen Themen aus. So entstandenen durch die Vertonung° von romantischer Dichtung neue Bühnenwerke wie Sinfonien, Operetten oder das Ballett. Diese Art der Verknüpfung von Kunstformen wird in Schuberts musikalischer Interpretation des Goethe-Gedichtes „Erlkönig“ sehr deutlich. Schubert passt die Musik dem Text an°, und der Zuhörer kann sich durch die Klaviermusik das Galoppieren des Pferdes bildlich vorstellen. Der sehr produktive Komponist hat auch in Wien gewohnt und in seinem kurzen Leben 998 Werke geschaffen: 7 Messen, 9 Sinfonien und 606 Lieder.

Gustav Mahler (1860–1911) hat seine Sinfonien im romantischen Stil komponiert und in den 5 *Kindertotenliedern* (1901–1904), basierend auf Gedichten von Rückert, eine einzigartige° Verbindung von Text und Ton geschaffen, in dem die spätromantischen Lieder eine Mischung° der Gefühle von Angst, fantasievoller Auferstehung der Kinder und Resignation spiegeln, um dann im letzten Lied eine Stimmung von Transzendenz zu vermitteln.

Ganz andere Musik hat Johann Strauß (Sohn) (1825–1899) kreiert. Strauß' Vater, der auch Komponist war, wollte, dass der Sohn Bankier wird, nicht Musiker. Der junge Johann musste insgeheim Geige üben° und wurde bestraft°, als der Vater ihn dabei ertappte°. Er ließ sich aber nicht vom Musizieren abhalten° und ist später in die Musikgeschichte als der Walzerkönig eingegangen.

Der Komponist, Maler und Dichter Arnold Schönberg wurde 1874 in Wien geboren und starb 1951 in Los Angeles. Er entwickelte 1921 seine „Methode des Komponierens mit zwölf nur aufeinander bezogenen° Tönen“, die als „Zwölftonmusik“ bekannt geworden ist°.

Auf der leichteren Seite befindet sich Robert Stolz (1880–1975), der über 60 Operetten, zahlreiche Filmmusiken, Schlager, eine einaktige° Oper und einen Liederzyklus° in E-Musik geschrieben und komponiert hat. Seine Musik ist noch heute bekannt und beliebt.

Jetzt bleibt uns bei unserer Ohrenreise nur noch eine Aufgabe: Zuhören. ■

echoing · *country estate* · *spent* · *is considered* · *leading* · *Significantly* · *processing* · *setting* · *adapts the music to the text* · *unique* · *combination* · *secretly practice violin/punished* · *caught* · *hinder* · *related to* · *became known* · *one-act* · *cycle of songs*

Der Musikverein…

in Wien ist einmalig° und für Musikfreunde auf der ganzen Welt gleichbedeutend° mit erstklassigen Konzerten. Der klangvolle° Name bezeichnet sowohl das Gebäude am Karlsplatz in Wien als auch die Gesellschaft der Musikfreunde, der dieses Haus gehört. Und ganz besonders bekannt ist er für seine Neujahrskonzerte, die in die ganze Welt ausgestrahlt werden.

einmalig *unique* **gleichbedeutend** *synonymous* **klangvolle** *sounding*

Analyse

1 

Stimmt das? Entscheiden Sie zu zweit, ob die folgenden Aussagen **richtig** oder **falsch** sind. Korrigieren Sie dann die falschen.

Richtig	Falsch	
☐	☐	1. Mozart und Haydn lebten im 20. Jahrhundert.
☐	☐	2. Haydn komponierte die Kaiserhymne für Kaiser Franz II.
☐	☐	3. In der Romantik findet man eine Verbindung von Musik und literarischen Motiven.
☐	☐	4. Schubert hat nicht viele Werke komponiert.
☐	☐	5. Johann Strauß (Sohn) entwickelte die Zwölftonmusik.
☐	☐	6. Robert Stolz schrieb Operetten, Filmmusik und Schlager.

KULTURANMERKUNG

Falco (1957–1998) hieß mit bürgerlichem Namen Johann Hölzel und war einer der erfolgreichsten österreichischer Musiker. Seine Single „*Rock me Amadeus*" schaffte es sogar auf Platz 1 in den US-amerikanischen Charts. Insgesamt° verkaufte er mehr als 60 Millionen Platten. Auch nach seinem Tod bleibt er für seine Fans in Österreich und der ganzen Welt als musikalische Legende unvergessen.

Insgesamt *Overall*

2 **Zitate** Besprechen Sie in Gruppen, was die Künstler mit den folgenden Aussprüchen (*sayings*) wohl gemeint haben.

Musik darf das Ohr nie beleidigen, sondern muss es vergnügen. (Wolfgang Amadeus Mozart)

Man muss die Menschen nehmen, wie sie sind, nicht wie sie sein sollten. (Franz Schubert)

Glücklich ist, wer vergisst, was nicht mehr zu ändern ist. (Johann Strauß (Sohn))

In Österreich wird jeder das, was er nicht ist. (Gustav Mahler)

Es bleibt einem im Leben nur das, was man verschenkt hat. (Robert Stolz)

Schau, ich habe das Wort Dekadenz recherchiert, und habe also ungefähr 200 Freunde befragt, was ihnen dazu einfällt… und keiner von den 200 hat dasselbe gesagt. Aber immer hat es irgendwie a bisserl was mit mir zu tun gehabt. (Falco)

3 **Eine Reise in die Vergangenheit** Stellen Sie sich vor, Sie interviewen einen Künstler, Autor, Musiker oder Komponisten aus der Vergangenheit. Entscheiden Sie zu zweit, wen Sie interviewen wollen und stellen Sie einen Fragenkatalog zusammen. Spielen Sie dann das Interview in verteilten Rollen der Klasse vor.

4 **Was gefällt dir, was nicht?** Jede(r) wählt ein Kunstwerk, eine Komposition oder ein literarisches Werk, das er/sie entweder sehr oder überhaupt nicht mag, beschreibt es der Gruppe und begründet sein/ihr Urteil.

- der Stil
- die Epoche
- das Kunstwerk, die Komposition, das literarische Werk
- die Themen

 Practice more at **vhlcentral.com.**

Vorbereitung

Über den Schriftsteller

Gottfried Ephraim Lessing (1729–1781) war ein deutscher Dichter der Aufklärung (*enlightenment*). Er wurde in Sachsen geboren, studierte in Leipzig Theologie und Medizin und arbeitete später in Breslau und Hamburg am Theater. Lessing beschäftigten die Standesschranken (*stratification*) innerhalb der Gesellschaft und besonders das Unrecht, das Frauen aus unteren Schichten von Adligen angetan wurde. Sein bekanntestes Drama *Nathan der Weise* behandelt die Themen Toleranz und Glaubensfreiheit (*religious freedom*).

Wortschatz des Dramas

der Auftrag *commission*
befehlen *to order*
die Gräfin *countess*
höhnisch *sneering*
die Lust *pleasure*
die Quittung *receipt*
schmeicheln *to flatter*
spotten *to mock*
das Trauerspiel *tragedy*
verwandeln *to change*
vorzüglich *exquisite*
zufrieden sein *to be content*

Nützlicher Wortschatz

das Abo(nnement) *subscription*
der Anlass *occasion*
der Hof *court*
die Kammerspiele (*n., pl.*) *intimate/small theater*
die Komödie *comedy*
das Schauspiel *play*
schwärmen… für *to adore*
verführen *to seduce*

1 **Definitionen** Verbinden Sie die Satzteile.

_____ 1. Wenn man sich über jemanden lustig macht, …
_____ 2. Wenn man etwas bezahlt hat, bekommt man…
_____ 3. Hier regieren die Adligen (*nobles*): …
_____ 4. Wenn man immer ins Theater geht, braucht man…
_____ 5. Wenn man alles hat, was man braucht, ist man…

a. eine Quittung
b. am Hof
c. zufrieden
d. ein Abo
e. spottet man

2 **Vorbereitung** Schreiben Sie die passenden Wörter in die Lücken.

Kammerspielen	Schauspiele	schwärmt
Komödien	Trauerspiele	verführen

Im deutschen Theater gibt es meistens ein Großes Haus für Musiktheater, und in den (1) ________ werden (2) ________ aufgeführt. Dramen sind lustig, also (3) ________, oder tragisch, also (4) ________. In dem Stück *Emilia Galotti* versucht ein Prinz, eine junge Frau zu (5) ________, für die er schon lange (6) ________.

3 **Gespräch** Besprechen Sie in Gruppen die folgenden Fragen.

1. Haben Sie schon einmal für jemanden geschwärmt? Wer war das?
2. Hatten oder haben Sie Poster von Ihren „Stars" in Ihrem Zimmer? Beschreiben Sie sie!
3. Kennen Sie jemanden, der ein Abonnement für ein Theater hat? Wohin geht diese Person, wie oft geht sie ins Theater und warum hat sie ein Abo?

Practice more at **vhlcentral.com.**

KULTURANMERKUNG

Die Aufklärung

Immanuel Kant (1724–1804) hat in seinem Aufsatz „Was ist Aufklärung" (1784) gesagt, dass Aufklärung „der Ausgang des Menschen aus seiner selbstverschuldeten° Unmündigkeit°" ist. Unmündigkeit bedeutet, dass man nicht für sich selbst denkt, sondern immer so handelt, wie andere es wollen. Gemeint waren damit besonders die Herrscher eines Staates. Seit der Aufklärung suchen die Menschen nach neuen Erkenntnissen° in Bezug auf Wissenschaften, Gesellschaft, Politik und Religion. Sie wollen ihre Welt durch Vernunft, Fakten und Argumente erklären und sich nicht mehr von Irrtümern oder Aberglauben° leiten lassen.

selbstverschuldeten *self-inflicted*
Unmündigkeit *immaturity*
Erkenntnissen *insights*
Aberglauben *superstition*

Emilia Galotti

von Gotthold Ephraim Lessing

Karl Joseph Begas (1794–1854). Wilhelmine Begas, die Frau des Künstlers. 1828.

Kurze Zusammenfassung des Dramas

Emilia Galotti ist mit dem Grafen Appiani verlobt, aber auch der Prinz ist in sie verliebt und plant einen Überfall auf Emilias Kutsche. Bei diesem Übefall wird Graf Appiani getötet und Emilia fällt in die Hände des Prinzen. Sie bittet ihren Vater, sie zu töten, weil sie befürchtet, den Versuchungen des Prinzen zu erliegen.

Der folgende Auszug spielt in einem Zimmer des Prinzen. Der Prinz ist dabei, seine Korrespondenz zu beantworten, als der Maler Conti zu einer Audienz erscheint.

Personen: Der Maler Conti, Prinz

Zweiter Auftritt

Conti Der Prinz.

Der Prinz Guten Morgen, Conti. Wie leben Sie? Was macht die Kunst?

Conti Prinz, die Kunst geht nach Brot.

Der Prinz Das muß sie nicht; das soll sie nicht, – in meinem kleinen Gebiete gewiß nicht – Aber der Künstler muß auch arbeiten wollen.

Conti Arbeiten? Das ist seine Lust. Nur zu viel arbeiten müssen, kann ihn um den Namen Künstler bringen.

Der Prinz Ich meine nicht vieles, sondern viel; ein weniges; aber mit Fleiß. – Sie kommen doch nicht leer, Conti?

Conti Ich bringe das Porträt, welches Sie mir befohlen haben, gnädiger Herr. Und bringe noch eines, welches Sie mir nicht befohlen: aber weil es gesehen zu werden verdient –

Der Prinz Jenes ist? – Kann ich mich doch kaum erinnern –

Conti Die Gräfin Orsina.

Der Prinz Wahr! – Der Auftrag ist nur ein wenig von lange her.

Conti Unsere schönen Damen sind nicht alle Tage zum malen. Die Gräfin hat, seit drei Monaten, gerade einmal sich entschließen können, zu sitzen.

Der Prinz Wo sind die Stücke?

Conti In dem Vorzimmer°, ich hole sie.

ante chamber

Dritter Auftritt

Der Prinz Ihr Bild! – mag! – Ihr Bild, ist sie doch nicht selber. – Und vielleicht find' ich in dem Bilde wieder, was ich in der Person nicht mehr erblicke°. – Ich will es aber nicht wiederfinden. – Der beschwerliche Maler! Ich glaube gar, sie hat ihn bestochen°. – Wär' es auch! Wenn ihr ein anderes Bild, das mit andern Farben, auf einen andern Grund° gemalet ist, – in meinem Herzen wieder Platz machen will: – Wahrlich, ich glaube, ich wär' es zufrieden. Als ich dort liebte, war ich immer so leicht, so fröhlich, so ausgelassen°. – Nun bin ich von allem das Gegenteil. – Doch nein; nein, nein! Behäglicher°, oder nicht behäglicher: ich bin so besser.

saw · *bribed* · *background* · *boisteroursly* · *more comfortbale*

Vierter Auftritt

(Der Prinz, Conti mit den Gemälden, wovon er das eine verwandt gegen einen Stuhl lehnet.)

Conti (indem er das andere zurechtstellet) Ich bitte, Prinz, daß Sie die Schranken° unserer Kunst erwägen° wollen. Vieles von dem Anzüglichsten° der Schönheit liegt ganz außer den Grenzen derselben. – Treten Sie so! –

limits · *consider* · *most attractive*

Der Prinz (nach einer kurzen Betrachtung) Vortrefflich, Conti; – ganz vortrefflich! – Das gilt Ihrer Kunst, Ihrem Pinsel. – Aber geschmeichelt, Conti; ganz unendlich geschmeichelt!

„— Was macht die Kunst? – Die Kunst geht nach Brot – Das muß sie nicht, das soll sie nicht."

Conti Das Original schien dieser Meinung nicht zu sein. Auch ist es in der Tat nicht mehr geschmeichelt, als die Kunst schmeicheln muß. Die Kunst muß malen, wie sich die plastische Natur, – wenn es eine gibt – das Bild dachte: ohne den Abfall, welchen der widerstrebende° Stoff unvermeidlich macht; ohne den Verderb°, mit welchem die Zeit dagegen ankämpfet.

reluctant · *deterioration*

Der Prinz Der denkende Künstler ist noch eins soviel wert. – Aber das Original, sagen Sie, fand demungeachtet° –

regardless of that

Conti Verzeihen Sie, Prinz. Das Original ist eine Person, die meine Ehrerbietung° fodert. Ich habe nichts Nachteiliges von ihr äußern wollen.

deference

Der Prinz Soviel als Ihnen beliebt! – Und was sagte das Original?

Conti Ich bin zufrieden, sagte die Gräfin, wenn ich nicht häßlicher aussehe.

Der Prinz Nicht häßlicher? – O das wahre Original!

Conti Und mit einer Miene sagte sie das – von der freilich dieses ihr Bild keine Spur, keinen Verdacht zeiget.

Der Prinz Das meint' ich ja; das ist es eben, worin ich die unendliche Schmeichelei finde. – Oh! ich kenne sie, jene stolze höhnische Miene, die auch das Gesicht einer Grazie entstellen° würde! – Ich leugne° nicht, daß ein schöner Mund, der sich ein wenig spöttisch verziehet, nicht selten um so viel schöner ist. Aber, wohl gemerkt, ein wenig: die Verziehung° muß nicht bis zur Grimasse gehen, wie bei dieser Gräfin. Und Augen müssen über den wollüstigen° Spötter die Aufsicht führen, – Augen, wie sie die gute Gräfin nun gerade gar nicht hat. Auch nicht einmal hier im Bilde hat.

entstellen: distort; leugne: deny; Verziehung: distortion; wollüstigen: lascivious

Conti Gnädiger Herr, ich bin äußerst betroffen° –

betroffen: emotionally moved

Der Prinz Und worüber? Alles, was die Kunst aus den großen, hervorragenden, stieren°, starren Medusenaugen der Gräfin Gutes machen kann, das haben Sie, Conti, redlich daraus gemacht. – Redlich°, sag ich? – Nicht so redlich, wäre redlicher. Denn sagen Sie selbst, Conti, läßt sich aus diesem Bilde wohl der Charakter der Person schließen? Und das sollte doch. Stolz haben Sie in Würde, Hohn in Lächeln, Ansatz zu trübsinniger Schwärmerei° in sanfte Schwermut verwandelt.

stieren: goggle; Redlich: Honest; Schwärmerei: puppy love

Conti (etwas ärgerlich) Ah, mein Prinz – wir Maler rechnen darauf, daß das fertige Bild den Liebhaber noch ebenso warm findet, als warm er es bestellte. Wir malen mit Augen der Liebe: und Augen der Liebe müßten uns auch nur beurteilen.

Der Prinz Je nun, Conti; – warum kamen Sie nicht einen Monat früher damit? – Setzen Sie weg. – Was ist das andere Stück?

Conti (indem er es holt, und noch verkehrt in der Hand hält) Auch ein weibliches Porträt.

Der Prinz So möcht' ich es bald – lieber gar nicht sehen. Denn dem Ideal hier, (mit dem Finger auf die Stirne) – oder vielmehr hier, (mit dem Finger auf das Herz) kömmt es doch nicht bei. – Ich wünschte, Conti, Ihre Kunst in andern Vorwürfen° zu bewundern.

Vorwürfen: (Entwürfen) designs

Conti Eine bewundernswürdigere Kunst gibt es, aber sicherlich keinen bewundernswürdigern Gegenstand, als diesen.

Der Prinz So wett ich, Conti, daß es des Künstlers eigene Gebieterin ist. – (indem der Maler das Bild umwendet) Was seh' ich? Ihr Werk, Conti? oder das Werk meiner Phantasie? – Emilia Galotti!

Conti Wie, mein Prinz? Sie kennen diesen Engel?

Der Prinz (indem er sich zu fassen sucht, aber ohne ein Auge von dem Bilde zu verwenden) So halb! – um sie eben wieder zu kennen. – Es ist einige Wochen her, als ich sie mit ihrer Mutter in einer Vegghia traf. – Nachher ist sie mir nur an heiligen Stätten° wieder vorgekommen, – wo das Angaffen° sich weniger ziemet°. – Auch kenn' ich ihren Vater. Er ist mein Freund nicht. Er war es, der sich meinen Ansprüchen auf Sabionetta am meisten widersetzte. – Ein alter Degen°; stolz und rauh; sonst bieder und gut! –

Stätten: locations; Angaffen/ziemet: gawking/befits; Degen: old guy; veteran

> „Ha! daß wir nicht unmittelbar mit den Augen malen! Auf dem langen Wege, aus dem Auge durch den Arm in den Pinsel, wieviel geht da verloren!"

Conti Der Vater! Aber hier haben wir seine Tochter. –

Der Prinz Bei Gott! wie aus dem Spiegel gestohlen! (noch immer die Augen auf das Bild geheftet) Oh, Sie wissen es ja wohl, Conti, daß man den Künstler dann erst recht lobt, wenn man über sein Werk sein Lob vergißt.

Conti Gleichwohl° hat mich dieses noch sehr unzufrieden mit mir gelassen. – Und doch bin ich wiederum sehr zufrieden mit meiner Unzufriedenheit mit mir selbst. – Ha! daß wir nicht unmittelbar mit den Augen malen! Auf dem langen Wege, aus dem Auge durch den Arm in den Pinsel, wieviel geht da verloren! – Aber, wie ich sage, daß ich es weiß, was hier verloren gegangen, und wie es verloren gegangen, und warum es verloren gehen müssen: darauf bin ich ebenso stolz,

Gleichwohl: Nonetheless

und stolzer, als ich auf alles das bin, was ich nicht verloren gehen lassen. Denn aus jenem erkenne ich, mehr als aus diesen, daß ich wirklich ein großer Maler bin; daß es aber meine Hand nur nicht immer ist. – Oder meinen Sie, Prinz, daß Raffael nicht das größte malerische Genie gewesen wäre, wenn er unglücklicherweise ohne Hände wäre geboren worden? Meinen Sie, Prinz?

Der Prinz (indem er nur eben von dem Bilde wegblickt) Was sagen Sie, Conti? Was wollen Sie wissen?

Conti O nichts, nichts! – Plauderei°! Ihre Seele, merk' ich, war ganz in Ihren Augen. Ich liebe solche Seelen und solche Augen.

chat

Der Prinz (mit einer erzwungenen Kälte) Also, Conti, rechnen Sie doch wirklich Emilia Galotti mit zu den vorzüglichsten Schönheiten unserer Stadt?

Conti Also? mit? mit zu den vorzüglichsten? und den vorzüglichsten unserer Stadt? – Sie spotten meiner, Prinz. Oder Sie sahen die ganze Zeit ebensowenig, als Sie hörten.

Der Prinz Lieber Conti, – (die Augen wieder auf das Bild gerichtet) wie darf unsereiner seinen Augen trauen? Eigentlich weiß doch nur allein ein Maler von der Schönheit zu urteilen.

Conti Und eines jeden Empfindung sollte erst auf den Ausspruch eines Malers warten? – Ins Kloster° mit dem, der es von uns lernen will, was schön ist! Aber das muß ich Ihnen doch als Maler sagen, mein Prinz: eine von den größten Glückseligkeiten meines Lebens ist es, daß Emilia Galotti mir gesessen. Dieser Kopf, dieses Antlitz°, diese Stirne, diese Augen, diese Nase, dieser Mund, dieses Kinn, dieser Hals, diese Brust, dieser Wuchs, dieser ganze Bau, sind, von der Zeit an, mein einziges Studium der weiblichen Schönheit. – Die Schilderei selbst, wovor sie gesessen, hat ihr abwesender Vater bekommen. Aber diese Kopie –

monastery / *face*

Der Prinz (der sich schnell gegen ihn kehret) Nun, Conti? ist doch nicht schon versagt°?

given away

Conti Ist für Sie, Prinz; wenn Sie Geschmack daran finden.

Der Prinz Geschmack! – (lächelnd) Dieses Ihr Studium der weiblichen Schönheit, Conti, wie könnt' ich besser tun, als es auch zu dem meinigen zu machen? – Dort, jenes Porträt nehmen Sie nur wieder mit, – einen Rahmen darum zu bestellen.

Conti Wohl!

Der Prinz So schön, so reich, als ihn der Schnitzer° nur machen kann. Es soll in der Galerie aufgestellet werden. – Aber dieses bleibt hier. Mit einem Studio macht man soviel Umstände nicht: auch läßt man das nicht aufhängen, sondern hat es gern bei der Hand. – Ich danke Ihnen, Conti; ich danke Ihnen recht sehr. – Und wie gesagt; in meinem Gebiete soll die Kunst nicht nach Brot gehen; – bis ich selbst keines habe. – Schicken Sie, Conti, zu meinem Schatzmeister, und lassen Sie, auf Ihre Quittung, für beide Porträte sich bezahlen, – was Sie wollen. Soviel Sie wollen, Conti.

wood carver

Conti Sollte ich doch nun bald fürchten, Prinz, daß Sie so, noch etwas anders belohnen wollen als die Kunst.

Der Prinz O des eifersüchtigen Künstlers! Nicht doch! – Hören Sie, Conti; soviel Sie wollen. (Conti geht ab.)

Fünfter Auftritt

Der Prinz Soviel er will! – (gegen das Bild) Dich hab' ich für jeden Preis noch zu wohlfeil°. – Ah! schönes Werk der Kunst, ist es wahr, daß ich dich besitze? – Wer dich auch besäße, schönres Meisterstück der Natur! – Was Sie dafür wollen, ehrliche Mutter! Was du willst, alter Murrkopf! Fodre nur! Fodert nur! – Am liebsten kauft' ich dich, Zauberin, von dir selbst! – Dieses Auge voll Liebreiz° und Bescheidenheit°! Dieser Mund! – Und wenn er sich zum Reden öffnet! wenn er lächelt! Dieser Mund! – Ich höre kommen. – Noch bin ich mit dir zu neidisch. (indem er das Bild gegen die Wand drehet) Es wird Marinelli sein. Hätt' ich ihn doch nicht rufen lassen! Was für einen Morgen könnt' ich haben! ■

inexpensive / *charm/modesty*

Analyse

1

Richtig oder falsch? **Bestimmen Sie, ob die folgenden Aussagen richtig oder falsch sind. Korrigieren Sie die falschen Aussagen.**

Richtig	Falsch	
☐	☐	1. Conti bringt dem Prinzen zwei Porträts.
☐	☐	2. Der Prinz ist immer noch in die Gräfin Orsina verliebt.
☐	☐	3. Conti meint, die Kunst muss dem Objekt schmeicheln.
☐	☐	4. Der Prinz erkennt die Frau auf dem zweiten Porträt nicht.
☐	☐	5. Conti würde am liebsten direkt mit den Augen malen, nicht mit einem Pinsel.
☐	☐	6. Der Prinz möchte nicht, dass das Porträt von Emilia Galotti gerahmt wird.

2

Synthese **Bestimmen Sie, welcher Absatz die Meinung des Prinzen oder des Malers am besten beschreibt.**

1. Der Prinz ist von beiden Porträts, die Conti ihm zeigt, gleichermaßen (*equally*) beeindruckt, weil er beide Frauen liebt bzw. geliebt hat, und deshalb kann er sich nicht entscheiden, welches Bild er behalten möchte.
2. Conti ist mit sich zugleich zufrieden und unzufrieden, wenn er Emilias Porträt ansieht. Sie ist so schön, dass er sich wünscht, er könnte direkt mit den Augen malen und bräuchte nicht den Pinsel zu Hilfe nehmen.
3. Sowohl der Prinz als auch Conti finden das Bild von der Gräfin besser als das von Emilia.

3

Interpretation **Verbinden Sie die richtigen Satzteile zu vollständigen Sätzen.**

1. Conti meint, dass ein Künstler...
   a. immer arbeiten muss, um berühmt zu werden.
   b. seinen Namen als Künstler verlieren kann, wenn er zu viel arbeitet.
   c. nur arbeitet, wenn er dazu Lust hat.
2. Der Prinz...
   a. war glücklich, als er in seinem Herzen liebte.
   b. will seine Liebe zu Orsina durch das Bild wiederfinden.
   c. fühlt sich jetzt besser als jemals zuvor.
3. Die Gräfin Orsina ...
   a. ist begeistert von dem Bild, das Conti von ihr gemalt hat.
   b. findet, dass Conti ihr geschmeichelt hat.
   c. ist zufrieden, wenn sie selbst nicht hässlicher aussieht als das Porträt.
4. Conti ist glücklich, dass er Emilia malen konnte, ...
   a. weil er jetzt so bekannt werden wird wie Raffael.
   b. weil er sie für die vorzüglichste Schönheit seiner Stadt hält.
   c. weil Menschen nur durch Gemälde erfahren können, wie schön Menschen sind.
5. Der Prinz...
   a. will das Porträt von Emilia selbst rahmen lassen.
   b. kauft nur das Bild von Gräfin Orsina.
   c. sagt zu Conti, dass er sich vom Schatzmeister (*treasurer*) für beide Porträts so viel Geld geben lassen soll, wie er haben will.

4 **Die Figuren** Entscheiden Sie, wer mit den folgenden Aussagen gemeint ist. Besprechen Sie dann Ihre Antworten miteinander.

	Der Prinz	Conti
1. Er hat vergessen, dass er ein Porträt in Auftrag gegeben hat.	☐	☐
2. Er bringt gleich zwei Bilder.	☐	☐
3. Er lobt das Bild, das er sieht.	☐	☐
4. Er kennt die Frau auf dem Bild von ihren guten und schlechten Seiten.	☐	☐
5. Er meint, nur die Augen der Liebe sollten Bilder beurteilen.	☐	☐
6. Er glaubt, dass ein Bild so schön sein kann, wie das Ideal, das man im Kopf bzw. im Herzen trägt.	☐	☐
7. Er meint, dass bei Kunstwerken immer etwas verloren geht.	☐	☐
8. Er meint, das Bild sei von nun an sein einziges Studium weiblicher Schönheit.	☐	☐

5 **Ihre Meinung** Besprechen Sie zu zweit die folgenden Fragen.

1. Warum, glauben Sie, zeigt Conti dem Prinzen zwei Gemälde, obwohl der nur eins beauftragt hatte?
2. Auf Deutsch sagt man: „Schön ist, was gefällt" oder auch „Schönheit liegt im Auge des Betrachters". Glauben Sie, dass diese Aussage auf die Bilder zutrifft, die Conti gemalt hat? Warum/warum nicht?
3. Wie würden Sie sich fühlen, wenn Sie wüssten, dass jemand, den Sie nicht kennen, ein Bild (Foto) von Ihnen gemacht hat und es verliebt betrachtet?
4. Gefallen Ihnen Bilder/Fotos, die von Ihnen gemacht worden sind? Welche gefallen Ihnen, welche nicht? Warum?

6 **Ein Kunstwerk** Wählen sie in Gruppen ein Gemälde oder eine Skulptur aus. Besprechen Sie dieses Kunstwerk dann unter Berücksichtigung (*consideration*) der folgenden Fragen.

- Um was für ein Kunstwerk handelt es sich? Ist es modern/alt/abstrakt?
- Aus welcher Zeit stammt es? Wer hat es gemalt bzw. wer war der/die Bildhauer/in?
- War es ein Auftragswerk? Für wen? Warum?
- Beschreiben Sie das Kunstwerk genau! Wie sieht das Objekt/die Person aus, wie sind die Farben, wie ist die Perspektive?
- Warum haben Sie dieses Kunstwerk ausgewählt? Welche Bedeutung hat es für Sie?

7 **Zum Thema** Schreiben Sie einen Aufsatz von ungefähr 100 Wörtern über eines der folgenden Themen.

- Der Maler Conti wünscht sich, dass er mit den Augen malen könnte. Glauben Sie, dass Kunstwerke besser/schöner/genauer wären, wenn der Künstler/die Künstlerin ohne Hände oder andere Hilfsmittel arbeiten könnte? Warum/warum nicht?
- Beschreiben Sie ein Projekt, an dem Sie arbeiten oder gearbeitet haben. Wofür oder für wen mussten Sie es machen? Würden Sie es verkaufen wollen? Warum/warum nicht?

Practice more at **vhlcentral.com.**

KULTURANMERKUNG

Auftragskunst

Künstler und Komponisten habe lange Zeit durch Auftragskunst ihren Lebensunterhalt verdient. Werke entstanden nicht aus der Inspiration des Künstlers heraus, sondern weil ein reicher Mäzen° sie bestellt hatte. Bekannte Beispiele sind die Porträts der amerikanischen Präsidenten, die Kantaten von Johann Sebastian Bach und Michelangelos Fresken in der Sixtinischen Kapelle. Auftragskunst gibt es auch heutzutage und oft sind es Städte, Universitäten oder eine Regierung, die durch einen Wettbewerb Kunstwerke oder Denkmäler anfertigen lassen.

Mäzen *sponsor*
wohltätige *charitable*

Anwendung

Arten von Essays und ihre Struktur

In den vorhergehenden Lektionen haben wir den argumentativen Essay, der eine These verteidigt, untersucht. Es gibt aber auch noch andere Arten von Essays:

- **Der beschreibende Essay**: Er erklärt ein Thema. Er muss objektiv sein, darf keine persönlichen Meinungen enthalten, gibt aber Informationen und den nötigen Zusammenhang, damit der Leser/die Leserin ihn verstehen kann.
- **Der überzeugende Essay**: Sein Ziel ist es, den Leser/die Leserin von der Meinung des Autors/der Autorin über ein Thema zu überzeugen. Er muss Argumente für und gegen seine/ihre Einstellung bringen und zeigen, dass die Meinung des Autors/der Autorin die richtige ist.
- **Der erzählende Essay**: Er erzählt eine Geschichte, die logisch vom Anfang bis zum Ende dargestellt werden muss.

Die Art des Essays und seine Länge hängen von der Intention des Autors/der Autorin und seinem/ihrem Lesepublikum ab. Ein typischer Essay sollte folgende Struktur haben:

- **Erster Absatz**: enthält die Einleitung oder These. Diese Einleitung kann die Kernaussage (*key message*) eines langen Essays andeuten bzw. vorwegnehmen;
- **Zweiter/Dritter/Vierter Absatz**: enthält den ersten/zweiten/dritten Hauptgedanken und die Argumente;
- **Fünfter Absatz**: enthält die Zusammenfassung und die Schlussfolgerung.

1 **Vorbereitung** Schreiben Sie zu zweit einen beschreibenden, einen überzeugenden oder einen erzählenden Essay über diese Aussage: „Deutsch zu lernen ist schwer aber wichtig."

2 **Aufsatz** Wählen Sie eins der folgenden Themen und schreiben Sie darüber einen Aufsatz.

- Bevor Sie anfangen zu schreiben, entscheiden Sie, welche Art Essay zu Ihrem Thema passt: beschreibend, überzeugend oder erzählend.
- Beziehen Sie sich in Ihrem Essay auf einen der vier Teile dieser Lektion: **Kurzfilm, Stellen Sie sich vor, ..., Kultur** oder **Literatur**.
- Gliedern Sie (*Structure*) den Essay, wie oben beschrieben, in mindestens fünf Absätze.
- Schreiben Sie mindestens eine ganze Seite.

Themen

1. Was macht jemanden zum Künstler? Muss man besonders unkonventionell oder provokant sein, um gute Kunst zu schaffen?
2. Ist Kunst etwas, das in Galerien und Museen bestaunt werden muss, oder kann sie auch Einfluss auf unser tägliches Leben nehmen?
3. Was ist Ihrer Meinung nach die schönste aller Künste? Musik? Bildende Kunst? Literatur? Theater? Erklären Sie Ihre Wahl. Was unterscheidet diese Art von Kunst von den anderen, und welche sind die herausragenden Werke in dieser Kategorie?

Kunst und Literatur

Literarische Werke

der Aufsatz, ¨-e/der Essay, -s *essay*
die (Auto)biographie, -n *(auto)biography*
das Copyright, -s/das Urheberrecht, -e *copyright*
die Dichtung, -en *work (of literature, poetry)*
der Erzähler, -/die Erzählerin, -nen *narrator*
die Figur, -en *character*
das Genre, -s *genre*
die Handlung, -en *plot*
der Kriminalroman, -e *crime novel*
die Novelle, -n *novella*
die Poesie/die Dichtkunst *poetry*
die Prosa *prose*
der Reim, -e *rhyme*
der Roman, -e *novel*
die Strophe, -n *stanza; verse*
die Zeile, -n *line*

sich entwickeln *to develop*
spielen *to take place (story, play)*
zitieren *to quote*

(frei) erfunden *fictional*
klassisch *classical*
komisch *comical*
lustig *humorous*
preisgekrönt *award-winning*
realistisch *realistic*
satirisch *satirical*
tragisch *tragic*

Die bildenden Künste

das Aquarell, -e *watercolor painting*
die Farbe, -n *paint*
das Gemälde, - *painting*
die schönen Künste *fine arts*
das Ölgemälde, - *oil painting*
der Pinsel, - *paintbrush*
das (Selbst)porträt, -s *(self-)portrait*
die Skulptur, -en *sculpture*
das Stillleben, - *still life*
der Ton *clay*

bildhauern *to sculpt*
malen *to paint*
skizzieren *to sketch*

ästhetisch *aesthetic*
avantgardistisch *avant-garde*

Musik und Theater

die Aufführung, -en *performance*
der Beifall *applause*
die Bühne, -n *stage*
der Chor, ¨-e *choir*
der Konzertsaal, -säle *concert hall*
das Lampenfieber *stage fright*
das Meisterwerk, -e *masterpiece*
das Musical, -s *musical*
die Oper, -n *opera*
die Operette, -n *operetta*
das Orchester, - *orchestra*
die Probe, -n *rehearsal*
das Publikum/die Zuschauer *audience*
das (Theater)stück, -e *play*

zeigen *to show*

leidenschaftlich *passionate*

Die Künstler

der Bildhauer, -/die Bildhauerin, -nen *sculptor*
der Dramatiker, -/die Dramatikerin, -nen *playwright*
der Essayist, -en/die Essayistin, -nen *essayist*
der (Kunst)handwerker, -/die (Kunst) handwerkerin, -nen *artisan; craftsman*
der Komponist, -en/die Komponistin, -nen *composer*
der Liedermacher, -/die Liedermacherin, -nen *songwriter*
der Maler, -/die Malerin, -nen *painter*
der Regisseur, -e/die Regisseurin, -nen *director*
der Schriftsteller, -/die Schriftstellerin, -nen *writer*

Kurzfilm

die Oberfläche, -n *surface*
der Pfeil, -e *arrow*
der Quatsch *nonsense*
abstempeln *to label*
hinterherreisen *to follow (somebody's travels)*
sich trauen *to dare*
vereinsamen *to grow lonely*
verraten *to betray*
verunstalten *to deface*
wegziehen *to move away*
sich wundern über *to be amazed by*
introvertiert *withdrawn*
verklemmt *inhibited*

Kultur

die Auferstehung, -en *resurrection*
die Beherrschung *mastery*
die Kammermusik *chamber music*
der Kapellmeister, -/die Kapellmeisterin, -nen *director of music*
der Schlager, - *hit (music)*
die Verknüpfung, -en *combination*
der Vertreter, - *representative*

anregen *to prompt; to stimulate*
entwerfen *to design*
kreieren *to create*
mit Text unterlegen *to set words to a tune*
vermitteln *to convey*

ungewöhnlich *unusual*

Literatur

das Abo(nnement), -s *subscription*
der Anlass, ¨-e *occasion*
der Auftrag, ¨-e *commission*
der Graf, -en/die Gräfin, -nen *count*
der Hof, ¨-e *court*
die Kammerspiele (*n., pl.*) *intimate/small theater*
die Komödie, -n *comedy*
die Lust *pleasure*
die Quittung, -en *receipt*
das Schauspiel, -e *play*
das Trauerspiel, -e *tragedy*

befehlen *to order*
schmeicheln *to flatter*
schwärmen… für *to adore*
spotten *to mock*
verführen *to seduce*
verwandeln *to change*

höhnisch *sneering*
vorzüglich *exquisite*
zufrieden sein *to be content*

Lektion 6

Traditionen und Spezialitäten

Von außen betrachtet können Traditionen manchmal manchmal komisch erscheinen. Aber Feste und Bräuche sind wichtig für eine Gemeinschaft. Sie geben den Menschen Halt (*security*), sie stärken die Werte und die Identität der Gemeinschaft, und sie bringen die Menschen zusammen.

Welche Feiertage sind Ihnen besonders wichtig und warum? Was sind Ihre Lieblingstraditionen? Welche Rolle spielen Essen und Trinken bei Ihren Festen und Traditionen? Welche Gerichte gehören für Sie an den verschiedenen Feiertagen unbedingt dazu?

192 **KURZFILM**
In **Annette Ernsts** Weihnachtssatire *Wer hat Angst vorm Weihnachtsmann?* engagiert eine Familie einen Weihnachtsmann als Überraschung für ihre Kinder. Begeistert vom Essen und den Getränken lädt dieser weitere Weihnachtsmänner ein, die das Haus einfach nicht mehr verlassen.

198 **STELLEN SIE SICH VOR, ...**
Die Einwohner des flächenmäßig größten Bundeslandes, **Bayern**, sehen sich zuerst als Bayern, dann als Deutsche. Aber hat Bayern mehr zu bieten als nur stolze Patrioten und Dirndlkleider?

213 **KULTUR**
Feste mit Tradition stellt drei bekannte und beliebte Feste vor, die in Bayern gefeiert werden und die Besucher aus der ganzen Welt anziehen.

217 **LITERATUR**
In seiner Geschichte *Die Leihgabe* zeigt **Wolfdietrich Schnurre** auf liebevolle Weise, wie Not erfinderisch macht. Dass trotzdem keiner zu Schaden gekommen ist, liegt am Gerechtigkeitssinn (*sense of justice*) und der Gutherzigkeit seiner Figuren.

Reiseziel: Bayern

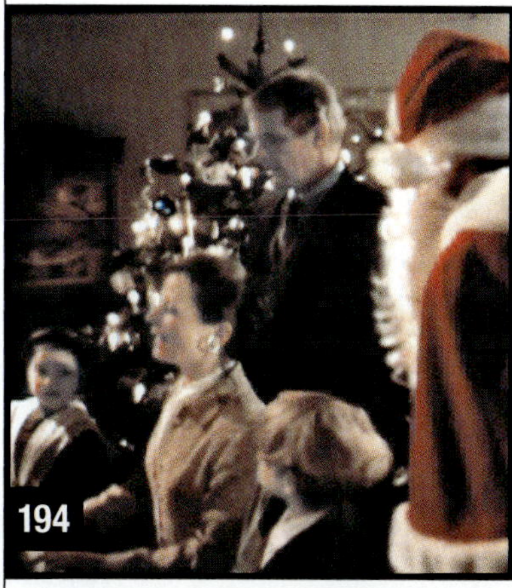

194

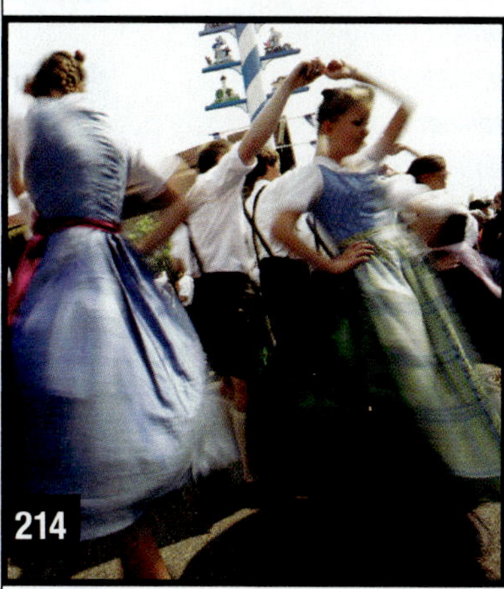

214

190 **ZU BEGINN**

200 **STRUKTUREN**

6.1 Reflexive verbs and accusative reflexive pronouns

6.2 Reflexive verbs and dative reflexive pronouns

6.3 Numbers, time, and quantities

226 **SCHREIBWERKSTATT**

227 **WORTSCHATZ**

Essen und feiern

In der Küche

der Blumenkohl, -köpfe *cauliflower*
der Braten, - *roast*
der Kartoffelbrei *mashed potatoes*
die Schlagsahne *whipped cream*

braten *to fry; to roast*
eine Kleinigkeit essen *to have a snack*
schälen *to peel*
(gut) schmecken *to taste (good)*
schneiden *to cut up; to chop*
zubereiten *to prepare*

frittiert *deep-fried*
gebraten *fried; roasted*
gedünstet *steamed*
gefroren *frozen*
selbst gemacht *homemade*

Im Restaurant

das Brathähnchen, - *roast chicken*

der Eintopf, ¨-e *stew*
die Eisdiele, -n *ice-cream parlor*
die Imbissstube, -n/der Schnellimbiss, -e *snack bar*
die Kneipe, -n *pub*
die Köstlichkeit, -en *delicacy*
die Reservierung, -en *reservation*
der Schluck, -e *sip*
das Selbstbedienungsrestaurant, -s *cafeteria*
der Veganer, -/die Veganerin, -nen *vegan*
der Vegetarier, -/die Vegetarierin, -nen *vegetarian*
die Wurstbude, -n *sausage stand*

bestellen *to order; to reserve*
empfehlen *to recommend*
gießen *to pour*

durchgebraten/gut durch *well-done*
englisch/blutig *rare*
medium/halbgar *medium-rare*
vegetarisch *vegetarian*
zum Mitnehmen *(food) to go*

Regionale Spezialitäten

die rote Grütze, -n *red berry pudding*
der/das Gulasch, -e *beef stew*
der eingelegte Hering, -e *pickled herring*
der Kartoffelpuffer, - *potato pancake*
der Knödel, - *dumpling*
der Sauerbraten, - *braised beef marinated in vinegar*
das Schnitzel, - *meat cutlet*

das Schweinekotelett, -s *pork chop*
die Spätzle *spaetzle; Swabian noodles*

Zum Beschreiben

fade *bland*
hervorragend *outstanding*
köstlich/lecker *delicious*
leicht *light*
pikant *spicy*
salzig *salty*
scheußlich *horrible*
schmackhaft *tasty*
schrecklich *terrible*
widerlich *disgusting*
würzig *spicy*
zart *tender*

Feiertage und Traditionen

der Brauch, ¨-e *custom*
das Erbe *heritage; inheritance*
der Fastnachtsdienstag *Shrove Tuesday*
die Feier, -n/die Feierlichkeit, -en *celebration*

die Folklore *folklore*
der Heilige Abend/der Heiligabend *Christmas Eve*
der Karneval/der Fasching/die Fastnacht *carnival (Mardi Gras)*
der Ostermontag *Easter Monday*
Ostern *Easter*
Pfingsten *Pentecost*
der Pfingstmontag *Pentecost Monday*
Silvester *New Year's Eve*
die Volksmusik, -en *folk music*
der Volkstanz, ¨-e *folk dance*
das Weihnachtsfest, -e/Weihnachten *Christmas*
der Weihnachtsmann, ¨-er *Santa Claus*

feiern *to celebrate*
heiligen *to keep holy (tradition)*

kulturell *cultural*
traditionell *traditional*

Anwendung und Kommunikation

1 **Die Küche** Finden Sie für jedes Wort die passende Definition.

____ 1. frittiert	a. sehr, sehr kalt
____ 2. lecker	b. in Öl gebraten
____ 3. schneiden	c. etwas mit einem Messer zerkleinern
____ 4. gefroren	d. der Abend vor Neujahr
____ 5. Silvester	e. köstlich, schmackhaft
____ 6. ein Veganer	f. eine Person, die keine Milchprodukte, keine Eier und kein Fleisch isst

2 **Wie macht man Käsespätzle?** Ergänzen Sie das Gespräch mit Wörtern aus der Liste.

braten	geschält	pikant	selbst gemacht	vegetarisch
fade	geschmeckt	schneiden	traditionell	zubereitet

CLAUDIA Das Essen war hervorragend. Wie hast du die Spätzle (1) ________?

LUKAS Das geht ganz leicht. Zuerst habe ich eine Zwiebel (2) ________. Dann muss man die Zwiebel klein (3) ________ und in Öl (4) ________. Und den Käse muss man natürlich reiben (*grate*).

CLAUDIA Aber wie hast du die Nudeln gemacht?

LUKAS Äh… ja… also… ehrlich gesagt waren die Spätzle nicht (5) ________. Ich habe sie im Supermarkt gekauft.

CLAUDIA Ist schon gut, Lukas. Das Essen hat trotzdem super (6) ________. Und nächste Woche mache ich ein (7) ________ mexikanisches Essen für dich… mit vielen scharfen Peperoni (*hot peppers*).

LUKAS Gut! Ich liebe (8) ________ Speisen.

KULTURANMERKUNG

Selbst gemachte Spätzle

Spätzle sind kleine Nudeln, die aus Mehl, Eiern und etwas Wasser zubereitet werden. Oft isst man sie mit gerösteten Zwiebeln, mit überbackenem Käse oder mit Linsen°. Es ist nicht schwer, den Teig° selbst zu machen, aber man braucht einen „Spätzleschaber"; das ist ein besonderes Messer, mit dem man den Teig schneidet.

Linsen *lentils* **Teig** *dough*

3 **Geschmackssache** Finden Sie Brokkoli schmackhaft oder schrecklich? Beantworten Sie die folgenden Fragen und sprechen Sie miteinander über Ihre Essgewohnheiten.

1. Was isst du zu einem typischen Abendessen?
2. Was sind deine Lieblingsgerichte? Und was isst du gar nicht gern? Warum? Isst du auch viel Gemüse?
3. Kochst du gern? Was kochst du am liebsten?
4. Welche Gerichte sind beliebt in der Region, aus der du kommst?
5. Was sind deine Lieblingsfeiertage?
6. Welche Gerichte verbindest (*associate*) du mit diesen Feiertagen?

4 **Jetzt wird gekocht!** Sie haben Freunde eingeladen und möchten ein traditionelles deutsches Essen zubereiten. Planen Sie das Essen in Gruppen. Welche Gerichte werden Sie kochen und warum? Wie werden die Gerichte schmecken? Schreiben Sie auf, wer was kocht und wie die Gerichte zubereitet werden.

Vorbereitung

Wortschatz des Kurzfilms

der Bärenhunger *ravenous appetite*
der Bengel, - *rascal*
die Bescherung, -en *gift giving*
j-n erwarten *to expect someone*
das (Lachs)häppchen, - *(salmon) appetizer*
die Kerze, -n *candle*
die Rute, -n *rod*
schwanger *pregnant*

Nützlicher Wortschatz

ausufern *to get out of hand*
j-n bestechen *to bribe someone*
der Nebenjob, -s *part-time job*
das (Weihnachts)plätzchen, - *(Christmas) cookie*
die Verkleidung, -en *disguise*
die Vorfreude, -n *anticipation*

AUSDRÜCKE

j-m ins Gewissen reden *to talk some sense into someone*
eine Heidenangst haben *to be scared stiff*
etwas nicht gerne sehen *to frown upon something*
einen weiten Weg hinter sich haben *to have traveled a long way*

1 **Was passt zusammen?** Suchen Sie für jede Definition die richtige Vokabel.

____ 1. ein Stock, um Kindern Angst zu machen
____ 2. ein Junge, der dumme Dinge macht
____ 3. wenn man sehr viel essen will
____ 4. man kann nicht mehr warten, bis etwas Besonderes passiert
____ 5. wenn man an Weihnachten Geschenke öffnet
____ 6. etwas Süßes in der Adventszeit
____ 7. ein kleines Sandwich

a. die Vorfreude
b. das Häppchen
c. die Rute
d. das Plätzchen
e. die Bescherung
f. der Bärenhunger
g. der Bengel

2 **Welche Vokabel passt?** Suchen Sie für jeden Satz die Vokabel, die logisch passt.

1. Mein Freund kommt mich aus Australien besuchen. Er hat ____________ hinter sich.
2. Eine Frau, die ein Baby erwartet, ist ____________.
3. Politiker bekommen illegal Geld, wenn sie ____________ werden.
4. Es gibt viele Menschen, die während eines Horrorfilms ____________.
5. Kurz vor einer Feier ____________ man seine Gäste.
6. In Deutschland hat man oft echte ____________ aus Wachs am Weihnachtsbaum.

3 

Was denkst du? Besprechen Sie zu zweit die folgenden Fragen.

1. Welche Traditionen und Bräuche pflegt (*cares for*) Ihre Familie an Weihnachten/am Ende des Jahres?
2. Hatten Sie Angst vor dem Weihnachtsmann? Warum/warum nicht?
3. Welche Feiertage feiert Ihre Familie und wie?
4. Sind Ihnen Bräuche und Traditionen wichtig? Welche und warum?
5. Sind Bräuche und Traditionen wichtiger für Kinder oder Erwachsene? Warum?
6. Was ist Ihnen wichtiger an den Feiertagen: Traditionen oder Geschenke? Warum?

4 

Feiertage und Traditionen Schreiben Sie zu zweit mindestens fünf Feiertage in die Tabelle, die Sie feiern oder kennen. Schreiben Sie auch mindestens eine Tradition oder einen Brauch auf, die Sie mit jedem Feiertag verbinden.

Feiertag	Tradition(en)/Bräuche

5 

Was kann passieren? Schauen Sie sich in Gruppen die folgenden Bilder an. Beschreiben Sie jedes Bild in zwei oder drei Sätzen. Überlegen Sie sich, was im Film passieren könnte (*could*).

- Warum telefoniert der Weihnachtsmann?
- Was macht der Weihnachtsmann im Wohnzimmer?
- Wer sind all die Menschen, die im Wohnzimmer sitzen?
- Warum feiern so viele Menschen im Wohnzimmer eine Party?
- Wie ist es zu dieser Situation gekommen?

 Practice more at **vhlcentral.com.**

Wer hat Angst vorm Weihnachtsmann?

Regisseur Annette Ernst

Sonderpreis, Biberach 1996

Publikumspreis Würzburg 1997

Darsteller Rolf Becker, Joachim Jung, Gerit Kling, Rufus Beck, Rotraut Rieger, Dietmar Bär **Produzent** Annette Ernst **Drehbuch** Annette Ernst, Joachim Jung nach einer Kurzgeschichte von Robert Gernhardt **Kamera** Bernhard Häusle **Schnitt** Katrin Suhren **Musik** Klaus Doldinger

SZENEN

HANDLUNG *Eine Familie engagiert einen Weihnachtsmann, der die Kinder beschenken soll. Als der Weihnachtsmann andere Weihnachtsmänner einlädt, nimmt die ungeplante Party kein Ende.*

FRAU LEMM Also das hier ist für Max.
HERR LEMM Und das Rote für Tanja.
HERR LEMM Haben Sie keine Rute?
FRAU LEMM Walter! Du, die Kinder haben sowieso schon eine Heidenangst!

WEIHNACHTSMANN Und wer bin ich?
HERR LEMM Der Weihnachtsmann.
WEIHNACHTSMANN Der liebe Weihnachtsmann! Aber erst wollen wir ein Lied singen.
FRAU LEMM Ja! Stille Nacht, Heilige Nacht.
HERR LEMM Das einzige, was sie kann.

WEIHNACHTSMANN Max macht nicht immer das, was man ihm sagt. Ist das wahr?
MAX Manchmal.
WEIHNACHTSMANN Weiter so, Max. Nur dumme Kinder machen immer alles, was die Erwachsenen Ihnen erzählen. Wollten Sie was sagen?

WEIHNACHTSMANN Ich habe Durst!
FRAU LEMM Wasser?
WEIHNACHTSMANN Nee, Cognac. Den aus der Küche. Das wärmste Jäckchen° ist das Cognäcchen! Ich habe schließlich einen weiten Weg hinter mir.

KNECHT RUPRECHT Guten Abend, lieber Weihnachtsmann.
WEIHNACHTSMANN Guten Abend!
KNECHT RUPRECHT Hallo Kinder. Von tief von draußen komm ich her.
HERR LEMM Ich glaub, das habe ich heute schon mal irgendwo gehört.

ENGEL GABRIELA ...und eines Tages, da war Maria schwanger.
KNECHT RUPRECHT Sehr delikat, Frau Lemm.
FRAU LEMM Jetzt brauche ich einen Cognac!
NIKOLAUS Aber gerne Frau Lemm! Darf ich Sie Gisela nennen? Ich bin Nick!

Jäckchen *jacket*

KULTURANMERKUNG

Der Weihnachtsmann

Während in den USA *Santa Claus* in der Nacht vom 24. auf den 25. Dezember Kindern Geschenke bringt, gibt es in Deutschland andere Traditionen. An Stelle vom *Santa Claus* bringt entweder das Christkind oder der Weihnachtsmann am Heiligen Abend (dem 24. Dezember) Geschenke. Sankt Nikolaus, der *Santa Claus* sehr ähnlich ist, bringt braven Kindern am 6. Dezember Schokolade und andere Süßigkeiten. Oft bringt er aber auch eine andere Person mit: den Knecht Ruprecht. Dieser trägt fast immer braune, zerrissene° Kleider und sieht angsteinjagend° aus. Oft bringt er eine Rute für Kinder mit, die während des Jahres nicht artig waren.

zerrissene *torn* **angsteinjagend** *frightening*

Beim ZUSCHAUEN

Was wissen Sie über die Personen im Film?

_____ **1.** Engel
_____ **2.** Sankt Nikolaus
_____ **3.** Mutter
_____ **4.** Knecht Ruprecht
_____ **5.** Max
_____ **6.** Weihnachtsmann
_____ **7.** Tanja
_____ **8.** Vater

a. trägt braune Kleidung
b. die Tochter
c. bringt die Geschenke
d. ist schwanger
e. hat keinen Spaß
f. mag Kerzen
g. trinkt mit der Mutter
h. der Sohn

Reading

Bayern

Bayern und seine Traditionen

Was ist ein Bayer? — Die Antwort auf diese Frage stellt man sich oft so vor: Er trägt eine Lederhose und in der rechten Hand hat er eine Maß° Bier, in der linken eine große Brezel oder ein Hendl°. Die Bayerin hat Zöpfe° und trägt ein buntes Dirndl°. Selbstverständlich sprechen beide einen unverkennbaren° **Dialekt** und hören gerne Volksmusik.

Ist das tatsächlich so? Oder ist das nur ein gängiges° Klischee, das zum Teil dadurch entstanden ist, dass in Bayern die Traditionen stärker gepflegt werden als in anderen Bundesländern? Dialekt zu sprechen, ist in Bayern nicht so verpönt° wie in anderen Teilen Deutschlands, im Gegenteil. Der herzhafte Dialekt ist ein wichtiger Bestandteil° der bayerischen Identität.

Bayern hat viele ländliche Gebiete. 85 Prozent des Bundeslandes liegen außerhalb von Ballungsräumen°, und auch die **Zugspitze**, der höchste Berg Deutschlands ist in Bayern. Seit dem Ende des 2. Weltkrieges ist Bayern aber auch zu einem hochmodernen, führenden Industrieland geworden. Hier befinden sich die **Bayerischen Motorenwerke (BMW)**, der Sitz der **Siemens AG** und der Hauptsitz von **Microsoft Deutschland**. Darüber hinaus hat Bayern Forschungsinstitute° von Weltklasse hervorgebracht, wie z.B. das Max-Planck-Institut, sowie erstrangige Universitäten. Das Abitur ist in Bayern am schwersten — und Bayerns Schüler bringen in den PISA-Studien° bessere Ergebnisse, als Schüler aus anderen Bundesländern.

In Bayern gibt es mehrere Volksgruppen und deshalb ist es auch ein Land der Vielfalt. Im Norden sind die **Franken**, im Westen die **Schwaben** und im Süden und Osten die **Altbayern**. Jede Gruppe hat ihre eigene kulturelle Identität und spricht ihren eigenen Dialekt. Und manchmal ärgern sie sich darüber, wenn sie mit einer anderen Volksgruppe verwechselt werden.

Bayreuth zum Beispiel, eine Stadt im Norden Bayerns, ist sehr bekannt durch die Musik **Richard Wagners**, der sich in vielen seiner Opern mit der germanischen Mythologie

Übrigens...

Der „Weißwurstäquator" ist eine Art Grenze in Deutschland, die das Land in zwei Kulturzonen teilt: Bayern und *Nicht*bayern. Diese Grenze existiert allerdings nur im Kopf. Das Klischee dahinter ist, dass die Bayern angeblich° konservativ und provinziell sind, die Preußen° hingegen humorlos und arrogant.

auseinandersetzte°. Jedes Jahr werden seine Werke bei den **Bayreuther Festspielen** aufgeführt. 1873 wurde dafür eigens° ein Festspielhaus auf dem „Grünen Hügel°" gebaut. Die Festspiele ziehen Besucher aus aller Welt an° und das Festspielhaus bietet Platz für über 1.900 Zuschauer.

Eine wichtige Stadt im Südwesten Bayerns ist **Augsburg**. Hier lebte die berühmte Handelsdynastie der **Fugger**. Jakob Fugger, ein reicher Kaufmann, überlegte sich, wie er arme, bedürftige° Menschen gut unterbringen könnte°. So entstand der erste soziale Wohnungsbau° der Welt, die **Fuggerei**. Seit 1523 wohnen Menschen in dieser Siedlung° zu niedrigen Mietpreisen°, und so ist das auch noch heute. Wenn man sich den Freistaat Bayern etwas näher ansieht°, stellt sich heraus°, dass er sehr unterschiedliche Traditionen hat.

Maß *(Bavarian) = 1 liter* **Hendl** *(Bavarian) chicken* **Zöpfe** *braids* **Dirndl** *traditional dress* **unverkennbaren** *unmistakable* **gängiges** *popular* **verpönt** *frowned upon* **Bestandteil** *integral part* **Ballungsräume** *metropolitan areas* **Forschungsinstitute** *research institutes* **PISA-Studien** *„Programme for International Student Assessment"* **auseinandersetzte** *grappled with* **eigens** *specifically* **Hügel** *hill* **ziehen... an** *attract* **bedürftige** *poor* **unterbringen könnte** *could house* **soziale Wohnungsbau** *public housing* **Siedlung** *residential area* **Mietpreisen** *rental prices* **sich... ansieht** *looks at* **stellt sich heraus** *it turns out* **angeblich** *supposedly* **Preußen** *non Bavarians; Prussians*

Entdeckungsreise

Münchens Viktualienmarkt

Wo findet man handgemachte Holzmesser°, argentinische Empanadas, Palmenzweige und bayerischen Waldhonig? Auf dem Viktualienmarkt in der Altstadt Münchens! Der Viktualienmarkt, der 1807 als kleiner Kräutlmarkt° begann, hat mehr als 130 Händler und ist jeden Tag geöffnet. Ob man sich etwas Exotisches wünscht oder bayerischen Obatzda°, hier werden Essträume° wahr.

Die Burg des Märchenkönigs

Es war einmal ein verrückter bayerischer König, der gegen Preußen Krieg führte und verlor. Der enttäuschte König plante ein fantastisches Schloss in den Bergen, in das er sich zurückziehen° wollte. Der Bau des Schlosses dauerte lange, die Wünsche des Königs wurden immer extravaganter, und bald war er hoch verschuldet°. Seine Kreditgeber kamen 1886 und warfen ihn aus seinem Schloss. Drei Tage später starb der König im Starnberger See – Todesursache ungeklärt°. Das Schloss, das meistfotografierte der Welt, ist **Schloss Neuschwanstein** in Füssen; der König war **König Ludwig II.**

Holzmesser *wooden knife* **Kräutlmarkt** *herb/vegetable market* **Obatzda** *cheese dip made with Camembert* **Essträume** *food dreams* **zurückziehen** *withdraw* **verschuldet** *in debt* **Todesursache ungeklärt** *cause of death undetermined*

Was haben Sie gelernt?

Richtig oder falsch? Sind die Aussagen **richtig** oder **falsch?** Stellen Sie die falschen Aussagen richtig.

1. Die Bayern sprechen nicht gerne Dialekt.
2. Bayerns Schulen haben bessere Testergebnisse als Schulen in anderen Teilen Deutschlands.
3. Bayern wurde nach dem 2. Weltkrieg industrialisiert.
4. Oft sagen Norddeutsche, dass die Bayern sehr konservativ seien.
5. Der Viktualienmarkt ist ein Markt in München mit mehr als 130 Händlern.
6. Die Händler auf dem Viktualienmarkt heißen Obatzda.
7. König Ludwig baute ein Schloss an einem See.

Fragen Beantworten Sie die Fragen.

1. Welche Firmen gibt es in Bayern.
2. Wie ist die Schulbildung in Bayern? Finden Sie Beispiele im Text.
3. Wo befindet sich das Festspielhaus, das für die Opern Richard Wagners gebaut wurde?
4. Erklären Sie kurz, was die Fuggerei ist.
5. Welche Vorurteile haben die Bayern gegenüber den Norddeutschen?
6. Was kann man auf dem Viktualienmarkt kaufen? Nennen Sie fünf Dinge.
7. Welches Gebäude ist das meistfotografierte Schloss der Welt?

Projekt

Obatzda

Suchen Sie Informationen im Internet.

- Was ist die Geschichte von Obatzda?
- Finden Sie ein Rezept. Welche Zutaten braucht man? Ist es einfach oder schwierig zu machen?
- Finden Sie einige interessante Fakten über dieses Gericht.
- Vergleichen Sie Ihre Ergebnisse mit denen der anderen Student(inn)en.

Anwendung

1

Karneval Kreisen Sie die richtigen Reflexivpronomen ein.

1. Heute muss ich (sich / mich) beeilen. Ich will zum Karneval.
2. Ich habe meine Freunde angerufen und sie gefragt: „Sehnt ihr (wir / euch) auch nach dem Karneval? Wollt ihr mit mir feiern?"
3. Martina hat (sie / sich) entschuldigt.
4. Ich fragte sie: „Fühlst du (dich / dein) nicht wohl?"
5. Sie hat vergangene Nacht zu wenig geschlafen. Sie muss (sich / sie) hinlegen.

2

Was passiert? Beschreiben Sie, was die Leute auf den Bildern machen. Verwenden Sie die reflexiven Verben mit Pronomen.

1. Markus __________ (sich erholen) auf dem Sofa.

2. Der Mann und die Frau __________ (sich streiten) auf der Straße.

3. Das Paar __________ (sich sonnen) im Schwimmbad.

4. Der Mann und die Frau __________ (sich treffen) im Café.

5. Der müde Student __________ (sich strecken).

6. Der Tourist __________ (sich verlaufen) in der Stadt.

3

Der Freund meiner Schwester Bilden Sie zu zweit mit den angebenen Satzteilen neue Sätze. Schreiben Sie dann die neuen Sätze ins Perfekt um.

Beispiel **meine Schwester / sich schminken / vor ihrer Verabredung**
Meine Schwester schminkt sich vor ihrer Verabredung.
Meine Schwester hat sich vor ihrer Verabredung geschminkt.

1. der Freund meiner Schwester / sich interessieren / für französische Filme
2. meine Schwester / sich verspäten
3. der Freund / sich langweilen / in ihrer kleinen Wohnung
4. er / sich umsehen / auf dem kleinen Balkon
5. er / sich setzen / auf den nassen Stuhl

Practice more at **vhlcentral.com.**

Kommunikation

4 **Ich habe Geburtstag** Besprechen Sie zu zweit die folgenden Fragen. Antworten Sie mit den selben reflexiven Verben.

1. Mit wem treffen Sie sich gern, um Ihren Geburtstag zu feiern?
2. Mit wem unterhalten Sie sich gern an Ihrem Geburtstag?
3. Amüsieren sich Ihre Freunde, wenn Sie Geburtstag haben? Warum? Wo treffen Sie sich?
4. Können Sie sich an den besten Geburtstag Ihres Lebens erinnern? Erzählen Sie davon.
5. Worüber ärgern Sie sich an Ihrem Geburtstag?

5 **Die Morgenroutine** Besprechen Sie zu zweit Ihre Morgenroutine.

Beispiel —Duschst du dich jeden Morgen?
—Ja, ich dusche mich jeden Morgen. Und du?

sich anziehen	sich beeilen	sich rasieren
sich baden	sich kämmen	sich waschen

6 **Die Feiertage** Besprechen Sie in Gruppen die Feiertage. Was muss jeder noch machen, um sich auf die Feiertage vorzubereiten?

Beispiel **sich informieren**
—Mein Vater muss sich informieren, wann das Restaurant geöffnet ist.
—Ich muss mich informieren, ob mein Freund kommen kann.

sich amüsieren	sich etwas fragen	sich treffen
sich beschäftigen mit	sich freuen auf	sich auf jemanden verlassen
sich entscheiden	sich informieren	sich vorbereiten
sich erinnern an	sich interessieren	sich über etwas wundern

7 **Die Kochkunst** Stellen Sie sich vor, Sie sind ein weltbekannter Koch. Sie haben gerade an einem Kochwettbewerb teilgenommen und haben den Preis für die beste Beilage (*side dish*) „Knödel" und für den besten Nachtisch „rote Grütze" bekommen. Spielen Sie zu zweit abwechselnd die Rolle des Kochs und die des Reporters, der das Interview führt.

Beispiel —Haben Sie sich schon als Kind fürs Kochen interessiert?
—Ja, ich habe mich schon immer fürs Kochen interessiert.

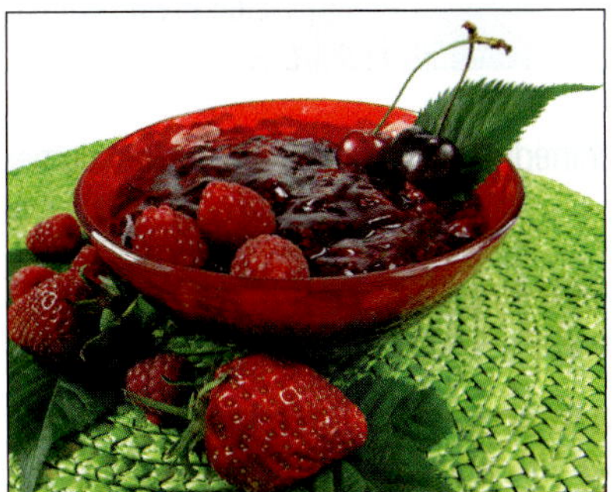

KULTURANMERKUNG

Knödel findet man häufig in Österreich und in Süddeutschland als Beilage zur Hauptspeise oder als Nachtisch. Der Teig° aus Brot oder aus Kartoffeln kann mit vielen anderen Zutaten° gemischt werden. Deswegen gibt es viele verschiedene Knödel. Zwetschkenknödel° oder Marillenknödel° sind süß. Speckknödel, welche oft als Beilage zu einem Braten serviert werden, sind würzig.

Rote Grütze ist ein leckerer Nachtisch aus Norddeutschland, der aus Beeren, Saft, Zucker und ein bisschen Speisestärke° besteht. Serviert wird die rote Grütze mit Vanillesoße oder Sahne. Das Wort Grütze bedeutet „grob gemahlen°".

Teig *dough* **Zutaten** *ingredients*
Zwetschkenknödel *plum dumplings*
Marillen- *with apricot*
Speisestärke *cornstarch*
grob gemahlen *coarsely ground*

Anwendung

1 

Wir feiern Geburtstag Bestimmen Sie, ob das unterstrichene Pronomen **Dativ** oder **Akkusativ** ist.

Akkusativ	Dativ	
☐	☐	1. Wir treffen uns heute, um Michaels Geburtstag zu feiern.
☐	☐	2. Zusammen gehen wir ins Restaurant, wo mein Freund sich einen Sauerbraten bestellt.
☐	☐	3. Alle freuen sich auf das Essen.
☐	☐	4. Ich habe mir auch etwas Leckeres ausgesucht, und zwar Gulasch!
☐	☐	5. Ich frage meine Freunde: "Habt ihr euch für ein Geschenk für Michael entschieden?"
☐	☐	6. Michael antwortet: „Keine Sorge! Ich habe mir selber ein Geschenk gekauft."

2

Silvester Schreiben Sie die richtigen Reflexivpronomen im Dativ oder Akkusativ in die Lücken.

Heute ist der 31. Dezember. Wir überlegen (1) ____________, wie wir Silvester feiern wollen. Stefanie stellt (2) ____________ vor, wir können den Abend in einer Kneipe verbringen. Ich kann (3) ____________ das aber nicht leisten. Stattdessen laden wir ein paar Freunde ein und kaufen (4) ____________ leckeres Essen und ein paar Glücksbringer. Es wird also zu Hause gefeiert! Die Köche waschen (5) ____________ die Hände, bevor sie das Essen zubereiten. Danach bedient (6) ____________ jeder in der Küche. Leider schmeckt (7) ____________ das Essen nicht. Ich sage zu Stefanie: „Du hast (8) ____________ Sorgen gemacht, und du hattest Recht. Es ist (9) ____________ nichts gelungen." Stefanie sagt: „Merkt (10) ____________, nächstes Jahr feiern wir, wo ich will!"

3

Was wir essen und trinken! Ergänzen Sie den vorgegebenen Satz in Gruppen mit weiteren Details. Bilden Sie anschließend einen Satz mit Reflexivpronomen im Dativ.

Beispiel **Wir kochen zusammen. Ich mache Schnitzel und er macht Spätzle.**
Wir machen uns einen tollen Abend mit leckerem Essen.

1. Ich kaufe eine Kleinigkeit zu essen.
2. Sie hat den Braten serviert.
3. Wir werden Köstlichkeiten aus Frankreich bestellen.
4. Ihr kocht das Gemüse.
5. Die Student(inn)en kochen Tee.
6. Die Professoren machen ein tolles Abendessen für ihre Student(inn)en.
7. Die Student(inn)en bringen eine Flasche Wein zum Abendessen mit.
8. Eine Studentin aus Deutschland hat einen Kuchen gebacken.

KULTURANMERKUNG

Glücksbringer

Zu Silvester werden kleine Glücksbringer auf den Märkten und in den Geschäften verkauft. Man verschenkt sie gern, da sie eben Glück bringen sollen. Beliebte Motive für die Glücksbringer sind Marienkäfer°, Schweine und Schornsteinfeger°. Manchmal werden sie aus Schokolade und Marzipan gemacht. Schweine sind schon lange ein Zeichen des Wohlstandes°. Schornsteinfeger bringen Glück, da man früher ohne einen Kamin° nichts zu essen gehabt hätte. Marienkäfter hat man ursprünglich als Botschaft der Mutter Gottes angesehen; sie sollten die Kinder beschützen. Heutzutage denkt man nicht mehr an die Ursprünge der Glücksbringer, sondern nur daran, dass man mit ihnen Schwein gehabt hat!

Marienkäfer *lady bug*
Schornsteinfeger *chimney sweep*
Wohlstandes *wealth*
Kamin *fireplace*

 Practice more at **vhlcentral.com.**

Kommunikation

4

Meine Familie Stellen Sie einander Fragen zu Ihren Familien.

Beispiel **deine Mutter / sich ansehen**

—Welche Sendungen sieht deine Mutter sich gern an?

—Sie sieht sich gern die Nachrichten an.

1. dein Vater / sich etwas leisten
2. deine Schwester / sich etwas kaufen
3. dein Opa / sich etwas ausleihen
4. deine Oma / sich etwas kochen
5. dein Bruder / sich etwas anhören
6. dein Hund / sich etwas wünschen

5

Was wollen wir tun? Was sehen Sie auf den Fotos? Erfinden Sie zu zweit zu jedem Bild ein Gespräch. Verwenden Sie die Vokabeln aus der Liste.

sich etwas zum Essen aussuchen	sich überlegen
sich etwas kaufen	sich vorstellen, in einem Schloss zu wohnen
sich Sorgen machen	sich etwas wünschen

6

Wir lernen uns kennen! Sie fahren im Zug nach Köln und lernen einige Leute kennen, die auch zum Karneval wollen. Bilden Sie Gruppen und fragen Sie einander, wie jede(r) sich auf den Karneval vorbereitet hat. Verwenden Sie die Verben aus der Liste.

sich anhören	sich etwas kaufen
sich ansehen	sich Sorgen um etwas machen
sich ausleihen	sich etwas überlegen
sich anziehen	sich etwas vorstellen
sich etwas aussuchen	sich etwas wünschen

Anwendung

1 

Karneval Kreisen Sie das Wort ein, das zum Satz passt.

1. Am (elften / elfter) November beginnt die Karnevalssaison.
2. Als ich das (eins / erste) Mal zum Kostümball in Köln ging, verkleidete ich mich als Hexe (*witch*).
3. Der Ball war erst um (dritte / drei) Uhr morgens zu Ende. Er hat uns allen gefallen.
4. In den (sieben / siebten) Tagen vor Aschermittwoch beginnen für uns die großen Feiertage.
5. Wir besuchen den Karnevalsumzug in Köln, der zum ersten Mal am Anfang des (neunzehnten / neunzehn) Jahrhunderts stattfand.
6. Dieser Umzug ist mehr als (sechster / sechs) Kilometer lang.
7. Jedes Jahr kommen ca. (eine Million / Million von) Zuschauer zu diesem Umzug nach Köln.
8. Kein Wunder, dass man Karneval „die (fünfte / fünf) Jahreszeit" nennt!

2

Wir kaufen ein Schreiben Sie die passenden Mengenangaben in die Lücken.

200 Gramm Aufschnitt	**500 Gramm Käse**
ein bisschen Blumenkohl	**6 Stück Apfelstrudel**
ein Pfund Kaffee	**vier Dosen Thunfisch**
ein halbes Kilo Karotten	**eine Kiste Mineralwasser**

Gestern bin ich mit meinen drei Zimmerkollegen einkaufen gegangen. Wir haben letzte Woche wegen Karneval immer in Kneipen gegessen und jetzt ist der Kühlschrank leer. Maria wollte unbedingt (1) ____________ kaufen. Jasmin hat sich (2) ____________ ausgesucht. Zum Trinken haben wir (3) ____________ genommen. Wir haben auch (4) ____________ gekauft, da viele von uns gern Fisch essen. Ich wünschte mir etwas Süßes, deswegen haben wir uns für (5) ____________ aus einer Konditorei entschieden. Gemüse wollten wir auch und haben (6) ____________ zum Kochen und (7) ____________ zum Naschen (to munch on) gekauft. Gott sei Dank haben wir auch das Koffein (caffeine) nicht vergessen! Wir haben (8) ____________ gekauft.

KULTURANMERKUNG

Die Konditorei

Brot kauft man beim Bäcker, aber feine Torten und leckeres Feingebäck kauft man in einer Konditorei. Hier werden Torten, Kuchen, und feines Teegebäck hergestellt. Auch Spezialitäten wie Apfelstrudel, Linzer Torte, Baumkuchen und Marzipantorte gehören dazu. Dekoriert werden diese Köstlichkeiten° vom Konditor mit Marzipan, Schokolade und kandierten Früchten. In manchen Konditoreien gibt es auch ein Café, wo man ein leckeres Stück hausgemachte Torte und einen feinen Kaffee genießen kann.

Köstlichkeiten *delicacies*

3

Feiern wir! Bilden Sie Sätze.

Beispiel **wir / vorbereiten / an der Uni / ein großes Fest / alle zwei Jahre**
Wir bereiten alle zwei Jahre ein großes Fest an der Uni vor.

1. wir / einladen / zum Fest / jedes Jahr / 100 Freunde
2. das Fest / stattfinden / zum 10. Mal / dieses Jahr
3. wir / verlangen / €3 Eintrittsgeld / pro Person
4. mein Freund / kochen / 5 Stunden lang / in der Küche
5. alle / feiern / bei uns / das Fest / einmal im Jahr
6. selten / wir / gehen / ins Bett / vor 4 Uhr morgens

Practice more at **vhlcentral.com.**

Kommunikation

4  

Rezept Sie haben Omas Rezept gefunden, und jetzt backen Sie zu zweit einen Apfelstrudel. Leider vergessen Sie immer, wie viel Sie von allem brauchen. Lesen Sie zuerst das Rezept, und dann stellen Sie einander Fragen zu den Mengen.

APFELSTRUDEL

Für den Teig (*dough*)
275 g Mehl (*flour*)
1 Prise (*pinch*) Salz
2 Esslöffel Öl
125 ml lauwarmes Wasser

Für die Füllung
1 Kilo Äpfel, geschnitten
75 g Rosinen (*raisins*)
50 g Walnüsse, gehackt (*chopped*)
100 g Zucker
1 Teelöffel Zimt (*cinnamon*)
100 g Butter, geschmolzen
50 g Semmelbrösel (*bread crumbs*)

Zubereitung Alle Zutaten für den Teig in eine Schüssel (*bowl*) geben und mit der Hand mischen. Anschließend 1 EL Öl darüber streichen und ½ Std. ruhen lassen. Die geschnittenen Äpfel mit den Rosinen, Nüssen, Zucker und Zimt in einer Schüssel zusammenrühren. Den Teig auf einem Tuch mit dem Nudelholz und etwas Mehl ausrollen. Die Hälfte der geschmolzenen Butter auf den Teig pinseln (*brush*). Darauf kommen nun die Semmelbrösel und dann die Mischung aus Äpfeln und Rosinen. Mit Hilfe des Tuches den Teig sehr vorsichtig aufrollen. Dann den Strudel auf ein geöltes Backblech legen und wieder mit Butter bepinseln. In dem auf 200° Celsius vorgeheizten Backofen ca. 45–60 Min. backen. Nach dem Backen abkühlen lassen und mit Puderzucker bestäuben.

Beispiel —Wie viel Mehl brauchen wir?
—Wir brauchen 275 g Mehl.

5  

Essgewohnheiten Besprechen Sie zu zweit, wie viel Sie kaufen, was Sie oft zu Hause haben, und was Sie nie zu Hause haben. Verwenden Sie Wörter aus der Liste.

Brathähnchen	Joghurt	Multivitaminsaft
Brokkoli	Kartoffeln	Salat
eingelegter Hering	Knödel	Schokolade
Eintopf	Milch	Wurst

Beispiel —Ich kaufe immer 5 Kilo Kartoffeln, weil ich jeden Tag Kartoffeln esse.
—Wirklich? Ich esse fast nie Kartoffeln, aber ich habe immer zehn Eier im Kühlschrank.

6 

Das Geburtstagsessen Sie feiern bald Geburtstag und wollen ein deutsches Abendessen für Ihre Freunde zubereiten. Besprechen Sie zu zweit, was Sie anbieten wollen und was Sie dafür kaufen müssen. Verwenden Sie die Zahlen, die Mengen und die Zeitausdrücke.

Beispiel —Heute machen wir einen köstlichen Sauerbraten.
—Was müssen wir zuerst machen?
—Zuerst kaufen wir 2 Kilo Fleisch.
—Was wollen wir außer dem Braten anbieten?

Synthese

Kommunikationsstrategien

Der Verkäufer	Der Käufer
Darf ich Ihnen helfen? *May I help you?*	**Darf ich bitte...** *May I please...*
Darf es noch etwas sein? *Is there anything else?*	**Das reicht.** *That's enough.*
Das kostet zusammen... *That comes to...*	**Das ist mir zu teuer/zu viel.** *That is too expensive/too much.*
Heute haben wir im Angebot... *Our special today is...*	**Haben Sie eine Tüte? einen Beutel?** *Do you have a bag?*

1 

Gespräch **Lesen Sie den Artikel und besprechen Sie die Fragen in Gruppen. Teilen Sie anschließend die Klasse in zwei Gruppen auf. Stellen Sie sich vor, die Hälfte der Student(inn)en arbeitet auf dem Viktualienmarkt, jede(r) an einem Stand. Sie wollen Ihre Produkte verkaufen. Die anderen Student(inn)en gehen einkaufen, und suchen sich etwas aus.**

Der Viktualienmarkt

Kulinarische Tipps

[...] Am Fuße des „Petersbergl" bietet der Markt zahlreiche Geschäfte mit Fleisch- und Wurstwaren, allen voran den einzigen Pferdemetzger Münchens. Käse und Milchprodukte sowie Brot und Backwaren komplettieren das sortenreiche Angebot auf dem Viktualienmarkt. [...]

Vervollständigt wird die kulinarische Vielfalt des Marktes von mehreren Fischgeschäften, zahlreichen Feinkostadressen, Tee- und Honigläden sowie einem ebenso umfangreichen wie vielfältigen Angebot an Weinen und Spirituosen. Überkommt den Marktbesucher spontan der Hunger, so hat er die Möglichkeit, an einem von über 20 Ständen einen Imbiss einzunehmen oder sich im idyllischen „Biergarten am Viktualienmarkt" niederzulassen. Durch sein Angebot, das von traditionellen Spezialitäten bis hin zu exotischen Seltenheiten reicht, ist der Viktualienmarkt zu Münchens erster Adresse für Feinschmecker aus aller Welt geworden.

Autorin: Stefanie H.

Quelle: muenchen.de

1. Vergleichen Sie das Angebot auf dem Viktualienmarkt mit Waren auf einem anderen Markt.
2. Welche Händler und Produkte gibt es auf dem Viktualienmarkt? Kreisen Sie alle ein, die im Text erscheinen.
3. Welchen Stand möchten Sie gern besuchen? Welchen nicht? Warum?
4. Gibt es in Ihrer Heimat einen Markt wie den Viktualienmarkt?

2 

Aufsatz **Schreiben Sie eine Seite über eines dieser Themen. Verwenden Sie sowohl Reflexivverben mit Akkusativ und Dativ als auch Zahlen, Zeiten und Mengen.**

1. Bayern ist stolz auf sein Essen und seine Traditionen. Wie ist es in Ihrem Land? Gibt es ein Bundesland, das besonders stolz und berühmt ist?
2. Was sind Sie: Vegetarier, Fleischesser oder Veganer? Warum haben Sie sich dafür entschieden?
3. Soll man Traditionen und Bräuchen folgen? Warum/warum nicht? Welchen/welchen nicht?

Vorbereitung

Wortschatz der Lektüre

anziehen *to attract*
die Bude, -n *stall*
sich laben an (+ Dat.) *to refresh oneself*
taufen *to baptize*
veranstalten *to organize*
sich vermählen mit *to marry*
die Wiese, -n *meadow*

Nützlicher Wortschatz

die Achterbahn, -en *roller coaster*
Eintritt bezahlen *to pay admission*
sich einigen über *to come to an agreement about*
das Motto, -s *theme*
der Wettkampf, ¨-e *competition*
zurückgehen auf (+ Akk.) *to date back to*

1 

Volksfest Vervollständigen Sie die Sätze mit den passenden Wörtern aus den Vokabellisten.

Endlich ist es wieder so weit: Unsere Stadt (1) ______ das jährliche Volksfest. Wussten Sie eigentlich, dass unser Volksfest eine lange Tradition hat und auf die Hochzeit des ersten Bürgermeisters (2) ______? Auch dieses Jahr wird es wieder viele Besucher aus der ganzen Umgebung (3) ______. Es gibt 125 (4) ______, an denen man etwas zu essen, zu trinken, Lose (*lottery tickets*), Kleidung, Spielzeug und viel Kitsch kaufen kann. Und die Besucher können sich an (5) ______ beteiligen (*take part in*); wer bekommt dieses Jahr wohl die meisten Preise? Natürlich gibt es auch mehrere (6) ______ und Karussels für die kleinen Kinder. Es wird also wieder ein Riesenspaß!

2  

Feste Beantworten Sie die folgenden Fragen zu zweit.

1. Gibt es in Ihrer Heimatstadt ein Fest, das Tradition hat und zu dem viele Menschen gehen? Beschreiben Sie es.
2. Gibt es in Ihrer Familie oder in Ihrer Heimatstadt ein Fest, zu dem man sich besonders anzieht? Beschreiben Sie es.
3. Gibt es im Laufe des Jahres ein Fest, das in Ihrer Familie besonders wichtig ist? Welches? Warum?
4. Gibt es bei Ihnen in der Nähe ein Oktoberfest, einen Weihnachtsmarkt oder ein Maifest? Waren Sie schon einmal dort? Wie war das?
5. Kennen Sie ein Fest, das einen ethnischen Ursprung hat? Welches? Was feiern die Menschen dort und wie?

3  

Traditionsfeste Schauen Sie sich in Gruppen den Titel der Lektüre und die Bilder auf der nächsten Seite an. Besprechen Sie dann die folgenden Fragen.

1. Um was für Feste handelt es sich hier wohl? Wann finden sie statt?
2. Was können die Besucher dieser Feste alles machen?
3. Kennen Sie Feste, die in Deutschland zu einer bestimmten Zeit im Jahr gefeiert werden? Gibt es solche Feste auch in den USA?

KULTURANMERKUNG

Achterbahnen

Achterbahnen zählen zu den klassischen und größten Attraktionen auf Volksfesten und in Vergnügungsparks°. Sie kamen ursprünglich (im 16. Jahrhundert) aus Russland und waren aus Holz konstruiert. Die Abfahrten wurden mit Wasser übergossen°. Nachdem das Wasser gefroren war, konnten die Wagen darauf hinunter rutschen°. Die erste Achterbahn in Deutschland wurde 1908 in München vorgestellt. Die war aus Holz und hieß die *Riesen-Auto-Luftbahn.*

Vergnügungsparks *amusement parks* **übergossen** *covered* **hinunter rutschen** *slide down*

Feste mit Tradition

Was wäre° ein Jahr ohne Feste? Feiertage bringen Menschen zusammen und vertreiben° die Eintönigkeit° des Alltags. Die Bayern mögen es besonders bunt. Hier werden traditionsträchtige Feste das ganze Jahr über gefeiert – manchmal mit Humor, manchmal mit Besinnlichkeit°, aber immer mit großem Einfallsreichtum°.

Wenn man Ende September in München ist, erlebt man das Oktoberfest. Es ist viel mehr als nur das alljährliche, feuchtfröhliche Volksfest, für das es bekannt geworden ist. Es blickt auf eine 200-jährige Tradition zurück. Am 12. Oktober 1810 vermählte sich Kronprinz Ludwig mit Prinzessin Therese von Sachsen-Hildburghausen. Die offiziellen Feierlichkeiten zur Hochzeit dauerten fünf Tage und ganz München war beteiligt°. Es gab Umzüge, Essen und Trinken und viel Musik. Der krönende Abschluss° war ein Pferderennen auf der Wiese vor der Stadt, das das Bürgertum° veranstaltete. Diese Wiese wurde zu Ehren° der Braut „Theresienwiese" getauft. Der Name ist erhalten° geblieben und da man beschlossen° hat, von nun an jedes Jahr ein Pferderennen zu organisieren, entstand daraus eine bis heute lebendige Tradition der Oktoberfeste.

In den dunklen Dezemberwochen helfen die Traditionen der Adventszeit, den Winter zu überstehen. In Bayern kann man einen Christkindlmarkt besuchen. Weihnachtsmärkte gibt es in fast allen Städten Deutschlands; der von Nürnberg aber ist weit über die Grenzen Bayerns berühmt. Historiker wissen nicht ganz genau, wann der stimmungsvolle Nürnberger Christkindlmarkt seinen Ursprung hat, aber sie vermuten°, dass er sich aus den Wochenmärkten zwischen 1610 und 1639 entwickelt hat. Man feiert die Eröffnung des Marktes am Freitag vor dem 1. Advent auf dem Hauptmarkt in Nürnbergs Altstadt und er geht normalerweise bis zum 24. Dezember. Knapp zwei Millionen Besucher kommen jährlich, um die ca. 180 Verkaufsbuden zu bewundern. Hier kann man sich an weihnachtlichen Backwaren° wie Printen°, Lebkuchen, Spekulatius° und Christstollen° laben und sich mit Glühwein gegen die Kälte wärmen. Auch kann man Dekorationen wie Glaskugeln und Adventssterne für den Weihnachtsbaum und kunsthandwerkliche weihnachtliche Artikel wie Krippen° und Räucherfiguren° kaufen. Meistens gibt es rund um einen großen Weihnachtsbaum Krippenspiele und weihnachtliche Konzerte.

Und wenn die grüne Pracht° des Frühlings endlich wieder ausbricht, laden Maifeste mit Musik rund um den mit einem Blumenkranz° und Bändern° geschmückten° Maibaum zum Tanzen ein. Schon die alten Germanen und Kelten feierten Feste in der Nacht zum Maivollmond°, und literarisch eindrucksvoll wird dies als Walpurgisnacht° in Goethes Faust beschrieben, wo Mephistopheles *Faust* am Jahreskreisfest° der Hexen° und Naturgeister auf dem Brocken° im Harz teilnehmen lässt. Ursprünglich war auch dies ein Hochzeitsfest – für den germanischen Gott Wotan, der mit Freia den Frühling gezeugt° haben soll. Es war also eine Feier für den Beginn neuen Lebens. Heute ist von Hexen und Wotan keine Spur°, aber die Freude am Frühling ist noch groß und man amüsiert sich und tanzt rund um den Maibaum in den Wonnemonat° Mai.

Kein Zweifel: Traditionen machen das Leben bunter. ■

- wäre *would be*
- vertreiben *drive off*
- Eintönigkeit *monotony*
- Besinnlichkeit *reflection*
- Einfallsreichtum *imagination*
- beteiligt *involved*
- Abschluss *crowning finale*
- Bürgertum *citizenry*
- zu Ehren *in honor*
- erhalten *preserved*
- beschlossen *decided*
- vermuten *suspect*
- Backwaren *baked goods*
- Printen/Spekulatius *spicy Christmas cookies/cinnamon, almond, and ginger buttery cookies*
- Christstollen *Christmas cake with dried fruit, nuts and spices*
- Krippen/Räucherfiguren *nativity scenes/incense smokers*
- Pracht *splendor*
- Blumenkranz/Bändern *wreath of flowers/ribbons*
- geschmückten *decorated*
- Maivollmond *full moon of May*
- Walpurgisnacht *night from April 30 to May 1*
- Jahreskreisfest/Hexen *seasonal feast/witches*
- Brocken *highest mountain in the Harz mountain range*
- gezeugt *conceived*
- keine Spur *no trace*
- Wonnemonat *joyful month*

Traditionelle deutsche Tracht°

Die traditionelle süddeutsche Tracht, Dirndl für Frauen und Lederhosen für Männer, sieht man oft als typisch „deutsche" Kleidung an. Lederhosen gibt es als „Kurze", ehemals für Arbeit und Jagd bestimmte Kleidungsstücke und als „Kniebundhose", die man an Festtagen trug. Dirndl dagegen waren städtische Mode, die Frauen der bürgerlichen Oberschicht° im Sommer anzogen. Es lassen sich aber auch Verbindungen zur Dienstbotentracht° herstellen und das Binden der Schleife° der Schürze° ist symbolträchtig°.

Tracht *costume* **Oberschicht** *upper classes* **Dienstbotentracht** *servants' garb* **Schleife** *bow* **Schürze** *apron* **symbolträchtig** *full of symbolism*

Analyse

Alles klar? **Verbinden Sie die Satzanfänge der ersten Spalte mit sinnvollen Satzenden aus der zweiten.**

_____ 1. Das Oktoberfest in München geht auf...

_____ 2. Dem Ort für das Pferderennen gaben die Bürger...

_____ 3. Weihnachtsmärkte gibt es...

_____ 4. Der Nürnberger Christkindlmarkt ist wahrscheinlich...

_____ 5. Auf einem Weihnachtsmarkt kann man Backwaren...

_____ 6. Maifeste finden um einen mit...

a. in fast allen Städten Deutschlands.

b. im 17. Jahrhundert aus den Wochenmärkten entstanden.

c. und Weihnachtsdekorationen kaufen.

d. Blumenkränzen und Bändern geschmückten Maibaum statt.

e. die Hochzeit Ludwigs I. am 12. Oktober 1810 zurück.

f. zu Ehren der Braut den Namen „Theresienwiese".

KULTURANMERKUNG

Die Dult

Seit 1310 feiern die Münchner die Dult, ursprünglich ein Kirchenfest, die bis heute ihren einzigartigen Charme aus Trödelmarkt° und authentischem Volksfest bewahrt° hat. Damals wurde sie auf dem Sankt-Jakobs-Platz veranstaltet; 1791 zog sie in die Kaufinger- und Neuhauser-Straße um. 1796 erlaubte Kurfürst Karl Theodor der Au, dem damaligen Vorort Münchens, die Dult zweimal jährlich zu veranstalten. Seit 1905 findet die Dult dreimal jährlich auf dem Mariahilfplatz in der Au statt: Es gibt die Mai-, die Jakobi- und die Kirchweihdult°.

Trödelmarkt *flea market*
bewahrt *kept*
Kirchweih *church dedication*

2 **Feste** **Besprechen Sie zu zweit die folgenden Fragen.**

1. Ist es wichtig, dass Sitten und Bräuche erhalten bleiben? Warum/warum nicht?
2. Kennen Sie Feste, die einen geschichtlichen oder kirchlichen Hintergrund haben, jetzt aber hauptsächlich Volksfeste geworden sind? Welche?
3. Haben Sie schon einmal von anderen deutschen, österreichischen oder schweizerischen Festen gehört? Von welchen?
4. Was glauben Sie, ist das traditionsreichste Fest in den USA? Warum?

3 **Fest-Planung**

A. Sie haben die Aufgabe, ein Fest zu planen, das an Ihrer Uni oder in Ihrer Heimatstadt gefeiert wird und viele Besucher anziehen soll. Einigen Sie sich in Gruppen über folgende Punkte.

- Unter welchem Motto soll das Fest stehen?
- Wo soll das Fest stattfinden? Drinnen oder draußen? Gibt es eine geeignete (*suitable*) Wiese oder Halle dafür? Denken Sie dabei auch an das Klima und die Jahreszeit!
- Was soll es zu essen und zu trinken geben? Kann man dort irgendetwas anderes kaufen?
- Soll es Aufführungen oder Wettkämpfe geben? Welche? Gibt es Preise und Auszeichnungen (*awards*)?
- Soll die Kleidung der Besucher zum Motto der Veranstaltung passen?
- Muss man Eintritt bezahlen? Gibt es Sponsoren für dieses Fest?

B. Präsentieren Sie dann der Klasse Ihren Vorschlag. Sie soll darüber abstimmen, welches Fest das attraktivste ist.

- Was für Unterschiede bzw. Gemeinsamkeiten gibt es zwischen den Vorschlägen?
- Welches Fest wird Ihrer Meinung nach die meisten Besucher anziehen? Warum?
- Wird es viel Geld kosten, so ein Fest zu veranstalten? Wer bezahlt das?

Practice more at **vhlcentral.com.**

Vorbereitung

Über den Schriftsteller

Wolfdietrich Schnurre (1920–1989) war ein wichtiger Autor der westdeutschen Nachkriegsliteratur. Er wuchs in Frankfurt und Berlin auf, kämpfte unfreiwillig im 2. Weltkrieg und lebte ab 1946 wieder in Westberlin, wo er als Theater- und Filmkritiker für die *Deutsche Rundschau* arbeitete. Schnurre war Mitbegründer der Gruppe 47, eines literarischen Kreises im Deutschland der Nachkriegszeit. Sein Werk umfasst Erzählungen, Romane, Kurzgeschichten, Gedichte und vor allem auch Kinderbücher. Er wurde mit zahlreichen bedeutenden Literaturpreisen, darunter dem Georg-Büchner-Preis (1983) ausgezeichnet.

Wortschatz der Kurzgeschichte

ausgraben *to dig up*
(ein Fest) begehen *to celebrate*
(sich) (aus)borgen *to borrow*
die Heizung, -en *heating system*
heulen *to cry*
das Leihhaus, ⸚er *pawn shop*
der Pfandleiher, - *pawn broker*
der Spaten, - *spade*

Nützlicher Wortschatz

künstlich *artificial*
das Mitleid *compassion*
unter der Hand *on the sly*
die Zuckerstange, -n *candy cane*

1 **Vorbereitung** **Vervollständigen Sie den Text mit den passenden Wörtern aus der Liste.**

ausgruben	borgen	heulen	Leihhaus	Spaten
begehen	Heizung	künstlich	Mitleid	Zuckerstangen

Weihnachten nach dem Krieg zu (1) ________ war nicht einfach für meine Familie. Die Wohnung war im Winter überhaupt nicht warm, weil meine Eltern fast kein Geld für die (2) ________ hatten. Mir war manchmal so kalt, dass ich nur noch (3) ________ konnte. Meine Eltern brachten viele ihrer Möbel ins (4) ________, damit wir überhaupt etwas zu Essen hatten. Aber es gab auch schöne Erinnerungen. Etwa als wir in den Wald gingen und eine Tanne (5) ________, weil wir keine kaufen konnten. Einen (6) ________ mussten wir dafür auch noch (7) ________. Aber wir hatten einen richtig schönen Tannenbaum, mit Lebkuchen und (8) ________ daran, die uns in dem Jahr besonders gut geschmeckt haben.

2  **Feste** **Stellen Sie einander die folgenden Fragen.**

1. Hast du ein Lieblingsfest? Welches? Warum?
2. Gibt es bestimmte Gebräuche oder Traditionen, die deine Familie an Festtagen pflegt? Beschreib sie! Warum sind sie so wichtig für deine Familie?
3. Welche kirchlichen und politischen Feiertage kennst du? Was wird an ihnen gefeiert?
4. Was meinst du, sind kirchliche oder politische Feiertage in der heutigen Gesellschaft wichtiger als früher? Warum?

Practice more at **vhlcentral.com.**

KULTURANMERKUNG

Der Tannenbaum

Sich im Winter etwas Grünes ins Haus zu holen hat eine lange Geschichte. Grün steht für Treue, aber auch für das Leben. Man drückt damit die Hoffnung aus° einen kalten Winter überstehen° zu können. Auch die Farbe rot ist symbolträchtig°. Sie ist die Farbe des Blutes und steht demnach für Liebe und Freude. Damit ist die Grundlage der Farbsymbolik zu Weihnachten geschaffen: der grüne Tannenbaum oder Adventskranz wird häufig mit roten Kerzen oder roten Dekorationen geschmückt.

drückt... aus *expressed*
überstehen *get through*
symbolträchtig *full of symbolism*

Wolfdietrich Schnurre

Am meisten hat Vater sich jedesmal zu Weihnachten Mühe gegeben. Da fiel es uns allerdings auch besonders schwer, drüber wegzukommen, daß wir arbeitslos waren. Andere Feiertage, die beging man, oder man beging sie nicht; aber auf Weihnachten lebte man zu, und war es erst da, dann hielt man es fest… Weihnachten, sagte er, wäre das Fest der Freude; das Entscheidende wäre jetzt nämlich: nicht traurig zu sein, auch dann nicht, wenn man kein Geld hätte.

[…]

Vater selber gab sich auch immer große Mühe, nicht traurig zu sein um diese Zeit; doch er hatte es aus irgendeinem Grund da schwerer als ich; wahrscheinlich deshalb, weil er keinen Vater mehr hatte, der ihm dasselbe sagen konnte, was er mir immer sagte. Es wäre bestimmt auch alles leichter gewesen, hätte Vater noch seine Stelle gehabt. Er hätte jetzt sogar wieder als Hilfspräparator° gearbeitet; aber sie brauchten keine Hilfspräparatoren im Augenblick. Der Direktor hatte gesagt, aufhalten im Museum könnte Vater sich gern, aber mit Arbeit müßte er warten, bis bessere Zeiten kämen.

assistant taxidermist

„Und wann, meinen Sie, ist das?" hatte Vater gefragt.

„Ich möchte Ihnen nicht weh tun", hatte der Direktor gesagt.

[…]

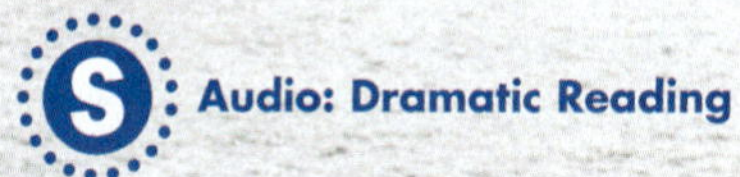

Außerdem: so einen Baum, wie er ihn sich vorstellte, den verschenkte niemand, der wäre Reichtum, ein Schatz wäre der.

Aber im Grunde lebten auch wir nicht schlecht. Denn Frieda versorgte uns reichlich mit Essen, und war es zu Hause zu kalt, dann gingen wir ins Museum rüber; und wenn wir uns alles angesehen hatten, lehnten wir uns unter dem Dinosauriergerippe° an die Heizung, sahen aus dem Fenster oder fingen mit dem Museumswärter ein Gespräch über Kaninchenzucht° an.

An sich war das Jahr also durchaus dazu angetan, in Ruhe und Beschaulichkeit° zu Ende gebracht zu werden. Wenn Vater sich nur nicht solche Sorge um einen Weihnachtsbaum gemacht hätte.

Es kam ganz plötzlich.

[…]

„Mir fällt eben ein", sagte Vater, „wir brauchen ja einen Weihnachtsbaum." Er machte eine Pause und wartete meine Antwort ab.

„Findest du?" sagte ich.

„Ja", sagte Vater, „und zwar so einen richtigen, schönen; nicht so einen murkligen°, der schon umkippt°, wenn man bloß mal eine Walnuß° dranhängt."

Bei dem Wort Walnuß richtete ich mich auf. Ob man nicht vielleicht auch ein paar Lebkuchen kriegen könnte zum Dranhängen?

Vater räusperte sich°. „Gott -", sagte er, „warum nicht; mal mit Frieda reden."

„Vielleicht", sagte ich, „kennt Frieda auch gleich jemand, der uns einen Baum schenkt."

Vater bezweifelte das. Außerdem: so einen Baum, wie er ihn sich vorstellte, den verschenkte niemand, der wäre ein Reichtum, ein Schatz wäre der.

Ob er vielleicht eine Mark wert wäre, fragte ich.

„Eine Mark -?!" Vater blies° verächtlich° die Luft durch die Nase: „Mindestens zwei."

„Und wo gibt's ihn?"

„Siehst du", sagte Vater, „das überleg' ich auch gerade."

„Aber wir können ihn doch gar nicht kaufen", sagte ich; „zwei Mark: wo willst du die denn jetzt hernehmen?"

Vater hob die Petroleumlampe auf und sah sich im Zimmer um. Ich wußte, er überlegte, ob sich vielleicht noch was ins Leihhaus bringen ließe; es war aber schon alles drin, sogar das Grammophon, bei dem ich so geheult hatte, als der Kerl hinter dem Gitter° mit ihm weggeschlurft° war.

Vater stellte die Lampe wieder zurück und räusperte sich. „Schlaf mal erst; ich werde mir den Fall durch den Kopf gehen lassen."

In der nächsten Zeit drückten wir uns bloß immer an den Weihnachtsbaumverkaufsständen herum. Baum auf Baum bekam Beine und lief weg; aber wir hatten noch immer keinen.

„Ob man nicht doch -?" fragte ich am fünften Tag, als wir gerade wieder im Museum unter dem Dinosauriergerippe an der Heizung lehnten.

dinosaur skeleton
raising of rabbits
tranquility
pathetic, puny/tips over/walnut
cleared his throat
blew/contempuously
bars/shuffled away

„Ob man was?" fragte Vater scharf.

„Ich meine, ob man nicht doch versuchen sollte, einen gewöhnlichen Baum zu kriegen?"

„Bist du verrückt?!" Vater war empört. „Vielleicht so einen Kohlstrunk°, bei dem man nachher nicht weiß, soll es ein Handfeger° oder eine Zahnbürste sein? Kommt gar nicht in Frage."

Doch was half es; Weihnachten kam näher und näher. Anfangs waren die Christbaumwälder in den Straßen noch aufgefüllt worden; aber allmählich lichteten° sie sich, und eines Nachmittags waren wir Zeuge, wie der fetteste Christbaumverkäufer vom Alex, der Kraftriemen-Jimmy, sein letztes Bäumchen, ein wahres Streichholz von einem Baum, für drei Mark fünfzig verkaufte, aufs Geld spuckte°, sich aufs Rad schwang und wegfuhr.

Nun fingen wir doch an traurig zu werden. Nicht schlimm; aber immerhin, es genügte, daß Frieda die Brauen° noch mehr zusammenzog, als sie es sonst schon zu tun pflegte, und daß sie uns fragte, was wir denn hätten.

[...]

Aber dann – es war der 23. Dezember, und wir hatten eben wieder unseren Stammplatz unter dem Dinosauriergerippe bezogen – hatte Vater die große Erleuchtung°.

„Haben Sie einen Spaten?" fragte er den Museumswärter, der neben uns auf seinem Klappstuhl° eingenickt war.

„Was?!" rief der und fuhr auf, „was habe ich?!"

„Einen Spaten, Mann", sagte Vater ungeduldig; „ob Sie einen Spaten haben."

Ja, den hätte er schon.

Ich sah unsicher an Vater empor. Er sah jedoch leidlich° normal aus; nur sein Blick schien mir eine Spur unsteter° zu sein als sonst.

„Gut", sagte er jetzt; „wir kommen heute mit zu Ihnen nach Hause, und Sie borgen ihn uns."

Was er vorhatte, erfuhr ich erst in der Nacht.

„Los", sagte Vater und schüttelte mich, „steh auf."

Ich kroch schlaftrunken über das Bettgitter. „Was ist denn bloß los?"

„Paß auf", sagte Vater und blieb vor mir stehen: „Einen Baum stehlen, das ist gemein; aber sich einen borgen, das geht."

„Borgen -?" fragte ich blinzelnd.

„Ja", sagte Vater. „Wir gehen jetzt in den Friedrichshain und graben eine Blautanne° aus. Zu Hause stellen wir sie in die Wanne mit Wasser, feiern morgen dann Weihnachten mit ihr, und nachher pflanzen wir sie wieder am selben Platz ein. Na -?" Er sah mich durchdringend° an.

„Eine wunderbare Idee", sagte ich.

Summend und pfeifend gingen wir los; Vater den Spaten auf dem Rücken, ich einen Sack unter dem Arm. Hin und wieder hörte Vater auf zu pfeifen, und wir sangen zweistimmig „Morgen, Kinder, wird's was geben"

Kohlstrunk: cabbage stalk
Handfeger: hand broom
lichteten: cleared
spuckte: spit
Brauen: eyebrows
Erleuchtung: enlightenment
Klappstuhl: folding chair
leidlich: tolerably
unsteter: restless
Blautanne: Blue Spruce
durchdringend: piercingly

und „Vom Himmel hoch, da komm' ich her". Wie immer bei solchen Liedern, hatte Vater Tränen in den Augen, und auch mir war schon ganz feierlich zumute.

Dann tauchte vor uns der Friedrichshain auf, und wir schwiegen.

Die Blautanne, auf die Vater es abgesehen hatte, stand inmitten eines strohgedeckten Rosenrondells. Sie war gut anderthalb Meter hoch und ein Muster an ebenmäßigem° Wuchs.

Da der Boden nur dicht unter der Oberfläche gefroren war, dauerte es auch gar nicht lange, und Vater hatte die Wurzeln freigelegt. Behutsam kippten wir den Baum darauf um, schoben ihn mit den Wurzeln in den Sack, Vater hing seine Joppe° über das Ende, das raussah, wir schippten° das Loch zu, Stroh wurde drübergestreut, Vater lud sich den Baum auf die Schulter, und wir gingen nach Hause. Hier füllten wir die große Zinkwanne° mit Wasser und stellten den Baum rein.

Als ich am nächsten Morgen aufwachte, waren Vater und Frieda schon dabei, ihn zu schmücken. Er war jetzt mit Hilfe einer Schnur an der Decke befestigt, und Frieda hatte aus Stanniolpapier° allerlei Sterne geschnitten, die sie an seinen Zweigen aufhängte; sie sah sehr hübsch aus. Auch einige Lebkuchenmänner sah ich hängen. Ich wollte den beiden den Spaß nicht verderben; daher tat ich so, als schliefe ich noch. Dabei überlegte ich mir, wie ich mich für ihre Nettigkeit revanchieren könnte.

Schließlich fiel es mir ein: Vater hatte sich einen Weihnachtsbaum geborgt, warum sollte ich es nicht fertigbringen, mir über die Feiertage unser verpfändetes° Grammophon auszuleihen? Ich tat also, als wachte ich eben erst auf, bejubelte° vorschriftsmäßig° den Baum, und dann zog ich mich an und ging los.

Der Pfandleiher war ein furchtbarer Mensch, schon als wir zum erstenmal bei ihm gewesen waren und Vater ihm seinen Mantel gegeben hatte, hätte ich dem Kerl sonst was zufügen° mögen; aber jetzt mußte man freundlich zu ihm sein.

Ich gab mir auch große Mühe. Ich erzählte ihm was von zwei Großmüttern und „gerade zu Weihnachten" und „letzter Freude auf alte Tage" und so, und plötzlich holte der Pfandleiher aus und haute mir eine herunter und sagte ganz ruhig: „Wie oft du sonst schwindelst, ist mir egal; aber zu Weihnachten wird die Wahrheit gesagt, verstanden?" Darauf schlurfte er in den Nebenraum und brachte das Grammophon an. „Aber wehe, ihr macht was an ihm kaputt! Und nur für drei Tage! Und auch bloß, weil du's bist!"

Ich machte einen Diener°, daß ich mir fast die Stirn an der Kniescheibe° stieß; dann nahm ich den Kasten unter den einen, den Trichter unter den anderen Arm und rannte nach Hause.

Ich versteckte beides erst mal in der Waschküche°. Frieda allerdings mußte ich einweihen°, denn die hatte die Platten°; aber Frieda hielt dicht°.

Mittags hatte uns Friedas Chef, der Destillenwirt°, eingeladen. Es gab eine tadellose° Nudelsuppe, anschließend Kartoffelbrei mit Gänseklein°. Wir aßen, bis wir uns kaum noch erkannten; darauf gingen wir, um Kohlen zu sparen, noch ein bißchen ins Museum zum Dinosauriergerippe; und am Nachmittag kam Frieda und holte uns ab.

well-proportioned
jacket/shoveled
tin tub
tinfoil
in pawn
rejoiced about
according to the rules
cause
bowed down/kneecap
laundry room
let know/records/ kept her mouth shut
pub owner
faultless (excellent)/ goose giblets

Den Baum haben wir noch häufig besucht; er ist wieder angewachsen. Die Stanniolpapiersterne hingen noch eine ganze Weile in seinen Zweigen, einige sogar bis in den Frühling.

Zu Hause wurde geheizt. Dann packte Frieda eine Riesenschüssel voll übriggebliebenem Gänseklein, drei Flaschen Rotwein und einen Quadratmeter Bienenstich° aus, Vater legte für mich seinen Band „Brehms Tierleben" auf den Tisch, und im nächsten unbewachten Augenblick lief ich in die Waschküche runter, holte das Grammophon rauf und sagte Vater, er sollte sich umdrehen.

type of cream-filled pastry

Er gehorchte auch; Frieda legte die Platten raus und steckte die Lichter an, und ich machte den Trichter fest und zog das Grammophon auf.

[...]

Aber da ging es schon los. Es war „Ihr Kinderlein kommet"; es knarrte zwar etwas, und die Platte hatte wohl auch einen Sprung, aber das machte nichts. Frieda und ich sangen mit, und da drehte Vater sich um. Er schluckte erst und zupfte sich an der Nase, aber dann räusperte er sich und sang auch mit.

Als die Platte zu Ende war, schüttelten wir uns die Hände, und ich erzählte Vater, wie ich das mit dem Grammophon gemacht hätte.

Er war begeistert. „Na -?" sagte er nur immer wieder zu Frieda und nickte dabei zu mir rüber: „na -?"

Es wurde ein sehr schöner Weihnachtsabend. Erst sangen und spielten wir die Platten durch; dann spielten wir sie noch mal ohne Gesang; dann sang Frieda noch mal alle Platten allein; dann sang sie mit Vater noch mal, und dann aßen wir und tranken den Wein aus, und darauf machten wir noch ein bißchen Musik; dann brachten wir Frieda nach Hause und legten uns auch hin.

Am nächsten Morgen blieb der Baum noch aufgeputzt stehen. Ich durfte liegenbleiben, und Vater machte den ganzen Tag Grammophonmusik und pfiff zweite Stimme° dazu.

whistled the accompanying part

Dann, in der folgenden Nacht, nahmen wir den Baum aus der Wanne, steckten ihn, noch mit den Stanniolpapiersternen geschmückt, in den Sack und brachten ihn zurück in den Friedrichshain.

Hier pflanzten wir ihn wieder in sein Rosenrondell. Darauf traten wir die Erde fest und gingen nach Hause. Am Morgen brachte ich dann auch das Grammophon weg.

Den Baum haben wir noch häufig besucht; er ist wieder angewachsen. Die Stanniolpapiersterne hingen noch eine ganze Weile in seinen Zweigen, einige sogar bis in den Frühling.

Vor ein paar Monaten habe ich mir den Baum wieder mal angesehen. Er ist jetzt gute zwei Stock hoch und hat den Umfang eines mittleren Fabrikschornsteins. Es mutet merkwürdig an, sich vorzustellen, daß wir ihn mal zu Gast in unserer Wohnküche hatten. ■

Analyse

1 **Verständnis** Verbinden Sie die Satzteile.

_____ 1. Der Vater wollte an Weihnachten nicht traurig sein, aber
_____ 2. Sie brauchten einen Weihnachtsbaum,
_____ 3. Je näher Weihnachten rückte,
_____ 4. Vater und Sohn gingen nach Friedrichshain und
_____ 5. Es wurden doch noch schöne Weihnachten,

a. an den man auch Lebkuchen und Walnüsse hängen konnte.
b. gruben eine Blautanne aus.
c. weil sie die Platten auf dem Grammophon abspielten und die Lieder mitsangen.
d. er hatte es schwerer als der Sohn.
e. esto weniger Weihnachtsbäume gab es bei den Verkaufsständen.

2 **Interpretation** Markieren Sie die richtige Aussage.

1. a. Vater und Sohn waren oft unter dem Dinosauriergerippe, weil der Vater wieder als Hilfspräparator im Museum arbeitete.
   b. Vater und Sohn waren oft unter dem Dinosauriergerippe, weil es bei ihnen zu Hause so kalt war.
2. a. Der Vater war schon öfter ins Leihhaus gegangen, weil er Geld brauchte.
   b. Der Vater ging ins Leihhaus, weil er ein Grammophon kaufen wollte.
3. a. Der Sohn wusste erst nicht, warum sein Vater den Museumswärter um einem Spaten bat.
   b. Der Sohn wusste sofort, wofür der Vater den Spaten haben wollte.
4. a. Der furchtbare Pfandleiher hatte kein Mitleid mit dem Sohn.
   b. Der furchtbare Pfandleiher hatte ein gutes Herz.
5. a. Vater und Sohn wollten den Baum schnell vergessen, damit er sie nicht an Weihnachten in einer schlechten Zeit erinnerte.
   b. Der Sohn geht immer wieder gern zu dem Baum, weil er ihn daran erinnert, wie schön das Weihnachtsfest in der schlechten Zeit gewesen war.

3 **Die Figuren** Wählen Sie die richtigen Adjektive für jede Figur.

arbeitslos	erfindungsreich	gutherzig	schön
arm	freundlich	hoch	traurig
begeistert	fürsorglich	musikalisch	ungeduldig
ebenmäßig	furchtbar	nett	verschwiegen

der Sohn	
der Vater	
Frieda	
der Pfandleiher	
der Baum	

4 **Fragen zur Geschichte** Stellen Sie einander die folgenden Fragen.

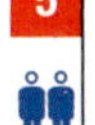

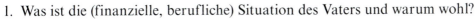

1. Was ist die (finanzielle, berufliche) Situation des Vaters und warum wohl?
2. Was machen der Vater und sein Sohn alles im Museum?
3. Wer ist Frieda?
4. Was, glaubst du, symbolisieren der „Kraftriemen-Jimmy" und der Pfandleiher in der Geschichte?
5. Findest du die Geschichte sentimental? Warum/warum nicht?

5 **Der Geburtstag** Improvisieren Sie zu zweit ein Gespräch: Vater und Sohn reden darüber, wie sie den Geburtstag des Sohnes feiern wollen.

6 **Diskussion** Besprechen Sie in Gruppen die folgenden Fragen.

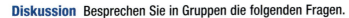

1. Hat es in Ihrer Familie Zeiten gegeben, in denen es nicht genug Geld für Heizung, Geschenke, vielleicht sogar für Essen gab? Was haben Ihre Familienmitglieder in solchen Zeiten gemacht?
2. Erzählen Sie von einem Fest, das Sie aus einem bestimmten Grund nicht vergessen können. Was war daran so besonders, dass Sie sich immer daran erinnern werden?
3. Haben Sie schon einmal etwas ins Leihhaus gebracht, oder kennen Sie jemanden, der sowas gemacht hat? Warum?
4. In der Geschichte „Die Leihgabe" erklärt der Vater seinem Sohn, dass es schon in Ordnung ist, die Blautanne aus Friedrichshain zu borgen. Was halten Sie davon? Darf man sich einfach etwas aus einem öffentlichen Park oder Wald ausleihen?
5. Der Text „Die Leihgabe" wird oft unter dem Thema „Geschichten zu Weihnachten" veröffentlicht. Kennen Sie Geschichten, die zu Weihnachten immer wieder erzählt werden? Welche?
6. Was ist der Sinn solcher Geschichten? Warum werden sie erzählt?

7 **Zum Thema** Schreiben Sie einen Aufsatz von ungefähr 100 Wörtern zu einem der folgenden Themen.

- Mussten Sie schon einmal ein Auge zudrücken, weil jemand etwas getan hat, was eigentlich nicht so ganz legal war? Haben Sie selbst einmal so was gemacht? Beschreiben Sie die Situation. Würden (*Would*) Sie wieder so handeln?
- Der Sohn in der Geschichte ist ins Leihhaus gegangen, um zu versuchen das Grammophon über Weihnachten auszuleihen. Er hasst den Pfandleiher und hat große Angst vor ihm. Aber er hat seinem Vater damit eine riesige Freude gemacht. Haben Sie schon einmal große Widerstände (*resistance*) überwunden, um jemanden eine Freude machen zu können? Wie? Warum?
- Beschreiben Sie ein Fest oder einen Brauch, das/der Ihnen aus Ihrer Kindheit als besonders in Erinnnerung geblieben ist. Was hat Sie damals so beeindruckt (*impressed*)?

Practice more at **vhlcentral.com.**

KULTURANMERKUNG

Pfandhaus

In einem Pfandhaus kann man für Wertgegenstände einen Kredit bekommen, der bis zu 50% des aktuellen Wertes dieser Dinge ist. Dieses Geschäft ist rechtlich verankert°. Wenn der Schuldner° den Kredit und die Zinsen nach einer festgelegten Frist° nicht zurückzahlen kann, darf der Gegenstand nach zehn Monaten versteigert° werden. Wenn der Pfandleiher bei der Versteigerung mehr Geld bekommt als er Kredit gegeben hat, bekommt der Schuldner die Differenz. Wenn er den Gegenstand nicht versteigern konnte, darf der Pfandleiher ihn verkaufen.

rechtlich verankert *anchored in the law* **Schuldner** *debtor* **festgelegten Frist** *predetermined time period* **versteigert** *auctioned*

Anwendung

Widerlegung

In **Lektion 1** haben Sie gelernt, wie man gute Argumente zur Verteidigung einer These schreibt. Eine weitere Strategie ist die der Widerlegung (*refutation*). Hierbei verteidigt man seinen Standpunkt indirekt, in dem man die Position des Gegenarguments untersucht. Anstatt also Argumente zu finden, mit der man seine eigene These verteidigt, versucht man, die Schwächen der Gegenargumente herauszuarbeiten. In einem guten Essay sollten solche Widerlegungen jedoch nur in Verbindung mit anderen Argumenten verwendet werden. Sie dürfen nie das einzige Argument sein. Eine gute Widerlegung:

- soll kein Angriff auf das Gegenargument sein.
- muss auf Beweisen beruhen.

Beispiel

- **These:** Manchmal darf man ein Auge zudrücken, solange kein anderer durch das, was geschieht, zu Schaden kommt.
- **Gegenargument:** Der Zweck heiligt niemals die Mittel (*the ends never justify the means*), selbst wenn es zwingende Gründe geben mag, ein Auge zuzudrücken.
- **Hauptthese:** Es gibt Leute, die argumentieren, dass man niemals ein Auge zudrücken darf. Diese Position ist jedoch extrem unflexibel und berücksichtigt in keiner Weise mildernde Umstände (*extenuating circumstances*), die eingetreten sein können.
- **Beispiel einer Widerlegung:** In der Vergangenheit lassen sich viele Beispiele dafür finden, dass Leute ein Auge zugedrückt oder sogar Gesetze überschritten haben, um ein ehrenwertes Ziel (*honorable goal*) zu erreichen, z.B.…

1 **Vorbereitung** Sehen Sie sich zu zweit verschiedene Abschnitte dieser Lektion an. Welche Argumente werden implizit oder explizit gemacht? Was wäre (*would be*) ein Gegenargument zu einer dieser Behauptungen (*assertions*)? Welche Argumente ließen sich finden, das Gegenargument zu widerlegen?

2 **Aufsatz** Wählen Sie eines der folgenden Themen und schreiben Sie darüber einen Aufsatz.

- Beziehen Sie sich in Ihrem Aufsatz auf einen der vier Teile dieser Lektion: **Kurzfilm, Stellen Sie sich vor, …, Kultur** oder **Literatur**.
- Schreiben Sie mindestens zwei Widerlegungen.
- Schreiben Sie mindestens eine ganze Seite.

Themen

1. Sind die Feste heutzutage zu kommerzialisiert? Haben die Menschen vergessen, was an den Festen wirklich gefeiert werden soll?
2. Kann man Traditionen am Leben erhalten und gleichzeitig Fortschritt (*progress*) und Wandel mit einschließen und begrüßen?
3. Können Stereotype nützlich sein oder führen sie nur zu falschen Spekulationen?

Essen und feiern

In der Küche

der Blumenkohl, -köpfe *cauliflower*
der Braten, - *roast*
der Kartoffelbrei *mashed potatoes*
die Schlagsahne *whipped cream*

braten *to fry; to roast*
eine Kleinigkeit essen *to have a snack*
schälen *to peel*
(gut) schmecken *to taste (good)*
schneiden *to cut up; to chop*
zubereiten *to prepare*

frittiert *deep-fried*
gebraten *fried; roasted*
gedünstet *steamed*
gefroren *frozen*
selbst gemacht *homemade*

Im Restaurant

das Brathähnchen, - *roast chicken*
der Eintopf, ¨-e *stew*
die Eisdiele, -n *ice-cream parlor*
die Imbissstube, -n/der Schnellimbiss, -e *snack bar*
die Kneipe, -n *pub*
die Köstlichkeit, -en *delicacy*
die Reservierung, -en *reservation*
der Schluck, - *sip*
das Selbstbedienungsrestaurant, -s *cafeteria*
der Veganer, -/die Veganerin, -nen *vegan*
der Vegetarier, -/die Vegetarierin, -nen *vegetarian*
die Wurstbude, -n *sausage stand*

bestellen *to order; to reserve*
empfehlen *to recommend*
gießen *to pour*

durchgebraten/gut durch *well-done*
englisch/blutig *rare*
medium/halbgar *medium-rare*
vegetarisch *vegetarian*
zum Mitnehmen *(food) to go*

Regionale Spezialitäten

die rote Grütze, -n *red berry pudding*
der/das Gulasch, -e *beef stew*
der eingelegte Hering, -e *pickled herring*
der Kartoffelpuffer, - *potato pancake*
der Knödel, - *dumpling*
der Sauerbraten, - *braised beef marinated in vinegar*
das Schnitzel, - *meat cutlet*
das Schweinekotelett, -s *pork chop*
die Spätzle *spaetzle; Swabian noodles*

Zum Beschreiben

fade *bland*
hervorragend *outstanding*
köstlich/lecker *delicious*
leicht *light*
pikant *spicy*
salzig *salty*
scheußlich *horrible*
schmackhaft *tasty*
schrecklich *terrible*
widerlich *disgusting*
würzig *spicy*
zart *tender*

Feiertage und Traditionen

der Brauch, ¨-e *custom*
das Erbe *heritage; inheritance*
der Fastnachtsdienstag *Shrove Tuesday*
die Feier, -n/die Feierlichkeit, -en *celebration*
die Folklore *folklore*
der Heilige Abend/der Heiligabend *Christmas Eve*
der Karneval/der Fasching/die Fastnacht *carnival (Mardi Gras)*
der Ostermontag *Easter Monday*
Ostern *Easter*
Pfingsten *Pentecost*
der Pfingstmontag *Pentecost Monday*
Silvester *New Year's Eve*
die Volksmusik, -en *folk music*
der Volkstanz, ¨-e *folk dance*
das Weihnachtsfest, -e/Weihnachten *Christmas*
der Weihnachtsmann, ¨-er *Santa Claus*

feiern *to celebrate*
heiligen *to keep holy (tradition)*

kulturell *cultural*
traditionell *traditional*

Kurzfilm

der Bärenhunger *ravenous appetite*
der Bengel, - *rascal*
die Bescherung, -en *gift giving*
das (Lachs)häppchen, - *(salmon) appetizer*
die Kerze, -n *candle*
der Nebenjob, -s *part-time job*
das (Weihnachts)plätzchen, - *(Christmas) cookie*
die Rute, -n *rod*
die Verkleidung, -en *disguise*
die Vorfreude, -n *anticipation*

ausufern *to get out of hand*
j-n bestechen *to bribe someone*
j-n erwarten *to expect someone*

schwanger *pregnant*

Kultur

die Achterbahn, -en *roller coaster*
die Bude, -n *stall*
das Motto, -s *theme*
der Wettkampf, ¨-e *competition*
die Wiese, -n *meadow*

anziehen *to attract*
Eintritt bezahlen *to pay admission*
sich einigen über *to come to an agreement about*
sich laben an (+ Dat.) *to refresh oneself*
taufen *to baptize*
veranstalten *to organize*
sich vermählen mit *to marry*
zurückgehen auf (+ Akk.) *to date back to*

Literatur

die Heizung, -en *heating system*
das Leihhaus, ¨-er *pawn shop*
das Mitleid *compassion*
der Pfandleiher, - *pawn broker*
der Spaten, - *spade*
die Zuckerstange, -n *candy cane*

ausgraben *to dig up*
(ein Fest) begehen *to celebrate*
(sich) (aus)borgen *to borrow*
heulen *to cry*

künstlich *artificial*
unter der Hand *on the sly*

Lektion 7

Wissenschaft und Technologie

Wissenschaft und Forschung machen täglich Fortschritte. Ständig erscheinen neue Technologien, und unser Leben ändert sich rapide. Eltern können ihre Kinder per GPS überwachen, und Autos fahren ohne Fahrer. Fragen zu den Vorteilen und Nachteilen wissenschaftlichen Fortschritts gibt es viele, und sie sind nicht einfach zu beantworten. Ist es unmoralisch, ein geliebtes Haustier zu klonen? Machen Videospiele und Chatten süchtig? Verursacht unsere Handy-Leidenschaft das Aussterben der Bienen (*honeybees*)? Was denken Sie?

232 **KURZFILM**

In dem Film *Roentgen* von **Michael Venus** glaubt ein Arzt, dass Röntgenstrahlen eine neue medizinische Wunderwaffe sind. Bei der Arbeit mit der neuen Technologie ignoriert er den Verhaltenskodex medizinischer Forschung.

238 **STELLEN SIE SICH VOR, ...**

Die Römer kommen: Im 1. Jahrhundert waren die Römer drauf und dran (*on the verge*), ganz Europa zu erobern. Natürlich wollten sie auch Germanien. Aber waren die Germanen damit einverstanden?

253 **KULTUR**

Baden-Württemberg: Land des Autos handelt von der Entwicklung des ersten Benzinmotors durch **Karl Friedrich Benz** und seine Konkurrenz mit **Gottlieb Daimler** bis zur heutigen Daimler AG und der Fabrikation des **VWs** bis hin zu **Porsche**.

257 **LITERATUR**

In **Egon Friedells** Geschichte *Ist die Erde bewohnt?* machen sich die Einwohner des Doppelplaneten Cygni darüber Gedanken, ob Leben außerhalb ihres Sonnensystems überhaupt möglich ist.

Reiseziel:
Südwestdeutschland

234

254

230 **ZU BEGINN**

240 **STRUKTUREN**

- 7.1 Passive voice and alternatives
- 7.2 Imperative
- 7.3 Adverbs

262 **SCHREIBWERKSTATT**

263 **WORTSCHATZ**

Fortschritt und Forschung

Die Wissenschaftler

der Astronaut, -en/die Astronautin, -nen *astronaut*

der Astronom, -en/die Astronomin, -nen *astronomer*

der Biologe, -n/die Biologin, -nen *biologist*

der Forscher, -/die Forscherin, -nen *researcher*

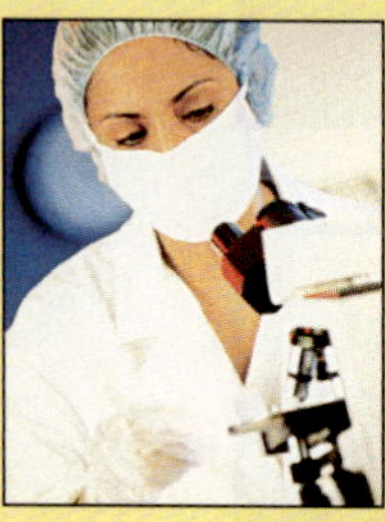

der Geologe, -n/die Geologin, -nen *geologist*

der Informatiker, -/die Informatikerin, -nen *computer scientist*

der Mathematiker, -/die Mathematikerin, -nen *mathematician*

der (Kern/Nuklear)physiker, -/die (Kern/Nuklear)physikerin, -nen *(nuclear) physicist*

der Zoologe, -n/die Zoologin, -nen *zoologist*

Wissenschaftliche Forschung

die DNS *DNA*

die Entdeckung, -en *discovery*

die Entwicklung, -en *development*

das Experiment, -e *experiment*

die Forschung, -en *research*

der Fortschritt, -e *progress*

das Gen, -e *gene*

der Impfstoff, -e *vaccine*

das Ziel, -e *aim; goal*

---

beweisen *to prove*

heilen *to cure*

impfen *to vaccinate*

---

außergewöhnlich *exceptional*

bedeutend *significant*

bemerkenswert *remarkable*

Die Technologie

der Code, -s *code*

die Datenbank, -en *database*

die Elektronik *electronics*

das Gerät, -e *device*

die Informatik *computer science*

die künstliche Intelligenz *artificial intelligence*

die Nanotechnologie, -n *nanotechnology*

das Netzwerk, -e *network*

die Robotertechnik, -en *robotics*

das (Analog/Digital)signal, -e *(analog/digital) signal*

die Technik, -en *engineering; technology*

die Telekommunikation, -en *telecommunication*

---

kabellos *wireless*

Die Elektronikwelt

das Attachment, -s *attachment*

das E-Book, -s *e-book*

die (unerwünschte(n)) E-Mail, -s *(spam) e-mail*

der Rechner, - *computer*

der USB-Stick, -s *flash drive*

---

aktualisieren *to update*

anhängen *to attach*

(he)runterladen *to download*

Probleme und Herausforderungen

die Herausforderung, -en *challenge*

der Moralkodex, -e/-dizes *code of ethics*

die Stammzelle, -n *stem cell*

der Verhaltenskodex, -e/-dizes *code of conduct*

---

klonen *to clone*

---

ethisch *ethical*

umstritten *controversial*

unmoralisch *unethical*

unrecht *wrong*

Anwendung und Kommunikation

1

Kategorien Finden Sie das Wort rechts, das am besten zu jeder Gruppe Wörter links passt.

____ 1. der Code, die Datenbank, das Netzwerk	a. Wissenschaftlerin
____ 2. ethisch, moralisch, richtig	b. Computerwissenschaften
____ 3. das Experiment, die Entdeckung, die Entwicklung	c. Forschung
____ 4. die künstliche Intelligenz, die Technik, die mechanischen Geräte	d. Medizin
____ 5. der Impfstoff, heilen, die DNS	e. Moralkodex
____ 6. die Geologin, die Physikerin, die Biologin	f. Robotertechnik

2

Was fehlt? Ergänzen Sie jeden Satz mit dem passenden Wort aus der Vokabelliste.

1. Viele Leute streiten über die moralische Richtigkeit von Stammzellenforschung. Das komplexe Thema ist sehr ________.
2. Damit kann man viele schlimme Krankheiten vorbeugen (*prevent*): ________.
3. Die doppelhelixförmige ________ trägt die genetische Information unserer Zellen.
4. Ein ________ ist das Ende, das man erreichen will.
5. Um ihre Hypothese zu verifizieren, muss eine Forscherin ________ machen.
6. Die ________ bestimmen, ob ein Kind grüne oder braune Augen haben wird.
7. Ein ________ erforscht den Himmel und die Sterne.
8. Eine Aufgabe, die schwer zu lösen ist, kann eine große ________ sein.

3

Umstrittene Themen

A. Markieren Sie die Aussagen, die Sie für richtig halten. Besprechen Sie dann zu zweit Ihre Resultate und erklären Sie Ihre Meinungen.

- ☐ 1. Moderne Technologie hat unser Leben leichter gemacht.
- ☐ 2. Die Vorteile von Computern überwiegen die Nachteile.
- ☐ 3. Technologische Fortschritte sind eigentlich schlecht für die Menschheit.
- ☐ 4. Für einen Arzt ist es moralisch falsch, einem todkranken Menschen beim Suizid zu helfen.
- ☐ 5. Wir sollten Stammzellen benutzen, um kranken Menschen zu helfen.
- ☐ 6. Das Klonen von menschlichen Zellen ist moralisch falsch.

B. Gehen Sie jetzt alle Aussagen noch einmal durch und stimmen Sie als ganze Klasse ab, ob Sie sie für richtig halten. Nehmen Sie dann das umstrittenste Thema und führen Sie eine Debatte darüber.

Practice more at **vhlcentral.com.**

Vorbereitung

Wortschatz des Kurzfilms

der Apparat, -e *machine; instrument*
etwas durchdringen *to penetrate something*
einsetzen *to employ*
sich entscheiden *to decide*
die Flitterwochen (*pl.*) *honeymoon*
die Menschheit *mankind*
die Schmerzfreiheit *free of pain*
der Strahl, -en *beam, ray*
die Sucht, ¨e *addiction*

Nützlicher Wortschatz

die Behandlung, -en *treatment*
besessen *possessed*
gesundheitsgefährdend *harmful to one's health*
sich herausstellen als *to turn out to be*
der Knochen, - *bone*
das Opfer, - *victim*
röntgen *to x-ray*
zielstrebig *determined*

AUSDRÜCKE

diese Strahlen taugen zur Diagnose *these rays provide a diagnosis*
eine biologische Wirkung hervorrufen *to produce a biological effect*
der wissenschaftliche Beweis *scientific proof*
die Strahlentherapie *radiation therapy*

1 **Was passt zusammen?** Suchen Sie die Wörter, die zu den Definitionen passen.

_____ 1. ein Teil des Skeletts
_____ 2. alle Personen der Erde
_____ 3. das Licht von der Sonne
_____ 4. der Urlaub nach der Hochzeit
_____ 5. was man hat, wenn man ohne eine Substanz kaum leben kann
_____ 6. die Therapie
_____ 7. die Maschine
_____ 8. was man fühlt, wenn nichts weh tut

a. die Schmerzfreiheit
b. die Flitterwochen
c. der Knochen
d. die Behandlung
e. die Strahlen
f. der Apparat
g. die Menschheit
h. die Sucht

2 **Was fehlt?** Ergänzen Sie jeden Satz mit dem richtigen Wort oder Ausdruck.

1. Experimente können einen ____________ produzieren.
2. Menschen, die nur ein Ziel haben, arbeiten manchmal wie ____________.
3. Sowohl extremer Drogenkonsum als auch Extremsportarten können ____________ sein.
4. Wenn man eine Wahl trifft, ____________ man sich entweder für eine Möglichkeit oder für eine andere.
5. Die ____________ der Sonne sind warm und können gesund sein.

3 

Technik Stellen Sie einander die folgenden Fragen. Besprechen Sie dann die Antworten.

1. Bist du schon einmal geröntgt worden? Warum?
2. Hast du schon einmal an einem medizinischen oder einem anderen Experiment teilgenommen? Warum? Beschreibe es.
3. Glaubst du Ärzten alles, was sie dir sagen? Warum/warum nicht?
4. Wird dein Leben durch neue Technologien immer besser? Warum/warum nicht?
5. Willst du neue Technologien sofort ausprobieren, sobald man sie kaufen kann? Oder wartest du lieber, bis sie etabliert sind? Warum?
6. Hast du schon einmal eine schlechte Erfahrung mit einer neuen Technologie gemacht? Wann? Welche?

4 

Erfindungen in Technik und Medizin Schreiben Sie positive und negative Aspekte jeder technischen oder medizinischen Erfindung auf. Besprechen Sie dann Ihre Argumente mit Ihrem Partner/Ihrer Partnerin.

Erfindungen	Vorteile	Nachteile
das Handy		
die Pestizide (*pl.*)		
das Auto		
die Mikrowelle		
die Antibiotika (*pl.*)		
das Internet		
die Atomenergie		

5 

Was könnte passieren? Sehen Sie sich in Gruppen die folgenden Bilder aus dem Film an und beantworten Sie dann die Fragen.

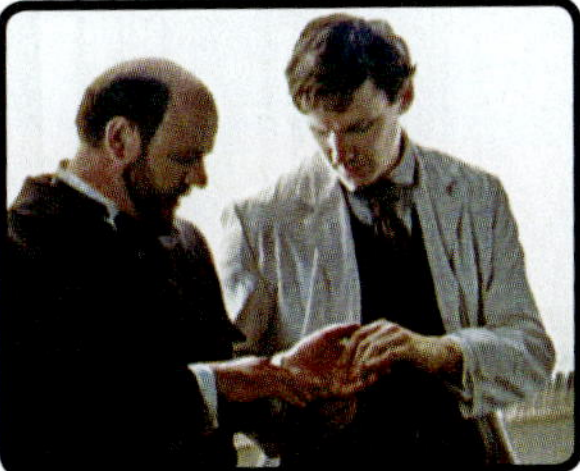

- Wie sehen die Personen aus (physisches Aussehen)?
- Was für Persönlichkeiten könnten die Personen haben?
- Welche Beziehung haben die Personen zueinander?
- Denken Sie, dass es sich um private Beziehungen handelt oder dass die Personen Arbeitskollegen sind?
- Wie werden die Personen in dem Film verbunden (*connected*) sein?

 Practice more at **vhlcentral.com.**

Best Student Film
13. International Film Festival
"ZOOM-ZBLIŻENIA"

Ein Film von Michael Venus

ROENTGEN

Darsteller Knut Berger, Sophie-Charlotte Conrad, Sandra Hüller, Felix Kramer, Dominik Lindhorst, Helmut Rühl, Christoph Tomanek **Drehbuch** Susanna Mewe **Produzent** Jörg Lassak **Schnitt** Hendrik Smith **Musik** Johannes Lehniger/Holger Schuhmann

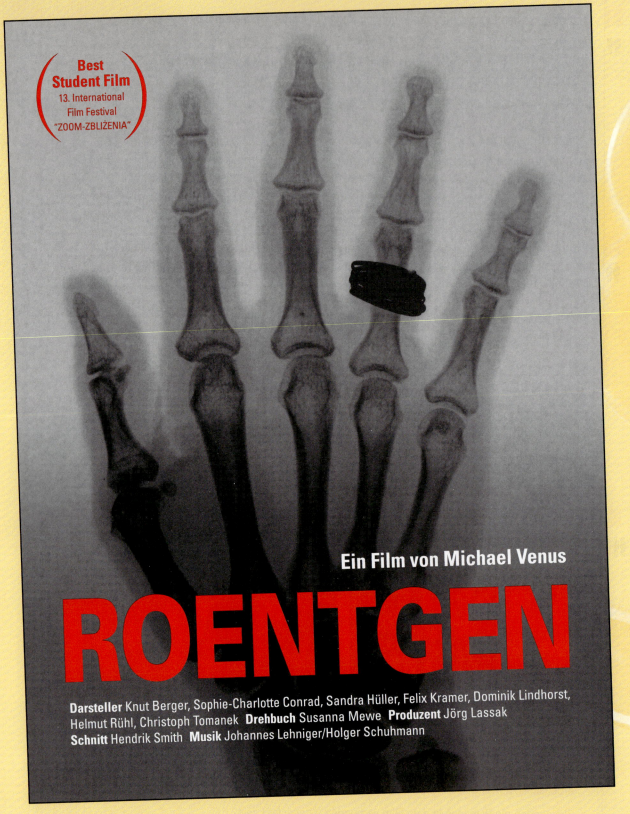

SZENEN

HANDLUNG *Im Jahr 1896, weniger als ein Jahr nach der Entdeckung der Röntgenstrahlen, fängt ein junger Arzt an, mit dieser neuen Technologie Patienten zu behandeln.*

GEORG Die Zeit wird mir lang werden ohne dich.
CHARLOTTE Dann lass mich dich begleiten.
GEORG Dazu bist du etwas zu dünn angezogen.

GEORG Und das soll er also sein.
GUSTAV Seine Strahlen durchdringen Holz, Kupfer und den menschlichen Körper, als ob derselbe von kristallhellem Spiegelglas wäre°.

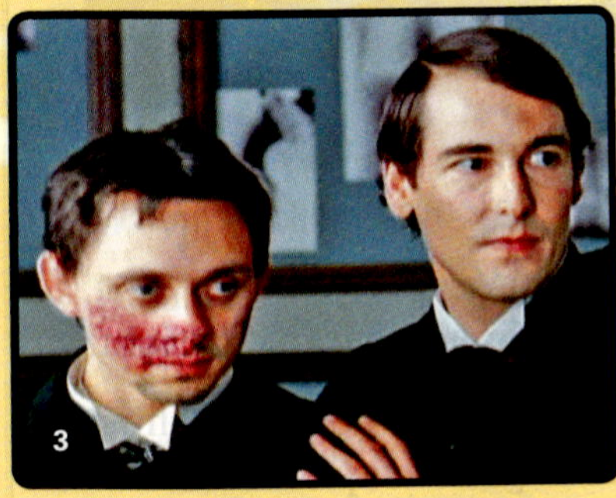

GEORG Infolgedessen haben wir den Patienten über einen Zeitraum von 4 Wochen zweimal täglich bestrahlt, jeweils 15 bis 33 Minuten bei maximaler Annäherung° der Röhre° an die zu bestrahlende Körperpartie bis zu einem Abstand von 6 Zentimetern, wobei ich die Expositionszeit graduell erhöht habe.

GEORG Die Röntgentherapie hat sich als erfolgreich erwiesen bei Erkrankungen der äußeren Haut wie Ekzemen, Schuppenflechten°, Karzinomen, ... Problemen körperlicher wie seelischer° Natur. In den meisten Fällen konnte Heilung, in allen Fällen aber Schmerzfreiheit erreicht werden.

FRIEDRICH Gustav war täglich den Strahlen ausgesetzt und jetzt frisst ihn der Krebs°. Wenn ich an Georgs Stelle wäre, würde ich seine Zauberstrahlen eine Weile ruhen lassen.
CHARLOTTE Sie sind nicht an Georgs Stelle und Sie werden nie an seiner Stelle sein.

CHARLOTTE Wie geht es Ihnen, Herr Gross?
GROSS Meine Heilung schreitet gut voran. Aber da gibt es so Leute, die sagen, dass die Strahlen gefährlich sind. Dass sie einen vergiften können.
CHARLOTTE Aber wir wissen es besser, nicht wahr?

wäre *would be* **Annäherung** *convergence* **Röhre** *tube* **Schuppenflechten** *psoriasis* **seelischer** *psychological* **Krebs** *cancer*

KULTURANMERKUNG

Röntgen

Am 8. November 1895 entdeckte der deutsche Physiker **Wilhelm Conrad Röntgen** in Würzburg unsichtbare° Strahlen, die er anfangs X-Strahlen nannte, bevor sie in Röntgenstrahlen umbenannt wurden. Für seine Erfindung wurde Röntgen 1901 mit dem ersten Nobelpreis für Physik ausgezeichnet. Besonders bekannt ist eine seiner ersten Röntgenaufnahmen, ein Bild von der Hand seiner Frau, auf dem der Ehering noch klar zu sehen ist. Nach seinem Tod wurden Röntgens wissenschaftliche Notizen auf seinen eigenen Wunsch hin vernichtet°.

unsichtbare *invisible* **vernichtet** *destroyed*

Beim ZUSCHAUEN

Sind die folgenden Sätze **richtig** oder **falsch**?

1. Charlotte und Georg sind sehr verliebt. ______
2. Georg, Friedrich und Gustav sind Kollegen. ______
3. Friedrich wird Georgs neuer Assistent. ______
4. Herr Gross ist Georgs Patient. ______
5. Es gibt keine Probleme mit den Röntgenstrahlen. ______
6. Charlotte wird immer einsamer. ______
7. Georg stirbt wegen der Röntgenstrahlen. ______
8. Charlotte wird Georgs neue Assistentin. ______

Ist die Erde bewohnt?

Egon Friedell

In ihrer genaueren Formulierung lautete diese Frage, die vor zwei Lichtjahren auf dem innersten Planeten des Sternpaars Cygni („Die Schwäne"), eines der uns zunächst gelegenen Sonnensysteme, gestellt wurde: Sind die Trabanten° des Fixsterns Sol bewohnt oder wenigstens bewohnbar? Sie wurde von den Gelehrten einstimmig verneint. Sie erklärten:

1. Nur Planeten von Doppelsonnen sind bewohnbar, weil nur sie durch die einander aufhebenden Anziehungskräfte der beiden Gegensonnen in Gleichgewicht und Ruhe erhalten werden. Sol ist jedoch ein Einzelstern und seine Planeten daher Drehsterne. Die hierdurch bewirkte grauenvolle° Bewegung läßt jeden Gedanken an dortiges Leben als Wahnwitz° erscheinen.

2. In der Atmosphäre der Soltrabanten wurden beträchtliche Mengen des Sauerstoffs festgestellt, jenes bösartigen° Giftgases, von dem schon geringe Spuren genügen, um alle Lebenskeime zu vernichten.

3. Es steht völlig außer Zweifel, daß auf keinem Soltrabanten die Durchschnittswärme 500 Grad übersteigt, ja auf manchen sinkt sie bis zu 100 Grad! In einer Temperatur, die so weit davon entfernt ist, Violettglut° zu erzeugen, vermag Leben nicht zu entstehen, geschweige denn° sich zu höheren Formen zu entwickeln.

4. Sol ist einer der lichtschwächsten Fixsterne. Die gesamte Lichtmenge, die er während eines Solarjahrs produziert, würde grade noch genügen, um die Bewohner des nächsten seiner Planeten eine Cygnalsekunde lang zu ernähren! Selbst wenn man also einen Augenblick lang die absurde Hypothese annehmen wollte, daß auf einem sauerstoffverpesteten, in blitzschneller Rotation befindlichen Ball „Lebewesen" existieren können, so könnten diese eben nur einen Augenblick lang leben, denn im nächsten wären sie bereits an Lichthunger elend zugrunde gegangen°.

5. Sämtliche Solplaneten sind ungeheuer schwer. Selbst der leichteste von ihnen, der dreiundzwanzigste, wiegt noch immer etwa vierzigtausendmal soviel wie beide Cygni zusammen. Infolgedessen müssen diese Monstra° eine Gravitationskraft besitzen, die die Existenz luftartiger Geschöpfe völlig ausschließt. Da Leben nur in Gasform möglich ist, so erledigt sich schon durch diese Tatsache die ganze Frage nach der Bewohnbarkeit dieser Weltkörper.

6. Da Sol eine immerhin mehrtausendfach höhere Temperatur und eine viel geringere Dichte als seine Planeten besitzt, so wäre die Möglichkeit, daß er selbst bewohnt ist, theoretisch denkbar. Aber auch sie muß verneint werden. Denn die Spektralanalyse hat festgesetzt, daß er einen hohen Prozentsatz an Eisen enthält. Von diesem furchtbaren Gas würde ein Milligramm ausreichen, um Myriaden von Cygnoten durch die Kraft seines Magnetismus auf der Stelle zu töten. Die ehernen° Naturgesetze, die die Wissenschaft entschleiert° hat, gelten auch für die Lebenserscheinungen und umspannen unerbittlich den ganzen Kosmos, weshalb man müßige Spekulationen über die Bewohnbarkeit unserer benachbarten Liliputsonne und ihrer toten Drehsterne den Romanschriftstellern überlassen sollte.

Nur ein verrückter Privatdozent der Philosphie erklärte: Selbstverständlich sind alle Solplaneten bewohnt, wie überhaupt alle Weltkörper. Ein toter Stern: das wäre ein Widerspruch in sich selbst. Jeder Weltkörper stellt eine Stufe der Vollkommenheit dar, einen der möglichen Grade der Vergeistigung°. Jeder ist ein Gedanke Gottes: also lebt er und ist er belebt, wenn auch seine Bewohner vielleicht nicht immer so aussehen wie ein Professor der cygnotischen Astronomie.

Worauf ihm wegen Verhöhnung° der Fakultät die Befugnis zur öffentlichen Gedankenübertragung° entzogen wurde. ■

satellites · *horrible* · *madness* · *malignant* · *red-hot heat* · *let alone* · *died miserably* · *monsters* · *iron/unveiled* · *spirituality* · *mockery* · *thought transfer*

Analyse

1 **Verständnis** Verbinden Sie die Satzteile zu logischen Sätzen.

____ 1. Nur Planeten von Doppelsonnen sind bewohnbar,

____ 2. Leben kann nur auf Planeten entstehen,

____ 3. Die Gelehrten auf Cygni bezweifeln,

____ 4. Eisen ist ein furchtbares Gas,

____ 5. Dass alle Solplaneten bewohnt sind,

a. dass es auf sauerstoffverpesteten Planeten Lebewesen geben kann.

b. deren Durchschnittswärme über 500 Grad liegt.

c. glaubt nur ein verrückter Privatdozent.

d. weil die Gegensonnen sie im Gleichgewicht erhalten.

e. das die Cygnoten durch seinen Magnetismus tötet.

2 **Was stimmt?** Entscheiden Sie, welche Aussagen richtig sind.

1. a. Die Gelehrten auf Cygni interessieren sich nicht für ihre benachbarten Sonnensysteme.
   b. Die Gelehrten auf Cygni sind sich einig, dass es kein Leben auf dem benachbarten Sonnensystem geben kann.
2. a. Für die Lebewesen auf Cygni ist Sauerstoff tödlich.
   b. Die Lebewesen auf Cygni können ohne Sauerstoff nicht leben.
3. a. Auf dem Doppelplaneten Cygni ist es sehr kalt.
   b. Die Cygnoten können nur in großer Hitze (*extreme heat*) existieren.
4. a. Die Cygnoten glauben, dass Sol bewohnbar ist, weil es dort warm ist.
   b. Die Cygnoten sind der Meinung, dass auch Sol nicht bewohnbar ist.

3 **Interpretation** Vervollständigen Sie die Satzanfänge logisch.

1. Laut den Cygnoten ist Leben auf Drehsternen…
   a. vorhanden. b. unmöglich. c. eine gute Alternative.
2. Die gesamte Lichtmenge eine Jahres von Sol…
   a. ist heißer als die von Cygni.
   b. erwärmt die Soltrabanten auf über 500 Grad.
   c. kann die Bewohner eines Planeten eine Cygnalsekunde lang ernähren.
3. Sämtliche Solplaneten sind…
   a. ungeheuer schwer. b. unbeschreiblich leicht.
   c. bestehen aus Gas.
4. Die Cygnoten glauben, dass Leben…
   a. ohne Sauerstoff unmöglich ist. b. durch Eisen erst möglich wird.
   c. nur in Gasform möglich ist.
5. Auf Cygni gibt es…
   a. sogar Romanschriftsteller. b. keine verrückten Leute.
   c. kein Verständnis für Naturgesetze.
6. Der verrückte Privatgelehrte…
   a. stimmt mit den Gelehrten von Cygni überein.
   b. glaubt an Gott.
   c. wird von seinen Kollegen bewundert.

4 **Die Figuren** Bestimmen Sie, auf wen sich die folgenden Aussagen beziehen. Besprechen Sie dann Ihre Antworten miteinander.

	die cygnotischen Wissenschaftler	der Privatdozent der Philosophie
1. Sie denken logisch.	☐	☐
2. Sauerstoffverpestete, sich blitzschnell drehende Planeten sind unbewohnbar.	☐	☐
3. Ein toter Stern ist ein Widerspruch in sich selbst.	☐	☐
4. Jeder Weltkörper ist ein Gedanke Gottes.	☐	☐
5. Sie vertragen kein Eisen.	☐	☐
6. Alle Lebewesen sehen so aus wie sie selbst.	☐	☐
7. Lebewesen können anders aussehen als die Cygnoten.	☐	☐
8. Sie sind autoritär.	☐	☐

5 **Fragen zur Geschichte** Besprechen Sie die folgenden Fragen zu zweit.

1. Glauben Sie, dass die Cygnoten wie Menschen denken? Warum/warum nicht?
2. Warum, glauben Sie, hat Egon Friedell diese Geschichte geschrieben?
3. Was will er mit seiner Geschichte sagen?
4. Was, glauben Sie, sagt Friedells Geschichte über die menschliche Natur aus?

6 **Was meinen Sie?** Besprechen Sie in Gruppen die folgenden Fragen.

1. Gibt es heutzutage allgemein akzeptierte Theorien oder Meinungen, die Ihrer Ansicht nach nicht richtig sind? Wenn ja, welche, und warum ist das so?
2. Welche Personen der Weltgeschichte haben wissenschaftliche Grundsätze ihrer Zeit in Frage gestellt? Was dachten sie?
3. Welche wissenschaftlichen Erkenntnisse der heutigen Zeit sind kontrovers? Warum?
4. Wie sehen Lebewesen aus dem All in Ihrer Vorstellung aus?
5. Glauben Sie, dass die Lebewesen, die wir aus Science-Fiction-Filmen und Literatur kennen, ähnlich „menschbezogen" sind wie die aus Friedells Geschichte „cygnotenbezogen"? Warum ist das wohl so?

7 **Zum Thema** Schreiben Sie einen Aufsatz von ungefähr 100 Wörtern über eines der folgenden Themen.

- Sie machen eine Reise zum Planeten Cygni. Beschreiben Sie a) die Vorbereitungen, die Sie getroffen haben, um die Bedingungen auf dem Planeten zu überleben; b) Ihre Erfahrungen auf der Reise und c) Ihre ersten Eindrücke von dem Planeten und seinen Einwohnern.
- Cygnoten sind in der Nähe Ihrer Heimatstadt gelandet. Wie reagieren Ihre Mitbürger(innen) und Sie darauf?

 Practice more at **vhlcentral.com.**

KULTURANMERKUNG

Nikolaus Kopernikus (1473–1543) war Astronom und erschütterte° die Gelehrten seiner Zeit mit der These, dass die Erde um die Sonne kreist. Sein heliozentrisches Denken wurde später von **Galileo Galilei** (1564–1642) unterstützt. **Friedrich Johannes Kepler** (1571–1630) war u.a. Astrologe, Naturphilosoph und Optiker. Die nach ihm benannten Keplerschen Gesetze beschreiben den Verlauf der Planetenbewegungen. Außerdem half er, die Entdeckungen seines Zeitgenossen Galileo Galilei zu beweisen. Der Physiker **Albert Einstein** (1879–1955) entdeckte Atome, formulierte die Relativitätstheorie und wurde 1921 mit dem Nobelpreis für Physik ausgezeichnet.

erschütterte *shattered*

LEKTION **8**

Recht und Umwelt

Der Umgang mit der Umwelt und mit unseren Mitmenschen sind die großen Herausforderungen des 21. Jahrhunderts. Klimachaos und saurer Regen sind genauso gängige (*current*) Themen wie Gewalt, Zerstörung und Kontrolle durch den Staat. Recht und Gesetz sind dazu da, Menschen und Umwelt zu schützen. Aber wo hört der Schutz auf und wo fängt die Überwachung an? Was können Regierungen tun, um unsere Zukunft zu sichern, ohne die Privatsphäre und persönliche Freiheiten zu stark einzuschränken (*limit*)? Kann der Einzelne (*individual*) etwas ändern?

268 **KURZFILM**

Der Film **Gefährder** ist Teil des Kurzfilmprojekts **Deutschland 09**. In diesem Film erzählt der Regisseur **Hans Weingartner** die wahre Geschichte von Andrej Holm, der wegen Verdachts terroristischer Tätigkeiten 11 Monate lang überwacht wurde (*kept under surveillance*).

274 **STELLEN SIE SICH VOR, ...**

Frankfurt am Main ist eine wichtige deutsche Wirtschaftsmetropole. Deutsche und europäische Banken, die Messe und internationale Firmen haben dort ihren Sitz und prägen (*shape*) das Image dieser Stadt.

289 **KULTUR**

Grün reisen, Grün schützen handelt von Naturparks in **Hessen**, Naturschutzgebieten im Harz und Biosphärenreservaten in der Region Mittelelbe. Außerdem geht es darum, wie man in diesen Gebieten im Einklang mit der Natur leben und Urlaub machen kann.

293 **LITERATUR**

In der Geschichte *Vor dem Gesetz* versucht ein alter Mann Einlass in das Gesetz zu erlangen, aber der Türhüter findet immer neue Gründe ihm den Einlass zu verwehren.

Reiseziel: Mittel-deutschland

270

290

266 **ZU BEGINN**

276 **STRUKTUREN**

8.1 Der Konjunktiv II and würde with infinitives

8.2 Der Konjunktiv II of modals

8.3 Demonstratives

298 **SCHREIBWERKSTATT**

299 **WORTSCHATZ**

Natur- und Ideenwelt

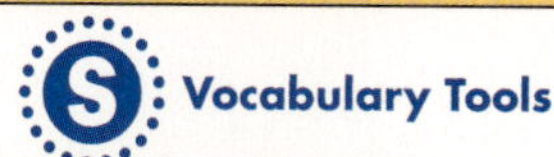

Umwelt und Umweltprobleme

das Atomkraftwerk, -e *nuclear power plant*

das Aussterben *extinction*
die Bodenschätze *natural resources*
das Gift, -e *poison*
die Klimaerwärmung, -en *global warming*
die Naturkatastrophe, -n *natural disaster*
der Naturlehrpfad, -e *nature trail*
die Ökologie *ecology*
der Umweltschutz *environmental conservation*
die (Umwelt)verschmutzung *pollution*

erhalten *(here) to conserve*
recyceln *to recycle*
verbrauchen *to consume*
zerstören *to destroy*

still *quiet*
trinkbar *drinkable*
umweltfreundlich *environmentally friendly*
wiederverwertbar *recyclable, reusable*

Gesetze und Anrechte

die Erziehung *education*
die Freiheit, -en *freedom; liberty*
die Gerechtigkeit, -en *justice*
das Gewissen, - *conscience*
die Gleichheit, -en *equality*
die Grausamkeit, -en *cruelty*
der Machtmissbrauch, ¨-e *abuse of power*
das Menschenrecht, -e *human right*
die Unmenschlichkeit, -en *inhumanity*

einschätzen *to gauge*
einsperren *to imprison*
missbrauchen *to abuse*
schützen *to protect*

ein Gesetz verabschieden *to pass a law*
verteidigen *to defend*
verurteilen *to condemn*

(un)gerecht *(un)fair; (un)just*
(un)gleich *(un)equal*
(il)legal *(il)legal*
(un)schuldig *(not) guilty*
unterdrückt *oppressed*

Fragen und Meinungen

die Angst, ¨-e *fear*
die Drohung, -en *threat*
die Gewalt, *violence*
die Politik *politics*
die Sicherheit, -en *security; safety*
der Terrorismus *terrorism*
die Wahl, -en *election*

erreichen *to achieve*
fördern *to promote; to encourage*
kämpfen *to fight*
retten *to save; to rescue*
sich widmen *to dedicate oneself*

friedlich *peaceful*
gemäßigt *moderate*
konservativ *conservative*
liberal *liberal*
pazifistisch *pacifist*

Die Leute

der Aktivist, -en/die Aktivistin, -nen *activist*
die Geschworenen (*pl.*) *jury*
der/die Kriminelle, -n *criminal*

der Naturschützer, -/die Naturschützerin, -nen *conservationist*
der Rechtsanwalt, ¨-e/die Rechtsanwältin, -nen *lawyer*
der Richter, -/die Richterin, -nen *judge*
der Terrorist, -en/die Terroristin, -nen *terrorist*
der Zeuge, -n/die Zeugin, -nen *witness*

Anwendung und Kommunikation

1 **Gegensätze** Markieren Sie das Wort mit der gegenteiligen Bedeutung.

	a.	b.
1. legal:	a. rechtlich	b. illegal
2. Gerechtigkeit:	a. Menschlichkeit	b. Machtmissbrauch
3. Drohung:	a. Sicherheit	b. Terrorismus
4. kämpfen:	a. friedlich reden	b. einsperren
5. erhalten:	a. zerstören	b. recyceln
6. still:	a. ruhig	b. laut

2 **Definitionen** Finden Sie das Wort rechts, das zu der Definition links passt.

____ 1. der Mensch im Gerichtssaal, der das Urteil fällt
____ 2. jemand, der ein Verbrechen gesehen hat
____ 3. wenn etwas Altes noch einmal gebraucht wird
____ 4. wenn eine Spezies von der Erde ganz verschwindet
____ 5. die innere Stimme, die uns sagt, was richtig und falsch ist
____ 6. jemand, der ein Verbrechen begeht

a. der Richter
b. der Kriminelle
c. das Aussterben
d. das Gewissen
e. das Recycling
f. der Zeuge

3 **Rettet die Erde!** Ein 18-jähriger Schüler hat einen kurzen Aufsatz über Umweltschutz im Alltag geschrieben. Vervollständigen Sie ihn mit den passenden Vokabeln.

Aussterben	recyceln	verbrauchen
Gesetze	Umwelt	zerstören

Manchmal habe ich Angst vor der Zukunft, denn unsere Erde hat gigantische Gesundheitsprobleme. Menschen (1) ________ den Regenwald, unsere Flüsse werden verschmutzt, viele Tiere und Pflanzen sind vom (2) ________ bedroht. Ich tue mein Bestes, um die (3) ________ zu retten. Meine Familie fährt zum Beispiel nur selten mit dem Auto. Ich dusche nur kurz, um weniger Wasser zu (4) ________. Ich (5) ________ alte Zeitungen und Getränkedosen und alle Verpackungen. Und wenn ich das Badezimmer putze, benutze ich nur giftfreie Putzmittel. Aber wie viel kann ein einziger Mensch ändern? Die Regierungen der ganzen Welt müssen eben auch gemeinsam neue (6) ________ verabschieden, die die Umwelt schützen.

4 **Meinungen zum Thema Umwelt** Besprechen Sie zu zweit die Fragen.

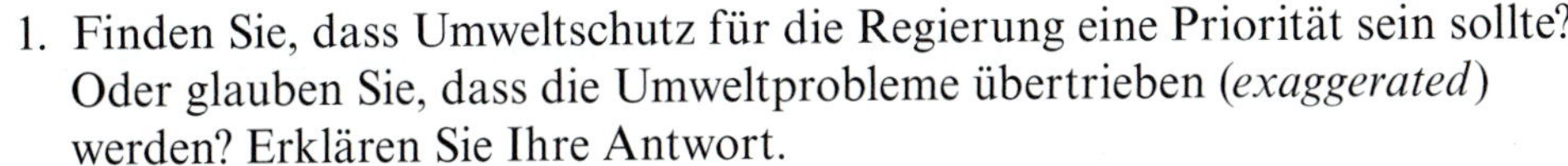

1. Finden Sie, dass Umweltschutz für die Regierung eine Priorität sein sollte? Oder glauben Sie, dass die Umweltprobleme übertrieben (*exaggerated*) werden? Erklären Sie Ihre Antwort.
2. Oft möchten Menschen umweltfreundlicher leben, machen es aber nicht. Warum nicht?

KULTURANMERKUNG

Deutsche Umweltpioniere

Seit 1994 steht Naturschutz im deutschen Grundgesetz° als ein offizielles Staatsziel und die Deutschen exportieren ihr ausgeprägtes° Umweltbewusstsein° in der Form von Umwelttechnik. Aus Deutschland kommen sowohl fast jedes zweite Windrad° als auch jede dritte Solarzelle°.

Grundgesetz *the German constitution* **ausgeprägtes** *highly developed* **Umweltbewusstsein** *environmental consciousness* **Windrad** *wind turbine* **Solarzelle** *solar cell*

Vorbereitung

Wortschatz des Kurzfilms

der (militante) Anschlag, ¨-e *(militant) attack*
von etwas ausgehen *to assume something*
j-n beobachten *to spy on someone*
beschatten *to shadow someone*
sich einig sein *to agree*
die Gefahrenabwehr *protection against threats*
die Straftat, -en *criminal act*
die terroristische Vereinigung, -en *terrorist organization*
verhaften *to arrest*
vernetzt sein *to be part of a network*

Nützlicher Wortschatz

die Bedrohung, -en *threat*
das Gefängnis, -se *prison*
die öffentliche Sicherheit *public safety*
der Tatverdacht *suspicion (of wrongdoing)*
der Überwachungsstaat, -en *surveillance state*
verzweifelt *frantic; distraught*

AUSDRÜCKE

die ursprüngliche Ostbevölkerung *original population of the East*
der intellektuelle Kopf *intellectual leader*
vergleichsweise anspruchsvolle Texte *comparatively sophisticated texts*
den Leuten nahebringen *to make accessible to people*
wenn die Presse davon Wind kriegt *if the press gets wind of it*
Wir müssen die Bombenleger kaltstellen, bevor sie zuschlagen. *We have to neutralize the bombers before they strike.*

1 **Definitionen** Suchen Sie für jeden Ausdruck die richtige Definition.

____ 1. Wenn eine Person gute Kontakte zu vielen anderen Menschen und Organisationen hat.
____ 2. Wenn man eine Person rund um die Uhr beobachtet und Informationen sammelt.
____ 3. Eine Person, die Ideen für eine Organisation entwickelt.
____ 4. Damit versucht ein Staat, Bedrohungen zu verhindern.
____ 5. eine kriminelle Aktion

a. beschatten
b. die Straftat
c. vernetzt sein
d. die Gefahrenabwehr
e. der intellektuelle Kopf

2 **Was fehlt?** Suchen Sie für jeden Satz die Wörter oder Ausdrücke, die logisch passen.

1. In seinem Buch 1984 beschreibt der Autor George Orwell einen totalitären ____________.
2. In diesem Staat werden Menschen, die Kritik üben oder Widerstand leisten, verfolgt oder ____________.
3. Durch Angst und Furcht kann ein solches Regime es ____________, sich nicht gegen den Staat aufzulehnen.
4. Aber in solch einem Staat organisieren sich Menschen manchmal zu ____________.
5. Um den Staat zu schädigen, begehen Sie dann oft ____________.

3  **Was denkst du?** Stellen Sie einander die folgenden Fragen.

1. Was bedeutet es für dich, sicher zu leben?
2. Welche Gefahren gibt es in unserem täglichen Leben? Vor was hast du besonders Angst?
3. Beobachtest du manchmal andere Menschen? Was denkst du dir dabei? Wie fühlen sich die Menschen, die du beobachtest?
4. Wie reagierst du, wenn du mit einem Polizisten konfrontiert wirst oder wenn du auf eine öffentliche Behörde gehen musst?
5. Was würdest du machen, wenn die Polizei eines Morgens in deine Wohnung käme und dich verhaftet?
6. Welche Vorteile hat es, wenn der Staat seine Bürger mit allen Mitteln beschützt? Gibt es auch Gefahren für die Freiheit?

4 **Kontrolle** Füllen Sie zu zweit die Tabelle aus. Was würden Sie davon halten, wenn der Staat Ihr Leben komplett kontrolliert? Was würde passieren, wenn der Staat keine Kontrolle ausübt? Suchen Sie zu jedem Thema Gründe für und gegen eine staatliche Kontrolle.

Themen	Staat kontrolliert alles	Staat kontrolliert nichts
Familie		
Wohnen		
Freunde		
Arbeiten		
Freizeit		
Umwelt		
Reisen		

5  **Was passiert?** Schauen Sie sich in Gruppen die Bilder an und beschreiben Sie jedes Bild in drei Sätzen.

- Wer könnten diese Menschen sein? Spekulieren Sie, was die Menschen im ersten Bild machen.
- Was sagt die Szene im zweiten Bild über den Mann? Mit welchen Adjektiven würden Sie ihn beschreiben?
- In allen drei Bildern ist ein Mann zu sehen. Was könnte dieser Mann gemacht haben, damit es zu der Szene im dritten Bild kommt?

 Practice more at **vhlcentral.com.**

Gefährder

Ein Film von
Hans Weingartner

Mit Christoph Jacobi
Claudia Geisler
Justus Carriere
Uwe Bohm
Helene Grass

DEUTSCHLAND 09
13 KURZE FILME ZUR LAGE DER NATION

SZENEN

HANDLUNG *Boris, ein politisch aktiver Soziologieprofessor, wird von Politikern zu einem potentiell gefährlichen Terroristen gemacht.*

JUNGER MANN Wenn 500 Leute Gewalt machen, dann kommt das in den Medien immer so rüber, dass alle Gewalt machen.

DANNER Sehr wenig. Na, nichts.
POLTIKER Nach acht Monaten?
DANNER Tja.
POLITIKER Egal. Machen Sie weiter.
DANNER Und was sag' ich dem Ermittlungsrichter°?
POLITIKER Der steht auf unserer Seite.

POLIZIST Sie werden verhaftet wegen des Verdachts der Mitgliedschaft in einer terroristischen Vereinigung. Sie haben das Recht zu schweigen.

ANWÄLTIN Die haben euch elf Monate lang beschattet, wusstest du das? Telefon, E-Mails, Videoüberwachung. Allein die Tonprotokolle° umfassen 280 Ordner.
BORIS Das glaub' ich nicht.

POLITIKER Das klassische Strafrecht hat ausgedient°, Danner. Wir müssen die Bombenleger kaltstellen, bevor sie zuschlagen. Jeder kann zum Terroristen werden. Er muss nicht, aber er kann. Deshalb müssen wir alles über ihn wissen.

IRINA Gehst du doch dahin?
BORIS Irina, das ist das letzte Treffen vor der Demo. Ich muss da hin. Ich kann die doch jetzt nicht im Stich lassen°.
IRINA Bleib jetzt hier. Wir wissen doch gar nicht, wozu die fähig° sind. Ich hab' solche Angst.

Ermittlungsrichter *investigative judge* **Tonprotokolle** *audiologs* **das klassische Strafrecht hat ausgedient** *traditional criminal law is out-of-date* **im Stich lassen** *abandon* **fähig** *capable*

KULTURANMERKUNG

Andrej Holm

Der Film basiert auf einer wahren Geschichte. 2007 wurde Andrej Holm in seiner Berliner Wohnung festgenommen. Als Universitätsprofessor befasste er sich° mit dem Thema Gentrifizierung, der Umwandlung° von Arbeitervierteln in teure Wohngegenden. Obwohl die Polizei in einer elfmonatigen Überwachungsaktion keine Beweise gegen Holm finden konnte, wurde er monatelang eingesperrt. Wissenschaftler aus vielen Ländern schrieben Protestbriefe an die deutsche Generalbundesanwältin Monika Harms. Studenten der Humboldt Universität starteten eine Aktion „Freiheit für Andrej". Obwohl Holms freigelassen wurde, überwachte ihn die Polizei weiter.

befasste sich *studied*
Umwandlung *conversion*

Beim Zuschauen

Sind die folgenden Sätze richtig oder falsch?

1. Boris trifft sich mit einer Gruppe, die Bombenanschläge plant. ____
2. Politiker und die Polizei beobachten Boris schon lange. ____
3. Boris ist Professor an einer Universität und lehrt, wie sich die Gesellschaft Ostberlins verändert. ____
4. Boris hat kaum Zeit für seine Familie. ____
5. Boris wird verhaftet, weil er einen terroristischen Anschlag plant. ____
6. Der Staat und die Polizei beobachten nicht nur Boris, sondern auch alle Menschen, mit denen er Kontakt hat und hatte. ____

Analyse

1 **Was passiert zuerst?** **Bringen Sie die Sätze in die richtige Reihenfolge.**

_____ Polizisten stürmen die Wohnung einer Familie.

_____ Ein Politiker erklärt, dass die Überwachung von Boris ein voller Erfolg war, obwohl Boris unschuldig ist.

_____ Die Polizei hört eine Gruppe ab, die eine friedliche Demonstration plant.

_____ Boris und seine Frau sitzen verzweifelt auf dem Boden.

_____ Boris spricht mit seiner Anwältin im Gefängnis.

_____ Boris hält eine Vorlesung über Gentrifizierung an der Universität.

2 **Was ist richtig?** **Welcher der beiden Sätze beschreibt, was im Film passiert? Besprechen Sie zu zweit Ihre Antworten.**

1. a. Die Polizei kann nichts bei Boris finden, macht aber trotzdem weiter.
   b. Die Polizei überwacht Boris mit großem Erfolg.
2. a. In seinen Vorlesungen erklärt Boris seinen Studenten soziologische Prozesse in der Stadtentwicklung am Beispiel Berlins.
   b. In seinen Vorlesungen erklärt Boris seinen Studenten, wie der Staat arme Menschen betrügt (*cheats*), damit die Studenten politisch aktiv werden.
3. a. Im Gefängnis erfährt Boris, dass nur er überwacht wurde.
   b. Im Gefängnis erfährt Boris, dass er und seine Freunde überwacht wurden.
4. a. Irina traut sich nicht, über die Ereignisse zu reden. Stattdessen schreibt sie ihre Fragen für Boris auf einen Zettel.
   b. Irina und Boris reden offen über das, was passiert ist.
5. a. Die Überwachung war ein Erfolg, weil Boris eine Gefahr für den Staat ist.
   b. Die Überwachung war ein Erfolg, weil der Staat jetzt sehr viele Informationen über politisch aktive Menschen hat.

3 **Wer sagt was?** **Lesen Sie zu zweit die Zitate, und bestimmen Sie, wer was gesagt hat; Boris, Irina, Danner** oder der **Politiker?**

1. —Politik ist Psychologie. Wir brauchen diese Maßnahme im Kampf gegen den Terror, darüber sind wir uns doch alle einig. Die Kunst ist, es den Leuten Stück für Stück nahe zu bringen.
2. —Das ist doch absurd. Das ist doch sein Beruf. Der ist doch Wissenschaftler.
3. —Ja, die militante Gruppe. Wenn's die nicht gäbe, müsste man sie erfinden.
4. —Aber wäre es da nicht besser, wenn wir da irgendjemanden nähmen, bei dem die Faktenlage einen dringenderen Tatverdacht zulässt? Wir wollen doch Aufsehen vermeiden?
5. —Wieso machen die das? Ich meine, die müssen nach ein paar Wochen doch gemerkt haben, dass bei mir nichts zu holen ist.
6. —Wir tauschen ein kleines Stück Freiheit gegen ein großes Stück Sicherheit. Anders geht das eben nicht.
7. —Das heißt, die haben Gentrifizierung gegoogelt und sind so auf mich gekommen? Darüber habe ich ein Buch geschrieben.

4 **Die Hauptfiguren**

A. Wählen Sie Adjektive aus der Liste, die Boris, Irina, Danner und den Politiker am besten beschreiben.

aggressiv	einflussreich	manipulierend	skeptisch	unschuldig
besorgt	~~intellektuell~~	naiv	ungerecht	verzweifelt

Boris	Irina	Danner	Politiker

B. Vergleichen Sie Ihre Antworten miteinander und besprechen Sie mögliche Unterschiede.

5 **Bildbeschreibungen** Sehen Sie sich die Bilder genau an und beschreiben Sie sie. Beantworten Sie in Gruppen die Fragen zu den Bildern.

1. Beschreiben Sie Boris' Leben am Anfang des Films. Was können Sie über sein Familienleben sagen? Wie ist seine Beziehung zu seiner Frau?
2. Wie mischen sich der Staat und die Polizei in Boris' Leben ein (*interfere*)? Wie reagieren Sie auf die Szenen, als die Polizei in die Wohnung der Familie eindringt? Nennen Sie weitere konkrete Beispiele, wie der Staat und die Polizei Einfluss auf das Privatleben von Boris' Familie nehmen.
3. Wie ist das Leben von Boris und seiner Familie am Ende des Films? Wie reagiert seine Frau auf die Ereignisse?

6 **Diskussion** Besprechen Sie die folgenden Fragen in Gruppen.

1. Was halten Sie von dem Text, der am Ende des Films eingeblendet wird? Darf ein Staat Daten von Bürgern sammeln, die nichts gemacht haben?
2. Boris entscheidet sich am Ende, politisch nicht mehr so aktiv zu sein. Wie würden Sie sich entscheiden? Warum?
3. Wie geht das Leben von Boris und seiner Familie nach dem Film weiter?

7 **Zum Thema** Schreiben Sie einen Absatz über eine der folgenden Situationen.

1. Um die Bürger seines Landes zu schützen, möchte ein Politiker so viele Daten wie möglich über sie sammeln. Dazu braucht er die Erlaubnis eines Richters. Schreiben Sie die Begründung des Politikers.
2. Was ist Ihnen wichtiger? Sicherheit oder Freiheit? Begründen Sie Ihre Meinung.

Practice more at **vhlcentral.com.**

KULTURANMERKUNG

Die Antiterrordatei

Potenzielle Attentäter° finden und erkennen, bevor sie zu einer Gefahr für die Sicherheit werden: das ist die Aufgabe der so genannten Antiterrordatei. Darin werden die Datenbanken von 38 verschiedenen Sicherheitsbehörden vernetzt. Ziel ist es, möglichst viele Informationen über verdächtige Personen zu sammeln, um Terroristen auf die Schliche zu kommen°, bevor sie zuschlagen° können. In Deutschland ist die Antiterrordatei umstritten. Kritiker argumentieren, dass auch unbescholtene° Bürger ohne ihr Wissen in den Datenbanken registriert werden. Sie beinhalten unter anderem Informationen zu Waffenbesitz°, Reisen in verdächtige Länder sowie Internetverbindungen.

Attentäter *assassins* **auf... zu kommen** *see through their game* **zuschlagen** *strike* **unbescholtene** *respectable* **Waffenbesitz** *possession of a firearm*

Reading

Sachsen-Anhalt, Thüringen und Hessen

Die Bankenmetropole am Main

In unserer globalisierten Wirtschaft gibt es bestimmte Städte, die als besonders wichtige ökonomische Knotenpunkte gelten° und **Frankfurt am Main**, das größte Finanzzentrum auf dem europäischen Kontinent, ist so eine Stadt.

Die Liste führender Unternehmen° in der Stadt ist lang. Viele von ihnen sind in den Wolkenkratzern° untergebracht, denen Frankfurt seinen Spitznamen° verdankt: „**Mainhattan**". Man findet hier Crytek, eine Firma, die Computerspiele entwickelt, den europäischen Sitz von Nintendo, den deutschen Sitz von Nestlé, Ferrero und der Autohersteller° Fiat und Kia, etliche Werbeagenturen, Bauunternehmen°, und Telekommunikationsfirmen.

Der **Frankfurter Flughafen** ist ein wichtiger Arbeitgeber der Region und steht für viele Superlative: im Personenverkehr ist er der größte Flughafen Deutschlands und der drittgrößte in Europa; als Frachtflughafen° ist er der größte Europas.

Vor allem aber ist Frankfurt als Standort der Finanzindustrie bekannt. Internationale und deutsche Banken sind zahlreich° vorhanden und außerdem hat hier die Zentralbank der Bundesrepublik Deutschland, die **Deutsche Bundesbank**, ihren Sitz. Die **Europäische Zentralbank**, d. h. die Bank der Europäischen Union, befindet sich auch in Frankfurt und reguliert die europäische Einheitswährung, den Euro. Sie bestimmt die Geldpolitik, d. h. die Geldmenge° und die Zinsraten°.

Die Tradition als Finanz- und Handelsstadt hängt mit der **Frankfurter Messe** zusammen: seit dem Mittelalter ist Frankfurt eine bedeutende Messestadt°, vor allem aufgrund der zentralen Lage° in Europa, am Main und nahe dem Rhein. Anfangs kamen Händler jeden Herbst nach Frankfurt und handelten° mit Juwelen, Leder, Lebensmitteln und sogar mit Geld. Die größte Buchmesse der Welt, die 1485 entstandene Frankfurter Buchmesse, ist besonders beliebt.

Übrigens...

Frankfurt ist ein wichtiger europäischer Verkehrsknotenpunkt° mit dem größten Flughafen Deutschlands, einem belebten Bahnhof und dem **Frankfurter Kreuz**°. Hier kommen drei wichtige Straßen zusammen – die 10-spurige° A 5, die 10-spurige A 3 und die B 43. Ungefähr 310.000 Fahrzeuge befahren jeden Tag das kleeblattförmige° Kreuz.

Heute zieht die Frankfurter Messe jährlich mehr als 2 Millionen Besucher an. Fachleute° kommen aus aller Welt, um Ideen und Güter auszutauschen° und für ihre Produkte zu werben°. Die großen Messen bedeuteten Münzwechsel° und Kreditverkäufe, und daraus wuchs schon im späten Mittelalter eine Börse°. Ihre heutige Form ist die **Frankfurter Wertpapierbörse**. Man könnte sagen, dass sie die deutsche „Wall Street" ist. In der Neuen Börse, hinter Bulle & Bär (zwei Skulpturen, die das Steigen und Fallen der Börsenkurse° symbolisieren), werden Aktien° gehandelt.

Auch politisch hat Frankfurt einiges zu bieten: Frankfurt war die Stadt, auf deren Boden das erste demokratisch gewählte Parlament Deutschlands tagte: von 1848 bis 1849 trafen sich die Volksvertreter in der **Frankfurter Paulskirche**.

Die internationale Prägung° von Frankfurts Wirtschaft sichert seine Relevanz als Finanzzentrum Europas. Die Welt schaut auf Frankfurt. Und die global denkenden Frankfurter schauen zurück.

als… Knotenpunkte gelten *considered intersections* **Unternehmen** *companies* **Wolkenkratzer** *skyscraper* **Spitznamen** *nickname* **Autohersteller** *carmaker* **Bauunternehmen** *construction business* **Frachtflughafen** *cargo airport* **zahlreich** *numerous* **Geldmenge** *money supply* **Zinsraten** *interest rates* **Messestadt** *trade fair city* **Lage** *location* **handelten** *traded* **Fachleute** *professionals* **auszutauschen** *exchange* **werben** *advertise* **Münzwechsel** *coin exchange* **Börse** *stock exchange* **Börsenkurse** *market prices* **Aktien** *stocks* **Prägung** *nature* **Verkehrsknotenpunkt** *traffic junction* **Frankfurter Kreuz** *the Frankfurt Intersection* **10-spurige** *10-laned* **kleeblattförmige** *clover-shaped*

Entdeckungsreise

Die noble Bücherstadt Das thüringische Weimar ist wichtig für die deutsche Literaturgeschichte. Hier trieben die bedeutendsten Vertreter der **Weimarer Klassik** – vor allem Goethe und Schiller – ihre geniale Kunst voran°. Und auch eine der ältesten Bibliotheken Europas, die **Herzogin°-Anna-Amalia-Bibliothek**, befindet sich in Weimar. Die Bibliothek entstand, als Herzog Johann Wilhelm 1691 der Öffentlichkeit Zugang zu seinen 1.400 Büchern gewährte°. Und heute ist die elegante HAAB ein UNESCO-Weltkulturerbe.

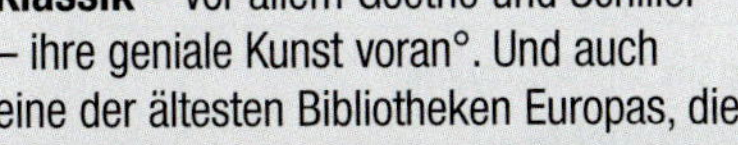

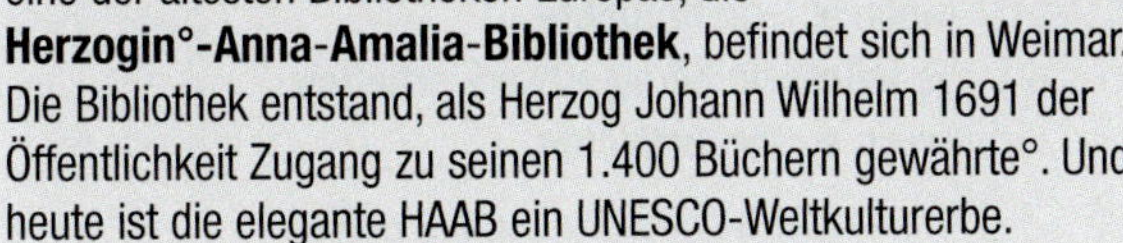

Trogbrücke° Magdeburg Das hätte selbst John Roebling imponiert°: Das Wasserstraßenkreuz Magdeburg ist wohl nicht die schönste Brücke der Welt, aber als technische Hochleistung absolut bewundernswert°. Nördlich von Magdeburg, der Hauptstadt von Sachsen-Anhalt, führt die Trogbrücke über die Elbe, und auf dieser Brücke fließt ein Strom mit 4,25 m Tiefe. Hier können Schiffe vom Elbe-Havel-Kanal zum Mittellandkanal fahren.

trieben… voran *drove forward* **Herzogin** *duchess* **Zugang gewährte** *allowed access* **Trogbrücke** *bridge with a trough* **imponiert** *impressed* **bewundernswert** *admirable*

Was haben Sie gelernt?

Richtig oder falsch? Sind die Aussagen richtig oder falsch? Stellen Sie die falschen Aussagen richtig.

1. Die Europäische Zentralbank bestimmt die Geldmenge des Euro.
2. Frankfurt hatte schon im Mittelalter eine große Messe.
3. Der Bulle und der Bär sind zwei Tiere im Frankfurter Zoo.
4. Frankfurt ist ein wichtiger Verkehrsknotenpunkt.
5. Die elegante Herzogin-Anna-Amalia-Bibliothek ist eine der ältesten Bibliotheken Europas.
6. Goethe hat der Herzogin-Anna-Amalia-Bibliothek 1.400 Bücher gespendet (*donated*).
7. Die Magdeburger Trogbrücke ist eine Brücke für Autos, die über die Elbe fahren müssen.

Fragen Beantworten Sie die Fragen.

1. Warum ist Frankfurt eine wirtschaftlich bedeutende Stadt? Nennen Sie mindestens drei Gründe.
2. Welche Bank bestimmt die Geldpolitik der Bundesrepublik?
3. Was macht man an der Frankfurter Börse?
4. Was meinen Sie, woher der Name „Mainhattan" kommt und was damit gemeint ist?
5. Was ist das Frankfurter Kreuz?
6. Was machte Goethe in der Anna-Amalia-Bibliothek?
7. Was ist das Besondere an der Magdeburger Trogbrücke?

Projekt

Thüringen
Recherchieren Sie eines der Themen im Internet und stellen Sie der Klasse die Ergebnisse vor:

- **Die Wartburg in Eisenach.** Suchen Sie mindestens drei interessante Begebenheiten, die sich auf der Wartburg abgespielt haben.
- **Die Herzogin Anna-Amalia-Bibliothek in Weimar.** Wann wurde sie eröffnet und wer hatte eine zeitlang die Aufsicht? Welches Unglück ereignete sich vor ein paar Jahren dort?
- **Das Bauhaus in Dessau.** Was war das Bauhaus? Wie kam es nach Chicago? Finden Sie Bilder von Bauhaus-Designs und machen Sie eine Liste von Adjektiven, die den Stil am besten beschreiben.

8.1 *Der Konjunktiv II* and *würde* with infinitives

*—Aber **wäre** es nicht besser, wenn wir da jemanden nehmen, bei dem die Faktenlage einen dringenden Tatverdacht zulässt?*

- **Der Konjunktiv II** (*the subjunctive*) is used to describe situations that are hypothetical or contrary to fact. The **Konjunktiv II** forms of the verb **werden** are frequently used with the infinitives of other verbs to express a subjunctive meaning. To form the **Konjunktiv II** of **werden**, add an **Umlaut** to the **Präteritum** stem **wurd–**, and add the subjunctive endings **–e**, **–est**, **–e**, **–en**, **–et**, **–en**.

Konjunktiv II *of* werden	
ich würde	**wir würden**
du würdest	**ihr würdet**
er/sie/es würde	**sie/Sie würden**

QUERVERWEIS

Strukturen 3.2, pp. 90–91 to review word order with subordinating conjunctions like **wenn**.

- When **würde** is used with an infinitive, the infinitive moves to the end of the clause.

Ich **würde** die Zeitung **lesen**, wenn ich Zeit **hätte**.
*I **would read** the newspaper if I **had** time.*

Wenn ich reich **wäre**, **würde** ich einen Porsche **kaufen**.
*If I **were** rich, I **would buy** a Porsche.*

- The **Konjunktiv II** of weak verbs is formed by adding the subjunctive endings to the **Präteritum** stem. Because the resulting subjunctive forms are identical to the **Präteritum** forms, the **würde** + *infinitive* construction is commonly used with weak verbs, to avoid confusion.

Präteritum	Konjunktiv II
Letztes Jahr **arbeitete** er im Kernkraftwerk. *Last year he **worked** at the nuclear power plant.*	Er **arbeitete** im Kernkraftwerk, wenn er Geld **bräuchte**. Er **würde** im Kernkraftwerk **arbeiten**, wenn er Geld **bräuchte**. *He **would work** at the nuclear power plant if he needed money.*

- To form the **Konjunktiv II** of strong verbs, add the subjunctive endings to the **Präteritum** stem. In addition, if the verb stem contains the vowels **a**, **o**, or **u**, add an **Umlaut** to the vowel.

Infinitiv	bleiben	finden	gehen	halten	kommen	sehen
Präteritum	ich blieb	du fandst	er ging	wir hielten	ihr kamt	sie/Sie sahen
Konjunktiv II	ich bliebe	du fändest	er ginge	wir hielten	ihr kämet	sie/Sie sähen

Wenn ich ihn **träfe**, **gäbe** ich ihm sein Buch zurück.
*If I **ran into** him, I **would give** him his book back.*

Wir **gingen** an den Strand, wenn das Wetter schön **bliebe**.
*We would **go** to the beach if the weather **stayed nice**.*

- In conversation, the **würde** + *infinitive* construction is often used with strong verbs instead of the **Konjunktiv II** forms. However, the **Konjunktiv II** forms of **sein** and **haben**, as well as the mixed verb **wissen**, follow the same conjugation pattern as strong verbs and are commonly used in conversation.

Wenn alle Verpackungen wiederverwertbar **wären**, **hätten** wir weniger Abfall.
*If all packaging **were** recyclable, we **would have** less waste.*

Wenn du **wüsstest**, wie sehr ich dich liebe, **würdest** du mich **verstehen**.
*If you **knew** how much I love you, you **would understand** me.*

- Note that the conjunction **wenn** conveys a different meaning when used with the subjunctive, rather than the indicative. To describe an actual situation that always occurs under certain conditions, use **wenn** with the indicative to mean *whenever*. To describe a hypothetical situation that could occur under certain conditions, use **wenn** with the subjunctive to mean *if*.

Indikativ	Konjunktiv
Wenn wir das Glas recyceln, helfen ir der Umwelt. ***Whenever** we recycle glass, we help the environment.*	**Wenn** wir das Glas **recycelten**, **würden** wir der Umwelt **helfen**. ***If** we **recycled** glass, we **would help** the environment.*

QUERVERWEIS

See **Strukturen 9.1**, **pp. 312–313** for the past subjunctive (**der Konjunktiv II der Vergangenheit**) which is used to describe hypothetical or contrary-to-fact situations in the past.

Anwendung

1 

Rettet die Umwelt Dieser Blogger schreibt einen Aufruf, um die Umwelt zu retten. Schreiben Sie die richtige Form des **Konjunktiv II** in die Lücken.

Greif zur Feder! Jetzt ist es Zeit, der Welt zu helfen. Wie (1) ______________ (sein) es, wenn die Welt in 40 Jahren keine grünen Flächen mehr (2) ______________ (haben)? (3) ______________ (Leben) du dann gern hier? Wenn du jetzt einen Brief an die Politiker (4) ______________ (schreiben), (5) ______________ (geben) es vielleicht Hoffnung für unsere Welt. Wenn du nur (6) ______________ (wissen), wie sehr die Klimaerwärmung allem schadet! Wenn ihr euch jetzt der Erhaltung unserer Erde (7) ______________ (widmen), (8) ______________ (sehen) die Zukunft viel besser aus! Wenn es auf die Politiker (9) ______________ (ankommen), (10) ______________ (gehen) alles kaputt. Schnell! Rettet die Umwelt!

2 

Angst vor Gewalt Setzen Sie die folgenden Sätze in den **Konjunktiv II**.

Beispiel **Wenn die Müllberge wachsen, demonstrieren wir.**
Wenn die Müllberge wüchsen, würden wir demonstrieren.

1. Wenn ich Gewalt sehe, habe ich Angst.
2. Wenn der Kriminelle etwas Schlimmes tut, rufe ich die Polizei an.
3. Wenn die Polizei den Anruf bekommt, kommt der Polizeiwagen sofort.
4. Wenn sie den Kriminellen festnehmen, leben wir friedlicher.
5. Ohne Gewalt schlafe ich besser.
6. Wenn das Leben so friedlich ist, freue ich mich.

3 

Was würdest du tun? Besprechen Sie zu zweit Ihre Reaktion auf diese beiden Situationen. Erzählen Sie, was Sie in jeder Situation tun würden. Verwenden Sie die Verben aus der Liste.

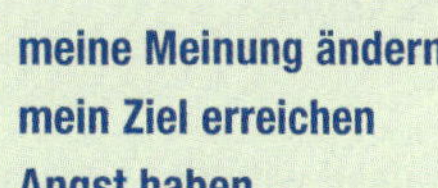

meine Meinung ändern	nichts Illegales tun	stolz sein
mein Ziel erreichen	die Situation retten	sich streiten
Angst haben	der Regierung einen Brief schreiben	mich verteidigen

Practice more at vhlcentral.com.

Kommunikation

1 **Der lange Prozess** Was würden diese Personen machen? Arbeiten Sie zu zweit. Eine(r) stellt die Frage und der/die andere beantwortet sie. Wechseln Sie sich ab.

Beispiel **die Naturschützer / die Wälder sterben aus**
—Was würden die Naturschützer machen, wenn die Wälder ausstürben?
—Sie würden sehr böse werden.

1. die Aktivistin / Gift in das Wasser kommt
2. der Naturschützer / die Bodenschätze werden zerstört
3. die Geschworenen / der Prozess zwei Monate dauern
4. die Rechtsanwältin / die Geschworenen sich streiten
5. der Terrorist / der Richter ihn einsperren
6. der Zeuge / alles zu Ende sein

5 **Das Interview**

A. Sie und Ihr(e) Partner(in) sind Journalisten, die mit den folgenden Personen ein Interview durchführen. Denken Sie gemeinsam darüber nach, welche Fragen Sie stellen würden. Verwenden Sie **Konjunktiv II.**

Beispiel **der Präsident der Vereinigten Staaten**
—Würden Sie gern noch vier Jahre im Weißen Haus bleiben?

der Präsident der Vereinigten Staaten	eine Person, die vom Meer lebt
der Leiter von Greenpeace	eine Person, die eine Packung Zigaretten am Tag raucht
ein ehemaliger Kernkraftwissenschaftler	der Besitzer einer Windfarm
Wernher von Braun	die Touristen, die gern neben der Windfarm Urlaub machen

B. Suchen Sie sich eine dieser Personen aus. Spielen Sie zu zweit das Interview mit vielen Fragen durch.

6 **Der neue Präsident** Sie sind Mitglied in einer Umweltgruppe. Einer ihrer Kollegen ist Top-Kandidat für den Posten des Landespräsidenten der Partei „die Grünen“. Erfinden Sie in Gruppen das Profil eines solchen fiktiven Kandidaten. Besprechen Sie, was er/sie machen würde, wenn er/sie Präsident(in) wäre, und wie er/sie die folgenden Probleme lösen würde. Jede Gruppe stellt dann die einzelnen Kandidaten vor. Die Klasse stimmt ab, wer der/die nächste Präsident(in) sein soll.

- Luftverschmutzung
- Klimaerwärmung
- terroristischer Angriff
- Naturkatastrophe
- hohe Benzinpreise
- veraltete Atomkraftwerke
- Erhaltung der Bodenschätze
- Menschenrechte in fremden Ländern

KULTURANMERKUNG

Wernher von Braun (1912–1977) war ein deutsch-amerikanischer Wissenschaftler. 1945 kam er in die USA und wurde 1955 amerikanischer Staatsbürger. Er führte u.a. das Team, das die erste atomare Kurzstreckenrakete° entwickelte. Später, als Mitarbeiter der NASA, war sein größter Erfolg die bemannte° Mondlandung im Jahr 1969. Von 1970 bis 1972 war Wernher von Braun stellvertretender° Direktor der NASA und setzte sich für eine Fortführung ihrer Projekte ein, darunter auch für eine bemannte Marsmission.

Kurzstreckenrakete *short-range missile* **bemannte** *manned* **stellvertretender** *deputy*

8.2

Der Konjunktiv II of modals

*Die Männer auf der Straße **dürften** wohl Polizisten sein.*

- To form the present tense **Konjunktiv II** of all modal verbs except **mögen**, add the endings **–te**, **–test**, **–te**, **–ten**, **–tet**, or **–ten** to the stem of the verb. For **mögen**, change the stem to **möch–** and add the same **Konjunktiv II** endings. The **würde** + infinitive construction is not typically used with modals.

Modals in *Konjunktiv II*

	können	dürfen	müssen	wollen	sollen	mögen
ich	könnte	dürfte	müsste	wollte	sollte	möchte
du	könntest	dürftest	müsstest	wolltest	solltest	möchtest
er/sie/es	könnte	dürfte	müsste	wollte	sollte	möchte
wir	könnten	dürften	müssten	wollten	sollten	möchten
ihr	könntet	dürftet	müsstet	wolltet	solltet	möchtet
sie/Sie	könnten	dürften	müssten	wollten	sollten	möchten

QUERVERWEIS

See **Strukturen 5.1**, **pp. 162–163** to review word order with modals.

- Modals may be used in the **Konjunktiv II** to express polite requests or to describe situations that are hypothetical or contrary to fact.

Wir **sollten** die Geschworenen **fragen**.
*We **should ask** the jury.*

Ihr **könntet** das mit gutem Gewissen **tun**.
*You **could do** that in good conscience.*

- In general, the **Konjunktiv II** forms of modal verbs express less certainty than the indicative forms.

Ich **kann** das tun.
*I **can** do that.*
> Ich **könnte** das auch tun.
*I **could** do that too.*

Er **darf** sich selbst verteidigen.
*He's **allowed** to defend himself.*
> Er **dürfte** liberal sein.
*He **might** be liberal.*

Das **muss** ein Vorteil sein.
*That **has to** be an advantage.*
> Das andere **müsste** ein Nachteil sein.
*The other **would have to** be a disadvantage.*

Ich **will** die Umwelt schützen.
*I **want to** protect the environment.*
> Wir **wollten** auch die Umwelt schützen.
*We **would like to** protect the environment too.*

Ihr **sollt** um 8 Uhr da sein.
*You **are supposed to** be there at 8 o'clock.*
> Ihr **solltet** mehr wiederverwerten.
*You **ought to** recycle more.*

Ich **mag** diese schöne Landschaft.
*I **like** this beautiful countryside.*
> Ich **möchte** sie gern sehen.
*I **would like** to see it.*

- The verb **können** is used in the **Konjunktiv II** to indicate that someone or something *could* or *would be capable of* performing a task.

Die neuen Vorschriften **könnten** die Klimaerwärmung stark reduzieren.
*The new regulations **could** drastically reduce global warming.*

Könnte ich bitte den neuen Rechner benutzen?
***Could** I please use the new computer?*

- The verb **dürfen** in the **Konjunktiv II** indicates that someone *may* do something, or that something *might* or *should* occur.

Der Richter **dürfte** mit seinem Urteil recht haben.
*The judge **should** be right with his verdict.*

Dürfte ich bitte mein eigenes Schlafzimmer haben?
May I please have my own bedroom?

- Although both **dürfen** and **können** can be used in the indicative to make polite requests, their **Konjunktiv II** forms are considered more polite.

***Können* and *dürfen* in polite requests**	
Können wir bitte mit ihm sprechen? ***Can** we please speak with him?*	**Könnten** wir bitte mit ihm sprechen? ***Could** we please speak with him?*
Darf ich Sie kurz sprechen? ***May** I speak to you for a minute?*	**Dürften** wir Sie kurz sprechen? ***Might** we perhaps speak to you for a minute?*

- The verb **müssen** in the indicative means *must* or *to have to.* In the **Konjunktiv II**, it indicates that someone *would have to* do something.

Sie **mussten** ihn einsperren, weil er schuldig war.
*They **had to** imprison him because he was guilty.*

Sie **müssten** ihn einsperren, wenn sie ihn schuldig fänden.
*They **would have to** imprison him if they found him guilty.*

- The verb **sollen** conveys a sense of obligation. In the **Konjunktiv II**, it implies that a person *ought to* or *should* do something. It can also be used in a hypothetical sense for something that *is supposed to happen* or *is rumored to happen.*

Ich **sollte** heute für die große Chemieprüfung lernen.
*I **ought to** study today for the big chemistry exam.*

Sollten die Aktivisten genug Geld zusammenbringen, könnten sie einen Naturlehrpfad bauen.
*If the activists **were to** raise enough money, they would be able to build a nature trail.*

- As with **sollen**, the **Präteritum** form and the **Konjunktiv II** form of **wollen** are identical but the intended meaning is clear from context.

Wenn wir Bargeld **wollten**, mussten wir es von der Bank holen.
*When we **wanted cash**, we had to get it from the bank.*

Wenn die Naturschützer es **wollten**, könnten sie Klimaerwärmung stark reduzieren.
*If the environmentalists **wanted to**, they could reduce global warming drastically.*

ACHTUNG!

While the **Konjunktiv II** and **Präteritum** forms of **können** can both be translated as *could*, the **Konjunktiv II** conveys a hypothetical possibility, whereas the **Präteritum** conveys a past-tense meaning.

Die Wissenschaftlerin konnte das Problem lösen.
The scientist could (was able to) solve the problem.

Die Wissenschaftlerin könnte das Problem lösen.
The scientist could (would be able to) solve the problem.

Anwendung

1

Wie wir sein sollten **Kreisen Sie die richtige Konjunktivform ein.**

1. Der Aktivist (sollen / sollte / solltet) gegen die Klimaerwärmung kämpfen.
2. Eine Naturschützerin (wollte / wollen / will) sich der Erhaltung der Umwelt widmen.
3. Der Kriminelle (müssen / musste / müsste) friedlicher leben.
4. Der Rechtsanwalt (mag / möchte / möchtet) die Kriminellen verteidigen.
5. Der Richter (dürfte / darf / durfte) die Terroristen wohl einsperren.
6. Die Leute (können / konnten / könnten) einer Meinung sein.
7. Das Opfer (muss / müsste / müsstet) man immer schützen.
8. Die Geschworenen (will / wollt / wollten) eigentlich die Wahrheit hören.

2

Verbessern wir die Uni! **Schreiben Sie die richtige Form des Konjunktivs in die Lücken.**

JOHANNES Wir (1) __________ (sollen) mehr für die Umwelt an unserer Uni tun.

ULRIKE (2) __________ (Dürfen) ich dich daran erinnern, dass wir jetzt schon einiges machen?

JOHANNES Wir (3) __________ (können) aber viel mehr tun! Du (4) __________ (müssen) dich nur mal umsehen.

ULRIKE Vielleicht (5) __________ (sollen) du mit anderen Studenten reden?

JOHANNES Aber warum? Du (6) __________ (mögen) immer überall dabei sein.

ULRIKE Wenn du nächste Woche zu viel zu tun haben (7) __________ (sollen), (8) __________ (können) ich eventuell helfen.

JOHANNES Das (9) __________ (sein) schön. Ich danke dir! (10) __________ (Können) du morgen schon anfangen?

3

Eine Katastrophe **Arbeiten Sie zu zweit. Bilden Sie aus den Satzteilen einen Satz im Konjunktiv II. Achten Sie auf alle Endungen.**

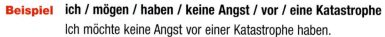

Beispiel **ich / mögen / haben / keine Angst / vor / eine Katastrophe**
Ich möchte keine Angst vor einer Katastrophe haben.

1. Umweltverschutzung / müssen / sein / gesetzwidrig
2. wir / sollen / aufpassen / auf unsere Welt / besser
3. die wertvollen Bodenschätze / können / gehen / kaputt
4. die Klimaerwärmung / dürfen / viel Schlimmes / verursachen
5. die Politiker / wollen / verabschieden / ein Gesetz / bald
6. alle / mögen / die Umwelt / retten
7. jeder Mensch / sollen / vernünftiger / leben
8. die Luft / das Wasser / müssen / wir / sauber halten

 Practice more at **vhlcentral.com.**

Kommunikation

4 **Wir helfen der Umwelt** Denken Sie zu zweit darüber nach, wie Sie der Umwelt helfen könnten. Verwenden Sie Modalverben und andere Verben, um höfliche Vorschläge zu machen.

Beispiel **Sollten wir die Bodenschätze erhalten?**

du	nicht so oft Auto fahren
ich	einen Naturlehrpfad bauen
die Studenten	Glas wiederverwerten
die Einwohner der Stadt	mit eigenen Einkaufstaschen einkaufen gehen
die Politiker	immer beide Seiten vom Papier benutzen
die Leute	kein Wasser aus Plastikflaschen trinken

5 **Was sollten wir machen?**

A. Schauen Sie sich zu zweit die Bilder an. Verwenden Sie die Konjunktivform von Modalverben, um Lösungen für jedes Problem zu finden.

Beispiel **Wir sollten mit der Bahn und nicht mit dem Auto fahren.**

B. Wählen Sie ein Bild von oben aus. Schreiben Sie einen Leitartikel für die Uni-Zeitung, worin Sie erklären, was man machen sollte, müsste und könnte, um das Problem zu lösen.

6 **Der Tag der Erde** Sie sind Mitglied einer Umweltorganisation. Ihre Gruppe soll für die anderen Student(inn)en einen Vortrag über die Wichtigkeit von Umweltschutz halten. Bereiten Sie in Gruppen eine Präsentation vor, worin Sie darüber diskutieren, was Student(inn)en, die Universität und die Politiker(innen) machen sollten, um die Umwelt zu schützen. Verwenden Sie den **Konjunktiv II** mit Modalverben.

KULTURANMERKUNG

Atomkraftwerke

Deutschland, Österreich und die Schweiz haben alle unterschiedliche Regelungen° zur Atomenergie. In Deutschland gibt es 12 Kernkraftwerke, die ungefähr 97 Milliarden kWh° Energie produzieren. Die Schweiz bekommt 40% der Energie von den 5 Kernkraftwerken im Lande. Österreich ist ein Land ohne Kernkraftwerke. 1978 verabschiedete das Parlament ein Gesetz gegen Atomkraftwerke in Österreich.

Regelungen *regulations*
kWh Kilowattstunde *kilowatt hour*

8.3

Demonstratives

*—**Die** haben euch elf Monate lang beschattet. Wusstest du das?*

- Demonstratives emphasize, define, or point out a person or thing. They can function as pronouns or as limiting adjectives.

Demonstrative pronoun	Demonstrative as limiting adjective
Der da ist ein bekannter Aktivist. ***That one** there is a well-known activist.*	Ist **dieses** Wasser trinkbar? *Is **this** water drinkable?*

- Demonstrative pronouns replace nouns and personal pronouns. They are usually the first element in the sentence, which helps to emphasize the person or object they refer to.

Noun	Personal pronoun	Demonstrative
Die Zeugin ist nervös. ***The witness** is nervous.*	Warum ist **sie** so nervös? *Why is **she** so nervous?*	Warum ist **die** so nervös? *Why is **she (that one)** so nervous?*
Kennst du **den Richter**? *Do you know **the judge**?*	**Er** ist sehr konservativ. ***He** is very conservative.*	**Der** ist sehr konservativ. ***He (That one)** is very conservative.*

QUERVERWEIS

To review relative pronouns, see **Strukturen 3.3, pp. 94–95**.

- The demonstrative pronouns are identical to the relative pronouns. They agree in number and gender with the object or person to which they refer. The case of the demonstrative pronoun depends on its role in the sentence.

Er ist ein bekannter Rechtsanwalt. Mit **dem** möchte ich mich nicht streiten.
*He's a well-known attorney. I wouldn't like to argue with **him (that one)**.*

Demonstrative Pronouns

Nominative	**der**	**die**	**das**	**die**
Accusative	**den**	**die**	**das**	**die**
Dative	**dem**	**der**	**dem**	**denen**
Genitive	**dessen**	**deren**	**dessen**	**deren**

- The adverbs **hier** and **da** can be used in conjunction with the demonstrative to give additional emphasis.

Wer ist der Kriminelle?
Das ist **der da**.
Which one is the criminal?
*It's **that guy**.*

Und wer war das Opfer?
Das ist **die hier!**
And who was the victim?
*It is **this woman here.***

- The demonstratives **dieser** (*this*), **jener** (*that*), and **solcher** (*such a*) are **der**-words. They are used as limiting adjectives to modify nouns.

Ich finde **diese** neuen Gesetze äußerst ungerecht.
*I think **these** new laws are extremely unjust.*

Ich mag **solche** Menschen. Mit **denen** kommen ich gut zu recht.
*I like **these kinds of** people. I get along well with **them**.*

- Whereas English speakers use *this/these* and *that/those* with equal frequency, German speakers tend to use **jener** only when making a comparison between *this* and *that* person or thing.

Diese Bücher hier sind sehr teuer, aber **jene** da in der Ecke sind billiger.
***These** books here are very expensive, but **those** over in the corner are cheaper.*

- The demonstratives **derselbe/dieselbe/dasselbe** (*the same*) and **derjenige/diejenige/dasjenige** (*that one/those ones*) are written as one word but are treated as if they were two words. The first part (**der-/die-/das-**) has the same case endings as the definite articles, while the second part (**-selbe** or **-jenige**) requires regular adjective endings.

Wir haben **dasselbe** Problem in den USA.
*We have **the same** problem in the United States.*

Wir haben **denselben** Machtmissbrauch in unserem Land.
*We have **the same** abuse of power in our country.*

- **Derselbe**, **dieselbe**, and **dasselbe** are used as limiting adjectives before a noun, while **derjenige**, **diejenige**, and **dasjenige** are typically used in conjunction with a relative clause.

Jeder Mensch hat Anspruch auf **dieselben** Menschenrechte.
*All people are entitled to **the same** human rights.*

Ich glaube **diejenigen**, die schweigen, sind schuldig.
*I think **those** who remain silent are guilty.*

- **Selbst** and **selber** are also used after a noun or pronoun to provide emphasis, where English uses forms ending in *-self* or *-selves* (*yourselves, himself, etc.*). **Selbst** and **selber** can be used interchangeably and do not take additional endings.

Ich habe ihn **selbst** verteidigt.
*I defended him **myself**.*

Sie **selber** hat den Impfstoff erfunden.
*She invented the vaccine **herself**.*

ACHTUNG!

In American English, *It's him* is often used instead of *It is he*. In German, however, the nominative case must be used: **Da ist er.**

QUERVERWEIS

See **Strukturen 1.3**, **p. 23** to review **der**-words. For a review of adjective endings after **der**-words, see **Strukturen 4.2, p. 128.**

ACHTUNG!

Although **derselbe** and **der gleiche** can both be translated as *the same*, they should not be used interchangeably. **Derselbe** refers to exact identity, while **der gleiche** refers to the same *type* of thing.

Sie hat jeden Tag dasselbe Kleid an.
She wears the same dress every day.

Ich habe das gleiche Kleid.
I have the same dress.

Anwendung

1

Die Nachhaltigkeit Schreiben Sie die richtigen Endungen in die Lücken.

1. Wenn es nach mir ginge, gäbe es in dies_____ Welt viel mehr Wind- und Solarenergie.
2. Jen_____ Energiequellen, die der Umwelt schaden, müssten abgeschafft werden.
3. Nur diejenig_____ Energiequellen, die umweltfreundlich sind, dürften weiter existieren.
4. Mit solch_____ umweltschädlichen Autos würde man nicht mehr fahren.
5. Damit wir nicht immer wieder die_____ alten Probleme haben, müssten alle Leute engagiert sein.
6. Dies_____ Gesetzgebung (*legislation*) und nicht jen_____ alte Lebensweise fördert die Nachhaltigkeit der Erde.

2

Wir fahren in die Natur Ersetzen Sie die unterstrichenen Wörter mit der richtigen Form der Demonstrativpronomen und schreiben Sie diese in die Lücken des zweiten Satzes. Achten Sie auf den Kasus.

1. Hier ist der Naturlehrpfad. Auf _______ möchte ich Rad fahren.
2. Wo ist der Anfang vom Pfad? _______ findest du hier links.
3. Sind das neue Fahrräder? Nein, das sind _______, die wir schon letztes Jahr hatten.
4. Sehen wir uns die Tierwelt näher an! _______ gefällt uns sehr.
5. Ich kenne die Namen der unterschiedlichen Tiere nicht. Mit _______ kenne ich mich auch nicht aus.
6. Wo ist der Volleyballstrand? _______ ist dort neben dem Hundestrand.
7. Legen wir uns hin. Wo ist das Buch, das ich mitgebracht habe? _______ habe ich.
8. Der Tag war sehr schön. _______ werde ich nie vergessen!

KULTURANMERKUNG

Die Strände in Deutschland

Wenn man eine Küste in Deutschland besucht, findet man viele verschiedene Strände. Es gibt für jeden etwas Passendes. Wollen Sie aktiv sein, dann besuchen Sie mal den Sportstrand. Können Sie ohne Ihren Hund das Haus nicht verlassen? Dann kommen Sie mit dem Hund zum Hundestrand.

3

So sind wir Denken Sie sich zu zweit eine Identität für diese Personen aus. Könnten sie miteinander etwas zu tun haben? Schreiben Sie mindestens drei Sätze mit drei Demonstrativpronomen pro Person auf.

Beispiel **Der da ist ein liberaler Politiker. Mit dem möchte die Studentin ein Interview führen.**

Practice more at **vhlcentral.com.**

Kommunikation

4 **Unterschiedlich oder ähnlich?** Sehen Sie sich zu zweit die Bilder an und besprechen Sie die Unterschiede. Verwenden Sie mindestens fünf Demonstrativpronomen.

Beispiel **Auf diesem Bild sieht man viele Bäume, aber auf jenem gibt es keine Bäume.**

5 **Die Entdeckung**

A. Stellen Sie sich vor, Sie und Ihr Partner/Ihre Partnerin sind Ökologen, die neulich eine neue Pflanzen- oder Tierart entdeckt haben. Schreiben Sie einen Bericht über Ihre Entdeckung. Beschreiben Sie das Aussehen, das Verhalten (*behavior*), die Gegend, wo Sie Ihre Entdeckung gemacht haben und wie man das Tier oder die Pflanze vor dem Aussterben schützen kann. Malen Sie auch ein Bild von Ihrem Fund. Verwenden Sie viele Demonstrativpronomen.

B. Arbeiten Sie mit einer anderen Gruppe. Zeigen Sie einander Ihre Bilder, erklären Sie Ihre Entdeckung und beantworten Sie die Fragen der anderen.

Beispiel **Diese Pflanzen haben rote Blätter. Diejenigen, die wir gefunden haben, wuchsen unter Bäumen im Schatten.**

6 **Das Gericht** Arbeiten Sie zu dritt. Ein(e) Student(in) ist die Geschäftsperson, die wegen illegalen Verhaltens angeklagt wird. Er/Sie soll gegen die Gesetze zur Umweltverschmutzung verstoßen haben. Ein(e) Student(in) ist der/die Rechtsanwalt/Rechtsanwältin, der/die die Anklage vorbringt. Der/Die Dritte ist der/die Richter(in). Verwenden Sie Vokabeln aus der Liste und Demonstrativpronomen, um eine Szene aus dieser Gerichtsverhandlung vorzuspielen. Bereiten Sie sich darauf vor, Ihre Szene im Kurs zu präsentieren.

jemanden anklagen (*to accuse*)	missbrauchen
die Drohung	ungerecht
einsperren	verbrauchen
das Gesetz	das Verbrechen
das Gewissen	verteidigen
die Klimaerwärmung	verurteilen

Synthese

1 

Fragen Sehen Sie sich die Fotos in Gruppen an und beantworten Sie die Fragen.

1. Welches Problem wird auf dem Bild dargestellt (*is presented*)?
2. Was könnten diese Autofahrer tun, um der Umwelt zu helfen?
3. Gibt es diese Probleme in Ihrer Stadt? Sind solche Probleme überall auf der Welt zu fnden?
4. Der Bürgermeister Ihrer Stadt will Autos im Stadtzentrum verbieten. Wie finden Sie diese Idee? Wäre es gut für Ihre Universität oder für Ihre Stadt? Wäre es gut für die Geschäfte in der Innenstadt?
5. Was könnte man tun, um die Lebensqualität in Ihrer Stadt zu verbessern?
6. Was könnten Sie selbst tun, um umweltfreundlicher zu leben?

Kommunikationsstrategien

Etwas beschreiben

Im Vordergrund steht... *In the foreground is...*
Links/Rechts im Bild sieht man... *On the left /right side of the picture you see...*

Eine These vertreten

Soweit ich weiß, ... *As far as I know, ...*
Es wäre gut, wenn... *It would be good if...*
Es wäre besser, wenn... *It would be better if...*
Ich möchte gern den Vorschlag machen, (dass)... *I'd like to suggest that...*
Wir sollten ihn überzeugen, (dass)... *We should convince him to...*

2 

Aufsatz Wählen Sie ein Thema aus und schreiben Sie einen Aufsatz von ungefähr einer Seite. Verwenden Sie Konjunktiv, Modalverben und Demonstrativpronomen.

- Ihre Universität will Wasserflaschen aus Plastik verbieten. Jeder soll seine eigene Wasserflasche haben, die man immer wieder verwenden kann. Was meinen Sie? Stimmen Sie damit überein? Schreiben Sie einen Brief an den Dekan/die Dekanin, der/die den Plan in die Praxis umsetzen will. Schreiben Sie entweder dafür oder dagegen.

- Im Urlaub gehen Sie sehr gern ans Meer. Der Staat will einen Windpark in Ihrem Lieblingsferienort bauen. Man würde den Park vom Strand aus sehen. Sind Sie dafür oder dagegen? Schreiben Sie für die Stadtzeitung einen Leitartikel, in dem Sie Ihre Meinung vertreten.

Vorbereitung

Wortschatz der Lektüre	Nützlicher Wortschatz
die Anleitung, -en *guideline*	**gefährdet** *endangered*
die Aufzucht, -en *raising (of animals)*	**der Lebensraum, ¨-e** *habitat*
der Luchs, -e *lynx*	**die Nachhaltigkeit** *sustainability*
das Mittelgebirge, - *low mountain range*	**das Schlagwort, ¨-er** *slogan*
der Nachwuchs *offspring*	**der Sonnenkollektor, -en** *solar pannel*
der Pfad, -e *trail*	**das Versagen** *failure (person)*
der Storch, ¨-e *stork*	**die Verwaltung, -en** *administration*
die Umweltbildung *environmental education*	**die Windmühle, -n** *windmill*

1 

Nachhaltigkeit Vervollständigen Sie den Text mit Wörtern aus der Liste.

Anleitungen	Luchs	Nachhaltigkeit	Versagen
gefährdet	Mittelgebirge	Schlagwort	Verwaltungen

Heute sagt man nicht mehr einfach nur Naturschutz, sondern (1) ________ – d.h. so zu leben, dass unsere Lebensräume auch zukunftsfähig sind und sich regenerieren können. Es ist das (2) ________ unserer Zeit. Das Konzept ist deshalb so wichtig, weil menschliches (3) ________ die Umwelt immer wieder bedroht. Und deshalb findet man auch überall (4) ________ dafür. Egal, ob es sich um (5) ________ Pflanzenarten handelt oder um fast ausgestorbene Tierarten auf der Welt. Dieses Problem gibt es auch im Harz, einem (6) ________ in Deutschland. Hier existiert seit ungefähr elf Jahren ein erfolgreiches Aufzuchtsprojekt für (7) ________, das von den Behörden und den Landes-(8) ________ von Niedersachsen und Sachsen-Anhalt unterstützt wird.

2

Naturschutz Stellen Sie einander die folgenden Fragen.

1. Welche Gebiete/Regionen der Erde kennst du, die durch menschliches Verhalten oder Versagen bedroht (*threatened*) sind?
2. Von welchen gefährdeten bzw. ausgestorbenen Tier- und Pflanzenarten hast du schon mal gehört?
3. Seit wann gibt es in den USA eine Institution oder Behörde, die sich mit der Konservation von Naturlandschaften befasst? Wie heißt sie? Wie funktioniert sie?
4. Glaubst du, dass Menschen in Harmonie mit der Natur leben können? Welche Kompromisse müssen sie dann schließen?
5. Wie effektiv sind Naturlehrpfade für Kinder und Erwachsene? Welche kennst du?
6. Was sollten (*should*) Menschen beachten, wenn sie in Naturparks Ferien machen?

KULTURANMERKUNG

Nationalparks in Deutschland

Anders als in den USA, wo die Erschaffung° von Nationalparks schon Mitte des 19. Jahrhundert umgesetzt wurde, weil man die Natur vor der westwärtigen° Ausbreitung der Siedler schützen wollte, ist die Idee der Naturparks in Deutschland erst ein gutes halbes Jahrhundert alt. Dr. Alfred Toepfer, ein Hamburger Großkaufmann, entwarf 1956 ein Programm für mindestens 25 Naturparks im Westen Deutschlands. Wörter wie „Biosphärenreservat" sind Schöpfungen° der Gegenwart.

Erschaffung *creation*
westwärtigen *westward*
Schöpfungen *creations*

Grün reisen,

Die Bahamas sind ja himmlisch, aber haben Sie jemals darüber nachgedacht, wie viele Ressourcen für so eine Reise ins Paradies verbraucht werden?

Denn auch im Urlaub kann man umweltfreundlich denken. In Deutschland ist der Ökotourismus absolut in. Möglichkeiten für solch einen Urlaub gibt es da einige, z.B. den Geo-Naturpark Bergstraße-Odenwald in Hessen. Hier geht es darum, die Natur unmittelbar° zu erleben. Mehr als 20 thematische Geopark-Pfade winden sich durch den Park und informieren über die geologischen und kulturgeschichtlichen Besonderheiten der Region. Im Odenwald warten viele schöne Überraschungen auf neugierige Naturentdecker – Burgruinen, idyllische Täler, geheimnisvolle Tropfsteinhöhlen° und eine Geschichte voll von Feuer speienden° Vulkanen und kriegenden Germanen. Sogar ein erdgeschichtlicher Ausflug für Kinder mit Anleitungen und Übersichtskarten ist hier möglich.

unmittelbar°: directly
Tropfsteinhöhlen°: caves with stalagtites
Feuer speienden°: fire-spitting

Oder man fährt in den Harz, eine Mittelgebirgsregion in Niedersachsen und Sachsen-Anhalt mit großen Naturparks. Vom Brockenplateau° aus kann man tiefe Täler, wilde Flussläufe und Bergwiesen bewundern oder durch Laub-, Misch- und Nadelwälder° wandern. Man sieht dort auch wieder seltene Tiere, wie z.B. schwarze Störche, europäisch-asiatische Wildkatzen und seit 1999 auch wieder Luchse. Dies ist eine besondere Sensation, denn der letzte Luchs des Harzes ist 1818 geschossen worden. Aber seit 2002 haben mehrere wilde Luchse durch ein spezielles Aufzuchtsprojekt wieder Nachwuchs.

Brockenplateau°: highest plateau in the Harz mountains
Laub-, Misch- und Nadelwälder°: deciduous, mixed and coniferous forests

Ein anderes interessantes Naturschutzgebiet ist das Biosphärenreservat Mittelelbe, ein Lieblingsziel von Fahrradtouristen. 1979 wurde es von der

Audio: Reading

Grün schützen

UNESCO als Reservat ausgewiesen°, und im Jahre 2006 hat es sich auf 125.743 Hektar° vergrößert. Es ist eins von 15 Biosphärenreservaten in Deutschland und umfasst die Urstromtäler° der norddeutschen Altmoränenlandschaft°. Biosphärenreservate sind großflächige, geschützte Natur- und Kulturlandschaften. Sie dienen der Erforschung von Mensch-Umwelt-Beziehungen, der Umweltbeobachtung und der Umweltbildung.

Zu den Aufgaben der in Biosphären lebenden° Menschen gehören u.a. die Erhaltung der typischen Pflanzen und Tiere der Region und das *Man and Biosphere*-Programm. Dies besagt, dass die Natur nicht nur erhalten werden soll, sondern die wirtschaftenden° Menschen sich auch bemühen° sollen, zu einem harmonischen Miteinander mit der Natur zu gelangen.

designated
approx. 312,357 acres
glacial valleys
old moraine region
living
working
endeavour

In den Naturschutz fließen also neben ökonomischen und ökologischen Aspekten auch soziale, kulturelle und ethische ein. Endgültiges Ziel dieser Projekte ist ein weltumspannendes Netz von Biosphärenreservaten, das die verschiedenen Ökosysteme der Erde verbindet. Biosphärenreservate sind Orte der Hoffnung – der Hoffnung eben, dass auch die Luchse der Zukunft und die Kinder unserer Kinder eines Tages Deutschlands Wälder werden genießen können. ■

Die Sonnenenergie

Die Q-Cells SE wurde im Jahre 1999 gegründet und ist der weltweit größte Hersteller° von Solarzellen. 2001 nahm der Betrieb° seine Arbeit in Thalheim, Sachsen, auf. Er beliefert 67 Kunden in 32 Ländern, u.a. in Europa, Asien, den USA und Südafrika. Da das Unternehmen so innovativ und kreativ arbeitet, hat es seit 2005 diverse Preise und Auszeichnungen° der deutschen Wirtschaft und Presse bekommen.

Hersteller *producer* **Betrieb** *company* **Auszeichnungen** *awards*

Analyse

1

Mensch und Natur **Verbinden Sie zu zweit die Satzteile der linken Spalte sinnvoll mit denen in der rechten Spalte.**

____	1. Es gibt mittlerweile auch in Deutschland...	a. in Niedersachsen und Sachsen-Anhalt.
____	2. Der Geo-Naturpark Bergstraße-Odenwald...	b. in Harmonie mit der Natur zu leben.
____	3. Der Harz ist eine Mittelgebirgsregion...	c. von Natur- und Kulturlandschaften.
____	4. Wegen eines speziellen Aufzuchtsprojekts...	d. einige Möglichkeiten für den Ökotourismus.
____	5. Biosphärenreservate sind geschützte Teile...	e. gibt es seit 2002 wieder Luchse im Harz.
____	6. In den Biosphärenreservaten sollen Menschen lernen, ...	f. befindet sich im Bundesland Hessen.

KULTURANMERKUNG

B.A.U.M.

1984 haben Hamburger Unternehmer einen neuen umweltfreundlichen Arbeitskreis gegründet, den **B**undesdeutschen **A**rbeitskreis für **U**mweltbewusstes **M**anagement. Der Arbeitskreis umfasst jetzt mehr als 500 Unternehmen unterschiedlicher Größe aus allen Sektoren der Wirtschaft. Mittlerweile ist B.A.U.M. zur umfassendsten Umweltinitiative Europas geworden. Seine Aufgabe° ist, das Bewusstsein° von Unternehmen, lokalen Regierungen und Privathaushalten in Bezug auf Umweltschutz und Nachhaltigkeitskonzepte zu erhöhen°. Unter anderem ermöglicht B.A.U.M. den Dialog zwischen der Geschäftswelt°, Wissenschaftlern, Politikern und uneigennützigen° Organisationen.

Aufgabe *(here) purpose*
Bewusstsein *consciousness*
erhöhen *raise*
Geschäftswelt *business community*
uneigennützigen *nonprofit*

2

Naturparks und Ökotourismus **Besprechen Sie in Gruppen die folgenden Fragen.**

1. Welche Naturparks haben Sie schon besucht? Sind die Naturparks, die Sie besucht haben, alle in den USA? Beschreiben Sie sie.
2. Finden Sie es gut, wenn in den Naturparks nach Bodenschätzen gebohrt (*drilled*) oder gegraben wird? Warum/warum nicht?
3. Haben Sie schon einmal bei einem Naturschutzprojekt mitgemacht? Bei welchem? Was sollte (*should*) erhalten bleiben bzw. wieder neu belebt werden?
4. Was halten Sie vom Ökotourismus?

3

Projekt Umweltschutz

A. Die lokale Regierung wird den besten Vorschlag für ein Nachhaltigkeitsprojekt subventionieren (*fund*), das entweder den natürlichen Lebensraum und/oder natürliche Rohstoffe Ihrer Gegend erhält. Beschließen Sie in Gruppen, mit welchem Problem Sie sich beschäftigen wollen und entwerfen Sie dann ein Projekt, das dieses Problem ansprechen/lösen soll.

- Mit welchem Problem wollen Sie sich beschäftigen?
- Wie wollen Sie die Öffentlichkeit für dieses Problem interessieren? (Flugblätter (*fliers*), Vorträge, Unterschriftensammlungen (*petitions*) usw.)
- Wie viele Leute brauchen Sie für die Lösung des Problems?
- Wie soll dieses Projekt finanziert/subventioniert werden?
- Welche Vorteile wird die Lösung des Problems für die Region und die darin wohnenden Menschen haben?

B. Präsentieren Sie nun Ihren Vorschlag der Klasse, die dann abstimmt, welches Projekt die Regierungsgelder (*government grants*) bekommen soll.

- Wie gleichen bzw. unterscheiden sich die verschiedenen Projekte?
- Welches Projekt handelt von dem dringendsten (*most urgent*) Problem?
- Welche Idee ist am innovativsten, welche verspricht den größten Erfolg?
- Welcher Vorschlag benötigt die meisten Gelder?

Practice more at **vhlcentral.com.**

Vorbereitung

Über den Schriftsteller

Franz Kafka (1883–1924) stammte aus einer deutsch-jüdischen Familie und wurde in Prag geboren. Er schrieb nur auf Deutsch und seine Werke gehören heute zur Weltliteratur. Während des Dritten Reiches waren seine Schriften verboten. Kafkas Leben war von Konflikten mit seinem Vater und unerfüllten (*unrequited*) Liebesbeziehungen bestimmt. Seine wohl bekannteste Erzählung ist *Die Verwandlung* (1915). *Vor dem Gesetz* ist eine Parabel aus dem Romanfragment *Der Process* (1914/15). Kafka starb in Klosterneuburg in Österreich.

Wortschatz der Kurzgeschichte

bestechen *to bribe*
sich bücken *to bend down*
der Einlass, ¨-e **admittance*
locken *to allure*
mächtig *powerful*
rücksichtslos *inconsiderate*
der Türhüter, - *gatekeeper*
verfluchen *to curse*
das Verbot, -e *ban*
das Verhör, -e *questioning*
zugänglich *accessible*

Nützlicher Wortschatz

abschrecken *to deter; discourage*
der Anspruch ¨-e *right; entitlement*
die Bürokratie, -n *bureaucracy*
die Entscheidung, -en *decision*
die Erkenntnis, -se *awareness; insight*
feige *cowardly*
neugierig *curious*
überspitzt *exaggerated*

*Note spelling difference: Einlass (after spelling reform) vs. Einlaß (before spelling reform)

1 **Was passt zusammen?** Verbinden Sie die Satzteile.

_____ 1. Wenn man bei der Polizei oder vor Gericht viele Fragen beantworten muss, ...
_____ 2. Wenn man nicht mutig ist, …
_____ 3. Wenn man einen 50 Euro-Schein vom Boden aufheben will, …
_____ 4. Neue Filme locken…
_____ 5. Durch die Verfassung haben die Menschen…

a. muss man sich bücken.
b. Anspruch auf Freiheit.
c. dann ist man in einem Verhör.
d. viele Menschen ins Kino.
e. dann ist man feige.

2 **Was fehlt?** Vervollständigen Sie den Text mit Wörtern aus der Liste.

Vor Nachclubs und am Eingang bei Konzerten stehen oft (1) ____________, damit die Besucher nicht einfach hineingehen. Meistens kann man sie nicht (2) ____________, oft lächeln sie nicht einmal. Sie sollen unerwünschte Besucher (3) ____________, aber eigentlich sind sie gar nicht so (4) ____________. (5) ____________ gesagt: Türhüter sind wahrscheinlich nur ein Zeichen der allgegenwärtigen (*ever present*) (6) ____________.

3 **Gespräch** Beantworten Sie die folgenden Fragen in Gruppen.

1. Woran denken Sie, wenn Sie das Wort Gesetz hören?
2. Sind Sie schon einmal mit dem Gesetz in Berührung gekommen (*had a brush with the law*)?
3. Was machen Sie, wenn Sie vor einer schwierigen Entscheidung stehen?

KULTURANMERKUNG

Franz Kafka verband eine lebenslange Freundschaft mit Max Brod, den er während des Studiums in Prag kennen gelernt hatte. Brod erkannte früh, dass Kafka ein genialer Schriftsteller war. Vor seinem Tod hatte Kafka ihn gebeten, seine Manuskripte zu verbrennen, was Brod aber nicht tat. Um sie vor der Bücherverbrennung im Dritten Reich zu retten, brachte er die Manuskripte 1939 nach Palästina. Dort vermachte° er sie 1945 seiner Sekretärin. Ein Großteil von Kafkas Werken ist bis heute nicht veröffentlicht.

vermachte *bequeathed*

Vor dem
GESETZ
Franz Kafka

Vor dem Gesetz steht ein Türhüter. Zu diesem Türhüter kommt ein Mann vom Lande und bittet um Eintritt in das Gesetz. Aber der Türhüter sagt, daß er ihm jetzt den Eintritt nicht gewähren° könne. Der Mann überlegt und fragt dann, ob er also später werde eintreten dürfen. „Es ist möglich°", sagt der Türhüter, „jetzt aber nicht." Da das Tor zum Gesetz offensteht wie immer und der Türhüter beiseite tritt, bückt sich der Mann um durch das Tor in das Innere zu sehn. Als der Türhüter das merkt°, lacht er und sagt: „Wenn es dich so lockt, versuche° es doch, trotz meines Verbotes hineinzugehen. Merke aber: Ich bin mächtig. Und ich bin nur der unterste Türhüter. Von Saal zu Saal stehen aber Türhüter, einer mächtiger als der andere. Schon den Anblick des dritten kann nicht einmal ich mehr ertragen." Solche Schwierigkeiten hat der Mann vom Lande nicht erwartet; das Gesetz soll doch jedem und immer zugänglich sein, denkt er, aber als er jetzt den Türhüter in seinem Pelzmantel° genauer ansieht, seine große Spitznase, den langen, dünnen, schwarzen tatarischen Bart, entschließt° er sich, noch lieber zu warten, bis er die Erlaubnis° zum Eintritt bekommt. Der Türhüter gibt ihm einen Schemel° und läßt ihn seitwärts von der Tür sich niedersetzen. Dort sitzt er Tage und Jahre. Er macht viele Versuche, eingelassen zu werden, und ermüdet den Türhüter durch seine Bitten. Der Türhüter stellt öfters kleine Verhöre mit ihm an, fragt ihn über seine Heimat aus und nach vielem andern, es sind aber teilnahmslose° Fragen, wie sie große Herren stellen, und zum Schlusse sagt er ihm immer wieder, daß er ihn noch nicht einlassen könne. Der Mann, der sich für seine Reise mit vielem ausgerüstet° hat, verwendet° alles, und sei es noch so wertvoll, um den Türhüter zu bestechen. Dieser nimmt zwar alles an, aber sagt dabei: „Ich nehme es nur an, damit du nicht glaubst, etwas versäumt° zu haben." Während der vielen Jahre beobachtet der Mann den Türhüter fast ununterbrochen. Er vergißt die andern Türhüter, und dieser erste scheint ihm das einzige Hindernis für den Eintritt in das Gesetz. Er verflucht den unglücklichen Zufall°, in den ersten Jahren rücksichtslos und laut, später, als er alt wird, brummt er nur noch vor sich hin. Er wird kindisch, und, da er in dem jahrelangen Studium des Türhüters auch die Flöhe° in seinem Pelzkragen erkannt hat, bittet er auch die Flöhe, ihm zu helfen und den Türhüter umzustimmen°. Schließlich wird sein Augenlicht schwach, und er weiß nicht, ob es um ihn wirklich dunkler wird oder ob ihn nur seine Augen täuschen. Wohl aber erkennt er jetzt im Dunkel einen Glanz°, der unverlöschlich° aus der Türe des Gesetzes bricht. Nun lebt er nicht mehr lange.

„Alle streben doch nach dem Gesetz", sagt der Mann, „wieso kommt es, daß in den vielen Jahren niemand außer mir Einlaß verlangt hat?"

Vor seinem Tode sammeln° sich in seinem Kopf alle Erfahrungen der ganzen Zeit zu einer Frage, die er bisher an den Türhüter noch nicht gestellt hat. Er winkt ihm zu, da er seinen erstarrenden Körper nicht mehr aufrichten kann. Der Türhüter muß sich tief zu ihm hinunterneigen, denn der Größenunterschied° hat sich mehr zuungunsten des Mannes verändert. „Was willst du denn jetzt noch wissen?" fragt der Türhüter, „du bist unersättlich°." „Alle streben° doch nach dem Gesetz", sagt der Mann, „wieso kommt es, daß in den vielen Jahren niemand außer mir Einlaß verlangt hat?" Der Türhüter erkennt, daß der Mann schon an seinem Ende ist, und, um sein vergehendes Gehör° noch zu erreichen, brüllt° er ihn an: „Hier konnte niemand sonst Einlaß erhalten, denn dieser Eingang° war nur für dich bestimmt.

Ich gehe jetzt und schließe ihn." ■

to grant · *possible* · *notices* · *try* · *fur coat* · *decides* · *permission* · *footstool* · *apathetic* · *equipped/used* · *neglected to do something* · *coincidence* · *flees* · *persuade* · *glow/unquenching* · *gather* · *difference in size* · *insatiable* · *strive* · *diminishing hearing* · *roars, bellows* · *entrance*

Analyse

1 **Richtig oder falsch?** Entscheiden Sie, ob die folgenden Aussagen richtig oder falsch sind und korrigieren Sie die falschen Aussagen.

Richtig	Falsch	
☐	☐	1. Ein Mann aus der Stadt will in das Gesetz eintreten.
☐	☐	2. Ein Türhüter bewacht den Eingang zum Gesetz.
☐	☐	3. Der Mann versucht, durch das Tor in das Innere zu sehen.
☐	☐	4. Der Türhüter wird nicht genau beschrieben.
☐	☐	5. Der Mann möchte am liebsten wieder gehen.
☐	☐	6. Der Türhüter hat kein Interesse an dem Mann.
☐	☐	7. Der Mann versucht, den Türhüter zu bestechen.
☐	☐	8. Am Ende lässt er Türhüter den Mann eintreten.

2 **Verständnis** Verbinden Sie die Satzteile.

_____ 1. Der Mann fragt, …
_____ 2. Der Türhüter gibt dem Mann einen Schemel,…
_____ 3. Der Türhüter nimmt die Geschenke des Mannes, …
_____ 4. Der Mann bittet die Flöhe im Pelzkragen des Türhüters,…
_____ 5. Als der Mann schon fast erblindet ist,…
_____ 6. Am Ende möchte der Mann nur noch wissen, …

a. um ihn zu beruhigen.
b. ob er später eintreten könne.
c. erkennt er im Dunkel einen Glanz.
d. warum niemand anderes an dieses Tor gekommen ist.
e. ihm zu helfen.
f. damit er sich setzen kann.

3 **Die Figuren** Lesen Sie die Beschreibungen, und entscheiden Sie, ob die Aussagen den Türhüter oder den Mann in der Geschichte beschreiben.

Türhüter	Mann	
☐	☐	1. ist autoritär
☐	☐	2. ist neugierig
☐	☐	3. trägt einen Pelzmantel
☐	☐	4. scheint Interesse zu haben
☐	☐	5. denkt nur daran, wie er in den ersten Saal (*hall*) kommen kann
☐	☐	6. hat Flöhe
☐	☐	7. ist anfangs laut und wird dann immer leiser
☐	☐	8. wird immer älter und kann immer schlechter hören
☐	☐	9. brüllt am Ende

4 **Was meinen Sie?** Besprechen Sie zu zweit die folgenden Fragen.

1. Warum muss das Gesetz bewacht werden?
2. Was impliziert der Ausdruck „ein Mann vom Lande"?
3. Warum stellt der Türhüter dem Mann Fragen, obwohl ihn die Antworten nicht zu interessieren scheinen?
4. Warum hat der Mann Geschenke mitgebracht, wenn er vor das Gesetz will?
5. Warum geht der Mann nicht durch das Tor, obwohl der Türhüter es ihm nicht verbietet?

5 **Fragen** Diskutieren Sie die Fragen miteinander.

1. Was wollte Kafka wohl mit dieser Geschichte aussagen?
2. Gibt es etwas, in das Sie nicht hineingehen würden, selbst wenn es erlaubt wäre?
3. Wofür könnte das Wort „Gesetz" noch stehen, wenn Sie es nicht wörtlich nehmen?
4. Erkennen Sie Autoritäten ohne Widerspruch an?
5. Haben Sie schon einmal versucht, jemanden zu bestechen?
6. Was sind Ihre Erfahrungen mit Bürokratie (z.B. an der Uni, mit Versicherungen (*insurance*), usw.)?

6 **Gesetze** Besprechen Sie die folgenden Fragen.

1. Warum braucht eine Gesellschaft Gesetze?
2. Gibt es Unterschiede zwischen Gesetzen und Rechten? Wenn ja, welche?
3. Wie unterscheiden sich religiöse Gesetze von staatlichen Gesetzen?
4. Wie können Gesetze gesellschaftliche Minderheiten schützen?
5. Was kann passieren, wenn staatliche Gesetze die Menschenrechte einschränken?
6. Zum Schutz der Natur gibt es auch Gesetze. Welche? Was sollen sie bewirken?

7 **Umweltschutz** Stellen Sie sich vor, dass Sie ein Gesetz zum Umweltschutz machen.

1. Was wollen Sie schützen?
2. Warum ist es nötig, diese Dinge zu schützen?
3. Wie können Sie die Unterstützung der Bevölkerung für Ihr Projekt gewinnen?
4. Schreiben Sie einen Gesetzentwurf, den sie präsentieren wollen.

8 **Natur** Schreiben Sie einen Aufsatz von ungefähr 100 Wörtern zu einem der folgenden Themen:

- Was würden Sie machen, wenn Sie vor einem großen Hindernis stehen?
- Haben Sie schon einmal versucht, etwas durch Bestechung zu erreichen?
- Kennen Sie Geschichten (z.B. von ihren Eltern oder Großeltern), die davon handeln, wie und warum sie ein Ziel nicht erreicht haben? Bereuen (*regret*) ihre Eltern/Großeltern, dass sie aufgegeben haben?

Practice more at **vhlcentral.com.**

KULTURANMERKUNG

Bürokratie

Das Wort „Bürokratie" stammt° aus dem Französischen. „Büro" kommt aus dem Lateinischen (burra) und bedeutet ursprünglich „Wollstoff". Damit wurden früher Schreibtische bezogen°. Heute steht der Begriff für den Raum, in dem der Schreibtisch steht. Von hier verwaltet° man z.B. eine Firma.
Das Suffix „-kratie" hat griechische Wurzeln. „Kratos" bedeutet Macht oder auch Herrschaft. Bürokratie bedeutet also eigentlich „Herrschaft der Verwaltung". Dass die Bürokratie immer größer wird und sehr mächtig sein kann, wissen wir alle. Und in vielen von Kafkas Schriften kämpft der Held dagegen an.

stammt *originates*
bezogen *upholstered*
verwaltet *manages*

Anwendung

Revisionen und Korrekturen

Um einen guten Aufsatz abliefern (*deliver*) zu können, müssen Sie lernen, Ihr Werk zu revidieren (*revise*) und zu korrigieren. Nach Fertigstellung des ersten Entwurfs (*draft*) sollten die folgenden Fragen helfen, den Aufsatz zu revidieren und nötige Verbesserungen (*necessary improvements*) zu machen.

- **Inhalt**: Haben Sie wirklich das angegebene Thema bearbeitet? Brauchen Sie noch mehr Beispiele oder Argumente? Gibt es Teile, die sich wiederholen oder die nicht relevant sind?
- **Organisation**: Ist der Aufbau klar? Gibt es eine gute Einleitung und einen guten Schluss? Ist die Verbindung zwischen den Absätzen logisch und deutlich?
- **Rechtschreibung und Grammatik**: Sind die Verben richtig konjugiert? Sind die Adjektiv- und Kasusendungen richtig? Gibt es Rechtschreibfehler? Lesen Sie jeden Satz mindestens zweimal und überprüfen Sie alles sorgfältig. Achten Sie darauf, dass Ihre Sprache (und Wortwahl) klar und genau ist.

Lesen Sie Ihren Aufsatz so, als ob jemand anders ihn geschrieben hätte. Ist er überzeugend (*convincing*)? Können Sie die Reaktionen der Leser(*innen*) vorhersehen, wenn Sie Ihre eigenen Argumente objektiv betrachten?

1  **Vorbereitung** **Sehen Sie sich zu zweit die Kommentare an, die Ihr(e) Professor(in) zu Ihrem letzten Aufsatz gemacht hat. Auf welche der drei oben angegebenen Kategorien müssen Sie besonders achten? Wo haben Sie die meisten Fehler gemacht?**

2  **Aufsatz** **Wählen Sie eines der folgenden Themen und schreiben Sie darüber einen Aufsatz.**

- Beziehen Sie sich in Ihrem Aufsatz auf einen der vier Teile dieser Lektion: **Kurzfilm, Stellen Sie sich vor, ..., Kultur** oder **Literatur**.
- Schreiben Sie mindestens eine Seite.
- Wenn der erste Entwurf fertig ist, revidieren und korrigieren Sie Ihren Aufsatz nach den Richtlinien oben (Inhalt, Organisation, Rechtschreibung, Grammatik). Weitere Verbesserungsvorschläge finden Sie unter **Hinweise zum Überarbeiten eines Aufsatzes** auf 377–378.

Themen

1. Was ist am wichtigsten für den Umweltschutz: Der Erhalt der Rohstoffquellen (*natural ressources*), die Regulierung der Wirtschaft oder eine staatliche Umweltpolitik?

2. Sollte Wiederverwertung Pflicht (*mandatory*) werden? Ist Recyceln ein wichtiger Schritt zur Rettung der Umwelt oder ein unrentables (*inefficient*) System, das mehr Energie verbraucht als es spart und von wichtigeren Problemen ablenkt (*distracts*)?

3. Können Menschen heutzutage in Harmonie mit der Natur leben? Können Industrie und Ökologie friedlich koexistieren?

Natur- und Ideenwelt

Umwelt und Umweltprobleme

das Atomkraftwerk, -e *nuclear power plant*
das Aussterben *extinction*
die Bodenschätze *natural resources*
das Gift, -e *poison*
die Klimaerwärmung, -en *global warming*
die Naturkatastrophe, -n *natural disaster*
der Naturlehrpfad, -e *nature trail*
die Ökologie *ecology*
der Umweltschutz *environmental conservation*
die (Umwelt)verschmutzung *pollution*

erhalten *(here) to conserve*
recyceln *to recycle*
verbrauchen *to consume*
zerstören *to destroy*

still *quiet*
trinkbar *drinkable*
umweltfreundlich *environmentally friendly*
wiederverwertbar *recyclable, reusable*

Gesetze und Anrechte

die Erziehung *education*
die Freiheit, -en *freedom; liberty*
die Gerechtigkeit, -en *justice*
das Gewissen, - *conscience*
die Gleichheit, -en *equality*
die Grausamkeit, -en *cruelty*
der Machtmissbrauch, ¨-e *abuse of power*
das Menschenrecht, -e *human right*
die Unmenschlichkeit, -en *inhumanity*

einschätzen *to gauge*
einsperren *to imprison*
missbrauchen *to abuse*
schützen *to protect*
ein Gesetz verabschieden *to pass a law*
verteidigen *to defend*
verurteilen *to condemn*

(un)gerecht *(un)fair; (un)just*
(un)gleich *(un)equal*
(il)legal *(il)legal*
(un)schuldig *(not) guilty*
unterdrückt *oppressed*

Fragen und Meinungen

die Angst, ¨-e *fear*
die Drohung, -en *threat*
die Gewalt *violence*
die Politik *politics*
die Sicherheit, -en *security; safety*
der Terrorismus *terrorism*
die Wahl, -en *election*

erreichen *to achieve*
fördern *to promote; to encourage*
kämpfen *to fight*
retten *to save; to rescue*
sich widmen *to dedicate oneself*

friedlich *peaceful*
gemäßigt *moderate*
konservativ *conservative*
liberal *liberal*
pazifistisch *pacifist*

Die Leute

der Aktivist, -en/die Aktivistin, -nen *activist*
die Geschworenen *jury*
der/die Kriminelle, -n *criminal*
der Naturschützer, -/die Naturschützerin, -nen *conservationist*
der Rechtsanwalt, ¨-e/die Rechtsanwältin, -nen *lawyer*
der Richter, -/die Richterin, -nen *judge*
der Terrorist, -en/die Terroristin, -nen *terrorist*
der Zeuge, -n/die Zeugin, -nen *witness*

Kurzfilm

der (militante) Anschlag, ¨-e *(militant) attack*
die Bedrohung, -en *threat*
das Gefängnis, -se *prison*
die Gefahrenabwehr *protection against threats*
die öffentliche Sicherheit *public safety*
die Straftat, -en *criminal act*
der Tatverdacht *suspicion (of wrongdoing)*
der Überwachungsstaat, -en *surveillance state*
die terroristische Vereinigung, -en *terrorist organization*

von etwas ausgehen *to assume something*
j-n beobachten *to spy on someone*
beschatten *to shadow someone*
verhaften *to arrest*

sich einig sein *to agree*
verzweifelt *frantic; distraught*
vernetzt sein *to be part of a network*

Kultur

die Anleitung, -en *guideline*
die Aufzucht, -en *raising (of animals)*
der Lebensraum, ¨-e *habitat*
der Luchs, -e *lynx*
das Mittelgebirge, - *low mountain range*
die Nachhaltigkeit *sustainability*
der Nachwuchs *offspring*
der Pfad, -e *trail*
das Schlagwort, ¨-er *slogan*
der Sonnenkollektor, -en *solar pannel*
der Storch, ¨-e *stork*
die Umweltbildung, -en *environmental education*
das Versagen *failure (person)*
die Verwaltung, -en *administration*
die Windmühle, -n *windmill*

subventionieren *to fund*

gefährdet *endangered*

Literatur

der Anspruch, ¨-e *right; entitlement*
die Bürokratie, -n *bureaucracy*
der Einlass *admittance*
die Entscheidung, -en *decision*
die Erkenntnis, -se *awareness; insight*
der Türhüter, - *gate keeper*
das Verbot, -e *ban*
das Verhör, -e *questioning*

abschrecken *to deter; discourage*
bestechen *to bribe*
sich bücken *to bend down*
locken *to allure*
verfluchen *to curse*

feige *cowardly*
mächtig *powerful*
neugierig *curious*
rücksichtslos *inconsiderate*
überspitzt *exaggerated*
zugänglich *accessible*

Lektion 9

Wirtschaft und Berufsaussichten

Wirtschaftskrise, Jobsuche, Arbeitslosigkeit... Nicht zuletzt durch die Globalisierung, wird unsere Berufswelt immer komplizierter. Autos werden importiert; Jobs werden exportiert. Welche positiven und negativen Auswirkungen hat die Globalisierung auf unsere Wirtschaft, unsere Welt und unsere Umwelt? Welche spannenden Möglichkeiten bietet sie? Wie wird Ihr Berufsleben ausschauen, in unserer vernetzten Welt? Was würden Sie tun (bzw. nicht tun), um eine Stelle zu bekommen und zu behalten?

304 **KURZFILM**

Nico Zingelmanns Wirtschaftsthriller *15 Minuten Wahrheit* zeigt den Konflikt zwischen dem Geschäftsführer einer Firma und einem entlassenen Angestellten. Die beiden diskutieren 15 Minuten lang über die Firma. Wer gewinnt wohl am Ende?

310 **STELLEN SIE SICH VOR, ...**

Klein aber fein: **Liechtenstein** und **die Schweiz** sind reiche Nicht-EU-Staaten, die ihre traditionelle Unabhängigkeit (*independence*) sorgfältig pflegen. Hier findet man landschaftliche Schönheit und unzählige Banken.

325 **KULTUR**

In *Schweizer Bankwesen* geht es um die Ursprünge der Geldwirtschaft in Europa und darum, wie die Schweiz ein international führender Bankenplatz geworden ist.

329 **LITERATUR**

In ihrem Text *Berufsberatung* kritisiert **Christa Reinig** die Berufswahl in der DDR, indem sie das Regime als sturen (*stubborn*), einfältigen Rechner darstellt.

Reiseziel:
Die Schweiz und Liechtenstein

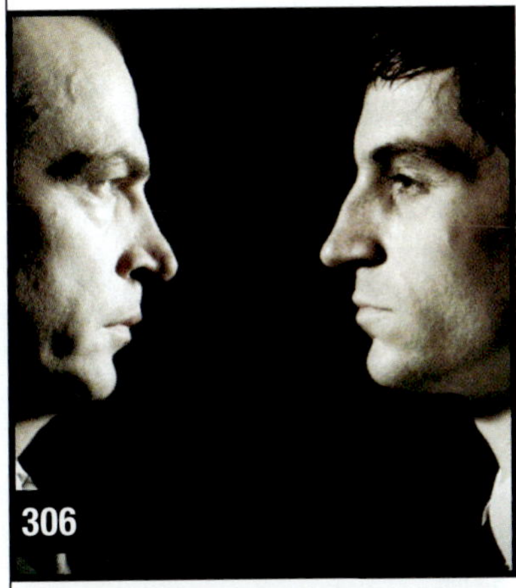
306

326

302 **ZU BEGINN**

312 **STRUKTUREN**

9.1 **Der Konjunktiv II der Vergangenheit**

9.2 **Plurals and compound nouns**

9.3 **Two-part conjunctions**

336 **SCHREIBWERKSTATT**

337 **WORTSCHATZ**

Arbeit und Finanzen

Die Arbeitsplatzsuche

das Amt, ¨-er *position; office*
das Arbeitsamt, ¨-er *employment agency*
die Ausbildung, -en *training; education*
der Beruf, -e *job*
die Beschäftigung, -en *occupation*
die (Berufs)erfahrung, -en *(professional) experience*
das Gewerbe, - *trade; business*

die Karriere, -n *career*
der Lebenslauf, ¨-e *résumé*
der Personalmanager, -/die Personalmanagerin, -nen *personnel manager*
der Praktikant, -en/die Praktikantin, -nen *intern; trainee*
die Qualifikation, -en *qualification(s)*
die Stelle, -n *position*
das Vorstellungsgespräch, -e *job interview*

---

beschäftigen *to employ*
sich (bei j-m) um etwas bewerben *to apply (somewhere) for a job*
einstellen *to hire*

Die Leute am Arbeitsplatz

der/die Angestellte, -n *employee*
der Berater, -/die Beraterin, -nen *consultant*
der (Bilanz)buchhalter, -/die (Bilanz)buchhalterin, -nen *accountant*
der Chef, -s/die Chefin, -nen *boss*
der Geschäftsführer, -/die Geschäftsführerin, -nen *executive; manager*
der Inhaber, -/die Inhaberin, -nen *owner*
der Kollege, -n/die Kollegin, -nen *colleague*

der Sekretär, -e/die Sekretärin, -nen *secretary*

Auf der Arbeit

die Arbeitszeit, -en *work hours*
die Beförderung, -en *promotion*
die Gewerkschaft, -en *labor union*
der (Mindest)lohn, ¨-e *(minimum) wage*
der Streik, -s *strike*
die Teilzeitarbeit/die Teilzeitstelle, -n *part-time job*
der Urlaubstag, -e *day off*

die Vollzeitstelle, -n *full-time job*

---

entlassen *to lay off*
feuern *to fire*
in Rente gehen *to retire*
kündigen *to quit*
leiten *to manage*
Überstunden (*pl.*) (machen) *(to work) overtime*

verdienen *to earn*

Die Finanzen

die Börse, -n *stock exchange*
das Darlehen, - *loan*
die Ersparnis, -se *savings*
der Immobilienmarkt, ¨-e *real estate market*
der Konkurs, -e *bankruptcy*
die Rezession, -en *recession*
die Schulden (*pl.*) *debt*
die Steuer, -n *tax*
die Währung, -en *currency*

die Wirtschaftskrise, -n *economic crisis*
die Zahl, -en *figure; number*
der Zinssatz, ¨-e *interest rate*

---

anlegen (in + Dat.) *to invest (in)*
eine Hypothek aufnehmen *to take out a mortgage*
(etwas/j-n) ausnutzen *to take advantage of (something/someone)*
Schulden haben *to be in debt*
(Geld) leihen *to borrow (money)*
sparen *to save*

---

erfolgreich *successful*
finanziell *financial*
kurzfristig *short-term*
langfristig *long-term*

Anwendung und Kommunikation

1 

Bei der Arbeit Ergänzen Sie die Gespräche mit den passenden Vokabeln aus der Liste.

Beförderung	Börse	Rente	Streik
bewerben	feuern	Stelle	Vorstellungsgespräch

1. —Frau Niesen, ich habe gute Nachrichten für Sie. Wir sind sehr zufrieden mit Ihrer Arbeit als Praktikantin und möchten Ihnen eine ________ anbieten.
   —Super! Um was für eine ________ handelt es sich denn?
2. —Kollegen! Die nutzen uns hier nur aus! Obwohl wir gute Arbeit leisten, behandelt der Chef uns schlecht, und wir verdienen seit Jahren nur den Mindestlohn. Lasst uns doch endlich mal einen ________ organisieren!
   —Ach nein, Maurizio, das kann ich nicht. Wenn wir das tun, dann werden sie uns ________ und neue Arbeiter einstellen. Ich brauche diesen Job.
3. —Guten Tag, Frau Bergermann. Ich bin David Mirzer. Ich habe Ihre Anzeige gelesen und wollte mich auf die Stelle als Finanzberater ________. Haben Sie meinen Lebenslauf bekommen?
   —Ja, schön, dass Sie da sind, Herr Mirzer. Ich wollte Sie gerade anrufen. Ihr Lebenslauf hat uns sehr gefallen. Könnten Sie morgen zu einem ________ kommen?

2

Auf Jobsuche Ergänzen Sie die Anzeigen mit den passenden Wörtern.

Können Sie gut zeichnen? Sind Sie kreativ und engagiert? Innovative Frankfurter Werbeagentur sucht Praktikant(in) mit erfolgreich abgeschlossener (1) ________ in Grafik. Wir bieten flexible (2) ________, eine tolle Arbeitsatmosphäre und einen fairen (3) ________. Schicken Sie Ihren (4) ________ an max@drawteam.de.

Sind Sie von Ihrem (5) ________ enttäuscht? Möchten Sie Ihr eigener (6) ________ sein, zu Hause arbeiten, nie wieder (7) ________ machen und 4.000 Euro im Monat (8) ________? Wir bilden Sie aus!

3 

Probleme und Lösungen Lara und Julius sind in Geldschwierigkeiten. Geben Sie ihnen finanziellen Rat.

1. Lara: Ich bin eine erfolgreiche technische Beraterin in Berlin. Ich verdiene sehr gut, habe aber leider teure Hobbys. Ich trage gern Designerkleidung, wohne in einer teuren Wohnung und sammle moderne Kunst.
2. Julius: Ich habe von meinem Opa ein bisschen Geld bekommen, das ich in Immobilien angelegt habe. Zunächst lief es super. Ich habe im ersten Jahr so viel Geld verdient, dass ich meine Ausbildung als Handwerker abgebrochen habe. Aber jetzt sind meine Häuser nichts mehr wert, ich kann meine Hypotheken nicht bezahlen, und ich finde keine Arbeit.

 Practice more at **vhlcentral.com.**

Vorbereitung

Wortschatz des Kurzfilms

abschieben *to consign*
der Arbeitskampf, ¨-e *labor dispute*
der Aufschwung, ¨-e *economic recovery*
das Entgegenkommen *courtesy*
das Konto, Konten *account*
die Lohnfortzahlung, -en *wage continuation*
die Spielregeln (*pl.*) *rules (of the game)*
verlockend *tempting*
die Vermutung, -en *speculation*
die Vorruhestandsregelung, -en *early retirement plan*

Nützlicher Wortschatz

austricksen *to outsmart/ to fool someone*
der Betrug *fraud; scam*
betrügen *to cheat*
die Erpressung, -en *blackmail*
die Falle, -n *trap*
die Wirtschaftskorruption *corporate corruption*

AUSDRÜCKE

die Identität bleibt unbekannt *the identity remains unknown*
in einer offiziellen Bilanz auftauchen *to show up in an official financial statement*
jemanden fallen lassen *to drop someone like a hot potato*
Ich mach' dich fertig! *I'll destroy you!*

1 

Vokabeln **Schreiben Sie die passenden Vokabeln aus den Listen in die Lücken.**

In der Wirtschaft und im Leben gibt es (1) __________, an die sich jeder halten muss. Wenn es um viel Geld geht, ist es sehr (2) __________, diese Regeln zu ignorieren. Wenn Personen in der Wirtschaft andere Menschen (3) __________, begehen sie oftmals eine Form der (4) __________. Beste Beispiele hierfür sind (5) __________, wenn man bestimmte Infomationen über eine andere Person hat, oder einfach nur (6) __________.

2

Stellenanzeigen **Lesen Sie sich zu zweit die Stellenanzeigen durch und beantworten Sie die Fragen.**

HERZOG vermietet seit über 30 Jahren erfolgreich Arbeitsbühnen°. Wir expandieren und suchen für unseren Standort in Köln eine Vollzeit-BÜROKRAFT (m/w)

Ihre Aufgaben:
- Kundenberatung° - persönlich, telefonisch und vor Ort
- Auftragsberatung°, Disposition°, Fakturierung°

Sie bringen mit:
- technisches Verständnis, Freude im Umgang mit Kunden
- wirtschaftliches Denken, das wir gerne honorieren

Senden Sie Ihre Bewerbungsunterlagen an jobs@herzog.de.

Arbeitsbühnen *operating platforms* **Kundenberatung** *Customer support* **Auftragsberatung** *Contract consulting* **Disposition** *arrangement* **Fakturierung** *invoicing*

IT – Administrator

EDV-Systembetreuer(in) mit Grundkenntnissen zur Verstärkung unseres Teams in Festanstellung gesucht.

Bewerbung unter: jobs@steckel.de, z. Hd.° Frau Jäger, Tel. (0 84 50) 92 76-0.

z. Hd. (zu Händen) *to the attention of*

- Welche Stellenbeschreibung finden Sie am interessantesten? Warum?
- Wie würden Sie sich auf diese Stellen bewerben?

3 **Berufe** Füllen Sie die Tabelle zu zweit aus. Schreiben Sie zuerst die Berufe auf und nennen Sie dann die Qualifikationen, die man für diese Berufe braucht.

Beruf	Qualifikationen

4 **Was meinen Sie?** Stellen Sie einander die folgenden Fragen.

1. Was möchtest du mal werden, wenn du mit der Uni/dem College fertig bist?
2. Kennst du jemanden, der zur Zeit Arbeit sucht? Warum sucht diese Person Arbeit? Wie macht sie das?
3. Kennst du jemanden, der schon einmal entlassen wurde? Was ist passiert?
4. Was ist dir am wichtigsten, wenn du Arbeit suchst?
5. Eine Firma sucht einen neuen Angestellten/eine neue Angestellte. Welche wichtigen Qualitäten sollte er/sie haben?
6. Was passiert in einer Wirtschaftskrise?

5 **Vermutungen** Schauen Sie sich in Gruppen die folgenden Bilder an. Beschreiben Sie jedes Bild mit drei Sätzen. Überlegen Sie sich, was im Film passieren könnte.

- Wie sehen die Personen auf den Bildern aus? Beschreiben Sie sie genau.
- Wer könnten diese Personen sein?
- Was könnten die Personen (beruflich) machen?
- Was für Persönlichkeiten könnten diese Menschen haben?
- Was könnten die Beziehungen zwischen diesen Personen sein?

 Practice more at **vhlcentral.com.**

15 MINUTEN WAHRHEIT

Ein Film von Nico Zingelmann

Darsteller: Christoph Bach, Herbert Knaup, Martin Rother

Drehbuch: Nico Zingelmann
Produzent: Birke Birkner / Jean-Young Kwak
Schnitt: Marco Baumhof
Musik: Christopher Bremus

1. Preis
Publikumspreis
Kinofest Lünen

SZENEN

HANDLUNG *Eine Firma entlässt die Angestellten einer ganzen Abteilung. Einer dieser Angestellten bittet seinen Chef um ein Gespräch, weil er und seine Kollegen einen Plan haben.*

KOMANN Wie geht's ihm?
MARTHA Wir müssen umziehen, Georg. Ich bin doch noch kein Rentner°.
KOMANN Noch ist nichts entschieden.
MARTHA Bei dir vielleicht. Aber bei mir?

BERG Sieh es als persönliches Entgegenkommen.
KOMANN Ich danke dir. Aber was bekommen die anderen?
BERG Du bekommst eine Vorruhestandsregelung. Mehr als fair, wenn du mich fragst.
KOMANN Du schiebst sie einfach ab.

BERG Sie haben für uns gearbeitet und Geld dafür bekommen. Das sind auch schon alle Spielregeln.
KOMANN Als ob du dich an Regeln hältst.
BERG Habe ich da irgendwas verpasst°?
KOMANN Ich weiß es. Ich weiß von TANOS.

KOMANN Was, wenn jemand wüsste, dass dieses Unternehmen° Millionen verdient, die in keiner offiziellen Bilanz auftauchen?
BERG So gefällst du dir, ne?! Was soll der Scheiß°?
KOMANN Was, wenn dieser Jemand wüsste, wo dieses Geld liegt?

BANKANGESTELLTER Dieses Konto verfügt über zahlreiche Sicherheitsmechanismen°. Der wichtigste: Ihre Identität bleibt im Außenverkehr unbekannt. Ihrer statt erscheint lediglich° die Nummer des Kontos. Daher der Name. Sogar der Bank bleibt Ihre Identität weitgehend unbekannt.

ANNA Credit Zürich, guten Tag!

Rentner *retiree* **verpasst** *missed* **Unternehmen** *corporation* **Scheiß** *crap* **Sicherheitsmechanismen** *security features* **lediglich** *merely*

KULTURANMERKUNG

Arbeitskampf

In Deutschland hat der Arbeitskampf zwischen Arbeitgebern und Arbeitnehmern eine lange Tradition. Dabei diskutieren Vertreter° beider Parteien Aspekte wie Lohn, Arbeitszeit und Sozialleistungen, die für Arbeitsverträge° wichtig sind. Wenn die Diskussionen und Verhandlungen keine positiven Ergebnisse produzieren, kann es zu Streiks (durch die Arbeitnehmer) oder Ausschließungen° (durch die Arbeitgeber) kommen. Ziel dieser Arbeitskämpfe ist vor allem, den Arbeitsfrieden langfristig zu sichern, damit Arbeitnehmer und Arbeitgeber sich auf die Arbeit konzentrieren können.

Vertreter *representatives*
Arbeitsverträge *labor contracts*
Ausschließungen *lockouts*

Beim **ZUSCHAUEN**

Was wissen Sie über die Personen im Film?

_____ **1.** Ralf...
_____ **2.** Der Pförtner (*gatekeeper*)...
_____ **3.** Komann...
_____ **4.** Die Sekretärin...
_____ **5.** Die entlassene Kollegin...
_____ **6.** Berg...

a. telefoniert viel.
b. gibt seinen Partnern ein Diktiergerät.
c. ist ein junger Mann mit viel Macht.
d. schreibt Informationen auf einen gelben Zettel.
e. packt ihre Sachen.
f. führt ein Gespräch mit seinem Chef.

Analyse

1 **Was passt zusammen?** Wählen Sie das passende Ende für jeden Satz.

____ 1. In einer Firma namens Jaffcorp	a. macht Komann ein großzügiges Angebot.
____ 2. Der entlassene Komann	b. Komann, Anna und Ralf.
____ 3. Geschäftsführer Berg	c. seine Bank an.
____ 4. In dem Gespräch	d. werden viele Arbeitnehmer entlassen.
____ 5. Herr Berg ruft aus Angst	e. manipulieren Herrn Bergs Telefonat.
____ 6. Die Sekretärin Anna und Ralf	f. führt ein letztes Gespräch mit seinem Chef.
____ 7. Am Ende kündigen	g. erzählt Komann, dass er von Bergs Betrug weiß.

2 **Was ist richtig?** Lesen Sie die Satzpaare. Welche Aussage stimmt? Besprechen Sie zu zweit Ihre Antworten.

1. a. Am Anfang erfahren wir, dass es der Firma Jaffcorp gut geht.
   b. Am Anfang erfahren wir, dass es der deutschen Wirtschaft gut geht.
2. a. Für die weiblichen Angestellten ist es schwer, eine neue Arbeitsstelle zu finden.
   b. Für Über-50-Jährige ist es besonders schwer, eine neue Arbeitsstelle zu finden.
3. a. Berg bietet den entlassenen Angestellten eine Vorruhestandsregelung an.
   b. Berg bietet Herrn Komann eine Vorruhestandsregelung an.
4. a. Komann erzählt Berg Details, die er über dessen Betrug weiß.
   b. Komann erzählt Berg, wie viel Geld er ihm weggenommen hat.
5. a. Die Bank erklärt Berg, dass kein Geld von seinem Konto fehlt.
   b. Die Bank erklärt Berg, dass sehr viel Geld von seinem Konto fehlt.
6. a. Berg spricht nach der Festnahme Komanns mit seiner Bank.
   b. Anna und Ralf imitieren Bankangestellte, als Berg die Bank anruft.

3 **Fragen** Vervollständigen Sie jeden Satz und besprechen Sie zu zweit Ihre Antworten.

1. Komann will von Berg ________________.
   a. Informationen über sein Konto
   b. eine bessere Abfindung (*severance package*)
   c. eine Vorruhestandsregelung
2. Komann weiß, dass Berg ________________ hat.
   a. ein geheimes Konto b. eine neue Stelle c. beides
3. Berg schwitzt (*sweats*), weil ________________.
   a. Komann blufft b. sein Konto leer ist
   c. Komann Details des Betrugs kennt
4. Ralf ruft ________________ an, um Geld zu transferieren.
   a. bei Herrn Berg b. beim Pförtner
   c. bei der Credit Suisse
5. Der Pförtner hilft auch mit, Berg ________________.
   a. einzustellen b. auszutricksen c. zu entlassen

4 

Die Hauptfiguren Besprechen Sie in Gruppen die Figuren des Films.

 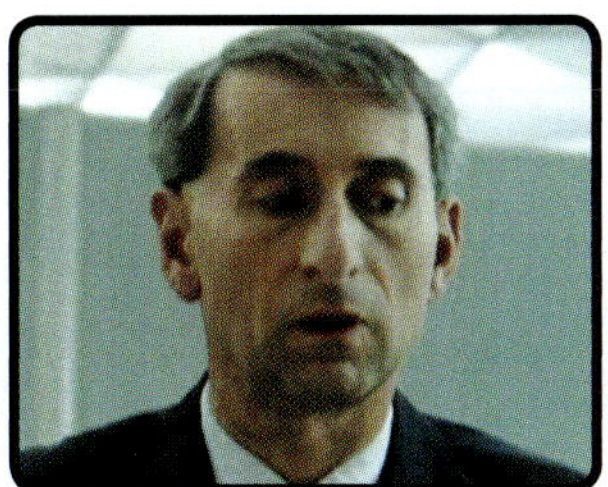 

- Welche Figur mögen Sie am liebsten? Welche am wenigsten? Warum?
- Haben Sie Mitleid mit einer der Figuren? Warum?
- Welche Figur ist am skrupellosesten und sollte ins Gefängnis (*prison*) kommen? Warum?
- Was könnte den Figuren nach Ende des Films passieren? Seien Sie kreativ.

5 

Der Plan Schreiben Sie in Gruppen ein Gespräch zwischen Herrn Komann, der Sekretärin Anna, Ralf und dem Pförtner, in dem diskutiert wird, wie man Herrn Berg austricksen könnte.

Geld abheben	aufnehmen	das Notizbuch
ein Telefonat abhören (*to intercept*)	das Intranet kopieren	die Sicherheitskamera
		ein Gespräch simulieren

6 

Herrn Komanns und Herrn Bergs Zukunft Überlegen Sie sich zu zweit, wie es für die beiden Hauptfiguren weitergeht.

- Was wird Herr Komann mit dem Geld machen?
- Wie reagiert Herr Berg auf den Betrug?
- Wie wird Herr Berg sein Verhalten als Chef ändern?
- Wo werden Herr Komann und Herr Berg arbeiten?

7 

Fragen zum Film Besprechen Sie in Gruppen die Fragen zum Film.

1. Wie wichtig ist das Alter, wenn man Arbeit sucht? Waren Sie schon einmal zu jung oder zu alt für eine Arbeitsstelle? Erzählen Sie davon.
2. Kennen Sie Menschen, die ihre Arbeit verloren haben? Wie haben diese Menschen darauf reagiert?
3. Ist der Kapitalismus ein gutes System für Arbeiter? Warum/warum nicht?
4. Kennen Sie Beispiele skrupelloser Wirtschaftspraktiken? Was passiert „normalen" Angestellten dabei?
5. Darf man jemanden betrügen, wenn man betrogen worden ist?

8

Zum Thema Stellen Sie sich vor, Sie sind entlassen worden, nachdem Sie viele Jahre für eine Firma gearbeitet haben. Sie haben zwar keine Arbeit mehr, aber Ihr Arbeitgeber bietet Ihnen eine großzügige Vorruhestandsregelung inklusive Lohnfortzahlung an. Was würden Sie in dieser Situation machen: Das Geld sparen, investieren oder etwas kaufen? Beschreiben Sie in zwei Absätzen, was Sie tun würden.

 Practice more at **vhlcentral.com.**

Reading

Die Schweiz und Liechtenstein

Ins Herz der Alpen

Kulturelle Vielfalt, eine traditionsreiche Geschichte, tiefe Seen und beeindruckende Berge sind die bekanntesten Attribute der **Schweiz**. Aber das Land bietet noch viel mehr: die Schweiz bewahrt noch heute ihre Tradition der Unabhängigkeit°; ist nicht Mitglied der Europäischen Union (EU) und hat ihre eigene Währung, den **Schweizer Franken**.

Bern ist zwar die Hauptstadt der Schweiz, aber **Zürich** ist mit rund 380.000 Einwohnern die größte Stadt und auch das Wirtschaftszentrum dieses Landes, dessen Bankenbranche den wichtigsten Wirtschaftssektor bildet. **Zürich** liegt am **Zürichsee** und ist von Bergen umgeben. Man kann mit der Bahn auf den **Uetliberg** fahren und dort wunderbar wandern.

Basel, im Nordwesten der Schweiz, hat einen ganz anderen Charakter. Die Universitätsstadt hat eine besondere Geschichte und war im Mittelalter Zentrum des **Humanismus**. Einer seiner prominentesten Vertreter, **Erasmus von Rotterdam**, lebte zwischen 1514–1536 in Basel. Und der Philosoph **Friedrich Nietzsche** (1844–1900) hat hier seine *Geburt der Tragödie* verfasst. Auf dem Münsterhügel° kann man die Reste aus Basels vielseitiger Geschichte besichtigen. In der Eisenzeit lebten Kelten auf dem Hügel; später haben erst die Römer und dann die Reformation ihre Spuren hinterlassen°.

In der Zentralschweiz, im Schatten des **Pilatus**° und im Spiegelbild des **Vierwaldstätter Sees** liegt **Luzern**. Man kann den **Wasserturm**° bewundern und auch das **Löwendenkmal**, das Mark Twain als „das traurigste und bewegendste Stück Stein der Welt" bezeichnet hat.

Weiter im Osten, zwischen der Schweiz und Österreich, befindet sich **Liechtenstein**, das kleinste unter den deutschsprachigen Ländern. Dieses Fürstentum°, mitten in einer der schönsten Landschaften der Welt, hat weniger als 40.000

Übrigens...

Im Dreiländereck° Deutschland/Schweiz/Frankreich existiert seit Jahren eine ökonomische Symbiose. Man lebt in Deutschland, arbeitet in Basel und kauft Brot von seinem Lieblingsbäcker auf der französischen Seite der Grenze. Wegen der Staatsgrenzen° müssen infrastrukturelle Einzelheiten° gut koordiniert werden – z.B. der öffentliche Verkehr°. Deswegen wurde der **Trinationale Eurodistrict Basel** gegründet. Alle drei Länder regeln die Angelegenheiten° des Distrikts gemeinsam und gedeihen wirtschaftlich° nicht durch Konkurrenz, sondern durch Kooperation.

Einwohner, ist dafür aber das reichste Land Europas und galt lange als Steueroase°.

Vaduz ist Liechtensteins Hauptstadt und der Sitz seines Fürstenhauses°. Das Land hat ein demokratisches Parlament, aber der beliebte Fürst Hans-Adam II. ist Staatsoberhaupt° und hat erhebliche° Rechte. Die adelige° Familie bewohnt noch das mittelalterliche **Schloss Vaduz**, das oben auf dem Felsen° das Stadtbild dominiert. In der Innenstadt – dem so genannten Städtle – befinden sich zahlreiche Straßencafés, kleine Boutiquen und Galerien.

Unabhängigkeit *independence* **Münsterhügel** *a hill in Basel* **Spuren hinterlassen** *leave traces* **Pilatus** *mountain outside of Lucerne* **Wasserturm** *tower in Lake Lucerne, emblem of the city* **Fürstentum** *principality* **Steueroase** *tax haven* **Fürstenhauses** *dynasty* **Staatsoberhaupt** *head of state* **erhebliche** *considerable* **adelige** *noble* **Felsen** *cliff* **Dreiländereck** *three-country point* **Staatsgrenzen** *national borders* **Einzelheiten** *particulars* **öffentliche Verkehr** *public transportation* **Angelegenheiten** *affairs* **gedeihen wirtschaftlich** *thrive economically*

Entdeckungsreise

Gemütlich durch die Alpen Man sagt, dass der **Glacier Express** der langsamste Schnellzug der Welt sei. Der Zug fährt über 291 Brücken und durch 91 Tunnel durch die Alpen von St. Moritz nach Zermatt. Die ca. 270 km lange Fahrt dauert 7,5 Stunden, aber dafür kann man sich an den fantastischen Bergen und dem atemberaubenden° Panorama sattsehen°, denn die Wagen sind mit besonders großen Fenstern ausgestattet. Nichts für Menschen mit Höhenangst°!

Das Edelweiß Hoch in den Alpen, an einsamen steilen Hängen°, blüht eine edle weiße Blume, das Leontopodium alpinum. Das seltene beliebte **Edelweiß** ist die nationale Blume der **Schweiz** und gilt als Symbol der Reinheit°, aber es wächst nur an trockenen Berghängen mit viel Sonne. Weil Edelweiß pflücken° gefährlich sein kann, war es früher ein Beweis der Tapferkeit°, von einer Bergtour mit einer solchen Blume zurückzukehren.

atemberaubenden *breathtaking* **sattsehen** *get an eyeful* **Höhenangst** *fear of heights* **steilen Hängen** *steep slopes* **Reinheit** *purity* **pflücken** *pick* **Tapferkeit** *bravery*

Was haben Sie gelernt?

Richtig oder falsch? Sind die Aussagen **richtig** oder **falsch?** Korrigieren Sie die falschen Aussagen.

1. Die Schweiz gehört zur Europäischen Union.
2. Zürich hat mehr Einwohner als ganz Liechtenstein.
3. Nietzsche hat *Die Geburt der Tragödie* in Luzern geschrieben.
4. Der Präsident von Liechtenstein heißt Hans-Adam II.
5. Der Glacier Express ist ein Zug, der durch die Schweizer Alpen fährt.
6. Der Glacier Express fährt sehr schnell.
7. Edelweiß ist selten.
8. In der Schweiz symbolisiert Edelweiß die Reinheit.

Fragen Beantworten Sie die Fragen.

1. Welche Schweizer Sehenswürdigkeiten erwähnt der Text?
2. Welcher berühmte Philosoph hat in Basel gelebt?
3. Welches Denkmal in Luzern fand Mark Twain sehr rührend (*touching*)?
4. Welche Sprache spricht man in Liechtenstein?
5. Wer wohnt im Schloss Vaduz?
6. Warum kann es sich lohnen, mit dem Glacier Express zu fahren, obwohl der Zug so langsam fährt?
7. Wo wächst Edelweiß?

Projekt

Die Schweiz hat nicht nur eine offizielle Sprache, sondern vier! Suchen Sie im Internet Antworten auf die folgenden Fragen und berichten Sie im Kurs, was Sie herausgefunden haben.

- Was sind die vier offiziellen Sprachen der Schweiz?
- In welchen Regionen werden sie gesprochen?
- Wie viel Prozent der Bevölkerung sprechen Rätoromanisch?
- Wie viel Prozent der Bevölkerung sind dagegen deutschsprachig?
- Wie verständigen sich die Schweizer untereinander, wenn sie nicht aus demselben Sprachgebiet stammen?

9.1 Der Konjunktiv II der Vergangenheit

—*Du **hättest** mich fast **gehabt**.*

- The **Konjunktiv II der Vergangenheit** (past subjunctive) is used when talking about a hypothetical situation that *could* or *might have* occurred in the past. It is also used to express a feeling, such as a wish or regret, about a past action.

Letztes Jahr **wäre** ich nach Vaduz **gefahren**, wenn ich Zeit **gehabt hätte**.
*Last year I **would have gone** to Vaduz if I **had had** the time.*

Als Kind **hätte** ich das wahrscheinlich nicht **gemacht**.
*I probably **would** not **have done** that as a child.*

ACHTUNG!

Remember that, even though the **Konjunktiv II** is based on the **Präteritum** verb forms (**war** → **wäre**, **hatte** → **hätte**, **blieb** → **bliebe**, etc.), it refers to present time or to an event in the future. The **Konjunktiv II der Vergangenheit** uses the past participle and refers to events that have *already* happened.

- To form the **Konjunktiv II der Vergangenheit**, use the present **Konjunktiv II** of the auxiliary verb (either **haben** or **sein**) and the past participle of the main verb.

Konjunktiv II der Vergangenheit

haben		sein	
ich **hätte**	+ mehr Geld **investiert**	ich **wäre**	+ zu Hause **geblieben**
du **hättest**		du **wärest**	
er/sie/es **hätte**		er/sie/es **wäre**	
wir **hätten**		wir **wären**	
ihr **hättet**		ihr **wäret**	
sie/Sie **hätten**		sie/Sie **wären**	

Wenn wir das Projekt besser **präsentiert hätten**, **hätten** sie mehr Geld **investiert**.
*If we **had presented** the project better, they **would have invested** more money.*

Wenn ich heute zu Hause **geblieben wäre**, **hätte** ich den Unfall nicht **gehabt**.
*If I **had stayed** home today, I **would** not **have had** the accident.*

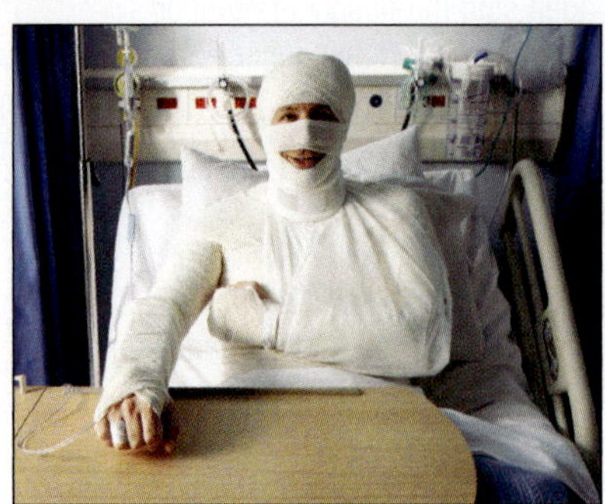

- Notice that the English equivalents of the **Konjunktiv II der Vergangenheit** require three words (*would* + *have* + past participle) to express the same meaning.

Konjunktiv II der Vergangenheit with haben and sein

haben	sein
hätte gehabt *would have had*	**wäre geblieben** *would have stayed*
hätte gekündigt *would have quit*	**wäre gegangen** *would have gone*
hätte geliehen *would have borrowed*	**wäre gekommen** *would have come*
hätte gesehen *would have seen*	**wäre gewesen** *would have been*
hätte gespart *would have saved*	**wäre geworden** *would have become*

Ich **hätte** mich um die Stelle **beworben**.
*I **would have applied** for that job.*

Ein Berater **wäre** hilfreich **gewesen**.
*An advisor **would have been** helpful.*

Word order

- The auxiliary verb for modals in the **Konjunktiv II der Vergangenheit** is always **haben**. In sentences with one clause, the main verb and the modal will appear as a double infinitive at the end of the sentence. The main verb always precedes the modal.

***Konjunktiv II* of *haben*... + main verb infinitive + infinitive of modal.**
hätte **kommen** **müssen**

Der Inhaber **hätte** mehr Geld **verdienen können**.
*The owner **could have earned** more money.*

Der Praktikant **hätte** nicht zu spät zur Arbeit **kommen sollen**.
*The intern **should** not **have come** to work so late.*

- However, when sentences in the **Konjunktiv II der Vergangenheit** are introduced by a **wenn**-clause, the conjugated auxiliary verbs are moved to the end of the **wenn**-clause and the beginning of the main clause. In this case, the two verbs are separated by a comma.

Wenn ich keine Teilzeitstelle **gehabt hätte**, **hätte** ich mehr Zeit mit Lernen **verbracht**.
*If I **had** not **had** a part-time job, I **would have spent** more time studying.*

Wenn die Firma in Konkurs **gegangen wäre**, **hätten** die Arbeiter ihre Stellen **verloren**.
*If the company **had gone** bankrupt, the workers **would have lost** their jobs.*

- When two **Konjunktiv II der Vergangenheit** phrases are used with modals in a sentence, the conjugated auxiliary verb is placed immediately before the double infinitive in both the main clause and the dependent clause.

Der Buchhalter **hätte wissen sollen**, dass er genau **hätte rechnen müssen**.
The accountant should have known to calculate precisely.

Die Personalmanagerin **hätte sagen sollen**, wo das Interview **hätte stattfinden sollen**.
The personnel manager should have said where the interview was to take place.

ACHTUNG!

When there are three verbs in a verbal phrase, the conjugated verb precedes the double infinitive in a dependent clause.

Ich weiss nicht, ob ich das hätte machen können.
I don't know if I could have done that.

Depending on the speaker's intent, a sentence can include both the past and the present subjunctive.

Wenn die Chefin mich entlassen hätte, wäre ich jetzt arbeitslos.
If the boss had fired me, I would be unemployed now.

Anwendung

1 **Im Büro** Schreiben Sie Sätze im **Konjunktiv II der Vergangenheit.**

Beispiel **Frau Macke / auf die neue Stelle / sich freuen**
Frau Macke hätte sich auf die neue Stelle gefreut.

1. ich / neue Kleidung / tragen
2. ich / keine privaten Emails / schreiben
3. Der Chef / nur 15 Minuten / beim Mittagsessen / verbringen
4. Herr Meinrad und Frau Müller / nicht so viel / telefonieren
5. Du / viele nette Kollegen / kennen lernen

2 **Damals und heute** Was hätten Ihre Großeltern früher gemacht, als sie noch jung waren? Schreiben Sie den neuen Satz im **Konjunktiv II der Vergangenheit.** Verwenden Sie die Wörter in Klammern für den neuen Satz.

Beispiel **Wenn ich genug Geld hätte, würde ich eine Wohnung kaufen. (Großeltern: Einfamilienhaus kaufen)**
Wenn die Großeltern genug Geld gehabt hätten, hätten sie ein Einfamilienhaus gekauft.

1. Wenn ich eine neue Stelle suchte, würde ich im Internet schauen. (Großvater: in der Zeitung)
2. Wenn ich etwas nicht wüsste, würde ich meine Kollegin fragen. (Großvater: den Chef fragen)
3. Wenn das Auto kaputt wäre, würde ich mit dem Taxi fahren. (Großeltern: mit der Bahn fahren)
4. Wenn eine Wirtschaftskrise ausbräche, wären alle sehr nervös. (Großvater: nicht nervös werden)
5. Wenn ich keine Ersparnisse hätte, würde ich kein Haus kaufen. (Großeltern: länger sparen)
6. Wenn meine Familie Urlaub machen würde, würde sie mit dem Flugzeug fliegen. (Großeltern: mit dem Auto fahren)

3 **Die Leute am Arbeitsplatz** Kombinieren Sie die Satzteile, um neue Sätze im **Konjunktiv II der Vergangenheit** zu bilden.

Beispiel **Wenn die Sekretärin die Arbeit nicht so gut gemacht hätte, wäre das Projekt nicht erfolgreich gewesen.**

wenn + der Interviewer	nicht pünktlich sein	(nicht) erfolgreich sein
wenn + die Angestellte	die Arbeit gut machen	entlassen werden
wenn + die Praktikanten	sich bewerben	Fragen stellen
wenn + der Geschäftsführer	feuern	mehr Geld verdienen
wenn + die Sekretärin	Schulden haben	müde werden
wenn + die Kollegen	Überstunden machen	sich ärgern

Practice more at **vhlcentral.com.**

Kommunikation

4

Ein schlechter Arbeitstag

A. Heute hatte Daniela einen schlechten Tag bei der Arbeit. Besprechen Sie zu zweit, was Daniela, ihr Chef und ihre Kollegen anders hätten machen können, damit Danielas Tag besser gewesen wäre.

Heute hat der Wecker (*alarm clock*) nicht funktioniert. Daniela ist zu spät aufgestanden. Trotzdem ist sie mit dem Fahrrad zur Arbeit gefahren und ist eine Stunde zu spät ins Büro gekommen. Der Chef ist böse geworden, da sein Bericht nicht pünktlich fertig war. Zu Mittag hat Daniela nichts gegessen. Am Nachmittag war sie sehr müde und schlief sogar am Schreibtisch ein! Ihre Kollegen haben sie nicht aufgeweckt. Nach der Arbeit ging Daniela sofort nach Hause, wo sie den ganzen Abend fern gesehen hat. Sie hat um 10 Uhr abends ein Stück Kuchen gegessen und ist dann leider sehr spät ins Bett gegangen.

Beispiel **Daniela hätte ihr Handy als Wecker benutzen sollen.**

B. Haben Sie schon einmal einen so schlechten Tag wie Daniela gehabt? Erzählen Sie Ihrem Partner/Ihrer Partnerin von diesem Tag. Verwenden Sie den Konjunktiv II der Vergangenheit, um einander Vorschläge zu machen, was Sie anders hätten machen können.

5

Das Vorstellungsgespräch **Spielen Sie zu zweit ein Vorstellungsgespräch. Der/Die Interviewer(in) fragt nach drei Problemen, die der/die Kandidat(in) im letzten Beruf hatte. Der/Die Kandidat(in) soll auch erklären, was er/sie hätte machen können oder sollen, um diese Probleme zu vermeiden (*avoid*) oder zu lösen. Benutzen Sie den Konjunktiv II der Vergangenheit.**

6

Es hätte anders sein können **Besprechen Sie in Gruppen die folgenden Situationen. Was hätten Sie in diesen Situationen gemacht? Wie wäre Ihr Leben anders verlaufen?**

- Sie haben nicht an der Universität studiert.
- Sie haben an einer anderen Uni studiert.
- Sie haben als Teenager ein Jahr in Deutschland verbracht und haben bei einer deutschen Familie gelebt.
- Sie haben nicht Deutsch studiert.
- Sie waren mit 15 Jahren Inhaber einer erfolgreichen Firma.
- Ihre Eltern haben im Lotto viel Geld gewonnen, als Sie 16 Jahre alt waren.
- Sie haben ein Semester in Europa studiert, und die Student(inn)en an der Uni haben gestreikt.

KULTURANMERKUNG

Bildungsstreik

In Deutschland wird gestreikt! Immer wieder kommen Studenten und auch Schüler zusammen, um für Bildungsreformen zu demonstrieren. Die sogenannten *Bildungsstreiks* finden oft im Juni statt. Es geht bei den Streiks vor allem um die Studiengebühren°. Studenten wollen aber auch mehr Flexibilität im Studium und mehr studentische Vertretung° im Senat. In Berlin springen die Student(inn)en sogar in die Spree, um auf Ihre Forderungen aufmerksam zu machen!

Studiengebühren *tuition fees*
Vertretung *representation*

9.2 Plurals and compound nouns

*—Inoffiziell gesteigerte Produktion und ein gehöriger **Nebenverdienst** ohne Abzug von **Steuern**.*

- In English, plural nouns often end in **–s**, **–es**, or **–ies** (*strike* → *strikes*, *tax* → *taxes*, *party* → *parties*), but some have irregular plural forms (*mouse* → *mice*). In German, there are several ways to form plurals, and nouns can be grouped according to how the plural is formed. Some nouns may have no change in the plural; some, on the other hand, form the plural by adding **–e**, **–en**, **–n**, **–er**, or **–s**; and some even require the addition of an **Umlaut**.

- The simplest plural form is that of nouns of any gender ending in **–e**, to which you add an **–n** to form the plural.

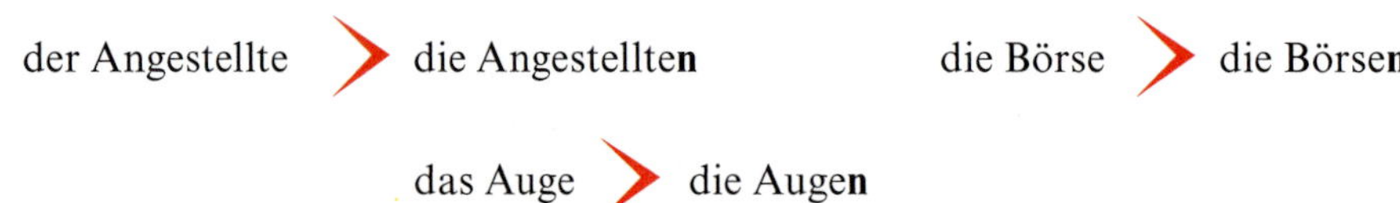

der Angestellte › die Angestellte**n** die Börse › die Börse**n**

das Auge › die Auge**n**

Feminine noun plurals

- For all feminine nouns that end in **–in**, you add **–nen** to form the plural.

die Kollegin › die Kollegin**nen**
die Geschäftsführerin › die Geschäftsführerin**nen**

- For all feminine nouns that end in **–er** or **–el**, you add **–n**.

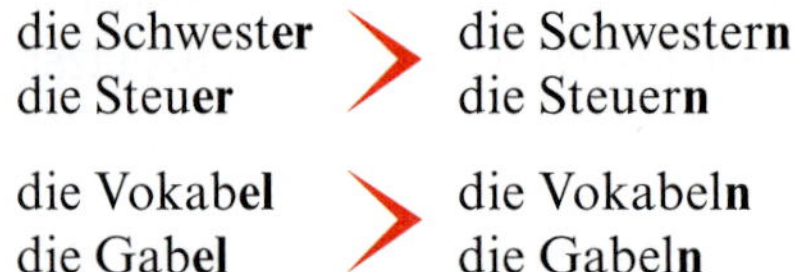

die Schwest**er** › die Schwester**n**
die Steu**er** › die Steuer**n**

die Vokab**el** › die Vokabel**n**
die Gab**el** › die Gabel**n**

- All other feminine nouns, including those ending in **–ung**, **–heit**, **–keit**, **–schaft**, **–ei**, and **–ion**, form the plural by adding **–en**.

die Arbeit › die Arbeit**en**
die Zahl › die Zahl**en**

die Währung › die Währung**en**
die Berufserfahrung › die Berufserfahrung**en**

die Gewerkschaft › die Gewerkschaft**en**
die Freundschaft › die Freundschaft**en**

die Freiheit › die Freiheit**en**
die Gleichheit › die Gleichheit**en**

die Qualifikation › die Qualifikation**en**
die Rezession › die Rezession**en**

Masculine noun plurals

- Masculine nouns that end in **–ent** and **–ist** are also made plural by adding **–en**.

der Präsident > die Präsiden**ten**
der Polizist > die Polizis**ten**

Plurals that occur in several genders

- For singular nouns ending in **–nis**, you add **–se**.

das Geheimnis > die Geheimnis**se** das Ergebnis > die Ergebnis**se**

- For most nouns that end in **–um** or **–us**, delete the ending and add **–en**.

das Stipendium > die Stipendi**en** der Rhythmus > die Rhythm**en**

- The plural form of loan words from other languages often ends in **–s**.

das Interview > die Interview**s** das Auto > die Auto**s**

Use of Umlaut

- Masculine and neuter nouns ending in **–er**, **–en**,**–el**, and the diminutives **–chen** and **–lein** require no endings to form the plural. However, with some of these nouns you do add an **Umlaut** to the stem vowel in the plural.

der Inhaber > die Inhaber
das Darlehen > die Darlehen
der Mantel > die M**ä**ntel
das Mädchen > die Mädchen

- In many masculine and feminine one-syllable nouns, **–e** is added to form the plural. Here, too, an **Umlaut** is often (but not always) added to the stem vowel.

der Platz > die Pl**ä**tz**e**
die Stadt > die St**ä**dt**e**
das Ziel > die Ziel**e**

- For some masculine and neuter one-syllable nouns you add the plural ending **–er** and an **Umlaut** over the stem vowel if the stem vowel is an **–a**, **–o**, or **–u**.

das Amt > die **Ä**mt**er**
das Buch > die B**ü**ch**er**
der Mann > die M**ä**nn**er**
der Leib > die Leib**er**

Compound nouns

- The last word in a compound noun will determine both its gender and plural form.

der Arbeits**platz** > die Arbeits**plätze** die Heimat**stadt** > die Heimat**städte**

Nouns that have no plural form

- Some nouns that designate materials and concrete or abstract concepts do not have a plural.

der Zement das Wasser die Liebe
die Milch der Durst das Glück

- German collective nouns that begin with **Ge–** are considered singular and have no plural form.

das Gebirge das Gebäck das Gewerbe

ACHTUNG!

Dative plural nouns require an **–n** if the plural form does not already end in **–n**.

Er spricht mit den Arbeitern.
He talks to the workers.

Anwendung

1 **Ein Jahr im Ausland** Schreiben Sie die richtigen Pluralendungen in die Lücken.

1. Als Berater arbeitete ich zwei Jahr___ im Ausland.
2. Ich organisierte viele Tagung___ für die Angestellten.
3. Ich führte Interview___ mit den Praktikanten.
4. Ich musste mich um die Überstunde___ der Angestellten kümmern.
5. Viele Kollegin___ kamen zu mir und suchten Rat.
6. In diesen zwei Jahren habe ich viele verschiedene Erfahrung___ gesammelt.
7. Durch die Rezession habe ich meine ganzen Ersparnis___ verloren.

2 **Das Vorstellungsgespräch** Schreiben Sie die richtigen Pluralformen in die Lücken. Achten Sie auf die Dativform.

HERR DIETZ Danke, dass Sie gekommen sind. Seit wie vielen (1) ________ (Woche) sind Sie schon arbeitslos?

FRAU BRECHT Ich suche schon seit 14 (2) ____________ (Tag) eine neue Stelle.

HERR DIETZ Was für (3) ____________ (Qualifikation) haben Sie als Buchhalterin?

FRAU BRECHT Ich musste die (4) ____________ (Zahl) aller (5) ____________ (Rechnung) vergleichen. Ich musste auch die ausländischen (6) ____________ (Währung) für unsere (7) ____________ (Darlehen) errechnen.

HERR DIETZ Ich sehe, Sie haben viel Erfahrung. Kennen Sie sich auch auf den (8) ____________ (Immobilienmarkt) aus?

FRAU BRECHT Damit hatte ich bei meiner letzten Stelle nichts zu tun.

HERR DIETZ Haben Sie (9) ____________ (Frage) an mich?

FRAU BRECHT Sind die (10) ____________ (Arbeitszeit) flexibel?

HERR DIETZ Ja, wir sind eine sehr familienorientierte Firma.

FRAU BRECHT Dann vielen Dank für dieses Gespräch.

3 **Das Arbeitsklima** Schreiben Sie die Sätze im Plural. Setzen Sie alle unterstrichenen Vokabeln in den Plural.

Beispiel **<u>Der Angestellte</u> will <u>den Streik</u> beenden.**
Die Angestellten wollen die Streiks beenden.

1. <u>Der Chef</u> will <u>den Arbeitstag</u> verlängern.
2. <u>Der Arbeiter</u> möchte mit <u>dem Geschäftsführer</u> diskutieren.
3. <u>Die Gewerkschaft</u> organisiert <u>das Gespräch</u>.
4. <u>Der Kollege</u> versteht <u>die Regel</u> nicht.
5. Es gibt seit <u>einem Jahr</u> <u>keine Beförderung</u>.
6. <u>Der Mindestlohn</u> muss erhöht werden.

Kommunikation

4 **Eine neue Stelle** Spielen Sie zu zweit ein Gespräch. Sie und Ihr(e) Partner(in) wollen Ihre Stellen tauschen (*exchange*). Stellen Sie Fragen und entscheiden Sie, welche Stelle Sie besser finden. Benutzen Sie die Pluralformen der Beispiele.

Beispiel **wie / Kollege**
—Wie sind deine Kollegen?
—Meine Kollegen sind ziemlich freundlich.

1. welch- / Qualifikation
2. wie viel- / Urlaubstag
3. wie oft entlassen / der Angestellte
4. wie sympathisch / Chef
5. wo / die Firma
6. wie viel- / Überstunde

5 **Es wird gestreikt!**

A. Das Arbeitsklima in Ihrer Firma ist schlecht und alle sind mit den Arbeitsbedingungen (*conditions*) unzufrieden. Sie wollen streiken. Machen Sie eine Liste mit fünf Änderungen, die Sie von der Geschäftsführung verlangen. Verwenden die Pluralformen der Wörter aus der Liste.

Beispiel Die Angestellten brauchen längere Pausenzeiten.

der Angestellte
das Büro
der Chef
der Feiertag
der Mindestlohn
die Pausenzeit
der Praktikant
die Steuer
die Überstunde
der Urlaubstag

B. Bereiten Sie in Gruppen ein Rollenspiel vor. Die Angestellten konfrontieren die Geschäftsführung mit ihren Forderungen (*demands*), und die Geschäftsführung macht Gegenvorschläge. Am Ende der Verhandlungen schließen beide Parteien einen Kompromiss.

6 **Der Traumjob** Besprechen Sie zu zweit Ihren Traumjob. Verwenden Sie viele Pluralformen.

9.3

Two-part and double conjunctions

- You have learned about coordinating, adverbial, and subordinating conjunctions that connect words, phrases, or sentences. In addition, German also has two-part conjunctions and double conjunctions.

Der Buchhalter versteht **weder** Englisch **noch** Spanisch.
*The accountant understands **neither** English **nor** Spanish.*

Frau Schmitt sucht die Übersetzung im Internet, **anstatt dass** sie ihre englische Kollegin um Hilfe bittet.
Ms. Schmitt looks for the translation on the Internet, instead of asking her English colleague.

Two-part conjunctions

QUERVERWEIS

For more on coordinating and subordinating conjunctions, see **Strukturen 3.2, pp. 90–91**.

- Two-part conjunctions are composed of two conjunctions that are used to connect parallel phrases, words, or sentences. They are often used to point out comparisons or contrasts. Most two-part conjunctions (such as **weder... noch**) are made up of two adverbial conjunctions, but some do include either a coordinating conjunction (**entweder... <u>oder</u>**) or a subordinating conjunction (**angenommen, <u>dass</u>**).

Zweiteilige Konjunktionen
einerseits... andererseits *on the one hand... on the other hand*
entweder... oder *either... or*
je (mehr)... desto/umso/je *the (more)... the...*
mal... mal *sometimes... sometimes*
nicht nur... sondern auch *not only... but also*
sowohl... als auch *both... and*
teils... teils *partly... partly*
weder... noch *neither... nor*
zwar... aber *indeed... but*

Der Praktikant ist **zwar** gut ausgebildet, **aber** leider nicht sehr motiviert.
*The intern is **certainly** well trained, **but** unfortunately not very motivated.*

- The type of conjunctions used in a two-part conjunction will affect word order. Adverbial conjunctions are always followed by inverted word order. In two-part conjunctions that include a coordinating conjunction, the clause with the coordinating conjunction uses standard word order.

Nicht nur der Boss ist qualifiziert, **sondern auch** alle Angestellten sind hervorragend.
***Not only** is the boss qualified, **but** all the workers are outstanding, **too**.*

Je mehr du arbeitest, **umso** mehr Geld verdienst du.
***The more** you work, **the more** money you make.*

- Two-part conjunctions can also connect phrases. If the conjunction connects two subjects, the verb is plural.

Sowohl die Sekretärin **als auch** die Praktikanten **können** sehr gut Deutsch.
*The secretary **as well as** the interns **can speak** German very well.*

- When two subjects are combined with **weder... noch** or **entweder... oder**, the verb is singular if the subjects are both singular and plural if the subjects are both plural. If **weder... noch** is used with one singular and one plural subject, the verb remains plural. With **entweder... oder**, the verb is conjugated according to the subject closest to it.

  Weder die Angestellten **noch** der Inhaber **machen** Überstunden.
  __Neither__ the employees __nor__ the owner __work__ overtime.

  Entweder die Geschäftsführer **oder** die Chefin **führt** das Vorstellungsgespräch.
  __Either__ the managers __or__ the boss __will__ conduct the interview.

- In two-part conjunctions with **je**, **je** is combined with a comparison (Ex.: **je mehr**, **je kürzer**, **je interessanter**) plus one of the following conjunctions: **desto**, **umso**, or **je**.

  Je mehr Geld ich verdiene, **desto mehr** kann ich sparen.
  __The more__ money I earn, __the more__ I can save.

Double conjunctions

- The subordinating conjunction **dass** can be combined with another conjunction to form a double conjunction. These combinations do not show comparisons or form parallels like two-part conjunctions do.

Doppelkonjunktionen mit *dass*
als dass *than*
anstatt dass *instead of*
angenommen, dass *assuming that*
vorausgesetzt, dass *given that*

  Angenommen, dass die Firma in Konkurs geht, dann werden die Angestellten arbeitslos.
  __If (assuming that)__ the company goes bankrupt, the employees will lose their jobs.

- The subordinating conjunction **wenn** also combines with other words: **nur wenn**, **außer wenn**, **bloß wenn**.

  Nur wenn das Vorstellungsgespräch gut läuft, bekommt sie die Stelle.
  She'll get the job __only if__ the interview goes well.

- The subordinating conjunction **als** combines with **ob** or **wenn** to form a double conjunction. In these situations, the verb is usually in the **Konjunktiv II**.

  Er tut so, **als ob** die Firma nicht in Konkurs **gegangen wäre**.
  He acts __as if__ the company hadn't gone bankrupt.

- Sometimes in English, two conjunctions can be placed next to each other, as in *He thinks __that__ __if__ he tries, he will win.* As you learned in **Lektion 3**, in German one clause must be completed before the other begins. Thus, the two conjunctions are separated.

  Er meint, **dass** er erfolgreich wird, **wenn** er eine bessere Ausbildung hat.
  He says __that__ he will be successful __if__ he gets better training.

Anwendung

1 

Die Karriere Schreiben Sie die richtigen zweiteiligen Konjunktionen in die Lücken.

entweder… oder	weder… noch
je mehr… desto	zwar… aber
nicht nur… sondern auch	

Was soll ich machen?

Ich weiss nicht, was ich nach der Uni machen soll. Ich will (1) ________ glücklich sein, (2) ________ genug Geld verdienen. Meine Eltern meinen, ich soll (3) ________ bei ihnen wohnen (4) ________ meine eigene Wohnung finden. Ich will aber (5) ________ bei ihnen (6) ________ allein wohnen. Ich will ins Ausland reisen! (7) ________ ist es gut, eine richtige Arbeit zu haben, (8) ________ ich bin noch so jung. Kann ich nicht zuerst reisen und später arbeiten? (9) ________ ich darüber nachdenke, (10) ________ schwieriger wird meine Entscheidung!

2

Die erste Arbeitsstelle Machen Sie aus zwei Sätzen einen Satz. Verwenden Sie die Konjunktion in Klammern.

Beispiel **Ich arbeite mehr. Also verdiene ich mehr Geld. (je… desto)**
Je mehr ich arbeite, desto mehr Geld verdiene ich.

1. Ich habe mit 14 Jahren angefangen zu arbeiten. Ich hatte früh mein eigenes Geld. (dadurch, dass)
2. Ich musste viel lernen. Ich musste aber auch arbeiten, um Geld zu verdienen. (einerseits… andererseits)
3. Das Wetter ist sehr schlecht. Ich bin gern im Schwimmbad. (außer wenn)
4. Ich wollte mit Kleinkindern arbeiten. Ich wollte im Schwimmbad arbeiten. (sowohl... als auch)
5. Ich war mit der Arbeit als Rettungsschwimmer zufrieden. Es war mir sehr langweilig. (mal… mal)
6. Die Kinder waren echt lieb. Sie waren richtig fies (*nasty*). (teils… teils)
7. Ich bekomme nächsten Sommer die Stelle. Ich werde wieder im Schwimmbad jobben. (angenommen dass)

3

Urlaubstage Besprechen Sie zu zweit Ihre Urlaubstage. Benutzen Sie die angegebenen Satzteile.

1. Heute müssen wir nicht arbeiten. Willst du entweder… oder…?
2. Wenn ich einen Urlaubstag habe, will ich weder… noch…
3. Anstatt dass wir heute früh aufstehen müssen, …
4. An einem Urlaubstag können wir nicht nur… sondern auch…
5. Einerseits ist es schwer, am Tag nach dem Urlaubstag zur Arbeit zu gehen, andererseits…
6. Je mehr Urlaub ich habe, desto…

 Practice more at **vhlcentral.com.**

Kommunikation

4  

Die Rente Jeder muss oder darf mal aufhören zu arbeiten und in Rente gehen. In jedem Land ist das Rentenalter (*retirement age*) anders. Machen Sie sich zu zweit Gedanken über das Leben als Rentner. Besprechen Sie zu zweit die Fragen. Verwenden Sie in Ihren Antworten zweiteilige Konjunktionen.

1. Was wollen Sie machen, wenn Sie in Rente gehen? Wollen Sie entweder eine Teilzeitarbeit annehmen oder gar nicht mehr arbeiten?
2. Dadurch, dass Sie noch so jung sind, haben Sie Zeit, sich auf das Rentenalter vorzubereiten. Welche Vorbereitungen treffen Sie?
3. Viele Leute wollen weder bis 65 arbeiten noch bei einer einzigen Firma beschäftigt sein. Was meinen Sie? Wollen Sie so lange arbeiten? Wollen Sie bei einer Firma oder bei verschiedenen Firmen arbeiten?
4. „Je mehr Geld man verdient, desto glücklicher ist man." Stimmen Sie mit dieser Aussage überein? Ist es wirklich wichtig viel Geld zu haben?
5. Stellen Sie sich vor, Sie stehen kurz vor der Rente. Anstatt dass Sie in der Stadt bleiben, wo Sie jetzt wohnen, haben Sie vor, in eine andere Stadt umzuziehen. Möchten Sie dort wohnen, wo das Wetter immer warm und schön ist? Möchten Sie endlich weg aus der Heimat?

5   

Der Arbeitsplatz

A. Sehen Sie sich das Foto in Gruppen an und geben Sie jeder Person einen Namen. Erfinden Sie eine Geschichte zu jeder Person. Schreiben Sie mindestens drei Sätze zu jeder Person. Verwenden Sie Konjunktionen.

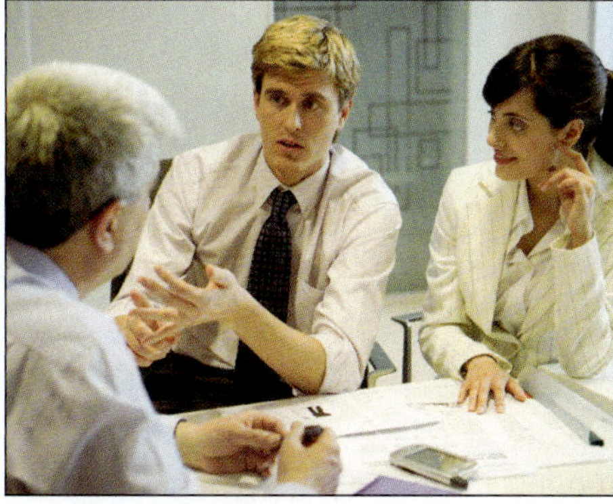

B. Spielen Sie mit Ihrer Gruppe ein Gespräch zwischen den Leuten auf dem Foto und führen Sie es vor Ihrer Klasse auf. Das Gespräch soll mindestens vier zweiteilige Konjunktionen beinhalten (*contain*).

6  

Mitarbeiter gesucht Arbeiten Sie zu zweit. Stellen Sie sich vor, Sie sind Geschäftsführer(in) einer Firma. Sie brauchen mehr Mitarbeiter und wollen neue Leute einstellen. Entscheiden Sie zuerst, bei welcher Firma Sie arbeiten. Schreiben Sie danach eine Annonce, in der Sie die Stelle und die Qualifikationen der Bewerber(innen) beschreiben. Verwenden Sie die zweiteiligen Konjunktionen.

Beispiel Der/Die neue Angestellte muss nicht nur intelligent sein, sondern auch kreativ.

KULTURANMERKUNG

Seit 2012 wird das Rentenalter in Deutschland stufenweise angehoben°. Die Menschen können jetzt erst mit 67 in Rente gehen. Allerdings dürfen die Leute, die schon 45 Arbeitsjahren lang gearbeitet und die ganze Zeit den Rentenbeitrag eingezahlt haben, schon nach 45 Arbeitsjahren in Rente gehen. Dieses Gesetz ist vor allem für die Arbeiter wichtig, die schon als Teenager angefangen haben zu arbeiten.

stufenweise angehoben *gradually increased*

Synthese

Kommunikationsstrategien

Der eine Student behauptet, dass... *One student maintains that...*
Der andere Student vertritt die These, dass... *The other student supports the idea that...*
Die Studentin liefert die Begründung, dass... *The female student offers the proof that...*
Der eine argumentiert..., der andere kritisiert... *One argues..., the other criticizes...*
Er/Sie betont, dass... *He/She emphasizes that...*
Anstatt dass die den Studenten helfen, eine Stelle zu finden... *Instead of helping the students find a job...*
Dadurch, dass die Firmen... *By [verb], the company...*
Entweder arbeiten die Firmen und Unversitäten zusammen oder... *Either the companies and the universities work together or...*

1 

Gespräch Lesen Sie in Gruppen die vier Texte und beantworten Sie die Fragen.

Norbert, 24, Bern

Es war immer schwer für uns Jugendliche, Arbeit zu finden. Für mich war es wichtig, richtig Karriere zu machen, und ich wollte auch im Ausland studieren. Ich möchte auch gern eine Zeit lang im Ausland arbeiten und dann zurück nach Bern kommen. Ich wollte immer hier eine interessante Arbeit finden, bei der ich meine Auslandserfahrungen gut gebrauchen kann.

Jildez, 25, Basel

Letztes Jahr bin ich mit dem Studium fertig geworden. Ich habe immer noch keine Arbeit gefunden. Die Hälfte der Studenten aus meinem Jahrgang hat auch noch keine Arbeit. Deshalb müssen wir manchmal Jobs annehmen, für die wir überqualifiziert sind. Oft ist die Bezahlung nicht sehr gut. Ich verstehe nicht, warum ich in eine andere Stadt oder sogar in ein anderes Land umziehen soll. Ich wäre gern unabhängig, aber das schaffe ich nicht.

Johann, 23, Luzern

Ich meine, Jugendliche können Arbeit finden. Man muss eben schon während des Studiums ein Praktikum machen und damit nicht warten bis nach dem Studium. Ich habe jeden Sommer jeden Job angenommen, den ich finden konnte, nur damit ich Berufserfahrungen machen konnte. Nach dem Studium habe ich dann meine Traumstelle bekommen, da ich so viel Berufserfahrung hatte.

Sarah, 26, Genf

Leider befinden wir uns in einem Teufelskreis. Die Firmen wollen immer junge Leute mit Erfahrung, sind aber nicht bereit dazu, Leute ohne Erfahrung einzustellen. Aber woher sollen wir jungen Leute diese Erfahrung bekommen? Meiner Meinung nach sollten die Firmen mit den Universitäten zusammenarbeiten, um den jungen Leuten beim Einstieg in die Arbeitswelt zu helfen.

1. Was meinen diese jungen Leute zu der Arbeitssituation in der Schweiz?
2. Welche Vorschläge machen sie, um die Situation zu verbessern?
3. Was hätten diese Leute anders machen müssen, um sich besser auf die Arbeitswelt vorzubereiten?
4. Denken Sie, dass die Situation in der Schweiz anders oder ähnlich der Situation in Ihrem Land ist?

2  

Aufsatz Wählen Sie ein Thema aus und schreiben Sie einen Aufsatz von ungefähr einer Seite. Verwenden Sie den Konjunktiv der Vergangenheit, Pluralformen und zweiteilige Konjunktionen.

1. Die Vor- und Nachteile des Älterwerdens und die Rente.
2. Ein Bewerbungsschreiben mit Lebenslauf für Ihren Traumjob.

Vorbereitung

Wortschatz der Lektüre

betragen *to amount to*
die Buchhaltung *accounting*
das Gut, ¨-er *goods*
der Kreditnehmer, - *borrower*
die Säule, -n *pillar*
das Verbot, -e *ban*
die Verpfändung, -en *pledging as collateral*

Nützlicher Wortschatz

belegen *to reserve*
sich selbstständig machen *to start one's own business*
die Stellungnahme, -n *comment; position*
das Vermögen, - *asset*
die Wechselstube, -n *currency exchange*

1 

Definitionen Verbinden Sie die Wörter in der ersten Spalte mit den Definitionen in der zweiten.

_____ 1. die Stellungnahme	a. nennt etwas, was man nicht machen darf
_____ 2. sich selbstständig machen	b. was man besitzt: Gelder, Immobilien usw.
_____ 3. das Verbot	c. wenn man etwas kommentiert oder seine Meinung sagt
_____ 4. die Wechselstube	d. wenn man einen Platz reserviert oder einnimmt
_____ 5. belegen	e. eine eigene Firma gründen
_____ 6. das Vermögen	f. wo man z.B. Dollar in Euro umtauschen kann

2 

Arbeitsplatzwünsche Besprechen Sie zu zweit die folgenden Fragen.

1. In welchem Sektor der Wirtschaft würden Sie am liebsten arbeiten? Warum?
2. Würden Sie gern in einem Land wie der Schweiz oder Liechtenstein arbeiten? Warum/warum nicht?
3. Was erwarten Sie von Ihrem Beruf?
4. Möchten Sie lieber irgendwo angestellt sein oder sich selbstständig machen? Welche Vor- und Nachteile hat die Selbstständigkeit?
5. Welche Kriterien sind für Ihre Berufswahl wichtig?
6. Was für ein Image oder Prestige haben Bankiers heutzutage?

3 

Banken Sehen Sie sich zu zweit das Bild auf S. 330 an und beantworten Sie dann die folgenden Fragen.

- Was sehen Sie auf dem Bild?
- Was wissen Sie über Nummernkonten? Wo gibt es sie? Was verbinden Sie damit?
- Was für Informationen erhalten Sie in diesem Text?
- Was wissen Sie über die Geschichte des Bankwesens?
- Was für eine Rolle spielen Banken in der Wirtschaft eines Landes?

KULTURANMERKUNG

Arbeitsmarkt Liechtenstein

Mehr als die Hälfte von Liechtensteins Arbeitern kommen aus anderen Ländern! Das winzige° Land hat besonders viele High-Tech-Firmen, und hochqualifizierte Spezialisten sind gefragt°. Aber der nationale Arbeitsmarkt kann den Bedarf natürlich nicht decken°. Deswegen rekrutieren Liechtensteins Unternehmen verstärkt° in anderen europäischen Ländern und auch im Mittleren Osten. Besonders viele der Gastarbeiter kommen aus den Nachbarstaaten Österreich und der Schweiz und pendeln° jeden Tag hin und her. Im Dezember 2013 lag die Arbeitslosenquote bei 2.5%. Das bedeutet, dass nur 481 Einwohner Liechtensteins keine Arbeit hatten.

winzige *tiny* **gefragt** *in high demand*
den Bedarf decken *meet the need*
verstärkt *intensively*
pendeln *commute*

Schweizer Bankwesen

Die Schweiz, Banken und eine stabile Währung werden oft in einem Satz genannt. Wie aber ist es dazu gekommen, dass die Schweiz zum „Land des Geldes“ wurde?

Um das herauszufinden müssen wir weit in die Geschichte zurückgreifen°, bis ins späte 13. und 14. Jahrhundert. Die Anfänge des Kreditwesens befinden sich in Italien, bei den Lombarden, also bei den italienischen Kaufleuten. Diese erfolgreichen Händler durften trotz des kanonischen Zinsverbots° Geld leihen und trieben damit „Wucher°“. Weil die Lombarden ihre Buchhaltung stetig° verbesserten und ihre Finanzkenntnisse ausbildeten, gewannen sie eine gewisse Überlegenheit° anderen europäischen Händlern gegenüber.

Es dauerte also nicht lange, bis die Lombarden auch im Norden die führende° Rolle im Fernhandel einnahmen. Sie beherrschten im 13. Jahrhundert Handelsplätze in England, Frankreich und auch im schweizerischen und oberrheinischen Gebiet.

Die damals häufigste° Geldoperation der Lombarden war das Kreditgeschäft. Das ging so: Die Kaufleute boten ihren Kunden ein Darlehen an, allerdings mit Zinsen und gegen die Verpfändung von wertvollen Gütern. Die Zinssätze im Mittelalter waren übrigens sehr hoch; sie betrugen zwischen 20 und 40 Prozent im Jahr! Stellen Sie sich vor, Sie würden von einem Lombarden 1.000 Euro leihen. Wie viel Geld müssten Sie am Ende des Jahres zurückzahlen? Der Verkauf von Geld kann sehr rentabel° sein.

Die Lombarden, auch Kawertschen genannt, kreierten ein Monopol für das Kreditgeschäft und bekamen das Privileg, Banken zu eröffnen; dies taten sie u.a. in Luzern, Zürich, Bern und Basel. Das „Haus der Kawertschen“, die Bank der Lombarden im Zentrum von Luzern, wird demnach schon Ende des Mittelalters urkundlich erwähnt°. Auch in Zürich gab es einen „Turm der Kawertschen“. Und dort erscheint 1409 zum ersten Mal das Wort „Bank“. Schon im frühen 15. Jahrhundert war Zürich also eine Bankenstadt!

Im 17. Jahrhundert hatten die schweizerischen Banken so viel Geld angesammelt, dass sie sich in Europa nach Kreditnehmern umsahen. Unter ihren ersten ausländischen Kunden waren französische Könige, die Kredite aufnehmen wollten ohne befürchten° zu müssen, dass ihre Untertanen° davon wussten. Das konnten sie in der Schweiz, denn das Bankgeheimnis bestand schon damals.

Heute zählt das Schweizer Bankwesen mit seinem ausgezeichneten Ruf° zu den bedeutendsten der Welt. Auch ist der Schweizer Franken eine äußerst stabile Währung. Der Grund für diese beiden Tatsachen liegt wohl in der Neutralität und wirtschaftlichen Stabilität des Landes. Die Schweizer Banken beschäftigen weit über 100.000 Menschen und man bezeichnet diesen Sektor als eine tragende Säule der Wirschaft. Es gibt zwei Großbanken im Lande, *UBS* und *Credit Suisse*, die zusammen noch Tausende Mitarbeiter in der ganzen Welt beschäftigen. Anfang 2014 gab es in der Schweiz 321 Banken, einschließlich Filialen° von ausländischen Instituten in der Schweiz.

Die Schweizer von heute haben also den schlauen° Lombarden aus alten Zeiten viel zu verdanken°! ■

- reach back
- canonical ban on lending money for interest
- profiteering
- steadily
- superiority
- leading
- most common
- profitable
- mentioned
- fear
- subjects
- reputation
- branches
- clever
- to be indebted to

Schweizer Exportgüter

Überraschenderweise ist Kaffee der Exportschlager Nr. 1 der Schweiz. So wird jährlich Kaffee im Wert von 11 Milliarden Schweizer Franken ins Ausland verkauft. Käse und Schokolade landen auf Platz 2 und 3. Auch Uhren sind ein starkes Exportgut: 95% der *„Swiss made"* Uhren werden ins Ausland verkauft.

Der Konzern° Victorinox (1884 von Karl Elsener gegründet) ist Hersteller der Schweizer Taschenmesser und erwirtschaftete° 2011 einen Rekordumsatz° von 550 Millionen Schweizer Franken.

Konzern *group* **erwirtschaftete** *generated*
Rekordumsatz *record sales*

Analyse

1 **Alles klar?** Entscheiden Sie, welche Aussagen **richtig** oder **falsch** sind und korrigieren Sie dann zu zweit die falschen Aussagen.

Richtig	Falsch	
☐	☐	1. Im 13. und 14. Jahrhundert konnten nur die Lombarden und Kawertschen Geld verleihen.
☐	☐	2. Damals war die häufigste Geldtransaktion der Austausch von Bargeld.
☐	☐	3. Die Zinssätze im Mittelalter waren viel niedriger als heute.
☐	☐	4. Das deutsche Wort „Bank“ ist mit dem italienischen Wort „*banca*“ verwandt.
☐	☐	5. Die Schweizer Banken haben weniger als 100.000 Mitarbeiter.
☐	☐	6. In der Schweiz gibt es 300 ausländische Bankinstitute.

2 **Arbeitsplatz Schweiz** Besprechen Sie in Gruppen die folgenden Fragen.

1. Würden Sie gern in der Schweiz arbeiten? Warum/warum nicht?
2. Welche Schwierigkeiten müssten Sie überwinden, um in der Schweiz arbeiten zu können?
3. Welche Industriezweige der Schweiz sind Ihrer Meinung nach am wichtigsten für den globalen Markt?
4. Welche Schweizer Produkte kennen Sie? Machen Sie eine Liste. Welche dieser Produkte konsumieren oder gebrauchen Sie?
5. Welche dieser Produkte werden auch in der Zukunft noch populär sein, welche vielleicht weniger? Warum?

3 **Debatte**

A. Bilden Sie Gruppen und finden Sie Argumente für und gegen diese beiden Aussagen.

> ***Das Schweizer Bankgeheimnis schützt gegen ungerechte Beschlagnahme (confiscation) privaten Vermögens.***

> ***Die Tatsache, dass nur reiche und einflussreiche Kunden ein Konto in der Schweiz eröffnen können, fördert Ungerechtigkeit und Ungleichheit in der globalen Gesellschaft.***

B. Nach der Debatte soll die Klasse entscheiden, welchem Argument sie zustimmt. Hat jemand seine Meinung auf Grund der Debatte geändert? Besprechen Sie gemeinsam Ihre Stellungnahmen.

KULTURANMERKUNG

Das Schweizer Bankgeheimnis...

Die Schweizer Banken verdanken ihren Erfolg vor allem ihrem *Know-how* in der Vermögensverwaltung. Das Bankkundengeheimnis spielt eine wichtige Rolle und es geht dabei hauptsächlich um den Schutz der Privatsphäre. Für Kriminelle bietet es keinen Schutz, denn die Banken müssen in bestimmten Fällen, wie Zivil- und Strafprozessen° oder in Verfahren° des grenzüberschreitenden° Informationsaustauschs, Auskunft über ihre Kunden erteilen. 2013 hat die Schweizer Regierung eine Konvention zur Steueramtshilfe unterzeichnet° und muss künftig auch in Steuerfragen Auskunft° erteilen.

Strafprozessen *criminal case*
Verfahren *lawsuit*
grenzüberschreitenden *cross-border*
unterzeichnet *signed*
Auskunft *disclosure*

Practice more at **vhlcentral.com.**

Vorbereitung

Über die Schriftstellerin

Christa Reinig (1926–2008) arbeitete nach dem Krieg in Ostberlin bei der satirischen Zeitschrift *Eulenspiegel*, bekam aber wegen ihrer antiautoritären Einstellung 1951 Publikationsverbot in der DDR. Sie ging nach der Vergabe des Bremer Literaturpreises 1964 nicht in die DDR zurück, sondern lebte anschließend in München. Sie hat Gedichte, Prosa und Hörspiele geschrieben.

Wortschatz der Kurzgeschichte

austreten *to use the bathroom*
durchkreuzen *to thwart*
eine berufliche Laufbahn einschlagen *to choose a career path*
fälschen *to falsify*
Spießruten laufen *to run the gauntlet*
vermengen *to mix (up)*
verschreiben *to prescribe*

Nützlicher Wortschatz

einen Beruf ausüben *to practice a profession*
die Einstellung, -en *attitude; opinion*
krass *extreme*
(sich) verkleiden *to disguise*
der Wahrsager, -/die Wahrsagerin, -nen *fortune-teller*
der Zug, ⸚e *character trait*

1  **Definitionen** Ordnen Sie die Wörter der linken Spalte den Definitionen in der rechten Spalte zu.

_____ 1. einen Beruf ausüben	a. sich für einen Beruf entscheiden
_____ 2. die Einstellung	b. eine Karriere haben
_____ 3. austreten	c. extrem
_____ 4. krass	d. das Orakel
_____ 5. eine berufliche Laufbahn einschlagen	e. die Meinung; die Haltung
_____ 6. der Wahrsager	f. zur Toilette gehen

2  **Vorbereitung** Vervollständigen Sie den Text mit den passenden Wörtern oder Ausdrücken aus der Liste.

Kennen Sie den Film *Big*? Da gibt es einen Wahrsagerautomaten, der Wünsche erfüllt. Der Hauptdarsteller wird groß, behält aber seine kindlichen (1) ________. Als Erwachsener muss er seine Papiere (2) ________ und sich als Geschäftsmann (3) ________. In seinem „Beruf" (4) ________ er Arbeit mit Spiel und (5) ________ auch seinen Mitarbeitern, wie Kinder zu denken und zu handeln. Nur die Sehnsucht nach seiner Mutter (6) ________ seine beginnende Karriere und er wird wieder zum Kind, bevor er beruflich Schiffbruch (*shipwreck*) erleidet (*fails*).

3  **Gespräch** Stellen Sie einander die folgenden Fragen.

1. Was wolltest du werden, als du ein Kind warst? Willst du diese Laufbahn immer noch einschlagen? Warum/warum nicht?
2. Hast du dir schon mal deine Zukunft vorhersagen lassen, im Ernst oder zum Spaß? Oder liest du Horoskope? Warum/warum nicht?

KULTURANMERKUNG

hochschulstart.de

In Deutschland bewerben sich die meisten Studenten für ihren Studiengang direkt an der Universität oder Fachhochschule, an der sie studieren möchten. Für einige wenige Studienrichtungen läuft die Bewerbung aber über *hochschulstart.de*, eine zentrale Einrichtung° zur Vergabe° von Studienplätzen. Da die Fülle° der Bewerbungen in den Fächern° Medizin, Tiermedizin, Zahnmedizin und Pharmazie die Anzahl der verfügbaren° Plätze weit übersteigt, entscheidet *hochschulstart.de* bei diesen Fächern über die Zulassung° zum Studium. Für diese Studiengänge ist es daher besonders wichtig, einen guten Notendurchschnitt° im Abitur oder Fachabitur zu haben, damit man nicht zu lange auf seinen Studienplatz warten muss.

Einrichtung *institution* **Vergabe** *allocation* **Fülle** *abundance* **Fächern** *fields* **verfügbaren** *available* **Zulassung** *admittance* **Notendurchschnitt** *grade point average*

Berufsberatung

Christa Reinig

Ich war noch ein Kind, „redete wie ein Kind, war klug wie ein Kind und hatte kindliche Anschläge°". Aber für den Staat war ich ein Schulabgänger und würde nächstes Jahr ins Leben hinaustreten°, in den Staat hinein. Wir standen in Schlangen vor den weißen Türen, Knaben und Mädchen getrennt. Wir lasen die Zettel, die man uns am Eingang in die Hand gedrückt hatte:

> „In der Testkabine hat absolute Ruhe zu herrschen. Konzentrieren Sie sich. Wenn Sie die Frage nicht verstanden haben, drücken Sie auf den blauen Knopf°. Sie haben eine Minute Zeit, Ihre Antwort zu formulieren. Wenn es klingelt, stehen Sie auf und verlassen den Raum."

Daß ich mich plötzlich mit „Sie" angeredet fand, war mir kein Trost°. Es vergrößerte meine Schrecken. Als ich Ihm endlich gegenüberstand, allein in einem summenden Raum, schlotterte° ich und drückte auf den roten Knopf. Auf den roten Knopf an der linken Seite. Aber ich bekam es gar nicht mit, daß ich mich als Linkshänder entlarvt° hatte. Ich konnte mich nicht richtig hinsetzen. Mein Kinderpo flatterte° auf dem Schemel°. Ich mußte austreten. Eine Sekunde später hatte ich es vergessen.

Der Computer sprach mit gutturaler Elektronenstimme:

> Genossin° Reinig! Erinnerst du dich daran, wann du zum erstenmal bewußt das Wort „Arbeit" vernommen hast und welche Emotionen es in dir ausgelöst hat?

Reinig: Ich vernahm das Wort zum erstenmal bewußt in der Verbindung „Arbeits-los", und es hat in mir angenehme Emotionen ausgelöst°.

Computer: Weißt du Erinnerungsbilder?

Reinig: Es war im Humboldt-Hain°. Da saßen die Männer dicht an dicht auf Bänken, Klappstühlen oder auf Raseneinfassungen. Vor sich auf den Knien hatten sie Zigarrenkisten und Schuhkartons voller Zigarettenbildchen. Sie besuchten einander und tauschten die Bildchen hin und her. 1 Greta Garbo gegen 1 Emil Jannings, 1 französisches Kampfflugzeug gegen 1 Focke-Wulf°, 1 chinesischen Mandarin gegen 1 Huronenkrieger im Festgewand. Der ganze Humboldt-Hain war ein einziger wimmelnder Markt dieser bildchentauschenden Männer. Später hieß es dann, die Schreckenszeit der Arbeitslosigkeit sei vorüber, wir können alle wieder froh in die Zukunft blicken. Ich dachte bei mir, diese Erwachsenen sind doch Spinner, und nahm mir insgeheim vor, einmal arbeitslos zu werden.

Computer: Von was für Gefühlen wirst du beherrscht, wenn dich frühmorgens das Klingeln des Weckers aus dem Schlaf reißt?

Reinig: Ich empfinde großes Herzeleid°.

Computer: Empfindest du dann im Laufe des Tages noch mehrfach großes Herzeleid?

Reinig: Nein, wenn ich es geschafft habe, mich aus dem Bett zu bringen, habe ich das Schlimmste des Tages hinter mir.

Computer: Was ist deine Lieblingsbeschäftigung?

Reinig: Lesen.

Computer: Was ist deine Lieblingslektüre?

Reinig: Karl May, John Kling, Billy Jenkins, Rolf Torring, Jörn Farrow, Tom Mix.

Computer: Welches ist dein Lieblingsbuch?

Reinig: Olaf K. Abelsen, „An den Feuern der Ewigkeit". Ich habe es schon ein dutzendmal gelesen und kann es auswendig° erzählen.

Computer: Gib eine kurze Zusammenfassung des Inhaltes.

traits · *step out* · *button* · *consolation* · *trembled* · *exposed* · *wobbled/stool* · *Comrade* · *triggered* · *park in Berlin* · *WWII bomber* · *sorrow* · *by heart*

Reinig: Also, die Reisegesellschaft: wird von Gangstern verfolgt, warum, weiß man nicht, weil es eine Fortsetzungserzählung ist. Die Gangster sprengen° die Insel in die Luft. Dadurch gerät die Reisegesellschaft unter die Erde in eine düstere vulkanische Landschaft, die durch ein fernes Feuer schwach erhellt° wird. Es finden sich dort auch Tiere vor, Krokodile, Fledermäuse°. Diese Tiere sind blind, ihre Augen sind verkümmert°, weil sie schon so lange in der Finsternis° leben. Dann entdeckt die Reisegesellschaft die Überreste einer alten Mayakultur. Gerade als sie dabei sind, die Schätze zu heben, werden sie von Giftpfeilen beschossen. Es sind aber keine Indianer, sondern die Gangster, die sie verfolgen. Dann verändert sich das Feuer der Ewigkeit, und es gibt einen Vulkanausbruch. Die Reisegesellschaft wird aus der Tiefe empor und ins Meer geschleudert. Dort findet sie sich mit den Wogen° kämpfend wieder zusammen. Damit schließt es. Der Fortsetzungsband fehlt mir, aber ich glaube, sie werden gerettet°.

blow up / *illuminated* / *bats* / *atrophied/darkness* / *waves* / *saved*

Computer: Hast du einmal versucht, ein klassisches Werk von Goethe oder Schiller zu lesen?

Reinig: Ja, ich habe einmal versucht, ein Seefahrerdrama von Goethe oder Schiller zu lesen.

Das vertraute Summen° setzte aus. Plötzlich war es ganz still. Dann begann ein leises, rauhes Hüsteln°, das nicht mehr aufhörte. Eigentlich war es bis hierher ganz gemütlich gewesen. Aber nun überfiel mich die Erkenntnis, daß ich keiner mitfühlenden Seele mein Herzensfutter° aufgeschlitzt hatte, sondern einer Maschine, die mindestens viele Millionen Dollarrubel gekostet hatte. Und ich hatte sie kaputt gemacht. Schlimmer! Gleich würde sie explodieren und mich in Stücke reißen. Um so besser. Dann brauchte ich sie wenigstens nicht zu bezahlen. Wie viele Jahre man so etwas abarbeiten muß? Ich bereitete mich lieber auf den Tod vor. Dann kam wieder das Summen. Vaterunser - Gott sei dank.

hum / *harsh cough* / *innermost feelings*

Computer: Hast du einmal versucht, ein klassisches Werk von Goethe oder Schiller zu lesen?

Reinig: Torquato Tasso.

Je verrückter diese exotischen Namen sind, desto besser kann man sie sich merken. Schimborassotschomolungmakilimandscharo! Warum fragt er mich nicht so was?

Computer: Schildere die künstlerischen Eindrücke, die du empfangen hast.

Reinig: Das Buch geriet auf irgendeine Weise zwischen unsere Wohnklamotten. Es fuhr darin herum und tauchte bald hier, bald da auf. Schließlich erbarmte ich mich. Ich lese als erstes immer die letzte Seite. Es war die Rede von einem Schiffsuntergang. Der Held°, mit den Wogen kämpfend, wollte sich an einem Felsen festhalten°. Dann fehlte auch wieder die Fortsetzung. Möglicherweise ist er nicht gerettet worden, denn wenn der Schiffbrüchige° an die Felsen gerät, ist er erledigt. Er wird einfach zerschmettert°. Ich las dann noch den Anfang. Es handelte von irgendwelchen Leuten, die im Museum herumliefen und Figuren betrachteten. Da war ich schnell satt, und wie es zu dem Schiffbruch kam, habe ich dann nicht mehr erfahren.

hero/hold / *shipwrecked person* / *crushed*

Computer: Deine guten Leistungen in der Schule stehen im Widerspruch zu deiner unvernünftigen° Lektüre. Wie erklärst du dir diesen Widerspruch?

unreasonable

Reinig: Meine Mutti schenkte mir zu Weihnachten ein Realienbuch für die Mittelschule. Da ich aber die Volksschule besuche, war es ein ganz und gar unnützes Buch. Es stimmte überhaupt nicht mit unserem Lehrplan überein, und ich habe es nie gebraucht. Und darum hab ich es dann doch gelesen.

Computer: Hast du besondere Berufswünsche?

Reinig: Ursprünglich wollte ich in den Trojanischen Krieg ziehen. Aber dann erfuhr ich, daß er schon zu Ende war, und die Leute meinten, Krieg würde es nie mehr geben. Da bin ich dann in die Odyssee umgestiegen. Ich vermengte die Bildungsinformationen und bereitete mich seelisch darauf vor, Amerika zu entdecken. Mit der Zeit wurde ich heller und überlegte mir, daß es Dinge gibt, die nicht geschehen können, weil sie schon geschehen sind. Ich konzentrierte mich auf die Antarktis, ob da vielleicht etwas für mich auftauchen° würde. Wo ich doch die Beste im Rodeln° bin. In den Reisebeschreibungen stand zu lesen, die moderne Seefahrt bestünde nur noch im Rostabklopfen° und Mennigestreichen°. So geriet ich in eine Existenzkrise, die sich noch verstärkte, weil ich mir langsam klarmachen mußte, daß ich doch ein Mädchen sei, und damit waren alle meine bisherigen° Berufswünsche sowieso durchkreuzt. Zum Glück bekam ich wenig später eine Brille verschrieben. Damit waren alle meine Probleme gelöst, einschließlich der Sexualprobleme. Denn die Jungens ließen mich förmlich Spießruten laufen und krähten° in sadistischem Vergnügen: „Mein Letzter Wille, eene mit ner Brille." Wo ich auftauchte, ging es los. Dann aber kam der Winter, und die Jungens deckten alle Mädchen wie gewöhnlich mit Schneebällen ein. Nur ich blieb ungeschoren°. Wo ich erschien, warnten sie einander: „Vorsicht, die nicht, die hat 'ne Brille!" Da faßte ich neuen Lebensmut und beschloß Professorin zu werden und Mayapyramiden auszugraben. Und dabei bin ich eigentlich bis heute verblieben...

arise; sledding; brushing down of rust; painting with red lead paint; previous; crowed; unscathed

Computer: Du wirst Schriftstellerin. - Du kannst innerhalb von zwei Minuten Einspruch° anmelden und drückst zu diesem Zwecke auf den grünen Knopf.

objection

Ich drückte innerhalb von zwei Sekunden auf den Knopf.

Computer: Gegenvorschlag°?

Counter-proposal

Reinig: Ach bitte, darf ich nicht wenigstens Politikerin werden? Ich könnte mich bis zur Reichskanzlerin emporarbeiten und die Erste Dienerin meines Volkes werden. Reden hab ich immer gut gekonnt.

Computer: Faulheit° in Verbindung mit Ehrgeiz° läßt beide Möglichkeiten zu. Man kann damit ebensogut eine politische Karriere begründen wie auch eine literarische Laufbahn einschlagen. In deinem Fall kommt allein der zweite Weg in Frage, denn deine Intelligenz reicht nicht aus für die Politik.

laziness/ambition

Und dann erschien es mir, als hörte ich plötzlich eine Menschenstimme, liebevoll, besorgt, persönlich. Aber das kann nicht wahr sein. Es war und blieb eine Maschine. Es ist wohl nur die dankbare Erinnerung, die hier etwas gefälscht hat.

Computer: Und übrigens bin ich für dein weiteres Wohlergehen° verantwortlich. Wenn dir etwas Unangenehmes zustieße, würde man mir Vorwürfe° machen und behaupten, ich sei falsch programmiert. - Einspruch abgelehnt.

well-being; allegations

Dreißig Jahre später hatte ich eine neuerliche Begegnung mit einem Computer. Ich trat in den Testraum, drückte mit wurstiger° Gelassenheit auf den roten Knopf an der rechten Seite und setzte mich hin.

couldn't-care-less

Computer: Genossin Reinig, warum schreiben Sie?

Reinig: Ich schreibe, weil es mir der Genosse Computer verordnet hat.

Es klingelte, und ich verließ den Raum. ■

Analyse

1 **Verständnis** Verbinden Sie die Satzteile logisch.

____ 1. In einer Testkabine muss man		a. angenehme Emotionen aus.
____ 2. Das Wort „Arbeits-los" löste bei Reinig		b. immer zuerst den Schluss.
____ 3. Als das vertraute Summen aussetzte,		c. ließen die Jungen sie in Ruhe.
____ 4. Von einem Buch las Reinig		d. sich konzentrieren.
____ 5. Weil sie als Mädchen eine Brille trug,		e. dachte Reinig, sie hätte den Computer kaputt gemacht.

2 **Interpretation** Markieren Sie die jeweils richtige Aussage.

1. a. Reinig war anfangs ganz fürchterlich nervös, als sie allein in der summenden Kabine war.
   b. Die gutturale Computerstimme tröstete Reinig.
2. a. Im Humboldt-Hain tauschten die Kinder ihre Sammelbilder aus.
   b. Arbeitslose Männer verbringen ihre Zeit mit dem Austauschen von Zigarettenbildern.
3. a. Die schlimmste Zeit des Tages ist, wenn der Wecker klingelt.
   b. Reinig empfindet den ganzen Tag lang großes Herzeleid.
4. a. Reinig hat einmal versucht, ein Werk von Goethe zu lesen.
   b. Torquato Tasso ist ein Seefahrerroman.
5. a. Weil Reinig so intelligent ist, hat der Genosse Computer ihr verordnet, Schriftstellerin zu werden.
   b. Um Politikerin werden zu können, müsste Reinig viel intelligenter sein.

3 **Die Figuren** Welche Aussage passt zu wem? Besprechen Sie zu zweit Ihre Antworten.

Reinig	Der Computer	
☐	☐	1. ist klug
☐	☐	2. hat eine künstliche Stimme
☐	☐	3. wird plötzlich gesiezt
☐	☐	4. hat witzige Gedanken
☐	☐	5. räuspert sich plötzlich
☐	☐	6. hat kein Mitgefühl
☐	☐	7. gerät in eine Existenzkrise
☐	☐	8. hat menschliche Züge

4 **Fragen zur Geschichte** Beantworten Sie zu zweit die folgenden Fragen.

1. Wann und warum änderten sich Reinigs Berufswünsche?
2. Warum meint der Computer, dass Reinigs Lektüre unvernünftig ist?
3. Warum nimmt der Computer Reinigs Gegenvorschlag nicht an? Glauben Sie, dass er überhaupt Gegenvorschläge annehmen kann?
4. Was meinen Sie, ist der Computer überhaupt ein Computer oder ist er ein verkleideter Mensch, der mit verstellter Stimme spricht?

5 **Berufsberatung** Improvisieren Sie zu zweit einen Dialog zwischen dem Computer und einem/einer anderen Studenten(in), der/die ganz anders ist als Reinig. Welchen Beruf empfiehlt der Computer dem/der Studenten(in)? Stimmt er/sie der Empfehlung zu?

6 **Meinungen** Besprechen Sie in Gruppen Ihre Einstellungen zu den folgenden Fragen.

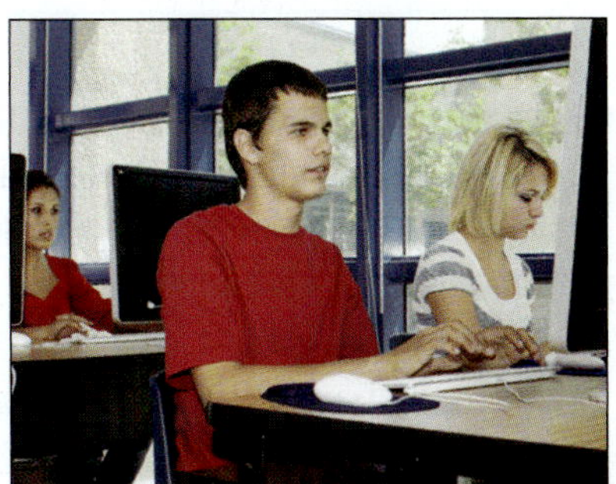

- Kann eine Berufsberatung durch einen Computer kompetent und effektiv sein? Warum/warum nicht? Was wären mögliche Vor- und Nachteile einer solchen anonymen Beratung? Würden Sie so einen Test machen wollen?
- Was für Erfahrungen haben Sie selbst mit online Tests gemacht?
- Können Sie sich mit Reinig zu irgendeinem Zeitpunkt der Geschichte identifizieren? Warum/ warum nicht?
- Der Computer in der Geschichte scheint zu sagen, dass Reinig Schriftstellerin werden soll, weil sie gerne liest. Glauben Sie auch, dass viel lesen einen dazu prädestiniert, Schriftsteller zu werden? Warum?
- Reinig wollte als Kind einen „Männerberuf" ausüben. Was denken Sie darüber? Gibt es heutzutage noch so krasse Unterschiede in den Berufen, dass sie entweder nur von Frauen oder nur von Männern ausgeübt werden können?
- Weil sie eine Brille trägt, hat Reinig mit ihren Mitschülern schlechte Erfahrungen gemacht. Haben Sie ähnliche Erinnerungen an Ihre Schulzeit? Waren Sie einmal Zielscheibe (*target*) von Spott oder haben sich über jemanden lustig gemacht?

7 **Zum Thema** Schreiben Sie einen Aufsatz mit ungefähr 100 Wörtern über eines der folgenden Themen.

- Haben Sie schon einmal eine Entscheidung treffen müssen, die Ihre Zukunft nachhaltig beeinflusst hat? Oder hat jemand anders für Sie so eine Entscheidung getroffen? Beschreiben Sie, was passiert ist. Bedauern Sie (*Do you regret*) Ihre Entscheidung oder ist alles gut geworden?
- Für welchen Beruf werden Sie sich nach Ihrem Studium entscheiden und warum? Welche Faktoren beeinflussen Ihre Entscheidung?

KULTURANMERKUNG

Berufswahl in der DDR

Den Jugendlichen in der DDR war nicht unbedingt freie Berufswahl gewährt, obwohl die Verfassung° sie garantierte. Da die gesamte Wirtschaft staatlich gesteuert war, sollten die Schulen die Schulabgänger(innen) zu bestimmten Arbeitsplätzen hinführen, für die die Betriebe gerade Arbeitskräfte brauchten. Ob man seinen Traumberuf ausüben konnte oder nicht, hing auch noch von der politischen Zuverlässigkeit°, der sozialen Herkunft°, dem gesundheitlichen Zustand, guten Noten in vielen Fächern und dem eingeschätzten° Leistungswillen der Bewerber(innen) für die Kollektivwirtschaft ab.

Verfassung *constitution*
Zuverlässigkeit *dependability*
Herkunft *origin*
eingeschätzten *estimated*

Anwendung

Verallgemeinerungen und Mangel an Kontinuität vermeiden

In Aufsätzen findet man oft Verallgemeinerungen (*generalizations*) und einen Mangel (*lack*) an Kontinuität. Verallgemeinerungen lassen Ausnahmen und alternative Meinungen außer Acht; fehlende logische Verbindungen zwischen Sätzen und Absätzen stellen einen Mangel an Kontinuität dar. Um diese Probleme zu vermeiden, sollten Sie beim Schreiben jedes Satzes und Absatzes die folgenden Fragen berücksichtigen:

- **Ist das, was ich geschrieben habe, unter allen Umständen so richtig?** Wenn Ihnen Ausnahmen einfallen, sollten Sie diese berücksichtigen, um keine falschen Verallgemeinerungen aufzustellen.
- **Sind Sätze und Absätze logisch miteinander verbunden?** Wenn die Übergänge nicht schlüssig sind, sollten Sie Ihre Ideen logischer an- oder umordnen und so einen Mangel an Kontinuität vermeiden.

1 

Vorbereitung Schreiben Sie einen Satz, der eine Verallgemeinerung enthält oder mehrere Sätze, die einen Mangel an Kontinuität aufweisen. Tauschen Sie Ihre Sätze untereinander aus und korrigieren Sie sie, um Verallgemeinerungen oder Mängel an Kontinuität auszuschließen (*eliminate*).

Beispiele

Verallgemeinerung: Eine Arbeit zu verrichten, die keinen Spaß macht, ist Zeitverschwendung (*waste of time*).

Korrektur: *Es gibt viele Gründe, seine Stelle zu behalten, auch wenn die Arbeit keinen Spaß macht. Im Allgemeinen aber sind die Leute, denen ihre Arbeit gefällt glücklicher, als die, die ihren Beruf hassen.*

Mangel an Kontinuität: Ich hatte auf eine Beförderung gehofft. Am Ende beschloss ich, meine Stelle zu kündigen.

Korrektur: *Da ich nach mehreren Jahren in derselben Firma immer noch keine Beförderung bekommen hatte, beschloss ich, meine Stelle zu kündigen.*

2 

Aufsatz Wählen Sie eines der folgenden Themen und schreiben Sie darüber einen Aufsatz.

- Beziehen Sie sich in Ihrem Aufsatz auf einen der vier Teile dieser Lektion: **Kurzfilm, Stellen Sie sich vor, ..., Kultur** oder **Literatur.**
- Verarbeiten Sie mindestens zwei verschiedene Argumente und Beispiele aus dem Teil, über den Sie schreiben.
- Stellen Sie Ihre persönliche Einstellung klar und deutlich dar.

Themen

1. Welche Verantwortlichkeiten (*responsibilities*) hat ein Betrieb seinen Angestellten gegenüber?

2. Ist es besser, schon früh im Leben eine Berufswahl zu treffen oder sollte man Verschiedenes ausprobieren bevor man sich entscheidet?

3. Stimmen Sie folgender Aussage zu: „Bei Geld hört alle Freundschaft auf"? Warum/warum nicht?

Arbeit und Finanzen

Die Arbeitsplatzsuche

das Amt, ¨-er *position; office*
das Arbeitsamt, ¨-er *employment agency*
die Ausbildung, -en *training; education*
der Beruf, -e *job*
die Beschäftigung, -en *occupation*
die (Berufs)erfahrung, -en *(professional) experience*
das Gewerbe, - *trade; business*
die Karriere, -n *career*
der Lebenslauf, ¨-e *résumé*
der Personalmanager, -/die Personalmanagerin, -nen *personnel manager*
der Praktikant, -en/die Praktikantin, -nen *intern; trainee*
die Qualifikation, -en *qualification(s)*
die Stelle, -n *position*
das Vorstellungsgespräch, -e *job interview*

beschäftigen *to employ*
sich (bei j-m) um etwas bewerben *to apply (somewhere) for a job*
einstellen *to hire*

Die Leute am Arbeitsplatz

der/die Angestellte, -n *employee*
der Berater, -/die Beraterin, -nen *consultant*
der (Bilanz)buchhalter, -/die (Bilanz)buchhalterin, -nen *accountant*
der Chef, -s/die Chefin, -nen *boss*
der Geschäftsführer, -/die Geschäftsführerin, -nen *executive; manager*
der Inhaber, -/die Inhaberin, -nen *owner*
der Kollege, -n/die Kollegin, -nen *colleague*
der Sekretär, -e/die Sekretärin, -nen *secretary*

Auf der Arbeit

die Arbeitszeit, -en *work hours*
die Beförderung, -en *promotion*
die Gewerkschaft, -en *labor union*
der (Mindest)lohn, ¨-e *(minimum) wage*
der Streik, -s *strike*
die Teilzeitarbeit/die Teilzeitstelle, -n *part-time job*
der Urlaubstag, -e *day off*
die Vollzeitstelle, -n *full-time job*

entlassen *to lay off*
feuern *to fire*
in Rente gehen *to retire*
kündigen *to quit*
leiten *to manage*
Überstunden (*pl.*) (machen) *(to work) overtime*
verdienen *to earn*

Die Finanzen

die Börse, -n *stock exchange*
das Darlehen, - *loan*
die Ersparnis, -se *savings*
der Immobilienmarkt, ¨-e *real estate market*
der Konkurs, -e *bankruptcy*
die Rezession, -en *recession*
die Schulden (*pl.*) *debt*
die Steuer, -n *tax*
die Währung, -en *currency*
die Wirtschaftskrise, -n *economic crisis*
die Zahl, -en *figure; number*
der Zinssatz, ¨-e *interest rate*

anlegen (in + Dat.) *to invest (in)*
eine Hypothek aufnehmen *to take out a mortgage*
(etwas/j-n) ausnutzen *to take advantage of (something/someone)*
Schulden haben *to be in debt*
(Geld) leihen *to borrow (money)*
sparen *to save*

erfolgreich *successful*
finanziell *financial*
kurzfristig *short-term*
langfristig *long-term*

Kurzfilm

der Arbeitskampf, ¨-e *labor dispute*
der Aufschwung, ¨-e *recovery*
der Betrug *fraud; scam*
das Entgegenkommen *courtesy*
die Erpressung, -en *blackmail*
die Falle, -n *trap*
das Konto, Konten *account*
die Lohnfortzahlung, -en *wage continuation*
die Spielregeln (*pl.*) *rules (of the game)*
die Vermutung, -en *speculation*
die Vorruhestandsregelung, -en *early retirement plan*
die Wirtschaftskorruption *corporate corruption*

abschieben *(here) to consign*
austricksen *to outsmart/to fool someone*
betrügen *to cheat*

verlockend *tempting*

Kultur

die Buchhaltung *accounting*
das Gut, ¨-er *wares, goods*
der Kreditnehmer, - *borrower*
die Säule, -n *pillar*
die Stellungnahme, -n *comment; position*
das Verbot, -e *ban*
das Vermögen, - *asset*
die Verpfändung, -en *pledge (of goods)*
die Wechselstube, -n *currency exchange*

belegen *(here) to reserve*
betragen *(here) to amount to*
sich selbstständig machen *to start one's own business*

Literatur

die Einstellung, -en *attitude; opinion*
der Wahrsager, -/die Wahrsagerin, -nen *fortune-teller*
der Zug, ¨-e *(here) character trait*

austreten *(here) to use the bathroom*
einen Beruf ausüben *to practice a profession*
durchkreuzen *to thwart*
eine berufliche Laufbahn einschlagen *to choose a career path*
fälschen *to falsify*
Spießruten laufen *to run the gauntlet*
(sich) verkleiden *to disguise*
vermengen *to mix (up)*
verschreiben *(here) to prescribe*

krass *extreme*

Lektion 10

Geschichte und Gesellschaft

Jedes Land hat Geschichte, und diese Vergangenheit hat meistens gute und schlechte Seiten. Wie wichtig ist die Geschichte eines Landes, und wie geht man als Bürger damit um? Sollen wir uns mit vergangenen Fehlern beschäftigen oder lieber konsequent nach vorne schauen?
Die amerikanische Geschichte ist bis heute eine Geschichte der Einwanderer. In Deutschland ist dieses Thema erst nach dem 2. Weltkrieg aktuell geworden. Welchen Einfluss hat Einwanderung auf Menschen und Gesellschaft?

342 **KURZFILM**
Jochen Alexander Freydanks Film *Spielzeugland* thematisiert die Judenverfolgung (*persecution of the Jews*) im Dritten Reich. Er zeigt, wie Menschen gegen die Hitlerdiktatur gekämpft haben.

348 **STELLEN SIE SICH VOR, ...**
Potsdam in **Brandenburg**, und Dresden und Leipzig in **Sachsen**, sind historisch wichtige Städte in Ostdeutschland. Auch in der jüngeren Vergangenheit haben sie große Veränderungen erlebt.

363 **KULTUR**
Wiedervereinigung beschreibt die Geschichte **Brandenburgs** und **Sachsens** vor der Wende. Die Stadt **Leipzig** war der Ausgangspunkt der Montagsdemonstrationen, in denen die DDR-Bürger gegen die SED-Regierung protestierten.

367 **LITERATUR**
In dem Gedicht *An die Nachgeborenen* beschreibt **Bertolt Brecht** seine Gefühle während des Exils und hofft, dass die folgenden Generationen verstehen, was er erreichen wollte.

Reiseziel:
Brandenburg und Sachsen

345

364

340 ZU BEGINN

350 STRUKTUREN

10.1 Das Plusquamperfekt

10.2 Uses of the infinitive

10.3 Der Konjunktiv I and indirect speech

374 SCHREIBWERKSTATT

375 WORTSCHATZ

Geschichte und nationales Selbstverständnis

Politik

der/die (Bundestags)abgeordnete, -n *representative, member (of the Bundestag)*
der Demokrat, -en/die Demokratin, -nen *Democrat*
die Demokratie, -n *democracy*
die Diktatur, -en *dictatorship*
der (Bundes)kanzler, -/ die (Bundes)kanzlerin, -nen *(federal) chancellor*
der/die Konservative, -n *Conservative*
der/die Liberale, -n *Liberal*
die (politische) Partei, -en *(political) party*
der Politiker, -/ die Politikerin, -nen *politician*
der (Bundes)präsident, -en/ die (Bundes)präsidentin, -nen *(federal) president*
das Regierungssystem, -e *system of government*
die (Bundes)republik, -en *(federal) republic*
der Republikaner, -/ die Republikanerin, -nen *Republican*
der Sozialdemokrat, -en/ die Sozialdemokratin, -nen *Social Democrat*
die Wahlniederlage, -n *election defeat*
der Wahlsieg, -e *election victory*

führen *to lead*
regieren *to govern*
wählen *to vote (for)*
gewählt werden *to be elected*

demokratisch *democratic*
faschistisch *fascist*
liberal *liberal*
monarchisch *monarchic*

republikanisch *republican*

Geschichte

die Armee, -n *armed forces*
der Frieden *peace*
das Heer, -e *army*
das Jahrhundert, -e *century*
das Jahrzehnt, -e *decade*
der Kaiser, -/die Kaiserin, -nen *emperor/empress*
der König, -e/die Königin, -nen *king/queen*
das Königreich, -e *kingdom*
der (Bürger/Welt)krieg, -e *(civil/world) war*
die Niederlage, -n *defeat*
der Sieg, -e *victory*
die Sklaverei *slavery*
die Waffe, -n *weapon*
die Zivilisation, -en *civilization*

befreien *to liberate*
besiegen *to defeat*
einfallen in (+ Akk.) *to invade*
erobern *to conquer*
kapitulieren *to surrender*
kolonisieren *to colonize*
stürzen *to overthrow*
unterdrücken *to oppress*
vertreiben *to expel*

siegreich *victorious*
stark/kräftig *powerful*

v. Chr. (vor Christus), v. u. Z. [vor unserer Zeit(rechnung)] *B.C., B.C.E.*
n. Chr. (nach Christus) *A.D., C.E.*

Nationen und nationale Identität

die Auswanderung, -en *emigration*
die Bevölkerung, -en *population*
die Einwanderung, -en *immigration*

die (Unter)entwicklung, -en *(under)development*
die Globalisierung, -en *globalization*
die Integration, -en *integration*
die Muttersprache, -n *native language*
der Rassismus *racism*
die Staatsbürgerschaft, -en *citizenship*
die Übervölkerung, -en *overpopulation*

bedauern *to regret*
erscheinen *to appear*
kämpfen *to struggle*
protestieren (gegen) (+ Akk.) *to protest (against)*

überwinden *to overcome*
verschwinden *to disappear*

mehrsprachig *multilingual*
multikulturell *multicultural*

Anwendung und Kommunikation

1

Vokabeln Vervollständigen Sie jeden Satz mit dem richtigen Wort.

1. Wenn man ein Spiel gewinnt, ist das (ein Sieg / eine Niederlage).
2. Wenn Menschen ihre Heimat verlassen und in ein neues Land ziehen, heißt es (Einwanderung / Politik).
3. Wenn etwas hier war, aber auf einmal weg ist, ist es (erschienen / verschwunden).
4. Wenn man sich wünscht, dass etwas nicht passiert wäre, (bedauert / überwindet) man das.
5. Wenn es zu viele Menschen auf der Erde gibt, nennt man das (Globalisierung / Übervölkerung).
6. Wenn Länder gegeneinander kämpfen, spricht man von (Krieg / Frieden).
7. Wenn Menschen aus vielen verschiedenen Ländern an einem Ort zusammentreffen, dann nennt man diesen Ort (siegreich / multikulturell).

2

Deutsche Geschichte Schreiben Sie die fehlenden Wörter in die Lücken.

besiegt	demokratische	gewählt	Politiker
Bundeskanzler	Diktatur	Jahrzehnten	Weltkrieg

Der Zweite (1) ________ endete im Jahre 1945. Die faschistische (2) ________ unter Hitler war zu Ende. Deutschland war (3) ________ und viele Städte lagen in Trümmern. Nach dem Krieg bekam Westdeutschland eine (4) ________ Regierung und der (5) ________ Konrad Adenauer wurde zum ersten (6) ________ der neuen Bundesrepublik (7) ________. In den folgenden (8) ________ wurde Deutschland wieder aufgebaut und die Wirtschaft erlebte einen Boom. Diese Zeit nennt man das ‚Wirtschaftswunder'.

3

Alle Menschen sind Ausländer. Fast überall. Besprechen Sie zu zweit Einwanderung und Integration.

1. Wissen Sie, woher Ihre Familie kommt? Wann sind sie in die USA eingewandert?
2. Was sollten Einwanderer tun, um sich in ihrer neuen Heimat anzupassen? Ist es wichtig, die Sprache des neuen Landes zu lernen? Warum?
3. Wie können Ausländer eine Gesellschaft bereichern (*enrich*)?
4. Man nennt die USA oft einen ‚Schmelztiegel' (*melting pot*). Welchen Einfluss hatten/haben Einwanderer auf die Geschichte der USA in der Vergangenheit und heute?

4

Wichtige Ereignisse In der Geschichte gab es bestimmte Ereignisse, die besonders viele Nachwirkungen (*aftereffects*) hatten. Welches Zeitalter hat uns Ihrer Meinung nach am meisten beeinflusst? Besprechen Sie in Gruppen, welche Epoche das sein mag, und geben Sie Gründe und Beispiele an.

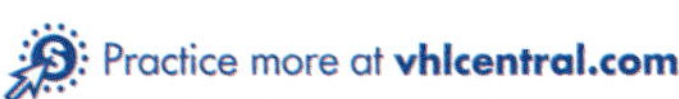

Vorbereitung

Wortschatz des Kurzfilms

der Bengel, - *rascal*
etwas erlauben *to allow something*
der Judenstern, -e *Yellow Star*
das Malheur, -s *mishap*
die Noten (*pl.*) *sheet music*
sich schwören *to vow*
das Spielzeugland *toyland*
etwas verraten *to reveal something*

Nützlicher Wortschatz

die Gestapo (Geheime Staatspolizei) *secret police in the Third Reich*
die Judenverfolgung, -en *persecution of Jews*
das Konzentrationslager, - (das KZ) *concentration camp*
die Lüge, -n *lie*
die Rettung, -en *rescue*

AUSDRÜCKE

das Geheimnis für sich behalten *to keep a secret*
alles für etwas geben *to give everything for something*
einen schlechten Einfluss haben auf *to have a bad influence on*
etwas geht schief *something goes wrong*
Verstecken spielen *to play hide and seek*

1 **Was passt zusammen?** Suchen Sie für jede Vokabel die richtige Definition.

_____ 1. wo viele Juden getötet wurden
_____ 2. etwas, was nicht wahr ist
_____ 3. wenn man etwas nicht erzählt
_____ 4. es gibt ein Problem
_____ 5. Musikalien
_____ 6. ein Problem
_____ 7. sich etwas versprechen

a. die Lüge
b. ein Geheimnis für sich behalten
c. die Noten
d. das Malheur
e. etwas geht schief
f. sich schwören
g. das Konzentrationslager

2 **Welches Wort passt?** Suchen Sie für jeden Satz die Vokabel, die logisch passt.

1. Im Dritten Reich wurden viele Juden in Deutschland wegen der von Hitler initiierten ____________ getötet.
2. Kleine Jungen werden oft auch ____________ genannt.
3. Wenn man ein negatives Beispiel für jemanden ist, dann hat man vielleicht einen ____________ auf diese Person.
4. ____________ heißt, dass man einer Person etwas erzählt, was sie vorher nicht gewusst hat.
5. Wenn man jemandem ____________, darf er oder sie das machen.
6. ____________ war eine besondere Polizeieinheit im Dritten Reich.
7. Wenn es für Menschen, die in großer Gefahr waren, eine ____________ gab, steht das in der Zeitung.

3 **Was denkst du?** Stellen Sie einander die folgenden Fragen.

1. Interessierst du dich für Geschichte? Warum?
2. Was ist deine nationale Identität?
3. Musstest du schon einmal eine schwierige Entscheidung treffen? Welche?
4. Hast du schon einmal gelogen? Wann? Warum?
5. Wer spielt in deinem Leben eine wichtige Rolle? Warum?
6. Hast du Freunde, die du schon dein ganzes Leben lang kennst?

4 **Ereignisse und Personen** Füllen Sie die Tabelle zu zweit aus. Schreiben Sie zuerst wichtige geschichtliche Ereignisse auf und die Person, die Sie damit assoziieren. Wählen Sie dann ein Ereignis aus und überlegen Sie sich, wie das Leben für viele Menschen in dieser Zeit gewesen sein muss.

Geschichtliche Ereignisse	Personen aus der Geschichte	das Leben für viele Menschen
der Bürgerkrieg in den USA	Abraham Lincoln	Viele Menschen haben viel gelitten. Sie hatten zu wenig zu essen und haben Familie und Freunde verloren.

5 **Was könnte passieren?** Sehen Sie sich in Gruppen die folgenden Bilder aus dem Film an und beantworten Sie dann die Fragen. Schreiben Sie auf, was im Film alles passieren könnte.

- Was fällt Ihnen an den Bildern auf?
- Wie sehen die Personen aus?
- Was für Persönlichkeiten haben die einzelnen Personen?
- Was passiert im zweiten und dritten Bild?
- Wie sind die Personen in dem Film miteinander verbunden (*connected*)?

Practice more at **vhlcentral.com.**

Video

SPIELZEUGLAND

Ein Film von Jochen Alexander Freydank

OSCAR WINNER 2009
Best Short Film, Live Action

Darsteller Julia Jäger, Cedric Eich, Tamay Bulut Özvatan, Torsten Michaelis, Claudia Hübschmann, David C. Bunners **Produzenten** David C. Bunners/Jochen Alexander Freydank/Christoph "Cico" Nicolaisen **Drehbuch** Johann A. Bunners/ Jochen Alexander Freydank **Schnitt** Anna Kappelmann **Musik** Ingo Frenzel

SZENEN

HANDLUNG *Die Freundschaft zweier Jungen im Dritten Reich hat unerwartete Folgen. Als einer der beiden mit seiner Familie ins „Spielzeugland" abtransportiert wird, will sein Freund mitkommen.*

FRAU SILBERSTEIN Ich würde alles dafür geben, wenn David sein Lebtag so weiterspielen könnte! Man redet von morgen!

HEINRICH Warum war Frau Silberstein vorhin so traurig?
MARIANNE Weil die Silbersteins vielleicht bald verreisen° müssen.
HEINRICH Verreisen? Wohin fahren sie denn?
MARIANNE Ins Spielzeugland!

MARIANNE Haben Sie einen kleinen, sechsjährigen Jungen gesehen?
SCHUTZPOLIZIST Meinen Sie, ich kann die ganzen Bengel noch auseinanderhalten?
MARIANNE Er ist mein Sohn!
SCHUTZPOLIZIST Jude?
MARIANNE Nein, kein Jude.

HEINRICH Warum hast du mir nicht gesagt, dass ihr verreist?
DAVID Vergessen.
HEINRICH Wir sind doch Blutsbrüder°! Wir haben uns geschworen, dass wir immer alles zusammen machen!

HEINRICH Ich will aber zu meinem Freund! Ich will mit ins Spielzeugland!
DAVID Es gibt doch gar kein Spielzeugland.

STURMFÜHRER FALKE Das nächste Mal erschreckst du deine Mama aber nicht mehr so, versprochen? Wir brauchen dich noch! Und jetzt ab nach Hause. Auf Wiedersehen, gnädige Frau, und entschuldigen Sie bitte die Unannehmlichkeiten°.

verreisen *to go away (on a trip)* **Blutsbrüder** *blood brothers* **Unannehmlichkeiten** *inconveniences*

KULTURANMERKUNG

Holocaust

Die Verfolgung der Juden und der Antisemitismus sind kein Phänomen, das erst mit Hitler begonnen hat. In Europa lässt es sich auf etwa 1800 zurückverfolgen. Insgesamt hat die Massenvernichtung der Juden im Dritten Reich zwischen 1941 und 1945, auch Holocaust genannt, ungefähr 6 Millionen Juden das Leben gekostet. Außer Frage steht auch, dass dieser Genozid von allen Organen des nationalsozialistischen Staates mit präziser Organisation durchgeführt wurde. Neben Juden wurden auch andere Gruppen von Menschen als Staatsfeinde° gesehen und in Ghettos zusammengetrieben°, bevor sie hauptsächlich per Bahn in Konzentrationslager abtransportiert wurden. Hier mussten sie entweder arbeiten oder wurden in Gaskammern° getötet.

Staatsfeinde *enemies of the state*
zusammengetrieben *rounded up*
Gaskammern *gas chambers*

Beim ZUSCHAUEN

Was erfahren Sie über die Personen im Film?

_____ **1.** Herr Silberstein ist
_____ **2.** Heinrich ist
_____ **3.** Der Obersturmführer
_____ **4.** Frau Silberstein ist
_____ **5.** Der Polizist
_____ **6.** Marianne
_____ **7.** Der Blockwart
_____ **8.** David ist

a. Davids Mutter.
b. will Marianne den Teddy zurückgeben.
c. hat am Ende 2 Söhne.
d. der Klavierlehrer (*piano teacher*).
e. der Sohn der Silbersteins.
f. findet den Sohn im Zug.
g. Mariannes Sohn.
h. hilft Marianne nicht.

Analyse

1

Verständnis Markieren Sie die folgenden Aussagen über den Film als **richtig** oder **falsch**. Korrigieren Sie anschließend die falschen Aussagen.

Richtig	Falsch	
☐	☐	1. Silbersteins sind Nazis.
☐	☐	2. David und Heinrich sind gute Freunde.
☐	☐	3. David weiß nicht, dass die Familie Silberstein bald verreist.
☐	☐	4. Marianne sagt dem Obersturmführer, dass sie David sucht.
☐	☐	5. David und seine Eltern kommen ins Konzentrationslager.
☐	☐	6. David und Heinrich überleben am Ende.

2

Was passt zusammen? Welche Satzhälften passen zusammen? Suchen Sie die richtigen Antworten und korrigieren Sie anschließend Ihre Antworten.

_____ 1. Marianne und ihr Sohn sind zwar „arische" Deutsche,

_____ 2. Heinrich und David spielen am Anfang des Films Klavier,

_____ 3. Marianne erzählt Heinrich,

_____ 4. Marianne sucht Heinrich,

_____ 5. Die Polizisten wollen Marianne anfangs nicht helfen,

_____ 6. Die Silbersteins sind traurig,

a. weil sie Angst hat, dass er mit den Juden im Zug ist.

b. und sie spielen auch am Ende des Films Klavier.

c. dass die Familie Silberstein ins Spielzeugland verreisen wird.

d. weil sie David wahrscheinlich nie mehr sehen werden.

e. aber sie sind trotzdem mit Familie Silberstein befreundet.

f. weil sie glauben, dass Marianne Jüdin ist.

3

Fragen Vervollständigen Sie jeden Satz gemäß dem Film. Besprechen Sie anschließend zu zweit Ihre Antworten.

1. Am Anfang des Films sind David und Heinrich schon _____.
   a. gute Freunde   b. Feinde   c. Brüder

2. Marianne weiß nicht, _____.
   a. was mit Familie Silberstein passieren wird
   b. dass Heinrich mit David Klavier spielt
   c. dass die Silbersteins Juden sind

3. Heinrich packt einen Koffer _____.
   a. für David   b. für seine Reise   c. für seinen Teddy

4. Heinrich darf nicht ins Polizeiauto, _____.
   a. weil er keine Lust hat   b. weil er keinen Koffer hat
   c. weil er kein Jude ist

5. Die beiden SS-Leute glauben, _____.
   a. dass sie einen Fehler gemacht haben   b. dass Marianne Jüdin ist
   c. dass der Junge David ist

4 **Personenbeschreibungen** Beschreiben Sie zu zweit die Personen des Films und beantworten Sie anschließend die Fragen.

1. Warum erzählt Marianne Heinrich die Lüge über das Spielzeugland?
2. Finden Sie es richtig, dass sie diese Lüge erzählt? Warum/warum nicht?
3. Warum erzählt Herr Silberstein Heinrich, dass er mit einem Nashorn zusammengestoßen ist? Was ist tatsächlich passiert?
4. Was wäre passiert, wenn die Personen in dem Film die Wahrheit gesagt hätten?
5. Wie geht es weiter? Was passiert mit den einzelnen Personen nach der letzten Szene am Bahnhof?

5 **Improvisierte Dialoge** Schreiben Sie als Gruppe ein Gespräch, das zu einem der folgenden Szenarien passt. Führen Sie es vor der Klasse auf.

- Nach dem Krieg kommen die Silbersteins, die das Konzentrationslager überlebt haben, zurück und treffen Marianne, Heinrich und David wieder.
- Heinrich und David erzählen ihren Enkelkindern, was ihnen während des Krieges passiert ist.

6 **Meinungen** Besprechen Sie die folgenden Fragen in Gruppen und drücken Sie dabei Ihre Meinungen aus.

1. Wie gefährlich ist es für Marianne, das jüdische Kind David zu retten?
2. In welchen Situationen ist es besser, Lügen zu erzählen? Warum?
3. Sollte man Kindern immer die Wahrheit sagen? Warum/warum nicht?
4. Darf, muss oder soll man sich gegen Ungerechtigkeiten wehren (*to fight back*)? Warum? Wie?
5. Was würdest du für einen Freund/eine Freundin machen oder was hast du schon einmal gemacht?

7 **Zum Thema** Schreiben Sie über eines der folgenden Themen.

1. Sind Sie jemals in einer Situation gewesen, in der Sie lügen mussten, weil Sie eine andere Person schützen wollten? Was ist passiert? War es richtig, dass Sie gelogen haben?
2. Marianne erzählt ihrem Sohn, dass die Familie Silberstein ins Spielzeugland verreisen wird: Wie könnte dieser Ort in Heinrichs Fantasie aussehen, vor allem im Vergleich mit Deutschland während des Dritten Reiches?

Practice more at **vhlcentral.com.**

Reading

Brandenburg und Sachsen

Zeugen der Geschichte: Denkmäler und Kulturgüter°

Die beiden Bundesländer **Brandenburg** und **Sachsen** erzählen viel Interessantes aus der deutschen Geschichte. Brandenburg mit seinen 2,4 Millionen Einwohnern umschließt° den **Stadtstaat° Berlin**. In der **Landeshauptstadt Potsdam** ist das bekannte **Schloss Sanssouci** zu besichtigen (siehe auch Seite 356). **Friedrich der Große**, König von Preußen aus dem Adelshaus° der **Hohenzollern**, ließ Sanssouci nach dem Vorbild° des französischen Königsschlosses Versailles (bei Paris) erbauen. Man sagt sogar, er habe besser Französisch als Deutsch gesprochen. Von Friedrich dem Großen ist der Satz überliefert, dass in seinem Reich jeder „nach seiner Façon° selig werden" solle. Damit brachte Friedrich seine Toleranz gegenüber Einwanderern und religiösen Minderheiten zum Ausdruck°. Sowohl Potsdam als auch Berlin dienten dem preußischen Herrscherhaus° als Residenzstadt oder Regierungssitz° und sind daher politisch aufs Engste miteinander verbunden°. Auch heute gibt es noch Diskussionen darüber, ob die beiden zu einem einzigen Bundesland Preußen vereint° werden sollen.

Südlich an Brandenburg schließt sich das Bundesland **Sachsen** an°. Die Hauptstadt **Dresden** zeigt viele Aspekte der Geschichte Sachsens. Als ehemalige Residenzstadt verfügt Dresden über eine Vielzahl von Kulturdenkmälern, die von den sächsischen Fürsten° errichtet wurden. Zu nennen wären zum Beispiel die **Semperoper** oder der **Zwinger**, der ein Gebäudekomplex im Stil des **Barock** ist. Hier befindet sich unter anderem die **Gemäldegalerie Alte Meister°** mit vielen Bildern aus dem 15. bis 18. Jahrhundert. Um die Verbindung° von Architektur und Kunst zu unterstreichen, wird Dresden manchmal auch **„Elbflorenz"** genannt: das Florenz an der Elbe. Die Elbe fließt mitten durch Dresden und mündet° später bei Hamburg in die Nordsee.

Übrigens...

Weltbekannte Architekten haben ihre Spuren° im „Florenz an der Elbe" hinterlassen. So findet man nebst den luxuriösen Barockpalästen auch höchstmoderne, innovative Unikate°, wie etwa die schlichte° Sächsische Landesbibliothek, den UFA-Kristallpalast und das Militärhistorische Museum.

Die Innenstadt Dresdens wurde im Zweiten Weltkrieg durch Luftangriffe zerstört und nach dem Krieg allmählich° wieder aufgebaut. Im Jahr 2005 wurde schließlich die Rekonstruktion der **Frauenkirche** im Stil des Barock fertiggestellt. Dafür war auf der ganzen Welt Geld gesammelt worden. Heute ist die Frauenkirche das Wahrzeichen° Dresdens.

In Sachsen gibt es noch eine zweite wichtige Stadt: **Leipzig**. Mit über 520.000 Einwohnern ist Leipzig etwa gleich groß wie Dresden. Da bereits seit dem 12. Jahrhundert Handelsmessen° in Leipzig stattfinden, gilt die Stadt als einer der ältesten Messeplätze der Welt. Eine bekannte Messe ist die Leipziger Buchmesse, die jedes Jahr im Frühjahr stattfindet. Ihr größter Konkurrent ist die Frankfurter **Buchmesse** im Westen Deutschlands, die jeweils im Herbst veranstaltet wird.

Denkmäler und Kulturgüter *monuments and cultural goods* **umschließt** *encloses* **Stadtstaat** *city state* **Adelshaus** *noble house* **nach dem Vorbild** *following the model* **Façon** *(French) manner* **brachte... zum Ausdruck** *expressed* **Herrscherhaus** *dynasty* **Residenzstadt oder Regierungssitz** *place where the sovereign resided* **miteinander verbunden** *linked to each other* **vereint** *united* **schließt sich... an** *borders on* **Fürsten** *sovereigns* **Gemäldegalerie Alte Meister** *Old Masters Picture Gallery* **Verbindung** *connection* **mündet** *flows into* **allmählich** *step by step* **Wahrzeichen** *landmark* **Handelsmessen** *trade shows*

Entdeckungsreise

Turm der Wissenschaft Seit 1922 steht der **Einsteinturm** auf dem Telegrafenberg in Potsdam. Der Turm und sein Solarteleskop wurden gebaut, um Einsteins Relativitätstheorie zu überprüfen. Noch heute ist der Turm wissenschaftlich im Einsatz° als Teil des Astrophysikalischen Instituts Potsdam. Vor allem solare magnetische Felder werden dort erforscht°.

Der Leipziger Hauptbahnhof 1944 wurde der größte Kopfbahnhof° Europas bombardiert. In Europa wütete° Krieg, und 46,2 Tonnen Bomben regneten auf den **Leipziger Hauptbahnhof**. Das Dach stürzte ein° und hunderte Reisende kamen ums Leben. Nach dem Krieg wurde der Bahnhof wieder aufgebaut, aber 1990 stand das Gebäude ziemlich erbärmlich° da, geschwärzt° von Luftverschmutzung, die relative Armut der DDR bezeugend°. Heute erzählt der vollständig sanierte Bahnhof eine andere Geschichte: Er ist einer der schönsten Bahnhöfe der Welt in einer blühenden° Stadt.

im Einsatz *in action* **werden... erforscht** *are studied* **Kopfbahnhof** *terminus* **wütete** *raged* **stürzte ein** *collapsed* **erbärmlich** *pathetically* **geschwärzt** *blackened* **Armut... bezeugend** *testifying to the relative poverty* **blühenden** *thriving*

Was haben Sie gelernt?

Richtig oder falsch? Sind die Aussagen **richtig** oder **falsch?** Stellen Sie die falschen Aussagen richtig.

1. Friedrich der Große sprach kein Deutsch.
2. Sachsen liegt nördlich von Brandenburg.
3. Man findet in Dresden sowohl schöne alte Barockgebäude als auch innovative, moderne Architektur.
4. Die Elbe fließt durch Leipzig.
5. Die Leipziger und die Frankfurter Buchmessen finden im Herbst statt.
6. Heute werden die magnetischen Felder der Sonne im Einsteinturm erforscht.
7. Nach der Wiedervereinigung wurde der Leipziger Hauptbahnhof saniert.

Fragen Beantworten Sie die Fragen.

1. Nennen Sie ein paar Kulturdenkmäler in Brandenburg und Sachsen.
2. Warum musste die Dresdner Frauenkirche neu aufgebaut werden?
3. Warum wird Leipzig eine „Messestadt" genannt?
4. Welches Gebäude in Dresden bekam von Daniel Libeskind ein neues Aussehen?
5. Warum wurde der Einsteinturm gebaut?
6. Warum ist die Geschichte vom Leipziger Bahnhof eine sehr „deutsche Geschichte"? Was denken Sie?

Projekt

Leipzigs Max-Planck-Institut

Wie intelligent sind Menschenaffen (Primaten), die nächsten Verwandten des Menschen? Im Max-Planck-Institut in Leipzig sucht das Team für evolutionäre Anthropologie nach Antworten auf solche Fragen. Suchen Sie Informationen im Internet.

- Was wird am Institut für evolutionäre Anthropologie erforscht? Auf welchen Gebieten wird besonders geforscht?
- Max-Planck-Forscher haben Schimpansen im Kongo im Umgang mit Werkzeugen (*handling of tools*) beobachtet. Wie haben die Tiere Honig gesammelt?
- Das Leipziger Institut ist Teil einer großen Forschungsgemeinschaft, der Max-Planck-Gesellschaft. Was ist die Aufgabe dieser Institution?

10.1 *Das Plusquamperfekt*

—*Wir **hatten** uns doch **geschworen**, dass wir immer zusammen halten!*

- When talking about two events that happened at different times in the past, use the **Plusquamperfekt** (*past perfect*) to refer to the event that happened first.

Die Deutschen **hatten** in Stalingrad **verloren**, bevor sie 1945 kapitulierten.
*The Germans **had lost** at Stalingrad before surrendering in 1945.*

Nachdem die Königin **abgedankt hatte**, freuten sich die Menschen.
*After the queen **had abdicated**, the people were happy.*

- The time line shows two events that occurred in the past. The event on the left occurred prior to the event on the right. To describe this sequence of events, use the **Plusquamperfekt** for the earlier event (left) and either the **Perfekt** or the **Präteritum** for the later event (right).

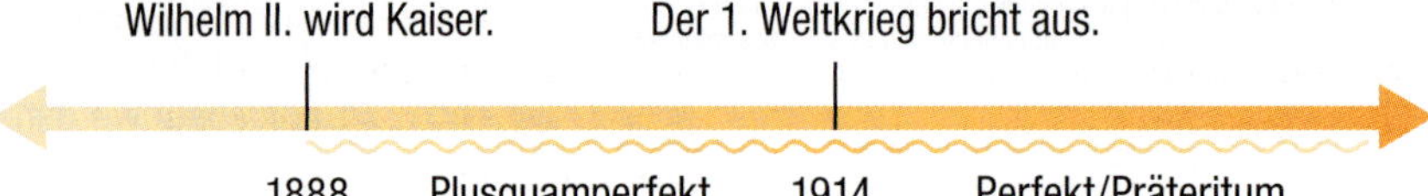
Wilhelm II. wird Kaiser.
Der 1. Weltkrieg bricht aus.
1888
Plusquamperfekt
1914
Perfekt/Präteritum

Nachdem Wilhelm II. Kaiser **geworden war**, brach der 1. Weltkrieg aus.
*After Wilhelm II **had become** emperor, World War I broke out.*

- The **Plusquamperfekt** is formed using the **Präteritum** of the auxiliary verbs **haben** or **sein**, plus the past participle of the main verb.

Plusquamperfekt with *haben*	
hatte	**bedauert** **bewohnt** **erobert** **unterdrückt** **verloren**

Plusquamperfekt with *sein*	
war	**geblieben** **gegangen** **gestiegen** **gewesen** **geworden**

- The **Plusquamperfekt** is often used with the conjunctions **bevor**, **nachdem**, and **ehe**, because they indicate the order in which events or activities happened.

Nachdem die Sozialdemokraten eine Niederlage **erlitten hatten**, kamen die Konservativen an die Macht.
__After__ the social democrats __had suffered__ defeat, the conservatives came to power.

Herr Neumann **hatte** als Rechtsanwalt **gearbeitet**, **bevor** er Bundestagsabgeordneter wurde.
Mr. Neumann __had worked__ as a lawyer __before__ he became a member of the Bundestag.

- The word order for the **Plusquamperfekt** is the same as that of other compound tenses. The auxiliary verb comes immediately before or after the subject of the main clause, depending on the other elements of the sentence. The past participle moves to the end of the sentence or clause.

Die Kanzlerin **hatte** die Wahl **gewonnen**.
The chancellor __had won__ the election.

Hatte Bertolt Brecht schon viele Theaterstücke **geschrieben**, bevor er ins Exil ging?
Had Bertolt Brecht written many plays before he went into exile?

- If a clause is introduced with **nachdem**, the conjugated auxiliary verb moves to the end of the clause.

Nachdem die Mauer **gefallen war**, konnten die Menschen nach Westdeutschland reisen.
After the Wall __came down__, people were able to travel to West Germany.

Sie regierten das Land, nachdem sie es **kolonisiert hatten**.
They governed the country after they __had colonized__ it.

- Modals in the **Plusquamperfekt** use the **Präteritum** of **haben** combined with a double infinitive (the infinitive of the main verb, followed by the infinitive of the modal) instead of a past participle.

Bevor sie gewählt wurde, **hatte** sie viele Probleme **überwinden müssen**.
Before she was elected, she __had to overcome__ a lot of problems.

Sie **hatten** die Einwohner **befreien können**, ehe sich die Situation verschlechterte.
They __had been able to liberate__ the citizens before the situation grew worse.

- **Plusquamperfekt** in the passive voice is formed with the auxiliary **sein** and both the past participle and **worden**, which are always at the end of a sentence or clause.

Angela Merkel wurde 2009 wieder Bundeskanzlerin. 2005 **war** sie schon einmal **gewählt worden**.
Angela Merkel was reelected chancellor in 2009. She __had been elected__ once before in 2005.

Die Terroristen **waren** zu lebenslanger Haft **verurteilt worden**.
The terrorists __had been sentenced__ to life in prison.

QUERVERWEIS

For more on the passive voice, see **Strukturen 7.1, pp. 240–241.**

Anwendung

1 **Die bedingungslose Kapitulation** Schreiben Sie das **Plusquamperfekt** von **sein** oder **haben** in die Lücken.

Als die Deutschen 1945 kapitulierten, wohnten meine Eltern in Karlshorst. Nachdem sie geheiratet (1) ______, bekamen sie das Elternhaus von meiner Oma geschenkt. Meine Eltern sahen damals die Russen, die zum Unterschreiben des Vertrags gekommen (2) ______. Bevor sie im Auto vorbeifuhren, (3) ______ die Nachbarn sich auf der Straße getroffen. Alle (4) ______ gewartet und (5) ______ still geblieben. Einige Männer, die im Krieg gekämpft (6) ______, (7) ______ schon zurück nach Hause gekommen. Nachdem die Politiker gegangen (8) ______ und es nichts mehr zu sehen gegeben (9) ______, wurde gefeiert.

2 **Der alte Fritz** Bilden Sie aus den zwei Sätzen einen neuen Satz, indem Sie das **Plusquamperfekt** mit der angegebenen Konjunktion verwenden.

Beispiel **Das Kämpfen hörte auf. Die Leute freuten sich. (weil)**
Die Leute freuten sich, weil das Kämpfen aufgehört hatte.

1. Friedrich der Große kam 1712 zur Welt. Seine Mutter hatte schon eine Tochter zur Welt gebracht. (als)
2. Er wollte vor seinem strengen Vater nach Frankreich fliehen. Er musste die Hinrichtung (*execution*) seines Freundes von Katte mit ansehen. (weil)
3. Er heiratete. Er zog ohne seine Frau nach Sanssouci um. (nachdem)
4. Von Prinz Eugen lernte er viel über das Militär. Er konnte die preußische Armee gut führen. (da)
5. Er starb im Schloss Sanssouci. Er wurde neben seinen Hunden begraben. (nachdem)

KULTURANMERKUNG

Schloss Sanssouci

In Potsdam, in der Nähe von Berlin, steht das Schloss Sanssouci. Friedrich der Große ließ es im 18. Jahrhundert als seine Sommerresidenz bauen. Das Schloss, im Rokoko-Stil, steht auf einem Weinberg mit herrlichem Blick auf den Park Sanssouci. Die Zimmer sind elegant und prachtvoll°. Der Name des Schlosses bedeutet „ohne Sorgen" auf Französisch. Friedrich der Große liegt hier neben seinen treuen° Hunden begraben.

prachtvoll *splendid* **treuen** *faithful*

3 **Die Herrscher** Kombinieren Sie in Gruppen Elemente aus allen Kategorien, um mindestens vier neue Sätze im **Plusquamperfekt** zu bilden. Verwenden Sie auch mehr Wörter, wenn nötig.

Beispiel Nachdem der Kaiser an die Macht gekommen war, unterdrückte er die Leute im Land.

als	die Bundeskanzlerin	die Waffen benutzen
bevor	die Einwohner	sich verschuldet haben
dass	das Heer	die Niederlage herbeiführen
denn	der Kaiser	kämpfen
nachdem	die Kaiserin	an die Macht kommen
weil	die Bundestagsabgeordneten	regieren
	der König	retten
	die Königin	sich streiten
	der Politiker	die Leute unterdrücken
	die Soldaten	ein Gesetz verabschieden
	das Volk	das Land verteidigen

 Practice more at **vhlcentral.com.**

Kommunikation

4 **Die Geschichte Deutschlands** Sehen Sie sich die Zeittafel zu zweit an. Bilden Sie dann Sätze im **Plusquamperfekt**. Verwenden Sie die Konjunktion **nachdem**.

Beispiel Nachdem Bismarck Deutschland vereinigt hatte, verbündete sich Deutschland mit anderen europäischen Ländern.

1871	Otto von Bismarck vereinigt Deutschland.
1890	Deutschland verbündet (*allies*) sich mit anderen europäischen Ländern.
1914	Der erste Weltkrieg beginnt.
1915	Ein deutsches U-Boot versenkt das britische Schiff Lusitania.
1917	Die USA erklären Deutschland den Krieg.
1918	Der erste Weltkrieg endet.
1933	Hitler kommt an die Macht.
1938	Deutschland greift Polen an.
1941	Die deutsche Armee marschiert in Russland ein, und viele Soldaten überleben den russischen Winter nicht.
1945	Deutschland kapituliert.
1949	Die BRD und die DDR werden gegründet.
1961	Die Berliner Mauer wird gebaut.
1989	Bürger aus der DDR fangen an, nach Österreich zu fliehen.
1989	Am 9. November fällt die Mauer.
1993	Die Europäische Union entsteht.
2002	Der Euro wird die neue Währung.

5 **Unsere Regierung** Was halten Sie von der jetzigen Regierung in Ihrem Land? Ist sie besser als die vorherige? Besprechen Sie zu zweit, welche Regierung die bessere oder die schlechtere war. Verwenden Sie **Plusquamperfekt**.

Beispiel —Viele Leute haben jetzt keine Arbeit.

—Als der letzte Präsident die Wahl verloren hatte, hatten die Leute auch keine Arbeit.

- die Wirtschaft
- die Arbeitslosigkeit
- der Krieg
- der Lebensstandard
- die Vielfalt im Lande
- die Umwelt

6 **Unsere Geschichte** Schreiben Sie mindestens sechs wichtige historische Ereignisse auf, die im zwanzigsten Jahrhundert passiert sind. Besprechen Sie die Ereignisse. Verwenden Sie das **Plusquamperfekt**. Arbeiten Sie in Gruppen.

Beispiel **eine Landung auf dem Mond machen**

Nachdem die NASA 1969 ein Raumschiff (*spaceship*) entwickelt hatte, landete sie auf dem Mond.

10.2 Uses of the infinitive

- The basic form of any verb is the infinitive. In German, the infinitive ends in –**en** or in –**n**.

führen	**wählen**	**verschwinden**	**erobern**
to lead	*to vote for*	*to disappear*	*to conquer*

- You've already learned that when using a modal verb, the main verb stays in the infinitive while the modal is conjugated. In the future tense, the helping verb **werden** is conjugated and, again, the main verb remains an infinitive.

Der Politiker **will** den Wahlsieg **feiern**.
*The politician **wants to celebrate** an election victory.*

Die Schauspielerin **wird** den Skandal **bedauern**.
*The actress **will regret** the scandal.*

ACHTUNG!

Note that modals like **können**, **müssen**, **wollen**, and **mögen** are never used with **zu**.

Peter will nicht ins Kino gehen. Er möchte früh ins Bett gehen.
Peter doesn't want to go to the movies. He'd rather go to bed early.

- Some sentence constructions and certain phrases require that you use an infinitive with **zu**. Depending on the German phrase used, the English equivalent might also use an infinitive with *to*, but not always. Commas between the main clause and the infinitive clause help clarify the meaning of the sentence.

Die Bevölkerung ist bereit, einen neuen Präsidenten **zu wählen**.
*The people are ready **to elect** a new president.*

Die Armee hat vor, ihr Land **zu schützen**.
*The army is planning **on protecting** its country.*

- The initial phrase **es ist** [+ *adjective*] can be combined with **zu** [+ *infinitive*] or with a **zu** [+ *infinitive*] clause to create new sentences.

Es ist schwer **zu kapitulieren**.
*It is difficult **to surrender**.*

Es ist wichtig, gegen Rassismus **zu kämpfen**.
*It's important **to fight** against racism.*

- The infinitive with **zu** is used with certain other phrases in German as well. These phrases are followed by a comma and an infinitive clause that ends with the preposition **zu** [+ *infinitive*]. Infinitive clauses contain a direct object, but the subject of the sentence is found in the opening phrase.

Ich habe die Absicht, … *I intend to…*
Ich freue mich, … *I am looking forward to…*
Es macht mir Spaß, … *It's fun for me to…*
Ich habe (keine) Lust, … *I have (no) desire to…*
Ich habe (keine) Zeit, … *I have (no) time to…*
Es dauert lange, … *It takes a long time to…*

Der König hat nicht die Absicht, ein neues Schloss **zu bauen**.
***The king does not intend to build** a new castle.*

Sie freute sich, endlich die deutsche Staatsangehörigkeit **zu haben**.
***She was happy to** finally **have** German citizenship.*

- The infinitive with **zu** is also used as a dependent infinitive: the sentence begins with a phrase and is followed by **zu** [+ *infinitive*] to complete the meaning of the sentence. In such a construction, there is no comma between the initial phrase and the dependent infinitive.

  Er versucht zu arbeiten.
  He's trying *to work.*

  Es fängt an zu regnen.
  It's beginning *to rain.*

- If the verb in the infinitive clause has a separable prefix, **zu** goes between the prefix and the infinitive.

  Der Präsident hatte vor, die Sklaverei **abzuschaffen**.
  The president intended ***to abolish*** *slavery.*

  Die Liberalen bitten uns, eine Stimme für sie **abzugeben**.
  The liberals are asking us ***to cast*** *a vote for them.*

- Some **zu** constructions in German are expressed in English using the gerund (*–ing* form) instead of the infinitive.

ohne... zu *without*	Kann ein Land erobert werden, **ohne** das Volk **zu** unterdrücken? *Can a country be conquered* ***without*** *oppress****ing*** *its people?*
(an)statt... zu *instead of*	**Anstatt** bei der SPD Mitglied **zu** werden, kandidierte er für die Grünen. ***Instead of*** *join****ing*** *the Social Democrats, he ran for the Green Party.*

ACHTUNG!

If you can use *in order to* in English, then use the phrase **um... zu**, not just **zu** alone.

Um die Stelle zu bekommen, hat er schwer gearbeitet.
He worked hard (in order) to get the position.

- A sentence can begin with a prepositional phrase with **zu**. In this case, the conjugated verb is the first element of the second (main) clause.

  Ein Land zu regieren **ist** nicht immer leicht.
  It ***is*** *not always easy to rule a country.*

  Anstatt die Stadt siegreich zu betreten, **kamen** sie ruhig und gelassen an.
  Instead of entering the city victoriously, they ***arrived*** *calmly and quietly.*

QUERVERWEIS

Some of these require the dative. See **Strukturen 2.2, pp. 54–55** to review prepositions.

- In German, there are two similar phrases: **um... zu** (*in order to*) and **damit** (*so that*). Generally, if both parts of the sentence refer to the same subject, **um... zu** is used. If, on the other hand, each part of the sentence has a different subject, the conjunction **damit** is used.

  Die Partei kämpfte, **um zu** überleben.
  The party fought ***in order to*** *survive.*

  Die Gewaltherrschaft wurde überwunden, **damit** die Leute in Frieden leben konnten.
  The dictatorship was overthrown ***so that*** *people could live in peace.*

  Sie wählten eine neue Regierung, **um** einen höheren Lebensstandard **zu** haben.
  They elected a new government ***in order to*** *achieve a higher standard of living.*

- An infinitive phrase with **zu** is sometimes used to give further explanation about something stated in an introductory phrase.

  Der Bundeskanzler beginnt, das Land zu regieren.
  The chancellor starts *to rule the country.*

  Das Rotes Kreuz half, die neuen Einwohner anzusiedeln.
  The Red Cross helped *to settle the new citizens.*

Anwendung

1 **Mein Leben als Politiker** Schreiben Sie die passenden Wörter aus der Liste in die Lücken.

bekommen	haben	müssen	vermeiden	wählen
finden	helfen	tun	wählen	werden

Ich habe die Absicht, Politiker zu (1) ________. Ich habe große Lust, allen Leuten in meinem Land zu (2) ________. Ich finde es wichtig, so viel wie möglich für die Menschheit zu (3) ________. Ich werde versuchen, für alle Bürger Arbeit zu (4) ________. Ich werde alles tun, um einen Krieg zu (5) ________. Anstatt hohe Steuern bezahlen zu (6) ________, und wenig dafür zu (7) ________, sollen die Menschen ein besseres Leben (8) ________. Wenn es Zeit ist, einen Nachfolger zu (9) ________, werde ich die Bevölkerung bitten, mich noch einmal zu (10) ________, weil ich so viel für sie getan habe.

2 **Der Kaiser und die Kaiserin** Bilden Sie aus den zwei Sätzen einen Satz, indem Sie in dem neuen Satz die Ausdrücke **um… zu, ohne… zu** oder **(an)statt… zu** mit einem Infinitiv verwenden.

Beispiel **Sie lebte viele Jahre in einem anderen Land. Sie hat ihre Muttersprache nie vergessen.**
Sie lebte viele Jahre in einem anderen Land, ohne ihre Muttersprache zu vergessen.

1. Der Kaiser heiratete. Er liebte seine neue Frau nicht.
2. Er wohnte in einem Schloss außerhalb der Stadt. Er wohnte nicht mit ihr zusammen.
3. Die Kaiserin lernte viele Sprachen. Sie konnte sich mit Menschen aus vielen Ländern unterhalten.
4. Sie waren lange verheiratet. Sie hatten keine Kinder.
5. Sie reiste viel. Sie lernte Europa kennen.
6. Er lernte militärische Strategien. Er wollte ein erfolgreicher Kaiser und Herrscher sein.

3 **Was alle wollen!** Bilden Sie aus den Satzteilen einen neuen Satz. Machen Sie Änderungen, wenn nötig.

Beispiel **der König / planen / besiegen / der Kaiser**
Der König plant, den Kaiser zu besiegen.

1. der Sozialdemokrat / haben / die Absicht / die Leute / helfen
2. die Republikaner / wichtig sein / konservativ / sein
3. der Bundespräsident / sich / freuen / im Ausland / andere Politiker / besuchen
4. die Königin / haben / keine Lust / das Volk / ins Schloss / einladen
5. die Studenten / Spaß machen / gegen / die Politiker / protestieren

Practice more at **vhlcentral.com.**

Kommunikation

4  

Mein Leben Arbeiten Sie zu zweit. Beenden Sie die Sätze mit Beispielen aus Ihrem Leben. Verwenden Sie **zu** wenn nötig.

1. Es ist Zeit, ...
2. Findest du es schwer, ...?
3. Ich versuche immer, ...
4. Mein Mitbewohner bittet mich oft, ...
5. Bald fangen wir an, ...
6. Hast du Lust, ...?
7. Es macht mir Spaß, ...
8. Ich habe die Absicht, ...

5 

Der Studentenrat Verwenden Sie Infinitivkonstruktionen, um Folgendes miteinander zu besprechen: Was für Reformen soll es an der Universität geben? Was wollen die Student(inn)en? Was soll die Uni machen, um das Leben der Student(inn)en zu verbessern?

Beispiel —Die jungen Leute wollen auf Rassismus aufmerksam machen.
—Vielleicht sollten wir eine Vortragsreihe zur Geschichte des Rassismus veranstalten.

sollen anfangen	Zeit haben
zu lange dauern	keine Zeit haben
die Absicht haben	allen Student(inn)en helfen
Lust haben	mit dem Senat sprechen, um... zu
den Mut haben	planen

6 

Meiner Meinung nach Besprechen Sie in Gruppen die Aussagen. Stimmen Sie damit überein oder nicht? Verwenden Sie die **zu**-Konstruktionen in Ihrer Diskussion.

Beispiel **Übervölkerung ist ein wachsendes Problem in unserem Land.**
Aber es ist schwierig, die Geburtenrate zu kontrollieren.

- In unserer Generation wird es auf der Welt nie Frieden geben.
- Die Einwanderung muss streng kontrolliert werden.
- Unser Lebensstandard muss besser werden, egal was es kostet.
- Die reichen Länder sollen den unterentwickelten Ländern helfen.
- Nur mit einer Diktatur kann man ein Land regieren.

10.3 *Der Konjunktiv I* and indirect speech

—*Ich komme mit euch ins Spielzeugland. Auch wenn meine Mama sagt, es* ***sei*** *verboten.*

- Indirect speech (**die indirekte Rede**) reports what someone else said. To do this in *spoken* German, use the **Konjunktiv II** or **würde**-form of the verb. In *written* German, you can either give a direct quotation using quotation marks and the speaker's exact words, or you can use the **Konjunktiv I** to report indirect speech. The **Konjunktiv I** is used mainly in formal writing, news reports, and the like.

Direct Quotation	Der König sagte: „Die Königin wird kommen." *The king said, "The queen will come."*
Indirect Speech	
***Konjunktiv II* or *würde* + infinitive (spoken German)**	Der König sagte, dass die Königin **kommen würde**. *The king said that the queen would come.*
***Konjunktiv I* (written German)**	Der König sagte, die Königin **werde kommen**. *The king said the queen will come.*

Der Konjunktiv I

- The **Konjunktiv I** of all verbs (including modals) is formed from the stem of the infinitive and the appropriate endings: **–e**, **–(e)st**, **–e**, **–en**, **–et**, **–en**. In the **Konjunktiv I**, stem-changing verbs do not change; they, too, are formed using the infinitive.

***Konjunktiv I* of modals**

	wollen	sollen	können	mögen	dürfen	müssen
ich	wolle	solle	könne	möge	dürfe	müsse
du	wollest	sollest	könnest	mögest	dürfest	müssest
er/sie/es	wolle	solle	könne	möge	dürfe	müsse
wir	wollen	sollen	können	mögen	dürfen	müssen
ihr	wollet	sollet	könnet	möget	dürfet	müsset
sie/Sie	wollen	sollen	können	mögen	dürfen	müssen

- **Sein** is irregular in the **Konjunktiv I**. Its forms are based on the infinitive stem, but you do not add an ending to the **ich** or **er** form.

ich	sei	wir	seien
du	seiest	ihr	seiet
er/sie/es	sei	sie/Sie	seien

Using the Konjunktiv I

- In reporting indirect speech, if the **Konjunktiv I** form of the verb is identical to the **Indikativ**, use the **Konjunktiv II** form or the **würde**-form [+ *infinitive*] for clarity.

Indikativ	Konjunktiv I	Konjunktiv II (*preferred*)
ich mache	ich mache	ich machte / würde machen
du machst	du machest	du machtest / würdest machen
er/sie/es macht	er/sie/es mache	er/sie/es machte / würde machen
wir machen	wir machen	wir machten / würden machen
ihr macht	ihr machet	ihr machtet / würdet machen
sie/Sie machen	sie/Sie machen	sie/Sie machten / würden machen

- If the original sentence (i.e., what the speaker said) is in a past tense (**Perfekt** or **Präteritum**), the reported speech must also be in past tense. **Konjunktiv I** is used for both **Perfekt** and **Präteritum**. It consists of the **Konjunktiv I** of either **haben** or **sein** [+ *past participle*].

Past tense	*Konjunktiv I*
Der liberale Student **hat protestiert**. Der liberale Student **protestierte**.	Mia sagte, der liberale Student **habe protestiert**.
The liberal student protested.	*Mia said that the liberal student **had protested**.*

- If the original sentence has a modal in the past tense, the sentence is reported using a double infinitive.

Max: „Ich **musste** mit 18 zur Armee **gehen**."
Max sagte, er **habe** mit 18 zur Armee **gehen müssen**.
*Max said he **had to join** the army at 18.*

- The **Konjunktiv I** can also be used to report questions. The introductory phrase can include such verbs as **fragen** and **sich fragen**.

Lola: „Wann wurde die Sklaverei abgeschafft?"
Lola **fragte**, wann die Sklaverei abgeschafft worden sei.
*Lola **asked** when slavery had been abolished.*

- To report commands in indirect speech, use the modal **sollen** in the **Konjunktiv I** with the infinitive of the verb from the original command.

Die Königin: „**Singen** Sie die Nationalhymne!"
Die Königin sagte, wir **sollen** die Nationalhymne **singe**.
*The queen said we **should sing** the national anthem.*

- The **Konjunktiv I** is also used in certain set phrases.

Gott sei Dank!	**Es werde Licht!**
Thank God!	*Let there be light!*

QUERVERWEIS

To review the **Konjunktiv II**, see **Strukturen 8.1, pp. 276–277** and **8.2, pp. 280–281**.

ACHTUNG!

Sentences using reported or indirect speech are often introduced by such verbs as **meinen**, **denken**, **glauben**, **erörtern** (*to expand on*), **behaupten** (*to maintain*), **antworten**, and **wiederholen**.

Anwendung

1

Unsere Meinung zur Politik Vervollständigen Sie den Zeitungsartikel mit dem **Konjunktiv I** der angegebenen Verben.

Die Deutschen vertrauen der Politik und vielen Politikern nicht. Das zeigte eine Umfrage unter Einwohnern einer Kleinstadt.

Gerhilde Frankel meinte, man (1) ________ (können) sich nicht auf die Politiker verlassen. Ihr Nachbar Ludwig Holz war der gleichen Meinung; der Machtmissbrauch (2) ________ (herrschen) in allen Ländern. Andere Einwohner waren weniger pessimistisch. Die Frau des Bürgermeisters sagte, eine Regierung (3) ________ (tun) immer sehr viel für die Bevölkerung. Der Bürgermeister selbst erklärte, eine Regierung (4) ________ (sollen) alles machen, um einen hohen Lebensstandard zu sichern. Ursula Kramer meinte, ein Bundeskanzler (5) ________ (müssen) den Leuten helfen. Ihr Mann, Peter Kramer, sagte wiederum, ein Mensch (6) ________ (wissen) nicht immer, was er (7) ________ (brauchen). Er dachte, ein Politiker (8) ________ (sein) gewählt worden, um die Probleme zu lösen. Die Jugendlichen meinten, Politiker zu werden, (9) ________ (kosten) viel Zeit. Als ein Junge gefragt wurde, ob er gern Politiker werden (10) ________ (wollen), antwortete er mit *nein*.

2

Wie wir wählen Geben Sie die Meinungen in indirekter Rede wieder.

Beispiel **Daniela: „Die Regierung braucht Hilfe!"**
Rainer: „Jeder Bürger soll sich mehr mit Politik beschäftigen."
Daniela sagte, dass die Regierung Hilfe brauche.
Rainer antwortete, dass jeder Bürger sich mehr mit Politik beschäftigen solle.

1. Monika: „Ich wähle immer die Sozialdemokraten."
   Jens: „Ich meine, sie sind auch eine gute Wahl."
2. Larisa: „Ich habe letztes Jahr zum ersten Mal gewählt."
   Lukas: „Ich darf schon seit zwei Jahren wählen."
3. Kurt: „Nach dem Wahlsieg war ich total froh!"
   Katerina: „Nach der Niederlage meines Kandidaten wollte ich nur weinen."
4. Sarah: „Ich habe großen Respekt für die Bundestagsabgeordneten.
   Stefan: „Ich finde die meisten auch ehrlich und fleißig."

KULTURANMERKUNG

In Deutschland darf man mit 18 Jahren wählen, solange man die deutsche Staatsangehörigkeit hat. Die Wahl ist geheim und wird nicht überwacht. Die Wahl zum neuen Bundeskanzler erfolgt alle vier Jahre. In der Schweiz ist man auch mit 18 Jahren wahlberechtigt°. In Österreich darf man seit 2007 schon mit 16 Jahren wählen.

wahlberechtigt *entitled to vote*

 Practice more at **vhlcentral.com.**

Kommunikation

3 **Unser Land** Schreiben Sie einen Zeitungsartikel zum Thema „nationale Identität." Sie wollen Zitate verwenden und müssen sie jetzt in Ihren Artikel integrieren. Schreiben Sie die Zitate in den **Konjunktiv I** um. Ändern Sie die Pronomen und sonstiges, wenn nötig.

Beispiel **Johann Streng, Student: „Unsere Nationalmannschaft führte uns zum Sieg."**

Der Student sagte, ihre Nationalmannschaft habe sie zum Sieg geführt.

1. Lutz Fragnach, Professor: „Ich bin froh, Deutscher zu sein."
2. Juliana Lewitski, Studentin: „Unsere Unis sind multikulturell!"
3. Gertrud Kloch, Politikerin: „Mein Wahlsieg wird das Beste für unser Land sein."
4. Fritz Schmidt, Arbeiter: „Wir sollen streiken!"
5. Anna, Rechtsanwältin: „Unsere Geschichte mag kompliziert sein, aber wir sind es nicht."

4 **Ein Telefonat** Besprechen Sie zu zweit ein Telefongespräch, das Sie neulich hatten. Verwenden Sie den **Konjunktiv I.**

Beispiel —Gestern habe ich mit meiner Schwester, die in der Hauptstadt wohnt, telefoniert. Sie erzählte viel von den Skandalen um die Politiker dort.

—Was erzählte sie denn?

—Na ja, der eine Politiker habe viel Geld für ein Auto ausgegeben. Alle meinen, das Geld sei von Steuergeldern gekommen.

5 **Eine Bildgeschichte** Stellen Sie sich vor, was die Personen sagen. Arbeiten Sie in Gruppen. Schreiben Sie den Text in jede Sprechblase (*speech bubble*). Verwenden Sie danach den **Konjunktiv I**, um den anderen zu erzählen, was jeder sagt.

6 **Die neue Politik**

A. Stellen Sie sich vor, Sie gründen eine neue politische Partei. Arbeiten Sie in Gruppen. Was halten Sie von der Politik in Ihrem Land? Schlagen Sie mindestens drei Parolen (*slogans*) vor, die Ihre Wünsche für Ihr Land beschreiben. Verwenden Sie den **Konjunktiv I.**

B. Ihre neue politische Partei hat bei der Wahl gewonnen! Sie gehören jetzt dem Parlament an. Besprechen Sie mit einer anderen Gruppe, was die Einwohner Ihres Landes von der Regierung wollen. Bilden Sie Sätze im **Konjunktiv I**, in denen Sie erklären, was die Wähler Ihres Landes gesagt haben.

Beispiel —Die Wähler haben gesagt, der Krieg müsse bald zu Ende sein.

—Mag sein, aber die meisten Politiker meinen, das sei unmöglich.

KULTURANMERKUNG

Im deutschen Bundestag gibt es unter anderem° folgende politische Parteien: CDU (Christlich-Demokratische Union), SPD (Sozialdemokratische Partei Deutschlands), Bündnis 90/Die Grünen, und FDP (Freie Demokratische Partei).

unter anderem *among others*

Synthese

1 

Gespräch Lesen Sie die Schlagzeilen und beantworten Sie die Fragen. Arbeiten Sie in Gruppen.

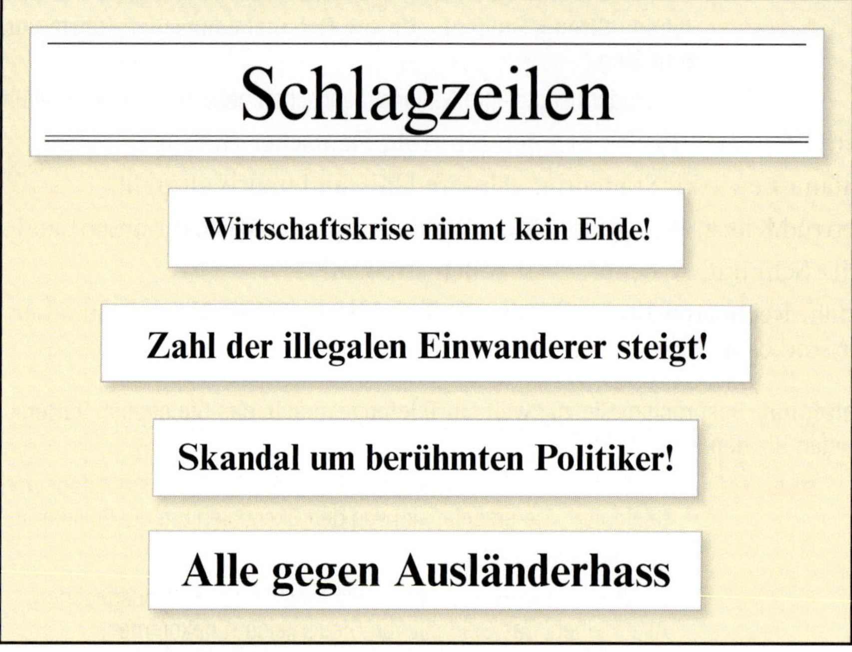

Schlagzeilen
Wirtschaftskrise nimmt kein Ende!
Zahl der illegalen Einwanderer steigt!
Skandal um berühmten Politiker!
Alle gegen Ausländerhass

1. Welches Thema macht Ihnen am meisten Angst? Warum?
2. Welche Lösungen oder Vorschläge haben Sie für diese Probleme?
3. Sind Sie mit Ihrer Regierung zufrieden (*content*)? Macht sie alles, was sie soll?
4. Wenn Sie mit den Politikern reden könnten, was würden Sie ihnen sagen?
5. Was können die Einwohner des Landes machen, um die Situation zu verbessern?

2 

Aufsatz Wählen Sie eines der folgenden Themen. Schreiben Sie ungefähr eine Seite darüber. Verwenden Sie das **Plusquamperfekt**, **Infinitivformen** mit **zu** und **Konjunktiv I**.

- Schreiben Sie einen Text für einen Vortrag, durch den Sie andere Student(inn)en davon überzeugen wollen, politisch aktiv zu werden. Besprechen Sie die Probleme in Ihrer Stadt, was schon gemacht wurde und was die Student(inn)en noch tun könnten.
- Schreiben Sie eine politische Rede, in der Sie eine(n) Kandidat(in) unterstützen. Geben Sie gute Argumente dafür, warum Sie ihn/sie unterstützen. Was hat er/sie schon geleistet? Was wird er/sie noch tun?

Kommunikationsstrategien

Meine sehr geehrten Damen und Herren!
Liebe Zuhörer und Zuhörerinnen!
Ich danke für Ihre Aufmerksamkeit (*attention*).

Wörter aus dieser Lektion
bedauern, beeindrucken, beeinflussen, das Gesetz, leiten, missbrauchen, regieren, überwinden, verteidigen, wählen, widmen

Vorbereitung

Wortschatz der Lektüre

das Abkommen, - *agreement*
auflösen *to dissolve*
das Gebet, -e *prayer*
die Schautafel, -n *information boards; posters*
subventionieren *to subsidize*
der Unmut *discontent*
unterteilen *to subdivide*
(j-m etwas) zusprechen *to award (something to someone)*

Nützlicher Wortschatz

damalig *of that time*
der Gedenktag, -e *commemoration day*
gewalttätig *violent*

1 

Welches Wort passt? Vervollständigen Sie die Sätze mit passenden Wörtern aus der Liste.

1. An einem __________ erinnert man sich an ein wichtiges Ereignis.
2. Wenn eine Regierung mit Geldern Wohnungen und Theater unterstützt, dann werden diese Dinge __________.
3. Nach dem Krieg haben alle Länder __________ unterschrieben.
4. Sonntags in der Kirche sprechen die Leute __________.
5. In Nationalparks gibt es __________, die Tiere und Pflanzen zeigen.
6. Demonstrationen können __________ oder friedlich verlaufen.

2 

Bedeutende Ereignisse Lesen Sie das Zitat zu zweit durch und besprechen Sie dann die folgenden Fragen.

> Eines Tages – vielleicht in Jahren, vielleicht erst in Jahrzehnten – wird hoffentlich die deutsche Einheit so selbstverständlich sein, dass es uns merkwürdig (*odd*) vorkommen mag, sie eigens (*expressly*) zu feiern. (Johannes Rau)

1. Die Vereinigung Deutschlands war ein wichtiges Ereignis in der Geschichte Deutschlands. Warum wohl wünschte sich der damalige Bundespräsident, dass man dieses Ereignis irgendwann nicht mehr feiern würde?
2. Kennen Sie andere politische Gedenktage in der deutschen Geschichte? Woran sollen sie erinnern?

3 

Mauern und Tore Sehen Sie sich das Bild an und besprechen Sie die Fragen in der Gruppe.

1. Wie heißt das Tor auf dem Foto und was wissen Sie über seine geschichtliche Bedeutung?
2. Warum stehen die Menschen auf der Mauer?
3. Was symbolisieren Mauern und Tore? Warum ist die Verbindung von beiden auf diesem Foto so wirksam?

KULTURANMERKUNG

Der 8. Bundespräsident Deutschlands

Johannes Rau (1931–2006) war ein deutscher Politiker. Er gehörte der SPD an und bekleidete° verschiedene Ämter. Von 1969–1970 war er Oberbürgermeister von Wuppertal und danach Minister für Wissenschaft und Forschung in Nordrhein-Westfalen. Während seiner Amtszeit° wurden dort zahlreiche Universitäten gegründet. Danach war er 20 Jahre lang Ministerpräsident von Nordrhein-Westfalen und 1999 wurde er schließlich Bundespräsident. Dieses Amt bekleidete er bis 2004. Eine seiner letzten Amtshandlungen° war die Einweihung° der Frauenkirche in Dresden am 30. Oktober 2005.

bekleidete *held* **Amtszeit** *term in office* **Amtshandlungen** *acts carried out while in office* **Einweihung** *inaugural ceremony*

Wiedervereinigung

Man sagt, dass Menschen sich mit ihrer Heimat identifizieren. Eine Heimat ist de facto auch immer Teil eines Staates, einer politischen Einheit. Im politischen Denken des 19. Jahrhunderts war der Staat die Heimat einer Nation, die sich durch eine gemeinsame Sprache, Kultur und Geschichte definierte. Heutzutage, in unserer globalisierten Welt ist das nicht mehr wirklich der Fall, weil Menschen unterschiedlicher Herkunft, Kultur und Religion sich überall auf der Welt ansiedeln und weil staatliche Grenzen durch politische Abkommen neu geschaffen werden. Beispiele für solch einen Umdefinierungsprozess° in der deutschen Geschichte sind Brandenburg und Sachsen.

process of redefining itself

Brandenburg war Teil von Preußen, gehörte zur Weimarer Republik und später zum Dritten Reich. Nach Ende des 2. Weltkrieges wurde der östliche Teil Polen zugesprochen. Der Rest wurde zu DDR-Zeiten aufgelöst und in mehrere Bezirke° aufgeteilt. Seit der Vereinigung Deutschlands existiert Brandenburg als Bundesland und ein Zusammenschluss mit Berlin zu einem neuen Bundesland namens Berlin-Brandenburg wurde 1996 durch einen Volksentscheid° abgelehnt°.

districts
referendum/rejected

Wie Brandenburg hat auch Sachsen viele politische Wandlungen° durchgemacht. Es war ein mittelalterliches Herzogtum°, ein Kurfürstentum°, ein Königreich, eine Republik und im Dritten Reich dann ein Gau°. In Folge der Potsdamer Konferenz, die 1945 im Cecilienhof in Potsdam stattfand, wurde Sachsen ein Teil der sowjetischen Besatzungszone. 1952 wurde es durch die kommunistische Regierung der DDR in Bezirke aufgeteilt. Aber seit 1990 besteht es als eins der 16 Bundesländer der Bundesrepublik Deutschland.

changes
medieval duchy
electorate
district in the Third Reich

Offiziell gab es in der DDR keine Arbeitslosigkeit, dafür staatlich subventionierte Lebensmittel und Wohnungen sowie eine Wahlbeteiligung° von beinahe 100%. Aber das Leben der DDR-Bürger war sehr durchstrukturiert und wurde ab 1950 durch das Ministerium für Staatssicherheit, die Stasi, überwacht°. Die Bürger der DDR wurden immer unzufriedener mit ihrer Regierung.

poll
spied upon

In der Nikolaikirche in Leipzig tauchte im November 1982 erstmals ein neues Symbol auf einer Schautafel auf: „Schwerter zu Pflugscharen". Dieses biblische Zitat wurde zum Slogan für eine gewaltfreie Bürgerrechtsbewegung, die weniger als ein Jahrzehnt später die DDR zum Einsturz° brachte. Seit Mitte der 80er Jahre äußerten die Menschen in dieser Kirche ihren Unmut in Friedensgebeten.

collapse

Daraus entwickelten sich ab dem 4. September 1989 die friedlichen Montagsdemonstrationen. Die Leute protestierten u.a. mit dem Ruf „Wir sind das Volk". Sie demonstrierten gegen die Herrschaft der SED und besonders für Demokratie, freie Wahlen, Reisefreiheit und die Einheit Deutschlands. Bald fanden die Montagsdemonstrationen auch in vielen anderen Städten wie z.B. Dresden, Halle, Rostock und Schwerin statt – und sie waren nicht mehr aufzuhalten°. Was mit ein paar Kerzen, Blumen, Gebeten und Aufklebern angefangen hatte, war zu einer gigantischen Bewegung geworden. Ende Oktober 1989 flohen Einwohner der DDR über Ungarn und Österreich in den Westen. Am 9. November 1989 fiel dann endlich die Mauer und die Grenze wurde geöffnet.

there was no stopping them

Nicht zuletzt dank der Bemühungen° jener mutigen Demonstranten von 1989 sind Brandenburg und Sachsen heute zwei von insgesamt 16 Bundesländern des vereinten Deutschlands. Seit dem 3. Oktober 1990 verschmelzen° Ost und West immer mehr, und eines Tages wird Johannes Raus Wunsch wohl wirklich in Erfüllung gehen: Die Vereinigung wird zur Selbstverständlichkeit°, die Ungleichheiten zwischen Ost und West werden verschwinden und auch die Kopfmauern° werden fallen: ein Volk. ■

efforts
melt
a given
mental walls

Die Frauenkirche

Der Architekt Georg Bähr erbaute um 1730 die barocke Frauenkirche in Dresden. Sie war und ist ein Wahrzeichen° der Stadt. Mitte Februar 1945 fiel die Kirche dem Bombardement Dresdens zum Opfer und stürzte ein°. Fast 50 Jahre lag sie da, ein Haufen Steine°. Neben der Ruine fanden 1989 Dresdens friedliche Demonstrationen gegen die SED-Regierung statt. Und heute steht die wieder aufgebaute Frauenkirche als Symbol der Versöhnung° der Krieg führenden° Nationen von damals.

Wahrzeichen *symbol* **stürzte ein** *collapsed* **Haufen Steine** *pile of rocks*
Versöhnung *reconciliation* **Krieg führenden** *war faring*

Analyse

1 **Wie endet der Satz?** **Wählen Sie das richtige Wort oder Satzende.**

1. Zu DDR-Zeiten wurde Brandenburg ____.
   a. in mehrere Bezirke aufgeteilt b. Teil von Polen
   c. mit Berlin zu einem Staat verschmolzen
2. Wegen des Potsdamer Abkommens wurde Sachsen ____.
   a. ein Königreich b. Teil der sowjetischen Besatzungszone
   c. ein westdeutsches Bundesland
3. Die Regierung der DDR ____.
   a. benutzte den Slogan *Schwerter zu Pflugscharen*
   b. subventionierte weder Wohnungen noch Lebensmittel
   c. war sozialistisch
4. Die Nikolaikirche ____.
   a. war der Ort, wo die Menschen für Frieden beteten b. steht in Dresden
   c. wurde von Bomben zerstört
5. Die Montagsdemonstrationen ____.
   a. fanden nur in Leipzig statt
   b. gingen aus den Friedensgebeten in der Nikolaikirche hervor
   c. unterstützten die SED-Herrschaft

2 **Geschichte** **Besprechen Sie in Gruppen die folgenden Fragen.**

1. Was wissen Sie über die Geschichte Deutschlands vor dem 20. Jahrhundert?
2. Was genau passierte nach dem 2. Weltkrieg mit Deutschland (und Österreich)?
3. Was wissen Sie über die Geschichte der DDR und der Bundesrepublik?
4. Welche politischen Slogans kennen Sie? Sind Sie für oder gegen etwas?
5. Wofür/Wogegen haben Sie schon einmal demonstriert? Warum/warum nicht?
6. Sie können eine Reise durch die Geschichte machen und an einem historischen Ereignis teilnehmen. Welches würden Sie auswählen und warum?

3 **Konflikte**

A. Füllen Sie die Tabelle in Gruppen aus. Besprechen Sie Lösungen für politische, religiöse, ideologische, medizinische und gesellschaftliche Konflikte der heutigen Zeit.

	Konflikt	Lösung(en)
Land/Staat (Außenpolitik?)	Staatsgrenzen	
Religion	Gottesdienste verschiedener Religionen an demselben geheiligten Ort	
Ideologie	Demokraten oder Republikaner	
Medizin	Stammzellenforschung mit Embryos	
Gesellschaft	Raucher oder Nichtraucher	

B. Jede Gruppe präsentiert eine ihrer Lösungen im Kurs und die ganze Klasse wählt einen der Konflikte für eine Plenardiskussion aus.

 Practice more at **vhlcentral.com.**

Vorbereitung

Über den Schriftsteller

Bertolt Brecht (1898–1956) war ein bedeutender deutscher Dichter, Dramatiker und Theaterregisseur. Sein Konzept des Verfremdungseffekts (*alienation effect*) hat viele spätere Autoren beeinflusst. Während des Dritten Reiches musste er ins Exil und lebte anfangs in skandinavischen Ländern und später in Kalifornien. Nach dem Krieg ging er zurück nach Berlin und baute dort sein eigenes Theater auf. Viele seiner Werke werden in aller Welt aufgeführt.

Wortschatz des Gedichts

achtlos *careless*
der Aufruhr, -e *uprising*
finster *dark, grim*
die Nachsicht *leniency*
die Unempfindlichkeit, -en *insensitivity*
die Untat, -en *atrocious deed*
vergelten *to repay*
verzerren *to distort*

Nützlicher Wortschatz

(sich) einschätzen (als) *to assess*
der/die Obdachlose, -n *homeless person*
vergehen (vor) *to be dying (of)*
verrichten *to perform, to carry out*

1 **Was passt zusammen?** Suchen Sie für jedes Wort die richtige Definition.

____ 1. verrichten	a. jemand, der kein Zuhause hat
____ 2. der Aufruhr	b. ein grausames Verbrechen
____ 3. der Obdachlose	c. machen, tun
____ 4. die Unempfindlichkeit	d. dunkel
____ 5. die Untat	e. die Revolte
____ 6. finster	f. das Gegenteil von Sensibilität

2 **Auf der Bühne** Vervollständigen Sie den Text mit passenden Wörtern aus der Liste.

Oh, Bruder! Wohin führst du mich in dieser (1) ________ Nacht? Wir laufen (2) ________ durch die Straßen und ich (3) ________ fast vor Hunger. Ins Theater willst du mich leiten, wo die Bilder die Realität (4) ________? Wo Helden kämpfen, anstatt (5) ________ mit ihren Feinden (*enemies*) zu haben? Wo die Guten die (6) ________ der Bösen (7) ________? Auf, Bruder! Führ mich ins Theater!

3 **Gespräch** Besprechen Sie in Gruppen die folgenden Fragen.

1. Schauen Sie sich den Titel des Gedichts an. Wer sind die Nachgeborenen?
2. In seinem Gedicht macht Brecht sich Gedanken über Menschen, die hungern müssen und nicht genug zu trinken haben. Wo gibt es heutzutage noch Menschen mit solchen Problemen, und wie wird ihnen geholfen?
3. Waren Sie schon einmal in einer Situation, in der Sie hilflos waren? Beschreiben Sie diese Situation.

KULTURANMERKUNG

Seit 1892 steht eines der prächtigsten Theatergebäude in Berlin am Schiffbauerdamm. Die bedeutendsten Theaterregisseure Deutschlands haben hier Stücke klassischer und zeitgenössischer Dramatiker inszeniert. 1949 gründete Brecht, zusammen mit seiner Frau Helene Weigel, das *Berliner Ensemble*. Es zog 1954 in das Gebäude am Schiffbauerdamm und gab ihm seinen bleibenden Namen: *Berliner Ensemble*. Brecht erlebte noch die Aufführung seines Dramas *Der kaukasische Kreidekreis*, verstarb dann aber während der Arbeit an seinem Stück *Leben des Galilei*.

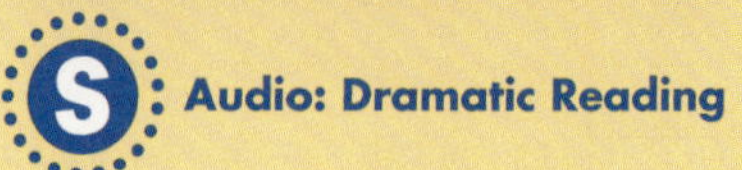

Audio: Dramatic Reading

An die Nach

geborenen

Bertolt Brecht

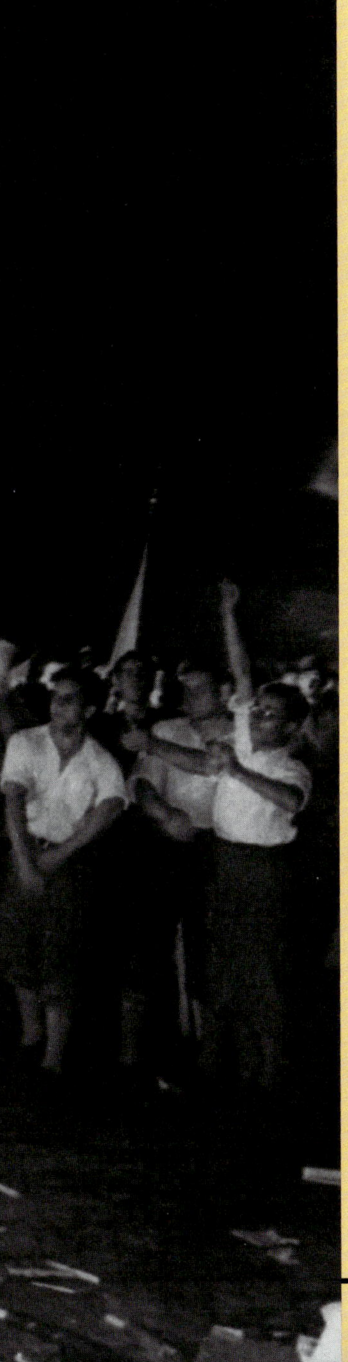

I

Wirklich, ich lebe in finsteren Zeiten!
guileless/absurd Das arglose° Wort ist töricht°. Eine glatte Stirn
Deutet auf Unempfindlichkeit hin. Der Lachende
Hat die furchtbare Nachricht
Nur noch nicht empfangen.

Was sind das für Zeiten, wo
Ein Gespräch über Bäume fast ein Verbrechen ist
Weil es ein Schweigen über so viele Untaten einschließt!
Der dort ruhig über die Straße geht
Ist wohl nicht mehr erreichbar für seine Freunde
Die in Not sind?

earn my living Es ist wahr: ich verdiene noch meinen Unterhalt°
Aber glaubt mir: das ist nur ein Zufall. Nichts
entitles Von dem, was ich tue, berechtigt° mich dazu, mich sattzuessen.
spared/breaks off Zufällig bin ich verschont°. (Wenn mein Glück aussetzt°,
bin ich verloren.)

Man sagt mir: Iß und trink du! Sei froh, daß du hast!
Aber wie kann ich essen und trinken, wenn
Ich dem Hungernden entreiße, was ich esse, und
Mein Glas Wasser einem Verdurstenden fehlt?
Und doch esse und trinke ich.

Ich wäre gerne auch weise.
In den alten Büchern steht, was weise ist:
Sich aus dem Streit der Welt halten und die kurze Zeit
Ohne Furcht verbringen
Auch ohne Gewalt auskommen
Böses mit Gutem vergelten
Seine Wünsche nicht erfüllen, sondern vergessen
Gilt für weise.
Alles das kann ich nicht:
Wirklich, ich lebe in finsteren Zeiten!

II

In die Städte kam ich zur Zeit der Unordnung
Als da Hunger herrschte.
Unter die Menschen kam ich zu der Zeit des Aufruhrs
Und ich empörte mich mit ihnen.
So verging° meine Zeit
Die auf Erden mir gegeben war.

passed

Mein Essen aß ich zwischen den Schlachten
Schlafen legte ich mich unter die Mörder
Der Liebe pflegte ich achtlos
Und die Natur sah ich ohne Geduld.
So verging meine Zeit
Die auf Erden mir gegeben war.

Die Straßen führten in den Sumpf zu meiner Zeit.
Die Sprache verriet mich dem Schlächter°.
Ich vermochte° nur wenig. Aber die Herrschenden
Saßen ohne mich sicherer, das hoffte ich.
So verging meine Zeit
Die auf Erden mir gegeben war.

slaughterer
could do

Die Kräfte waren gering°. Das Ziel
Lag in großer Ferne
Es war deutlich sichtbar, wenn auch für mich
Kaum zu erreichen.
So verging meine Zeit
Die auf Erden mir gegeben war.

low

III

Ihr, die ihr auftauchen werdet aus der Flut
In der wir untergegangen sind
Gedenkt
Wenn ihr von unseren Schwächen° sprecht
Auch der finsteren Zeit
Der ihr entronnen° seid.

Gingen wir doch, öfter als die Schuhe die Länder wechselnd
Durch die Kriege der Klassen, verzweifelt
Wenn da nur Unrecht war und keine Empörung°.

Dabei wissen wir doch:
Auch der Haß gegen die Niedrigkeit°
Verzerrt die Züge°.
Auch der Zorn über das Unrecht
Macht die Stimme heiser°. Ach, wir
Die wir den Boden bereiten wollten für Freundlichkeit
Konnten selber nicht freundlich sein.

Ihr aber, wenn es so weit sein wird
Daß der Mensch dem Menschen ein Helfer ist
Gedenkt unsrer
Mit Nachsicht ■

weaknesses
escaped
resistance
meanness
features
hoarse

Analyse

1 **Verständnis** Markieren Sie die folgenden Aussagen über den Text als **richtig** oder **falsch**. Korrigieren Sie anschließend zu zweit die falschen Aussagen.

Richtig	Falsch	
☐	☐	1. Nur unempfindliche Menschen haben eine glatte Stirn.
☐	☐	2. Gespräche über die Natur sind gut.
☐	☐	3. Wer ruhig über die Straße geht, sorgt sich um seine Freunde.
☐	☐	4. Der Ich-Erzähler hat zufällig genug zu essen.
☐	☐	5. Weise ist der, der nicht ohne Gewalt leben kann.
☐	☐	6. Die Nachgeborenen sollen nicht ungerecht über den Ich-Erzähler und seine Generation urteilen.
☐	☐	7. Die Zeitgenossen des Ich-Erzählers blieben immer in einem Land.
☐	☐	8. Die Zeitgenossen des Ich-Erzählers sprachen mit freundlichen Stimmen.

2 **Interpretation** Verbinden Sie die Satzanfänge mit den richtigen Satzenden.

1. Der Ich-Erzähler _____.
   a. lebte in finsteren Zeiten b. sprach oft über Bäume
2. Der Ich-Erzähler konnte sich satt essen, _____.
   a. was er als gerecht empfand b. weil er Glück hatte
3. Weise ist, _____.
   a. wer ohne Streit in der Welt lebt
   b. wer furchtlos seine Wünsche erfüllt
4. Der Ich-Erzähler _____.
   a. war ein guter Liebhaber
   b. kam unter die Menschen, als Aufruhr herrschte
5. Der Ich-Erzähler hatte ein Ziel, _____.
   a. das er auf jeden Fall leicht erreichen konnte
   b. das fern, aber deutlich sichtbar war
6. Der Ich-Erzähler hofft, dass die Nachgeborenen in einer Zeit leben, _____.
   a. in der der Mensch seinen Mitmenschen hilft
   b. die ähnlich finster ist wie seine eigene

3 **Der Ich-Erzähler** Beantworten Sie zu zweit die folgenden Fragen über den Ich-Erzähler des Gedichts.

1. In welcher Zeit lebte der Ich-Erzähler und was ist damals passiert?
2. Warum schätzt der Ich-Erzähler sich als glücklich ein? Und warum hat er gleichzeitig ein schlechtes Gewissen?
3. Wie definieren die alten Bücher einen weisen Menschen? Was bedeutet das für den Ich-Erzähler? Warum benutzt er diese Definition in seinem Gedicht?
4. Was meint der Ich-Erzähler, wenn er sagt, dass seine Sprache ihn verrät?
5. Welche Hoffnungen und Wünsche hat der Ich-Erzähler für die Nachgeborenen?

4 **Meinungen** Besprechen Sie in Gruppen die folgenden Aussagen. Stimmen Sie ihnen zu? Warum/warum nicht? Präsentieren Sie dann als Gruppe Ihre Meinungen der Klasse.

	Ja	Nein
1. Brecht schätzt viele seiner Zeitgenossen falsch ein.	☐	☐
2. Wenn Brecht weise gewesen wäre, hätte er dieses Gedicht nicht geschrieben.	☐	☐
3. Brecht hat Selbstmitleid.	☐	☐
4. Die Zeit, in der Brecht lebte, war viel aufregender als die heutige.	☐	☐
5. Brecht hat völlig richtig auf die Probleme seiner Zeit reagiert.	☐	☐
6. Brecht sieht die Zukunft viel zu optimistisch.	☐	☐

5 **Gespräch** Stellen Sie einander die folgenden Fragen.

1. Was weißt du über die Ereignisse der 1930er und 1940er Jahre in Deutschland?
2. Auf welche historische Situation bezieht sich (*refers to*) dieses Gedicht? Warum? Könnte es sich für heutige Leser(innen) auch auf andere Zeiten beziehen? Warum?
3. Glaubst du, dass wir, die heutigen Leser(innen), die Nachgeborenen sind, die Brecht mit seinem Gedicht anspricht? Warum/warum nicht?
4. Glaubst du, dass die Zeit „danach" schon vorbei ist, jetzt ist, oder vielleicht erst noch kommt? Warum?
5. Ist dieses Gedicht zeitlos? Warum?

6 **Ein Interview mit Brecht** Stellen Sie sich vor, Sie machen eine Zeitreise in die Vergangenheit und führen ein Gespräch mit Bertolt Brecht. Entscheiden Sie zu zweit, welche Fragen Sie ihm stellen wollen und wie er antworten würde. Führen Sie dann das Gespräch mit verteilten Rollen vor der Klasse auf. Eine(r) spielt Brecht, der/die andere den/die Interviewer(in) aus der heutigen Zeit. Beachten Sie die folgenden Fragen bei der Vorbereitung.

- Was war wohl Brechts Motivation, ein solches Gedicht zu schreiben?
- Was würden Sie Brecht über seine Erfahrungen im Exil fragen?
- Welche Fragen hätte Brecht an die Menschen von heute?

7 **Zum Thema** Schreiben Sie einen Aufsatz von ungefähr 100 Wörtern zu einem der folgenden Themen.

- Was meinte Brecht wohl, wenn er sagt: „...die Herrschenden saßen ohne mich sicherer, das hoffte ich"? Wer waren die Herrschenden? Warum hoffte er, dass sie ohne ihn „sicherer saßen"? Was hätte er gegen sie machen können? Hätte er Erfolg gehabt?
- Schreiben Sie Ihren eigenen Aufruf (in Form eines Aufsatzes, eines Briefes oder eines Gedichts) an Ihre Nachgeborenen. Beschreiben Sie Ihre Gefühle über die Zeit, in der Sie leben, was Ihre Generation erreicht oder nicht erreicht hat, und was Ihre Hoffnungen für die Zukunft sind.

Practice more at **vhlcentral.com.**

KULTURANMERKUNG

Wie viele andere deutsche Autoren, verbrachte Brecht die Jahre des Dritten Reiches bis nach der Aufteilung Deutschlands in Besatzungszonen° im Exil. Er lebte zuerst in Norwegen und Schweden, dann eine Weile in der Sowjetunion und ging schließlich in die USA. Während dieser Zeit schrieb er weiterhin Theaterstücke und verhielt sich Hitler und seinem Regime gegenüber äußerst kritisch. Angeregt° durch seine Studien über den Marxismus zog er 1948 nach Ostberlin.

Besatzungszonen *occupation zones*
Angeregt *Animated*

Anwendung

Hauptpunkte eines guten Aufsatzes

Achten Sie auf folgende Aspekte:

- **Präzision:** Vermeiden Sie überflüssige Wiederholungen von Sprache und Gedanken. Streichen Sie (*Delete*) unnötige Wörter und schreiben Sie klare und einfache Sätze.
- **Ton:** Der Ton Ihres Aufsatzes sollte zu Ihren Lesern und zum Inhalt passen.
- **Sprache:** Drücken Sie sich klar und deutlich aus. Achten Sie auf die wichtigsten Wörter in jedem Satz und fragen Sie sich, welche Assoziationen diese bei dem Leser/der Leserin hervorrufen könnten.
- **Flüssiger Stil:** Entwickeln Sie Ihre Argumente logisch vom Anfang bis zum Ende des Aufsatzes. Schreiben Sie Sätze oder Absätze um, die den Leser/die Leserin verwirren könnten. Ihre Ideen müssen deutlich miteinander verbunden sein.

1 

Vorbereitung Lesen Sie den folgenden Absatz über Bertolt Brecht und vergleichen Sie ihn zu zweit mit dem auf S. 367. Wo liegen die Probleme in der folgenden Version?

Wie wir alle wissen, schrieb Bertolt Brecht die *Dreigroschenoper*. Er war ein deutscher Dichter, der auch Dramen geschrieben hat. Nach dem Krieg gründete er sein eigenes Theater. Er war im Exil in Skandinavien und Kalifornien. Der Verfremdungseffekt von Brecht beeinflusste andere Autoren. Er lebte von 1898 bis 1956 und seine Werke werden immer noch aufgeführt. Er war auch ein Theaterregisseur.

2 

Aufsatz Wählen Sie eines der folgenden Themen und schreiben Sie darüber einen Aufsatz.

- Beziehen Sie sich in Ihrem Aufsatz auf einen der vier Teile dieser Lektion: **Kurzfilm, Stellen Sie sich vor, ..., Kultur** oder **Literatur**.
- Ihr Aufsatz muss mindestens eine Seite lang sein.
- Revidieren und korrigieren Sie Ihren Aufsatz, um sicher zu sein, dass er präzise und flüssig geschrieben ist, und dass der Ton und die Sprache angemessen sind.

Themen

1. Können die politischen Auseinandersetzungen der Vergangenheit uns helfen, in Zukunft eine harmonischere Gesellschaft zu gestalten?

2. Welche Bedeutung kommt einer nationalen Identität in einer Welt zu, in der Staatsgrenzen sich dauernd ändern und Menschen immer mobiler werden? Hat Patriotismus noch einen Platz in der heutigen Gesellschaft?

3. Die Ereignisse des 2. Weltkrieges haben die Welt nachhaltig verändert, aber in vielen Teilen der Erde sind Krieg und Völkermord immer noch alltägliche Begebenheiten (*occurrences*). Haben die Menschen aus den vergangenen und bestehenden (*ongoing*) Kriegen gelernt? Was können wir tun, um Konflikte und Verfolgungen in der Welt zu beenden?

Geschichte und nationales Selbstverständnis

Politik

der/die (Bundestags)abgeordnete, -n *representative, member (of the Bundestag)*
der Demokrat, -en/die Demokratin, -nen *Democrat*
die Demokratie, -n *democracy*
die Diktatur, -en *dictatorship*
der (Bundes)kanzler, -/die (Bundes) kanzlerin, -nen *(federal) chancellor*
der/die Konservative, -n *Conservative*
der/die Liberale, -n *Liberal*
die (politische) Partei, -en *(political) party*
der Politiker, -/die Politikerin, -nen *politician*
der (Bundes)präsident, -en/die (Bundes) präsidentin, -nen *(federal) president*
das Regierungssystem, -e *system of government*
die (Bundes)republik, -en *(federal) republic*
der Republikaner, -/ die Republikanerin, -nen *Republican*
der Sozialdemokrat, -en/die Sozialdemokratin, -nen *Social Democrat*
die Wahlniederlage, -n *election defeat*
der Wahlsieg, -e *election victory*

führen *to lead*
regieren *to govern*
wählen *to elect; to vote*
gewählt werden *to be elected*

demokratisch *democratic*
faschistisch *fascist*
liberal *liberal*
monarchisch *monarchic*
republikanisch *republican*

Geschichte

die Armee, -n *armed forces*
der Frieden *peace*
das Heer, -e *army*
das Jahrhundert, -e *century*
das Jahrzehnt, -e *decade*
der Kaiser, -/die Kaiserin, -nen *emperor/empress*
der König, -e/die Königin, -nen *king/queen*
das Königreich, -e *kingdom*
der (Bürger/Welt)krieg, -e *(civil/world) war*
die Niederlage, -n *defeat*
der Sieg, -e *victory*
die Sklaverei *slavery*
die Waffe, -n *weapon*
die Zivilisation, -en *civilization*

befreien *to liberate*
besiegen *to defeat*
einfallen in (+ Akk.) *to invade*
erobern *to conquer*
kapitulieren *to surrender*
kolonisieren *to colonize*
stürzen *to overthrow*
unterdrücken *to oppress*
vertreiben *to expel*

siegreich *victorious*
stark/kräftig *powerful*

v. Chr. (vor Christus), v. u. Z. [vor unserer Zeit(rechnung)] *B.C., B.C.E.*
n. Chr. (nach Christus) *A.D., C.E.*

Nationen und nationale Identität

die Auswanderung, -en *emigration*
die Bevölkerung, -en *population*
die Einwanderung, -en *immigration*
die (Unter)entwicklung, -en *(under)development*
die Globalisierung, -en *globalization*
die Integration, -en *integration*
die Muttersprache, -n *native language*
der Rassismus *racism*
die Staatsbürgerschaft, -en *citizenship*
die Übervölkerung, -en *overpopulation*

bedauern *to regret*
erscheinen *to appear*
kämpfen *to struggle*
protestieren (gegen) *to protest*
überwinden *to overcome*
verschwinden *to disappear*

mehrsprachig *multilingual*
multikulturell *multicultural*

Kurzfilm

der Bengel, - *rascal*
die Gestapo (Geheime Staatspolizei) *secret police in the Third Reich*
der Judenstern, -e *Yellow Star*
die Judenverfolgung, -en *persecution of Jews*
das Konzentrationslager, - (das KZ) *concentration camp*
die Lüge, -n *lie*
das Malheur, -s *mishap*
die Noten (*pl.*) *sheet music*
die Rettung, -en *rescue*
das Spielzeugland *toyland*

etwas erlauben *to allow something*
sich schwören *to vow*
etwas verraten *to reveal something*

Kultur

das Abkommen, - *agreement*
das Gebet, -e *prayer*
der Gedenktag, -e *memorial day*
die Schautafel, -n *information boards; posters*
der Unmut *discontent*

auflösen *to dissolve*
subventionieren *to subsidize*
unterteilen *to subdivide*
(j-m etwas) zusprechen *to award (something to someone)*

damalig *of that time*
gewalttätig *violent*

Literatur

der Aufruhr, -e *uprising*
die Nachsicht *leniency*
der/die Obdachlose, -n *homeless person*
die Unempfindlichkeit, -en *insensitivity*
die Untat, -en *atrocious deed*

(sich) einschätzen (als) *to assess*
vergehen (vor) *to be dying (of)*
vergelten *to repay*
verrichten *to perform, to carry out*
verzerren *to distort*

achtlos *careless*
finster *dark, grim*

Schreibwerkstatt: Hinweise zum Überarbeiten eines Aufsatzes

pages 377–378

Verb conjugation tables

pages 379–393

Declension tables

pages 394–395

Vocabulary

pages 396–405 Deutsch-Englisch
pages 406–416 Englisch-Deutsch

Index

pages 417–419

Credits

pages 420–422

About the Authors

page 423

Hinweise zum Überarbeiten eines Aufsatzes

Um Ihren Aufsatz zu korrigieren, müssen Sie objektiv sein und ein gutes, kritisches Auge haben.

Versuchen Sie Ihren Aufsatz so zu lesen, als habe ihn ein anderer geschrieben: Ist er überzeugend (*convincing*)? Gibt es Teile, die Sie stören oder verwirren (*confuse*)? Diese Liste hilft Ihnen, alle Aspekte Ihres Aufsatzes zu überarbeiten, von den allgemeinen Merkmalen bis zu den Details.

Erster Schritt: ein grober Überblick

Thema

Bezieht sich (*Refers*) der Aufsatz auf das Thema oder die Fragestellung?

These

Haben Sie Ihre These klar formuliert?

Die These ist nicht dasselbe wie das Thema: Sie ist ein wesentlicher Baustein, die die Struktur des Aufsatzes bestimmt.

Die Grundidee der These muss im ersten Abschnitt klar werden, im Laufe des Aufsatzes bekräftigt werden und in der Schlussfolgerung nicht einfach wiederholt, sondern untermauert werden.

Logik und Aufbau

Lesen Sie Ihren Aufsatz vom Anfang bis zum Ende und konzentrieren Sie sich auf die Gliederung (*structure*) Ihrer Gedanken.

Bezieht sich jeder Gedanke auf den vorhergehenden? Vermeiden Sie Sprünge in der Abfolge.

Gibt es Passagen, die weggelassen oder geändert werden sollten?
Haben Sie Ihre Thesen mit genügend Argumenten untermauert oder brauchen Sie weitere Beispiele?

Leser

Der Aufsatz muss auf den Leser abgestimmt (*adapted*) werden.

Falls der Leser nicht genug Vorwissen (*knowledge*) zum Thema besitzt, erklären Sie ihm die Zusammenhänge, damit er Ihrer Argumentation folgen kann. Erklären Sie alle Begriffe, die ihm unklar sein könnten.

Passen Sie Ihre Sprache und Ihre Wortwahl an ihre Leserschaft an. Denken Sie daran, dass Ihr Leser intelligent und skeptisch ist: Sie müssen ihn durch Ihre Darlegung (*presentation*) überzeugen (*convince*). Ihr Schreibstil sollte weder umgangssprachlich (*colloquial*) noch leidenschaftlich (*passionate*) noch unsachlich (*irrelevant*) sein.

Ziel

Wenn Sie einen Zusammenhang erklären wollen, seien Sie präzise und sorgfältig. Ein schlüssiger Aufsatz sollte sich durch seine Objektivität auszeichnen: Vermeiden Sie (*Avoid*) persönliche und subjektive Meinungen. Versuchen Sie Ihre Leser nur dann mit persönlichen Anschauungen oder Werturteilen zu überzeugen, wenn Sie diese auch durch eine logische Argumentation stützen (*support*) können.

Zweiter Schritt: der Absatz

Untersuchen Sie jeden Absatz im Hinblick auf diese Fragen:

Absatz

Hat jeder Abschnitt einen Einleitungssatz?
Der Leitgedanke sollte dem Abschnitt nicht nur Geschlossenheit (*unity*) und Stimmigkeit (*coherence*) verleihen, sondern sich auch auf die Hauptthesen des Aufsatzes beziehen.

Wie steht es um die Überleitungen zwischen den Absätzen? Wenn sie verständlich sind, verhelfen sie dem Aufsatz zu einem angenehmen Fluss; wenn sie zusammenhanglos sind, können sie den Leser verunsichern oder durcheinander bringen.

Wie beginnt und wie endet der Aufsatz?
Die Einleitung sollte den Leser fesseln (*attract*) und muss die Thesen des Aufsatzes klar herausstellen. Der Schluss darf nicht einfach wiederholen. Genau wie die anderen Absätze sollte auch er ein echtes Konzept besitzen.

Wenn möglich, lesen Sie jeden Abschnitt laut und achten Sie auf den Sprachrhythmus. Lesen kann schnell langweilig und monoton werden, wenn alle Sätze die gleiche Länge haben. Versuchen Sie den Rhythmus und die Länge Ihrer Sätze zu variieren.

Dritter Schritt: der Satz

Lesen Sie im letzten Durchgang jeden Satz sorgfältig.

Sätze

Suchen Sie für jede Situation den passenden Begriff. Gebrauchen Sie Synonyme. Verwenden sie eine präzise, direkte und genaue Sprache.

Entfernen Sie alle überflüssigen Wörter und Sätze, die vom Thema ablenken (*distract*) oder etwas wiederholen, was bereits gesagt wurde.

Überprüfen Sie die Grammatik. Kontrollieren Sie die Kongruenz zwischen Subjekt und Verb, zwischen Substantiven und Adjektiven und zwischen Pronomen und ihren Bezugselementen (*related items*). Vergewissern Sie sich, dass Sie die richtigen Präpositionen benutzt haben.

Prüfen Sie die Rechtschreibung. Achten Sie besonders auf Groß- und Kleinschreibung.

Beurteilung und Fortschritt

Überprüfung

Wenn möglich, tauschen Sie Aufsätze mit Mitschülern aus und schlagen sich gegenseitig Verbesserungen vor.

Überlegen Sie sich, was Sie ändern würden, aber auch, was Ihnen am Aufsatz Ihres Kommilitonen (*course mate*) gefallen hat.

Berichtigung

Lesen Sie die Kommentare und Verbesserungen Ihres Lehrers, wenn Sie Ihren Aufsatz zurückbekommen. Erstellen Sie eine Liste mit Ihren häufigsten Fehlern und wählen Sie **Hinweise zur Verbesserung schriftlicher Arbeiten** als Überschrift. Bewahren Sie die Liste im gleichen Ordner wie Ihre Aufsätze auf und nehmen Sie sie regelmäßig zur Hand. So können Sie Ihre Fortschritte einschätzen und vermeiden, die gleichen Fehler immer wieder zu machen.

Verb conjugation tables

Here are the infinitives of all verbs introduced as active vocabulary in **DENK MAL!**, as well as other model verbs. Each verb is followed by a model verb that follows the same conjugation pattern. The number in parentheses indicates where in the verb tables, pages **381–390**, you can find the conjugated forms of the model verb. The word (*sein*) after a verb means that it is conjugated with **sein** in the **Perfekt** and **Plusquamperfekt** compound tenses. For reflexive verbs, the list may point to a non-reflexive model, if the verb is irregular. A full conjugation of the simple forms of a reflexive verb is presented in Verb table 6 on page **382**. Verbs followed by an asterisk (*) have a separable prefix.

(sich) abgewöhnen* like machen (1)
abhängen* like machen (1)
ablehnen* like machen (1)
abonnieren like studieren (3)
abschaffen* like machen (1)
abschieben* like biegen (18)
abstimmen* like machen (1)
achten auf like arbeiten (2)
aktualisieren like studieren (3)
(sich) amüsieren like studieren (3)
anbeten* like arbeiten (2)
anbieten* like biegen (19)
anfeuern* like feiern (4)
anhalten* like fallen (24)
anhängen* like machen (1)
anhören* like machen (1)
ankommen* like kommen (31)
anlegen* like machen (1)
annehmen* like nehmen (35)
(sich) anpassen* like machen (1)
anpöbeln* like sammeln (5)
anregen* like machen (1)
anrufen* like rufen (36)
(sich) ansiedeln* like sammeln (5)
anspielen* like machen (1)
antworten like arbeiten (2)
anziehen* like biegen (19)
anzweifeln* like sammeln (5)
(sich) ärgern like feiern (4)
arbeiten (2)
atmen like arbeiten (2)
aufhören* like machen (1)
auflösen* like machen (1)
aufnehmen* like nehmen (35)
aufwachen* like machen (1)
aufzeichnen* like arbeiten (2)
ausborgen* like machen (1)
ausgehen* like gehen (27)
ausgraben* like fahren (23)
aushalten* like fallen (24)
ausleihen* like bleiben (21)
ausnutzen* like machen (1)
(sich) ausruhen* like sich freuen (6)
ausscheiden* like bleiben (21)
aussteigen* like bleiben (21)
aussterben* (*sein*) like helfen (30)
ausstrahlen* like machen (1)
aussuchen* like machen (1)
austreten* (*sein*) like geben (26)
austricksen* like machen (1)
ausüben* like machen (1)
auswandern* (*sein*) like feiern (4)
ausziehen* like biegen (19)
(sich) baden like arbeiten (2)
basteln like sammeln (5)
sich bedanken like sich freuen (6)
bedauern like feiern (4)
bedeuten like arbeiten (2)
bedrücken like machen (1)
sich beeilen like sich freuen (6)
befestigen like machen (1)
befördern like feiern (4)
befreien like machen (1)
begehen like gehen (27)
beginnen like schwimmen (39)
sich begnügen like sich freuen (6)
behandeln like sammeln (5)
beitragen like fahren (23)
bekommen like kommen (31)
belegen like machen (1)
(sich) benehmen like nehmen (35)
beneiden like arbeiten (2)
beobachten like machen (1)
berichten like arbeiten (2)
berufen like rufen (36)
sich beschäftigen like sich freuen (6)
beschützen like machen (1)
(sich) beschweren like machen (1)
beschwören like schwören (40)
beseitigen like machen (1)
besiegen like machen (1)
bestechen like sprechen (44)
bestehen like stehen (45)
bestellen like machen (1)
besuchen like machen (1)
beteuern like feiern (4)
betragen like fahren (23)
betreiben like bleiben (21)
betrügen like lügen (34)
beurteilen like machen (1)
bevölkern like feiern (4)
beweisen like bleiben (21)
(sich) bewerben like helfen (30)
bewohnen like machen (1)
bewundern like feiern (4)
bezahlen like machen (1)
bezeugen like machen (1)
beziehen like biegen (19)
(sich) bieten like biegen (19)
bildhauern like feiern (4)
bitten (20)
bleiben (*sein*) (21)
braten like schlafen (38)
brennen like kennen (17)
bringen (16)
bummeln like sammeln (5)
danken like machen (1)
dauern like feiern (4)
denken like bringen (16)
diskutieren like studieren (3)
drehen like machen (1)
drucken like machen (1)
durchdringen* like singen (42)
durchkreuzen* like machen (1)
dürfen (10)
(sich) duschen like sich freuen (6)
einbilden* like arbeiten (2)
einchecken* like machen (1)
einfallen* like fallen (24)
(sich) einigen like machen (1)
einkaufen* like machen (1)
einladen* like fahren (23)
einschätzen* like machen (1)
einschlagen* like fahren (23)
einsetzen* like machen (1)
einspannen* like machen (1)
einsperren* like machen (1)
einsteigen* like bleiben (21)
einstellen* like machen (1)
einstürzen* like machen (1)
einwandern* like feiern (4)
empfehlen like stehlen (46)
engagieren like studieren (3)
entfachen like machen (1)
sich entpuppen like sich freuen (6)
entlassen like fallen (24)
(sich) entscheiden like bleiben (21)
sich entschuldigen like sich freuen (6)
(sich) entspannen like sich freuen (6)
entwerfen like helfen (30)
(sich) entwickeln like sammeln (5)
erfahren like fahren (23)
ergehen like gehen (27)
erhalten like fallen (24)
sich erholen like sich freuen (6)
(sich) erinnern like feiern (4)
sich erkälten like arbeiten (2)
erkennen like kennen (17)
erkunden like arbeiten (2)
erlauben like machen (1)
erledigen like machen (1)
ernähren like machen (1)
erobern like feiern (4)
erreichen like machen (1)
erscheinen (*sein*) like bleiben (21)
erwarten like arbeiten (2)
erzählen like arbeiten (2)
essen (22)
existieren like studieren (3)
fahren (*haben/sein*) (23)
fallen (*sein*) (24)
fälschen like machen (1)
fechten like flechten (25)
feiern (4)
fernsehen* like sehen (41)
festlegen* like machen (1)
festnehmen* like nehmen (35)
feuern like feiern (4)
finden like singen (42)
fliegen like biegen (19)
fliehen like biegen (19)
fördern like feiern (4)
sich fortpflanzen* like sich freuen (6)
fragen like machen (1)
sich freuen (6)
fühlen like machen (1)
führen like machen (1)
sich fürchten like arbeiten (2)
geben (26)
gefallen like fallen (24)
gehen (*sein*) (27)
gelingen (*sein*) like singen (42)
geraten (*sein*) like schlafen (38)
geschehen (*sein*) like geben (26)
gestalten like arbeiten (2)
gewähren like fallen (24)
sich gewöhnen like sich freuen (6)

gießen like schießen (37)
glauben like machen (1)
haben (7)
(sich) halten like fallen (24)
(sich) handeln like sammeln (5)
hassen like machen (1)
heilen like machen (1)
heiligen like machen (1)
heiraten like arbeiten (2)
heißen (29)
helfen (30)
herausgeben* like geben (26)
(sich) herausstellen* like machen (1)
(he)runterladen* like fahren (23)
heulen like machen (1)
sich hinlegen* like machen (1)
hören like machen (1)
impfen like machen (1)
(sich) informieren like studieren (3)
(sich) interessieren like studieren (3)
(sich) kämmen like machen (1)
kämpfen like machen (1)
kapitulieren like studieren (3)
kennen (17)
klagen like machen (1)
klonen like machen (1)
kolonisieren like studieren (3)
kommen (*sein*) (31)
kommunizieren like studieren (3)
können (11)
kreieren like studieren (3)
krönen like machen (1)
(sich) kümmern like feiern (4)
kündigen like machen (1)
laben like machen (1)
lachen like machen (1)
(sich) langweilen like machen (1)
lassen like fallen (24)
laufen (*sein*) (32)
leiden like greifen (28)
leihen like bleiben (21)
sich leisten like arbeiten (2)
leiten like arbeiten (2)
lernen like machen (1)
lesen like sehen (41)
lieben like machen (1)
liegen (33)
loben like machen (1)
(sich) lohnen like machen (1)
lösen like machen (1)
lügen (34)
machen (1)
malen like machen (1)
merken like machen (1)
mieten like arbeiten (2)
missbrauchen like machen (1)
mögen (12)
müssen (13)

nachdenken* like bringen (16)
nachgehen* (*sein*) like gehen (27)
nehmen (35)
nennen like kennen (17)
organisieren like studieren (3)
parken like machen (1)
passieren like studieren (3)
pflegen like machen (1)
plaudern like feiern (4)
preisen like bleiben (21)
protestieren like studieren (3)
prügeln like sammeln (5)
quälen like machen (1)
räuspern like feiern (4)
regieren like studieren (3)
regnen like arbeiten (2)
reisen like machen (1)
retten like arbeiten (2)
riechen like schießen (37)
röntgen like machen (1)
rücken like machen (1)
rufen (36)
runterladen like fahren (23)
sagen like machen (1)
schälen like machen (1)
(sich) schämen like sich freuen (6)
(sich) scheiden (lassen) (*sein*) like bleiben (21)
schildern like feiern (4)
schlafen (38)
(sich) schlagen like fahren (23)
schlendern like feiern (4)
schmecken like machen (1)
(sich) schminken like machen (1)
schneiden like greifen (28)
schreiben like bleiben (21)
schützen like machen (1)
schwärmen like machen (1)
schwelgen like machen (1)
schwimmen (*sein*) (39)
schwören (40)
segeln like sammeln (5)
sehen (41)
sich sehnen like sich freuen (6)
sein (*sein*) (8)
senden (18)
(sich) setzen like machen (1)
siedeln like sammeln (5)
singen (42)
sitzen (43)
skizzieren like studieren (3)
sollen (14)
sonnenbaden like arbeiten (2)
(sich) sorgen like sich freuen (6)
sparen like machen (1)
spielen like machen (1)
sprechen (44)
sprengen like machen (1)

spritzen like machen (1)
stehen (45)
sterben (*sein*) like helfen (30)
stoppen like machen (1)
stören like machen (1)
streben like machen (1)
(sich) streiten like greifen (28)
subventionieren like studieren (3)
stürzen like machen (1)
suchen like machen (1)
surfen like machen (1)
synchronisieren like studieren (3)
tanzen like studieren (3)
taufen like studieren (3)
täuschen like studieren (3)
teilen like studieren (3)
teilnehmen* like nehmen (35)
tragen like fahren (23)
träumen like machen (1)
(sich) treffen like sprechen (44)
treiben like bleiben (21)
(sich) trennen like machen (1)
trinken like singen (42)
überlegen like machen (1)
übernachten like arbeiten (2)
überqueren like machen (1)
übertragen like fahren (23)
übertreiben like bleiben (21)
überwältigen like machen (1)
überwinden like singen (42)
umarmen like machen (1)
(sich) ummelden* like arbeiten (2)
sich umsehen* like sehen (41)
(sich) umziehen* like biegen (19)
unterdrücken like machen (1)
(sich) unterhalten like fallen (24)
unterlegen like machen (1)
unterteilen like machen (1)
verabschieden like arbeiten (2)
veranstalten like arbeiten (2)
verbergen like helfen (30)
verbessern like feiern (4)
verbrauchen like machen (1)
verbringen like bringen (16)
verdienen like machen (1)
verehren like machen (1)
sich verfahren like fahren (23)
verfügen like machen (1)
vergehen (*sein*) like gehen (27)
vergelten like helfen (30)
vergessen like essen (22)
(sich) verheiraten like arbeiten (2)
verklagen like machen (1)
verkleiden like arbeiten (2)
verlangen like machen (1)
verlängern like feiern (4)
(sich) verlassen like fallen (24)
sich verlaufen like laufen (32)

sich verlieben like sich freuen (6)
verlieren like biegen (19)
sich verloben like sich freuen (6)
sich vermählen like sich freuen (6)
vermengen like machen (1)
vermissen like machen (1)
vermitteln like sammeln (5)
verpassen like machen (1)
(ver)prügeln like sammeln (5)
verraten like schlafen (38)
verrichten like arbeiten (2)
verschlingen like singen (42)
verschmelzen (sein) like flechten (25)
verschonen like machen (1)
verschreiben like bleiben (21)
verschwinden (*sein*) like singen (42)
sich verspäten like arbeiten (2)
verspotten like arbeiten (2)
sich versprechen like sprechen (44)
(sich) verstehen like stehen (45)
verstummen (*sein*) like machen (1)
verteidigen like machen (1)
(sich) vertrauen like machen (1)
vertreiben like bleiben (21)
verurteilen like machen (1)
verwerten like arbeiten (2)
verzerren like machen (1)
verzichten like arbeiten (2)
vorbeifahren* (*sein*) like fahren (23)
vorbeigehen* (*sein*) like gehen (27)
(sich) vorbereiten* like arbeiten (2)
(sich) vorstellen* like machen (1)
wählen like machen (1)
wandern (*sein*) like feiern (4)
warnen like machen (1)
warten like arbeiten (2)
(sich) waschen (48)
wenden like senden (18)
werden (9)
werfen like helfen (30)
(sich) widmen like arbeiten (2)
wiederverwerten* like arbeiten (2)
wirken like machen (1)
wissen (49)
wohnen like machen (1)
wollen (15)
sich wundern like feiern (4)
wünschen like machen (1)
zeigen like machen (1)
zerschlagen like fahren (23)
zerstören like machen (1)
ziehen (*haben/sein*) like biegen (19)
zischen like machen (1)
zitieren like studieren (3)
zubereiten like arbeiten (2)
zudrücken like machen (1)
zusprechen* like sprechen (44)
zweifeln like sammeln (5)

Regular verbs: simple tenses

	Infinitiv Partizip I Partizip II Perfekt	INDIKATIV Präsens	Präteritum	Plusquamperfekt	KONJUNKTIV I Präsens	KONJUNKTIV II Präsens	Perfekt	IMPERATIV
1	**machen** *(to make; to do)* machend gemacht gemacht haben	mache machst macht machen macht machen	machte machtest machte machten machtet machten	hatte gemacht hattest gemacht hatte gemacht hatten gemacht hattet gemacht hatten gemacht	mache machest mache machen machet machen	machte machtest machte machten machtet machten	hätte gemacht hättest gemacht hätte gemacht hätten gemacht hättet gemacht hätten gemacht	mache/mach machen wir macht machen Sie
2	**arbeiten** *(to work)* arbeitend gearbeitet gearbeitet haben	arbeite arbeitest arbeitet arbeiten arbeitet arbeiten	arbeitete arbeitetest arbeitete arbeiteten arbeitetet arbeiteten	hatte gearbeitet hattest gearbeitet hatte gearbeitet hatten gearbeitet hattet gearbeitet hatten gearbeitet	arbeite arbeitest arbeite arbeiten arbeitet arbeiten	arbeitete arbeitetest arbeitete arbeiteten arbeitetet arbeiteten	hätte gearbeitet hättest gearbeitet hätte gearbeitet hätten gearbeitet hättet gearbeitet hätten gearbeitet	arbeite arbeiten wir arbeitet arbeiten Sie
3	**studieren** *(to study)* studierend studiert studiert haben	studiere studierst studiert studieren studiert studieren	studierte studiertest studierte studierten studiertet studierten	hatte studiert hattest studiert hatte studiert hatten studiert hattet studiert hatten studiert	studiere studierest studiere studieren studieret studieren	studierte studiertest studierte studierten studiertet studierten	hätte studiert hättest studiert hätte studiert hätten studiert hättet studiert hätten studiert	studier/studiere studieren wir studiert studieren Sie
4	**feiern** *(to celebrate)* feiernd gefeiert gefeiert haben	feiere feierst feiert feiern feiert feiern	feierte feiertest feierte feierten feiertet feierten	hatte gefeiert hattest gefeiert hatte gefeiert hatten gefeiert hattet gefeiert hatten gefeiert	feiere feierest feiere feiern feiert feiern	feierte feiertest feierte feierten feiertet feierten	hätte gefeiert hättest gefeiert hätte gefeiert hätten gefeiert hättet gefeiert hätten gefeiert	feiere feiern wir feiert feiern Sie
5	**sammeln** *(to collect)* sammelnd gesammelt gesammelt haben	sammle sammelst sammelt sammeln sammelt sammeln	sammelte sammeltest sammelte sammelten sammeltet sammelten	hatte gesammelt hattest gesammelt hatte gesammelt hatten gesammelt hattet gesammelt hatten gesammelt	sammle sammlest sammle sammlen sammlet sammlen	sammelte sammeltest sammelte sammelten sammeltet sammelten	hätte gesammelt hättest gesammelt hätte gesammelt hätten gesammelt hättet gesammelt hätten gesammelt	sammle sammeln wir sammelt sammeln Sie

Reflexive verbs

	Infinitiv Partizip I Partizip II Perfekt	INDIKATIV			KONJUNKTIV I	KONJUNKTIV II		IMPERATIV
		Präsens	**Präteritum**	**Plusquamperfekt**	**Präsens**	**Präsens**	**Perfekt**	
6	**sich freuen**	freue mich	freute mich	hatte mich gefreut	freue mich	freute mich	hätte mich gefreut	
	(to be happy)	freust dich	freutest dich	hattest dich gefreut	freuest dich	freutest dich	hättest dich gefreut	freue/freu dich
	sich freuend	freut sich	freute sich	hatte sich gefreut	freue sich	freute sich	hätte sich gefreut	
	sich gefreut	freuen uns	freuten uns	hatten uns gefreut	freuen uns	freuten uns	hätten uns gefreut	freuen wir uns
	sich gefreut haben	freut euch	freutet euch	hattet euch gefreut	freuet euch	freutet euch	hättet euch gefreut	freut euch
		freuen sich	freuten sich	hatten sich gefreut	freuen sich	freuten sich	hätten sich gefreut	freuen Sie sich

Auxiliary verbs

	Infinitiv Partizip I Partizip II Perfekt	INDIKATIV			KONJUNKTIV I	KONJUNKTIV II		IMPERATIV
		Präsens	**Präteritum**	**Plusquamperfekt**	**Präsens**	**Präsens**	**Perfekt**	
7	**haben**	habe	hatte	hatte gehabt	habe	hätte	hätte gehabt	
	(to have)	hast	hattest	hattest gehabt	habest	hättest	hättest gehabt	habe/hab
	habend	hat	hatte	hatte gehabt	habe	hätte	hätte gehabt	
	gehabt	haben	hatten	hatten gehabt	haben	hätten	hätten gehabt	haben wir
	gehabt haben	habt	hattet	hattet gehabt	habet	hättet	hättet gehabt	habt
		haben	hatten	hatten gehabt	haben	hätten	hätten gehabt	haben Sie
8	**sein**	bin	war	war gewesen	sei	wäre	wäre gewesen	
	(to be)	bist	warst	warst gewesen	seiest/seist	wärst	wärest gewesen	sei
	seiend	ist	war	war gewesen	sei	wäre	wäre gewesen	
	gewesen	sind	waren	waren gewesen	seien	wären	wären gewesen	seien wir
	gewesen sein	seid	wart	wart gewesen	seiet	wäret/wärt	wäret gewesen	seid
		sind	waren	waren gewesen	seien	wären	wären gewesen	seien Sie
9	**werden**	werde	wurde	war geworden	werde	würde	wäre geworden	
	(to become)	wirst	wurdest	warst geworden	werdest	würdest	wärest geworden	werde
	werdend	wird	wurde	war geworden	werde	würde	wäre geworden	
	geworden	werden	wurden	waren geworden	werden	würden	wären geworden	werden wir
	geworden sein	werdet	wurdet	wart geworden	werdet	würdet	wäret geworden	werdet
		werden	wurden	waren geworden	werden	würden	wären geworden	werden Sie

Compound tenses

Hilfsverb	INDIKATIV				KONJUNKTIV I		KONJUNKTIV II	
	Perfekt		Plusquamperfekt		Perfekt		Perfekt	
haben	habe		hatte		habe		hätte	
	hast	gemacht	hattest	gemacht	habest	gemacht	hättest	gemacht
	hat	gearbeitet	hatte	gearbeitet	habe	gearbeitet	hätte	gearbeitet
	haben	studiert	hatten	studiert	haben	studiert	hätten	studiert
	habt	gefeiert	hattet	gefeiert	habet	gefeiert	hättet	gefeiert
	haben	gesammelt	hatten	gesammelt	haben	gesammelt	hätten	gesammelt
sein	bin gegangen		war gegangen		sei gegangen		wäre gegangen	
	bist gegangen		warst gegangen		seiest/seist gegangen		wärest/wärst gegangen	
	ist gegangen		war gegangen		sei gegangen		wäre gegangen	
	sind gegangen		waren gegangen		seien gegangen		wären gegangen	
	seid gegangen		wart gegangen		seiet gegangen		wäret/wärt gegangen	
	sind gegangen		waren gegangen		seien gegangen		wären gegangen	

	Futur I/II	Futur I/II	Futur I/II
werden	werde machen/gemacht haben	werde machen/gemacht haben	würde machen/gemacht haben
	wirst machen/gemacht haben	werdest machen/gemacht haben	würdest machen/gemacht haben
	wird machen/gemacht haben	werde machen/gemacht haben	würde machen/gemacht haben
	werden machen/gemacht haben	werden machen/gemacht haben	würden machen/gemacht haben
	werdet machen/gemacht haben	werdet machen/gemacht haben	würdet machen/gemacht haben
	werden machen/gemacht haben	werden machen/gemacht haben	würden machen/gemacht haben

Modal verbs

	Infinitiv Partizip I Partizip II Perfekt	INDIKATIV			KONJUNKTIV I	KONJUNKTIV II		IMPERATIV
		Präsens	Präteritum	Plusquamperfekt	Präsens	Präsens	Perfekt	
10	**dürfen**	darf	durfte	hatte gedurft	dürfe	dürfte	hätte gedurft	*Modal verbs are not used in the imperative.*
	(to be permitted to)	darfst	durftest	hattest gedurft	dürfest	dürftest	hättest gedurft	
	dürfend	darf	durfte	hatte gedurft	dürfe	dürfte	hätte gedurft	
	gedurft/dürfen	dürfen	durften	hatten gedurft	dürfen	dürften	hätten gedurft	
	gedurft haben	dürft	durftet	hattet gedurft	dürfet	dürftet	hättet gedurft	
		dürfen	durften	hatten gedurft	dürfen	dürften	hätten gedurft	
11	**können**	kann	konnte	hatte gekonnt	könne	könnte	hätte gekonnt	*Modal verbs are not used in the imperative.*
	(to be able to)	kannst	konntest	hattest gekonnt	könnest	könntest	hättest gekonnt	
	könnend	kann	konnte	hatte gekonnt	könne	könnte	hätte gekonnt	
	gekonnt/können	können	konnten	hatten gekonnt	können	könnten	hätten gekonnt	
	gekonnt haben	könnt	konntet	hattet gekonnt	könnet	könntet	hättet gekonnt	
		können	konnten	hatten gekonnt	können	könnten	hätten gekonnt	
12	**mögen**	mag	mochte	hatte gemocht	möge	möchte	hätte gemocht	*Modal verbs are not used in the imperative.*
	(to like)	magst	mochtest	hattest gemocht	mögest	möchtest	hättest gemocht	
	mögend	mag	mochte	hatte gemocht	möge	möchte	hätte gemocht	
	gemocht/mögen	mögen	mochten	hatten gemocht	mögen	möchten	hätten gemocht	
	gemocht haben	mögt	mochtet	hattet gemocht	möget	möchtet	hättet gemocht	
		mögen	mochten	hatten gemocht	mögen	möchten	hätten gemocht	
13	**müssen**	muss	musste	hatte gemusst	müsse	müsste	hätte gemusst	*Modal verbs are not used in the imperative.*
	(to have to)	musst	musstest	hattest gemusst	müssest	müsstest	hättest gemusst	
	müssend	muss	musste	hatte gemusst	müsse	müsste	hätte gemusst	
	gemusst/müssen	müssen	mussten	hatten gemusst	müssen	müssten	hätten gemusst	
	gemusst haben	müsst	musstet	hattet gemusst	müsset	müsstet	hättet gemusst	
		müssen	mussten	hatten gemusst	müssen	müssten	hätten gemusst	
14	**sollen**	soll	sollte	hatte gesollt	solle	sollte	hätte gesollt	*Modal verbs are not used in the imperative.*
	(to be supposed to)	sollst	solltest	hattest gesollt	sollest	solltest	hättest gesollt	
	sollend	soll	sollte	hatte gesollt	solle	sollte	hätte gesollt	
	gesollt/sollen	sollen	sollten	hatten gesollt	sollen	sollten	hätten gesollt	
	gesollt haben	sollt	solltet	hattet gesollt	sollet	solltet	hättet gesollt	
		sollen	sollten	hatten gesollt	sollen	sollten	hätten gesollt	
15	**wollen**	will	wollte	hatte gewollt	wolle	wollte	hätte gewollt	*Modal verbs are not used in the imperative.*
	(to want to)	willst	wolltest	hattest gewollt	wollest	wolltest	hättest gewollt	
	wollend	will	wollte	hatte gewollt	wolle	wollte	hätte gewollt	
	gewollt/wollen	wollen	wollten	hatten gewollt	wollen	wollten	hätten gewollt	
	gewollt haben	wollt	wolltet	hattet gewollt	wollet	wolltet	hättet gewollt	
		wollen	wollten	hatten gewollt	wollen	wollten	hätten gewollt	

Mixed verbs

	Infinitiv Partizip I Partizip II Perfekt	INDIKATIV Präsens	INDIKATIV Präteritum	INDIKATIV Plusquamperfekt	KONJUNKTIV I Präsens	KONJUNKTIV II Präsens	KONJUNKTIV II Perfekt	IMPERATIV
16	**bringen**	bringe	brachte	hatte gebracht	bringe	brächte	hätte gebracht	
	(to bring)	bringst	brachtest	hattest gebracht	bringest	brächtest	hättest gebracht	bringe/bring
	bringend	bringt	brachte	hatte gebracht	bringe	brächte	hätte gebracht	
	gebracht	bringen	brachten	hatten gebracht	bringen	brächten	hätten gebracht	bringen wir
	gebracht haben	bringt	brachtet	hattet gebracht	bringet	brächtet	hättet gebracht	bringt
		bringen	brachten	hatten gebracht	bringen	brächten	hätten gebracht	bringen Sie
17	**kennen**	kenne	kannte	hatte gekannt	kenne	kennte	hätte gekannt	
	(to know)	kennst	kanntest	hattest gekannt	kennest	kenntest	hättest gekannt	kenne
	kennend	kennt	kannte	hatte gekannt	kenne	kennte	hätte gekannt	
	gekannt	kennen	kannten	hatten gekannt	kennen	kennten	hätten gekannt	kennen wir
	gekannt haben	kennt	kanntet	hattet gekannt	kennet	kenntet	hättet gekannt	kennt
		kennen	kannten	hatten gekannt	kennen	kennten	hätten gekannt	kennen Sie
18	**senden**	sende	sandte/sendete	hatte gesandt/gesendet	sende	sendete	hätte gesandt/gesendet	
	(to send)	sendest	sandtest/sendetest	hattest gesandt/ gesendet	sendest	sendetest	hättest gesandt/ gesendet	sende
	sendend	sendet	sandte/sendete	hatte gesandt/gesendet	sende	sendete	hätte gesandt/gesendet	
	gesandt/gesendet	senden	sandten/sendeten	hatten gesandt/gesendet	senden	sendeten	hätten gesandt/gesendet	senden wir
	gesandt/gesendet haben	sendet	sandtet/sendetet	hattet gesandt/gesendet	sendet	sendetet	hättet gesandt/gesendet	sendet
		senden	sandten/sendeten	hatten gesandt/gesendet	senden	sendeten	hätten gesandt/gesendet	senden Sie

Irregular verbs

	Infinitiv Partizip I Partizip II Perfekt	INDIKATIV Präsens	INDIKATIV Präteritum	INDIKATIV Plusquamperfekt	KONJUNKTIV I Präsens	KONJUNKTIV II Präsens	KONJUNKTIV II Perfekt	IMPERATIV
19	**biegen**	biege	bog	hatte gebogen	biege	böge	hätte gebogen	
	(to bend)	biegst	bogst	hattest gebogen	biegest	bögest	hättest gebogen	biege, bieg
	biegend	biegt	bog	hatte gebogen	biege	böge	hätte gebogen	
	gebogen	biegen	bogen	hatten gebogen	biegen	bögen	hätten gebogen	biegen wir
	gebogen haben	biegt	bogt	hattet gebogen	bieget	böget	hättet gebogen	biegt
		biegen	bogen	hatten gebogen	biegen	bögen	hätten gebogen	biegen Sie
20	**bitten**	bitte	bat	hatte gebeten	bitte	bäte	hätte gebeten	
	(to ask)	bittest	batest	hattest gebeten	bittest	bätest	hättest gebeten	bitte
	bittend	bittet	bat	hatte gebeten	bitte	bäte	hätte gebeten	
	gebeten	bitten	baten	hatten gebeten	bitten	bäten	hätten gebeten	bitten wir
	gebeten haben	bittet	batet	hattet gebeten	bittet	bätet	hättet gebeten	bittet
		bitten	baten	hatten gebeten	bitten	bäten	hätten gebeten	bitten Sie

	Infinitiv Partizip I Partizip II Perfekt	INDIKATIV Präsens	INDIKATIV Präteritum	INDIKATIV Plusquamperfekt	KONJUNKTIV I Präsens	KONJUNKTIV II Präsens	KONJUNKTIV II Perfekt	IMPERATIV
21	**bleiben**	bleibe	bliebe	war geblieben	bleibe	bliebe	wäre geblieben	
	(to stay)	bleibst	bliebst	warst geblieben	bleibest	bliebest	wärest geblieben	bleibe, bleib
	bleibend	bleibt	blieb	war geblieben	bleibe	bliebe	wäre geblieben	
	geblieben	bleiben	blieben	waren geblieben	bleiben	blieben	wären geblieben	bleiben wir
	geblieben sein	bleibt	bliebt	wart geblieben	bleibet	bliebet	wäret geblieben	bleibt
		bleiben	blieben	waren geblieben	bleiben	blieben	wären geblieben	bleiben Sie
22	**essen**	esse	aß	hatte gegessen	esse	äße	hätte gegessen	
	(to eat)	isst	aßest	hattest gegessen	essest	äßest	hättest gegessen	iss
	essend	isst	aß	hatte gegessen	esse	äße	hätte gegessen	
	gegessen	essen	aßen	hatten gegessen	essen	äßen	hätten gegessen	essen wir
	gegessen haben	esst	aßt	hattet gegessen	esset	äßet	hättet gegessen	esst
		essen	aßen	hatten gegessen	essen	äßen	hätten gegessen	essen Sie
23	**fahren**	fahre	fuhr	war/hatte gefahren	fahre	führe	wäre/hätte geblieben	
	(to drive)	fährst	fuhrst	warst/hattest gefahren	fahrest	führest	wärest/hättest geblieben	fahre, fahr
	fahrend	fährt	fuhr	war/hatte gefahren	fahre	führe	wäre/hätte geblieben	
	gefahren	fahren	fuhren	waren/hatten gefahren	fahren	führen	wären/hätten geblieben	fahren wir
	gefahren sein/haben	fahrt	fuhrt	wart/hattet gefahren	fahret	führet	wäret/hättet geblieben	fahrt
		fahren	fuhren	waren/hatten gefahren	fahren	führen	wären/hätten geblieben	fahren Sie
24	**fallen**	falle	fiel	war gefallen	falle	fiele	wäre gefallen	
	(to fall)	fällst	fielst	warst gefallen	fallest	fielest	wärest gefallen	falle, fall
	fallend	fällt	fiel	war gefallen	falle	fiele	wäre gefallen	
	gefallen	fallen	fielen	waren gefallen	fallen	fielen	wären gefallen	fallen wir
	gefallen sein	fallt	fielt	wart gefallen	fallet	fielet	wäret gefallen	fallt
		fallen	fielen	waren gefallen	fallen	fielen	wären gefallen	fallen Sie
25	**flechten**	flechte	flocht	hatte geflochten	flechte	flöchte	hätte geflochten	
	(to braid)	flichtst	flochtest	hattest geflochten	flechtest	flöchtest	hättest geflochten	flicht
	flechtend	flicht	flocht	hatte geflochten	flechte	flöchte	hätte geflochten	
	geflochten	flechten	flochten	hatten geflochten	flechten	flöchten	hätten geflochten	flechten wir
	geflochten haben	flechtet	flochtet	hattet geflochten	flechtet	flöchtet	hättet geflochten	flechtet
		flechten	flochten	hatten geflochten	flechten	flöchten	hätten geflochten	flechten Sie
26	**geben**	gebe	gab	hatte gegeben	gebe	gäbe	hätte gegeben	
	(to give)	gibst	gabst	hattest gegeben	gebest	gäbest	hättest gegeben	gib
	gebend	gibt	gab	hatte gegeben	gebe	gäbe	hätte gegeben	
	gegeben	geben	gaben	hatten gegeben	geben	gäben	hätten gegeben	geben wir
	gegeben haben	gebt	gabt	hattet gegeben	gebet	gäbet	hättet gegeben	gebt
		geben	gaben	hatten gegeben	geben	gäben	hätten gegeben	geben Sie

	Infinitiv Partizip I Partizip II Perfekt	INDIKATIV Präsens	INDIKATIV Präteritum	INDIKATIV Plusquamperfekt	KONJUNKTIV I Präsens	KONJUNKTIV II Präsens	KONJUNKTIV II Perfekt	IMPERATIV
27	**gehen**	gehe	ging	war gegangen	gehe	ginge	wäre gegangen	
	(to go)	gehst	gingst	warst gegangen	gehest	gingest	wärest gegangen	gehe, geh
	gehend	geht	ging	war gegangen	gehe	ginge	wäre gegangen	
	gegangen	gehen	gingen	waren gegangen	gehen	gingen	wären gegangen	gehen wir
	gegangen sein	geht	gingt	wart gegangen	gehet	ginget	wäret gegangen	geht
		gehen	gingen	waren gegangen	gehen	gingen	wären gegangen	gehen Sie
28	**greifen**	greife	griff	hatte gegriffen	greife	griffe	hätte gegriffen	
	(to grasp)	greifst	griffst	hattest gegriffen	greifest	griffest	hättest gegriffen	greife, greif
	greifend	greift	griff	hatte gegriffen	greife	griffe	hätte gegriffen	
	gegriffen	greifen	griffen	hatten gegriffen	greifen	griffen	hätten gegriffen	greifen wir
	gegriffen haben	greift	grifft	hattet gegriffen	greifet	griffet	hättet gegriffen	greift
		greifen	griffen	hatten gegriffen	greifen	griffen	hätten gegriffen	greifen Sie
29	**heißen**	heiße	hieß	hatte geheißen	heiße	hieße	hätte geheißen	
	(to be called)	heißt	hießest	hattest geheißen	heißest	hießest	hättest geheißen	heiß, heiße
	heißend	heißt	hieß	hatte geheißen	heiße	hieße	hätte geheißen	
	geheißen	heißen	hießen	hatten geheißen	heißen	hießen	hätten geheißen	heißen wir
	geheißen haben	heißt	hießt	hattet geheißen	heißet	hießet	hättet geheißen	heißt
		heißen	hießen	hatten geheißen	heißen	hießen	hätten geheißen	heißen Sie
30	**helfen**	helfe	half	hatte geholfen	helfe	hülfe/hälfe	hätte geholfen	
	(to help)	hilfst	halfst	hattest geholfen	helfest	hülfest/hülfst/hälfest/hälfst	hättest geholfen	hilf
	helfend	hilft	half	hatte geholfen	helfe	hülfe/hälfe	hätte geholfen	
	geholfen	helfen	halfen	hatten geholfen	helfen	hülfen/hälfen	hätten geholfen	helfen wir
	geholfen haben	helft	halft	hattet geholfen	helfet	hülfet/hülft/hälfet/hälft	hättet geholfen	helft
		helfen	halfen	hatten geholfen	helfen	hülfen/hälfen	hätten geholfen	helfen Sie
31	**kommen**	komme	kam	war gekommen	komme	käme	wäre gekommen	
	(to come)	kommst	kamst	warst gekommen	kommest	kämest	wärest gekommen	komme, komm
	kommend	kommt	kam	war gekommen	komme	käme	wäre gekommen	
	gekommen	kommen	kamen	waren gekommen	kommen	kämen	wären gekommen	kommen wir
	gekommen sein	kommt	kamt	wart gekommen	kommet	kämet	wäret gekommen	kommt
		kommen	kamen	waren gekommen	kommen	kämen	wären gekommen	kommen Sie
32	**laufen**	laufe	lief	war gelaufen	laufe	liefe	wäre gelaufen	
	(to run)	läufst	liefst	warst gelaufen	laufest	liefest	wärest gelaufen	laufe, lauf
	laufend	läuft	lief	war gelaufen	laufe	liefe	wäre gelaufen	
	gelaufen	laufen	liefen	waren gelaufen	laufen	liefen	wären gelaufen	laufen wir
	gelaufen sein	lauft	lieft	wart gelaufen	laufet	liefet	wäret gelaufen	lauft
		laufen	liefen	waren gelaufen	laufen	liefen	wären gelaufen	laufen Sie

	Infinitiv Partizip I Partizip II Perfekt	INDIKATIV Präsens	INDIKATIV Präteritum	INDIKATIV Plusquamperfekt	KONJUNKTIV I Präsens	KONJUNKTIV II Präsens	KONJUNKTIV II Perfekt	IMPERATIV
33	**liegen**	liege	lag	hatte gelegen	liege	läge	hätte gelegen	
	(to lie; to be lying)	liegst	lagst	hattest gelegen	liegest	lägest	hättest gelegen	liege, lieg
	liegend	liegt	lag	hatte gelegen	liege	läge	hätte gelegen	
	gelegen	liegen	lagen	hatten gelegen	liegen	lägen	hätten gelegen	liegen wir
	gelegen haben	liegt	lagt	hattet gelegen	lieget	läget	hättet gelegen	liegt
		liegen	lagen	hatten gelegen	liegen	lägen	hätten gelegen	liegen Sie
34	**lügen**	lüge	log	hatte gelogen	lüge	löge	hätte gelogen	
	(to lie)	lügst	logst	hattest gelogen	lügest	lögest	hättest gelogen	lüge, lüg
	lügend	lügt	log	hatte gelogen	lüge	löge	hätte gelogen	
	gelogen	lügen	logen	hatten gelogen	lügen	lögen	hätten gelogen	lügen wir
	gelogen haben	lügt	logt	hattet gelogen	lüget	löget	hättet gelogen	lügt
		lügen	logen	hatten gelogen	lügen	lögen	hätten gelogen	lügen Sie
35	**nehmen**	nehme	nahm	hatte genommen	nehme	nähme	hätte genommen	
	(to take)	nimmst	nahmst	hattest genommen	nehmest	nähmest	hättest genommen	nimm
	nehmend	nimmt	nahm	hatte genommen	nehme	nähme	hätte genommen	
	genommen	nehmen	nahmen	hatten genommen	nehmen	nähmen	hätten genommen	nehmen wir
	genommen haben	nehmt	nahmt	hattet genommen	nehmet	nähmet	hättet genommen	nehmt
		nehmen	nahmen	hatten genommen	nehmen	nähmen	hätten genommen	nehmen Sie
36	**rufen**	rufe	rief	hatte gerufen	rufe	riefe	hätte gerufen	
	(to call)	rufst	riefst	hattest gerufen	rufest	riefest	hättest gerufen	rufe, ruf
	rufend	ruft	rief	hatte gerufen	rufe	riefe	hätte gerufen	
	gerufen	rufen	riefen	hatten gerufen	rufen	riefen	hätten gerufen	rufen wir
	gerufen haben	ruft	rieft	hattet gerufen	rufet	riefet	hättet gerufen	ruft
		rufen	riefen	hatten gerufen	rufen	riefen	hätten gerufen	rufen Sie
37	**schießen**	schieße	schoss	hatte geschossen	schieße	schösse	hätte geschossen	
	(to shoot)	schießt	schossest/schosst	hattest geschossen	schießest	schössest	hättest geschossen	schieße, schieß
	schießend	schießt	schoss	hatte geschossen	schieße	schösse	hätte geschossen	
	geschossen	schießen	schossen	hatten geschossen	schießen	schössen	hätten geschossen	schießen wir
	geschossen haben	schießt	schosst	hattet geschossen	schießet	schösset	hättet geschossen	schießt
		schießen	schossen	hatten geschossen	schießen	schössen	hätten geschossen	schießen Sie
38	**schlafen**	schlafe	schlief	hatte geschlafen	schlafe	schliefe	hätte geschlafen	
	(to sleep)	schläfst	schliefst	hattest geschlafen	schlafest	schliefest	hättest geschlafen	schlafe, schlaf
	schlafend	schläft	schlief	hatte geschlafen	schlafe	schliefe	hätte geschlafen	
	geschlafen	schlafen	schliefen	hatten geschlafen	schlafen	schliefen	hätten geschlafen	schlafen wir
	geschlafen haben	schlaft	schlieft	hattet geschlafen	schlafet	schliefet	hättet geschlafen	schlaft
		schlafen	schliefen	hatten geschlafen	schlafen	schliefen	hätten geschlafen	schlafen Sie

	Infinitiv Partizip I Partizip II Perfekt	INDIKATIV			KONJUNKTIV I	KONJUNKTIV II		IMPERATIV
		Präsens	Präteritum	Plusquamperfekt	Präsens	Präsens	Perfekt	
39	**schwimmen**	schwimme	schwamm	war geschwommen	schwimme	schwömme	wäre geschwommen	
	(to swim)	schwimmst	schwammst	warst geschwommen	schwimmest	schwömmest	wärest geschwommen	schwimme, schwimm
	schwimmend	schwimmt	schwamm	war geschwommen	schwimme	schwömme	wäre geschwommen	
	geschwommen	schwimmen	schwammen	waren geschwommen	schwimmen	schwömmen	wären geschwommen	schwimmen wir
	geschwommen sein	schwimmt	schwammt	wart geschwommen	schwimmet	schwömmet	wäret geschwommen	schwimmt
		schwimmen	schwammen	waren geschwommen	schwimmen	schwömmen	wären geschwommen	schwimmen Sie
40	**schwören**	schwöre	schwor	hatte geschworen	schwöre	schwüre	hätte geschworen	
	(to swear)	schwörst	schworst	hattest geschworen	schwörest	schwürest/schwürst	hättest geschworen	schwöre/schwör
	schwörend	schwört	schwor	hatte geschworen	schwöre	schwüre	hätte geschworen	
	geschworen	schwören	schworen	hatten geschworen	schwören	schwüren	hätten geschworen	schwören wir
	geschworen haben	schwört	schwort	hattet geschworen	schwöret	schwüret	hättet geschworen	schwört
		schwören	schworen	hatten geschworen	schwören	schwüren	hätten geschworen	schwören Sie
41	**sehen**	sehe	sah	hatte gesehen	sehe	sähe	hätte gesehen	
	(to see)	siehst	sahst	hattest gesehen	sehest	sähest	hättest gesehen	sieh
	sehend	sieht	sah	hatte gesehen	sehe	sähe	hätte gesehen	
	gesehen	sehen	sahen	hatten gesehen	sehen	sähen	hätten gesehen	sehen wir
	gesehen haben	seht	saht	hattet gesehen	sehet	sähet	hättet gesehen	seht
		sehen	sahen	hatten gesehen	sehen	sähen	hätten gesehen	sehen Sie
42	**singen**	singe	sang	hatte gesungen	singe	sänge	hätte gesungen	
	(to sing)	singst	sangst	hattest gesungen	singest	sängest	hättest gesungen	singe, sing
	singend	singt	sang	hatte gesungen	singe	sänge	hätte gesungen	
	gesungen	singen	sangen	hatten gesungen	singen	sängen	hätten gesungen	singen wir
	gesungen haben	singt	sangt	hattet gesungen	singet	sänget	hättet gesungen	singt
		singen	sangen	hatten gesungen	singen	sängen	hätten gesungen	singen Sie
43	**sitzen**	sitze	saß	hatte gesessen	sitze	säße	hätte gesessen	
	(to sit)	sitzt	saßest	hattest gesessen	sitzest	säßest	hättest gesessen	sitze, sitz
	sitzend	sitzt	saß	hatte gesessen	sitze	säße	hätte gesessen	
	gesessen	sitzen	saßen	hatten gesessen	sitzen	säßen	hätten gesessen	sitzen wir
	gesessen haben	sitzt	saßet	hattet gesessen	sitzet	säßet	hättet gesessen	sitzt
		sitzen	saßen	hatten gesessen	sitzen	säßen	hätten gesessen	sitzen Sie
44	**sprechen**	spreche	sprach	hatte gesprochen	spreche	spräche	hätte gesprochen	
	(to speak)	sprichst	sprachst	hattest gesprochen	sprechest	sprächest	hättest gesprochen	sprich
	sprechend	spricht	sprach	hatte gesprochen	spreche	spräche	hätte gesprochen	
	gesprochen	sprechen	sprachen	hatten gesprochen	sprechen	sprächen	hätten gesprochen	sprechen wir
	gesprochen haben	sprecht	spracht	hattet gesprochen	sprechet	sprächet	hättet gesprochen	sprecht
		sprechen	sprachen	hatten gesprochen	sprechen	sprächen	hätten gesprochen	sprechen Sie

	Infinitiv Partizip I Partizip II Perfekt	INDIKATIV Präsens	INDIKATIV Präteritum	INDIKATIV Plusquamperfekt	KONJUNKTIV I Präsens	KONJUNKTIV II Präsens	KONJUNKTIV II Perfekt	IMPERATIV
45	**stehen**	stehe	stand	hatte gestanden	stehe	stünde/stände	hätte gestanden	
	(to stand)	stehst	standest/standst	hattest gestanden	stehest	stündest/ständest	hättest gestanden	stehe, steh
	stehend	steht	stand	hatte gestanden	stehe	stünde/stände	hätte gestanden	
	gestanden	stehen	standen	hatten gestanden	stehen	stünden/ständen	hätten gestanden	stehen wir
	gestanden haben	steht	standet	hattet gestanden	stehet	stündet/ständet	hättet gestanden	steht
		stehen	standen	hatten gestanden	stehen	stünden/ständen	hätten gestanden	stehen Sie
46	**stehlen**	stehle	stahl	hatte gestohlen	stehle	stähle/stöhle	hätte gestohlen	
	(to steal)	stiehlst	stahlst	hattest gestohlen	stehlest	stählest/stöhlest	hättest gestohlen	stiehl
	stehlend	stiehlt	stahl	hatte gestohlen	stehle	stähle/stöhle	hätte gestohlen	
	gestohlen	stehlen	stahlen	hatten gestohlen	stehlen	stählen/stöhlen	hätten gestohlen	stehlen wir
	gestohlen haben	stehlt	stahlt	hattet gestohlen	stehlet	stählet/stöhlet	hättet gestohlen	stehlt
		stehlen	stahlen	hatten gestohlen	stehlen	stählen/stöhlen	hätten gestohlen	stehlen Sie
47	**tun**	tue	tat	hatte getan	tue	täte	hätte getan	
	(to do)	tust	tatest	hattest getan	tuest	tätest	hättest getan	tue, tu
	tuend	tut	tat	hatte getan	tue	täte	hätte getan	
	getan	tun	taten	hatten getan	tuen	täten	hätten getan	tun wir
	getan haben	tut	tatet	hattet getan	tuet	tätet	hättet getan	tut
		tun	taten	hatten getan	tuen	täten	hätten getan	tun Sie
48	**waschen**	wasche	wusch	hatte gewaschen	wasche	wüsche	hätte gewaschen	
	(to wash)	wäschst	wuschest/wuschst	hattest gewaschen	waschest	wüschest/wüschst	hättest gewaschen	wasche, wasch
	waschend	wäscht	wusch	hatte gewaschen	wasche	wüsche	hätte gewaschen	
	gewaschen	waschen	wuschen	hatten gewaschen	waschen	wüschen	hätten gewaschen	waschen wir
	gewaschen haben	wascht	wuscht	hattet gewaschen	waschet	wüschet/wüscht	hättet gewaschen	wascht
		waschen	wuschen	hatten gewaschen	waschen	wüschen	hätten gewaschen	waschen Sie
49	**wissen**	weiß	wusste	hatte gewusst	wisse	wüsste	hätte gewusst	
	(to know)	weißt	wusstest	hattest gewusst	wissest	wüsstest	hättest gewusst	wisse
	wissend	weiß	wusste	hatte gewusst	wisse	wüsste	hätte gewusst	
	gewusst	wissen	wussten	hatten gewusst	wissen	wüssten	hätten gewusst	wissen wir
	gewusst haben	wisst	wusstet	hattet gewusst	wisset	wüsstet	hättet gewusst	wisst
		wissen	wussten	hatten gewusst	wissen	wüssten	hätten gewusst	wissen Sie

Irregular verbs

The following is a list of verbs that have irregular **Präteritum** and **Partizip II** forms. For the complete conjugations of these verbs, consult the verb list on pages **379–380** and the verb charts on pages **381–390**.

Infinitiv		**Präteritum**	**Partizip II**
backen	*to bake*	backte	gebacken
beginnen	*to begin*	begann	begonnen
bergen	*to salvage*	barg	geborgen
beweisen	*to prove*	bewies	bewiesen
bieten	*to bid, to offer*	bot	geboten
binden	*to tie, to bind*	band	gebunden
bitten	*to request*	bat	gebeten
bleiben	*to stay*	blieb	geblieben
braten	*to fry, to roast*	briet	gebraten
brechen	*to break*	brach	gebrochen
brennen	*to burn*	brannte	gebrannt
bringen	*to bring*	brachte	gebracht
denken	*to think*	dachte	gedacht
dürfen	*to be allowed to*	durfte	gedurft
empfehlen	*to recommend*	empfahl	empfohlen
essen	*to eat*	aß	gegessen
fahren	*to go, to drive*	fuhr	gefahren
fallen	*to fall*	fiel	gefallen
fangen	*to catch*	fing	gefangen
fechten	*to fence*	focht	gefochten
finden	*to find*	fand	gefunden
flechten	*to plait*	flocht	geflochten
fliegen	*to fly*	flog	geflogen
fließen	*to flow, to pour*	floss	geflossen
fressen	*to devour*	fraß	gefressen
frieren	*to freeze*	fror	gefroren
geben	*to give*	gab	gegeben
gehen	*to go, to walk*	ging	gegangen
gelingen	*to succeed*	gelang	gelungen
gelten	*to be valid*	galt	gegolten
genießen	*to enjoy*	genoss	genossen
geschehen	*to happen*	geschah	geschehen
gewinnen	*to win*	gewann	gewonnen
gießen	*to pour*	goss	gegossen
gleichen	*to resemble*	glich	geglichen
graben	*to dig*	grub	gegraben
haben	*to have*	hatte	gehabt
halten	*to hold, to keep*	hielt	gehalten
hängen (*intr.*)	*to hang*	hing	gehangen
heißen	*to be called, to mean*	hieß	geheißen
helfen	*to help*	half	geholfen
kennen	*to know*	kannte	gekannt

Infinitiv		Präteritum	Partizip II
klingen	*to sound, to ring*	klang	geklungen
kommen	*to come*	kam	gekommen
können	*to be able to, can*	konnte	gekonnt
laden	*to load, to charge*	lud	geladen
lassen	*to let, to allow*	ließ	gelassen
laufen	*to run, to walk*	lief	gelaufen
leiden	*to suffer*	litt	gelitten
leihen	*to lend*	lieh	geliehen
lesen	*to read*	las	gelesen
liegen	*to lie, to rest*	lag	gelegen
lügen	*to lie*	log	gelogen
meiden	*to avoid*	mied	gemieden
messen	*to measure*	maß	gemessen
mögen	*to like*	mochte	gemocht
müssen	*to must, to have to*	musste	gemusst
nehmen	*to take*	nahm	genommen
nennen	*to name, to call*	nannte	genannt
preisen	*to praise*	pries	gepriesen
raten	*to guess*	riet	geraten
reiben	*to rub, to grate*	rieb	gerieben
riechen	*to smell*	roch	gerochen
rufen	*to call, to shout*	rief	gerufen
schaffen	*to accomplish*	schuf	geschaffen
scheiden	*to divorce, to depart*	schied	geschieden
scheinen	*to shine, to appear*	schien	geschienen
schieben	*to push, to shove*	schob	geschoben
schießen	*to shoot*	schoss	geschossen
schlafen	*to sleep*	schlief	geschlafen
schlagen	*to beat, to hit*	schlug	geschlagen
schließen	*to close*	schloss	geschlossen
schlingen	*to loop, to gulp*	schlang	geschlungen
schneiden	*to cut*	schnitt	geschnitten
schreiben	*to write*	schrieb	geschrieben
schreiten	*to stride*	schritt	geschritten
schwimmen	*to swim*	schwamm	geschwommen
schwinden	*to fade, to disappear*	schwand	geschwunden
schwören	*to swear*	schwor	geschworen
sehen	*to see*	sah	gesehen
sein	*to be*	war	gewesen
senden	*to send*	sandte	gesendet
singen	*to sing*	sang	gesungen
sitzen	*to sit*	saß	gesessen
sollen	*to be supposed to*	sollte	gesollt
sprechen	*to speak*	sprach	gesprochen
stehen	*to stand*	stand	gestanden
stehlen	*to steal*	stahl	gestohlen

Infinitiv		Präteritum	Partizip II
steigen	*to climb, to rise*	stieg	gestiegen
sterben	*to die*	starb	gestorben
stoßen	*to push, to thrust*	stieß	gestoßen
streichen	*to paint, to cancel*	strich	gestrichen
streiten	*to argue*	stritt	gestritten
tragen	*to carry*	trug	getragen
treffen	*to hit, to meet*	traf	getroffen
treiben	*to drive, to float*	trieb	getrieben
treten	*to kick*	trat	getreten
trinken	*to drink*	trank	getrunken
tun	*to do*	tat	getan
vergessen	*to forget*	vergaß	vergessen
verlieren	*to lose*	verlor	verloren
wachsen	*to grow*	wuchs	gewachsen
waschen	*to wash*	wusch	gewaschen
weisen	*to indicate, to show*	wies	gewiesen
wenden	*to turn, to flip*	wandte/wendete	gewendet
werben	*to advertise*	warb	geworben
werden	*to become*	wurde	geworden
werfen	*to throw*	warf	geworfen
wiegen	*to weigh*	wog	gewogen
winden	*to wind*	wand	gewunden
wissen	*to know*	wusste	gewusst
wollen	*to want*	wollte	gewollt
ziehen	*to pull, to draw*	zog	gezogen

Declension of articles

Definite articles				
	Masculine	**Feminine**	**Neuter**	**Plural**
Nominative	der	die	das	die
Accusative	den	die	das	die
Dative	dem	der	dem	den
Genitive	des	der	des	der

Der-words				
	Masculine	**Feminine**	**Neuter**	**Plural**
Nominative	dieser	diese	dieses	diese
Accusative	diesen	diese	dieses	diese
Dative	diesem	dieser	diesem	diesen
Genitive	dieses	dieser	dieses	dieser

Indefinite articles				
	Masculine	**Feminine**	**Neuter**	**Plural**
Nominative	ein	eine	ein	-
Accusative	einen	eine	ein	-
Dative	einem	einer	einem	-
Genitive	eines	einer	eines	-

Ein-words				
	Masculine	**Feminine**	**Neuter**	**Plural**
Nominative	mein	meine	mein	meine
Accusative	meinen	meine	mein	meine
Dative	meinem	meiner	meinem	meinen
Genitive	meines	meiner	meines	meiner

Declension of nouns and adjectives

Nouns and adjectives with *der*-words				
	Masculine	**Feminine**	**Neuter**	**Plural**
Nominative	der gute Rat	die gute Landschaft	das gute Brot	die guten Freunde
Accusative	den guten Rat	die gute Landschaft	das gute Brot	die guten Freunde
Dative	dem guten Rat	der guten Landschaft	dem guten Brot	den guten Freunden
Genitive	des guten Rates	der guten Landschaft	des guten Brotes	der guten Freunde

Nouns and adjectives with *ein*-words				
	Masculine	**Feminine**	**Neuter**	**Plural**
Nominative	ein guter Rat	eine gute Landschaft	ein gutes Brot	meine guten Freunde
Accusative	einen guten Rat	eine gute Landschaft	ein gutes Brot	meine guten Freunde
Dative	einem guten Rat	einer guten Landschaft	einem guten Brot	meinen guten Freunden
Genitive	eines guten Rates	einer guten Landschaft	eines guten Brotes	meiner guten Freunde

Unpreceded adjectives				
	Masculine	**Feminine**	**Neuter**	**Plural**
Nominative	guter Rat	gute Landschaft	gutes Brot	gute Freunde
Accusative	guten Rat	gute Landschaft	gutes Brot	gute Freunde
Dative	gutem Rat	guter Landschaft	gutem Brot	guten Freunden
Genitive	guten Rates	guter Landschaft	guten Brotes	guter Freunde

Vocabulary

This glossary contains the words and expressions listed on the **WORTSCHATZ** page found at the end of each lesson in **DENK MAL!**, as well as other useful vocabulary. A numeral following an entry indicates the lesson where the word or expression was introduced. The forms of the words in this glossary reflect the forms presented on the **WORTSCHATZ** page.

Abbreviations used in this glossary

adj.	adjective	*form.*	formal	*p.p.*	past participle
adv.	adverb	*indef.*	indefinite	*pl.*	plural
conj.	conjunction	*invar.*	invariable	*prep.*	preposition
f.	feminine	*m.*	masculine	*pron.*	pronoun
fam.	familiar	*n.*	neuter	*v.*	verb

Deutsch-Englisch

A

Heilige Abend *m.* Christmas Eve **6**
Abfahrtszeit, -en *f.* departure time **4**
Abfall, ¨-e *m.* decline **1**
Abflughalle, -n *f.* departure hall/lounge **4**
Abflugzeit, -en *f.* departure time **4**
abgelaufen *v.* expired **4**
abgelegen *adj.* remote
abgelenkt *adj.* distracted **3**
(Bundestags)abgeordnete, -n *m./f.* representative, member (of the Bundestag) **10**
sich (etwas) abgewöhnen *v.* to give (something) up **3**
ablehnen *v.* to reject
Abkommen, - *n.* agreement **10**
Abo(nnement), -s *n.* subscription **5**
abonnieren *v.* to subscribe **3**
abschieben *v.* to deport **4**
abschrecken *v.* to deter; to discourage **8**
Absicht, -en *f.* intention
abstempeln *v.* to label **5**
abstimmen *(über) v.* to vote/to take a vote about **9**
Achterbahn, -en *f.* roller coaster **6**
achtlos *adj.* careless **10**
Agentur, -en *f.* agency **3**
Aktivist, -en/Aktivistin, -nen *m./f.* activist **8**
aktualisieren *v.* to update **7**
aktuellen Ereignisse *pl.* current events **3**
Allee, -n *f.* avenue **2**
Ampel, -n *f.* traffic light **2**
Amt, ¨-er *n.* position, office **9**
sich amüsieren *v.* to have fun **2**
Analogsignal, -e *n.* analog signal **7**
j-n anbeten *v.* to adore someone
anbieten *v.* to offer **4**
Angeber, -/Angeberin, -nen *m./f.* show-off **2**
angenehm *adj.* pleasant **4**
Angestellte, -n *m./f.* employee **9**
Angst, ¨-e *f.* fear **8**
anhalten *v.* to stop **2**
anhängen *v.* to attach **7**
anhänglich *adj.* attached **1**
sich anheben *v.* to rise **1**
Ankunftsbereich, -e *m.* arrival area **4**
Ankunftshalle, -n *f.* arrival(s) terminal
Anlass, ¨-e *m.* occasion **5**
anlegen (in + Dat.) *v.* to invest (in) **9**
es auf etwas anlegen *v.* to aim at something
Anleitung, -en *f.* guideline **8**
annehmen *v.* to accept **1**
(sich) anpassen *v.* to adjust to **2**
j-n anpöbeln *v.* to harass someone
anregen *v.* to prompt; to stimulate **5**
(militante) Anschlag, ¨-e *m.* (militant) attack **8**
Anschluss, ¨-e *m.* connection **4**
Ansehen *n.* reputation **7**
(sich) ansiedeln *v.* to settle **10**
anspielen auf *v.* to allude to
Anspruch, ¨-e *m.* right, entitlement **8**
anstrengend *adj.* exhausting **4**
Antrag, ¨-e *m.* application **4**
Anzeige, -n *f.* newspaper ad **3**
anziehen *v.* to attract **6**
Apparat, -e *m.* machine; instrument **7**
Aquarell, -e *n.* watercolor painting **5**
Arbeitsamt, ¨-er *n.* employment agency **9**
arbeitsfreie Tag, -e *m.* day off **9**
Arbeitskampf, ¨-e *m.* labor dispute **9**
Arbeitsmöglichkeit, en *f.* opportunity to work
Arbeitszeit, -en *f.* work hours **9**
ärgern *v.* to annoy **1**
Armee, -n *f.* armed forces **10**
artgerecht species-appropriate **5**
ästhetisch *adj.* aesthetic **5**
Astronaut, -en/Astronautin, -nen *m./f.* astronaut **7**
Astronom, -en/Astronomin, -nen *m./f.* astronomer **7**
Asylbewerber, -/Asylbewerberin, -nen *m./f.* asylum seeker **4**
Atelier, -s *n.* studio
Atomkraftwerk, -e *n.* nuclear power plant **8**
Attachment, -s *n.* attachment **7**
attraktiv *adj.* attractive **1**
Auferstehung, -en *f.* resurrection **5**
Aufführung, -en *f.* performance **5**
aufgeregt *adj.* excited **1**
aufgezeichnet *adj.* (pre-)recorded **3**
aufhören *v.* to stop **3**
auflösen *v.* to dissolve **10**
aufnehmen *v.* to record (audio) **3**
eine Hypothek aufnehmen *v.* to take out a mortgage **9**
aufregend *adj.* exciting
Aufruhr, -e *m.* uprising **10**
Aufsatz, ¨-e *m.* essay **5**
Aufschwung, ¨-e *m.* recovery **9**
Auftrag, ¨-e *m. commission 5*
aufzeichnen *v.* to record (video) **5**
Aufzucht, -en *f.* raising (of animals) **8**
augenscheinlich *adj.* obvious **2**
Ausbildung, -en *f.* training; development **9**
(sich) ausborgen *v.* to borrow **6**
Ausflug, ¨-e *m.* excursion **4**
(mit j-m) ausgehen *v.* to go out (with) **1**
von etwas ausgehen *v.* to assume something **8**
ausgraben v. to dig up **6**
Ausländer, -/Ausländerin, -nen *m./f.* foreigner **2**
ausnutzen *v.* to take advantage of **9**
einen Ausreiseantrag stellen *v.* to apply for an exit permit **2**
ausscheiden *v.* to eliminate **3**
ausschneiden *v.* to clip **2**
aussteigen *v.* to get out (car); to get off (bus, train) **2**
aussterben *v.* to become extinct **8**
ausstrahlen *v.* to broadcast **3**
Austausch *m.* exchange
austauschen *v.* to exchange **2**
austreten *v.* to use the bathroom **9**
austricksen *v.* to outsmart/ to fool someone **9**

einen Beruf ausüben *v.* to practice a profession **9**
auswandern *v.* to emigrate **1**
Auswanderung, -en *f.* emigration **10**
außergewöhnlich *adj.* exceptional **7**
Autobiographie, -n *f.* autobiography **5**
Autovermietung *f.* car rental **4**
avantgardistisch *adj.* avant-garde **5**

B

Badetuch, ¨-er *n.* towel; beach towel **4**
Bahnsteig, -e *m.* platform **4**
Bärenhunger *m.* ravenous appetite **6**
basteln *v.* to do handicrafts
Bearbeitung, -en *f.* adaptation **3**
sich (bei j-m) bedanken *v.* to thank (someone) **6**
bedauern *v.* to regret **10**
bedeuten *v.* to mean
bedeutend *adj.* significant **7**
Bedrohung, -en *f.* threat **8**
befehlen *v.* to order **5**
etwas befestigen *v.* to secure something
befördern *v.* to transport **7**
Beförderung, -en *f.* promotion **9**
befreien *v.* to liberate **10**
Befugnis, -se *f.* permission **7**
(ein Fest) begehen *v.* to celebrate **6**
begeistert *adj.* enthusiastic **1**
behandeln *v.* to deal with **2**
Behandlung, -en *f.* treatment **7**
Beherrschung *f.* mastery **5**
Behörde, -n *f.* administrative body **4**
Beifall *m.* applause **5**
beitragen zu (+ Dat.) *v.* to add to **7**
belegt *adj.* full; no vacancy **4**
bemerkenswert *adj.* remarkable **7**
benachteiligen *v.* to discriminate **2**
beneiden *v.* to envy **3**
Bengel, - *m.* rascal **6**
(j-n) beobachten *v.* to spy on someone **8;** *v.* to observe
Berater, -/Beraterin, -nen *m./f.* consultant **9**
Bergsteigen *n.* mountain climbing **4**
berichten *v.* to report **3**
Beruf, -e *m.* job **9**
einen Beruf ausüben *v.* to practice a profession **9**
zu etwas berufen sein *v,* to have a vocation/calling for something
eine berufliche Laufbahn (-en) einschlagen *v.* to choose a career path **9**
Berufserfahrung, -en *f.* professional experience **9**
beschäftigen *v.* to employ **9**
Beschäftigung, -en *f.* job; pursuit **4**
Beschäftigungsverhältnis, -se *n.* employment relationship **1**
beschatten *v.* to shadow someone **8**
bescheiden *adj.* modest **1**
j-m Bescheid sagen *v.* to let someone know **1**
Bescherung, -en *f.* gift giving **6**
Beschluss, ¨-e, *m.* decision **1**
sich beschweren (über) *v.* to complain (about) **2**
beschwören *v.* to invoke; to conjure (up)
beseitigen *v.* to eliminate **7**
besessen *adj.* possessed **7**
besichtigen *v.* to tour, visit **4**
besiegen *v.* to defeat **10**
besorgt *adj.* worried **1**
Besprechung, -en *f.* meeting
beständig *adj.* constant(ly)
j-n bestechen *v.* to bribe someone **6**
bestellen *v.* to book **4**; to order; to reserve **6**
ein Zimmer bestellen *v.* to book a room **4**
bestürzt *adj.* upset **1**
Besucher,-/Besucherin, -nen *m./f.* visitor **1**
beträchtlich *adj.* considerable **7**
betragen *v.* to amount to **9**
betreiben *v.* to operate **2**
Betrug *f.* fraud, scam **9**
betrügen *v.* to cheat **9**
Bettler, - *m.* beggar **4**
beurteilen *v.* to judge **8**
Bevölkerung, -en *f.* population **10**
beweisen *v.* to prove **7**
sich (bei j-m) um etwas bewerben *v.* to apply (somewhere) for a job **9**
Bewerbung, -en *f.* bid, application
bewohnen *v.* to inhabit **10**
bewohnt *adj.* inhabited **4**
bewundern *v.* to admire **4**
Eintritt bezahlen *v.* to pay admission **6**
bezaubernd *adj.* charming **1**
beziehen *v.* to get **3**
eine Beziehung führen *v.* to be in a relationship **1**
eine Beziehung haben *v.* to be in a relationship **1**
Bilanzbuchhalter, -/Bilanzbuchhalterin, -nen *m./f.* accountant **9**
Bildhauer, -/Bildhauerin, -nen *m./f.* sculptor **5**
bildhauern *v.* to sculpt **5**
Bildschirm, -e *m.* (TV) screen **3**
Biographie, -n *f.* biography **5**
Biologe, -n/Biologin, -nen *m./f.* biologist **7**
auf dem Laufenden bleiben *v.* to keep up with (news) **3**
auf dem neuesten Stand bleiben *v.* to keep up-to-date **3**
Blumenkohl, -kohlköpfe *m.* cauliflower
blutig *adj.* rare **6**
Bodenschätze *pl.* natural resources **8**
Boot, -e *n.* boat **4**
an Bord *prep.* on board **4**
an Bord des Flugzeuges gehen *v.* to board the plane **4**
Bordkarte, -n *f.* boarding pass **4**
(sich) borgen *v.* to borrow **6**
Börse, -n *f.* stock exchange **9**
böse werden *v.* to get angry **1**
braten *v.* to fry; to roast **6**
Braten, - *m.* roast **6**
Brathähnchen, *-n.* roast chicken **6**
Brauch, ¨-e *m.* custom **6**
Buchhalter, -/Buchhalterin, -nen *m./f.* accountant **9**
Buchhaltung, -en *f.* accountancy **9**
sich bücken *v.* to bend down **8**
Bude, -n *f.* booth **6**
Bühne, -n *f.* stage **5**
bummeln *v.* to stroll **1**
Bummelzug, ¨-e *m.* slow train
Bundeskanzler, -/Bundeskanzlerin, -nen *m./f.* federal chancellor **10**
Bundespräsident, -en/Bundespräsidentin, -nen *m./f.* federal president **10**
Bundesrepublik, -en *f.* federal republic **10**
bundesweit *adj.* nationwide **3**
Bürger, -/Bürgerin, -nen *m./f.* citizen **2**
Bürgerkrieg, -e *m.* civil war **10**
Bürgermeister, -/Bürgermeisterin, -nen *m./f.* mayor
Bürgersteig, -e *m.* sidewalk **2**
Bürokratie, -n *f.* bureaucracy **8**
Bushaltestelle, -n *f.* bus stop

C

Campingplatz, ¨-e *m.* campground **4**
chaotisch *adj.* disorganized **4**
charmant *adj.* charming **1**
Chef, -s/Chefin, -nen *m./f.* boss **9**
Chor, ¨-e *m.* choir **5**
Code, - *m.* code **7**
Comicheft, -e *n.* comic book **3**
Computerwissenschaft, -en *f.* computer science **7**
Copyright, -s *n.* copyright **5**

D

damalig *adj.* of that time **10**
Darlehen, - *n.* loan **9**
Datenbank, -en *f.* database **7**
DDR (Deutsche Demokratische Republik) *f.* GDR (German Democratic Republic) **2**
Demokrat, -en/Demokratin, -nen *m./f.* Democrat **10**
Demokratie, -n *f.* democracy **10**
demokratisch *adj.* democratic **10**
Denkmal, ¨-er *n.* memorial **4**
deprimiert *adj.* depressed **1**
Dichtkunst *f.* poetry **5**
Dichtung, -en *f.* work (of literature, poetry) **5**
Dienststube, -n *f.* office **1**
Digitalsignal, -e *n.* digital signal **7**
Diktatur, -en *f.* dictatorship **10**
direkt *adj.* live **3**
DNS *f.* DNA **7**
Dokumentarfilm, -e *m.* documentary **3**

Dose, -n *f.* (aluminum) can
Dramatiker, -/Dramatikerin, -nen *m./f.* playwright **5**
Drang *f.* urge
Drehbuch, ⸚er *n.* script **3**
drehen *v.* to film **3**
Drohung, -en *f.* threat **8**
drucken *v.* to print **3**
etwas durchdringen *v.* to penetrate something, pierce **7**
durchgebraten *adv.* well-done **6**
durchkreuzen *v.* to thwart **9**
gut durch *exp.* well done **6**

E

E-Book, -s *n.* e-book **7**
Echtheit *f.* authenticity
Ecke, -n *f.* corner; confined, very typical area of a city **2**
Effektivität *f.* effectiveness **1**
Ehepaar, -e *n.* married couple **1**
ehrfürchtig *adj.* reverent
ehrlich *adj.* honest **1**
eifersüchtig *adj.* jealous **2, 1**
eifrig *adj.* eager **2**
einchecken *v.* to check in **4**
einfallen in (+ Akk.) *v.* to invade **10**
einfallsreich *adj.* imaginative **1**
einfältig *adj.* simple(-minded) **3**
Einfluss, ⸚e *m.* influence **1**
einflussreich *adj.* influential **3**
der eingelegte Hering, -e *m.* pickled herring **6**
sich einig sein *v.* to agree **8**
sich einigen über *v.* to come to an agreement about **6**
Einkaufszentrum, -zentren *n.* shopping mall
Einlass, ⸚e *m.* admittance **8**
Einsamkeit *f.* loneliness
einschätzen *v.* to gauge; to evaluate; to assess **8**
eine berufliche Laufbahn (-en) einschlagen *v.* to choose a career path **9**
einsetzen *v.* to employ **7**
einsperren *v.* to imprison **8**
einsteigen *v.* to get in (car); to get on (bus, train) **2**
einstellen *v.* to hire **9**
Einstellung, -en *f.* attitude; opinion **9**
einstimmig *adj.* unanimous **1**
einstürzen *v.* to collapse **3**
Eintopf, ⸚e *m.* stew **6**
Eintritt bezahlen *v.* to pay admission **6**
einwandern *v.* to immigrate **1**
Einwanderung, -en *f.* immigration **10**
Einwegflasche, -n *f.* disposable bottle
Einwohnermeldeamt, ⸚er *n.* registration of address office **4**
Eisdiele, -n *f.* ice-cream parlor **6**
Eisen, -n. iron **7**
eitel *adj.* vain
Elektronik *f.* electronics **7**
Elfenbein *n.* ivory
E-Mail *f.* e-mail **7**
unerwünschte E-Mail *f.* spam e-mail **7**
empfehlen *v.* to recommend **6**
empfindlich *adj.* sensitive **1**
engagieren *v.* to hire
englisch *adj.* rare **6**
Entdeckung, -en *f.* discovery **7**
entfachen *v.* to light (a fire) **6**
Entgegenkommen *n.* courtesy **9**
entlassen *v.* to lay off **9**
sich entpuppen *v.* to turn out to be **2**
Entscheidung, -en *f.* decision **8**
sich entspannen *v.* to relax **4**
enttäuschen *v.* to disappoint **4**
enttäuscht *adj.* disappointed **1**
entwerfen *v.* to design **5**
sich entwickeln *v.* to develop **5**
(Unter)entwicklung, -en *f.* (under)development **7, 10**
Erbe *n.* heritage **1**; inheritance **6**
aktuellen Ereignisse *pl.* current events **3**
etwas erfahren *v.* to find out something
Erfahrung, -en *f.* experience **9**
erfolgreich *adj.* successful **9**
(frei) erfunden *adj.* fictional **5**
ergehen (+ Dat.) *v.* to fare; to get on **10**
erhalten *v.* to conserve, to preserve **8**
Erkenntnis, -se *f.* awareness; insight **8**
erkunden *v.* to explore **4**
etwas erlauben *v.* to permit something, to allow something **10**
sich erledigen *v.* to be done with **7**
ernähren *v.* to nourish **7**
es ernst meinen *v.* to be serious about something **2**
Ernte, - *f.* harvest **4**
erobern *v.* to conquer **10**
Erpressung, -en *f.* blackmail, extortion **2**
erreichen *v.* to achieve **8**
Ersatz, -e *m.* replacement **1**
erscheinen *v.* to come out; to appear; to be published **3**
Erscheinung, -en *f.* appearance; phenomenon **10**
sich erschrecken *v.* to get frightened **3**
j-m etwas ersparen *v.* to spare someone something **2**
Ersparnis, -se *f.* savings **9**
erstaunt *adj.* surprised
j-n erwarten *v.* to expect someone **6**
(sich) erweisen *v.* to prove **2**
Erzähler, -/Erzählerin, -nen *m./f.* narrator **5**
Erziehung, -en *f.* education **8**
Essay, -s *m./n.* essay **5**
Essayist, -en/Essayistin, -nen *m./f.* essayist **5**
eine Kleinigkeit essen *v.* to have a snack **6**
ethisch *adj.* ethical **7**
existieren *v.* to exist
exotisch *adj.* exotic **4**
Experiment, -e *n.* experiment **7**

F

Fachsprache, -n *f.* technical language, terminology
fade *adj.* bland **6**
Fahrer, -/Fahrerin, -nen *m./f.* driver
Fahrspur, -en *f.* lane **2**
Falle, -n *f.* trap **9**
fälschen *v.* to falsify **9**
Familienrat, ⸚e *m.* family council **1**
Familienrolle, -n *f.* role in the family
Farbe, -n *f.* paint **5**
Fasching *f.* carnival (Mardi Gras) **6**
faschistisch *adj.* fascist **10**
fassbar *adj.* comprehensible
Fastnacht *f.* Shrove Tuesday (Mardi Gras) **6**
Fastnachtsdienstag *m.* Shrove Tuesday (Mardi Gras) **6**
fechten *v.* to fence **8**
Feier, -n *f.* celebration **6**
Feierlichkeit, -en *f.* festivity; celebration **6**
feiern *v.* to celebrate **6**
feige *adj.* cowardly **8**
Fensterplatz, ⸚e *m.* window seat **4**
Ferienort, -e *m.* vacation resort **4**
Ferienwohnung, -en *f.* vacation rental **4**
Fernsehserie, -n *f.* TV series **3**
Fernsehwerbung, -en *f.* TV advertisement **3**
ein Fest begehen *v.* to celebrate **6**
festlegen *v.* to determine **10**
j-n festnehmen *v.* to arrest someone
feuern *v.* to fire **9**
Feuerwache, -n *f.* fire station **2**
Figur, -en *f.* character **5**
fiktiv *adj.* fictitious, fictional
Filmemacher, -/Filmemacherin, -nen *m./f.* filmmaker
finanziell *adj.* financial **9**
finster *adj.* dark; grim **10**
Fischen *n.* fishing **4**
flehen *v.* to pray, to beg **4**
fliehen *v.* to flee, to escape **3**
Flitterwochen *pl.; f.* honeymoon **7**
Flugbegleiter, -/Flugbegleiterin, -nen *m./f.* flight attendant **4**
Flugsteig, -e *m.* departure gate **4**
an Bord des Flugzeuges gehen *v.* to board the plane **4**
die Folge, -n *f.* episode **3**
Folklore *f.* folklore **6**
fördern *v.* to promote; to encourage **8**
Förderung, -en *f.* promotion; sponsorship
Forscher, -/Forscherin, -nen *m./f.* researcher **7**
Forschung, -en *f.* research **7**

sich fortpflanzen *v.* to multiply
Fortschritt, -e *m.* progress **7**
Fotograf, -en /Fotografin, -nen *m./f.* photographer
etwas in Frage stellen *v.* to question something **7**
Zimmer frei *v.* vacancy **4**
freie Tag, -e *m.* day off **9**
freihalten *exp.* to keep free **3**
Freiheit, -en *f.* freedom; liberty **8**
Freiheitsstrafe, -n *f.* prison sentence **2**
Fremde, -n *m./f.* stranger **2**
Freundschaft, -en *f.* friendship **1**
Frieden *m.* peace **10**
friedlich *adj.* peaceful
frittiert *adj.* deep-fried **6**
frustriert *adj.* frustrated **4**
fühlen *v.* to feel **1**
sich verlassen fühlen *v.* to feel abandoned **1**
führen *v.* to lead **10**
eine Beziehung führen *v.* to be in a relationship **1**
Fünf-Sterne *adj.* five-star **4**
Fußgänger, -/Fußgängerin, -nen *m./f.* pedestrian **2**

G

Galerie, -n *f.* gallery
Gangplatz, ¨-e *m.* aisle seat **4**
Ganztagsarbeit, -en *f.* full-time job
Gastfreundschaft *f.* hospitality **1**
Gebäude, - *n.* building
eine Wegbeschreibung geben *v.* to give directions **2**
Gebet, -e *n.* prayer **10**
gebraten *adj.* fried; roasted **6**
Geburtenrate, -n *f.* birthrate **10**
Gedenktag, -e *m.* commemoration day **10**
gedünstet *adj.* steamed **6**
gefährdet *adj.* endangered **8**
gefährlich *adj.* dangerous **2**
Gefährt, -e *n.* vehicle **7**
Gefangene, -n *m./f.* prisoner **1**
Gefangenenlager, - *n.* prison camp **1**
Gefängnis, -se *n.* prison **8**
gefroren *adj.* frozen **6**
(Wohn)gegend -en *f.* neighborhood **2**
Geheimnis, -se *n.* secret
an Bord des Flugzeuges gehen *v.* to board the plane **1**
in Rente gehen *v.* to retire **9**
Geld leihen *v.* to borrow money **9**
Geldwechsel *m.* currency exchange **4**
Gelehrte, -n *m./f.* scholar **7**
Gemälde, - *n.* painting **5**
gemäßigt *adj.* moderate **8**
Gemeinde, -n *f.* community **2**
Gen, -e *n.* gene **7**
genial *adj.* highly intelligent **1**
Genre, -s *n.* genre **5**
Geologe, -n/Geologin, -nen *m./f.* geologist **7**
Gepäckausgabe, -n *f.* baggage claim **4**
Gerät, -e *n.* device **7**
außer Kontrolle geraten *v.* to get out of control
gerecht *adj.* fair; just **8**
Gerechtigkeit, -en *f.* justice **8**
Gerichtsgebäude, - *n.* courthouse **2**
gerührt sein *v.* to be touched; to be moved
Geschäftsführer, - /Geschäftsführerin, -nen *m./f.* executive; manager **9**
geschieden *adj.* divorced **1**
Geschmack, ¨-er *m.* taste **4**
Geschworenen *f.* jury **8**
gesellig *adj.* cozy, comfortable **1**
Gesetz *n.* law **8**
Gesetzgebung, -en *f.* law; legislation
ein Gesetz verabschieden *v.* to pass a law **8**
Gesetzverstoß, ¨-e *m.* breach of law **2**
gestalten *v.* to create
sich gestalten *v.* to turn out **7**
Gestapo (Geheime Staatspolizei) *f.* secret police in the 3rd Reich **10**
gestresst *adj.* stressed **3**
gestrichen *adj.* canceled **4**
gesundheitsgefährdend *adj.* harmful to one's health **7**
gewählt werden *v.* to be elected **10**
gewähren *v.* to grant **2**
Gewalt *f.* violence **8**
Gewaltherrschaft, -en *f.* dictatorship **10**
gewalttätig *adj.* violent **10**
Gewerbe, - *n.* trade; business **9**
Gewerkschaft, -en *f.* labor union **9**
Gewissen, - *n.* conscience **8**
(schlechte) Gewissen *n.* (guilty) conscience **3**
Gewissenskonflikt, -e *m.* moral conflict **2**
gießen *v.* to pour **6**
Gift, -e *n.* poison **8**
Glasflasche, -n *f.* glass bottle
gleich *adj.* equal **8**
Gleichheit, -en *f.* equality **8**
Gleitzeit *f.* flexible working hours **4**
Globalisierung, -en *f.* globalization **10**
Graf, -en/Gräfin, -nen *m./f.* count/countess **5**
Grausamkeit, -en *f.* cruelty **8**
Grund, ¨-e *m.* reason **1**
gründlich *adj.* thorough **1**
rote Grütze, -n *f.* red berry pudding **6**
Gut, ¨-er *n.* wares, goods **9**
Gulasch, -e *m./n.* beef stew **6**

H

eine Beziehung haben *v.* to be in a relationship **1**
(j-n/etwas) satt haben *v.* to be fed up (with someone/something) **1**
Schulden haben *v.* to be in debt **9**
Spaß (an etwas) haben *v.* to have fun; to enjoy oneself
halbgar *adv.* medium-rare **6**
Halbpension *f.* half board **4**
halten *v.* to stop **2**
Haltestelle, -n *f.* stop
Handlung, -en *f.* plot **5**
Handwerker, -/Handwerkerin, -nen *m./f.* artisan; craftsman **5**
Häppchen, -n. appetizer **6**
Harmonie, -n *f.* harmony **2**
hassen *v.* to hate **1**
Hauptausgabe, -n *f.* main issue **3**
Heer, -e *n.* army **10**
heilen *v.* to cure **7**
Heiligabend *m.* Christmas Eve **6**
Heilige Abend (der) *m.* Christmas Eve **6**
heiligen *v.* to keep holy (tradition) **6**
Heimat *f.* homeland **1**
heimlich *adj.* secretly **3**
Heimweh *n.* homesickness **1**
heiraten *v.* to marry **1**
Heizung, -en *f.* heating system **6**
Herausforderung, -en *f.* challenge **7**
herausgeben *v.* to publish **3**
sich herausstellen als *v.* to turn out to be **7**
der eingelegte Hering, -e *m.* pickled herring **6**
herrenlos *adj.* abandoned; adrift **1**
herunterladen *v.* to download **7**
hervorragend *adj.* outstanding **6**
hervorspritzen *v.* to squirt out
Herzinfarkt, -e *m.* heart attack **3**
heuchlerisch *adj.* hypocritical
heulen *v.* to cry **6**
hinterherreisen *v.* to follow (somebody's travels) **5**
j-m hinterhersteigen *v.* to chase after someone **2**
Hochzeit, -en *f.* wedding **1**
Hof, ¨-e *m court* **5**
höhnisch *adj.* sneering **5**
Radio hören *v.* to listen to the radio **3**
Horoskop, -e *n.* horoscope **3**
Hürde, -n *f.* hurdle **4**
eine Hypothek aufnehmen *v.* to take out a mortgage **9**

I

Ichling, -e *m.* me-generation, self-centered person
Ideenaustausch *m.* exchange of ideas
Identität, -en *f.* identity **1**
illegal *adj.* illegal **8**
Illustrierte, -n *f.* magazine **3**
Imbiss, -e *m.* snack **2**
Imbissstube, -n *f.* snack bar **6**
Immobilienmarkt, ¨-e *m.* real estate market **9**
impfen *v.* to vaccinate **7**

Impfstoff, -e *m.* vaccine **7**
Informatik *f.* computer science **7**
Informatiker, -/Informatikerin, -nen *m./f.* computer scientist **7**
sich informieren (über + Akk.) *v.* to get/ to stay informed (about) **3**
Inhaber, -/Inhaberin, -nen *m./f.* owner **9**
Inspiration, -en *f.* inspiration
Institution, -en *f.* institution
Integration, -en *f.* integration **10**
integrieren *v.* to integrate **2**
Intelligenz *f.* intelligence **7**
Interview, -s *n.* interview (newspaper, TV, radio) **3**; job interview **9**
Interviewer, -/Interviewerin, -nen *m./f.* interviewer **9**
introvertiert *adj.* withdrawn **5**
irreführend *adj.* misleading, false
Isolation, -en *f.* isolation **2**

J

Jahrhundert, -e *n.* century **10**
Jahrzehnt, -e *n.* decade **10**
Journalist, -en/Journalistin, -nen *m./f.* journalist **3**
Judenstern, -e *m.* Yellow Star (worn by Jews in the Third Reich) **10**
Judenverfolgung, -en *f.* persecution of Jews **10**
Jugendkriminalität *f.* youth crime, juvenile delinquency

K

Kabelfernsehen *n.* cable TV **3**
kabellos *adj.* wireless **7**
Kaiser, -/Kaiserin, -nen *m./f.* emperor/ empress **10**
Kalkulationsverhandlung, -en *f.* price negotiation **3**
Kammermusik *f.* chamber music **5**
Kammerspiele *pl.; n.* intimate/small theater **5**
kämpfen *v.* to fight **8**
Kanufahren *n.* canoeing **4**
Kanzler, -/Kanzlerin, -nen *m./f.* chancellor **10**
Kapellmeister, - *m.* director of music **5**
kapitulieren *v.* to surrender **10**
Karneval *m.* carnival (Mardi Gras) **6**
Karriere, -n *f.* career **9**
Karriereleiter, -n *f.* job ladder **2**
Karrieremacher, - *m.* careerist **3**
Kartoffelbrei, -e/-s *m.* mashed potatoes **6**
Kartoffelpuffer, - *m.* potato pancake **6**
Katastrophe, -n *f.* natural disaster **8**
Kernphysiker, -/Kernphysikerin, -nen *m./f.* nuclear physicist **7**
Kerze, -n *f.* candle **6**
klassisch *adj.* classical **5**
Klatsch *m.* gossip **1**
Kleinanzeige, -n *f.* classified ad **3**
eine Kleinigkeit essen *v.* to have a snack **6**
Klimaerwärmung, -en *f.* global warming **8**
klonen *v.* to clone **7**
Kneipe, -n *f.* pub **6**
Knochen, - *m.* bone **7**
Knödel, - *m.* dumpling **6**
Kollege, -n/Kollegin, -nen *m./f.* colleague **9**
kolonisieren *v.* to colonize **10**
komisch *adj.* comical **5**
mit j-m kommunizieren *v.* to communicate/ to interact with someone
Komödie, -n *f.* comedy **5**
Komponist, -en/Komponistin, -nen *m./f.* composer **5**
Konflikt, -e *m.* conflict **2**
Kongressabgeordnete, -n *m./f.* member of congress
König, -e/Königin, -nen *m./f.* king/queen **10**
Königreich, -e *n.* kingdom **10**
Konjunkturrückgang, ¨-e *m.* recession
Konkurs, -e *m.* bankruptcy **9**
konservativ *adj.* conservative **8**
Konservative, -n *m./f.* Conservative **10**
Konto, -ten *n.* account **9**
außer Kontrolle geraten *v.* to get out of control
Konzentrationslager, - (KZ) *n.* concentration camp **10**
Konzertsaal, -säle *m.* concert hall **5**
Korrespondent, -en/Korrespondentin, -nen *m./f.* correspondent **3**
köstlich *adj.* delicious **6**
Köstlichkeit, -en *f.* delicacy **6**
kräftig *adj.* powerful **10**
krass *adj.* crass, extreme, glaring **9**
kreativ *adj.* creative
Kreis, -e *m.* county **1**
Kreisverkehr, -e *m.* traffic circle **2**
Kreuzfahrt, -en *f.* cruise **4**
Kreuzung, -en *f.* intersection **2**
Krieg, -e *m.* war **10**
Kriminalroman, -e *m.* crime novel **5**
Kriminelle, -n *m./f.* criminal **8**
kulturell *adj.* cultural **6**
Kulturzentrum, -zentren *n.* cultural center
kündigen *v.* to quit **9**
j-m kündigen *v.* to terminate; to fire someone **1**
Kündigung, -en *f.* written notice **1**
schönen Künste *pl.* fine arts **5**
Kunsthandwerker, -/Kunsthandwerkerin, -nen *m./f.* artisan; craftsman **5**
künstlich *adj.* artificial **6**
künstliche Intelligenz *f.* artificial intelligence **7**
kurzfristig *adj.* short-term **9**

L

sich laben an (+ Dat.) *v.* to refresh oneself **6**
Lachshäppchen, - *n.* salmon appetizer **6**
Lampenfieber *n.* stage fright **5**
landesverräterische Nachrichtenübermittlung *f.* traitorous information transmission **2**
Landschaft, -en *f.* countryside; scenery **8**
Landung, -en *f.* landing **4**
langfristig *adj.* long-term **9**
Langlauf *m.* cross-country skiing **4**
locker lassen *v.* to give up **2**
sich scheiden lassen (von j-m) *v.* to get divorced (from) **1**
im Stich lassen *v.* to abandon (someone) **2**
Last, -en *f.* burden
eine berufliche Laufbahn (-en) einschlagen *v.* to choose a career path **9**
Spießruten laufen *v.* to run the gauntlet **9**
auf dem Laufenden bleiben *v.* to keep up with (news) **3**
Laut, -e *m.* sound **4**
laut *adj.* noisy **2**
Lebenslauf, ¨-e *m.* résumé **9**
Lebensraum, ¨-e *m.* habitat **8**
Lebensstandard, -e *m.* standard of living **10**
Lebewesen, - *n.* living creature **7**
lebhaft *adj.* lively **2**
lecker *adj.* delicious **6**
ledig *adj.* single (unmarried) **1**
leer *adj.* empty **2**
legal *adj.* legal **8**
leicht *adj.* light **6**
leicht durchgebraten *adv.* medium rare **6**
leicht zu vergessen *exp.* forgettable **1**
leidenschaftlich *adj.* passionate **5**
leihen *v.* to borrow **9**
Leihhaus, ¨-er *n.* pawn shop **6**
Leinwand, ¨-e *f.* movie screen **3**
leiten *v.* to manage **9**
liberal *adj.* liberal **8**
Liberale, -n *m./f.* Liberal **10**
Lichtjahr, -e *n.* light-year **7**
Liebe *f.* love **1**
Liebe auf den ersten Blick *exp.* love at first sight **1**
liebebedürftig *adj.* in need of affection **1**
lieben *v.* to love **1**
liebenswürdig *adj.* kind
liebevoll *adj.* affectionate **1**
Liedermacher, -/Liedermacherin, -nen *m./f.* songwriter **5**
liegen *v.* to be located **2**
live *adj.* live **3**
Liveübertragung, -en/Livesendung, -en *f.* live broadcast **3**
loben *v.* to praise
locken *v.* to allure **8**
Lohn, ¨-e *m.* wage **9**
sich lohnen *v.* to be worth it **4**
Lohnfortzahlung, -en *f.* wage continuation **9**
Lokalzeitung, -en *f.* local paper **3**
lösen *v.* to solve
Lüge, -n *f.* lie **10**
lügen *v.* to lie **1**
Lust *f.* pleasure **5**

lustig *adj.* humorous **5**
luxuriös *adj.* luxurious **4**

M

sich selbstständig machen *v.* start one's own business **9**
Überstunden *pl.* **(machen)** *n.* (to work) overtime **9**
mächtig *adj.* powerful **8**
Machtmissbrauch, ¨-e *m.* abuse of power **8**
malen *v.* to paint **5**
Maler, -/Malerin, -nen *m./f.* painter **5**
Malheur, -s *n.* mishap **10**
Mängel *pl.; m.* shortcomings **1**
Märchen, - *n.* fairy tale **4**
Mathematiker, -/Mathematikerin, -nen *m./f.* mathematician **7**
medium *adv.* medium-rare **6**
mehrsprachig *adj.* multilingual **10**
Meinung, -en *f.* opinion **8**
Meinungsumfrage *f.* opinion poll; survey **3**
Meisterschaft, -en *f.* championship **2**
Meisterwerk, -e *n.* masterpiece **5**
Menschengeschlecht *n.* humankind
Menschenrechte *f.* human rights **8**
Menschheit *f.* mankind **7**
Merkmal, -e *n.* characteristic **2**
messen *v.* to measure **4**
mieten *v.* to rent (house, car) **4**
Mieter, -/Mieterin, -nen *m./f.* tenant **2**
Mindestlohn, ¨-e *m.* minimum wage **9**
mischen *v.* to mix
missbrauchen *v.* to abuse **8**
Mitbewohner, -/Mitbewohnerin, -nen *m./f.* apartment-mate **2**
Mitleid *n.* compassion **6**
zum Mitnehmen *adj.* (food) to go **6**
Mittelgebirge, - *n.* low mountain range **8**
monarchisch *adj.* monarchic **10**
Monatsschrift, -en *f.* monthly magazine **3**
Moralkodex, -e *m.* code of ethics **7**
Motto, -s *n.* theme **6**
Müllentsorgung *f.* waste management
Mülltourismus *m.* garbage tourism
Mülltrennung *f.* waste separation
multikulturell *adj.* multicultural **10**
Musical, -s *n.* musical **5**
müßig *adj.* idle **7**
Muttersprache, -n *f.* native language **10**

N

Nachbar, -n/Nachbarin, -nen *m./f.* neighbor **2**
Nachbarschaft *f.* neighborhood
n. Chr. (nach Christus) A.D., C.E. **10**
Nachfahr, -en/Nachfahrin, -nen *m./f.* descendant **1**
nachhaltig *adj.* sustainable **8**
Nachhaltigkeit *f.* sustainability **8**
Nachrichten *pl.* (radio/television) news **3**
Nachrichten beziehen *v.* to get the news **3**
Nachrichtensendung, -en *f.* news program; newscast **3**
landesverräterische Nachrichtenübermittlung *f.* traitorous information transmission **2**
Nachsicht *f.* leniency **10**
Nachsynchronisation, -en *f.* dubbing **3**
Nachteil, -e *m.* disadvantage **8**
Nachtleben *n.* nightlife **2**
Nanotechnologie, -n *f.* nanotechnology **7**
Nashorn, ¨-er *n.* rhino(ceros) **10**
Naturlehrpfad, -e *m.* nature trail **8**
Naturschützer, -/Naturschützerin, -nen *m./f.* conservationist **8**
Nebenbuhler, -/Nebenbuhlerin, -nen *m./f.* rival (in love)
Netzwerk, -e *n.* network **7**
neugierig *adj.* curious **8**
Neuigkeit, -en *f.* news story ; news item **3**
Niederlage, -n *f.* defeat **10**
Niedriglohn, ¨-e *m.* low wage **1**
Notarzt, ¨-e *m.* doctor on emergency call **3**
Noten *pl.* sheet music **10**
Notwendigkeit *f.* necessity
Novelle, -n *f.* novella **5**
Nuklearphysiker, -/Nuklearphysikerin, -nen *m./f.* nuclear physicist **7**

O

Obdachlose, -n *m./f.* homeless person **10**
Oberfläche, -n *f.* surface **5**
objektiv *adj.* impartial; unbiased **3**; objective
öffentliche Personennahverkehr (ÖPNV) *m.* public transportation **2**
öffentliche Sicherheit *f.* public safety **8**
öffentlichen Verkehrsmittel *f.* public transportation **2**
Ökologie, - *f.* ecology **8**
Ölgemälde, - *n.* oil painting **5**
Olympia-Bewerbung, -en *f.* bid for Olympic Games
Oper, -n *f.* opera **5**
Operette, -n *f.* operetta **5**
Opfer, - *n.* victim **7**
ÖPNV (öffentliche Personennahverkehr) *m.* public transportation **2**
optimistisch *adj.* optimistic **1**
Orchester, - *n.* orchestra **5**
ordentlich *adj.* tidy **4**
Ordnung *f.* order **1**
organisieren *v.* to organize **4**
organisiert *adj.* organized
Ostermontag *m.* Easter Monday **6**
Ostern *f.* Easter **6**

P

Paar, -e *n.* couple **1**
parken *v.* to park
(politische) Partei, -en *f.* (political) party **10**
pazifistisch *adj.* pacifist **8**
Pension, -en *f.* guest house **4**
(Halb/Voll)pension *f.* (half/full) board **4**
Personalausweis, -e *m.* ID card **4**
Personalmanager, -/Personalmanagerin, -nen *m./f.* personnel manager **9**
öffentliche Personennahverkehr (ÖPNV) *m.* public transportation **2**
persönlich *adj.* personal **2**
pessimistisch *adj.* pessimistic **1**
Pfand *n.* deposit
Pfandleiher, - *m.* pawn broker **6**
Pfeil, -e *m.* arrow **5**
pfeilschnell *adj.* as swift as an arrow
Pfingsten *f.* Pentecost **6**
Pfingstmontag *m.* Pentecost Monday **6**
Pflegefall, ¨-e *m.* nursing case **2**
pflegen *v.* to cultivate **1**
pflücken *v.* to pick **4**
Physiker, -/Physikerin, -nen *m./f.* physicist **7**
pikant *adj.* spicy **6**
Pilger, -e *m.* pilgrim **4**
Pilgerschaft, -en *f.* pilgrimage **4**
Pinsel, - *m.* paintbrush **5**
Platz, ¨-e *m.* seat **4**
Platz sparen *v.* to save space **1**
(Weihnachts)plätzchen, - *n.* (Christmas) cookie **6**
plaudern *v.* to chat **2**
Poesie *f.* poetry **5**
Politik, - *f.* politics **8**
Politiker, -/Politikerin, -nen *m./f.* politician **10**
Polizeibeamte, -n/Polizeibeamtin, -nen *m./f.* police officer **2**
Polizeirevier, -e *n.* police station **2**
Polizeiwache, -n *f.* police station **4**
Porträt, -s *n.* portrait **5**
Praktikant, -en/Praktikantin, -nen *m./f.* intern; trainee **9**
Präsident, -en/Präsidentin, -nen *m./f.* president **10**
preisen *v.* to praise **2**
preisgekrönt *adj.* award-winning **5**
Preisklasse, -n *f.* price category **4**
preiswert *adj.* good value **4**
Pressefreiheit *f.* freedom of the press **3**
Pressemitteilung, -en *f.* press release **2**
Pressenotiz, -en *f.* news story; news item **3**
privat *adj.* private **2**
Privatsphäre, -n *f.* privacy **2**
Probe, -n *f.* rehearsal **5**
Prosa *f.* prose **5**
Prospekt, -e *m.* brochure **4**
protestieren (gegen) *v.* to protest **10**
j-n prügeln *v.* to beat up someone
Publikum *n.* audience **5**

Q

quälen *v.* to torture
Qualifikation, -en *f.* qualification(s) **9**

Qualitätskontrolle, -n *f.* quality control **1**
Quatsch *m.* nonsense **5**
Quelle, -n *f.* source
Quittung, -en *f.* receipt **5**

R

Radio, -s *n.* radio **3**
Radio hören *v.* to listen to the radio **3**
Radiosender, - *m.* radio station **3**
Rampenlicht, -er *n.* limelight
Rassismus *m.* racism **10**
Rathaus, ¨-er *n.* city/town hall **2**
ratsam *adj.* advisable **4**
realistisch *adj.* realistic **5**
(mit j-m) rechnen *v.* to count on somebody **1**
Rechner, - *m.* computer **7**
Rechtsanwalt, ¨-e/Rechtsanwältin, -nen *m./f.* lawyer **8**
Rechtschreibung, -en *f.* correct spelling **3**
rechtzeitig *adj.* on time **3**
recyceln *v.* to recycle **8**
Redakteur, -e/Redakteurin, -nen *m./f.* editor
Regel, -n *f.* rule **1**
regieren *v.* to govern **10**
Regierung, -en *f.* government **2**
Regierungssystem, -e *n.* system of government **10**
Regisseur, -e/Regisseurin, -nen *m./f.* director **5**
reif *adj.* mature **1**
Reim, -e *m.* rhyme **5**
reinschieben *v.* to insert **3**
Reklame, -n *f.* TV ad(vertisement) **3**
Reklametafel, -n *f.* billboard **2**
renommiert *adj.* reputable **3**
rentabel *adj.* profitable, cost-efficient **1**
in Rente gehen *v.* to retire **9**
Reporter, -/Reporterin, -nen *m./f.* reporter **3**
Republik, -en *f.* republic **10**
Republikaner, -/Republikanerin, -nen *m./f.* Republican **10**
republikanisch *adj.* republican **10**
Republikflucht *f.* defection from East to West Germany **2**
Reservierung, -en *f.* reservation **6**
retten *v.* to save; to rescue **8**
Rettung, -en *f.* rescue **10**
Rezession, -en *f.* recession **9**
Richter, -/Richterin, -nen *m./f.* judge **8**
Richtung, -en *f.* direction **2**
Robotertechnik, -en *f.* robotics **7**
Rolle, -n *f.* role, part **1**
Roman, -e *m.* novel **5**
röntgen *v.* to x-ray **7**
rücksichtslos *adj.* inconsiderate **8**
ruhig *adj.* quiet **1**
Rumänien *n.* Romania **1**
rumstehen *v.* to stand around **3**
Rundfunk *m.* radio; broadcasting **3**
runterladen *v.* to download **7**
Rute, -n *f.* rod **6**

S

Sachverhalt *m.* fact **2**; circumstance
j-m Bescheid sagen *v.* to let someone know **1**
salzig *adj.* salty **6**
Sanierungskonzept, -e *n.* recovery plan **1**
satirisch *adj.* satirical **5**
(j-n/etwas) satt haben *v.* to be fed up (with someone/something) **1**
Satz, ¨-e *m.* rate **9**
Sauerbraten, - *m.* braised beef marinated in vinegar **6**
Sauerstoff *m.* oxygen **7**
Säule, -n *f.* pillar **9**
Schaf, -e *n.* sheep
Schaffner, -/Schaffnerin, -nen *m./f.* conductor **4**
schälen *v.* to peel **6**
Schallplatte, -n *f.* (vinyl) record **3**
sich schämen für + Akk./(wegen + Gen.) *v.* to be ashamed of **1**
Schauspiel, -e *n.* play **5**
Schauspieler, -/Schauspielerin, -nen *m./f.* actor/actress
Schautafel, -n *f.* information boards, posters **10**
sich scheiden lassen (von j-m) *v.* to get divorced (from) **1**
Schein *m.* glow **4**
scheußlich *adj.* horrible **6**
Schicksal, -e *n.* fate **2**
schildern *v.* to describe **3**; to narrate
Schlacht, -en *f.* battle **10**
Schlafsack, ¨-e *m.* sleeping bag **4**
sich schlagen *v.* to beat each other (up) **8**
Schlager, - *m.* hit (music) **5**
Schlagsahne *f.* whipped cream **6**
Schlagwort, ¨-er *n.* slogan **8**
Schlagzeile, -n *f.* headline **2**
Schlange *f.* line **4**
(in der) Schlange stehen *v.* to stand in line **4**
(schlechte) Gewissen (das) *n.* (guilty) conscience **3**
schlendern *v.* to walk leisurely; to stroll **1**
schluchzen *v.* to sob **1**
Schluck, -e *n.* sip **6**
schmackhaft *adj.* flavorful **2**; tasty **6**
schmeicheln *v.* to flatter **5**
Schmerzfreiheit *f.* to be free of pain **7**
schneiden *v.* to cut up; to chop **6**
Schnellimbiss, -e *m.* snack bar **6**
Schnitzel, - *n.* meat cutlet **6**
Schnorchel, - *m.* snorkel
schnorcheln *v.* to snorkel **4**
schrecklich *adj.* terrible **6**
Schriftsteller, -/Schriftstellerin, -nen *m./f.* writer **5**
schüchtern *adj.* shy **1**
Schulden *pl.* debt **9**
Schulden haben *v.* to be in debt **9**
Schuldgefühl, -e *n.* sense of guilt **3**
schuldig *adj.* guilty **8**
Schutz *m.* protection
schützen *v.* to protect **8**
schwanger *adj.* pregnant **6**
schwärmen... für *v.* to adore **5**
Schweißausbruch, ¨-e *m.* breaking into a sweat **3**
Schweinekotelett, -s *n.* pork chop **6**
Seebad, ¨-er *n.* seaside resort **4**
Seele, -n *f.* soul **1**
Seelenverwandte, -n *m./f.* soul mate **1**
Segelboot, -e *n.* sailboat **4**
segeln *v.* to sail **4**
Sehenswürdigkeit, -en *n.* place of interest, sight **4**
Seifenoper, -n *f.* soap opera **2**
sich einig sein *v.* to agree **8**
gerührt sein *v.* to be touched; to be moved
auf dem neuesten Stand sein *v.* to be up-to-date **3**
verheiratet sein (mit j-m) *v.* to be married (to) **1**
vernetzt sein *v.* to be a part of a network **8**
Sekretär, -/Sekretärin, -nen *m./f.* secretary **9**
Selbstbedienungsrestaurant, -s *n.* cafeteria **6**
Selbstmitleid *n.* self-pity **10**
selbstgemacht *adj.* homemade **6**
Selbstporträt, -s *n.* self-portrait **5**
sich selbstständig machen *v.* to start one's own business **9**
senden *v.* to broadcast **3**
Sendung, -en *f.* TV program **2**
Sense, -n *f.* scythe **1**
sicher *adj.* safe **2**
Sicherheit, -en *f.* security; safety **8**
öffentliche Sicherheit *f.* public safety **8**
Sicherheitsbedienstete, -n *m.* security guard
Sicherheitskontrolle, -n *f.* security check **4**
siedeln *v.* to settle **1**
Siedlung, -en *f.* settlement **1**
Sieg, -e *m.* victory **10**
siegreich *adj.* victorious **10**
Signal, -e *n.* signal **7**
Silvester *m.* New Year's Eve **6**
Sitz, -e *m.* headquarters **3**
Skandal, -e *m.* scandal **10**
Skiausrüstung, -en *f.* ski equipment **4**
Skihang, ¨-e *m.* ski slope **4**
Skilanglauf *m.* cross-country skiing **4**
Skilift, -e *m.* ski lift **4**
Skipass, ¨-e *m.* ski pass **4**
Skiurlaubsort, -e *m.* ski resort **4**
skizzieren *v.* to sketch **5**
Sklaverei *f.* slavery **10**
Skulptur, -en *f.* sculpture **5**

sonnenbaden *v.* to sunbathe **4**
Sonnenbrand, ¨e *m.* sunburn **4**
Sonnencreme, -s *f.* sunblock **4**
Sonnenschirm, -e *m.* beach umbrella/parasol **4**
Sonnenschutzcreme, -s *f.* sunblock **4**
sorgfältig *adj.* careful **1**
Soundtrack, -s *m.* soundtrack **2**
Sozialdemokrat, -en/Sozialdemokratin, -nen *m./f.* Social-Democrat **10**
sparen *v.* to save **9**
  Platz sparen *v.* to save space **1**
Spaß (an etwas) haben *v.* to have fun; to enjoy oneself
Spaten, - *m.* spade **6**
Spätzle *f.* spaetzle; Swabian noodles **6**
Special Effects *f.* special effects **2**
spielen *v.* to take place (story, play) **5**
Spielregeln *pl.; f.* rules (of the game) **9**
Spielzeugland *n.* toyland **10**
Spießruten laufen *v.* to run the gauntlet **9**
spotten *v.* to mock **5**
Sprachkenntnisse *pl.; f.* linguistic proficiency **2**
spritzen *v.* to squirt
Spruch, ¨e *m.* saying **7**
Spur, -en *f.* lane **2**
SS (Schutzstaffel) *f.* personal guard unit for Adolf Hitler **10**
Staatsangehörigkeit, -en *f.* citizenship, nationality **2**
Staatsbürgerschaft, -en *f.* citizenship **10**
Stadtplanung, -en *f.* city/town planning **2**
Stadtrand, ¨er *m.* outskirts **2**
Stadtzentrum, -zentren *n.* city/town center; downtown
Stammzelle, -n *f.* stem cell **7**
auf dem neuesten Stand sein *v.* to be up-to-date **3**
stark *adj.* powerful **10**
Stasi (Staatssicherheit) *f.* secret police (former GDR) **2**
Stau, -s *m.* traffic jam **2**
(in der) Schlange stehen *v.* to stand in line **4**
Stelle, -n *f.* position **9**
einen Ausreiseantrag stellen *v.* to apply for an exit permit **2**
etwas in Frage stellen *v.* to question something **7**
Stellungnahme, -n *f.* comment, position **9**
Fünf-Sterne *adj.* five-star **4**
Steuer, -n *f.* tax **9**
Stich, -e *m.* sting; prick **1**
im Stich lassen *v.* to abandon (someone) **2**
still *adj.* quiet **8**
Stillleben, - *n.* still life **5**
stimmen *v.* to vote **10**
stöhnen *v.* to moan **4**
stolz *adj.* proud **1**
stoppen *v.* to stop **2**
Storch, ¨e *m.* stork **8**
stoßen (auf) to hit; to run into **2**
strafbar *adj.* punishable **2**
Straftat, -en *f.* criminal act **8**
Strandsonnenschirm, -e *m.* beach umbrella/parasol **4**
Strandtuch, ¨er *n.* towel; beach towel **4**
streicheln *v.* to caress **4**
Streik, -s *m.* strike **9**
(sich) streiten *v.* to fight (verbally); to argue
stressig *adj.* stressful **4**
Strophe, -n *f.* stanza; verse **5**
Stück, -e *n.* play **5**
stumm *adj.* silent
Stundennachweis, -e *m.* hourly timesheet **1**
stürzen *v.* to overthrow **10**
subjektiv *adj.* partial; biased **3**; subjective
subventionieren *v.* to fund **8**
Sucht, ¨e *f.* addiction **7**
Surfbrett, -er *n.* surfboard **4**
surfen *v.* to surf **4**
Synchronisation, -en *f.* dubbing **3**
synchronisieren *v.* to dub (a film) **3**

T

arbeitsfreie Tag, -e *m.* day off **9**
freie Tag, -e *m.* day off **9**
Tatverdacht *m.* suspicion (of wrongdoing) **8**
taufen *v.* to baptize **6**
tauschen *v.* to swap **3**
täuschen *v.* to deceive
Technik, -en *f.* engineering; technology **7**
Teil, -e *m.* section **3**
teilen *v.* to divide
etwas teilen *v.* to share something **1**
Teilzeitarbeit, -en *f.* part-time job **9**
Teilzeitstelle, -n *f.* part-time job **9**
Telekommunikation, -en *f.* telecommunication **7**
Terrorismus, - *m.* terrorism **8**
Terrorist, -en/Terroristin, -nen *m./f.* terrorist **8**
  terroristische Vereinigung, -en *f.* terrorist organization **8**
Theaterstück, -e *n.* play **5**
Ton *m.* clay **5**
traditionell *adj.* traditional **6**
tragisch *adj.* tragic **5**
sich trauen *v.* to dare **5**
Trauerspiel, -e *n.* tragedy **5**
träumen *v.* to dream **1**
treiben *v.* to drive; force **4**; *v.* to do
sich (von j-m) trennen *v.* to break up (with) **1**
treu *adj.* faithful **1**
trinkbar *adj.* drinkable **8**
Türhüter, - *m.* gatekeeper **8**

U

U-Bahnhof, ¨e *m.* subway station **2**
U-Bahn-Station, -en *f.* subway station **2**
überarbeitet *adj.* overworked **3**
überfüllt *adj.* crowded **2**
überparteilich *adj.* impartial; unbiased **2**
überqueren *v.* to cross (road, river, ocean) **2**
Überraschungsangriff, -e *m.* sneak attack **8**
überspitzt *adj.* exaggerated **8**
Überstunden *pl.* **(machen)** *f.* (to work) overtime
übertragen *v.* to broadcast **2**
übertreiben *v.* to exaggerate
Übervölkerung, -en *f.* overpopulation **10**
Überwachungsstaat, -en *f.* surveillance state **8**
überwältigen *v.* to overwhelm
überwinden *v.* to overcome **10**
Umfeld, -er *n.* (personal) environment
Umfrage *f.* opinion poll; survey **3**
sich ummelden *v.* to register one's change of address **4**
umstritten *adj.* controversial **7**
umweltfreundlich *adj.* environmentally friendly **8**
Umweltpolitik *f.* environmental policy
Umweltschutz *m.* environmental conservation **8**
Umweltverschmutzung, -en *f.* pollution **8**
umziehen *v.* to move **2**
unehrlich *adj.* dishonest **1**
Unempfindlichkeit, -en *f.* insensitivity **10**
unentbehrlich *adj.* indispensable
unerwartet *adj.* unexpected **2**
unerwünschte E-Mail *f.* spam e-mail **7**
ungerecht *adj.* unfair; unjust **8**
ungewöhnlich *adj.* unusual **5**
ungleich *adj.* unequal **8**
unkonzentriert *adj.* lacking concentration **3**
Unmenschlichkeit, -en *f.* inhumanity **8**
unmoralisch *adj.* unethical **7**
Unmut *m.* discontent **10**
unparteilich *adj.* impartial; unbiased **3**
unrecht *adj.* wrong **7**
unreif *adj.* immature **1**
unschuldig *adj.* innocent **8**
Untat, -en *f.* atrocious deed **10**
Unterbringung, -en *f.* accommodations **2**
unterdrücken *v.* to oppress **10**
unterdrückt *adj.* oppressed **8**
(Unter)entwicklung, -en *f.* (under)development **10**
sich unterhalten *v.* to converse
Unterkunft, ¨e *f.* lodging, accommodation **4**
mit Text unterlegen *v.* to set words to a tune **5**
unterschiedlich *adj.* different **8**
Unterstellung, -en *f.* allegation **2**
unterteilen *v.* to subdivide **10**

Untertitel, - *m.* subtitle **3**
untreu *adj.* unfaithful **1**
unvergesslich *adj.* unforgettable **1**
unvermögend *adj.* unable
Urheberrecht, -e *n.* copyright **5**
Urlaubstag, -e *m.* day off **9**
Urlaubsziel, -e *n.* vacation destination **4**
Ursprung, ¨-e *m.* origin **1**
urteilen (über) *v.* to judge **10**
USB-Stick, -s *m.* flash drive **7**

V

Veganer, -/Veganerin, -nen *m./f.* vegan **6**
Vegetarier, -/Vegetarierin, -nen *m./f.* vegetarian **6**
vegetarisch *adj.* vegetarian **6**
Verabredung, -en *f.* date **1**
ein Gesetz verabschieden *v.* to pass a law **8**
veranstalten *v.* to organize **6**
(sich) verbergen *v.* to hide **2**
verbessern *v.* to improve **2**
Verbot, -e *n.* ban **8**
verbrauchen *v.* to consume **8**
Verbrechen, - *n.* crime **2**
verdienen *v.* to earn **9**
verehren *v.* to adore **1**
Verehrung, -en *f.* admiration; respect
Verein, -e *m.* association; club **3**
Vereinigung, -en *f.* unification **2**
terroristische Vereinigung, -en *f.* terrorist organization **8**
vereinsamen *v.* to grow lonely **5**
sich verfahren *v.* to get/to be lost (by car) **2**
verfluchen *v.* to curse **8**
verfügen über (+ Akk.) *v.* to have at one's disposal **7**
verführen *v.* to seduce **5**
vergehen *v.* to pass away
vergehen vor (+ Dat.) *v.* to be dying of **10**
vergelten *v.* to repay **10**
leicht zu vergessen *exp.* forgettable **1**
vergesslich *adj.* forgetful **1**
Vergünstigung, -en *f.* preferential treatment **2**
verhaften *v.* to arrest **8**
Verhaltenskodex *m.* code of conduct **7**
sich verheiraten (mit j-m) *v.* to get married (to)
verheiratet sein (mit j-m) *v.* to be married (to) **1**
Verhör, -e *n.* interrogation **2**; questioning **8**
Verkaufsstand, ¨-e *n.* booth **6**
Verkehr *m.* traffic
Verkehrsampel, -n *f.* traffic light
Verkehrsmittel, - *n.* means of transportation **4**
öffentlichen Verkehrsmittel *f.* public transportation **2**
Verkehrsschild, -er *n.* traffic sign **2**
Verkehrsstau, -s *m.* traffic jam **2**
Verkehrszeichen, - *n.* traffic sign **2**
verklagen *v.* to take to court **7**
sich verkleiden *v.* to disguise **9**
Verkleidung, -en *f.* disguise **6**
verklemmt *adj.* inhibited **5**
Verknüpfung, -en *f.* combination **5**
Verlagshaus, ¨-er *n.* publishing house **3**
verlängern *v.* to extend **4**
verlassen *v.* to leave **1**
(sich) verlassen (auf + Akk.) *v.* to rely on **1**
sich verlassen fühlen *v.* to feel abandoned **1**
sich verlaufen *v.* to get/to be lost (by foot) **2**
Verleger, -/Verlegerin, -nen *m./f.* publisher **3**
sich verlieben (in + Akk.) *v.* to fall in love (with) **1**
verliebt (in + Akk.) *adj.* in love (with) **1**
sich verloben (mit j-m) *v.* to get engaged (to) **1**
verlobt *adj.* engaged **1**
Verlobte, -n *m./f.* fiancé(e) **1**
verlockend *adj.* tempting **9**
sich vermählen mit *v.* to marry **6**
vermengen *v.* to mix (up) **9**
Vermietung *f.* rental **4**
vermitteln *v.* to convey **5**
Vermögen, - *n.* assets **9**
Vermutung, -en *f.* speculation **9**
vernetzt sein *v.* to be a part of a network **8**
Verpfändung, -en *f.* pledge (of goods) **9**
j-n verprügeln *v.* to beat up someone
verraten *v.* to betray **5**
etwas verraten *v.* to reveal something **10**
Verräter, -/Verräterin, -nen *m./f.* traitor **2**
verrichten *v.* to perform, to carry out **10**
Versagen *n.* failure **8**
verschieden *adj.* various **4**
verschmelzen *v.* to merge **10**
Verschmutzung, -en *f.* pollution **8**
verschonen *v.* to spare **10**
verschreiben *v.* to prescribe **9**
verschwimmen *v.* to become blurred **1**
verschwinden *v.* to disappear **10**
Verschwinden *n.* disappearance **10**
versiegelt *adj.* sealed **4**
verspätet *adj.* delayed **4**
Verspätung, -en *f.* delay; late arrival **4**
verspotten *v.* to make fun of **7**
etwas versprechen *v.* to promise something **3**
verständnisvoll *adj.* understanding **1**
verteidigen *v.* to defend **8**
vertrauen (+ Dat.) *v.* to trust **1**
vertrauensvoll *adj.* trusting
vertreiben *v.* to expel **10**
Vertreter, - *m.* representative **5**
verunstalten *v.* to deface **5**
Verwaltung, -en *f.* administration **8**
verwandeln *v.* to change **5**
Verwandtschaft *f.* relatives
Verwechslung, -en *f.* mistaken identity **4**
verwitwet *adj.* widowed **1**
verzerren *v.* to distort **10**
Videoüberwachungssystem, -e *n.* video security system
Vielfalt *f.* variety **2**
(Wohn)viertel, - *n.* neighborhood **2**
Volksmusik, -en *f.* folk music **6**
Volkstanz, ¨-e *m.* folk dance **6**
volkstümlich *adj.* folksy **2**
voll *adj.* full **2**
voll belegt *adj.* full; no vacancy **4**
vollkommen *adv.* completely
Vollpension *f.* full board **4**
Vollzeitstelle, -n *f.* full-time job **9**
vorbeigehen *v.* to walk past **2**
v. Chr. (vor Christus) B.C. **10**
Vorfahr ancestors **1**
Vorfreude, -n *f.* anticipation **6**
vorhanden sein *v.* to exist **7**
vorläufig *adj.* temporary **4**
Vorort, -e *m.* suburb **2**
Vorruhestandsregelung, -en *f.* early retirement plan **9**
vorsichtig *adj.* cautious **1**
Vorstellungsgespräch, -e *f.* job interview **9**
Vorteil, -e *m.* advantage **8**
v. u. Z. [vor unserer Zeit (rechnung)] B.C.E. **10**
vorzüglich *adj.* exquisite **5**
verzweifelt *adj.* frantic; distraught **8**

W

Wache, -n *f.* police station **4**
Waffe, -n *f.* weapon **10**
wagemutig *adj.* daring **3**
Wahl, -en *f.* election **8**
wählen *v.* to elect; to vote **10**
Wahlniederlage, -n *f.* election defeat **10**
Wahlsieg, -e *m.* election victory **10**
Wahrsager, -/Wahrsagerin, -nen *m./f.* fortune teller **9**
Währung, -en *f.* currency **9**
Wanderer, -/Wanderin, -nen *m./f.* hiker **4**
wandern *v.* to hike **4**
Wanderweg, -e *m.* hiking trail **4**
Wechsel *m.* exchange **4**
Wechselstube -n *f.* currency exchange **9**
eine Wegbeschreibung geben *v.* to give directions **2**
wegrutschen *v.* to slide away **1**
Weihnachten *n.; pl.* Christmas **6**
Weihnachtsfest, -e *n.* Christmas **6**
Weihnachtsmann, ¨-er *m.* Santa Claus **6**
weiterrücken *v.* to move on
Weltall *n.* universe **7**
wenden *v.* to turn (around) **2**
Werbekampagne, -n *f.* advertising campaign **7**
Werbespot, -s *m.* commercial
Werbung, -en *f.* advertisement **3**
böse werden *v.* to get angry **1**

gewählt werden *v.* to be elected **10**
Wert, -e *m.* value, worth **1**
Wettkampf, ¨-e *m.* competition **6**
widerlich *adj.* disgusting **6**
sich widmen *v.* to dedicate oneself **8**
Wiedervereinigung, -en *f.* reunification **2**
wiederverwertbar *adj.* recyclable **8**
wiederverwerten *v.* to recycle **8**
Wiese, -n *f.* meadow **6**
wirken auf etwas *v.* to have an effect on something
Wirtschaftskorruption *f.* corporate corruption **9**
Wirtschaftskrise, -n *f.* economic crisis **9**
Wirtshaus, ¨-er *n.* inn **4**
Witwer, -/Witwe, -n *m./f.* widower/widow **1**
Wochenzeitschrift, -en *f.* weekly magazine **3**
Wochenzeitung, -en *f.* weekly newspaper **3**
Wohlstand *m.* prosperity **7**
Wohnmobil, -e *n.* RV, motor home **4**
Wolkenkratzer, - *m.* skyscraper **2**
sich wundern über *v.* to be amazed by **5**
Wurstbude, -n *f.* sausage stand **6**
würzig *adj.* spicy **6**
Wüste, -n *f.* desert
wütend *adj.* angry **1**

Z

Zahl, -en *f.* figure; number **9**
zart *adj.* tender **6**
Zebrastreifen, - *m.* crosswalk **2**
Zeichentrickfilm, -e *m.* cartoon(s) **3**
zeigen *v.* to show **5**
Zeile, -n *f.* line **5**
Zeit, -en *f.* age; time **10**
Zeitgenosse, -n /Zeitgenossin, -nen *m./f.* contemporary **7**
Zeitschrift, -en *f.* magazine **3**
Zeitung, -en *f.* newspaper **3**
Zeitungskiosk, -e *m.* newsstand **2**
Zelt, -e *n.* tent **4**
Zensur *f.* censorship **3**
zerreißen *v.* to tear apart **1**
Zerreißprobe, -n *f.* (emotional) ordeal **2**
zerschlagen *v.* to shatter **3**
zerstören *v.* to destroy **8**
Zeuge, -n/Zeugin, -nen *m./f.* witness **8**
Ziel, -e *n.* aim; goal **7**
zielstrebig *adj.* determined **7**
Zimmer frei *exp.* vacancy **4**
Zimmergenosse, -n/Zimmergenossin, -nen *m./f.* roommate **2**
Zinssatz, ¨-e *m.* interest rate **9**
zischen *v.* to whiz
zitieren *v.* to quote **5**
Zivilisation, -en *f.* civilization **10**
zollfrei *adj.* duty-free **4**
Zoologe, -n/Zoologin, -nen *m./f.* zoologist **7**
zubereiten *v.* to prepare **6**
Zuckerstange, -n *f.* candy cane **6**
zufrieden sein *v.* to be content **5**
Zug, ¨-e *m.* character trait **9**
zugänglich *adj.* accessible **8**
Zugehörigkeit, -en *f.* sense of belonging
Zuhörer, -/Zuhörerin, -nen *m./f.* (radio) listener **3**
Zündung, -en *f.* fuse, ignition **7**
Zuneigung, -en *f.* affection **1**
zurückgehen auf (+ Akk.) *v.* to date back to **6**
zurückhaltend *v.* reserved **1**
Zuschauer *f.* audience **5**
Zuschauer, -/Zuschauerin, -nen *m./f.* (television) viewer **3**
(j-m etwas) zusprechen *v.* to award something to somebody **10**
zuverlässig *adj.* dependable
Zwangsarbeit *f.* forced labor **1**
zwingen (zu) *v.* to force (someone) **2**
Zwirn, -e *m.* thread **1**

Englisch-Deutsch

A

to abandon (someone) im Stich lassen *v.* **2**
abandoned herrenlos *adj.* **1**
to feel abandoned sich verlassen fühlen *v.* **1**
to abuse missbrauchen *v.* **8**
abuse of power Machtmissbrauch, ¨-e *v.* **8**
to accept annehmen *v.* **1**
accessible zugänglich *adj.* **8**
accommodations Unterbringung, -en *f.* **2**, Unterkunft, ¨-e *f.* **4**
account Konto, -ten *n.* **9**
accountancy Buchhaltung, -en *f.* **9**
accountant Bilanzbuchhalter, -/ Bilanzbuchhalterin, -nen *m./f.* Buchhalter, -/Buchhalterin, -nen *m./f.* **9**
to achieve erreichen *v.* **8**
activist Aktivist, -en/Aktivistin, -nen *m./f.* **8**
actor Schauspieler, - *m.* **3**
actress Schauspielerin, -nen *f.* **3**
A.D. n. Chr. (nach Christus) **10**
classified ad Kleinanzeige, -n *f.* **3**
adaptation Bearbeitung, -en *f.*
to add beitragen zu (+ Dat) *v.* **7**
addiction Sucht, ¨-e *f.* **7**
to adjust to (sich) anpassen *v.* **2**
administration Verwaltung, -en *f.* **8**
administrative body Behörde, -n *f.* **4**
admiration Verehrung, -en *f.*
to admire bewundern *v.* **4**
to pay admission Eintritt bezahlen *v.* **6**
admittance Einlass *m.* **8**
to adore verehren *v.* **1**; schwärmen…für *v.* **5**; j-n anbeten *v.*
adrift herrenlos *adj.* **1**
advantage Vorteil, -e *m.* **8**
to take advantage of ausnutzen *v.* **9**
advertisement Werbung, -en *f.* **3**
newspaper ad Anzeige, -n *f.* **3**
TV ad(vertisement) Fernsehwerbung, -en *f.*, die Reklame, -n *f.* **3**
advertising campaign Werbekampagne, -n *f.* **7**
advisable ratsam *adj.* **4**
aesthetic ästhetisch *adj.* **5**
affection Zuneigung, -en *f.* **1**
in need of affection liebebedürftig *adj.* **1**
affectionate liebevoll *adj.* **1**
age Zeit, -en *f.* **10**
agency Agentur, -en *f.* **3**
employment agency Arbeitsamt, ¨-er *n.* **9**
to agree sich einig sein *v.* **8**
agreement Abkommen, - *n.* **10**
aim Ziel, -e *n.* **7**
to aim at something es auf etwas anlegen *v.*
aisle seat Gangplatz, ¨-e *m.* **4**
allegation Unterstellung, -en *f.* **2**
to allow something etwas erlauben *v.* **10**
to allude to anspielen auf *v.*
to allure locken *v.* **8**
to be amazed by sich wundern über *v.* **5**
amount betragen *v.* **9**
analog signal Analogsignal, -e *n.* **7**
ancestor Vorfahr, -en *m./f.* **1**
angry wütend *adj.* **1**
to get angry böse werden *v.* **1**
to annoy ärgern *v.* **1**
anticipation Vorfreude, -n *f.* **6**
apartment-mate Mitbewohner, -/ Mitbewohnerin, -nen *m./f.* **2**
to appear erscheinen *v.* **3**
appearance Erscheinung, -en *f.* **10**
appetizer Häppchen, - *n.* **6**
applause Beifall *m.* **5**
application Antrag, ¨-e *m.* **4**; Bewerbung, -en *f.*
to apply for an exit permit einen Ausreiseantrag stellen *v.* **2**
to apply (somewhere) for a job sich (bei j-m) um etwas bewerben *v.* **9**
area of a city (confined, very typical) Ecke, -n *f.* **2**
to argue (sich) streiten *v.*
armed forces Armee, -n *f.* **10**
army Heer, -e *n.* **10**
to arrest (someone) verhaften *v.* **8**; j-n festnehmen *v.*
arrival area Ankunftsbereich, -e *m.* **4**
late arrival Verspätung, -en *f.* **4**
arrival(s) terminal Ankunftshalle, -n *f.*
arrow Pfeil, -e *m.* **5**
as swift as an arrow pfeilschnell *adj.*
artificial künstlich *adj.* **6**
artificial intelligence künstliche Intelligenz *f.* **7**
artisan Handwerker, -/Handwerkerin, -nen *m./f.*, Kunsthandwerker, -/ Kunsthandwerkerin, -nen *m./f.* **5**
fine arts die schönen Künste *pl.* **5**
to be ashamed of sich schämen (für + Akk./wegen + Gen.) *v.* **1**
assets Vermögen, - *n.* **9**
association Verein, -e *m.* **3**
to assume something von etwas ausgehen *v.* **8**
astronaut Astronaut, -en/ Astronautin, -nen *m./f.* **7**
astronomer Astronom, -en/ Astronomin, -nen *m./f.* **7**
asylum seeker Asylbewerber, -/ Asylbewerberin, -nen *m./f.* **4**
atrocious deed Untat, -en *f.* **10**
to attach anhängen *v.* **7**
attached anhänglich *adj.* **1**
attachment Attachment, -s *n.* **7**
(military) attack (militante) Anschlag, ¨-e *m.* **8**
sneak attack Überraschungsangriff, -e *m.* **8**
flight attendant Flugbegleiter, -/ Flugbegleiterin, -nen *m./f.* **4**
attitude Einstellung, -en *f.* **9**
to attract anziehen *v.* **6**
attractive attraktiv *adj.*
audience Publikum *n.*, Zuschauer *f.* **5**
authenticity Echtheit *f.*
autobiography Autobiographie, -n *f.* **5**
avant-garde avantgardistisch *adj.*
avenue Allee, -n *f.* **2**
to award something to somebody (j-m etwas) zusprechen *v.* **10**
award-winning preisgekrönt *adj.* **5**
awareness Erkenntnis, -se *f.* **8**

B

sleeping bag Schlafsack, ¨-e *m.* **4**
baggage claim Gepäckausgabe, -n *f.* **4**
balance Gleichgewicht *n.* **7**
ban Verbot, -e *n.* **8**
bankruptcy Konkurs, -e *m.* **9**
to baptize taufen *v.* **6**
snack bar Imbissstube, -n *f.* **6** Schnellimbiss, -e *m.* **6**
battle Schlacht, -en *f.* **10**
B.C. v. Chr. (vor Christus), v. u. Z. [vor unserer Zeit(rechnung)] **10**
B.C.E. v. Chr. (vor Christus), v. u. Z. [vor unserer Zeit(rechnung)] **10**
to be amazed by sich wundern über *v.* **5**
to be ashamed of sich schämen (für + Akk./wegen + Gen.) *v.* **1**
to be content zufrieden sein *v.* **5**
to be done with sich erledigen *v.* **7**
to be dying of vergehen vor (+ Dat.) *v.* **10**
to be elected gewählt werden *v.* **10**
to be fed up (with someone/something) (j-n/etwas) satt haben *v.* **1**
to be free of pain Schmerzfreiheit *f.* **7**
to be in debt Schulden haben *v.* **9**
to be located liegen *v.* **2**
to be lost sich verfahren *v.*, sich verlaufen *v.* **2**
to be married (to) verheiratet sein (mit j-m) *v.* **1**
to be moved gerührt sein *v.*
to be published erscheinen *v.* **3**
to be in a relationship eine Beziehung führen/haben *v.* **1**
to be serious about something es ernst meinen *v.* **2**
to be touched gerührt sein *v.*
to be up-to-date auf dem neuesten Stand sein *v.* **3**
to be worth it sich lohnen *v.* **4**
beach parasol (Strand)sonnenschirm, -e *m.* **4**
beach towel Badetuch, ¨-er *n.* **4**
beach umbrella (Strand)sonnenschirm, -e *m.* **4**
beam Strahl, -en *m.* **7**
to beat each other (up) sich schlagen *v.* **8**
to beat up someone j-n (ver)prügeln *v.*
to become extinct aussterben *v.* **8**
to become blurred verschwimmen *v.* **1**
braised beef Sauerbraten, - *m.* **6**

beef stew Gulasch, -e *m./n.* **6**
to beg flehen *v.* **4**
beggar Bettler, - *m.* **4**
sense of belonging Zugehörigkeit, -en *f.*
to bend down sich bücken *v.* **8**
red berry pudding rote Grütze, -n *f.* **6**
to betray verraten *v.* **5**
biased subjektiv *adj.* **3**
bid Bewerbung, -en *f.*
billboard Reklametafel, -n *f.* **2**
biography Biographie, -n *f.* **5**
biologist Biologe, -n/Biologin, -nen *m./f.* **7**
birthrate Geburtenrate, -n *f.* **10**
blackmail Erpressung, -en *f.* **2**
bland fade *adj.* **6**
to become blurred verschwimmen *v.* **1**
(half/full) board (Halb/Voll)pension *f.* **4**
boarding pass Bordkarte, -n *f.* **4**
on board an Bord *exp.* **4**
to board the plane an Bord des Flugzeuges gehen *v.* **4**
boat Boot, -e *n.* **3**
administrative body Behörde, -n *f.* **4**
bone der Knochen, - *m.* **7**
comic book Comicheft, -e *n.* **3**
booth Bude, -n *f.* **6**, Verkaufsstand, ¨-e. **6**
to borrow (money) (Geld) leihen *v.* **9**, (sich) ausborgen *v.* **6**, (sich) borgen *v.* **6**
boss Chef, -s/Chefin, -nen *m./f.* **9**
braised beef Sauerbraten, - *m.* **6**
breach of law Gesetzverstoß, ¨-e *m.* **2**
to break up (with) sich (von j-m) trennen *v.* **1**
breaking into a sweat Schweißausbruch, ¨-e *m.* **3**
to bribe someone j-n bestechen *v.* **6**
to broadcast ausstrahlen, senden, übertragen *v.* **3**
  live broadcast Liveübertragung, -en/ Livesendung, -en *f.* **3**
broadcasting Rundfunk *m.* **3**
brochure Prospekt, -e *m.* **4**
building Gebäude, - *n.*
burden Last, -en *f.*
bureaucracy Bürokratie, -n *f.* **8**
bus stop Bushaltestelle, -n *f.*
business Gewerbe, - *n.* **9**

C

cable TV Kabelfernsehen *n.* **3**
cafeteria Selbstbedienungsrestaurant, -s *n.* **6**
campground Campingplatz, ¨-e *m.* **4**
canceled gestrichen *adj.* **4**
candle Kerze, -n *f.* **6**
candy cane Zuckerstange, -n *f.* **6**
canoeing Kanufahren *n.* **4**
car rental Autovermietung *f.*
ID card Personalausweis, -e *m.* **4**
career Karriere, -n *f.* **9**
to choose a career path eine berufliche Laufbahn (-en) einschlagen *v.* **9**
careerist Karrieremacher, - *m.* **3**
careful sorgfältig *adj.* **1**
careless achtlos *adj.* **10**
to caress streicheln *v.* **4**
carnival (Mardi Gras) Fasching *f.*, Karneval *m.* **6**
to carry out verrichten *v.* **10**
cartoon(s) Zeichentrickfilm, -e *m.* **3**
price category Preisklasse, -n *f.* **4**
cauliflower Blumenkohl, -kohlköpfe *m.* **6**
cautious vorsichtig *adj.* **1**
C.E. n. Chr. (nach Christus) **10**
to celebrate feiern *v.* **6**, ein Fest begehen *v.* **6**
celebration Feier, -n *f.*, Feierlichkeit, -en *f.* **6**
stem cell Stammzelle, -n *f.* **7**
censorship Zensur *f.* **3**
city/town center Stadtzentrum, -zentren *n.*
cultural center Kulturzentrum, -zentren *n.*
century Jahrhundert, -e *n.* **10**
challenge Herausforderung, -en *f.* **7**
chamber music Kammermusik *f.* **5**
championship Meisterschaft, -en *f.* **2**
chancellor Kanzler, -/ Kanzlerin, -nen *m./f.* **10**
  federal chancellor Bundeskanzler, -/ Bundeskanzlerin, -nen *m./f.* **10**
to change verwandeln *v.* **5**
character Figur, -en *f.* **5**
characteristic Merkmal, -e *n.* **2**
character trait der Zug, ¨-e *m.* **9**
charming charmant, bezaubernd *adj.* **1**
to chase after someone j-m hinterhersteigen *v.* **2**
to chat plaudern *v.* **2**
to cheat betrügen *v.* **9**
to check in einchecken *v.* **4**
  security check Sicherheitskontrolle, -n *f.* **4**
roast chicken Brathähnchen, - *n.* **6**
choir Chor, ¨-e *m.* **5**
to choose a career path eine berufliche Laufbahn (-en) einschlagen *v.* **9**
to chop schneiden *v.* **6**
  pork chop Schweinekotelett, -s *n.* **6**
Christmas Weihnachten *n./pl.*, Weihnachtsfest, -e *n.* **6**
Christmas Eve der Heilige Abend *m.*, Heiligabend *m.* **6**
traffic circle Kreisverkehr, -e *m.* **2**
circumstance Sachverhalt *m.*
citizen Bürger, -/Bürgerin, -nen *m.,f.* **2**
citizenship Staatsangehörigkeit, -en *f.* **2**, Staatsbürgerschaft, -en *f.* **10**
city center Stadtzentrum, -zentren *n.*
city hall Rathaus, ¨-er *n.* **2**
city planning Stadtplanung, -en *f.* **2**
civil war Bürgerkrieg, -e *m.* **10**
civilization Zivilisation, -en *f.* **10**
baggage claim Gepäckausgabe, -n *f.* **4**
classical klassisch *adj.* **5**
classified ad Kleinanzeige, -n *f.* **3**
clay Ton *m.* **5**
mountain climbing Bergsteigen *n.* **4**
to clip ausschneiden *v.* **2**
to clone klonen *v.* **7**
club Verein, -e *m.* **3**
code Code, - *m.* **7**
  code of conduct Verhaltenskodex *m.* **7**
  code of ethics Moralkodex, -e *m.* **7**
to collapse einstürzen *v.* **3**
colleague Kollege, -n/Kollegin, -nen *m.,f.* **9**
to colonize kolonisieren *v.* **10**
combination Verknüpfung, -en *f.* **5**
to come out erscheinen *v.* **3**
to come to an agreement about sich einigen über *v.* **6**
comedy Komödie, -n *f.* **5**
comic book Comicheft, -e *n.* **3**
comical komisch *adj.* **5**
commemoration day Gedenktag, -e *m.* **10**
comment Stellungnahme, -n *f.* **9**
commercial Werbespot, -s *m.* **3**
commission Auftrag, ¨-e *m.* **5**
to communicate with someone mit j-m kommunizieren *v.*
community Gemeinde, -n *f.* **2**
compassion Mitleid *n.* **6**
competition Wettkampf, ¨-e *m.* **6**
to complain (about) sich beschweren (über) *v.* **2**
completely vollkommen *adv.*
composer Komponist, -en/ Komponistin, -nen *m./f.* **5**
comprehensible fassbar *adj.*
computer Rechner, - *m.* **7**
  computer science Computerwissenschaft, -en *f.* **7**
  computer scientist Informatiker, -/Informatikerin, -nen *f.* **7**
concentration camp Konzentrationslager, - (KZ) *n.* **10**
concert hall Konzertsaal, -säle *m.* **5**
conflict Konflikt, -e *m.* **2**
code of conduct Verhaltenskodex m. **7**
ticket conductor Schaffner, -/ Schaffnerin, -nen *m./f.* **4**
member of congress Kongressabgeordnete, -n *m./f.*
to conjure (up) beschwören *v.*
connection Anschluss, ¨-e *m.* **4**
to conquer erobern *v.* **10**
conscience Gewissen, - *n.* **8**
  (guilty) conscience das (schlechte) Gewissen *n.* **3**
environmental conservation Umweltschutz *m.* **8**
conservationist Naturschützer, -/ Naturschützerin, -nen *m./f.* **8**
conservative konservativ *adj.* **8**
Conservative Konservative, -n *m./f.* **10**
to conserve erhalten *v.* **8**
considerable beträchtlich *adj.* **7**

constant(ly) beständig *adj.*
consultant Berater, -,Beraterin, -nen *m.,f.* **9**
to consume verbrauchen *v.* **8**
contemporary Zeitgenosse, -n/ Zeitgenossin, -nen *m./f.* **7**
quality control Qualitätskontrolle, -n *f.* **1**
controversial umstritten *adj.* **7**
to converse sich unterhalten *v.*
to convey vermitteln *v.* **5**
(Christmas) cookie (Weihnachts) plätzchen, - *pl.; n.* **6**
copyright Copyright, -s *n.*, Urheberrecht, -e *n.* **5**
corner Ecke, -n *f.* **2**
corporate corruption Wirtschaftskorruption *f.* 9
correct spelling Rechtschreibung, -en *f.* **3**
correspondent Korrespondent, -en/ Korrespondentin, -nen *m./f.* **3**
cost-efficient rentabel *adj.* **1**
family council Familienrat, ¨-e *m.*
count/countess Graf, -en/Gräfin, -nen *m./f.* **5**
to count on somebody (mit j-m) rechnen *v.* **1**
countryside Landschaft, -en *f.* **8**
county Kreis, -e *m.* **1**
couple Paar, -e *n.*
married couple Ehepaar, -e *n.*
court Hof, ¨-e *m.* **5**
courtesy Entgegenkommen *n.* **9**
courthouse Gerichtsgebäude, - *n.* **2**
cowardly feige *adj.* **8**
craftsman Handwerker, -/Handwerkerin, -nen *m./f.*, Kunsthandwerker, -/ Kunsthandwerkerin, -nen *m./f.* **5**
crass krass *adj.* **9**
whipped cream Schlagsahne *f.* **6**
to create gestalten *v.*
creative kreativ *adj.*
crime Verbrechen, - *n.* **2**
crime novel Kriminalroman, -e *m.* **5**
youth crime Jugendkriminalität *f.*
criminal Kriminelle, -n *m.,f.* **8**
criminal act Straftat, -en *f.* **8**
economic crisis Wirtschaftskrise, -n *f.* **9**
to cross (road, river, ocean) überqueren *v.* **2**
cross-country skiing (Ski)langlauf *m.* **4**
crosswalk Zebrastreifen, - *m.* **2**
crowded überfüllt *adj.* **2**
cruelty Grausamkeit, -en *f.* **8**
cruise Kreuzfahrt, -en *f.* **4**
to cultivate pflegen *v.* **1**
cultural kulturell *adj.* **6**
cultural center Kulturzentrum, zentren *n.*
to cure heilen *v.* **7**
curious neugierig *adj.* **8**
currency Währung, -en *f.* **9**
currency exchange Geldwechsel *m.* **4**; Wechselstube, -n *f.* **9**
current events aktuellen Ereignisse *pl.* **3**
to curse verfluchen *v.* **8**
custom Brauch, ¨-e *m.*
to cut up schneiden *v.* **6**
meat cutlet Schnitzel, - *n.* **6**

D

folk dance Volkstanz, ¨-e *m.* **6**
dangerous gefährlich *adj.* **2**
to dare sich trauen *v.* **5**
daring wagemutig *adj.* **3**
dark finster *adj.* **10**
database Datenbank, -en *f.* **7**
date Verabredung, -en *f.* **1**
to be up-to-date auf dem neuesten Stand sein *v.* **3**
to go out (with) (mit j-m) ausgehen *v.* **1**
to date back to zurückgehen auf (+ Akk.) *v.* **6**
day off (arbeits)freie Tag, -e *m.* **9**
to deal with behandeln *v.* **2**
debt Schulden *pl.* **9**
to be in debt Schulden haben *v.* **9**
decade Jahrzehnt, -e *n.* **10**
to deceive täuschen *v.*
decision Beschluss, ¨-e *m.* **1**; Entscheidung, -en *f.* **8**
decline Abfall, ¨-e *m.* **1**
to dedicate oneself sich widmen *v.* **8**
(atrocious) deed (Un)tat, -en *f.* **10**
deep-fried frittiert *adj.* **6**
to deface verunstalten *v.* **5**
to defeat besiegen *v.* **10**
defeat Niederlage, -n *f.* **10**
election defeat Wahlniederlage, -n *f.* **10**
defection from East to West Germany Republikflucht *f.* **2**
to defend verteidigen *v.* **8**
deficit Mangel, ¨ *m.*
delay Verspätung, -en *f.* **4**
delayed verspätet *adj.* **4**
delicacy Köstlichkeit, -en *f.* **6**
delicious köstlich *adj.*, lecker *adj.* **6**
juvenile delinquency Jugendkriminalität *f.*
democracy Demokratie, -n *f.* **10**
Democrat Demokrat, -en/ Demokratin, -nen *m./f.* **10**
Social-Democrat Sozialdemokrat, -en/ Sozialdemokratin, -nen *m./f.* **10**
democratic demokratisch *adj.* **10**
departure gate Flugsteig, -e *m.* **4**
departure hall Abflughalle, -n *f.***4**
departure lounge Abflughalle, -n *f.***4**
departure time Abfahrtszeit, -en *f.*, Abflugzeit, -en *f.* **4**
dependable zuverlässig *adj.* **3**
to deport abschieben *v.* **4**
deposit Pfand *n.*
depressed deprimiert *adj.* **1**
derogatory term for a Jew Judensau, ¨-e *f.* **10**
descendant Nachfahr, -en/ Nachfahrin, -nen *m./f.*
to describe schildern *v.* **3**
desert Wüste, -n *f.*
to design entwerfen *v.* **5**
vacation destination Urlaubsziel, -e *n.* **4**
to destroy zerstören *v.* **8**
to deter abschrecken *v.* **8**
to determine festlegen *v.* **10**
determined zielstrebig *adj.* **7**
to develop sich entwickeln *v.* **5**
development Entwicklung, -en *f.* **7**; Ausbildung, -en *f.* **9**
underdevelopment Unterentwicklung, -en *f.* **10**
device Gerät, -e *n.* **7**
to devour something etwas verschlingen *v.*
dictatorship Diktatur, -en *f.*; Gewaltherrschaft, -en *f.* **10**
different unterschiedlich *adj.* **8**
digital signal Digitalsignal, -e *n.* **7**
to dig up ausgraben *v.* **6**
direction Richtung, -en *f.* **2**
to give directions eine Wegbeschreibung geben *v.* **2**
director Regisseur, -e/ Regisseurin, -nen *m./f.* **5**
director of music Kapellmeister, - *m.* **5**
disadvantage Nachteil, -e *m.* **8**
to disappear verschwinden *v.* **10**
disappearance Verschwinden *n.* **10**
to disappoint enttäuschen *v.* **4**
disappointed enttäuscht *adj.* **1**
(natural) disaster Katastrophe, -n *f.* **8**
discontent Unmut *m.* **10**
discourage abschrecken *v.* **8**
discovery Entdeckung, -en *f.* **7**
to discriminate benachteiligen *v.* **2**
to disguise (sich) verkleiden *v.* **9**
disguise Verkleidung *f.* **6**
disgusting widerlich *adj.* **6**
dishonest unehrlich *adj.* **1**
disorganized chaotisch *adj.* **4**
disposable bottle Einwegflasche, -n *f.*
labor dispute Arbeitskampf, ¨-e *m.* **9**
to dissolve auflösen *v.* **10**
to distort verzerren *v.* **10**
distraught verzweifelt *adj.* **4**
distracted abgelenkt *adj.* **3**
district Bezirk, -e *m.* **10**
diversity Vielfalt *f.* **10**
to divide teilen *v.*
divorced geschieden *adj.* **1**
to get divorced (from) sich scheiden lassen (von j-m) *v.* **1**
DNA DNS *f.* **7**
to do treiben *v.*
to do handicrafts basteln *v.*
doctor (on emergency call) Notarzt, ¨-e *m.* **3**
documentary Dokumentarfilm, -e *m.* **5**
well done durchgebraten *exp.*, gut durch *exp.* **6**
to download (he)runterladen *v.* **7**
downtown Stadtzentrum, -zentren *n.*
to dream träumen *v.* **1**

drinkable trinkbar *adj.* **8**
to drive treiben *v.* **4**
flash drive USB-Stick, -s *m.* **7**
driver Fahrer, -/Fahrerin, -nen *m.,f.*
to dub (a film) synchronisieren *v.* **2**
dubbing Nachsynchronisation, -en *f.*; Synchronisation, -en *f.* **3**
dumpling Knödel, - *m.* **6**
duty-free zollfrei *adj.* **4**

E

eager eifrig *adj.* **2**
early retirement regulation Vorruhestandsregelung, -en *f.* **9**
to earn verdienen *v.* **9**
Easter Ostern *f.* **6**
Easter Monday Ostermontag *m.* **6**
e-book E-Book, -s *n.* **7**
ecology Ökologie, - *f.* **8**
economic crisis Wirtschaftskrise, -n *f.* **9**
editor Redakteur, -e/ Redakteurin, -nen *m./f.* **3**
education Erziehung, -en *f.* **8**
to have an effect on something wirken auf etwas *v.*
effectiveness Effektivität *f.* **1**
special effects Special Effects *f.* **2**
cost-efficient rentabel *adj.* **1**
to elect wählen *v.* **10**
to be elected gewählt werden *v.* **10**
election Wahl, -en *f.* **8**
election defeat Wahlniederlage, -n *f.* **10**
election victory Wahlsieg, -e *m.* **10**
electronics Elektronik *f.* **7**
to eliminate ausscheiden *v.* **3**; beseitigen *v.* **7**
e-mail E-Mail *f.* **7**
(spam) e-mail unerwünschte E-Mail *f.* **7**
to emigrate auswandern *v.* **1**
emigration Auswanderung, -en *f.* **10**
emperor Kaiser, - *m.* **10**
to employ beschäftigen *v.* **9**, einsetzen *v.* **7**
employee Angestellte, -n *m./f.* **9**
employment agency Arbeitsamt, ¨-er *n.* **9**
employment relationship Beschäftigungsverhältnis, -e *n.* **1**
empress Kaiserin, -nen *f.* **10**
empty leer *adj.* **2**
to encourage fördern *v.* **8**
endangered gefährdet *adj.* **8**
engaged verlobt *adj.* **1**
to get engaged (to) sich verloben (mit j-m) *v.* **1**
engineering Technik, -en *f.* **7**
to enjoy oneself sich amüsieren *v.*, Spaß (an etwas) haben *v.*
enthusiastic begeistert *adj.* **1**
entitlement Anspruch, ¨-e *m.* **8**
environmental conservation Umweltschutz *m.* **8**
environmental policy Umweltpolitik *f.*
environmentally friendly umweltfreundlich *adj.* **8**
episode die Folge, -n *f.* **3**
equal gleich *adj.* **8**
equality Gleichheit, -en *f.* **8**
equilibrium Gleichgewicht *n.* **7**
ski equipment Skiausrüstung, -en *f.* **4**
escape fliehen *v.* **3**
essay Essay, -s *m./n.*, Aufsatz, ¨-e *m.* **5**
essayist Essayist, -en/Essayistin, -nen *m./f.* **5**
real estate market Immobilienmarkt, ¨-e *m.* **9**
ethical ethisch *adj.* **7**
code of ethics Moralkodex, -e *m.* **7**
New Year's Eve Silvester *m.* **6**
current events die aktuellen Ereignisse *pl.* **1**
to exaggerate übertreiben *v.*
exaggerated überspitzt *adj.* **8**
exceptional außergewöhnlich *adj.* **7**
to exchange austauschen *v.* **2**
exchange Wechsel *m.* **4**; Austausch *m.*
currency exchange Geldwechsel *m.* **4**; Wechselstube *f.* **9**
exchange of ideas Ideenaustausch *m.*
stock exchange Börse, -n *f.* **9**
excited aufgeregt *adj.* **1**
exciting aufregend *adj.*
excursion Ausflug, ¨-e *m.* **4**
executive Geschäftsführer, -/ Geschäftsführerin, -nen *m./f.* **9**
exhausting anstrengend *adj.* **4**
to exist vorhanden sein *v.* **7**; existieren *v.*
exotic exotisch *adj.* **4**
to expect someone j-n erwarten *v.* **6**
to expel vertreiben *v.* **10**
experience Erfahrung, -en *f.* **9**
professional experience Berufserfahrung, -en *f.* **9**
experiment Experiment, -e *n.* **7**
expired abgelaufen *adj.* **4**
to explore erkunden *v.* **4**
exquisite vorzüglich *adj.* **5**
to extend verlängern *v.* **4**
extortion Erpressung, -en *f.* **2**
extreme krass *adj.* **9**

F

fact Sachverhalt *m.* **2**
failure Versagen *n.* **8**
fair gerecht *adj.* **8**
fairy tale Märchen, - *n.* **4**
faithful treu *adj.* **1**
to fall in love (with) sich verlieben (in + Akk.) *v.* **1**
false irreführend *adj.*
to falsify fälschen *v.* **9**
family council Familienrat, ¨-e *m.*
role in the family Familienrolle, -n *f.*
to fare ergehen (+ Dat) *v.* **10**
fascist faschistisch *adj.* **10**
fate Schicksal, -e *n.* **2;** Los, -e *n.*
fear Angst, ¨-e *f.* **8**
to be fed up (with someone/something) (j-n/etwas) satt haben *v.* **1**
federal chancellor Bundeskanzler, -/ Bundeskanzlerin, -nen *m./f.* **10**
federal president Bundespräsident, -en/ Bundespräsidentin, -nen *m./f.* **10**
federal republic Bundesrepublik, -en *f.* **10**
to feel fühlen *v.* **1**
to feel abandoned sich verlassen fühlen *v.* **1**
to fence fechten *v.* **8**
festivity Feierlichkeit, -en *f.*
fiancé(e) Verlobte, -n *m./f.* **1**
fictional (frei) erfunden **5**; fiktiv *adj.*
fictitious fiktiv *adj.*
to fight kämpfen *v.*; **(verbally)** (sich) streiten *v.*
figure Zahl, -en *f.* **9**
to film drehen *v.* **3**
filmmaker Filmemacher, -/Filmemacherin, -nen *m./f.*
financial finanziell *adj.* **9**
to find out something etwas erfahren *v.*
fine arts die schönen Künste *pl.* **5**
to fire (someone) feuern, (j-m) kündigen *v.* **1**
fire station Feuerwache, -n *f.* **2**
fishing Fischen *n.* **4**
five-star Fünf-Sterne *adj.* **4**
flash drive USB-Stick, -s *m.* **7**
to flatter schmeicheln *v.* **5**
flavorful schmackhaft *adj.* **2**
to flee fliehen *v.* **3**
flexible working hours Gleitzeit *f.* **4**
to follow (somebody's travels) hinterherreisen *v.* **5**
to force (someone) zwingen (zu) *v.* **2**
flight attendant Flugbegleiter, -/ Flugbegleiterin, -nen *m./f.* **4**
folk dance Volkstanz, ¨-e *m.* **6**
folklore Folklore f. *f.* **6**
folk music Volksmusik, -en *f.* **6**
folksy volkstümlich *adj.* **2**
to fool someone austricksen *v.* **9**
to force treiben *v.* **4**
forced labor Zwangsarbeit *f.* **1**
armed forces Armee, -n *f.* **10**
foreigner Ausländer, -/ Ausländerin, -nen *m./f.* **2**
forgetful vergesslich *adj.* **1**
forgettable leicht zu vergessen *exp.* **1**
fortune teller Wahrsager, -/Wahrsagerin, -nen *m./f.* **9**
frantic verzweifelt *adj.* **4**
fraud Betrug *f.* **9**
to keep free freihalten *v.* **3**
freedom Freiheit, -en *f.* **8**
freedom of the press Pressefreiheit *f.* **3**
fried gebraten *adj.* **6**
friendship Freundschaft, -en *f.* **1**
stage fright Lampenfieber *n.* **5**
to get frightened sich erschrecken *v.* **3**
frozen gefroren *adj.* **6**

frustrated frustriert *adj.* **4**
to fry braten *v.* **6**
full voll, belegt *adj.* **2**
full board Vollpension *f.* **4**
full-time job Vollzeitstelle, -n *f.* **9**
to have fun sich amüsieren *v.* **2**, Spaß (an etwas) haben *v.*
to make fun of verspotten *v.* **7**
to fund subventionieren *v.* **8**
fuse Zündung, -en *f.* **7**

G

gallery Galerie, -n *f.*
garbage tourism Mülltourismus *m.*
departure gate Flugsteig, -e *m.* **4**
gate keeper Türhüter, - *m.* **8**
to gauge einschätzen *v.* **8**
GDR (German Democratic Republic) DDR (Deutsche Demokratische Republik) *f.* **2**
gene Gen, -e *n.* **7**
genre Genre, -s *n.* **5**
geologist Geologe, -n/Geologin, -nen *m./f.* **7**
to get
- **to get angry** böse werden *v.* **1**
- **to get divorced (from)** sich scheiden lassen (von j-m) *v.* **1**
- **to get engaged (to)** sich verloben (mit j-m) *v.* **1**
- **to get frightened** sich erschrecken *v.* **3**
- **to get in (car)** einsteigen *v.* **2**
- **to get informed (about)** sich informieren (über + Akk.) *v.* **3**
- **to get lost** sich verfahren *v.*, sich verlaufen *v.* **2**
- **to get married (to)** sich verheiraten (mit j-m) *v.*
- **to get the news** Nachrichten beziehen *v.* **3**
- **to get off (bus, train)** aussteigen *v.* **2**
- **to get on (bus, train)** einsteigen *v.* **2**
- **to get on** ergehen (+ Dat) *v.* **10**
- **to get out (car)** aussteigen *v.* **2**
- **to get out of control** außer Kontrolle geraten *v.*

gift giving Bescherung, -en *f.* **6**
to give
- **to give directions** eine Wegbeschreibung geben *v.* **2**
- **to give (something) up** sich (etwas) abgewöhnen *v.* **3**
- **to give up** locker lassen *v.* **2**

global warming Klimaerwärmung, -en *f.* **8**
globalization Globalisierung, -en *f.* **10**
glow Schein *m.* **4**
to go (food) zum Mitnehmen *adj.* **6**
- **to go hiking** wandern *v.*
- **to go out (with)** (mit j-m) ausgehen *v.* **1**
- **to go/to become silent** verstummen *v.* **3**

goal Ziel, -e *n.* **7**
goods Gut, ¨-er *n.* **9**
good value preiswert *adj.* **4**
gossip Klatsch *m.* **1**
to govern regieren *v.* **10**
government Regierung, -en *f.* **2, 8**
- **system of government** Regierungssystem, -e *n.* **10**

to grant gewähren *v.* **2**
grim finster *adj.* **10**
to grow lonely vereinsamen *v.* **5**
security guard Sicherheitsbedienstete, -n *m.*
guest house Pension, -en *f.* **4**
guideline Anleitung, -en *f.* **8**
guilty schuldig *adj.* **8**
- **guilty conscience** schlechte Gewissen *n.* **3**

H

habitat Lebensraum, ¨-e **8**
half board Halbpension *f.* **4**
concert hall Konzertsaal, -säle *m.* **5**
to harass someone j-n anpöbeln *v.*
harmful to one's health gesundheitsgefährdend *adj.* **7**
harmony Harmonie, -n *f.* **2**
harvest Ernte, - *f.* **4**
to hate hassen *v.* **1**
to have
- **to have at one's disposal** verfügen über (+ Akk) *v.* **7**
- **to have an effect on something** wirken auf etwas *v.*
- **to have fun** sich amüsieren *v.* **2**; Spaß (an etwas) haben *v.*
- **to have a snack** eine Kleinigkeit essen *v.* **6**
- **to have a vocation/calling** zu etwas berufen sein *v.*

headline Schlagzeile, -n *f.* **3**
headquarters Sitz, -e *m.* **3**
heart attack Herzinfarkt, -e *m.* **3**
heating system Heizung, -en *f.* **6**
heritage Erbe *n.* **1**
pickled herring der eingelegte Hering, -e *m.* **6**
to hide (sich) verbergen *v.* **2**
highly intelligent genial *adj.* **1**
to hike wandern *v.* **4**
hiker Wanderer, -/Wanderin, -nen *m./f.* **4**
hiking trail Wanderweg, -e *m.* **4**
to hire einstellen *v.* **9**; engagieren *v.*
hit (music) Schlager, - *m.* **5**
to keep holy (tradition) heiligen *v.* **6**
motor home Wohnmobil, -e *n.* **4**
homeland Heimat *f.* **1**
homeless person der/die Obdachlose, -n *m./f.* **10**
homemade selbstgemacht *adj.* **6**
homesickness Heimweh *n.* **1**
honest ehrlich *adj.* **1**
honeymoon Flitterwochen *(pl.) f.* **7**
horoscope Horoskop, -e *n.* **3**
horrible scheußlich *adj.* **6**
hourly timesheet Stundennachweis, -e *m.* **1**
flexible working hours Gleitzeit *f.* **4**
work hours Arbeitszeit, -en *f.* **9**
guest house Pension, -en *f.* **4**
publishing house Verlagshaus, ¨-er *n.* **3**
humankind Menschengeschlecht *n.*
human rights Menschenrechte *pl.* **8**
humorous lustig *adj.* **5**
hurdle Hürde, -n *f.* **4**
hypocritical heuchlerisch *adj.*

I

ice-cream parlor Eisdiele, -n *f.* **6**
ID card Personalausweis, -e *m.* **4**
identity Identität, -en *f.* **1**
- **mistaken identity** Verwechslung, -en *f.* **4**

idle müßig *adj.* **7**
ignition Zündung, -en *f.* **7**
illegal illegal *adj.* **8**
imaginative einfallsreich *adj.* **1**
immature unreif *adj.* **1**
to immigrate einwandern *v.* **1**
immigration Einwanderung, -en *f.* **10**
impartial objektiv *adj.* **3**
to imprison einsperren *v.* **8**
to improve verbessern *v.* **2**
inconsiderate rücksichtslos *adj.* **8**
indispensable unentbehrlich *adj.*
to indulge schwelgen *v.* **3**
influence Einfluss, ¨-e *m.* **1**
influential einflussreich *adj.* **3**
information board Schautafel, -n *f.* **10**
to get/to stay informed (about) sich informieren (über + Akk.) *v.* **3**
to inhabit bewohnen *v.* **10**
inhabited bewohnt *adj.* **4**
inheritance Erbe *n.* **6**
inhibited verklemmt *adj.* **5**
inhumanity Unmenschlichkeit, -en *f.* **8**
inn Wirtshaus, ¨-er *n.* **4**
innocent unschuldig *adj.* **8**
insensitivity Unempfindlichkeit, -en *f.* **10**
to insert reinschieben *v.* **3**
insight Erkenntnis, -se *f.* **8**
inspiration Inspiration, -en *f.*
institution Institution, -en *f.*
instrument Apparat, -e *m.* **7**
to integrate integrieren *v.* **2**
integration Integration, -en *f.* **10**
artificial intelligence künstliche Intelligenz *f.* **7**
intention Absicht, -en *f.*
to interact with someone mit j-m kommunizieren *v.*
interest rate Zinssatz, ¨-e *m.* **9**
intern Praktikant, -en/Praktikantin, -nen *m./f.* **9**
interrogation Verhör, -e *n.* **2**
intersection Kreuzung, -en *f.* **2**
interview (newspaper, TV, radio) Interview, -s *n.* **3**
- **job interview** Vorstellungsgespräch, -e *n.* **9**

interviewer Interviewer, -/ Interviewerin, -nen *m./f.* **9**
intimate/small theater Kammerspiele *pl.; n.* **5**
to invade einfallen in (+ Akk.) *v.* **10**
to invest (in) anlegen (in + Dat.) *v.* **9**
to invoke beschwören *v.*
iron Eisen, - *n.* **7**
isolation Isolation, -en *f.* **2**
news item Neuigkeit, -en *f.* **3**
ivory Elfenbein *n.*

J

(traffic) jam (Verkehrs)stau, -s *m.* **2**
jealous eifersüchtig *adj.* **1**
persecution of Jews Judenverfolgung, -en *f.* **10**
job Beruf, -e *m.* **9**
  full-time job Vollzeitstelle, -n *f.* **9;** Ganztagsarbeit, -en *f.*
  job interview Vorstellungsgespräch, -e *n.* **9**
  part-time job Teilzeitarbeit, -en *f.*, Teilzeitstelle, -n *f.* **9**
job ladder Karriereleiter, -n *f.* **2**
journalist Journalist, -en/ Journalistin, -nen *m./f.* **3**
judge Richter, -/Richterin, -nen *m./f.* **8**
to judge verurteilen *v.* **8**
jury Geschworenen *f.* **8**
just gerecht *adj.* **8**
justice Gerechtigkeit, -en *f.* **8**
juvenile delinquency Jugendkriminalität *f.*

K

to keep free freihalten *v.* **3**
to keep holy (tradition) heiligen *v.* **6**
to keep up-to-date auf dem neuesten Stand bleiben *v.* **3**
to keep up with (news) auf dem Laufenden bleiben *v.* **3**
kind liebenswürdig *adj.*
king König, -e *m.* **10**
kingdom Königreich, -e *n.* **10**
to let someone know j-m Bescheid sagen *v.* **1**

L

to label abstempeln *v.* **5**
labor dispute Arbeitskampf, ¨-e *m.* **9**
forced labor Zwangsarbeit *f.* **1**
labor union Gewerkschaft, -en *f.* **9**
lacking concentration unkonzentriert *adj.* **3**
landing Landung, -en *f.* **4**
lane Fahrspur, -en *f.*, Spur, -en *f.* **2**
native language Muttersprache, -n *f.* **10**
late arrival Verspätung, -en *f.* **4**
law Gesetz *n.* **8**
  to pass a law ein Gesetz verabschieden *v.* **8**
lawyer Rechtsanwalt, ¨-e/ Rechtsanwältin, -nen *m./f.* **8**
to lay off entlassen *v.* **9**
to lead führen *v.* **10**
to leave verlassen *v.* **1**
legal legal *adj.* **8**
legislation Gesetzgebung, -en *f.*
leniency Nachsicht *f.* **10**
to let someone know j-m Bescheid sagen *v.* **1**
liberal liberal *adj.* **8**
Liberal Liberale, -n *m./f.* **10**
to liberate befreien *v.* **10**
liberty Freiheit, -en *f.* **8**
lie Lüge, -n *f.* **10**
to lie lügen *v.* **1**
still life Stillleben, - *n.* **5**
ski lift Skilift, -e *m.* **4**
light leicht *adj.* **6**
to light (a fire) entfachen *v.* **6**
traffic light Ampel, -n *f.* **2**
light-year Lichtjahr, -e *n.* **7**
limelight Rampenlicht, -er *n.*
line Schlange *f.* **4**; Zeile, -n *f.* **5**
  to stand in line (in der) Schlange stehen *v.* **4**
linguistic proficiency Sprachkenntnisse *pl.; f.* **2**
to listen to the radio Radio hören *v.* **3**
(radio) listener Zuhörer, -/Zuhörerin, -nen *m./f.* **3**
work of literature Dichtung, -en *f.* **5**
live live, direkt *adj.* **3**
live broadcast Liveübertragung, -en/ Livesendung, -en *f.* **3**
lively lebhaft *adj.* **2**
living creature Lebewesen, - *n.* **7**
standard of living Lebensstandard, -e *m.* **10**
loan Darlehen, - *n.* **9**
local paper Lokalzeitung, -en *f.* **3**
to be located liegen *v.* **2**
lodging Unterkunft, ¨-e *f.* **4**
loneliness Einsamkeit *f.*
long-term langfristig *adj.* **9**
lost
  to be lost sich verfahren *v.*, sich verlaufen *v.* **2**
  to get lost sich verfahren *v.*, sich verlaufen *v.* **2**
lottery ticket Los, -e *n.* **5**
love Liebe *f.* **1**
  to fall in love (with) sich verlieben (in + Akk.) *v.* **1**
  to love lieben *v.* **1**
  love at first sight Liebe auf den ersten Blick *exp.* **1**
  in love (with) verliebt (in + Akk.) *adj.* **1**
low mountain range Mittelgebirge, - *n.* **8**
low wage Niedriglohn, ¨-e *m.* **1**
luxurious luxuriös *adj.* **4**
lynx Luchs, -e *m.* **8**

M

machine Apparat, -e *m.* **7**
magazine Illustrierte, -n, Zeitschrift, -en *f.* **3**
  weekly magazine Wochenzeitschrift, -en *f.* **3**
main issue Hauptausgabe, -n *f.* **3**
mainly hauptsachlich *adv.* *1*
to make fun of verspotten *v.* **7**
to put on make-up sich schminken *v.* **6**
shopping mall Einkaufszentrum, -zentren *n.*
to manage leiten *v.* **9**
manager Geschäftsführer, - / Geschäftsführerin, -nen *m./f.* **9**
  personnel manager Personalmanager, -/ Personalmanagerin, -nen *m./f.* **9**
mankind Menschheit *f.* **7**
real estate market Immobilienmarkt, ¨-e *m.* **9**
to be married (to) verheiratet sein (mit j-m) *v.* **1**
to get married (to) sich verheiraten (mit j-m) *v.*
married couple Ehepaar, -e *n.* **1**
to marry heiraten *v.* **1**; sich vermählen mit *v.* **6**
mashed potatoes Kartoffelbrei, -e/-s *m.* **6**
masterpiece Meisterwerk, -e *n.* **5**
mastery Beherrschung *f.* **5**
mathematician Mathematiker, -/ Mathematikerin, -nen *m./f.* **7**
mature reif *adj.* **1**
mayor Bürgermeister, -/ Bürgermeisterin, -nen *m./f.*
meadow Wiese, -n *f.* **6**
to mean bedeuten *v.*
means of transportation Verkehrsmittel, - *n.* **4**
to measure messen *v.* **4**
meat cutlet Schnitzel, - *n.* **6**
medium-rare medium/halbgar *adv.* **6**
meeting Besprechung, -en *f.*
me-generation Ichling, -e *m.*
member (of the Bundestag) (Bundestags)abgeordnete, -n *m./f.* **10**
member of congress Kongressabgeordnete, -n *m./f.*
memorial Denkmal, ¨-er *n.* **4**
to merge verschmelzen *v.* **10**
minimum wage Mindestlohn, ¨-e *m.* **9**
mishap Malheur, -s *n.* **10**
misleading irreführend *adj.*
mistaken identity Verwechslung, -en *f.* **4**
to mix mischen *v.*; *(up)* vermengen *v.* *9*
to moan stöhnen *v.* **4**
to mock spotten *v.* **5**
moderate gemäßigt *adj.* **8**
modest bescheiden *adj.* **1**
Easter Monday Ostermontag *m.* **6**
monthly magazine Monatsschrift, -en *f.* **3**
moral conflict Gewissenskonflikt, -e *m.* **2**

mortgage Hypothek, -e *f.* **9**
to take out a mortgage eine Hypothek aufnehmen *v.* **9**
motor home Wohnmobil, -e *n.* **4**
mountain climbing Bergsteigen *n.* **4**
low mountain range Mittelgebirge, - *n.* **8**
to move umziehen *v.* **2**; **on** weiterrücken *v.*
to be moved gerührt sein *v.*
movie screen Leinwand, ¨-e *f.* **3**
multicultural multikulturell *adj.* **10**
multilingual mehrsprachig *adj.* **10**
to multiply sich fortpflanzen *v.*
chamber music Kammermusik *f.* **5**
director of music Kapellmeister, - *m.* **5**
folk music Volksmusik, -en *f.* **6**
musical Musical, -s *n.* **5**

N

nanotechnology Nanotechnologie, -n *f.* **7**
to narrate schildern *v.*
narrator Erzähler, -/Erzählerin, -nen *m./f.* **5**
nationality Staatsangehörigkeit, -en *f.* **10**
nationwide bundesweit *adj.* **3**
native language Muttersprache, -n *f.* **10**
natural disaster Katastrophe, -n *f.* **8**
natural resources Bodenschätze *pl.* **8**
nature trail Naturlehrpfad, -e *m.* **8**
necessity Notwendigkeit *f.*
in need of affection liebebedürftig *adj.* **1**
neighbor Nachbar, -n/Nachbarin, -nen *m./f.* **2**
neighborhood (Wohn)viertel, -/(Wohn) gegend, -en *n./f.* **2**
network Netzwerk, -e *n.* **7**
to be part of a network vernetzt sein *v.* **8**
(radio/television)news Nachrichten *pl.* **3**
to get the news Nachrichten beziehen *v.* **3**
newscast Nachrichtensendung, -en *f.* **3**
news item Neuigkeit, -en *f.*, Pressenotiz, -en *f.* **3**
newspaper Zeitung, -en *f.* **3**
newspaper ad Anzeige, -n *f.* **3**
weekly newspaper Wochenzeitung, -en *f.* **2**
news program Nachrichtensendung, -en *f.* **3**
newsstand Zeitungskiosk, -e *m.* **2**
news story Neuigkeit, -en *f.*, Pressenotiz, -en *f.* **3**
New Year's Eve Silvester *m.* **6**
nightlife Nachtleben *n.* **2**
noisy laut *adj.* **2**
nonsense Quatsch *m.* **5**
noodles (Swabian) Spätzle *f.* **6**
written notice Kündigung, -en *f.* **1**
nourish ernähren *v.* **7**
novel Roman, -e *m.* **5**
crime novel Kriminalroman, -e *m.* **5**
novella Novelle, -n *f.* **5**
nuclear physicist Nuklearphysiker, -/ Nuklearphysikerin, -nen *m./f.* **7**
nuclear power plant Atomkraftwerk, -e *n.* **8**
number Zahl, -en *f.* **9**
nursing case Pflegefall, ¨-e *m.* **2**

O

objective objektiv *adj.*
to observe beobachten *v.*
obvious augenscheinlich *adj.* **2**
occasion Anlass, ¨-e *m.* **5**
occupation Beschäftigung, -en *f.* **9**
to offer anbieten *v.* **4**
office Dienststube, -n *f.* **1**; Amt, ¨-er *n.* **9**
police officer Polizeibeamte, -n/ Polizeibeamtin, -nen *m./f.* **2**
oil painting Ölgemälde, - *n.* **5**
on time rechtzeitig *adj.* **3**
opera Oper, -n *f.* **5**
soap opera Seifenoper, -n *f.* **3**
to operate betreiben *v.* **2**
operetta Operette, -n *f.* **5**
opinion Meinung, -en *f.* **8,** Einstellung, -en *f.* **9**
opinion poll Meinungsumfrage *f.* **3**
opportunity to work Arbeitsmöglichkeit, en *f.*
to oppress unterdrücken, bedrücken *v.* **10**
oppressed unterdrückt *adj.* **8**
optimistic optimistisch *adj.* **1**
orchestra Orchester, - *n.* **5**
(emotional) ordeal Zerreißprobe, -n *f.* **2**
order Ordnung *f.* **1**
to order befehlen *v.* **5**; bestellen *v.* **6**
terrorist organization terroristische Vereinigung, -en *f.* **8**
to organize organisieren *v.* **4**; veranstalten *v.* **6**
organized organisiert *adj.*
origin Ursprung, ¨-e *m.* **1**
outskirts Stadtrand, ¨-er *m.* **2**
outsmart austricksen *v.* **9**
outstanding hervorragend *adj.* **6**
to overcome überwinden *v.* **10**
overpopulation Übervölkerung, -en *f.* **10**
to overthrow stürzen *v.* **10**
(to work) overtime Überstunden *pl.*; *f.* (machen)
to overwhelm überwältigen *v.*
overworked überarbeitet *adj.* **3**
owner Inhaber, -/Inhaberin, -nen *m./f.* **9**
oxygen Sauerstoff *m.* **7**

P

pacifist pazifistisch *adj.* **8**
to be free of pain Schmerzfreiheit *f.* **7**
to paint malen *v.* **5**
paint Farbe, -n *f.* **5**
paintbrush Pinsel, - *m.* **5**
painter Maler, -/Malerin, -nen *m.*, *f.* **5**
painting Gemälde, - *n.* **5**
oil painting Ölgemälde, - *n.* **5**
watercolor painting Aquarell, -e *n.* **5**
potato pancake Kartoffelpuffer, - *m.* **6**
local paper Lokalzeitung, -en *f.* **3**
beach parasol (Strand)sonnenschirm, -e *m.* **4**
to park parken *v.*
ice-cream parlor Eisdiele, -n *f.* **6**
part Rolle, -n *f.* **1**
to be part of a network vernetzt sein *v.* **8**
partial subjektiv *adj.* **3**
part-time job Teilzeitarbeit, -en *f.*, Teilzeitstelle, -n *f.* **9**
party Partei, -en *f.* **10**
to pass away vergehen *v.*
to pass a law ein Gesetz verabschieden *v.* **8**
boarding pass Bordkarte, -n *f.* **4**
ski pass Skipass, ¨-e *m.* **4**
passionate leidenschaftlich *adj.* **5**
to walk past vorbeigehen *v.* **2**
to choose a career path eine berufliche Laufbahn (-en) einschlagen *v.* **9**
pawn broker Pfandleiher, - *m.* **6**
pawn shop Leihhaus, ¨-er *n.* **6**
to pay admission Eintritt bezahlen *v.* **6**
peace Frieden *m.* **10**
peaceful friedlich *adj.*
pedestrian Fußgänger, -/ Fußgängerin, -nen *m./f.* **2**
to peel schälen *v.* **6**
to penetrate something etwas durchdringen *v.* **7**
Pentecost Pfingsten *f.* **6**
Pentecost Monday Pfingstmontag *m.* **6**
to perform verrichten *v.* **10**
performance Aufführung, -en *f.* **5**
permission Befugnis, -se *f.* **7**
to permit something etwas erlauben *v.* **10**
persecution of Jews Judenverfolgung, -en *f.* **10**
self-centered person Ichling, -e *m.*
personal persönlich *adj.* **2**
personnel manager Personalmanager, -/ Personalmanagerin, -nen *m./f.* **9**
pessimistic pessimistisch *adj.* **1**
phenomenon Erscheinung, -en *f.* **10**
photographer Fotograf, -en/ Fotografin, -nen *m./f.*
physicist Physiker, -/Physikerin, -nen *m./f.* **7**
nuclear physicist Nuklearphysiker, -/ Nuklearphysikerin, -nen *m./f.* **7**
to pick pflücken *v.* **4**
pickled herring der eingelegte Hering, -e *m.* **6**
to pierce something etwas durchdringen *v.* **7**
pilgrim Pilger, - *m.* **4**
pilgrimage Pilgerschaft, - *f.* **4**
pillar Saule, -n *f.* **9**
place of interest Sehenswürdigkeit, -en *f.* **4**
to take place spielen *v.* **5**
recovery plan Sanierungskonzept, -e *n.* **1**
early retirement plan Vorruhestandsregelung, -en *f.* **9**

city/town planning Stadtplanung, -en *f.* **2**
nuclear power plant Atomkraftwerk, -e *n.* **8**
platform Bahnsteig, -e *m.* **4**
play Theaterstück, -e *n.*, Schauspiel -e, *n.*, Stück, -e *n.* **5**
playwright Dramatiker, -/ Dramatikerin, -nen *m./f.* **5**
pleasant angenehm *adj.* **4**
pleasure Lust *f.* **5**
pledge (of goods) Verpfändung, -en *f.* **9**
plot Handlung, -en *f.* **5**
work of poetry Poesie *f.*, Dichtkunst *f.* **5**
poison Gift, -e *n.* **8**
police officer Polizeibeamte, -n/ Polizeibeamtin, -nen *m./f.* 2
police station Polizeirevier, -e *n.* **2**, Polizeiwache, -n *f.*, Wache, -n *f.* **4**
secret police in the Third Reich Gestapo (Geheime Staatspolizei) *f.* **10**
environmental policy Umweltpolitik *f.*
political politisch *adv.* **10**
politician Politiker, -/Politikerin, -nen *m./f.* **10**
politics Politik, - *f.* **8**
opinion poll Meinungsumfrage *f.* **3**
pollution (Umwelt)verschmutzung, -en *f.* **8**
population Bevölkerung, -en *f.* **10**
pork chop Schweinekotelett, -s *n.* **6**
portrait Porträt, -s *n.* **5**
position Stelle, -n *f.*, Stellungnahme, -n *f.*, Amt, ¨-er *n.* **9**
possessed besessen *adj.* **7**
poster Schautafel, -n *f.* **10**
mashed potatoes Kartoffelbrei, -e/-s *m.* **6**
potato pancake Kartoffelpuffer, - *m.* **6**
to pour gießen *v.* **6**
powerful mächtig *adj.* **8**; kräftig *adj.*, stark *adj.* **10**
to practice a profession einen Beruf ausüben *v.* **9**
to praise preisen *v.* **2**; loben *v.*
to pray flehen *v.* **4**
prayer Gebet, -e *n.* **10**
preferential treatment Vergünstigung, -en *f.* **2**
pregnant schwanger *adj.* **6**
to prepare zubereiten *v.* **6**
prepared bereit *adj.*
pre-recorded aufgezeichnet *adj.* **3**
to prescribe verschreiben *v.* **9**
president Präsident, -en/Präsidentin, -nen *m./f.* **10**
  federal president Bundespräsident, -en/ Bundespräsidentin, -nen *m./f.* **10**
freedom of the press Pressefreiheit *f.* **3**
press release Pressemitteilung, -en *f.* **3**
price category Preisklasse, -n *f.* **4**
price negotiation Kalkulationsverhandlung, -en *f.* **3**
prick Stich, -e *m.* **1**
to print drucken *v.* **3**
prison Gefängnis, -se *n.* **8**
  prison camp Gefangenenlager, - *n.* **1**
  prison sentence Freiheitsstrafe, -n *f.* **2**
prisoner Gefangene, -n *m./f.* **1**
privacy Privatsphäre, -n *f.* **2**
private privat *adj.* **2**
professional experience Berufserfahrung, -en *f.* **9**
profitable rentabel *adj.* **1**
program
  news program Nachrichtensendung, -en *f.* **3**
  TV program Sendung, -en *f.* **3**
progress Fortschritt, -e *m.* **7**
to promise something etwas versprechen *v.* **3**
to promote fördern *v.* **8**
promotion Beförderung, -en *f.* **9**; Förderung, -en *f.*
to prompt anregen *v.* **5**
prose Prosa *f.* **5**
prosperity Wohlstand *m.* **7**
to protect schützen *v.* **8**
protection Schutz *m.*
  protection against threats Gefahrenabwehr *f.* **8**
to protest protestieren (gegen) *v.* **10**
proud stolz *adj.* **1**
to prove beweisen *v.* **7**
pub Kneipe, -n *f.* **6**
public transportation öffentliche Personennahverkehr (ÖPNV) *m.*, öffentlichen Verkehrsmittel *f.* **2**
public safety öffentliche Sicherheit *f.* **8**
to publish herausgeben *v.* **3**
  to be published erscheinen *v.* **3**
publisher Verleger, -/Verlegerin, -nen *m./f.* **3**
publishing house Verlagshaus, ¨-er *n.* **3**
red berry pudding rote Grütze, -n *f.* **6**
punishable strafbar *adj.* **2**
to put one's face on sich schminken *v.* **6**
to put on make-up sich schminken *v.* **6**

Q

qualification(s) Qualifikation, -en *f.* **9**
quality control Qualitätskontrolle, -n *f.* **1**
queen Königin, -nen *f.* **10**
to question something etwas in Frage stellen *v.* **7**
questioning Verhör, -e *n.* **8**
quiet ruhig *adj.* **1**; still *adv.* **8**
to quit kündigen *v.* **9**
to quote zitieren *v.* **5**

R

racism Rassismus *m.* **10**
radio Radio, -s *n.*, Rundfunk *m.* **3**
  to listen to the radio Radio hören *v.* **3**
  radio station Radiosendern, - *m.* **3**
raising (of animals) Aufzucht, -en *f.* **8**
low mountain range Mittelgebirge, - *n.* **8**
rare blutig, englisch *adj.* **6**
  medium-rare medium halbgar *adj.* **6**
rascal Bengel, - *m.* **10**
rate Satz, ¨-e *m.* **9**
  birth rate Geburtenrate, -n *f.* **10**
  interest rate Zinssatz, ¨-e *m.* **9**
ravenous appetite Bärenhunger *m.* **6**
ray Strahl, -en *m.* **7**
ready bereit *adj.*
real estate market Immobilienmarkt, ¨-e *m.* **9**
realistic realistisch *adj.* **5**
reason Grund, -¨e *m.*
receipt Quittung, -en *f.* **5**
recession Rezession, -en *f.* **9**; Konjunkturrückgang, ¨-e *m.*
to recommend empfehlen *v.* **6**
record Schallplatte, -n *f.* **3**
to record (audio) aufnehmen *v.*; **(video)** aufzeichnen *v.* **3**
recorded aufgezeichnet *adj.* **3**
recovery Aufschwung, ¨-e *m.* **9**
recovery plan Sanierungskonzept, -e *n.* **1**
recyclable wiederverwertbar *adj.* **8**
to recycle recyclen *v.* **8**
red berry pudding rote Grütze, -n *f.* **6**
to refresh oneself sich laben an (+ Dat.) *v.* **6**
to register one's change of address sich ummelden *v.* **4**
registration of address office das Einwohnermeldeamt, ¨-er *n.* **4**
to regret bedauern *v.* **10**
rehearsal Probe, -n *f.* **5**
to reject ablehnen *v.*
to be in a relationship eine Beziehung führen/haben *v.* **1**
employment relationship Beschäftigungsverhältnis, -e *n.* **1**
relatives Verwandtschaft *f.*
to relax sich entspannen *v.* **4**
press release Pressemitteilung, -en *f.* **3**
to rely on sich verlassen (auf + Akk.) *v.* **1**
remarkable bemerkenswert *adj.* **7**
to remember (someone) (sich) erinnern (an + Akk.) *v.*
remorse Schuldgefühl, -e *n.*
remote abgelegen *adj.*
to rent (house, car) mieten *v.* **4**
rental Vermietung *f.* **4**
  car rental Autovermietung *f.* **4**
  vacation rental Ferienwohnung, -en *f.* **4**
to repay vergelten *v.* **10**
replacement Ersatz, -e *m.* **1**
to report berichten *v.* **3**
reporter Reporter, -/Reporterin, -nen *m./f.* **3**
representative Vertreter, - *m.* **5**
  representative (of the Bundestag) (Bundestags)abgeordnete, -n *m./f.* **10**
republic Republik, -en *f.* **10**
  federal republic Bundesrepublik, -en *f.* **10**
Republican Republikaner, -/ Republikanerin, -nen *m./f.* **10**
republican republikanisch *adj.* **10**

reputable renommiert *adj.* **3**
reputation Ansehen *n.* **7**
rescue Rettung, -en *f.* **10**
to rescue retten *v.* **8**
research Forschung, -en *f.* **7**
researcher Forscher, -/Forscherin, -nen *m./f.* **7**
reservation Reservierung, -en *f.* **6**
to reserve bestellen *v.* **6**
reserved zurückhaltend *adj.*
respect Verehrung, -en *f.*
seaside resort Seebad, ¨-er *n.* **4**
ski resort Skiurlaubsort, -e *m.* **4**
vacation resort Ferienort, -e *m.* **4**
natural resources Bodenschätze *pl.* **8**
résumé Lebenslauf, ¨-e *m.* **9**
resurrection Auferstehung, -en *f.* **5**
to retire in Rente gehen *v.* **9**
early retirement plan Vorruhestandsregelung, -en *f.* **9**
reunification Wiedervereinigung, -en *f.* **2**
to reveal something etwas verraten *v.* **10**
reverent ehrfürchtig *adj.*
rhino(ceros) Nashorn, ¨-er *n.* **10**
rhyme Reim, -e *m.* **5**
right Anspruch, ¨-e *m.* **8**
human rights Menschenrechte *pl.* **8**
to rise sich anheben *v.* **1**
rival (in love) Nebenbuhler, -/ Nebenbuhlerin, -nen *m./f.*
roast Braten, - *m.* **6**
roast chicken Brathähnchen, - *n.* **6**
to roast braten *v.* **6**
roasted gebraten *adj.* **6**
robotics Robotertechnik, -en *f.* **7**
rod Rute, -n *f.* **6**
role Rolle, -n *f.* **1**
role in the family Familienrolle, -n *f.*
roller coaster Achterbahn, -en *f.* **6**
Romania Rumänien *n.* **1**
roommate Zimmergenosse, -n/ Zimmergenossin, -nen *m./f.* **2**
rotary Kreisverkehr, -e *m.*
roundabout Kreisverkehr, -e *m.*
rule Regel, -n *f.*
rules (of the game) Spielregeln (*pl.*) *f.* **9**
to run the gauntlet Spießruten laufen *v.* **9**
RV Wohnmobil, -e *n.* **4**

S

safe sicher *adj.* **2**
safety Sicherheit, -en *f.* **8**
public safety öffentliche Sicherheit *f.* **8**
to sail segeln *v.* **4**
sailboat Segelboot, -e *n.* **4**
salmon appetizer Lachshäppchen, - *n.* **6**
salty salzig *adj.* **6**
Santa Claus Weihnachtsmann, ¨-er *m.* **6**
satirical satirisch *adj.* **5**
sausage stand Wurstbude, -n *f.* **6**
to save retten *v.* **8**; sparen *v.* **9**
to save space Platz sparen *v.* **1**
savings Ersparnis, -se *f.* **9**
saying Spruch, ¨-e *m.* **7**
scam Betrug *f.* **9**
scandal Skandal, -e *m.* **10**
scenery Landschaft, -en *f.* **8**
scholar Gelehrte, -n *m./f.* **7**
computer science Computerwissenschaft, -en *f.* **7**
computer scientist Informatiker, -/ Informatikerin, -nen *m./f.* **7**
screen Bildschirm, -e *m.* **3**
movie screen Leinwand, ¨-e *f.* **3**
script Drehbuch, ¨-er *n.* **3**
to sculpt bildhauern *v.* **5**
sculptor Bildhauer, -/Bildhauerin, -nen *m./f.* 5
sculpture Skulptur, -en *f.* **5**
scythe Sense, -n *f.* **1**
sealed versiegelt *adj.* **4**
seaside resort Seebad, ¨-er *n.* **4**
seat Platz, ¨-e *m.* **4**
aisle seat Gangplatz, ¨-e *m.* **4**
window seat Fensterplatz, ¨-e *m.* **4**
secret Geheimnis, -se *n.*
secret police (former GDR) Stasi (Staatssicherheit) *f.* **2**
secretary Sekretär, -/Sekretärin, -nen *m./f.* **9**
secretly heimlich *adj.* **3**
secret police in the Third Reich Gestapo (Geheime Staatspolizei) *f.* **10**
section Teil, -e *m.* **3**
to secure something etwas befestigen *v.*
security Sicherheit, -en *f.* **8**
security check Sicherheitskontrolle, -n *f.* **4**
security guard Sicherheitsbedienstete, -n *m.*
video security system Videoüberwachungssystem *n.*
to seduce verführen *v.* **5**
self-centered person Ichling, -e *m.*
self-pity Selbstmitleid *n.* **10**
self-portrait Selbstporträt, -s *n.* **5**
sense of belonging Zugehörigkeit, -en *f.*
sense of guilt Schuldgefühl, - *n.* **3**
sensitive empfindlich *adj.* **1**
TV series Fernsehserie, -n *f.* **3**
to set words to a tune mit Text unterlegen *v.* **5**
to settle (sich) ansiedeln, siedeln *v.* **1**; **10**
settlement Siedlung, -en *f.*
to shadow someone beschatten *v.* **8**
to share (something) (etwas) teilen *v.* **1**
to shatter zerschlagen *v.* **3**
sheep Schaf, -e *n.*
sheet music Noten (*pl.*) **10**
shopping mall Einkaufszentrum, -zentren *n.*
shortcomings Mängel (*pl.*) *m.* **1**
short-term kurzfristig *adj.* **9**
to show zeigen *v.* **5**
show-off Angeber, -/Angeberin, -nen *m./f.* **2**
Shrove Tuesday (Mardi Gras) Fastnacht *f.*, Fastnachtsdienstag *m.* **6**
shy schüchtern *adj.* **1**
sidewalk Bürgersteig, -e *m.* **2**
sight Sehenswürdigkeit, -en *f.* **4**
sign Verkehrsschild, -er *n.*, Verkehrszeichen, - *n.* **2**
signal Signal, -e *n.* **7**
analog signal Analogsignal, -e *n.* **7**
digital signal Digitalsignal, -e *n.* **7**
significant bedeutend *adj.* **7**
silence Stille *f.*
silent stumm *adj.*
simple(-minded) einfältig *adj.* **3**
single (unmarried) ledig *adj.* **1**
sip Schluck, -e *n.* **6**
to sketch skizzieren *v.* **5**
cross-country (skiing) (Ski)langlauf *m.* **4**
ski equipment Skiausrüstung, -en *f.* **4**
ski lift Skilift, -e *m.* **4**
ski pass Skipass, ¨-e *m.* **4**
ski slope Skihang, ¨-e *m.* **4**
ski resort Skiurlaubsort, -e *m.* **4**
skyscraper Wolkenkratzer, - *m.* **2**
slavery Sklaverei *f.* **10**
sleeping bag Schlafsack, ¨-e *m.* **4**
to slide away wegrutschen *v.* **1**
slogan Schlagwort, ¨-er *n.* **8**
slow train Bummelzug, ¨-e *m.*
small/intimate theater Kammerspiele *pl.; n.* **5**
snack Imbiss, -e *m.* **2**
snack bar Imbissstube, -n *f.*, Schnellimbiss, -e *m.* **6**
to have a snack eine Kleinigkeit essen *v.* **6**
sneak attack Überraschungsangriff, -e *m.* **8**
sneering höhnisch *adj.* **5**
to snorkel schnorcheln *v.* **4**
snorkel Schnorchel, - *m.*
soap opera Seifenoper, -n *f.* **3**
to sob schluchzen *v.* **1**
Social-Democrat Sozialdemokrat, -en/ Sozialdemokratin, -nen *m./f.* **10**
to solve lösen *v.*
songwriter Liedermacher, -/ Liedermacherin, -nen *m./f.* **5**
soul Seele, -n *f.* **1**
soulmate Seelenverwandte, -n *m./f.* **1**
sound Laut, -e *m.* **4**
source Quelle, -n *f.* **3**
to save space Platz sparen *v.* **1**
spade Spaten, - *m.* **6**
spaetzle Spätzle *f.* **6**
spam e-mail unerwünschte E-Mail *f.* **7**
spare verschonen *v.* **10**
to spare someone something j m etwas ersparen *v.* **2**
special effects Special Effects *f.* **3**

species-appropriate artgerecht *adj.* **5**
speculation Vermutung, -en *f.* **9**
correct spelling Rechtschreibung, -en *f.* **3**
spicy würzig; pikant *adj.* **6**
sponsorship Förderung, -en *f.*
to spy on someone j-n beobachten *v.* **8**
to squirt spritzen *v.*
  to squirt out hervorspritzen *v.*
stage Bühne, -n *f.* **5**
  stage fright Lampenfieber *n.* **5**
to stand around rumstehen *v.* **3**
to stand in line (in der) Schlange stehen *v.* **4**
standard of living Lebensstandard, -e *m.* **10**
stanza Strophe, -n *f.* **5**
five-star Fünf-Sterne *adj.* **4**
to start one's own business sich selbstständig machen *v.* **9**
surveillance state Überwachungsstaat, -en *f.* **8**
station
  fire station Feuerwache, -n *f.* **2**
  police station Polizeirevier, -e *n.* **2**, Polizeiwache, -n *f.*, Wache, -n *f.* **4**
  radio station Radiosender, - *m.* **3**
  subway station U-Bahnhof, ¨-e *m.*, U-Bahn-Station, -en *f.* **2**
to stay informed (about) sich informieren (über + Akk.) *v.* **3**
steamed gedünstet *adj.* **6**
stem cell Stammzelle, -n *f.* **7**
stew Eintopf, ¨-e *m.* **6**
  beef stew Gulasch, -e *m./n.* **6**
still life Stillleben, - *n.* **5**
to stimulate anregen *v.* **5**
sting Stich, -e *m.* **1**
stock exchange Börse, -n *f.* **9**
to stop (an)halten, stoppen *v.* **2**; aufhören *v.* **3**
stop Haltestelle, -n *f.*
  bus stop Bushaltestelle, -n *f.*
stork Storch, ¨-e *m.* **8**
news story Neuigkeit, -en *f.* **3**
stranger Fremde, -n *m.*, *f.* **2**
stressed gestresst *adj.* **3**
stressful stressig *adj.* **4**
strike Streik, -s *m.* **9**
to stroll bummeln, schlendern *v.* **1**
to struggle kämpfen *v.* **10**
studio Atelier, -s *n.*
to subdivide unterteilen *v.* **10**
subscription Abo(nnement), -s *n.* **5**
subjective subjektiv *adj.*
to subscribe abonnieren *v.* **10**
subtitle Untertitel, - *m.* **3**
suburb Vorort, -e *m.* **2**
subway station U-Bahnhof, ¨-e *m.*, U-Bahn-Station, -en *f.* **2**
successful erfolgreich *adj.* **9**
to sunbathe sonnenbaden *v.* **4**
sunblock Sonnen(schutz)creme, -s *f.* **4**
sunburn Sonnenbrand, ¨-e *m.* **4**
to surf surfen *v.* **4**
surface Oberfläche, -n *f.* **5**
surfboard Surfbrett, -er *n.* **4**
surprised erstaunt *adj.*
to surrender kapitulieren *v.* **10**
surveillance state Überwachungsstaat, -en *f.* **8**
survey Umfrage *f.*, Meinungsumfrage *f.* **3**
suspicion (of wrongdoing) Tatverdacht *m.* **8**
sustainability Nachhaltigkeit *f.* **8**
sustainable nachhaltig *adj.* **8**
Swabian noodles Spätzle *f.* **6**
to swap tauschen *v.* **3**
breaking into a sweat Schweißausbruch, ¨-e *m.* **3**
as swift as an arrow pfeilschnell *adj.*
system
  system of government Regierungssystem, -e *n.* **10**
  video security system Videoüberwachungssystem, -e *n.*

T

to take
  to take advantage of ausnutzen *v.* **9**
  to take out a mortgage eine Hypothek aufnehmen *v.* **9**
  to take place spielen *v.* **5**
  to take to court verklagen *v.* **7**
fairy tale Märchen, - *n.* **4**
taste Geschmack, ¨-er *m.* **4**
tasty schmackhaft *adj.* **6**
tax Steuer, -n *f.* **9**
technical language Fachsprache, -n *f.*
to tear apart zerreißen *v.* **1**
technology Technik, -en *f.* **7**
telecommunication Telekommunikation, -en *f.* **7**
fortune-teller Wahrsager, -/Wahrsagerin, -nen *m./f.* **9**
temporary vorläufig *adj.* **4**
tempting verlockend *adj.* **9**
tenant Mieter, -/Mieterin, -nen *m./f.* **2**
tender zart *adj.* **6**
tent Zelt, -e *n.* **4**
long-term langfristig *adj.* **9**
short-term kurzfristig *adj.* **9**
arrival(s) terminal Ankunftshalle, -n *f.* **4**
to terminate j-m kündigen *v.* **1**
termination Kündigung, -en *f.* **9**
terminology Fachsprache, -n *f.*
terrible schrecklich *adj.* **6**
terrorism Terrorismus, - *m.* **8**
terrorist Terrorist, -en/Terroristin, -nen *m./f.* **8**
  terrorist organization terroristische Vereinigung, -en *f.* **8**
to thank (someone) sich (bei j-m) bedanken *v.* **6**
theme Motto, -s *n.* **6**
thorough gründlich *adj.* **1**
thread Zirn, -e *m.* **1**
threat Bedrohung, -en *f.*;Drohung, -en *f.* **8**
  protection against threats Gefahrenabwehr *f.* **8**
to thwart durchkreuzen *v.* **9**
ticket conductor Schaffner, -/Schaffnerin, -nen *m./f.* **4**
tidy ordentlich *adj.* **4**
time Zeit, -en *f.* **10**
  of that time damalig *adj.* **10**
  on time rechtzeitig *adj.* **3**
  hourly timesheet Stundennachweis, -e *m.* **1**
to torture quälen *v.*
to be touched gerührt sein *v.*
to tour besichtigen *v.* **4**
towel Badetuch, ¨-er *n.* **4**
  beach towel Strandtuch, ¨-er *n.* **4**
town center Stadtzentrum, -zentren *n.*
town hall Rathaus, ¨-er *n.* **2**
town planning Stadtplanung, -en *f.* **2**
toyland Spielzeugland *n.* **10**
trade Gewerbe, - *n.* **9**
traditional traditionell *adj.* **6**
traffic Verkehr *m.*
  traffic circle Kreisverkehr, -e *m.* **2**
  traffic jam (Verkehrs)stau, -s *m.* **2**
  traffic light Ampel, -n *f.* **2**
  traffic sign Verkehrsschild, -er *n.*, Verkehrszeichen, - *n.* **2**
tragedy Trauerspiel, -e *n.* **5**
tragic tragisch *adj.* **5**
hiking trail Wanderweg, -e *m.* **4**
nature trail Naturlehrpfad, -e *m.* **8**
slow train Bummelzug, ¨-e *m.*
trainee Praktikant, -en/Praktikantin, -nen *m./f.* **9**
training Ausbildung, -en *f.* **9**
to transport befördern *v.* **7**
means of transportation Verkehrsmittel, - *n.* **4**
public transportation öffentliche Personennahverkehr (ÖPNV) *m.*, öffentlichen Verkehrsmittel *f.* **2**
traitor Verräter, -/Verräterin, -nen *m./f.* **2**
traitorous information transmission landesverräterische Nachrichtenübermittlung *f.* **2**
trap Falle, -n *f.* **9**
treatment Behandlung, -en *f.* **7**
to trust vertrauen (+ Dat.) *v.* **1**
trusting vertrauensvoll *adj.*
to turn (around) wenden *v.* **2**
  to turn out to be sich entpuppen *v.* **2**, sich gestalten v. *7, sich herausstellen als* **v. 7**
cable TV Kabelfernsehen *n.* **3**
TV advertisement Fernsehwerbung, -en *f.*, die Reklame, -n *f.* **3**
TV program Sendung, -en *f.* **3**
TV screen Bildschirm, -e *m.* **3**
TV series Fernsehserie, -n *f.* **3**

U

(beach) umbrella (Strand)sonnenschirm, -e *m.* 4
unable unvermögend *adj.*
unanimous einstimmig *adj.* 1
unbiased objektiv *adj.* 3
underdevelopment Unterentwicklung, -en *f.* 10
understanding verständnisvoll *adj.* 1
unequal ungleich *adj.* 8
unethical unmoralisch *adj.* 7
unexpected unerwartet *adj.* 2
unfair ungerecht *adj.* 8
unfaithful untreu *adj.* 1
unforgettable unvergesslich *adj.* 1
unification Vereinigung, -en *f.* 2
labor union Gewerkschaft, -en *f.* 9
universe Weltall *n.* 7
unjust ungerecht *adj.* 8
unusual ungewöhnlich *adj.* 5
to update aktualisieren *v.* 7
uprising Aufruhr, -e *m.* 10
upset bestürzt *adj.* 1
to be up-to-date auf dem neuesten Stand sein *v.* 3
urge Drang *f.*
use verwerten *v.* 7
to use the bathroom austreten *v.* 9

V

vacancy Zimmer frei *exp.* 4
no vacancy belegt *adj.* 4
vacation destination Urlaubsziel, -e *n.* 4
vacation rental Ferienwohnung, -en *f.* 4
vacation resort Ferienort, -e *m.* 4
to vaccinate impfen *v.* 7
vaccine Impfstoff, -e *m.* 7
vain eitel *adj.*
value Wert, -e *m.* 1
good value preiswert *adj.* 4
variety Vielfalt *f.* 2
various verschieden *adj.* 4
vegan Veganer, -/Veganerin, -nen *m./f.* 6
vegetarian Vegetarier, -/Vegetarierin, -nen *m./f.* 6
vegetarian vegetarisch *adj.* 6
vehicle Gefährt, -e *n.* 7
to verbally fight sich streiten *v.*
verse Strophe, -n *f.* 5
victim Opfer, - *n.* 7
victorious siegreich *adj.* 10
victory Sieg, -e *m.* 10
election victory Wahlsieg, -e *m.* 10
video security system Videoüberwachungssystem, -e *n.*
(television) viewer Zuschauer, -/Zuschauerin, -nen *m./f.* 3
vinyl record Schallplatte, -n *f.* 3
violence Gewalt *f.* 8
violent gewalttätig *adj.* 10
to visit besichtigen *v.* 4
to vote abstimmen (über), stimmen, wählen *v.* 10

W

wage Lohn, ¨-e *m.* 9
wage continuation Lohnfortzahlung, -en *f.* 9
low wage Niedriglohn, ¨-e *m.* 9
minimum wage Mindestlohn, ¨-e *m.* 9
to walk leisurely schlendern, bummeln *v.* 1
to walk past vorbeigehen *v.* 2
war Krieg, -e *m.* 10
civil war Bürgerkrieg, -e *m.* 10
wares Gut, ¨-er *n.* 9
global warming Klimaerwärmung, -en *f.* 8
waste management Müllentsorgung *f.*
waste separation Mülltrennung *f.*
watercolor painting Aquarell, -e *n.* 5
weapon Waffe, -n *f.* 10
wedding Hochzeit, -en *f.* 1
weekly magazine Wochenzeitschrift, -en *f.* 3
weekly newspaper Wochenzeitung, -en *f.* 3
well-done durchgebraten *gut durch* exp. *6*
whipped cream Schlagsahne *f.* 6
whiz zischen *v.*
widow Witwe, -n *f.* 1
widowed verwitwet *adj.* 1
widower Witwer, - *m.* 1
window seat Fensterplatz, ¨-e *m.* 4
award-winning preisgekrönt *adj.* 5
wireless kabellos *adj.* 7
withdrawn introvertiert *adj.* 5
witness Zeuge, -n/Zeugin, -nen *m./f.* 8
work hours Arbeitszeit, -en *f.* 9
work of literature Dichtung, -en *f.* 5
opportunity to work Arbeitsmöglichkeit, en *f.*
to work overtime Überstunden *(pl.; f.)* (machen)
work of poetry Dichtung, -en *f.* 5
overworked überarbeitet *adj.* 3
flexible working hours Gleitzeit *f.* 4
worried besorgt *adj.* 1
worth Wert, -e *m.* 1
to be worth it sich lohnen *v.* 4
writer Schriftsteller, -/Schriftstellerin, -nen *m./f.* 5
written notice Kündigung, -en *f.* 1
wrong unrecht *adj.* 7

X

to x-ray röntgen *v.* 7

Y

Yellow Star Judenstern, -e *m.* 10
youth crime Jugendkriminalität *f.*

Z

zoologist Zoologe, -n/Zoologin, -nen *m./f.* 7

Index

A

accusative cases 22, 171
adjectives
  as nouns 132
  attributive 128
  expressing quantity 129
  from verbs 133
  possessive 22, 50
  predicate 129
  special cases 133
  with specific prepositions 133, 170
adverbs
  of time 248
  of manner 249
  of place 249
adverbial conjunctions 90
als and **wenn** 90
articles 22, 50, 54, 128

C

comparatives 166
compound nouns 316
conjugation
  haben, **sein**, and **wissen** 19
  irregular verbs 19
  regular verbs 18
conjunctions
  coordinating, adverbial, and subordinating 90
  double conjunctions 321
  two-part conjunctions 320
coordinating conjunctions 90

D

da-compounds 170
dative cases 50, 171
demonstratives 284
dependent clause 91
der-words 23, 50, 128, 284
direct object 22

E

ein-words 23, 50, 129

Futur
  active 124
  modals 163
  passive 240
Futur II 125

G

genitive cases 51

H

haben
  conjugation 19
  in **Futur II** 125
  in imperatives 245
  in **Plusquamperfekt** 350
  in present perfect 58

I

imperative 244, 359
impersonal commands 245
impersonal passive 241
indirect object 50
indirect speech 358
infinitive
  constructions 354
  in **Futur** 124
  in **Futur II** 125
  in **Konjunktiv II** 276
inverted word order 14
irregular verbs
  Konjunktiv I 358
  Konjunktiv II 276
  Präteritum 86
  present tense 18

K

Konjunktiv I 358
Konjunktiv II
  der Vergangenheit 312
  in indirect speech 359
  with modals 280
  würde with infinitive 276

Kultur
  „Amerika, du hast es besser" 27
  Badefreuden oder Großstadtabenteuer? 137
  Baden-Württemberg: Land des Autos 253
  Berlin, multikulturell seit Jahrhunderten 63
  Feste mit Tradition 213
  Grün reisen, Grün schützen 289
  Hamburg: Medien-Mekka 99
  Musik Musik Musik 175
  Schweizer Bankwesen 325
  Wiedervereinigung 363

Kulturanmerkungen
  Achterbahnen 213
  Andrej Holm 271
  Arbeitskampf 307
  Arbeitsmarkt Liechtenstein 325
  Astronomen 261
  Atomkraftwerke 283
  Die Aufklärung 179
  Auftragskunst 185
  Ausländer in Berlin 71
  B.A.U.M. 292
  Die Beatles 102
  Berthold Brecht 373
  Berufstätige Eltern 81
  Berufswahl in der DDR 335
  Bildungsstreik 315
  Die Bremer Stadtmusikanten 134
  Bürokratie 297
  Die Currywurst 63
  Deportation der Rumäniendeutschen 31
  Deutsche Umweltpioniere 267
  Ein Deutscher Astronaut 257
  Die Dult 216
  Falco 178
  Familien in Deutschland 7
  Die Fraunhofer-Gesellschaft 243
  Franz Kafka 293
  Friedensreich Hundertwasser 175
  Glücksbringer 206
  Gustav Klimt 153
  Hans Zimmer 168
  HARTZ IV 9
  Hauptstadt der Einsamkeit 157
  hochschulstart.de 329
  Holocaust 345
  Jerusalem 141
  Johann Wolfgang von Goethe 27
  Johannes Rau 363
  Karneval 115
  Knödel 203
  Die Konditorei 210
  Lust auf amerikanisches Essen 67
  Medienkonsum 77
  Michael Haneke 175
  MP3 88
  Die Museumsinsel 60
  Nationalparks in Deutschland 289
  Ostfriesland 137
  Parteien im Deutschen Bundestag 361
  Pfandhaus 225
  Pittiplatsch und Trabbis 45
  Rente 323
  Die Robert Bosch GmbH 253
  Röntgen 235
  Rote Grütze 203
  Rotkreuz-Familiennachrichten 35
  Schloss Belvedere 164
  Schloss Sanssouci 352
  Das Schweizer Bankgeheimnis 328
  Smart Car 256
  Selbst gemachte Spätzle 191
  Stoptrick 273
  Strände in Deutschland 286
  Der Strandkorb 131
  Der Tannenbaum 217
  Das Theater am Schiffbauerdamm 367
  Türken in Deutschland 119
  Via Regia 147
  Wahlen 360

Der Weihnachtsmann 195
Wernher von Braun 279
Die deutsche Zeitungsbranche 92
Der Zeitungskiosk 56

Kurzfilm
15 Minuten Wahrheit 304
Björn oder die Hürden der Behörden 116
Elsas Geburtstag 78
Gefährder 268
Die Klärung eines Sachverhalts 42
Nashorn im Galopp 154
Outsourcing 6
Röntgen 232
Spielzeugland 342
Wer hat Angst vorm Weihnachtsmann? 192

L

Länder
Bayern 198
Berlin 48, 64
Brandenburg und Sachsen 348
Bremen, Niedersachsen und Nordrhein-Westfalen 122, 138
Die Schweiz und Liechtenstein 310, 326
Die Vereinigten Staaten 12
Hamburg, Schleswig-Holstein und Mecklenburg-Vorpommern 84, 100
Österreich 160
Rheinland-Pfalz, Saarland und Baden-Württemberg 238
Sachsen-Anhalt, Thüringen und Hessen 274

Lektionen
Fühlen und erleben 2
Geschichte und Gesellschaft 338
Kunstschätze 150
Medieneinflüsse 74
Recht und Umwelt 264
Traditionen und Spezialitäten 188
Wegfahren und Spaß haben 112
Wirtschaft und Berufsaussichten 300
Wissenschaft und Technologie 228
Zusammen leben 38

Literatur
An die Nachgeboren 367
Berufsberatung 329
Emilia Galotti 179
Ersatzbruder 31
Geschäftstarnungen 67
Ist die Erde bewohnt? 257
Die Leihgabe 217
Der Pilger 141
Vor dem Gesetz 293
Zonenkinder 103

M

main clause 91
modals
in **Konjunktiv I** 358
in **Konjunktiv II** 280
in **Plusquamperfekt** 351
in present tense 162

N

nominative cases 22
numbers 208

P

passive voice and alternatives 240
past participle
in passive 240
in **Perfekt** 58
in **Plusquamperfekt** 350
in **Futur II** 125
Perfekt
separable and inseparable prefix verbs 58
modals 163
passive 240
plurals 316
Plusquamperfekt
passive 240
active 350
polite requests 281
Präteritum
Konjunktiv I 359
modals 162
passive 240
regular and irregular verbs 86
prefix verbs 15, 58
prepositions 54, 170
prepositional verb phrases 170, 201
present tense
regular and irregular verbs 18
modals 162
passive 240
pronouns
demonstrative 284
personal 22, 50
reflexive 200, 204
relative 94
punctuation 95, 209, 354

Q

quantities 129, 209, 311
questions
word order 14
question words 15, 51

R

reflexive verbs
with accusative reflexive pronouns 200
with dative reflexive pronouns 204
regular verbs
in **Konjunktiv I** 358
in **Konjunktiv II** 276
in present tense 18
in **Präteritum** 86
relative clauses 94

S

Schreibwerkstatt
Arten von Essays und ihre Struktur 186
Der Einleitungssatz 110
Der Schluss 148
Revisionen und Korrektur 298
Teilweise Widerlegung 262
These und Beweisführung 36
Verallgemeinerungen und Mangel an Kontinuität vermeiden 336
Hauptpunkte eines guten Aufsatzes 374
Widerlegung 226
Zitate 72

Schriftsteller/Schriftstellerinnen
Brecht, Bertolt 367
Friedell, Egon 257
Görres, Ida Friederike 141
Hensel, Jana 103
Kafka, Franz 293
Kaminer, Wladimir 67
Lessing, Gotthold Ephraim 179
Müller, Herta 31
Reinig, Christa 329
Schnurre, Wolfdietrich 217
sein
conjugation 19
in **Futur II** 125
in imperatives 245
in **Plusquamperfekt** 350
in present perfect 59
simple past *see* **Präteritum**

Stellen Sie sich vor
Die Bankmetropole am Main 274
Bayern und seine Traditionen 198
Berlin, damals und heute 48
Bremen, Niedersachsen und Nordrhein-Westfalen 122
Deutsche in den USA 12
Die Hanse 84
Ins Herz der Alpen 310
Die Römer kommen 238
Unterwegs im Bilderbuchland 160
Zeugen der Geschichte: Denkmäler und Kulturgüter 348
strong verbs *see* irregular verbs
subjunctive *see* **Konjunktiv**
subordinating conjunctions 90
subordinate clause 91
superlatives 166

T

time 208
time expressions 125
two-way prepositions 55

V

Vokabeln
Aktivitäten 40
Am Strand 114
Die Arbeitsplatzsuche 302
Auf dem Campingplatz 114
Auf der Arbeit 302
Beziehungen 4
Die bildenden Künste 152
Die Elektronikwelt 230
Familienstand 4
Feiertage und Traditionen 190
Die Finanzen 302
Fragen und Meinungen 266
Gefühle 4
Geschichte 340
Gesetze und Anrechte 266
Im Bahnhof 114
Im Flughafen 114
Im Hotel 114
Im Restaurant 190
Im Skiurlaub 114
In der Küche 190
Kino, Rundfunk und Fernsehen 76
Die Künstler 152
Die Leute 40, 266
Die Leute am Arbeitsplatz 302
Literarische Werke 152
Lokalitäten 40
Die (Massen)medien 76
Die Medienleute 76
Musik und Theater 152
Nationen und nationale Identität 340
Persönlichkeit 4
Politik 340
Die Presse 76
Probleme 40
Probleme und Herausforderungen 230
Regionale Spezialitäten 190
Die Technologie 230
Umwelt und Probleme 266
Wegbeschreibungen 40
Die Wissenschaftler 230
Wissenschaftliche Forschung 230

W

weak verbs *see* regular verbs
werden
in imperatives 247
in **Futur I** 126
in **Futur II** 127
in passive 242
wo-compounds 172
word order
after conjunctions 92, 324
in imperatives 247
in passive 243
in **Perfekt** 61
in **Plusquamperfekt** 355
in statements and questions 14
with demonstratives 286
with modals 164
with reflexive pronouns 202

Z

Zu Beginn
Arbeit und Finanzen 306
Essen und feiern 192
Fortschritt und Forschung 230
Geschichte und nationales
Selbstverständnis 344
Kunst und Literatur 154
Medien und Kultur 78
Natur- und Ideenwelt 268
Persönliche Beziehungen 4
Reisen und Ferien 116
Stadt und Gemeinschaft 42

Credits

Text Credits

32 Herta Müller, Atemschaukel © Carl Hanser Verlag München 2009.
68 Wladimir Kaminer, Russendisko
© 2000 Manhattan, München, in der Verlagsgruppe Random House GmbH
104 Jana Hensel, "Zonenkinder", Copyright ©2002 Rowohlt Verlag GmbH, Reinbek bei Hamburg.
142 © Ida Friederike Görres: Gedichte. Dresden: Thelem 2008.
218 © Berlin 2008, Berlin Verlag in der Piper Verlag GmbH.
258 Egon Friedell: Ist die Erde bewohnt? 1979, 1985 Diogenes Verlag AG, Zurich Switzerland.
330 By permission of Paula Schilke.
368 "An die Nachgeborenen", aus: Bertolt Brecht, Werke. Grosse kommentierte Berliner und Frankfurter Ausgabe, Band 12: Gedichte 2. © Bertolt-Brecht-Erben / Suhrkamp Verlag 1988.

Film Credits

8 By permission of Kurz Film Agentur Hamburg.
44 By permission of Premium Films.
80 By permission of Premium Films.
118 By permission of Kurz Film Agentur Hamburg.
156 By permission of Kurz Film Agentur Hamburg.
194 By permission of Kurz Film Agentur Hamburg.
234 By permission of Premium Films.
270 By permission of The Match Factory.
306 By permission of Georg Gruber Filmproduktion.
344 By permission of Georg Gruber Filmproduktion.

Photography Credits

All images © Vista Higher Learning unless otherwise noted.

Cover: © Sandra Raccanello/SIME/eStock Photo

FM: 16: © Rido/123RF

Lesson 1: 2: © Robert Niedring/Westend61/Corbis; **3**: © Bob Daemmrich Photography; **4**: (t) © Jack Hollingsworth/Brand X/Corbis; (ml) © My Good Images/Shutterstock; (mr) © Godfer/Fotolia; (b) © Pixland Image/Jupiterimages; **8**: By permission of Kurz Film Agentur Hamburg; **12**: © Steve Stearns; **13**: (left col: t) © Carsten Rehder/EPA/Corbis; (left col: m) © David R. Frazier Photolibrary/Alamy; (left col: b) © Msheldrake/Shutterstock; (right col) © Photo Researchers/Alamy; **17**: © Blend Images/Alamy; **21**: (l) Anne Loubet; (r) Anne Loubet; **24**: Martín Bernetti; **25**: © Lars Borges/Getty Images; **28**: © Bob Daemmrich Photography; **29**: © Herald Zeitung; **30**: © Joe Seer/Shutterstock; **31**: © Massimo Landucci/MaXx Images; **32**: © Eugene Ivanov/Shutterstock.

Lesson 2: 38: © Giorgio Magini/Getty Images; **39**: © Caro/Alamy; **40**: (t) © EGDigital/iStockphoto; (m) Ana Cabezas Martín; (b) Gudrun Hommel; **44**: By permission of Premium Films; **48**: © Maree Stachel-Williamson/Shutterstock; **49**: (left col: t) © Sashagala/Shutterstock; (left col: m) © Kai Hecker/Shutterstock; (left col: b) © Vorm in Beeld/Shutterstock; (right col) © Arnd Wiegmann/Reuters/Corbis; **53**: © Richard Metzger; **62**: Nicole Winchell; **64**: © Caro/Alamy; **65**: © Anne-Marie Palmer/Alamy; **67**: © Frank May/Picture-Alliance/EPA/AP Images; **68**: © Diana Goetting; **71**: Gudrun Hommel.

Lesson 3: **74**: © FStop Photography/Veer; **75**: © Manfred Hartmann; **76**: (t) Rafael Rios; (b) © Kristy-Anne Glubish/Design Pics/Corbis; **80**: By permission of Premium Films; **84**: © Nagelestock.com/Alamy; **85**: (left col: t) © Foto 28/Alamy; (left col: m) © Carsten Medom Madsen/Shutterstock; (left col: b) © Dpics/Alamy; (right col) © Westend61 GmbH/Alamy; **97**: Martín Bermetti; **100**: © Manfred Hartmann; **101**: © Michael Probst/AP Images; **103**: © Dominik Butzmann/LAIF/Redux; **104–105**: © Stephen Carroll Photography/Getty Images.

Lesson 4: **112**: © Victor Cap/Getty Images; **113**: © S. Ziese/Age Fotostock; **114**: (tl) Pascal Pernix; (tm) © Imag'In Pyrénées/Fotolia; (tr) © Alexander Chaikin/Shutterstock; (bl) © Jasther/Shutterstock; (br) © Avner Richard/Shutterstock; **118**: By permission of Kurz Film Agentur Hamburg; **122**: © Arco Images GmbH/Alamy; **123**: (left col: t) © Frank Augstein/AP Images; (left col: m) © Imagebroker/Alamy; (left col: b) © Arco Images GmbH/Alamy; (right col) © Imagebroker/Alamy; **127**: © Noam/Fotolia; **130**: © Claudio Divizia/Shutterstock; **131**: (tl) © Julie Berlin/Shutterstock; (tr) © Walter Quirtmair/Shutterstock; (ml) © Bryan Busovicki/Shutterstock; (mr) © IDP Manchester Airport Collection/Alamy; (bl) Nicole Winchell; (br) © Christopher Penler/Shutterstock; **134**: © David Harding/Shutterstock; **135**: (tl) Ali Burafi; (tr) Ana Cabezas Martín; (bl) Martín Bernetti; (br) Anne Loubet; **136**: (l) Gudrun Hommel; (r) © Manfred Steinbach/123RF; **138**: © Konrad Wothe/Age Fotostock; **139**: © S. Ziese/Age Fotostock; **141**: Courtesy of Barbara Coudenhove-Kalergi; **142–143**: © Roy Bishop/Arcangel Images; **144–145**: © Ooyoo/Getty Images.

Lesson 5: **150**: © Huber/Sime/eStockphoto; **151**: © Imagno/Getty Images; **152**: (t) © Kuzma/Big Stock Photo; (b) Andrew Paradise; **156**: By permission of Kurz Film Agentur Hamburg; **160**: © Maria Veras/Shutterstock; **161**: (left col: t) © Karel Gallas/Shutterstock; (left col: m) © SIME/eStock Photo; (left col: b) © Gldburger/iStockphoto; (right col) © OPIS/Shutterstock; **168**: © Javier Larrea/Age Fotostock; **169**: (l) © Interfoto/Alamy; (r) © Interfoto/Alamy; **174**: © B. O'Kane/Alamy; **175**: (l) © Robert Newald/EPA/Newscom; (r) © Nikonaft/Shutterstock; **176**: © Imagno/Getty Images; **177**: © Contrast-Con 539435/APA Picturedesk; **179**: © De Agostini Picture Library/Getty Images; **180**: © Bpk,Berlin/Nationalgalerie, Staatliche Museen/Klaus Geoken/Art Resource, NY; © James Doss/Shutterstock (frame); **182–183**: © Aromanta/Getty Images.

Lesson 6: **188**: © Johannes Simon/Getty Images; **189**: © Jan Greune/Getty Images; **190**: (tl) © Lebanmax/Shutterstock; (tm) Gudrun Hommel; (tr) © Yuri Arcurs/Dreamstime; (b) © Jack Puccio/iStockphoto; **192**: © Clynt Garnham/Alamy; **194**: By permission of Kurz Film Agentur Hamburg; **198**: © Didi/Alamy; **199**: (left col: t) © Maksim Toome/Shutterstock; (left col: m) © Allfive/Alamy; (left col: b) © Maugli/Shutterstock; (right col) © HLPhoto/Shutterstock; **202**: (tl) Martín Bernetti; (tm) Anne Loubet; (tr) Martín Bernetti; (bl) Ali Burafi; (bm) Martín Bernetti; (br) Ana Cabezas Martín; **203**: © Ingeborg Knol/Age Fotostock; **205**: (t) Anne Loubet; (b) Martín Bernetti; **207**: (tl) Nicole Winchell; (tm) Gudrun Hommel; (tr) Nicole Winchell; (bl) © Peter Kirillov/Shutterstock; (bm) Janet Dracksdorf; (br) © Jan Kranendonk/Shutterstock; **210**: Gudrun Hommel; **211**: © Andrea Leone/Shutterstock; **213**: © Stock4B Creative/Getty Images; **214**: © Jan Greune/Getty Images; **215**: © Mauritius Images GmbH/Alamy; **217**: © Akg-Images; **218–219**: © John E. Marriott/All Canada Photos/Corbis; **221**: © Ruth Black/Shutterstock; **222**: © David M. Schrader/Shutterstock.

Lesson 7: **228**: © Hiya Images/Corbis; **229**: © Interfoto/Alamy; **230**: (tl) © Comstock/Fotosearch; (tr) © Lipsky/Shutterstock; (m) © Fstockphoto/Shutterstock; (b) © Javier Larrea/Age Fotostock; **234**: By permission of Premium Films; **238**: © Kuttig-Travel/Alamy; **239**: (left col: t) © Werner Otto/Alamy; (left col: m) © Interfoto/Alamy; (left col: b) © Ralf-Udo Thiele/Fotolia; (right col) © Paul Campo/P Campo Photography; **247**: (l, r) Martín Bernetti; **252**: © John Lund/Drew Kelly/Age Fotostock; **254**: © Interfoto/Alamy; **255**: © Mary Evans Picture Library/Alamy; **256**: Vanessa Bertozzi; **257**: © Imagno/Getty Images; **258**: © Fuse/Getty Images.

Lesson 8: **264**: © Christian Mang/Alamy; **265**: © Kuttig-Travel-2/Alamy; **266**: (l) © Mark Karrass/Corbis; (m) © Tom Grill/Corbis; (r) VHL; **270**: By permission of The Match Factory; **274**: © Science Photo/Shutterstock; **275**: (left col: t) © Amazing Images/Alamy; (left col: m) © Martin Schutt/EPA/Corbis; (left col: b) © Picture Alliance/Photoshot; (right col) Nicole Winchell; **276**: © Carolinebee999/iStockphoto; **277**: Rossy Llano; **283**: (tl) Katie Wade; (tr) © EGDigital/iStockphoto; (bl) Martín Bernetti; (br) © Jan Martin Will/Shutterstock; **286**: (l) © Javier Larrea/Age Fotostock; (r) © Image Source/Corbis; **287**: (tl) Nicole Winchell; (tr) © Pal Teravagimov/Shutterstock; (bl) Tom Delano; (br) Nicole Winchell; **288**: © Goodshoot/Alamy; **290**: © Kuttig-Travel-2/Alamy; **291**: © Imagebroker/Alamy; **293**: © David Cole/Alamy; **294–295**: © Dave Wall/Arcangel Images.

Lesson 9: **300**: © Hero Images/Corbis; **301**: © PjrStudio/Alamy; **302**: (t) © Javier Larrea/Age Fotostock; (ml) © Michael DeLeon/iStockphoto; (mr) © Yurchyks/Shutterstock; (b) Nicole Winchell; **306**: By permission of Georg Gruber Filmproduktion; **310**: © José Fuste Raga/Age Fotostock; **311**: (left col: t) © Darryl Montreuil/Shutterstock; (left col: m) © Aflo Co Ltd./Alamy; (left col: b) © Lazar Mihai-Bogdan/Shutterstock; (right col) © GAPS/iStockphoto; **312**: © Flying Colours/Media Bakery; **319**: © Javier Larrea/Age Fotostock; **323**: © Javier Larrea/Age Fotostock; **324**: (tl) Anne Loubet; (tr) Martín Bernetti; (bl) © VII/Fotolia; (br) © Photoinjection/Shutterstock; **326**: © PjrStudio/Alamy; **327**: © Ingo Boddenberg/Media Bakery; **329**: © Brigitte Friedrich/Interfoto; **330**: © Images.com/Corbis; **334**: © Blinkstock/Alamy; **325**: © Moodboard/Fotolia.

Lesson 10: **338**: © Ulrich Baumgarten/Vario Images; **339**: © Tom Stoddart/Getty Images; **340**: (t) María Eugenia Corbo; (m) © Corel/Corbis; (b) Katie Wade; **344**: By permission of Georg Gruber Filmproduktion; (t) © Nikita Rogul/Shutterstock; (b) © Artography/Shutterstock; **348**: © Oliver Killig/DPA/Corbis; **349**: (t) © Markus Gann/Shutterstock; (m) © Julie Woodhouse/Alamy; (b) © Brendan Howard/Shutterstock; **352**: © Dainis Derics/Shutterstock; **357**: Gudrun Hommel; **360**: Ali Burafi; **363**: © Caro/Alamy; **364**: © Tom Stoddart/Getty Images; **365**: © Route66/Shutterstock; **367**: © Mary Evans Picture Library/Alamy; **368–369**: © Hulton-Deutsch Collection/Corbis; **370–371**: Sónia Teixeira.

About the Authors

Tobias Barske, a native of Bavaria, is an Associate Professor of German and Applied Linguistics at the University of Wisconsin-Stevens Point. He earned a Ph.D. in German Applied Linguistics from the University of Illinois at Urbana-Champaign with emphases on language and social interaction as well as language pedagogy. He has also studied at the Universität Regensburg in Germany. Tobias has over 15 years of experience teaching undergraduate and graduate courses at the university level. Among other accomplishments, he has earned numerous awards for excellence in teaching.

Megan McKinstry is from Seattle and has an M.A. in Germanics from the University of Washington. She is Assistant Teaching Professor of German Studies and the Co-Coordinator for Elementary German at the University of Missouri, where she received the University's "Purple Chalk" teaching award and an award for "Best Online Course," which she co-wrote with Dr. Monika Fischer. Megan has been teaching for over 15 years and is currently trying to learn Spanish. (In other words, she is being reminded of the challenges of starting a new language!)

Karin Schestokat, an award-winning teacher and native of Germany, is a Professor of German at Oklahoma State University. She has over 25 years of teaching experience at various universities and community colleges. Karin earned a Ph.D. from the University of Southern California, her M.A. from the University of New Mexico, and a *Staatsexamen* from the Albert-Ludwigs-University in Freiburg, Germany. She is also a published author on German women writers of the 19th and 20th century.

Jane Sokolosky is a Senior Lecturer in German Studies at Brown University, where she is the language program director and supervisor of graduate student teaching assistants. Prior to coming to Brown, she was a Visiting Assistant Professor of German at Middlebury College. She received her Ph.D. from Washington University in St Louis. Jane specializes in the educational uses of technology for language learning. She successfully integrates blogs, wikis, iPods, video, and Internet-based learning into the curriculum.